WITHDRAWN
UTSA LIBRARIES

A Guide to
Latin American and Caribbean
Census Material

A Guide to
Latin American and Caribbean Census Material

A Bibliography and Union List

General Editor: Carole Travis

G. K. HALL & CO.
BOSTON, MASSACHUSETTS 02111

© 1990 The British Library; Standing Conference of National and University Libraries; and Institute of Latin American Studies, University of London

Published in the United States by
G. K. Hall & Co.
70 Lincoln Street, Boston, Massachusetts.

Published simultaneously in Great Britain by
The British Library;
Standing Conference of National and University Libraries; and
Institute of Latin American Studies,
University of London.

Library of Congress Cataloging-in-Publication Data

A Guide to Latin American and Caribbean census material: a bibliography and union list/general editor. Carole Travis.
    p. cm.

"The British Library; Standing Conference of National and University Libraries; Institute of Latin American Studies, University of London".
Includes bibliographical references.
ISBN 0-8161-0497-2
    1. Latin America—Census—Bibliography—Union lists. 2. West Indies—Census—Bibliography—Union lists 3. Catalogs, Union—Great Britain. I. Travis, Carole. II. British Library. III. Standing Conference of National and University Libraries. IV. University of London. Institute of Latin American Studies.
Z7553.C3G85   1990
[HA755]
016.318—dc20
                                                                         89-49739
                                                                             CIP

Printed in England

CONTENTS

List of contributors ... ix

Foreword ... xi

Introduction ... xiii

List of library symbols ... xviii

Latin American and Caribbean Census Lists:

    ARGENTINA ... 1
        by **A. Biggins**

    BAHAMAS ... 95
        by **P.M. Larby**

    BARBADOS ... 101
        by **P.M. Larby**

    BELIZE ... 107
        by **P.M. Larby**

    BERMUDA ... 113
        by **P.M. Larby**

    BOLIVIA ... 118
        by **M.H. Johnson and J. Stringer**

CONTENTS

BRAZIL 128
    by **R.W. Howes**

BRITISH WEST INDIES
    see COMMONWEALTH CARIBBEAN

CAYMAN ISLANDS 192
    by **P.M. Larby**

CHILE 194
    by **C. Travis**

COLOMBIA 224
    by **R.A. McNeil**

COMMONWEALTH CARIBBEAN 244
    by **P.M. Larby**

COSTA RICA 266
    by **G. Shaw**

CUBA 287
    by **M. Auckland**

DOMINICAN REPUBLIC 298
    by **J. Laidlar**

ECUADOR 308
    by **M. Auckland**

FALKLAND ISLANDS 322
    by **P.M. Larby**

GUADELOUPE 326
    by **L. Dethan and S.M. Rockett**

GUATEMALA 337
    by **J. Laidlar**

GUYANA 352
    by **P.M. Larby**

CONTENTS

GUYANE 358
by **L. Dethan** and **S.M. Rockett**

HAITI 369
by **L. Dethan** and **S.M. Rockett**

HONDURAS 375
by **C Travis**

JAMAICA 396
by **P.M. Larby**

LEEWARD ISLANDS 405
by **P.M. Larby**

MARTINIQUE 416
by **L. Dethan** and **S.M. Rockett**

MEXICO 428
by **C.J. Anderton**

NETHERLANDS ANTILLES 503
by **S. Roach**

NICARAGUA 507
by **C. Travis**

PANAMA 518
by **R.A. McNeil**

PARAGUAY 536
by **G. Shaw**

PERU 551
by **A. Biggins**

PUERTO RICO 583
by **J. Pinfold**

EL SALVADOR 603
by **C. Travis**

CONTENTS

SURINAM by **S. Roach**	615
TRINIDAD AND TOBAGO by **P.M. Larby**	621
TURKS AND CAICOS ISLANDS by **P.M. Larby**	633
URUGUAY by **M.H. Johnson and M.C. Younger**	637
VENEZUELA by **A.E. Wade**	650
VIRGIN ISLANDS OF THE UNITED STATES by **J. Pinfold**	675
WINDWARD ISLANDS by **P.M. Larby**	688

Appendix:

GENERAL LATIN AMERICAN CENSUSES	699
Select bibliography	701
Index	710

LIST OF CONTRIBUTORS

Christopher J. Anderton, University of Essex Library

Mary Auckland, British Library of Political and Economic Science

Alan Biggins, Librarian, Institute of Latin American Studies Library, London

Lawrence Dethan, French Section, British Library Humanities and Social Sciences

Robert W. Howes, University of Cambridge Library

Margaret H. Johnson, Head, Hispanic Section, British Library Humanities and Social Sciences

John Laidlar, John Rylands University Library of Manchester

Patricia M. Larby, Librarian, Institute of Commonwealth Studies, London

Robert A. McNeil, Head of the Hispanic Section, Bodleian Library

John Pinfold, British Library of Political and Economic Science

Susan Roach, Dutch Section, British Libray Humanities and Social Sciences

Sheila M. Rockett, French Section, British Library Humanities and Social Sciences

LIST OF CONTRIBUTORS

Gillian Shaw, Formerly of Institute of Latin American Studies Library, London

Jill Stringer, Formerly of Hispanic Section, British Library Humanities and Social Sciences

Carole Travis, Former Librarian, Institute of Latin American Studies, London

Ann E. Wade, Hispanic Section, British Library Humanities and Social Sciences

M. Christine Younger, British Council

Edited by

Carole Travis, Former Librarian, Institute of Latin American Studies, London

With a Foreword by

Christopher J. Hunt, Librarian, British Library of Political and Economic Sciences

FOREWORD

The bibliographical control of census material is notoriously difficult. Even within a single country, over a narrow period of time, publication of such material is likely to be issued by many different bodies, in varying formats, and often not available through the booktrade. Few libraries will achieve 'complete' sets. This volume covers every country in Latin America and the Caribbean, from the earliest times to 1979. It is a co-operative work based on the holdings of over 30 British libraries.

C. J. Hunt
Chairman of the Advisory Committee
on Latin American Materials,
Standing Conference of National and University Libraries

INTRODUCTION

SCONUL's Advisory Committee on Latin American Materials (ACOLAM) began this project in 1980, with the compilation of pilot lists for Venezuela and Chile. These established the pattern later to be adopted for other country sections. First an ideal bibliography was drawn up, which was sent to the Institute of Latin American Studies (London) to be checked in the British Union Catalogue of Latin Americana (BUCLA) for locations and further additions. Next the list was xeroxed and copies sent to all libraries in the United Kingdom known to collect Latin American statistical material, for checking against their stock and entering their holdings. Finally, replies were consolidated centrally and then returned to the compilers for revision. Both these early lists were published, in pamphlet form, by the Institute of Latin American Studies - Venezuela in 1981 and Chile in 1982.

The Committee then resolved that no further individual country lists should be published but that compilation of other lists should be undertaken, staggered over a period of time to ease the burden of checking in contributing libraries, with the intention of eventually publishing a consolidated volume for the whole of Latin America and the Caribbean. Discussions were held with the Official Publications Committee of the Seminar on the Acquisition of Latin American Library Materials (SALALM) to explore the scope for collaboration, and SALALM's offer to check some of the lists and notify ACOLAM of any additional titles was gratefully received. The possibility of including American locations was also discussed, but both parties agreed that this would be a huge operation which would strain - if not overwhelm - the resources of the original project. In due course a number of lists were checked and returned by SALALM, together with some additional references.

INTRODUCTION

An editorial committee (Christopher Anderton, Carole Travis and Ann Wade) was appointed and held a meeting in which the general format of the final volume and changes in the presentation of the material were agreed. Finally the text was edited and an index added.

SCOPE

Considerable thought was given to the scope of the project. It was agreed, after consulting with the academic community, that the work should be confined to censuses proper and not extended to take in encuestas, population estimates and other more general statistical material. This, however, proved to be less clear-cut than originally envisaged, as the earlier 'censuses' of colonial times include such varying sources as missionary reports of conversions, baptismal and burial records, lists of merchants and travellers' accounts. These are included, where published, since, though not strictly censuses in the modern term of the word, they are clearly the forerunners of the modern census. Books and articles which contain data from censuses not available in any other published form are also included.

The scope of this bibliography is not confined to population censuses - censuses of any kind are included. These range from major national censuses of population, housing and agriculture to local censuses or censuses of a very specific kind, for instance, newspaper kiosks in Peru, or IQ levels in schools in Salta, Argentina.

The period covered is from the earliest times to 1979. Consideration was given to including the 1980 census, and some data were collected, but it was decided that, as the publication of the 1980 census is not yet completed and holdings in British libraries are still very patchy, to include the information at this stage would give a misleading picture. ACOLAM hopes to be able to publish supplementary information on the 1980 census programme in due course.

A full evaluation of the censuses and the validity of the data contained within them is beyond the scope of this volume. Descriptions of the conduct of the modern censuses and their coverage is given in *The Handbook of national population censuses: Latin America and the Caribbean, North America and Oceania* by Doreen S. Goyer and Eliane Domschke. (Westport, Conn: Greenwood Press, 1983).

INTRODUCTION

ARRANGEMENT

The lists are arranged alphabetically by country and each list is preceded by a short introduction and contents list. Within each list the text is arranged chronologically by the year in which each census was taken. When there is more than one census in a particular year, the population census is placed first, followed by other censuses in alphabetical order by subject (eg. población, agropecuario, vivienda etc.). Each census appears under a uniform heading and items not associated with any particular census are placed under the dates to which they refer.

Within each census, the order of materials is as follows: summaries and general results, the main census tables, supplementary material and special data. In the case of official publications, the country name is generally only included where it could be in doubt (ie in cases where the country's name has changed, or if some volumes are produced externally, for instance, in the case of Cuba, by the United States). The statement of responsibility is not repeated within a census when it is the same for consecutive entries. Title entries have the first word in capital letters.

In the body of the entries, particularly those relating to the early censuses, which are problematic, a few notes are given regarding content and special features.

Also in the case of the earlier censuses, a note saying 'no publication traced' is meant to indicate that the compiler has verified that a census was held in this year, but that no report has been traced and it has not been possible to determine if any were ever published.

LOCATIONS

Symbols under an entry represent the libraries holding the item. A full list of the names, addresses and telephone numbers is provided at the front of the volume.

INDEX

The index provides for an approach by country, province, town and subject. As so many entries appear under 'population', the divisions 'national' and 'local' have also been made to bring together all the provincial and city censuses. Other sections are relatively short and this device has not been employed elsewhere.

INTRODUCTION

ACKNOWLEDGEMENTS

A large number of people have contributed to this work. Seventeen compilers were involved in the preparation of country lists, often in adverse conditions as the financial situation for UK libraries deteriorated and staff were required to take on additional responsibilities. A full list of contributors appears at the front of this volume.

Acknowledgement is also due to the compilers of previous works on census material, whose volumes were drawn on heavily, especially in the early stages of the work: *The Handbook of national population censuses: Latin America and the Caribbean, North America and Oceania*/Doreen S. Goyer and Eliane Domschke. (Westport, Conn: Greenwood Press, 1983) and *International population census bibliography: Latin America and the Caribbean*/University of Texas, Population Research Center. Austin, 1965 (+ Suppl. 1968, and revision and update, 1980.)

In addition, staff in the libraries represented in the location list spent many hours checking ideal lists against their stock. Often this task was completed anonymously by a library assistant, but in some cases it fell to the same person who was involved in compiling lists. Those I know to have had particularly heavy burdens are L. Brill, University of Glasgow Library; R. Taylor, Institute of Historical Research, University of London; J. Laidlar, John Rylands University Library of Manchester; S. Burge, Office of Population Censuses and Surveys; H. Leahy, British Library of Political and Economic Science; A. Newell and I. Jackson, University of Liverpool Library; M. Rogers, Institute of Development Studies, Library; M. Jahn and P. Heddle, University College, London; C. Anderton, Essex University Library; B. Moulds, Statistics and Market Intelligence Library; T. Bainton, University of Cambridge Library; and R. McNeil, Bodleian Library, Oxford. S. Joynes and P. Simpson were responsible for detailed work on the Commonwealth Caribbean lists at the Institute of Commonwealth Studies. Valuable assistance in compiling and checking the Brazil list was provided by the Fundacão IBGE and by Sra Esther Caldas Bertoletti of the Biblioteca Nacional.

A major debt is owed to Eudora Loh (Chair) and SALALM's Official Publications Committee members and associates, Pauline P. Collins, University of Massachusetts, Amherst, Nelly S. Gonzalez, University of Illinois at Urbana-Champaign, Rachel Miller, University of Kansas, Ludwig Lauerhass, Jr., and G. Reginald Daniel, University of California, Los Angeles, who generously checked many of the lists against their own library holdings and sent information about additional titles.

INTRODUCTION

I should like to thank Christopher Anderton and Ann Wade who provided general editorial advice and continued to act as a sounding board for the more complex editorial decisions.

I am particularly grateful to the Institute of Latin American Studies (London) which has again supported and subsidized an ACOLAM project. Thanks are also due to Ruth Thomas and Margaret Howarth who cheerfully typed the manuscript.

A NOTE ON COVERAGE AND ACCURACY

The publication pattern of Latin American censuses is complex and often unpredictable. Holdings in the United Kingdom are patchy and widely scattered, and compilers have not had access to all the volumes in their lists. There is therefore considerable opportunity for error. I would be very grateful if any errors and omissions could be notified to the Librarian, Institute of Latin American Studies, 31, Tavistock Square, London WC1H 9HA. This information will be recorded and noted in any future census publication.

Carole Travis
Institute of Latin American Studies

LIBRARY SYMBOLS

BT/U-5   Institute of Development Studies Library, University of Sussex, Andrew Cohen Building, Falmer, Brighton, Sussex BN1 9RE (tel: 0273 606261).

CA/U-1   University of Cambridge Library, West Road, Cambridge, CB3 9DR (tel: 0223 333000).

CC/U-1   University Library, University of Essex, P.O. Box 24, Colchester, Essex CO4 3UA (tel: 0206 873333).

CV/U-1   University of Warwick Library, Gibbet Hill Road, Coventry, West Midlands CV4 7AL (tel: 0203 523523).

ED/N-1   National Library of Scotland, George IV Bridge, Edinburgh EH1 1EW (tel: 031 226 4531).

ED/S-1   Royal Scottish Geographical Society, 10 Randolph Crescent, Edinburgh EH3 7TU (tel: 031 225 3330).

ED/U-1   Edinburgh University Library, George Square, Edinburgh, EH8 9LJ (tel: 031 667 1011 Ext 6622).

GL/U-1
GL/U-6   University Library, University of Glasgow, Hillhead St., Glasgow G12 8QE (tel: 041 339 8855).

LO/M10   Museum of Mankind Library, 6 Burlington Gardens, London W1X 2EX (tel: 01 437 2224).

LIBRARY SYMBOLS

LO/N-1   British Library Humanities and Social Sciences, Great Russell St., London WC1B 3DG (tel: 01 636 1544).

LO/N17   Foreign and Commonwealth Office Library, Cornwall House, Stamford Street, London SE1 9NS (tel: 01 211 0117).

LO/N38   British Library Newspaper Library, Colindale Avenue, London NW9 5HE (tel: 01 636 1544 Ext 4812).

LO/N56   Office of Population Censuses and Surveys Library, St. Catherine's House, 10 Kingsway, London WC2B 6JP (tel: 01 242 0262).

LO/N99   Department of Trade, Statistics and Market Intelligence Library, 1 Victoria St., London SW1H 0ET (tel: 01 215 5444). This library has a policy of withdrawing older material from stock and transfering it to other libraries. If an item is not now held by SMIL, users should contact the Office of Population Censuses and Surveys (if it is a population census) or the British Library Humanities and Social Sciences.

LO/S13   Royal Geographical Society, 1 Kensington Gore, London SW7 2AR (tel: 01 589 5466).

LO/S14   Royal Institute of International Affairs, Chatham House Library, 10 St James's Square, London SW1Y 4LE (tel: 01 930 2233).

LO/S27   Hispanic and Luso Brazilian Council, Canning House, 2 Belgrave Square, London SW1X 8PJ (tel: 01 235 2303).

LO/S65   Royal Commonwealth Society Library, Northumberland Avenue, London WC2N 5BJ (tel: 01 930 6733).

LO/S76   Brazilian Embassy Library, 32 Green Street, London W1Y 4AT (tel: 01 499 0877 Ext 227/228).

LO/U-2   Library, University College London, Gower Street, London WC1E 6BT (tel: 01 387 7050).

LIBRARY SYMBOLS

LO/U-3   British Library of Political and Economic Science, 10 Portugal St., London WC2A 2HD (tel: 01 405 7686).

LO/U-8   Institute of Commonwealth Studies, University of London, 27-28 Russell Square, London WC1B 5DS (tel: 01 580 5876).

LO/U19   Library, Institute of Historical Research, Senate House, Malet St., London WC1E 7HU (tel: 01 636 0272).

LV/P-1   City of Liverpool, Brown, Picton and Hornby Libraries, William Brown St., Liverpool L3 BEW (tel: 051 207 2147 Ext 17).

LV/U-1   University of Liverpool, Sydney Jones Library, P.O. Box 123, Liverpool, L69 3DA (tel: 051 709 6022).

MA/U-1   John Rylands University Library of Manchester, Oxford Road, Manchester M13 9PL (tel: 061 834 5343).

OX/U-1   Bodleian Library, University of Oxford, Broad St., Oxford OX1 3BG (tel: 0865 277206).

OX/U-8   Radcliffe Science Library, Parks Road, Oxford OX1 3QP (tel: 0865 272800 Ext 27280).

OX/U-9   Rhodes House Library, University of Oxford, South Parks Road, Oxford OX1 3RG (tel: 0865 270909).

OX/U10   University of Oxford, School of Geography, Mansfield Road, Oxford OX1 3TB (tel: 0865 271911).

OX/U16   University of Oxford, Institute of Economics and Statistics, St Cross Building, Manor Road, Oxford OX1 3UL (tel: 0865 271072).

OX/U18   University of Oxford, Saint Antony's College, Latin American Centre Library, 21 Winchester Road, Oxford OX2 6NA (tel: 0865 59651).

OX/U24   University of Oxford, Agricultural Economics Unit, Queen Elizabeth House, 21 St Giles, Oxford OX1 3LA (tel: 0865 273600)

LIBRARY SYMBOLS

QZ/P-1 City of Glasgow Libraries, The Mitchell Library, North Street, Glasgow, G3 7DN (tel: 041 221 7030).

RE/U-1 University Library, University of Reading, Whiteknights, P.O. Box 223, Reading, Berkshire RG6 2AE (tel: 0734 874331).

XY/N-1 British Library Document Supply Centre, Boston Spa, Wetherby, West Yorkshire LS23 7BQ (tel: 0937 843434).

ARGENTINA

During the colonial period there were between 120 and 150 known population 'censuses' of towns and provinces now in Argentine territory, beginning with the 'Relación de la Provincia de Tucumán que dió Pedro Sotelo de Narváez' in 1582 or 1583. Two indispensable chronological surveys of these various population statistics before 1869 (the year of the first modern census) are Jorge Comadrán Ruiz, *Evolución demográfica argentina durante el período hispano (1535-1810)* (Buenos Aires: Editorial Universitaria de Buenos Aires, 1969) and Ernesto J.A. Maeder, *Evolución demográfica argentina de 1810 a 1869* (Buenos Aires: EUDEBA, 1969).

Buenos Aires's second and permanent founding took place in 1580. A 'padrón de solares' was probably taken in the same year. The first fairly complete census of the city was not held until 1744. For a history of the censuses of Buenos Aires (at least 31 between 1605 and 1855) see Nicolás Besio Moreno, *Buenos Aires, puerto del Río de la Plata, capital de la Argentina: estudio crítico de su población, 1536-1936* (Buenos Aires: [Talleres Gráficos Tuduri], 1939). There are useful summaries of the capital's censuses (1744-1855) in the preliminary pages of the 1869 (national), 1881 and 1887 (province and city of Buenos Aires) censuses. Several censuses of the city and province of Buenos Aires between 1726 and 1810 are reproduced fully in vols X-XII of *Documentos para la historia argentina* (Universidad de Buenos Aires, Facultad de Filosofía y Letras, Instituto de Investigaciones Históricas, 1919).

In April 1810, just a month before the Revolution, a census of all the provinces of the Viceroyalty was ordered by the Viceroy, but only Buenos Aires was surveyed. Another national census was ordered in December 1811, and carried out in the following year, but the results for only four provinces survive. National censuses were projected in 1813, 1816-1817 and 1835, but never taken.

There are no certain population figures for the period 1825-1857. Between Independence and 1869 there were 7 national, 19 provincial and several unofficial estimates of the population. In 1826 President Rivadavia created a Departamento de Topografía y Estadística, the first body of its kind in the country.

The first modern national census (1869) was a simple count of the population: age, sex, marital status, nationality, place of birth, literacy, occupation and number of families per household. The second national census (1895) included some economic data (expanded to include religion, fertility, duration of marriage, ownership and type of construction of property). The third national census (1914) included economic and agricultural data, as well as detailed population tabulations. For the first time, Argentines living outside the country were counted. Industrial, agricultural, commercial and property censuses were taken in the same year.

The *Pequeño censo* of 1927 is a curiosity. The compilers' purpose was to bridge the gap between the 1914 and 1947 censuses. Figures were obtained from the electoral register (then males only) for the halfway year, 1927.

Mechanization was used for the first time in tabulating the 1947 census data, and by 1970 the process was fully computerized.

[A. Biggins]

ARGENTINA

LIST OF CONTENTS

1816 ESTIMATE OF THE UNITED PROVINCES OF THE RIO DE LA PLATA

1825 SECOND ESTIMATE OF THE COUNTRY'S POPULATION

1857-1858 CENSO DE POBLACION [CENSO CONFEDERAL]

1869 CENSO DE LA REPUBLICA ARGENTINA (1)

1869 CENSO DE LA PROVINCIA DE TUCUMAN

1872 CENSO DE LA CIUDAD DE BUENOS AIRES

1881 CENSO GENERAL DE LA PROVINCIA DE BUENOS AIRES

1883-1884 CENSO ESCOLAR NACIONAL

1884 CENSO DE LA PLATA

1886-1887 CENSO DE LAS ESCUELAS [PROVINCE OF SANTA FE]

1887 CENSO GENERAL DE POBLACION, EDIFICACION, COMERCIO E INDUSTRIAS DE LA CIUDAD DE BUENOS AIRES (1)

1887 CENSO GENERAL DE LA PROVINCIA DE SANTA FE (1)

1887-1888 CENSO AGRICOLA GANADERO [PROVINCE OF ENTRE RIOS]

1888 CENSO NACIONAL AGROPECUARIO (1)

1888 CENSO AGRICOLO-PECUARIO DE LA PROVINCIA DE BUENOS AIRES

1888 CENSO AGROPECUARIO DEL PARTIDO DE CHASCOMUS [PROVINCE OF BUENOS AIRES]

1889 CENSO MUNICIPAL DEL PARTIDO DE ARECO [PROVINCE OF BUENOS AIRES]

1889 CENSO ESCOLAR DEL DISTRITO IV [BUENOS AIRES (CITY)]

1889 CENSO INFANTIL DE LA PROVINCIA DE CORDOBA (1)

ARGENTINA

1890 CENSO GENERAL DE LA PROVINCIA DE BUENOS AIRES

1890 CENSO DE LA PROVINCIA DE CORDOBA

1890 CENSO DE BIENES NACIONALES

1892 CENSO DE POBLACION DE LOS DEPARTAMENTOS DE SAN CRISTOBAL Y VERA [PROVINCE OF SANTA FE]

1892 CENSO DE LOS EMPLEADOS ADMINISTRATIVOS, FUNCIONARIOS JUDICIALES Y PERSONAL DOCENTE DE LA REPUBLICA ARGENTINA

1892 CENSO DE LOS EMPLEADOS ADMINISTRATIVOS...

1895 CENSO DE LA REPUBLICA ARGENTINA (2)

1896 CENSO ESCOLAR [PROVINCE OF ENTRE RIOS]

1900 CENSO MUNICIPAL DE POBLACION...DE LA CIUDAD DE ROSARIO DE SANTA FE (1)

1903 CENSO MUNICIPAL DE POBLACION...CIUDAD DE MENDOZA (1)

1903 CENSO DE FUNCIONARIOS, EMPLEADOS Y AGENTES MUNICIPALES Y PROVINCIALES [PROVINCE OF SANTA FE]

1904 CENSO GENERAL DE POBLACION, EDIFICACION, COMERCIO E INDUSTRIAS DE LA CIUDAD DE BUENOS AIRES (2)

1904 CENSO DE FUNCIONARIOS [PROVINCE OF SANTA FE]

1905 CENSO DE POBLACION DE LOS TERRITORIOS NACIONALES

1905 CENSO INDUSTRIAL DE LA PROVINCIA DE TUCUMAN

1906 CENSO GENERAL DE LA POBLACION, EDIFICACION, COMERCIO, INDUSTRIA, GANADERIA Y AGRICULTURA DE LA CIUDAD DE CORDOBA

1906 CENSO MUNICIPAL DE LA CIUDAD DEL ROSARIO DE SANTA FE (2)

1906 CENSO CARCELARIO (1)

1906 CENSO MINERO DE CORDOBA [PROVINCE]

ARGENTINA

1906 CENSO MINERO DE CORDOBA [PROVINCE]

1907 CENSO MUNICIPAL DE SANTA FE

1907 CENSO DE LA POBLACION ESCOLAR [PROVINCE OF BUENOS AIRES]

1907 CENSO ESCOLAR DE LA PROVINCIA DE SANTA FE

1908 CENSO MUNICIPAL DE ZARATE [LA PLATA]

1908 CENSO AGROPECUARIO NACIONAL

1908 CENSO MINERO DE LA REPUBLICA

1908-1917 CENSO INDUSTRIAL [COMERCIAL E INDUSTRIAL] DE LA REPUBLICA ARGENTINA

1909 CENSO GENERAL DE POBLACION, EDIFICACION, COMERCIO E INDUSTRIAS DE LA CIUDAD DE BUENOS AIRES

1909 CENSO GENERAL DE LA CIUDAD DE LA PLATA

1909 CENSO GENERAL DE LA PROVINCIA DE MENDOZA

1909 CENSO DE POBLACION [PROVINCE OF SANTA FE]

1909 CENSO GENERAL DE EDUCACION

1909 CENSO OBRERO DE LA REPUBLICA ARGENTINA

1910 CENSUS OF PROVINCE OF BUENOS AIRES

1910 CENSO GENERAL DE LA PROVINCIA [SAN JUAN] (2)

1910 CENSO MUNICIPAL DEL ROSARIO DE SANTA FE (3)

1910 CENSO ESCOLAR DE ENTRE RIOS

1911 CENSO PECUARIO [PROVINCE OF ENTRE RIOS]

1912 CENSO DE POBLACION DE LOS TERRITORIOS NACIONALES

1912 CENSO DE LA POBLACION ESCOLAR [PROVINCE OF SANTA FE]

1913 CENSO DE LA CAPITAL [DE LA PROVINCIA] DE TUCUMAN

ARGENTINA

1914 CENSO NACIONAL (3)

1914 CENSO GENERAL DE EMPLEADOS NACIONALES CIVILES

1915 CENSO ESCOLAR DE LA PROVINCIA DE TUCUMAN (1)

1915 CENSO GANADERO [PROVINCE OF ENTRE RIOS]

1916 CENSO AGRICOLA [PROVINCE OF ENTRE RIOS]

1916 CENSO ESCOLAR [PROVINCE OF ENTRE RIOS]

1916 CENSO GANADERO [PROVINCE OF BUENOS AIRES]

1917 CENSO ESCOLAR

1917 CENSO ESCOLAR DE LA CAPITAL

1918 CENSO DE LA POBLACION ESCOLAR [PROVINCE OF SANTA FE]

1920 CENSO GENERAL DE LOS TERRITORIOS NACIONALES

1920 CENSO COMERCIAL E INDUSTRIAL [PROVINCE OF SANTA FE]

1921 CENSO ESCOLAR [PROVINCE OF CORDOBA]

1922 CENSO GANADERO NACIONAL

1923 CENSO MUNICIPAL DE LA POBLACION DE SANTA FE

1925 CENSO BANCARIO DE LA REPUBLICA ARGENTINA

1925 CENSO DE LA POBLACION ESCOLAR DE LA PROVINCIA DE SANTA FE (3)

1925 CENSO GANADERO [PROVINCE OF ENTRE RIOS]

1926 CENSO MUNICIPAL DEL ROSARIO (4)

1926 CENSO DE MUTUALIDADES

1926 CENSO DEL PERSONAL ADMINISTRATIVO Y OBRERO DE LA MUNICIPALIDAD DE LA CIUDAD DE BUENOS AIRES

1927 PEQUENO CENSO DE 1927

1927 CENSO [DE] POBLACION CIVIL [ISLA MARTIN GARCIA]

1927 CENSO CANERO DE TUCUMAN [PROVINCE]

1927 CENSO GANADERO DE LA PROVINCIA DE ENTRE RIOS

1927 CENSO INFANTIL [ROSARIO]

1928-1929 CENSO DE INDUSTRIA, COMERCIO Y GANADERIA [PROVINCE OF SANTA FE]

1929 CENSO DE LAS CARCELES NACIONALES

1930 CENSO GENERAL DE BIENES - CORREOS Y TELEGRAFOS (1)

1930 CENSO GANADERO NACIONAL

1930 CENSO GENERAL DE PERSONAL - CORREOS Y TELEGRAFOS

1931 CENSO ESCOLAR NACIONAL

1931 CENSO DE LA POBLACION ESCOLAR DE LA PROVINCIA DE BUENOS AIRES

1931-1932 CENSO ESCOLAR NACIONAL

1932 CENSO NACIONAL DE DESCOCUPADOS

1932 CENSO DE LOS DESOCUPADOS [PROVINCE OF SANTA FE]

1932 CENSO ESCOLAR NACIONAL

1932 CENSO GANADERO DE SANTIAGO DEL ESTERO

1933 CENSO DE TRAFICO [PROVINCE OF SANTA FE]

1933 CENSO NACIONAL DE LA YERBA MATE

1934 CENSUS [CHACO PROVINCE]

1934 CENSO AGRICOLA [PROVINCE OF SAN JUAN]

1934 CENSO GANADERO DE LA PROVINCIA DE ENTRE RIOS

1934 CENSO INFANTIL [ROSARIO]

ARGENTINA

1934 CENSO...DE YERBA MATE

1934-1935 CENSO PATRONAL Y OBRERO

1935 CENSO DE POBLACION DEL CHACO

1935 CENSUS [PROVINCE OF LA PAMPA]

1935 CENSO DE UNA PARCIALIDAD INDIGENA DE PATAGONIA

1935 CENSO DE DESOCUPADOS

1935 CENSO INDUSTRIAL

1935 CENSO DE MENORES EN EDAD ESCOLAR

1935-1936 CENSO ALGODONERO

1935-1936 CENSO DE TRANSITO (1, 2)

1936 CENSO GENERAL [BUENOS AIRES (CITY)] (4)

1936 CENSO GENERAL AGRICOLA [PROVINCE OF SANTIAGO DEL ESTERO]

1936 CENSO DE ASOCIACIONES PROFESIONALES

1936 CENSO DE ASOCIACIONES PROFESIONALES OBRERAS (1)

1936 CENSO HIPOTECARIO NACIONAL

1936 CENSO PROFESIONAL

1936 CENSO DE TRAFICO EN LOS CAMINOS DE LA RED NACIONAL (3)

1936 CENSO NACIONAL DE VINOS

1936 CENSO DE VINEDOS

1937 CENSO NACIONAL AGROPECUARIO

1937 CENSO NACIONAL DE BIENES DEL ESTADO

1937 CENSO GENERAL DE LA POBLACION EN EDAD ESCOLAR DE LA PROVINCIA DE SANTA FE (4)

ARGENTINA

1937 CENSO INDUSTRIAL DE 1937

1937 CENSO PRIVADO DE LA INDUSTRIA DEL CALZADO

1937 CENSO PROFESIONAL

1937 CENSO DE TRANSITO EN LA RED NACIONAL DE CAMINOS (4)

1937 CENSO COMERCIAL DE VINOS

1938 CENSO GENERAL DE LA PROVINCIA DE BUENOS AIRES

1938 CENSO DE TRAFICO EN LOS CAMINOS RADIALES DE ACCESO A LA CAPITAL FEDERAL (1)

1938 CENSO DE TRANSITO EN LA RED NACIONAL DE CAMINOS (6)

1938-1939 CENSO NACIONAL DE FLORICULTURA (1)

1939 CENSO GENERAL AGRICOLA [PROVINCE OF SANTIAGO DEL ESTERO]

1939 CENSO INDUSTRIAL

1939 CENSO DE TRANSITO EN LOS CAMINOS RADIALES DE ACCESO A LA CAPITAL FEDERAL (2)

1939 CENSO COMERCIAL DE VINOS

1940 CENSO ESCOLAR DE TERRITORIOS

1940 CENSO ESCOLAR [PROVINCE OF ENTRE RIOS]

1940 CENSO PROFESIONAL

1940 CENSO DE MAYOR TRANSITO REALIZADO EN LA RED NACIONAL DE CAMINOS (1)

1940 CENSO DE TRANSITO REALIZADO EN LA RED NACIONAL DE CAMINOS (7)

1941 DATOS ESTADISTICOS Y CENSALES DEL PARTIDO DE GENERAL SAN MARTIN [PROVINCE OF BUENOS AIRES]

1941 CENSO AGROPECUARIO [PROVINCE OF LA PAMPA]

1941 CENSO INDUSTRIAL

ARGENTINA

1941 CENSO DE PESCA Y DE CAZA MARITIMA

1941 CENSO DE TRANSITO (8)

1942 ENCUESTA CENSAL

1942 CENSO GENERAL [PROVINCE OF LA PAMPA]

1942 CENSO GENERAL DE LA POBLACION Y RIQUEZA DE MENDOZA [PROVINCE]

1942 CENSO DE BIENES DEL ESTADO

1943 CENSO DE POBLACION DE LA PROVINCIA DE CATAMARCA

1943 CENSO ESCOLAR DE LA NACION (4)

1944 CENSO DE DANOS Y PERJUICIO SUFRIDOS EN EL TERREMOTO [PROVINCE OF SAN JUAN]

1944 CENSO PROFESIONAL

1945 CENSO DE LAS PLANTACIONES DE CANA DE AZUCAR

1946 CENSO INDUSTRIAL

1947 CENSO GENERAL DE LA NACION (4)

1947 CENSO SIMPLE DE LA POBLACION [DISTRITO DE SAN ISIDRO, PROVINCE OF BUENOS AIRES]

1947 CENSO AGROPECUARIO [PROVINCE OF MENDOZA]

1947 CENSO DE EDIFICACION

1947 CENSO DE EMPLEADOS, JUBILADOS Y PENSIONISTAS PROVINCIALES, Y DE EMPLEADOS MUNICIPALES [PROVINCE OF BUENOS AIRES]

1947 CENSO DE ENTIDADES DE ACCION SOCIAL [PROVINCE OF SANTA FE]

1947 CENSO DEL PERSONAL AL SERVICIO DEL GOBIERNO NACIONAL

1947 CENSO DE VIVIENDA

1947 CENSO DE VIVIENDA, ... INDIGENTES [SANTA FE (CITY)]

ARGENTINA

1948 CENSO DE BIENES DEL ESTADO

1948 CENSO DE FUNCIONARIOS Y EMPLEADOS DE LA ADMINISTRACION PROVINCIAL [SANTA FE]

1950 CENSO INDUSTRIAL

1952 CENSO NACIONAL AGROPECUARIO

1953 CENSO DE BIENES DE LA PROVINCIA DE BUENOS AIRES

1953 CENSO DE OLIVICULTURA

1954 CENSO DE COMERCIO

1954 CENSO INDUSTRIAL

1954 CENSO NACIONAL MINERO, INDUSTRIAL Y COMERCIAL

1954 CENSO MINERO, INDUSTRIAL Y COMERCIAL [PROVINCE OF CORDOBA]

1957 CENSO COMUNAL DE DON TORCUATO [PROVINCE OF BUENOS AIRES] (1)

1958 CENSO INDIGENA DE LA PROVINCIA DE CHUBUT

1958 CENSO DE LA PROVINCIA DE SANTA FE

1958 CENSO AGROPECUARIO [PROVINCE OF ENTRE RIOS]

1958 CENSO DE NIVELES MENTALES DE LA POBLACION ESCOLAR [SALTA (CITY)]

1958 CENSO UNIVERSITARIO [UNIVERSITY OF BUENOS AIRES]

1959 CENSO GENERAL [PROVINCE OF RIO NEGRO]

1959 CENSO DE SEMENTERAS [PROVINCE OF ENTRE RIOS]

1959 CENSO UNIVERSITARIO [UNIVERSITY OF BUENOS AIRES]

1959 CENSO GENERAL DE USUARIOS DE AGUA DE RIEGO [PROVINCE OF SAN JUAN]

1960 CENSO NACIONAL DE POBLACION (5)

ARGENTINA

1960 CENSO NACIONAL DE POBLACION [PROVINCE OF MENDOZA]

1960 CENSO NACIONAL DE POBLACION [PROVINCE OF SAN JUAN]

1960 CENSO NACIONAL AGROPECUARIO

1960 CENSO NACIONAL DE VIVIENDA

1960 CENSO DE VINEDOS [PROVINCE OF MENDOZA]

1961 CENSO DE LA POBLACION JUDIA [PROVINCE OF TUCUMAN] (1)

1961 CENSO GENERAL DE TRANSITO VEHICULAR

1961 CENSO UNIVERSITARIO DE LA UNIVERSIDAD NACIONAL DE TUCUMAN

1963 CENSO NACIONAL ECONOMICO, 1963[-1964]. *SEE* 1964

1963 CENSO DE EMPRESAS

1963 CENSO UNIVERSITARIO [UNIVERSIDAD NACIONAL DEL LITORAL]

1963 CENSO UNIVERSITARIO [UNIVERSIDAD NACIONAL DE TUCUMAN]

1963 CENSO DE VINEDOS

1963 CENSO 'VILLAS DE EMERGENCIA'

1963-1964 CENSO PROVINCIAL DE COMERCIO Y PRESTACION DE SERVICIOS [PROVINCE OF MENDOZA]

1963-1964 CENSO ECONOMICO PROVINCIAL [PROVINCE OF MENDOZA]

1963-1964 CENSO PROVINCIAL DE INDUSTRIA [MENDOZA]

1963-64 CENSO UNIVERSITARIO [UNIVERSITY OF LA PLATA] (1)

1964 CENSO MUNICIPAL [VIEDMA]

1964 CENSO DE ALUMNOS [UNIVERSITY OF BUENOS AIRES]

1964 CENSO NACIONAL ECONOMICO

1964 CENSO GENERAL DE TRANSITO VEHICULAR AUTOMOTOR EN CAMINOS DE LA RED NACIONAL

1964 CENSO UNIVERSITARIO [UNIVERSIDAD NACIONAL DE TUCUMAN]

1965 CENSO NACIONAL DE ASOCIACIONES PROFESIONALES

1965 CENSO DE LOS BIENES DEL ESTADO NACIONAL

1965 CENSO PRE-ESCOLAR Y ESCOLAR DE LA CIUDAD DE CUTRAL-CO [PROVINCE OF NEUQUEN]

1965 CENSO DE EDUCACION [PROVINCE OF MISIONES]

1965 CENSO UNIVERSITARIO [UNIVERSIDAD NACIONAL DE TUCUMAN]

1966 CENSO DE POBLACION Y VIVIENDA [USHUAIA, RIO GRANDE]

1966 CENSO TERRITORIAL [TERRITORIO NACIONAL DE LA TIERRA DEL FUEGO, ANTARTIDA E ISLAS DEL ATLANTICO SUR]

1966 CENSO DE ANALFABETOS Y SEMIANALFABETOS [PROVINCE OF SANTA FE]

1966 CENSO DE BENEFICIARIOS DE LOS ORGANISMOS NACIONALES DE PREVISION SOCIAL

1966 CENSO UNIVERSITARIO [UNIVERSIDAD NACIONAL DE TUCUMAN]

1966-1967 CENSO INDIGENA NACIONAL

1967 CENSO PROVINCIAL AGROPECUARIO [PROVINCE OF SAN LUIS]

1967-1968 CENSO DE POBLACION Y VIVIENDA [PROVINCE OF RIO NEGRO]

1968 CENSO PROVINCIAL DE POBLACION Y VIVIENDA [PROVINCE OF TUCUMAN]

1968 RECUENTO CENSAL AGROPECUARIO [PROVINCE OF SANTA CRUZ]

1968 CENSO DE ALUMNOS [UNIVERSITY OF BUENOS AIRES]

ARGENTINA

1969 CENSO NACIONAL AGROPECUARIO

1969 CENSO NACIONAL AGROPECUARIO [CHACO PROVINCE]

1969 CENSO NACIONAL AGROPECUARIO [PROVINCE OF RIO NEGRO]

1969 CENSO DE EMPLEADOS PUBLICOS [PROVINCE OF MENDOZA]

197- CENSO DE EXPLOTACIONES CITRICOLAS [PROVINCE OF TUCUMAN]

1970 CENSO NACIONAL DE POBLACION, FAMILIAS Y VIVIENDAS (6)

1970 CIFRAS COMPARATIVAS ENTRE LOS CENSOS DE POBLACION, FAMILIAS Y VIVIENDAS [PROVINCE OF NEUQUEN]

1970 CENSO DE BENEFICIARIOS [CAJAS NACIONALES DE PREVISION]

1971 CENSO DE PLANTACIONES FORESTALES [PROVINCE OF MISIONES]

1974 CENSO NACIONAL ECONOMICO

1974 CENSO NACIONAL ECONOMICO: COMERCIO, RESTAURANTES, HOTELES Y SERVICIOS

1974 CENSO NACIONAL ECONOMICO: INDUSTRIA

1974 CENSO NACIONAL ECONOMICO: INDUSTRIA MANUFACTURERA

1974 EMPADRONAMIENTO NACIONAL AGROPECUARIO Y CENSO GANADERO

1976, 1977 CENSO DE INQUILINOS

1977 CENSO GANADERO

1977 CENSO DE PERSONAL CIVIL DE LA ADMINISTRACION PUBLICA NACIONAL

1979-1981 CENSO AGRICOLA/AGROPECUARIO [PROVINCE OF MENDOZA]

ARGENTINA

1816

Estimate of the United Provinces of the Río de la Plata by the Congress of Tucumán (not including Corrientes, Entre Ríos and Santa Fé):

ASAMBLEAS constituyentes argentinas, seguidas de los textos constitucionales, legislativos, y pactos interprovinciales que originaron políticamente la Nación. Fuentes seleccionadas, coordinadas y anotadas ... por Emilio Ravignani. Buenos Aires: Universidad de Buenos Aires, Facultad de Filosofía y Letras, Instituto de Investigaciones Históricas, t.I (1937), p. 249-50.
 LO/N-1; LO/U-2; LO/U19

Figures reproduced in report of Secretary of United States Mission to South America:

Brackenridge, Henry M.
- Voyage to South America, performed by order of the American Government in the years 1817 and 1818 in the Frigate 'Congress'. Baltimore, 1819.
2 vols. Appendix.
 LO/N-1; LO/U-1; LO/U19; LV/U-1; OX/U-1

1825

Second estimate of the country's population, by Congreso General Constituyente, for purposes of recruitment to army and determining provincial representation in Congress:

El Argos de Buenos Aires (18 Oct. 1824, 29 June 1825). Facsimile edition:. Buenos Aires: Junta de Historia y Numismática Americana, 1931-42. 5 vols. T.IV, p.55.
 LO/U19

1857-1858

Government of the Confederación Argentina (1853-62) orders taking of a 'censo de población'. Carried out in 11 provinces. Known as the 'censo confederal'.

First published *in* El Nacional Argentino (13 Mar. 1858). Expanded by Damián Hudson *in*: Registro Estadístico de la República Argentina, vols I and II (1864 and 1865).

Results reproduced *in*:
Martin de Moussy, Jean Antoine Victor
- Description géographique et statistique de la Confédération Argentine.
Paris: Firmin Didot, 1869-73. 3 vols.
LO/N-1; LO/U19; LV/U-1

Maeder, Ernesto J.A.
- Historia y resultados del Censo Confederal de 1857. *In*: Trabajos y Comunicaciones (La Plata: Universidad Nacional de La Plata, Facultad de Humanidades y Ciencias de la Educación), 18 (1968), p. 136-62.
LO/U-1

1869

Censo de la República Argentina (1)

Superintendente del Censo
- Trabajos preliminares y antecedentes del primer censo de población de la Nación Argentina (publicación oficial). Dirijida por el Superintendente del Censo D.G. de la Fuente. Buenos Aires: Imp. Argentina de El Nacional, 1869. 104p.

Oficina del Censo
- Informe dirijido a S.E. el Señor Ministro del Interior Doctor Dalmacio Vélez Sársfield sobre la operación y el resultado del Primer Censo Argentino por el Superintendente del Censo Diego G. de la Fuente. Buenos Aires: Imp. Argentina de El Nacional, 1870. 51p.
LO/N-1

Superintendente del Censo
- Primer censo de la República Argentina. Verificado en los días 15, 16 y 17 de setiembre de 1869, bajo la dirección de Diego G. de la Fuente, superintendente del censo. Buenos Aires: Imp. del Porvenir, 1872. lx, 746p.
LO/N-1; LO/N56; LO/U-3

- Resultado del primer censo argentino, practicado en toda la estención del territorio que compone la República Argentina, en los días 15, 16 y 17 de setiembre de 1869. [Buenos Aires?]: Pablo E. Coni, [1872?] 16p. 'Del informe dirijido al Ministerio del Interior, por el Superintendente del Censo D. Diego de la Fuente.'

See also 1895
Somoza, Jorge L.
- Muestras de los dos primeros censos nacionales de población, 1869 y 1895...

1869

Censo de la Provincia de Tucumán

CENSO de la Provincia de Tucumán. Tucumán: Imp. del Gobierno, 1870. 8p.

1872

Censo de la Ciudad de Buenos Aires

Buenos Aires (City). Comisión Directiva del Censo
- Censo de la ciudad de Buenos Aires, por su comisario, Antonio Zinny. Buenos Aires: Imp. Americana, 1872. 16p. 'Tomado de la Revista Arjentina', tomo XIII (Buenos Aires, 1872).
 LO/N-1

1881

Censo General de la Provincia de Buenos Aires

Buenos Aires (Province). Oficina de Estadística General. Comisión Directiva del Censo.
- Censo general de la Provincia de Buenos Aires. Demográfico, agrícola, industrial, comercial, & ... Verificado el 9 de octubre de 1881, bajo la administración del Doctor Don Dardo Rocha. Presidente de la Comisión Directiva del Censo, Diego G. de la Fuente. Buenos Aires: Imp. de El Diario, 1883. lxxii, 544p.
 LO/N-1; OX/U-1

Latzina, Francisco
- Censo general de la Provincia de Buenos Aires, 1881. Consideraciones demográficas sobre los resultados del censo, por Francisco Latzina. Buenos Aires: Imp. de El Diario, 1883. 26p. [Cap. IV, Sección IV of Censo general de la Provincia de Buenos Aires.]

ARGENTINA

1883-1884

Censo Escolar Nacional

Ministerio de Justicia, Culto e Instrucción Pública. Comisión Nacional de Educación. Oficina Central del Censo
- Censo escolar nacional. Resúmenes generales y preliminares en cifras absolutas y relativas del Censo Escolar Nacional relevado a fines de 1883 y principios de 1884. Buenos Aires: Imp. y Encuadernación de Stiller y Laas, 1884. xxv, 30p. Signed: F. Latzina [jefe de la Oficina Central del Censo].
   LO/N-1; OX/U-1

- Censo escolar nacional correspondiente á fines de 1883 y principios de 1884. Levantado bajo la superintendencia & administración de la Comisión Nacional de Educación ... y compilado bajo la dirección de Francisco Latzina, jefe de la Oficina Central del Censo. Buenos Aires: Talls. de la Tribuna Nacional, 1885. 3 vols.
   1. Población escolar. xxxi, 421p.
      LO/N-1; OX/U-1
   2. Estadística escolar. cvi, 412p.
      LO/N-1; OX/U-1
   3. Legislación escolar. xxxvi, 306p.
      LO/N-1; OX/U-1

1884

Censo de La Plata

Oficina de Estadística General
   - Censo de La Plata (capital de la provincia de Buenos Aires): población, comercio é industria. Levantado el 25 de marzo de 1884. Buenos Aires: Imp. Pablo E. Coni, 1884. 19p.

1886-1887

Censo de las Escuelas [Province of Santa Fé]

CENSO de las escuelas correspondiente á fines de 1886 y principios de 1887. Buenos Aires: Stiller & Laas, 1887. 80p. [*See*: Primer censo general de la provincia de Santa Fé ... 1887, vol. 4.]

1887

Censo General de Población, Edificación, Comercio é Industrias de la Ciudad de Buenos Aires (1)

Buenos Aires (City). Comisión Directiva del Censo
- Censo general de población, edificación, comercio é industrias de la ciudad de Buenos Aires, capital federal de la República Argentina, levantado en los días 17 de agosto, 15 y 30 de septiembre de 1887, bajo la adminstración del Doctor Don Antonio F. Crespo y compilado por una comisión compuesta de los señores Francisco Latzina [and others] ... Buenos Aires: Compañía Sudamericana de Billetes de Banco, 1889. 2 vols.
T. 1. 544p.
  LO/N-1; LO/N56; LO/U19; OX/U-1
T. 2. 620p.
  CC/U-1; LO/N-1; LO/N56; LO/U19; OX/U-1

1887

Censo General de la Provincia de Santa Fé (1)

PRIMER censo general de la provincia de Santa Fé (República Argentina, América del Sud), verificado bajo la administración del doctor Don José Gálvez el 6, 7 y 8 de junio de 1887. Gabriel Carrasco, director y comisario general del censo. Buenos Aires: J. Peuser, 1887-[88]. 4 vols in 2.
T. 1 (libro I). Censo de la población. 1888. cxix, 120p.
  LO/N56; OX/U-1
T. 2 (libros II-VIII). Agricultura, ganadería, industria, comercio, vías de comunicación y transportes, rentas, instituciones administrativas y sociales, leyes, procedimientos y formularios del censo. 1888. lxiv, 184p.
  LO/N56; OX/U-1
T. 3 (libros IX-XI). Sinópsis física, política, histórica. 1888. 153p.
  LO/N56; LO/U-3; OX/U-1
T. 4. Censo de las escuelas. 1887. 1, 80p.
  LO/N56; OX/U-1

1887-1888

Censo Agrícola Ganadero [Province of Entre Ríos]

Oficina General de Estadística
- Censo agrícola ganadero. Resúmenes generales y preliminares en cifras absolutas. Levantado a fines de 1887 y principios de 1888, por la Oficina General de Estadística. Paraná: Tip. Lit. Nacional a Vapor, 1888. 50p.

1888

Censo Nacional Agropecuario (1)

[The first Censo nacional agropecuario was carried out during the first two weeks of October 1888. No records of the census remain apart from Latzina's comments on the taking of the census reproduced in his 'L'agriculture...' (next item).]

Latzina, Francisco
- L'agriculture et l'élevage dans la République Argentine d'après le recensement de la première quinzaine d'octobre de 1888 fait sous les auspices de la commission chargée des travaux de la section argentine à l'Exposition de Paris; ouvrage publié sous la direction de F. Latzina. Paris: Mouillot, 1889. xii, 393p.
  CA/U-1; LO/N-1; LO/U-2; OX/U-1

1888

Censo Agrícolo-Pecuario de la Provincia de Buenos Aires

CENSO agrícolo-pecuario de la Provincia de Buenos Aires, levantado en el mes de octubre de 1888. Para contribuir a la representación de la República Argentina en la Exposición Universal de Paris. Buenos Aires: Establecimiento tipográfico El Censor, 1889. xiv, 381p.
  CA/U-1; LO/N-1

1888

Censo Agropecuario del Partido de Chascomús
[Province of Buenos Aires]

CENSO agropecuario del partido de Chascomús. Levantado con referencia al día 15 de octubre de 1888. Chascomús: Imp. El Argentino, 1889. 36p.

1889

Censo Municipal del Partido de Areco
[Province of Buenos Aires]

CENSO municipal del Partido de Areco. 1889. [No further details traced.]

1889

Censo Escolar del Distrito IV [Buenos Aires (City)]

Consejo Nacional de Educación
- Enseñanza obligatoria: censo escolar del distrito IV, noviembre de 1889 / [por] Joaquín Víctor González. Buenos Aires: F. Lajouane, 1900.

1889

Censo Infantil de la Provincia de Córdoba (1)

PRIMER censo infantil de la Provincia de Córdoba, 1889. Levantado por orden del Excmo. Gobierno en los días 15 al 28 de febrero de 1889, bajo la dirección de D. José García Delgado. Publicación oficial. Córdoba: Imp. La Minerva, 1890. 334p.

1890

Censo General de la Provincia de Buenos Aires

Buenos Aires (Province). Dirección General de Estadística de la Provincia de Buenos Aires
- Censo de la Provincia de Buenos Aires. Practicado el 31 de enero de 1890. Director: Adolfo Montier. La Plata, 1890. 2 vols.
  T. I. Medio físico. 1744 p.
  T. II. Organización política y administrativa. 183 p.

1890

Censo de la Provincia de Córdoba

CENSO de la Provincia de Córdoba, 1890. [N.p., n.p.], 1890. 464p.

1890

Censo de Bienes Nacionales

Ministerio del Interior
- Censo de bienes nacionales, 1890. Memoria presentada al Ministerio del Interior por el Dr. O. Benjamín Zorrilla, Presidente de la Comisión del Censo de Bienes Nacionales. Buenos Aires: Imp. de la Universidad, 1890. 425p.

1892

Censo de Población de los Departamentos de San Cristóbal y Vera [Province of Santa Fé]

CENSO de población de los departamentos de San Cristóbal y Vera en la provincia de Santa Fé (República Argentina, América del Sud). Verificado bajo la administración del Dr. Juan M. Cafferata; el 20, 21 y 22 de junio de 1892. Director del Censo: Ramón S. Araya. Rosario: Imp., Librería y Encuadernación de Jacobo Peuser, 1892. 37p.

1892

Censo de los Empleados Administrativos, Funcionarios Judiciales y Personal Docente de la República Argentina

Dirección General de Estadística
- Censo de los empleados administrativos, funcionarios judiciales y personal docente de la República Argentina correspondiente al 31 de diciembre de 1892. Buenos Aires: Compañía Sud-americana de Billetes de Banco, 1893. viii, 381p. 'Compilación hecha por el Sr. Alejandro Lucadamo, auxiliado por los señores Casimiro Prieto Costa y Alfredo Lucadamo.'

1893

Censo de los Empleados Administrativos ...

Dirección General de Estadística
- Censo de los empleados administrativos, funcionarios judiciales, personal docente, jubilados y pensionistas civiles de la República Argentina correspondiente al 31 de diciembre de 1893. Buenos Aires: Compañía Sud-americana de Billetes de Banco, 1894. 466p. 'Compilación hecha por el Sr. Alejandro Lucadamo, auxiliado por los señores Casimiro Prieto Costa, Alfredo M. Lucadamo y Manuel Losada.'

1894

Censo de los Empleados Administrativos ...

Dirección General de Estadística
- Censo de los empleados administrativos, funcionarios judiciales, personal docente, jubilados y pensionistas civiles de la República Argentina correspondiente al 31 de diciembre de 1894. Buenos Aires: Compañía Sud-americana de Billetes de Banco, 1895. 529p. 'Compilación hecha por el Sr. Alejandro Lucadamo, auxiliado por los señores Alfredo M. Lucadamo y Manuel Losada (h).'

1895

Censo de la República Argentina (2)

Comisión Directiva del Censo
- Segundo censo de la República Argentina, mayo 10 de 1895. Datos sobre su costo y duración. Buenos Aires: Imp. de Juan A. Alsina, 1897. 11p.

- Segundo censo de la República Argentina, mayo 10 de 1895. Primeros resultados, mayo 10 de 1896. Dirigido por Diego G. de la Fuente. Buenos Aires: J. Peuser, 1896. 80p.

- Segundo censo de la República Argentina, mayo 10 de 1895. Resúmenes definitivos: población nacional y extranjera, urbana y rural. Comisión directiva: Diego G. de la Fuente, presidente; Gabriel Carrasco, Alberto B. Martínez. Buenos Aires: Juan A. Alsina, 1897. 39p.

- Second recensement de la République Argentine, 10 mai 1895. Résumés définitifs. Population nationale et étrangere, urbaine et rurale. Commissión directrice: Diego G. de la Fuente, président; Gabriel Carrasco, Alberto B. Martínez. Buenos Aires: Imp. de J.A. Alsina, 1897. 39p.

- République Argentine ... Résumé de la population nationale et étrangere, par sexes, selon le recensement du 10 mai 1895 ... Buenos Aires, 1896. Broadside.

- Segundo censo de la República Argentina, mayo 10 de 1895. Decretado en la administración del Dr. Luis Sáenz Peña, verificado en la del Dr. José Evaristo Uriburu. Comisión Directiva: Diego G. de la Fuente, presidente; Gabriel Carrasco y Alberto B. Martínez, vocales. Buenos Aires: Tall. tip. de la Penitenciaría Nacional, 1898. 3 vols.
   T.I. Capítulos I-II. Territorio [and] Historia, inmigración, colonización. xxiv, 662p.
   LO/N-1; LO/U-3; OX/U-1
   T.II. Capítulo III. Población. cxciii, 709p.
   LO/N-1; LO/N56; LO/U-3; OX/U-1
   T.III. Capítulos IV-XV. Censos complementarios: Edificación. Agricultura. Guardia Nacional. Instrucción pública. Higiene y beneficencias. Cultos. Ganadería. Industrias. Comercio. Vías de comunicación y transporte. Diversiones y recreos públicos. Resumen político y administrativo. Cuadros.
   LO/N-1; LO/U-3; OX/U-1

- Segundo censo de la República Argentina, mayo 10 de 1895. Superficie territorial por provincias y departamentos, según la medición planimétrica verificada por el Ing. geógrafo Carlos de Chapeaurouge, dirigido por D.G. de la Fuente. Buenos Aires: Imp. Juan A. Alsina, 1897. 38p.

- Segundo censo de la República Argentina, mayo 10 de 1895. Molinos e industria harinera. Dirigido por Diego G. de la Fuente. Buenos Aires: Compañía Sud-americana de Billetes de Banco, 1896. 40p. [From chapter XI - 'Industria' - of vol. 3 of the general census.]

Somoza, Jorge L.
- Muestras de los dos primeros censos nacionales de población, 1869 y 1985 / [por] Jorge L. Somoza [y] Alfredo E. Lattes. Buenos Aires: [Instituto Torcuato di Tella, Centro de Investigaciones Sociales], 1967. iv, 132p. (Serie Población y sociedad) (Documento de trabajo, no.46)
   OX/U-1; OX/U18

1896

Censo Escolar [Province of Entre Ríos]

Consejo General de Educación
- Censo escolar, 1896. Paraná: Tip. Lib. y Enc. El Paraná, de J. Sors, 1897. 103p.

ARGENTINA

1900

Censo Municipal de Población ... de la Ciudad de Rosario de Santa Fé (1)

PRIMER censo municipal de población, con datos sobre edificación, comercio é industria de la ciudad del Rosario de Santa Fé (República Argentina). Levantado el día 19 de octubre de 1900, bajo la administración del señor Don Luis Lamas. Rosario de Santa Fé; Buenos Aires: Litografía, imp. y encuadernación de Guillermo Kraft, 1902. 559 p.
LO/N56; OX/U-1

1903

Censo Municipal de Población ... Ciudad de Mendoza (1)

PRIMER censo municipal de población, 1903. Con datos sobre edificación, comercio e industria de la ciudad de Mendoza. Levantado el día 1° de octubre de 1903 bajo la administración del Sr. Manuel A. Ceretti. Mendoza: Tip. y Encuadernación de Cárdenas, 1904. 387p.

1903

Censo de Funcionarios, Empleados y Agentes Municipales y Provinciales [Province of Santa Fé]

Santa Fé (Province). Dirección General de Estadística
- Censo de funcionarios, empleados y agentes municipales y provinciales (3 de diciembre de 1903). [No further details traced.]

1904

Censo General de Población, Edificación, Comercio e Industrias de la Ciudad de Buenos Aires (2)

Buenos Aires (City). Dirección General de Estadística Municipal. Comisión Directiva del Censo
- Censo general de población, edificación, comercio e industrias de la ciudad de Buenos Aires, capital federal de la República Argentina. Levantado en los días 11 y 18 de septiembre de 1904, bajo la administración del señor Don Alberto Casares, por Alberto B. Martínez, director de estadística municipal. Buenos Aires: Compañía Sud-americana de Billetes de Banco, 1906. 553p.
CC/U-1; LO/N-1

- Recensement général de la population, de l'édification, du commerce et de l'industrie de la ville de Buénos-Ayres, effectué les 11 et 18 septembre 1904, sous l'administration de M. Albert Casares par Albert B. Martínez, directeur de la statistique municipale. Buenos Aires: Compagnie Sud-Américaine de Billets de Banque, 1906. clxvi, 557p.
  LO/N-1; LO/N56; OX/U-1

1904

Censo de Funcionarios [Province of Santa Fé]

Santa Fé (Province). Dirección General de Estadística
- Censo de funcionarios ... Santa Fé, 1904. [No further details traced.]

1905

Censo de Población de los Territorios Nacionales

[No further details traced. Quoted in La actividad estadística en la República Argentina, 1550-1983 / Buenos Aires: Instituto Nacional de Estadística y Censos, 1983, p.74.]

1905

Censo Industrial de la Provincia de Tucumán

CENSO industrial de la Provincia de Tucumán, 1905. *In*: Boletín del Departamento Nacional del Trabajo, no.6 (Buenos Aires: Imp. Coni Hnos., septiembre 30 de 1908). 2p.

1906

Censo General de la Población, Edificación, Comercio, Industria, Ganadería y Agricultura de la Ciudad de Córdoba

Bialet Massé, Juan
- Censo general de la población, edificación, comercio, industria, ganadería y agricultura de la ciudad de Córdoba, capital de la provincia del mismo nombre (República Argentina), levantado en los días 31 de agosto y 1 de septiembre de 1906. Bajo la administración del Dr. Alejandro D. Ortiz; compilado y publicado durante las del Ing. José M. Saravia y Dr. Ramón Gil Barros. Por el Dr. Juan Bialet Massé y Nicolás Agüero. Córdoba: Establecimiento tipográfico La Italia, 1910. cxl, 207p.

1906

Censo Municipal de la Ciudad del Rosario de Santa Fé (2)

SEGUNDO censo municipal de la ciudad del Rosario de Santa Fé (República Argentina). Levantado el 19 de octubre de 1906. Intendencia del señor Nicasio Vila. Rosario: Tipografía, Litografía y Encuadernación La Capital, 1908. 463p.
LO/N-1

1906

Censo Carcelario (1)

Balbié, Antonio
- Primer censo carcelario de la República Argentina: resultados generales. Levantado el 31 de diciembre de 1906, por A[antonio]. Balbié, Director de la Penitenciaría Nacional y M.L. Desplats, Director de la División del Ministerio de Justicia e Instrucción Pública. Buenos Aires: Talls. Gráfs. de la Penitenciaría Nacional, 1906. 207p.
LO/N-1

1906

Censo Minero de Córdoba [Province]

Censo minero de Córdoba, 1906. [No further details traced.]

1907

Censo Municipal de Santa Fé

Santa Fé (City). Dirección de Estadística Municipal
- Censo municipal de Santa Fé. Población, edificación, comercio é industrias. Levantado el 22 de setiembre de 1907, bajo la administración del Intendente Municipal D. Manuel Irigoyen, por Tomás L. Martínez. Santa Fé: Imp. La Argentina de Benito Freyre (h), 1908. 189p.

1907

Censo de la Población Escolar [Province of Buenos Aires]

Buenos Aires (Province). Dirección General de Escuelas
- Censo de la población escolar; levantado en los días 26, 27 y 28 de enero de 1907 por resolución del 18 de diciembre de 1906, durante la administración del doctor José M. Vega y compilado siendo Director General de Escuelas el doctor Dalmiro Sáenz. [Por] Arturo Condomi Alcorta, director del censo.
La Plata: Tall. de impresiones oficiales, 1908-09. 2 vols.
 T. 1. 406p. T. 2. [pagination not known].

1907

Censo Escolar de la Provincia de Santa Fé

CENSO escolar de la Provincia de Santa Fé, 1907. [No further details traced.]

1908

Censo Municipal de Zárate [La Plata]

Condomi Alcorta, Arturo
- Censo municipal de Zárate, 1908. Censo y digesto municipal. Compilado por orden y durante la administración del Intendente Sr. Domingo G. Palacios, con una breve noticia histórica, geográfica y estadística del pueblo de Zárate, por Arturo Condomi Alcorta, colaborando los señores Gregorio F. Stockdale y Gregorio De los Santos. La Plata: Municipalidad del Partido de Zárate, Tall. Gráf. Sesé, Larrañaga y Cía, 1908. 100p.

1908

Censo Agropecuario Nacional

Comisión del Censo Agropecuario
- Censo agropecuario nacional: primeros resultados. La industria ganadera. Buenos Aires, 1908. 21p.

- República Argentina: censo agropecuario nacional. La ganadería y la agricultura en 1908 ... Censo levantado durante la presidencia del Dr. José Figueroa Alcorta, por una comisión compuesta de los señores Alberto B. Martínez, presidente; Dr. Francisco Latzina, Dr. José León Suárez y Emilio Lahitte, vocales. Buenos Aires: Talls. de publicaciones de la Oficina Meteorológica Argentina, 1909. 3 vols.
T.I. Ganadería. xx, 434p.
  CA/U-1; LO/N-1; OX/U-1
T.II. Agricultura. xi, 524p.
  CA/U-1; LO/N-1; OX/U-1
T.III. Monografías. xcix, 721p.
  CA/U-1; LO/N-1; OX/U-1

- Argentine Republic: agricultural and pastoral census of the nation. Stock-breeding and agriculture in 1908 ... Census taken up during the presidency of Dr. José Figueroa Alcorta, by a committee consisting of Mr. Alberto B. Martínez, president; Dr. Francisco Latzina, Dr. José León Suárez and Emilio Lahitte. Buenos Aires: Printing works of the Argentine Meteorological Office, 1909. 3 vols.
I.   Stock-breeding.
     LO/N-1; LO/U-3
II. Agriculture.
     LO/N-1; LO/U-3
III. Monographs.
     LO/N-1; LO/U-3

- Recensement agricole national. L'élevage et l'agriculture en 1908. Buenos Aires: Ateliers typ. du Bureau Météorologique Argentin, 1909- . 3 vols.
I.   L'élevage
II. Agriculture
III. Monographies

1908

Censo Minero de la República

Dirección de Comercio e Industria
- Censo minero de la República, [1908]. [No further details traced.]

ARGENTINA

1908-17

Censo Industrial [Comercial e Industrial] de la República Argentina

Dirección de Comercio e Industria
- Censo industrial de la República. Buenos Aires: Talls. de Publicaciones de la Oficina Meteorológica Argentina, 1908-10. 13 vols in 1. [Includes bulletins numbered 1 to 13, each having a special title-page and separate paging. The bulletins were also published separately under title: Censo industrial de la República Argentina, 1908-. Boletín 1- (next item).]

- Censo industrial de la República Argentina, 1908-[1914]. Boletín no. 1. Buenos Aires: Talls. de Publicaciones de la Oficina Meteorológica Argentina [and] Tall. Gráf. del Ministerio de Agricultura, 1908-19. 'Jefe: Ricardo Pillado' (boletines 3-6, 8, 15-17, 19-20). In 27 boletines (date of census in brackets):
  1. La Capital Federal (30.9.1908). 1908. 25p.
     LO/N-1
  2. Provincia de Buenos Aires (31.1.1909). 1909. 23p.
     LO/N-1
  3. Provincia de Entre Ríos (31.1.1909). 1914. 17p.
     LO/N-1
  4. Provincia de Santiago del Estero (15.2.1909). 1914. 13p.
     LO/N-1
  5. Provincias de Catamarca y La Rioja (30.4.1909). 1914. 15p.
     LO/N-1
  6. Provincia de Córdoba (30.6.1909). 1914. 15p.
     LO/N-1
  7. Provincias de San Juan y San Luis (31.8.1909). 1914. 16p.
     LO/N-1
  8. Territorios Nacionales (30.11.1909). 1914. 21p.
     LO/N-1
  9. Industrias vinícola y azucarera [1910]. 1910. 10p.
     LO/N-1
  10. Provincias de Corrientes y Tucumán (30.4.1910). 1910. 16p.
      LO/N-1
  11. Provincias de Santa Fé y Salta (15.9.1910). 1910. 26p.
      LO/N-1
  12. Provincias de Mendoza y Jujuy (30.9.1910). 1910. 22p.
      LO/N-1
  13. Resumen general [1910]. 1910. 23p.
      LO/N-1
  14. La prensa periódica [July 1911?]. 1912. 16p.
      LO/N-1
  15. Manufactura de tabacos [1911]. 1914. 17p.
      LO/N-1

ARGENTINA

16. Teléfonos [1912]. 1913. 23p.
    LO/N-1
17. La industria harinera [1912]. 1913. 19p.
    LO/N-1
18. Censo comercial e industrial de la República: bancos y seguros (30.6.1913). 1914. 57p.
    LO/N-1
19. Censo comercial e industrial de la República: informe sobre el Censo de bancos y seguros. 1914. 30p.
    LO/N-1
20. Censo comercial e industrial de la República: Capital Federal (31.12.1913). 1914. 84p.
    LO/N-1
21. Censo comercial e industrial de la República: Córdoba (31.12.1914).
    LO/N-1
22. Censo comercial e industrial de la República: Mendoza (31.12.1914).
    LO/N-1
23. Censo comercial e industrial de la República: Santa Fé [1914].
    LO/N-1
24. Censo comercial e industrial de la República: San Juan [1915]. Also published in: Boletín / Ministerio de Agricultura, no. 24 (Buenos Aires, 1916), 73p.
    LO/N-1
25. Censo comercial e industrial de la República: industria azucarera (1915).
    LO/N-1
26. Estadística comercial e industrial: Provincia de Entre Ríos [1915].
    LO/N-1
27. Estadística comercial e industrial: sociedades anónimas [1916/17].
    LO/N-1

- Censo industrial y comercial de la República Argentina, 1908-1914. Buenos Aires: Tall. Gráf. del Ministerio de Agricultura, 1915. 20 parts in 1. 482p. On cover: Panama-Pacific International Exposition, 1915. At head of title: Ministerio de Agricultura. Dirección General de Comercio y Estadística.

1909

Censo General de Población, Edificación, Comercio e Industrias de la Ciudad de Buenos Aires

Buenos Aires (City). Dirección General de Estadística Municipal
- Censo general de población, edificación, comercio é industrias de la ciudad de Buenos Aires, capital federal de la República Argentina, conmemorativo del primer centenario de la Revolución de Mayo, 1810-1910. Levantado en los días 16 al 24 de octubre de 1909 bajo la administración del señor intendente Don Manuel J. Güiraldes, por Alberto B. Martínez, director de estadística municipal ... Buenos Aires: Compañía Sud-americana de Billetes de Banco, 1910. 3 vols.
  T.I. LXXXVI, 228p.
  CC/U-1; LO/N-1; LO/N56
  T.II. XXXII, 393p.
  CC/U-1; LO/N-1; LO/N56
  T.III. VIII, 695p.
  CC/U-1; LO/N-1; LO/N56

- General census of the population, buildings, trades and industries of the city of Buenos Aires ... in commemoration of the first centenary of the revolution of May 1810-1910 (taken on October 16 to 24, 1909) under the administration of the municipal intendant Don Manuel J. Güiraldes by Alberto B. Martínez, director of municipal statistics ... Buenos Aires, 1910. 3 vols. Also known as the 'Municipal census of the Centenary'.

- Recensement général de la population, de l'édification, du commerce et de l'industrie de la ville de Buenos Aires, commemoratif du premier centenaire de la révolution de mai 1810-1910, levé du 16 au 24 octobre 1909, sous l'administration de Manuel J. Güiraldes, par Alberto B. Martínez ... Buenos Aires: Compagnie Sud-Américaine de Billets de Banque, 1910. 3 vols.
  T.I. lxxxvi, 330p.
  T.II. xxxii, 393p.
  T.III. vii, 694p.

ARGENTINA

1909

Censo General de la Ciudad de La Plata

Buenos Aires (Province). Comisión Directiva del Censo
- Censo general de la ciudad de La Plata, capital de la provincia. Población, propiedad raíz, comercio é industrias. Levantado en los días 22 al 30 de mayo de 1909, durante la administración del señor Gobernador Don Ignacio O. Irigoyen, siendo Ministro de Gobierno el Dr. Emilio Carranza. Directores del Censo: Sr. Carlos P. Salas y Dr. Arturo Condomi Alcorta. La Plata: Talls. 'La Popular', 1910. clviii, 249p.

1909

Censo General de la Provincia de Mendoza

Latzina, Francisco
- Censo general de la provincia de Mendoza, República Argentina. Levantado el 18 de agosto de 1909, durante la administración del doctor Emilio Civit, por Francisco Latzina y Alberto B. Martínez. Año 1910. Buenos Aires: Compañía Sud-americana de Billetes de Banco, 1910. cxix, 218p.
LV/U-1

1909

Censo de Población [Province of Santa Fé]

Cavallini, Carlos Alberto
- Reglamento para la formación y modo de llevarse el nuevo registro de censo de población. Compilado por Carlos Alberto Cavallini. Segunda edición corregida. Santa Fé: Imp., Librería y Casa Editorial de Ramón Ibáñez, 1909. 20p. [Refers to third national census, 1914?]

1909

Censo General de Educación

Ministerio de Justicia e Instrucción Pública
- República Argentina: censo general de educación. Levantado el 23 de mayo de 1909, durante la presidencia del Dr. José Figueroa Alcorta, siendo Ministro de Justicia e Instrucción Pública el Dr. Rómulo S. Naón, por Alberto B. Martínez. Buenos Aires: Talls. de publicaciones de la Oficina Meteorológica Argentina, 1910. 3 vols.
T.I. Población escolar. xliii, 448p.
T.II. Estadística escolar. lxxi, 543p.
T.III. Monografías. ii, 702p.

1909

Censo Obrero de la República Argentina

CENSO obrero de la República Argentina, 1909. *In*: Boletín del Departamento Nacional del Trabajo, no. 11 (diciembre 31 de 1909), p. 465-75.

[1910]

[Census of Province of Buenos Aires]

[Results not published.]

1910

Censo General de la Provincia [San Juan] (2)

SEGUNDO censo general de la provincia. Centenario de 1810. Gobierno del Sr. Coronel Don Carlos Sarmiento. Buenos Aires: Imp. y casa editora Juan A. Alsina, 1910-12. 2 vols in 1.
T. I. 1910. 378p.
T. II. 1912. 282p.

1910

Censo Municipal del Rosario de Santa Fé (3)

TERCER censo municipal del Rosario de Santa Fé. Levantado el día 26 de abril de 1910, bajo la dirección del secretario de la Intendencia, Dr. Juan Alvarez. Intendencia del Dr. Isidro Quiroga. Rosario: Talls. de 'La República', 1910. 190p.

1910

Censo Escolar de Entre Ríos

CENSO escolar de Entre Ríos, 1910. Levantado del 24 al 30 de septiembre de 1910. Buenos Aires: A. Mentruyt, 1910. 143p.

1911

Censo Pecuario [Province of Entre Ríos]

Entre Ríos (Province). Dirección General de Estadística
- Censo pecuario al 31 de diciembre de 1911. Publicación oficial. Paraná: Tip. 'Los Andes', [1911]. 18 leaves.

1912

Censo de Población de los Territorios Nacionales

Ministerio del Interior. Dirección General de Territorios Nacionales
- Censo de población de los territorios nacionales, República Argentina, 1912. Buenos Aires: Imp. G. Kraft, 1914. 370p. [Covers Misiones, Formosa, Chaco, Los Andes, La Pampa Central, Neuquén, Río Negro, Chubut, Santa Cruz, Tierra del Fuego.]

1912

Censo de la Población Escolar [Province of Santa Fé]

Santa Fé (Province). Consejo General de Educación
- Censo de la poblacion escolar. Levantado del 1° al 8 de noviembre, año 1912. Buenos Aires: J. Peuser, 1913. 119p.

ARGENTINA

1913

Censo de la Capital [de la Provincia] de Tucumán

Tucumán (Province). Oficina de Estadística y del Trabajo
- Censo de la capital de Tucumán. Población, habitación, industria y comercio. Levantado el 1° de agosto con referencia a las 12 de la noche del 31 de julio. Bajo la administración del Dr. Ernesto E. Padilla. Director de la Oficina de Estadística y del Trabajo, D. Paulino Rodríguez Marquina. Buenos Aires: Compañía Sudamericana de Billetes de Banco, 1914. 94p.

1914

Censo Nacional (3)

Comisión Directiva del Censo
- Tercer censo nacional de la República Argentina. Plan de ejecución y nota con que fué acompañado. Decreto aprobándolo. [Buenos Aires]: G. Pesce, 1914. 236p.

Comisión Nacional del Censo
- Tercer censo nacional levantado el 1° de junio de 1914. Ordenado por la ley n° 9108 bajo la Presidencia del Dr. Roque Sáenz Peña. Ejecutado durante la presidencia del Dr. Victorino de la Plaza. Comisión Nacional: Presidente, Alberto B. Martínez; vocales, Francisco Latzina, Emilio Lahitte. Buenos Aires: Tall. Gráf. de L.J. Rosso y cía, 1916-19. 10 vols.
   T.I. Antecedentes y comentarios. xxiv, 656p.
     LO/N-1 (also microfilm); LO/N56; LO/U-3; OX/U-1 (microfilm)
   T.II. Población. cxxvi, 429p.
     LO/N-1 (also microfilm); LO/N56; LO/U-3; OX/U-1 (microfilm)
   T.III. Población. iv, 624p.
     LO/N-1 (also microfilm); LO/N56; LO/U-3; OX/U-1 (microfilm)
   T.IV. Población. [ii], 635p.
     LO/N-1 (also microfilm); LO/N56; LO/U-3; OX/U-1 (microfilm)
   T.V. Explotaciones agropecuarias. xiii, 978p.
     LO/N-1 (also microfilm); LO/U-3; OX/U-1 (microfilm)
   T.VI. Censo ganadero. 741p.
     LO/N-1 (microfilm); LO/U-3; OX/U-1 (microfilm)
   T.VII. Censo de las industrias. 566p.
     LO/N-1 (microfilm); LO/N56; LO/U-3; OX/U-1 (microfilm)
   T.VIII. Censo del comercio. ii, 458p.
     LO/N-1 (microfilm); LO/U-3; OX/U-1 (microfilm)
   T.IX. Instrucción pública. Bienes del estado. 468p.
     LO/N-1 (microfilm); LO/U-3; OX/U-1 (microfilm)
   T.X. Valores mobiliarios y estadísticas diversas. lix, 639p.
     LO/U-1 (microfilm); LO/U-3; OX/U-1 (microfilm)

- Consideraciones sobre los resultados del censo ganadero, por Alberto B. Martínez. Censo ordenado por la ley no. 9108, compilado conjuntamente con el de agricultura. Buenos Aires: Tall. Gráf. L.J. Rosso, 1917. 53p.

- Consideraciones sobre el censo de las industrias, por el Ing. Eusebio E. García. Censo correspondiente al año 1914. Buenos Aires: Tall. Gráf. L.J. Rosso, 1917, 112p.

- Factores de la cultura nacional. Consideraciones sobre el censo de la instrucción pública, por Alberto B. Martínez. Buenos Aires: Tall. Gráf. L.J. Rosso, 1916. 30p.

1914

Censo General de Empleados Nacionales Civiles

CENSO general de empleados nacionales civiles, 1914. Buenos Aires: Caja Nacional de Jubilaciones y Pensiones, 1914. 1036p.

1915

Censo Escolar de la Provincia de Tucumán (1)

PRIMER censo escolar de la Provincia de Tucumán. Levantado en los días 15, 16 y 17 de abril de 1915. Publicación oficial. [N.p., n.p., 1915]. 709p.

1915

Censo Ganadero [Province of Entre Ríos]

Entre Ríos (Province). Ministerio de Gobierno. Sección Ganadería
- Censo ganadero, 1915. Paraná: Artes Gráficas, S. A., 1915. 26p.

1916

Censo Agrícola [Province of Entre Ríos]

Entre Ríos (Province). Dirección de Agricultura
- Censo agrícola. Levantado el 31 de diciembre de 1916. Paraná: Imp. de la Policía de la Capital, 1917. 7p.

1916

Censo Escolar [Province of Entre Ríos]

Entre Ríos (Province). Consejo General de Educación
- Censo escolar: levantado el día 7 de octubre de 1916. Buenos Aires: Talls. Gráfs. del Estado Mayor del Ejército, 1918. 285p.

1916

Censo Ganadero [Province of Buenos Aires]

Buenos Aires (Province). Ministerio de Obras Públicas
- Censo ganadero de la provincia de Buenos Aires, 1916. [Buenos Aires: Talls. tipográficas P. Gadola, 1916.] xxiv, 473p.

- Censo ganadero permanente de la provincia de Buenos Aires. Cuadro de la proporción entre el número y la superficie de las propiedades rurales de la provincia por partidos. La Plata, [n.d.] 1 leaf.

1917

Censo Escolar

Consejo Nacional de Educación
- Censo escolar de 1917. [Buenos Aires, 1917.]

1917

Censo Escolar de la Capital

Consejo Nacional de Educación
- Censo escolar de la capital, 24 de marzo de 1917. Buenos Aires: Establecimiento gráfico J. Weiss y Preusche, 1917. 12p.

1918

Censo de la Población Escolar [Province of Santa Fé]

Santa Fé (Province). Consejo General de Educación
- Censo de la población escolar. Levantado del 16 al 25 de noviembre de 1918. Buenos Aires: Talls. gráfs. del Instituto Geográfico Militar, 1919. xx, 397p.

ARGENTINA

1920

Censo General de los Territorios Nacionales

Ministerio del Interior. Asesoría Letrada de los Territorios Nacionales
- Censo general de los Territorios Nacionales, República Argentina, 1920. Buenos Aires: Establecimiento gráfico A. de Martino, 1923. 2 vols. For each territory the volume includes: Censos de población, ganadería, agricultura, industrias, comercio, vehículos.
  T.I. La Pampa, Misiones, Los Andes, Formosa y Chaco. 480 p.
  T.II. Neuquén, Río Negro, Chubut, Santa Cruz y Tierra del Fuego. 384p.

1921

Censo Comercial e Industrial [Province of Santa Fé]

Santa Fé (Province). Dirección General de Estadística
- Resumen general del censo comercial e industrial levantado por la Dirección General de Estadística, 1921. [N.p., n.p., n.d.]

1921

Censo Escolar [Province of Córdoba]

Córdoba (Province). Consejo General de Educación
- Censo escolar, 1921. Complemento: investigación psico-física (octubre de 1921). Presidencia: Ing. Augusto Schmiedecke. Córdoba: Est. Gráfico A. Biffignandi, 1922. 495p.

1922

Censo Ganadero Nacional

Ministerio de Agricultura. Dirección General de Economía Rural y Estadística
- Censo ganadero nacional, 1922. Extracto estadístico. (Decreto del Poder Ejecutivo, fecha 9 de noviembre de 1922.) [Buenos Aires, 1923.] 29p.

Cárcano, Miguel A.
- Censo ganadero y estadística ganadera permanente, 1922: estudio realizado en el Seminario de la Facultad de Ciencias Económicas por Miguel A. Cárcano, José P. Podestá. Buenos Aires: Imp. Mercatali, 1922. 16p. [Study commissioned by the Cámara de Diputados de la Nación, Comisión de Legislación Agraria.]

1923

Censo Municipal de la Población de Santa Fé

Santa Fé (City). Dirección de Estadística Municipal
- Censo municipal de la población de Santa Fé. Levantado el 29 de julio de 1923, bajo la administración del Intendente Municipal, Dr. Pedro Gómez Cello, por Tomás L. Martínez, Director de la Estadística Municipal. Santa Fé: Talls. gráfs. 'La Unión' de Ramón Morales, 1924. 284p.

1925

Censo Bancario de la República Argentina

Dirección Nacional de Estadística y Censos
- Censo bancario de la República Argentina, 1925. Buenos Aires: G. Kraft, 1926. iv, 81p. (Informe no.21. Serie E, no.2: Economía).
LO/U-3

1925

Censo de la Población Escolar de la Provincia de Santa Fé (3)

Santa Fé (Province). Consejo General de Educación. Oficina de Estadística
- Tercer censo de la población escolar de la Provincia de Santa Fé. Practicado del 1 al 5 de septiembre de 1925. [N.p., n.p., 1925?] 393p.

1925

Censo Ganadero [Province of Entre Ríos]

Entre Ríos (Province). Dirección de Ganadería
- Censo ganadero, 1925. Paraná, 1925. 34p.

1926

Censo Municipal del Rosario (4)

CUARTO Censo municipal del Rosario. Levantado el día 21 de octubre de 1926, bajo la dirección del Dr. Domingo Dall'Anese, profesor de la Facultad. *In*: Revista de la Facultad de Ciencias Económicas, Comerciales y Políticas, 3a. serie, tomo 4 (Rosario: Universidad Nacional del Litoral, 1935), p.24-87, 292-309.

1926

Censo de Mutualidades

Congreso Nacional. Comisión Interparlamentaria del Seguro Nacional
- Censo de mutualidades correspondiente a su estado en el año 1926. [Buenos Aires]: Imp. de la H.C. de D., [1927]. xii, 97 fold. tables.
 OX/U-1

1926

Censo del Personal Administrativo y Obrero de la Municipalidad de la Ciudad de Buenos Aires

Buenos Aires (City). Dirección del Censo
- Censo del personal administrativo y obrero de la municipalidad de la ciudad de Buenos Aires y complementos a su estudio. Ajustado al día 30 de junio de 1926. Buenos Aires: Imp. A. Cantiello, 1928. xii, 297p.

1927

Pequeño Censo de 1927

Cantón, Darío
- Pequeño censo de 1927 / Darío Cantón, José Luis Moreno. Buenos Aires: Instituto Torcuato di Tella, 1971. 254p.
 LO/U23; LV/U-1; OX/U-1

1927

Censo [de] Población Civil [Isla Martín García]

Ministerio del Interior. Consejo Nacional de Estadística y Censos
- Censo población civil, Isla Martín García, 1927. Población total al día 21 de abril de 1927. [N.p. n.p., n.d.] 10p.

[1927]

Censo Cañero de Tucumán

Censo cañero de Tucumán. *In*: Industria Azucarera, 33 (Buenos Aires: Centro Azucarero Argentino, 1927), p. 576-77.

1927

Censo Ganadero de la Provincia de Entre Ríos

Entre Ríos (Province). Dirección de Ganadería
- Censo ganadero de la provincia de Entre Ríos, 1927. Paraná, 1927. 4p.

[1927?]

Censo Infantil [Rosario]

Rueda, Pedro
- El primer censo infantil de 0 a 2 años, por el Dr. Pedro Rueda. Rosario: Tall. Gráf. Lurati, 1927. 16p.

1928-1929

Censo de Industria, Comercio y Ganadería
[Province of Santa Fé]

Santa Fé (Province). Dirección General de Estadística
- Censo de industria, comercio y ganadería practicado en los años 1928 y 1929. Decretado y llevado a cabo bajo la administración del Excmo. Señor Gobernador de la provincia, doctor Pedro Gómez Bello. Ministro de Instrucción Pública y Fomento, doctor J. Agustín Gatti. Memoria y datos estadísticos. Redactado por el Director General de Estadística Ingeniero Gregorio P. Maidana y compilado por la dependencia a su cargo. [Santa Fé: Imp. de la Provincia, 1930?] 72p.

1929

Censo de las Cárceles Nacionales

Inspector Nacional de Justicia. Dirección e Inspección de Cárceles de los Territorios Nacionales
- Censo de las cárceles nacionales practicado el 31 de diciembre de 1929 ... Marcos Paz (F.C.S.): Talls. Gráfs. de la Colonia Hogar 'Ricardo Gutiérrez', 1931. 79p.
  LO/N-1

1930

Censo General de Bienes - Correos y Telégrafos (1)

Dirección General de Correos y Telégrafos
- Primer censo general de sus bienes. Levantado el 2 de enero de 1930 ... Ordenado y ejecutado durante la administración del Dr. Antonio S. Amallo. Buenos Aires: Kraft, 1930. 206p.

1930

Censo Ganadero Nacional

Comisión Nacional del Censo Ganadero
- Censo ganadero nacional: existencia al 1° de julio de 1930; levantado por la Comisión Nacional designada por decreto del P.E. de fecha 23 de diciembre de 1929, presidida por Arturo Lanusse. Buenos Aires: Tall. Gráf. del Ministerio de Agricultura de la Nación, 1932. xxxiv, 794p.

1930

Censo General de Personal - Correos y Telégrafos

Dirección General de Correos y Telégrafos
- Censo general de personal. Practicado el 3 de febrero de 1930, durante la administración del Dr. Antonio S. Amallo. Buenos Aires: Casa Oucinde, 1930. 399p.

1931

Censo Escolar Nacional

Consejo Nacional de Educación
- Censo escolar nacional, 1931. Buenos Aires, 1933. 30p.

1931

Censo de la Población Escolar de la Provincia de Buenos Aires

Buenos Aires (Province). Consejo General de Educación. Dirección General de Escuelas
- Censo de la población escolar de la Provincia de Buenos Aires. Levantado por resolución del Honorable Consejo General de Educación, en los días 25, 26, 27 y 28 de febrero de 1931, siendo Director General de Escuelas Don Francisco A. Pereira. Compilado en la administración del Dr. Juan Vilagré La Madrid, bajo la dirección del Prof. José F. Santamarina, Inspector General de Escuelas, Jefe del Censo Escolar de la Provincia. La Plata, 1931. 54p.

1931-1932

Censo Escolar Nacional

Consejo Nacional de Educación. Oficina del Censo Escolar
- Censo escolar nacional 1931-32. Capítulo 1° : Resúmenes y clasificaciones en cifras globales. Buenos Aires, 1933. 56 leaves.

1932

Censo Nacional de Desocupados

Departamento Nacional del Trabajo
- Censo nacional de desocupados, 1932. *In*: Boletín Mensual / Departamento Nacional del Trabajo (noviembre de 1932), p.14-16.

- La desocupación en la Argentina, 1932: informe del jefe del Censo nacional de desocupados, Dr José Figuerola, Buenos Aires, 1933. Buenos Aires: Talls. Gráfs. C.I.A., 1933. 167p.

1932

Censo de los Desocupados [Province of Santa Fé]

Santa Fé (Province). Dirección General de Estadística
- Censo de los desocupados existentes en la provincia de Santa Fé entre el 10 y 25 de abril de 1932. Informe elevado al Ministerio de Instrucción Pública y Fomento, con fecha junio 28 de 1932. Santa Fé : Casa de Gobierno, 1932. 63p.

1932

Censo Escolar Nacional

Consejo Nacional de Educación
- Censo escolar nacional, 1932. (Cuadros en conjunto de Capital Federal, provincias y territorios.) Buenos Aires, 1933. 26p.

1932

Censo Ganadero de Santiago del Estero [Province]

Santiago del Estero (Province). Dirección General de Estadística
- Censo ganadero de Santiago del Estero, 1932. Santiago del Estero, 1933. 34p.

1933

Censo de Tráfico [Province of Santa Fé]

Dirección Nacional de Vialidad. División Investigaciones Carreteras. Sección Investigaciones Técnico-Económicas
- Resultado del estudio de los datos obtenidos con el censo de tráfico realizado en la provincia de Santa Fé. Buenos Aires: Kraft, [1934]. 22p.

1933

Censo Nacional de la Yerba Mate

Ministerio de Agricultura. Dirección de Economía Rural y Estadística
- Censo nacional de la yerba mate, 1933. Levantado por decreto del Poder Ejecutivo de fecha 26 de julio de 1933. Buenos Aires, 1934. 13 p.

ARGENTINA

1934

[Census - Chaco Province]

[Census taken by the Gobernación del Chaco on 23 January 1934. No publication traced.]

1934

Censo Agrícola [Province of San Juan]

San Juan (Province). Ministerio de Obras Públicas, Industrias, Comercio y Minería
- Censo agrícola: estadísticas e informaciones de la Provincia de San Juan, por Guillermo R. Aubone, Ing. Agrícola, Director de la estación experimental de Alto de Sierra. Publicación dispuesta por decreto 261 H. de junio 11 de 1934. Buenos Aires: Compañía Impresora Argentina, S.A., 1934. 125p.

1934

Censo Ganadero de la Provincia de Entre Ríos

Ministerio de Hacienda. Departamento Agrícola-Ganadero. Sección Ganadería
- Censo ganadero de la Provincia de Entre Ríos, 1934. Paraná: Imp. de la Provincia, 1934. 132p.

1934

Censo Infantil [Rosario]

Rosario (City). Consejos escolares electivos de Rosario. Comité de coordinación
- Censo infantil, 1934, 0-14 anos, levantado el día 24 de agosto. Rosario, 1935. 203p.

1934

Censo ... de Yerba Mate

Ministerio de Agricultura
- Censo de las plantaciones y cosechas de yerba mate, 1934. Buenos Aires, 1935. 12p.

1934-1935

Censo Patronal y Obrero

CENSO patronal y obrero, 1934-35. *In*: Memoria del Ministerio del Interior, 1934-35 (Buenos Aires, 1935), p.350-51.

1935

Censo de Población del Chaco

CENSO de población del Chaco, 1935 / [por A.E. Bunge]. [N.p., n.p.], 1939.

1935

[Census - Province of La Pampa]

[Census taken by the Gobernación de La Pampa on 3 October 1935. No publication traced.]

1935

Censo de una Parcialidad Indígena de Patagonia

Alejo Vignati, Milcíades
- Censo de una parcialidad indígena de Patagonia. *In*: Investigaciones y Ensayos, 14 (Buenos Aires, enero-junio 1973), p. 89-98.
 CA/U-1; LO/U-1; OX/U-1; XY/N-1

1935

Censo de Desocupados

CENSO de desocupados, 1935. *In*: Memoria del Ministerio del Interior, 1934-35 (Buenos Aires, 1935), p. 351-53.

ARGENTINA

1935

Censo Industrial

Ministerio de Hacienda. Comisión Nacional del Censo Industrial
- Censo industrial de 1935. Censo realizado por la Comisión Nacional del Censo Industrial, de acuerdo a la Ley no. 12.104. Resultados generales (cifras provisionales). Buenos Aires: [Dirección del Censo Industrial de la Nación], 1937. 4 fascículos:
  1. 41p.
     LO/N-1
  2. 69p.
  3. 52p.
  4. 27p.

- Censo industrial de 1935. Publicado y distribuido por la Dirección General de Estadística de la Nación (decreto número 124.520 de fecha 31 de diciembre de 1937). Resumen de sus compilaciones publicado de conformidad con lo dispuesto por decreto del Poder Ejecutivo, en Acuerdo de Ministros, no. 120.576, de fecha 2 de diciembre de 1937. Buenos Aires: Talls. de la S.a. Casa Jacobo Peuser, Ltda., 1938. 152p.
  CC/U-l;LO/N-1; OX/U-1

- Censo industrial de 1935. Censo levantado por la Comisión Nacional del Censo Industrial, Ley no. 12.104. Publicado y distribuido por la Dirección General de Estadística de la Nación. Decreto no. 124.520 del 31 de diciembre de 1937. Buenos Aires: Talls. de la S.a. Casa Jacobo Peuser, Ltda, 1938. xliii, 750p.
  CA/U-1; CV/U-1; LO/N-1; LO/U-3; OX/U-1; OX/U16

1935

Censo de Menores en Edad Escolar

CENSO de menores en edad escolar que trabajan por cuenta ajena, 1935. *In*: Boletín informativo / Departamento Nacional del Trabajo, año 18, época VI, nos 192-3-4 (Buenos Aires, enero, febrero, marzo de 1936), p. 4494-501.

1935-1936

Censo Algodonero

Ministerio de Agricultura. Junta Nacional del Algodón
- Censo algodonero de la República Argentina, año 1935-36. Buenos Aires: Imp. López, 1936. 2 vols. in 1. 309p. (Publicaciones de la Junta, no.16)

1935-1936

Censo de Tránsito (1, 2)

PRIMER y segundo censo de tránsito. *In*: Memoria / Dirección Nacional de Vialidad (Buenos Aires, 1936), p. 524-26. [First census taken December 1935, second taken April 1936.]

1936

Censo General (Buenos Aires (City)] (4)

Buenos Aires (City). Comisión Técnica Encargada de Realizar el Cuarto Censo General
- Cuarto censo general, 1936. Población. 22-X-1936. Buenos Aires: Talls. gráfs. de Guillermo Kraft, 1938-40. 4 vols.
  T.I. Informe preliminar. 1938. 430p.
  LO/N56; OX/U-1
  T.II. Masculinidad. Lugar de nacimiento. Alfabetismo. 1939. 463p.
  LO/N56;OX/U1
  T.III. Estado civil. País de matrimonio. Religión. 1939. 413p.
  LO/N56; OX/U-1
  T.IV. Fecundidad, familias. 1940. 393p.
  LO/MlO; LO/N-1; LO/N56; OX/U-1

1936

Censo General Agrícola [Province of Santiago del Estero]

Santiago del Estero (Province). Dirección General de Estadística
- Censo general agrícola, 1936. Compendio de agricultura. La industria algodonera en Santiago del Estero. Estadística de precipitaciones fluviales. Población por departamentos, ciudades y pueblos importantes. Temperatura comparada de las ciudades capitales de la República. Temperatura registrada en la ciudad de Santiago del Estero ... Santiago del Estero, 1937. 27p.

1936

Censo de Asociaciones Profesionales

Departamento Nacional del Trabajo. Division de Estadística, Investigaciones Sociales
- Censo de asociaciones profesionales, 1936. Buenos Aires, 1936. 28p.

1936

Censo de Asociaciones Profesionales Obreras (1)

PRIMER censo de asociaciones profesionales obreras. *In*: Boletín informativo / Departamento Nacional del Trabajo, año 18, época VI, nos 192-3-4 (enero, febrero, marzo de 1936), p. 4731-63.

1936

Censo Hipotecario Nacional

Ministerio de Hacienda. Comisión del Censo Hipotecario Nacional
- Censo hipotecario nacional, al 31 de diciembre de 1936. Buenos Aires: [S.a. Casa Jacobo Peuser Ltda.], 1938. 385p.

1936

Censo Profesional

Departamento Nacional del Trabajo. División de Estadística, Investigaciones Sociales
- Censo profesional, 1936. Buenos Aires, 1936. 28p.

1936

Censo de Tráfico en los Caminos de la Red Nacional (3)

TERCER censo de tráfico en los caminos de la red nacional. Realizado durante los días 19, 20 y 21 de diciembre de 1936. *In*: Memoria de la Dirección Nacional de Vialidad, Tomo II (Buenos Aires, 1937), p. 84-92.

1936

Censo Nacional de Vinos

Administración General de Impuestos Internos
- Primer censo nacional de vinos, 1936. Al 1° de agosto de 1936. Datos correspondientes a toda la República. *In*: Boletín informativo / Junta Reguladora de Vinos, no. 32 (Buenos Aires, octubre de 1936), p. 178-84.

1936

Censo de Viñedos

Junta Reguladora de Vinos
- Censo de viñedos, 1936. Cifras provisionales. *In*: Boletín informativo / Junta Reguladora de Vinos, no.28 (Buenos Aires, 15 de julio de 1936), p. 179-80.

- Censo de viñedos. Año 1936. Actualizado de acuerdo a las extirpaciones realizadas en los años 1936 a 1938 en cumplimiento de las leyes 12.137 y 12.355. Buenos Aires, 1938. 229p.

1937

Censo Nacional Agropecuario

Ministerio de Agricultura. Dirección de Economía Rural y Estadística. Comisión Nacional del Censo Agropecuario
- Censo nacional agropecuario. Compendio. 1937. [Buenos Aires]: Ministerio de Agricultura de la Nación, [1940]. 110p.

- Censo nacional agropecuario de 1937. Buenos Aires, 1938. 2 fascículos in 1:
    1. Las plantaciones de caña de azúcar. Resultados generales. 41p.
    2. Resultados generales. (Cifras provisionales.) 23p.

- Censo nacional agropecuario, año 1937. Ley 12.343. Levantado el 30 de junio de 1937. Buenos Aires: G. Kraft, 1939-40. [Refers to año agrícola 1936/37.] 4 vols in 2.
    1. Economía rural (I parte). 1137p.   3. Agricultura. xlix, 842p.
       CA/U-1; LO/U-3; OX/U-1   CA/U-1; LO/U-3; OX/U-1
    2. Ganadería. lxx, 909p.   4. Economía rural (II parte). 503p
       CA/U-1; LO/U-3; OX/U-1   CA/U-1; LO/U-3; OX/U-1

1937

Censo Nacional de Bienes del Estado

Ministerio de Obras Públicas. Comisión del Censo Nacional de Bienes del Estado
- Indice general alfabético por materia de los bienes nacionales del Estado. Buenos Aires: Tall. Gráf. del Ministerio de Obras Públicas, 1937. 61p.

- Censo de bienes del Estado. 1937. Clasificación de bienes, reglamentación. Buenos Aires, 1937. 2 vols.

1937

Censo General de la Población en Edad Escolar de la Provincia de Santa Fé (4)

Santa Fé (Province). Ministerio de Instrucción Pública y Fomento. Comisión Central del Censo Escolar
- Cuarto censo general de la población en edad escolar de la Provincia de Santa Fé, realizado el 14-X-1937. Santa Fé, 1941. 164p.

1937

Censo Industrial de 1937

[Census taken 31 December 1937. Ley no. 12.104. Results published in a *folleto*, 23 August 1939. A special, and separate, *informe* on 'producción y distribución de energía eléctrica' also published. Neither publication traced.]

1937

Censo Privado de la Industria del Calzado

Cámara de la Industria del Calzado
- Censo privado practicado por la Cámara de la industria del calzado, 1937. Buenos Aires: Industria Argentina del Calzado, 1938. 11p.

1937
Censo Profesional

Departamento Nacional del Trabajo. División de Estadística, Investigaciones Sociales
- Censo profesional, 1937. Buenos Aires, 1938. 24p.

1937

Censo de Tránsito en la Red Nacional de Caminos (4)

CUARTO censo de tránsito en la red nacional de caminos. Realizado durante los días 18, 19 y 20 de diciembre de 1937. *In*: Memoria de la Dirección Nacional de Vialidad, Tomo III (Buenos Aires, 1937), p. 93-105.

1937

Censo Comercial de Vinos

CENSO comercial de vinos, 1937. Al 30 de noviembre de 1937. *In*: Boletín informativo / Junta Reguladora de Vinos, no.51 (Buenos Aires, 31 de mayo de 1938), p. 68-75.

1938

Censo General de la Provincia de Buenos Aires

Buenos Aires (Province). Ministerio de Gobierno
- Instrucciones para los oficiales del censo general de la población, inmuebles, comercio e industrias de la provincia de Buenos Aires. La Plata, 1938. 59p.

- Registro general y censo permanente de la población, inmuebles, comercio e industrias de la provincia de Buenos Aires. Reglamento administrativo. La Plata, 1938. 79p.

- Registro general y censo permanente de la población, inmuebles, comercio e industrias de la provincia de Buenos Aires. Reglamento técnico. La Plata, 1938. 46p.

- Reglamento para la ejecución del censo general de la población, inmuebles, comercio e industrias de la provincia de Buenos Aires. La Plata, 1938. 31p.

- Instrucciones para la organización del censo en las oficinas seccionales de cada partido de la provincia de Buenos Aires. La Plata, 1939. 19p.

- Censo general de la Provincia de Buenos Aires, 1938. [Buenos Aires, 1939.]
    1er informe : Resultados primarios del censo realizado el 18 de diciembre de 1938 en la provincia de Buenos Aires. 13p.
    2do informe : Crecimiento de la población de los partidos de la provincia -abstracción urbana. 8p.
    3er informe : Conglomerado bonaerense. 12p.
    informe : Población por sexos. 18p.

- Censo de 1938 y cálculo a 1942. Registro general y censo permanente de la población, inmuebles, comercio e industrias. Decreto del Poder Ejecutivo de la Provincia del 5 de mayo de 1942. La Plata, 1942. 19p.

1938

Censo de Tráfico en los Caminos Radiales de Acceso a la Capital Federal (1)

Ministerio de Obras Públicas. Dirección Nacional de Vialidad. División Investigaciones Carreteras. Sección Investigaciones Técnico-Económicas
- Primer censo de tráfico en los caminos radiales de acceso a la Capital Federal. Realizado durante las 24 horas de los días sábado 2, domingo 3 y lunes 4 de julio de 1938. Buenos Aires: Kraft, [1939]. 48p.

1938

Censo de Tránsito en la Red Nacional de Caminos (6)

Ministerio de Obras Públicas. Dirección Nacional de Vialidad
- Sexto censo de tránsito en la red nacional de caminos. Realizado durante los días 2, 3 y 4 de diciembre de 1938. Buenos Aires, 1940. 18p.

1938-1939

Censo Nacional de Floricultura (1)

Ministerio de Agricultura. Dirección de Economía Rural y Estadística
- Primer censo nacional de floricultura, Ley 12.343. Años 1938-39. Buenos Aires: Dirección de Propaganda y Publicaciones, 1940. 40p.
LO/N-1

1939

Censo General Agrícola [Province of Santiago del Estero]

Santiago del Estero (Province). Dirección General de Estadística
- Censo general agrícola, 1939. Antecedentes: la industria algodonera santiagueña. Promedio del valor de la propiedad, edificada, baldía y rural. Transferencias de tierras boscosas. Climatología de la Provincia. Población y movimiento demográfico. 1940. 49p.

ARGENTINA

1939

Censo Industrial

[Censo industrial de 1939, taken 31 December 1939. *Folleto* of results published 16 July 1941, preceded by 14 mimeographed *informes*, issued progressively as results were known. No copies traced.]

1939

Censo de Tránsito en los Caminos Radiales de Acceso a la Capital Federal (2)

Ministerio de Obras Públicas. Dirección Nacional de Vialidad
- Segundo censo de tránsito en los caminos radiales de acceso a la Capital Federal. Realizado durante las 24 horas de los días sábado 23, domingo 24 y lunes 25 de diciembre de 1939. Buenos Aires, 1939. 58p.

1939

Censo Comercial de Vinos

CENSO comercial de vinos, 1939. Al 31 de diciembre de 1939. *In*: Memoria del año 1939 / Junta Reguladora de Vinos (Buenos Aires, 1940), p. 87-97.

1940

Censo Escolar de Territorios

Consejo Nacional de Educación
- Censo escolar de territorios, 1940. Capítulo correspondiente a la Memoria Anual. Buenos Aires, 1941. 41p.

1940

Censo Escolar [Province of Entre Ríos]

Entre Ríos (Province). Consejo General de Educación
- Censo escolar [de la Provincia de Entre Ríos]. Levantado el 14 de octubre de 1940. Paraná, 1942.

ARGENTINA

1940

Censo Profesional

Departamento Nacional del Trabajo. División de Estadística
- Censo profesional de la Capital Federal, 1940. Buenos Aires, 1940. 20p.

[1940?]

Censo de Mayor Tránsito realizado en la
Red Nacional de Caminos (1)

Dirección Nacional de Vialidad
- Primer censo del mayor tránsito realizado en la red nacional de caminos. Buenos Aires, 1942. 8 p.

1940

Censo de Tránsito Realizado en la Red Nacional de Caminos (7)

Ministerio de Obras Públicas. Administración General de Vialidad Nacional
- Censo de tránsito realizado en la red nacional de caminos. Realizado durante las 24 horas de los días 28, 29 y 30 de diciembre de 1940. Buenos Aires, 1943. 10p.

1941

Datos Estadísticos y Censales del Partido de General
San Martín [Province of Buenos Aires]

RESUMEN demográfico, Municipalidad de General San Martín, 1941. Datos estadísticos y censales del Partido de General San Martín. Publicación oficial. San Martín, Provincia de Buenos Aires, noviembre 15 de 1941. 11p.

1941

Censo Agropecuario [Province of La Pampa]

La Pampa (Province). Dirección de Economía Rural y Estadística
- Estadística agropecuaria de La Pampa: resultados del censo nacional agropecuario, año 1941. 1941. 15p.

1941

Censo Industrial

[CENSO industrial (1941) / Dirección General del Censo Industrial. General results published in mimeographed *informe*, 1 September 1943. Before this, separate *informe* published, containing statistics on 'producción y distribución de la energía eléctrica'.]

1941

Censo de Pesca y de Caza Marítima

Ministerio de Agricultura. Dirección de Economía Rural y Estadística
- Censo de pesca y de caza marítima al 31 de diciembre de 1941. Ley 12.343. [Buenos Aires, n.d.] 14p.

1941

Censo de Tránsito (8)

Administración General de Vialidad
- Octavo censo de tránsito realizado en la red nacional de caminos, 1941. Buenos Aires, 1943. 30p.

1942

Encuesta Censal

Dirección de Economía Rural y Estadística
- Resultados de la encuesta censal del 30 de septiembre de 1942. Buenos Aires, 1943. 39p.

1942

Censo General [Province of La Pampa]

La Pampa (Province). Gobernación de La Pampa
- Censo general del Territorio Nacional de La Pampa. Gobernador: Miguel Duval. Gobernación de La Pampa, Ministerio del Interior, 1942. 2 vols.
    Tomo I. Población. 172p.
    Tomo II. Agropecuario, comercio e industria. 75p.

1942

Censo General de la Población y Riqueza de Mendoza [Province]

Mendoza (Province). Gobernador
- Mensaje al inaugurarse el período ordinario de sesiones de la H. Legislatura. Mendoza, junio de 1942. [The plans for the execution and tabulation of the 1942 census are described, p. 265-72.]

Mendoza (Province). Ministerio de Economía, Obras Públicas y Riego. Instituto Técnico de Investigaciones y Orientación Económica de la Producción
- Censo general de la población y riqueza de Mendoza, 1942. [N.p., n.d.]

- Censo general la población y riqueza de Mendoza, Ley 1398. Cultivos permanentes, 1942. Mendoza: Imp. oficial, 1943. 251p.
    LO/N-1

- Censo general de la población y riqueza de Mendoza, Ley 1398. Ganadería. 1942. Mendoza: Imp. oficial, enero 1942. 61p.

- Censo de la población de Mendoza, 1942. Mejoras introducidas por el mismo en los métodos clásicos de investigación del estado civil de las personas. Estudio del Ing. Emilio Rebuelto, presidente de la Sociedad Argentina de Estadística. Mendoza, 1942. 39p.

1942

Censo de Bienes del Estado

Ministerio de Hacienda. Contaduría General de la Nación
- Censo de bienes del Estado, [1942]. [N.p., n.d., n.d.].

1943

Censo de Población de la Provincia de Catamarca

Coghlan, Eduardo J.
- Censo de población de la Provincia de Catamarca, 1943. Levantado el 28 de abril de 1943. Compilado y comentado por el Dr. Eduardo A. Coghlan, Director de los Censos de Población y Escolar de la Nación. Buenos Aires, 1947. 119p.

ARGENTINA

1943

Censo Escolar de la Nación (4)

Ministerio de Justicia e Instrucción Pública. Consejo Nacional de Educación. Dirección del Censo Escolar de la Nación
- Censo escolar de la nación, levantado el 28 de abril de 1943. Resultados generales correspondientes a ... Ley no. 12.723. Buenos Aires, 1946. 25 folletos (pagination varies) (Serie D).

- Censo escolar de la nación, levantado el 28 de abril de 1943. Resultados generales correspondientes a la Gobernación de Santa Cruz. [Buenos Aires], 1946.

- IV [Cuarto] censo escolar de la nación 1943. Levantado en abril de 1943. (Ley no. 12.723). Buenos Aires, 1948-50. 4 vols.
> T. I. Resumen general de toda la República, parciales de la Capital Federal y provincia de Buenos Aires. Antecedentes y organización del IV censo escolar. Documentos, formularios y propaganda. Resultados del IV censo escolar. 1948. 496 p.
> T. II. Información demográfica. Instrucción, analfabetismo, ocupación y vivienda en Catamarca, Córdoba, Corrientes, Entre Ríos, Jujuy, La Rioja y Mendoza. 1948. 455 p.
> T. III. Información demográfica... en Salta, San Juan, San Luis, Santa Fé, Santiago del Estero y Tucumán. 1949. 371 p.
> T. IV. Información demográfica... en Chaco, Chubut, Formosa, La Pampa, Los Andes, Misiones, Neuquén, Río Negro, Santa Cruz y Tierra del Fuego. 1950. 527 p.

- Censo escolar de la nación 1943. La distribución por zonas de la población argentina y su relación con los hechos culturales, económicos y sociales. 2da. edición. Buenos Aires: Talls. Gráfs. del Consejo Nacional de Educación, 1946. 215p.

- Censo escolar de la nación 1943. Informe de la Dirección del Censo Escolar. El analfabetismo en la Argentina. Estudio comparativo desde 1869 a 1943. 2da. edición. Buenos Aires, 1946. 215p.

1944

Censo de Daños y Perjuicio Sufridos en el Terremoto [Province of San Juan]

Ministerio de Hacienda
- Provincia de San Juan: censo de daños y perjuicio sufridos en el terremoto del 15 de enero de 1944. Buenos Aires, 1944. 10p.

1944

Censo Profesional

Fürnkörn, Divico A.
- Censo profesional. *In*: Revista de Ciencias Económicas, no.274 (mayo 1944), p. 472-78.

1945

Censo de las Plantaciones de Caña de Azúcar

Consejo Nacional de Estadística y Censos
- Censo de las plantaciones de caña de azúcar realizado el 16 de abril de 1945. Cifras generales. Buenos Aires, 1945. 2 vols.
  I.   55p. (Informe no. 1).
  II. 54p. (Informe no. 2).

1946

Censo Industrial

[*See* 1947 IV censo general de la nación. Censo industrial de 1946.]

1947

Censo General de la Nación (4)

Dirección Nacional de Investigaciones, Estadística y Censos
- IV [Cuarto] censo general de la nación: proyecto de organización del relevamiento y de los organismos de ejecución regional y local. Buenos Aires, 1946. 471p.

- IV [Cuarto] censo general de la nación: cuestionarios censales, planillas y formularios impresos. Buenos Aires, 1947. 1 vol. (unpaged).

- IV [Cuarto] censo general de la nación. Datos provisionales. La población de la República. Buenos Aires, 1948.
  Totales generales. 17p. (Serie E.D.S. no. I-A).
  Capital Federal. 5p. (Serie D.S. no. L-E).
  Provincia de Buenos Aires. 13p. (Serie D.S. no. I-C).
  Provincia de Catamarca. 5p. (Serie D.S. no. I-D).
  Provincia de Corrientes. 6p. (Serie D.S. no.I-F).

Dirección Nacional de Servicios Técnicos del Estado. Dirección General del
Servicio Estadístico Nacional
- Cuarto censo general de la nación. 1947. Buenos Aires: Ministerio de Asuntos
Técnicos, 1951. 2 vols.
    I. Resultados generales del Censo de Población. 40p. (Informe, D.1).
      CV/U-1; LO/N-1; LO/N56; LO/U-2; LO/U-3; OX/U-1; XY/N-1 (microfilm)
    II. Comparación de los resultados del Censo de Población. 30p. (Informe,
D.2).
      CV/U-1; LO/N-1; LO/N56; LO/U-2; LO/U-3; OX/U-1; XY/N-1 (microfilm)

Dirección General del Servicio Estadístico Nacional, *later* Dirección Nacional
del Servicio Estadístico
- IV [Cuarto] censo general de la nación. 1947. Buenos Aires: Talls. Gráfs. de
Guillermo Kraft Ltda, [1948]-52. 3 vols.
    I. Censo de población. [n.d.] xci, 727p.
      CC/U-1; CV/U-1; LO/N-1; LO/N56; OX/U-1; XY/N-1 (microfilm)
    II. Censo agropecuario: Régimen legal de la tierra. Ganadería.
Agricultura. Maquinaria, vehículos e implementos. [n.d.] xxiv, 491p.
      CC/U-1; LO/N-1; LO/U-3; OX/U-1; XY/N-1 (microfilm)
    III. Censos: Industrial, de comercio, de empresas de construcción,
bancario, de seguros y de empresas de capitalización y ahorro (crédito
recíproco). 1952. 452p.
      CA/U-1; LO/N-1; LO/U-2; LO/U-3; OX/U-1; XY/N-1 (microfilm)

Part of t.III was issued separately as Cuarto censo general de la nación
[1947]. Censo industrial de 1946 / Dirección Nacional de Servicios Técnicos
del Estado. Dirección General del Servicio Estadístico Nacional. Buenos
Aires: Ministerio de Asuntos Técnicos, [1952]. xii, 235p.
    CV/U-1; LO/N-1; LO/U-2; OX/U-1; XY/N-1 (microfilm)

Instituto Nacional de Estadística y Censos
- Cuadros inéditos [del] IV censo general de la nación, año 1947: características
de familia y convivencia, estado civil y fecundidad. Buenos Aires, [1975 or 76].
(Serie Información demográfica, 3).
    CC/U-1; ED/N-1; LO/U-3

- Cuadros inéditos, IV censo general de la nación, año 1947: características
económicas de la población. Buenos Aires, [1979?] xvi, 233p. (Serie Información
demográfica, 2).
    BT/U-5; CC/U-1; ED/N-1

ARGENTINA

1947

Censo Simple de la Población [Distrito de San Isidro, Province of Buenos Aires]

San Isidro, Province of Buenos Aires. Inspección de Estadística
- Censo simple de la población, Distrito de San Isidro. Autorizado por el Consejo en sesión del 18 de julio de 1947 y levantado el 5 de noviembre de 1947. Con autorización y asesoramiento técnico de la Dirección Nacional de Estadística. San Isidro : Tall. Gráf. Casabra, 1947. 16p.

1947

Censo Agropecuario [Province of Mendoza]

PROVINCIA de Mendoza - censo agropecuario de 1947. Special number of: Boletín informativo / Ministerio de Economía, Obras Públicas y Riego, Instituto de Investigaciones Económicas y Tecnológicas, no.5 (Mendoza, 1949). 101p.

1947

Censo de Edificación

Dirección Nacional del Servicio Estadístico
- Cuarto censo general de la nación [1947]. Censo de edificación. Buenos Aires, 195-? Pagination varies.
    CV/U-1

1947

Censo de Empleados, Jubilados y Pensionistas Provinciales, y de Empleados Municipales [Province of Buenos Aires]

Ministerio de Hacienda, Economía y Previsión. Dirección General de Estadística e Investigación
- Censo de empleados, jubilados y pensionistas provinciales, y de empleados municipales de la Provincia de Buenos Aires. [Buenos Aires? La Plata? Peuser, 1947, i.e. 1950]. 148p.

1947

Censo de Entidades de Acción Social [Province of Santa Fé]

CENSO de entidades de acción social (al 30 de abril de 1947). *In*: Anuario estadístico / Dirección General de Investigaciones, Estadística y Censos, vol.1, cap. XXII (Santa Fé, 1948), p. 641-62.

1947

Censo del Personal al Servicio del Gobierno Nacional

Ministerio de Hacienda. Contaduría General de la Nación
- Censo del personal al servicio del gobierno nacional al 30 de mayo de 1947, decreto acuerdo no. 6441/947. Cifras provisionales. Buenos Aires, 1947. 25 leaves.

1947

Censo de Vivienda

Dirección Nacional del Servicio Estadístico
- Cuarto censo general de la nación [1947]. Censo de vivienda. Buenos Aires, 195-? 342 leaves.
    CV/U-1

Instituto Nacional de Estadística y Censos
- Cuadros inéditos [del] IV censo general de la nación, año 1947: características de familia y convivencia, estado civil y fecundidad. Buenos Aires, [1976?] xii, 257p. (Serie Información demográfica, 3).
    CC/U-1; LO/U-3; OX/U-1

- Cuadros inéditos [del] IV censo general de la nación, año 1947: características económicas de la población. [Buenos Aires, 1976?] xvi, 233p. (Serie Información demográfica, 2).
    BT/U-5; CC/U-1; LO/N-1; OX/U-1

1947

Censo de Vivienda, ... Indigentes [Santa Fé (City)]

CENSO de vivienda: inspección ocular sintética de inmuebles, al 10 de junio de 1947. Empadronamiento de indigentes en el Municipio de Santa Fé (junio 1947). *In*: Anuario estadístico / Dirección General de Investigaciones, Estadística y Censos, vol.1, cap. XX (Santa Fé, 1948), p. 613-32.

1948

Censo de Bienes del Estado

Ministerio de Hacienda. Contaduría General de la Nación
- Censo de bienes del Estado al 31 de julio de 1948. Decreto no. 10.005, de abril 7 de 1948. Normas reglamentarias. Buenos Aires, 1948. 371p.

- Censo de bienes del Estado, 1948. Nomenclator, guía de bienes muebles y semovientes, clasificación básica y planillas censales que deben utilizarse. Buenos Aires: Contaduría General de la Nación, Registro de Bienes del Estado, [n.d.] 38p.

- Censo de bienes del Estado al 31 de julio de 1948. Decreto 10.005 del 7 de abril de 1948. Buenos Aires, 1948. 6 fascículos.
  I. Oficinas públicas en general. 209p.
  II. Inventario de tipo industrial. 189p.
  III. Inventario de tipo médico o científico. 173p.
  IV. Inmuebles. 165p.
  V. Transporte y defensa. 171p.
  VI. Agropecuario. 135p.

1948

Censo de Funcionarios y Empleados de la Administración Provincial [Santa Fé]

CENSO de funcionarios y empleados de la Administración Provincial. Al 13 de noviembre de 1948. *In*: Anuario estadístico / Dirección General de Investigaciones, Estadística y Censos, vol.1, cap. XXI (Santa Fé, 1948), p. 633-40.

1950

Censo Industrial

Dirección Nacional de Estadística y Censos
- Censo industrial, 1950. Buenos Aires, 1957. 131p.
    BT/U-5; CA/U-1; CV/U-1; LO/N-1; LO/U-3; OX/U-1

ARGENTINA

1952

Censo Nacional Agropecuario

Dirección Nacional de Estadística y Censos
- Censo nacional agropecuario de 1952: existencia de ganado vacuno, porcino y lanar: resultados provisionales. Buenos Aires: Dirección Nacional del Servicio Estadístico, 1953. ii, 49p. (Ministerio de Asuntos Técnicos. Informe A.1).
  BT/U-5; CA/U-1; LO/N-1; LO/U-2; LO/U-3 (3. ed.); OX/U-1

- Censo agropecuario, 1952. [Selection of results.] Buenos Aires, 1958. 119p. (Informe A.2)
  CA/U-1; LO/N-1; LO/U-2; LO/U-3; OX/U-1

1953

Censo de Bienes de la Provincia de Buenos Aires

Buenos Aires (Province). Ministerio de Hacienda, Economía y Previsión. Contaduría de la Provincia
- Censo de bienes de la Provincia de Buenos Aires, 1953. Bienes del Estado. Relevamiento al 6 de abril de 1953. Decreto no. 4757/52. La Plata, 1953. 200 p.

1953

Censo de Olivicultura

CENSO de olivicultura, 1953: olivo, investigación sobre las plantaciones al 31 de octubre de 1953. Buenos Aires: Dirección General de Economía Agropecuaria en coordinación de servicios con la Corporación Nacional de Olivicultura, [1953]. 29p.

1954

Censo de Comercio

Dirección Nacional de Estadística y Censos
- Censo de comercio, 1954. Buenos Aires, 1959. 2 vols.
  I. 389p.
      CA/U-1; LO/U-2; LO/U-3; OX/U-1; OX/U16
  II. 409p.
      CA/U-1; LO/U-2; LO/U-3; OX/U-1; OX/U16

ARGENTINA

1954

Censo Industrial

Dirección Nacional de Estadística y Censos
- Censo industrial, 1954. Buenos Aires, 1960. xiii, 383p.
   BT/U-5; CA/U-1; LO/N-1 (also microfilm); LO/U-2; LO/U-3; OX/U-1; OX/U16

Córdoba (Province). Ministerio de Hacienda, Economía y Previsión Social. Dirección General de Estadística, Censos e Investigaciones
- Censo industrial, 1954. Cifras definitivas. Córdoba, 1959. 139p. (Publicación especial, 2).

1954

Censo Nacional Minero, Industrial y Comercial

Dirección Nacional de Estadística y Censos
- Censo nacional minero, industrial y comercial de 1954: resultados provisionales. Publicación de la Dirección Nacional del Servicio Estadistico, noviembre de 1954. Buenos Aires: Secretaría de Asuntos Técnicos, 1954. 60p.
   CV/U-1; LO/N-1; LO/U-3

1954

Censo Minero, Industrial y Comercial [Province of Córdoba]

Córdoba (Province). Ministerio de Hacienda, Economía y Previsión Social. Dirección General de Estadística, Censos e Investigaciones
- Censo minero, industrial y comercial, 1954. Cifras provisorias para la provincia, del Censo minero, industrial y comercial. Córdoba, [n.d.] 89p.
   CV/U-1

1957

Censo Comunal de Don Torcuato [Province of Buenos Aires] (1)

Don Torcuato, Province of Buenos Aires. Asociación de Fomento
- I [Primer] censo comunal de Don Torcuato. 1957. Realizado bajo los auspicios de la Asociación de Fomento de Don Torcuato, con la colaboración de vecinos y equipo especializado, bajo la supervisión del Departamento de Investigaciones, Censo y Estudios de Mercado de J. Walter Thompson Argentina. Don Torcuato (Province of Buenos Aires): F.C. Gral. Belgrano, enero de 1957. 30p.

1958

Censo Indígena de la Provincia de Chubut

Chubut (Province). Ministerio de Economía
- Censo indígena de la Provincia de Chubut, 1958. Población indígena. [n.d.] 100 p.

1958

Censo de la Provincia de Santa Fé

CENSO de la Provincia de Santa Fé. Abril de 1958 / Gobernación de Santa Fé. [No publication traced]

1958

Censo Agropecuario [Province of Entre Ríos]

PROVINCIA de Entre Ríos - censo agropecuario, [1958]. In: Síntesis estadístico, año 1960 (Paraná: Ministerio de Hacienda y Economía, Dirección General de Estadística y Censos, noviembre de 1961). 54p.

-Estadística agropecuaria. Cifras obtenidas en el censo practicado el 30 de junio de 1958. Paraná: Ministerio de Hacienda y Economía, Dirección General de Estadística y Censos, [n.d.] 6p.

ARGENTINA

1958

Censo de Niveles Mentales de la Población Escolar (Salta (City)]

CENSO de niveles mentales de la población escolar de la ciudad de Salta; test Goodenough, baremo regional Salta / [por] Víctor F. Savoy Uriburu [et al]. San Miguel de Tucumán: Universidad Nacional de Tucumán, Instituto de Psicología y Ciencias de la Educación, 1958 [i.e. 1961]. 54p. (Publicación, no.828).

1958

Censo Universitario [University of Buenos Aires]

Buenos Aires (City). Universidad de Buenos Aires
- Censo universitario, 1958. Censo realizado durante la primera quincena del mes de octubre de 1958. Buenos Aires, 1959. 242 p.

Buenos Aires (City). Universidad de Buenos Aires. Junta de planeamiento. Secretaría ejecutiva
- Comparación entre los censos universitarios de 1958 y 1964. Buenos Aires, 1965. 19 leaves. (Servicio de documentación. Publicación interna, no.1).

1959

Censo General [Province of Río Negro]

Río Negro (Province). [Ministerio de Economía. Dirección General de Desarrollo Económico.] Dirección de Estadística y Censos
- Primer censo general, 1959. Cifras definitivas de población, Río Negro. Viedma, 1961. 96p.

1959

Censo de Sementeras [Province of Entre Ríos]

CENSO [de sementeras] del 30 de junio : 1959 [and] Censo de sementeras [Province of Entre Ríos], al 30 de septiembre de 1959. Ley provincial no. 2588. Síntesis estadística, año 1960, incluyendo cifras de 1958 y 1959. Paraná: Ministerio de Hacienda, Economía y Educación, Dirección General de Estadística y Censos, noviembre de 1961. 54p.

1959

Censo Universitario [University of Buenos Aires]

Buenos Aires (City). Universidad Nacional de Buenos Aires
- Censo universitario. Buenos Aires, 1959. 243p.

1959

Censo General de Usuarios de Agua de Riego [Province of San Juan]

CENSO general de usuarios de agua de riego, 1959. *In*: Boletín técnico informativo / San Juan: Ministerio de Obras Públicas, Departamento de Hidráulica, no.4 (julio 1959), p. 6-10; no.5 (octubre 1959), p.2; no.6 (enero 1960), p. 26-28; no.7 (abril 1960), p. 8-10.

1960

Censo Nacional de Población (5)

Dirección Nacional de Estadística y Censos
- Censo nacional de población, 1960: antecedentes, normas y procedimientos. Buenos Aires, 1965. 80p.
    BT/U-5; CC/U-1; LO/N56; LO/U-2; LO/U-3; OX/U-1; XY/N-1 (microfilm)

- Censo nacional 1960: población: características principales de la población obtenidas por muestreo. [Buenos Aires], 1963. xii, 200p.
    CC/U-1; CV/U-1; LO/N-1; LO/N56; LO/U-2; LO/U-3; OX/U-1; XY/N-1 (microfilm)

- Censo nacional de 1960: cifras provisionales de población y vivienda por partido y localidad al 10.9.60. Buenos Aires: Dirección de Estadística e Investigación, 1966.
    LO/N-1

- Censo nacional, 1960: población: población mayor de 14 años, económicamente activa y ocupada, clasificada por sexo, rama de actividad y categoría de ocupación. Buenos Aires, 1964. 49p.

- Censo nacional [de] 1960: población: resultados provisionales. Buenos Aires, 1961. 187p.
    LO/N-1; LO/N56; LO/U-3; OX/U-1; XY/N-1 (microfilm)

ARGENTINA

- Censo de población, 1960. Resultados provisionales, por departamentos y/o partidos, suministrados por los comités censales provinciales. [Buenos Aires, 1961?] 31 leaves.

- Censo nacional de población, 1960. Buenos Aires, 1965-[68?] 9 vols in 11.
  T.I. Total del país. xliv, 117p.
     BT/U-5; CC/U-1; LO/N-1; LO/N56; LO/U-2; LO/U-3; OX/U-1; XY/N-1 (microfilm)
  T.II. Gran Buenos Aires: Capital Federal, 18 partidos conurbanos. lv, 371p.
     BT/U-5; CC/U-1; CV/U-1; LO/N-1; LO/N56; LO/U-2; LO/U-3; OX/U-1; XY/N-1 (microfilm)
  T.III. Zona pampeana: Buenos Aires, La Pampa. liii, 360p.
     BT/U-5; CC/U-1; CV/U-1; LO/N-1; LO/N56; LO/U-2; LO/U-3; OX/U-1; XY/N-1 (microfilm)
  T.IV. Zona central: Córdoba, Santa Fé. liii, 286p.
     BT/U-5; CC/U-1; CV/U-1; LO/N-1; LO/N56; LO/U-2; LO/U-3; OX/U-1; XY/N-1 (microfilm)
  T.V. Zona mesopotámica: Corrientes, Entre Ríos, Misiones. ix, 382p.
     BT/U-5; CC/U-1; CV/U-1; LO/N-1; LO/N56; LO/U-2; LO/U-3; OX/U-1; XY/N-1 (microfilm)
  T.VI. Zona chaqueña: Chaco, Formosa, Santiago del Estero. lxi, 382p.
     BT/U-5; CV/U-1; LO/N-1; LO/N56; LO/U-2; LO/U-3; OX/U-1; XY/N-1 (microfilm)
  T.VII. Zona noroeste: Parte I: Catamarca, Jujuy. lxxi, 240p. Parte II: La Rioja, Salta, Tucumán. iv, 241-626p.
     BT/U-5; CV/U-1; LO/N-1; LO/N56; LO/U-2; LO/U-3; OX/U-1; XY/N-1 (microfilm)
  T.VIII. Zona cuyana: Mendoza, San Juan, San Luis. lxii, 368p.
     BT/U-5; CV/U-1; LO/N-1; LO/N56; LO/U-2; LO/U-3; OX/U-1; XY/N-1 (microfllm)
  T.IX. Zona patagónica: Parte I: Chubut, Neuquén. lxxii, 237p. Parte II: Río Negro, Santa Cruz, Tierra del Fuego. iv, 239-592p.
     BT/U-5; LO/N-1; LO/N56; LO/U-2; LO/U-3; OX/U-1; XY/N-l(microfilm)

Results of individual provinces published separately:
  - Chubut: Censo nacional 1960. Población. *In*: Anuario estadístico/ Dirección de Estadística y Censos (1960), p. 4-48.
  - Paraná: Censo nacional 1960. Población. *In*: Síntesis estadística/ Dirección General de Estadística y Censos (1960, i.e. noviembre de 1961), p. 24-28.
  - Salta: Censo nacional 1960. Población. *In*: Boletín trimestral de estadística/ Dirección de Estadística e Investigaciones Económicas de la Provincia, nos. 8, 10, 12 (noviembre de 1960, diciembre de 1961, noviembre de 1962).
  - San Juan: Censo nacional 1960. Población / Instituto de Estadística y Estudios. [N.d.] Pagination varies.

- Santa Fé: Censo nacional 1960. Población. *In*: Boletín / Direccion General de Estadística y Censos de la Provincia (agosto 1961), p. 1-80.
- Santa Cruz: Censo nacional 1960. Población / Dirección de Estadística y Censos, [n.d.]

1960

Censo Nacional de Población [Province of Mendoza]

Mendoza (Province). Instituto de Investigaciones Económicas y Tecnológicas
- Censo nacional de población, 1960: resultados provisorios obtenidos de la compilación efectuada para Medoza por el I.I.E.T.; análisis y comentarios por el Licenciado Marco Antonio Gallar, Jefe del Departamento de Estudios.Mendoza, 1962. 138p. At head of title: Intervención Federal en Mendoza. Ministerio de Economía, Obras Públicas y Riego.
    XY/N-1 (microfilm)

1960

Censo Nacional de Población [Province of San Juan]

CENSO nacional, 1960. Provincia de San Juan. Buenos Aires: Consejo Federal de Inversiones, 1965. Unnumbered *planillas*.

CENSO nacional, 1960. Estudio sobre analfabetismo, provincia de San Juan. Buenos Aires: Consejo Federal de Inversiones, [1965]. Unnumbered *planillas*.

1960

Censo Nacional Agropecuario

Dirección Nacional de Estadística y Censos
- Censo nacional agropecuario. 1960. Buenos Aires, 1961- . 22 parts in 2 vols.

1. La Pampa. 502-42p.
CA/U-1; CV/U-1; LO/N-1; LO/N99; LO/U-2; LO/U-3
2. Neuquén. 660-98p.
CA/U-1; CV/U-1; LO/N-1; LO/N99; LO/U-2; LO/U-3
3. Formosa. 425-60p.
CA/U-1; CV/U-1; LO/N-1; LO/N99; LO/U-2; LO/U-3
4. Entre Ríos. 382-424p.
CA/U-1; CV/U-1; LO/N-1; LO/N99; LO/U-2; LO/U-3
5. Córdoba. 218-64p.
CA/U-1; CV/U-1; LO/N-1; LO/N99; LO/U-2; LO/U-3
6. Santa Cruz. 861-95p.
CA/U-1; CV/U-1; LO/N-1; LO/N99; LO/U-2; LO/U-3

7. La Rioja. 543-80p.
CA/U-1; CV/U-1; LO/N-1; LO/N99;
LO/U-2; LO/U-3
8. Catamarca. 182-217p.
CA/U-1; CV/U-1; LO/N-1; LO/N99;
LO/U-2; LO/U-3
9. Jujuy. 461-501p.
CA/U-1; CV/U-1; LO/N-1; LO/N99;
LO/U-2; LO/U-3
10. Santa Fé. 896-942p.
CA/U-1; CV/U-1; LO/N-1; LO/N99;
LO/U-2; LO/U-3
11. San Luis. 822-60p.
CA/U-1; CV/U-1; LO/N-1; LO/N99;
LO/U-2; LO/U-3
12. Chubut. 343-81p.
CA/U-1; CV/U-1; LO/N-1; LO/N99;
LO/U-2; LO/U-3
13. Salta. 739-82p.
CA/U-1; CV/U-1; LO/N-1; LO/N99;
LO/U-2; LO/U-3
14. Río Negro. 699-738p.
CA/U-1; CV/U-1; LO/N-1; LO/N99;
LO/U-2; LO/U-3

15. Chaco. 304-42p.
CA/U-1; CV/U-1; LO/N-1; LO/N99;
LO/U-2; LO/U-3
16. San Juan. 783-821p.
CA/U-1; CV/U-1; LO/N-1; LO/N99;
LO/U-2; LO/U-3
17. Tucumán. 984-1021p.
CA/U-1; CV/U-1; LO/N-1; LO/N99;
LO/U-2; LO/U-3
18. Mendoza. 581-623p.
CA/U-1; CV/U-1; LO/N-1; LO/N99;
LO/U-2; LO/U-3
19. Santiago del Estero. 943-83p.
CA/U-1; CV/U-1; LO/N-1; LO/N99;
LO/U-2; LO/U-3
20. Buenos Aires. 1-180p.
CA/U-1; CV/U-1; LO/N-1; LO/N99;
LO/U-2; LO/U-3
21. Misiones. 624-59p.
CA/U-1; CV/U-1; LO/N-1; LO/N99;
LO/U-2; LO/U-3
22. Corrientes. 265-303p.
CA/U-1; CV/U-1; LO/N-1; LO/N99;
LO/U-2; LO/U-3

- Censo nacional agropecuario, 1960: [resultados obtenidos]. Buenos Aires, 1964. 3 vols.
  I. 303p. II. 304-660p. III. 661-1038p.
  BT/U-5; CC/U-1; LO/N99; LO/U-2; OX/U-1

[Censo nacional agropecuario] Results of individual provinces published separately:
- Chubut: Censo nacional agropecuario. *In*: Anuario estadístico / Dirección General de Estadística y Censos de la Provincia (1960), p.77-84.
- Entre Ríos. *In:* Estadistica agropecuaria. Año 1960, incluyendo cifras de 1958 y 1959. Paraná: Ministerio de Hacienda, Economía y Educación, Dirección General de Estadística y Censos, noviembre de 1961. 13 p.
- Paraná: Censo nacional agropecuario: resumen por departamentos. *In*: Síntesis estadística / Dirección General de Estadística y Censos, año 1960 (noviembre de 1961). 54p.
- Mendoza: Censo nacional agropecuario: resultados provisorios obtenidos de la compilación efectuada para Mendoza por el Instituto de Investigaciones Económicas y Tecnológicas. Mendoza, 1962. 93p.

- San Luis: Censo nacional agropecuario / Instituto de Estadística y Estudios Económicos de la Provincia. [n.d.] Pagination varies.
- Santa Fé: Censo nacional agropecuario. *In*: Boletín /Dirección General de Estadística y Censos de la Provincia (agosto 1961), p. 141-93.

1960

Censo Nacional de Vivienda

Dirección Nacional de Estadística y Censos
- Censo nacional de 1960. Vivienda. Resultados preliminares. Buenos Aires, 1960- .
    LO/N-1

- Censo nacional, 1960: vivienda: resultados provisionales. Buenos Aires, 1961. 12p.
    CC/U-1; CV/U-1; LO/N-1; LO/N99; LO/U-3

- Cifras provisorias del censo nacional, 1960. Río Negro, viviendas. Viedma: Secretaría Técnica de la Gobernación, Dirección de Estadística y Censos, 1963. [21]p.

- Censo nacional de vivienda, 1960. *In*: Boletín de estadística (abril-junio de 1965), p. 259-97.

- Censo nacional de vivienda, 1960. Buenos Aires, [1967?] 3 vols.
    T.I. [n.d.] xxxviii, 517p.
        BT/U-5; CC/U-1; LO/N-1; LO/U-2; LO/U-3; OX/U-1
    T.II. [n.d.] iii, 518-1009p.
        CC/U-1; CV/U-1; LO/N-1; LO/U-2; LO/U-3; OX/U-1
    T.III. [n.d.] iv, 1010-1747p.
        CC/U-1; CV/U-1; LO/N-1; LO/U-2; LO/U-3; OX/U-1
'Formó parte del V censo de la nación.'
Results for individual provinces published separately:
- Chubut: Censo nacional 1960. Vivienda. *In*: Anuario estadístico / Dirección General de Estadística y Censos (1960), p. 49-76.
- Paraná: Censo nacional 1960. Vivienda. *In*: Síntesis estadística / Dirección General de Estadística y Censos (1960, i.e. noviembre de 1961), p. 21-24.
- Salta: Censo nacional 1960. Vivienda. *In*: Boletín trimestral de estadística /Dirección de Estadística e Investigaciones Económicas, no.8 (noviembre de 1960), no.12 (noviembre de 1962).
- San Luis: Censo nacional 1960. Vivienda / Instituto de Estadística y Estudios Económicos de la Provincia [n.d.] Pagination varies.
- Santa Fé: Censo nacional 1960. Vivienda. *In*: Boletín / Dirección de Estadística y Censos (agosto 1961), p. 81-140.

1960

Censo de Viñedos [Province of Mendoza]

CENSO de viñedos, 1960. *In*: Síntesis de estadística vitivinícola (Mendoza: Instituto Nacional de Vitivinicultura, 1961), p. 70-80.

1961

Censo de la Población Judía [Province of Tucumán] (1)

PRIMER censo de la población judía de la Provincia de Tucumán. Datos y comentarios. Tucumán; Buenos Aires: Kehila, 1962. 57p.

1961

Censo General de Tránsito Vehicular

CENSO general de tránsito vehicular automotor realizado en caminos de la red nacional. Realizado durante los días 15, 16 y 17 de diciembre de 1961. *In*:. Código de tramos de la red nacional de caminos y obras anexas (Buenos Aires: Dirección Nacional de Vialidad, 1962), p. 255-63.

[1961]

Censo Universitario de la Universidad Nacional de Tucumán

San Miguel de Tucumán. Universidad Nacional de Tucumán
- Censo universitario de la Universidad Nacional de Tucumán. [Confeccionado por un equipo integrado por los señores Avila, Elías, Valeriano García, Ment y Pucci.] San Miguel de Tucumán, 1965. 63p.

1963

Censo nacional económico, 1963[-64]. *See*: Censo nacional económico, 1964.

1963

Censo de Empresas

CENSO de empresas, 1963. *In*: Catálogo industrial Peuser / Autor y director: Juan Luis Baqueiro. Buenos Aires, 1963. 1043p. (p.29-137).

1963

Censo Universitario [Universidad Nacional del Litoral]

Rosario. Universidad Nacional del Litoral. Departamento de Pedagogía Universitaria
- Censo universitario, 1963: informe preliminar. [Santa Fé, 1964]. 48p.

1963

Censo Universitario [Universidad Nacional de Tucumán]

San Miguel de Tucumán. Universidad Nacional de Tucumán
- Censo universitario, 1963. 71p. (Publicación oficial, no. 881)

- Censo universitario (segunda parte). 1963. 69p. (Publicación oficial, no. 908)

1963

Censo de Viñedos

CENSO de viñedos, 1963. Al 31 de diciembre de 1963. *In*: Síntesis de estadística vitivinícola (Mendoza: Instituto Nacional de Vitivinicultura, 1964), p. 15-30.

1963

Censo 'Villas de Emergencia'

CENSO 'villas de emergencia', 1963. *In*: Boletín de la Dirección de Estadística, año 1, no. 3 (Buenos Aires: Municipalidad de la Ciudad de Buenos Aires, 1963). 49p.

1963-1964

Censo Provincial de Comercio y Prestación de Servicios [Province of Mendoza]

Mendoza (Province). Departamento de Censos y Muestreos
- Censo provincial de comercio y prestación de servicios, 1963/64. Mendoza, [1966]. 72p. (Publicaciones; año 8, no. 35). [Same as vol. 2 of next item?]

ARGENTINA

1963-1964

Censo Económico Provincial [Province of Mendoza]

Mendoza (Province). Instituto de Investigaciones Económicas. Departamento de Censos y Muestreos
- Censo económico provincial, 1963/64. Trabajo preparado por el Ing. R.I. Silva, Licenciado F.E. Avila, Sres F. Caruso, R. Robert y Srtas L. Jacquemin y M. Martín / [Mendoza, 1967]. 2 vols.
   1. Industria manufacturera.
   2. Comercio mayorista y minorista. Prestación de servicios.

1963-1964

Censo Provincial de Industria [Mendoza]

Mendoza (Province). Departamento de Censos y Muestreos
- Censo provincial de industria, 1963/64. Mendoza, [196-?] [57]p. (Publicaciones; año 8, no. 29). [Same as vol. 1 of previous item?]

1963-1964

Censo Universitario [University of La Plata] (1)

La Plata. Universidad Nacional de La Plata. Facultad de Humanidades y Ciencias de la Educación. Sección de sociología y política educacional. Instituto de Pedagogía
- Primer censo universitario, 1963-64. Informe preliminar. La Plata, [1965]. 5p.

1964

Censo Municipal [Viedma]

Viedma, Province of Río Negro. Consejo Municipal
- Censo municipal de población y vivienda del distrito de Viedma. Viedma, 1965. 32p.

ARGENTINA

1964

Censo de Alumnos [University of Buenos Aires]

Buenos Aires (City). Universidad de Buenos Aires
- Censo de alumnos. 1964. Buenos Aires, 1964. 499p.
    LO/U-9

- Censo de alumnos, 1964: resumen. [Buenos Aires, 1965?] [47] leaves.

Buenos Aires (City). Universidad de Buenos Aires. Junta de Planeamiento. Secretaría ejecutiva
- Comparación entre los censos universitarios de 1958 y 1964. Buenos Aires, 1965. 19 leaves. (Servicio de documentación. Publicación interna, no.1).

1964

Censo Nacional Económico

[Secretaría de Estado de Hacienda] Dirección Nacional de Estadística y Censos
- Censo nacional económico, 1964: antecedentes, normas y procedimientos. Buenos Aires, [1968?] 260p.
    BT/U-5; CA/U-1; CC/U-1; CV/U-1; ED/N-1; LO/U-2; LO/U-3; OX/U-1; LO/N99

CENSO nacional económico, 1963: cifras provinciales preliminares ... [Río Negro]. Comercio y prestación de servicios; industrias manufactureras.
[Datos tabulados con la asistencia técnica y supervisión del Equipo de Estado del Consejo Federal de Inversiones.] Viedma: Secretaría Técnica de la Gobernación, 1964. 108 p.
    LO/N-1

Río Negro (Province). Dirección de Estadística y Censos
- Censo económico nacional, 1963: cifras provinciales preliminares. I. Construcciones. II. Minería. III. Transporte automotor. [Viedma? Secretaría Técnica de la Gobernación, 1965.] 38 [i.e. 40] leaves.

Tucumán (Province). Dirección de Estadística de la Provincia
- Censo económico, 1963. Cifras provisionales. Tucumán, 1965. 10 p.

Instituto Nacional de Estadística y Censos
- Censo nacional económico, 1963 [sic]. Vol. 1: cifras provisionales. Buenos Aires, [1964]. 27p. (Serie C.N.E. 1) Running title: Resultados provisionales del Censo nacional económico, al 30 de abril de 1964.
    CA/U-1; CC/U-1; LO/N-1; LO/N99; LO/U-2; LO/U-3; OX/U-1; OX/U-16

- Censo nacional económico, relevado el 30 de abril de 1964. Vol. 2: resultados generales: industria manufacturera, CIIU - divisiones 2-3. [Buenos Aires], 1968. 5 nos in 1 vol. 89p. (C.N.E.2).
  BT/U-5; CA/U-1; CC/U-1; LO/N99; LO/U-3; OX/U-1; OX/U16

Dirección Nacional de Estadística y Censos
- Censo nacional económico, relevado el 30 de abril de 1964. Vol.3: resultados generales: comercio y prestación de servicios. Buenos Aires, [1968?] 56p. (C.N.E.3).
  BT/U-5; CA/U-1; CC/U-1; ED/N-1; LO/U-3; OX/U-1

Instituto Nacional de Estadística y Censos
- Censo nacional económico: comercio y prestación de servicios. Buenos Aires, [1969?]-71. 9 vols.
  1. Capital Federal. 93p.
     BT/U-5; CA/U-I; CC/U-1; CV/U-1; ED/N-1; LO/N99; LO/U-2; OX/U-1; OX/U16
  2. Partidos del Gran Buenos Aires. 81p.
     BT/U-5; CA/U-1; CC/U-1; CV/U-1; ED/N-1; LO/N99; LO/U-2; OX/U-1; OX/U16
  3. Provincia de Buenos Aires (excluidos los 19 partidos del Gran Buenos Aires). 146p.
     BT/U-5; CA/U-1; CC/U-l, CV/U-1; EO/N-1; LO/N99; LO/U-2; OX/U-1; OX/U16
  4. Córdoba. 87p.
     BT/U-5; CA/U-1; CC/U-1; CV/U-1; EOtN-1; LO/N99; LO/U-2; OX/U-1; OX/U16
  5. Santa Fé. 84p.
     BT/U-5; CA/U-1; CC/U-1; CV/U-1; ED/N-1; LO/N99; LO/U-2; OX/U-1; OX/U16
  6. Entre Ríos, Corrientes, Misiones, Chaco, Formosa. 250p.
     BT/U-5; CA/U-1; CC/U-1; CV/U-1; ED/N-1; LO/N99; LO/U-2; OX/U-1; OX/U16
  7. Mendoza, San Juan, San Luis, La Rioja. 196p.
     BT/U-5; CA/U-1; CC/U-1; CV/U-1; ED/N-1; LO/N99; LO/U-2; OX/U-1; OX/U16
  8. Catamarca, Jujuy, Salta, Santiago del Estero, Tucumán. 242p.
     BT/U-5; CA/U-1; CC/U-1; CV/U-1; BD/N-1; LO/N99; LO/U-2; OX/U-1; OX/U16
  9. La Pampa, Río Negro, Neuquén, Chubut, Santa Cruz, Territorio Nacional de la Tierra del Fuego. 226p.
     BT/U-5; CA/U-1; CC/U-1; CV/U-1; ED/N-1; LO/N99; LO/U-2; LV/U-1 OX/U-1; OX/U16;

- Censo nacional económico: industria manufacturera, CIIU - divisiones 2-3.
Buenos Aires, [1968-69?] 4 parts.
  1. Capital Federal. 208p.
     CA/U-1; CC/U-1; CV/U-1; E/D/N-1; ED/U-1; LO/N99; LO/U-2; OX/U-1; OX/U16
  2. Partidos del Gran Buenos Aires. 217p.
     CA/U-1; CC/U-1; BD/N-1; LO/N99; LO/U-2; OX/U-1; OX/U16
  3. Total de provincias y Territorio Nacional de la Tierra del Fuego. 75p.
     CA/U-1; CC/U-1; ED/N-1; ED/U-1; LO/N99; LO/U-2; OX/U-1; OX/U16
  4. Total del país. 280p.
     CA/U-1; CC/U-1; CV/U-1; ED/N-1; ED/U-1; LO/N99; LO/U-2; OX/U-I

- Censo nacional económico. Industria manufacturera, CIIU - divisiones 2-3: total del país. Materias primas utilizadas, productos elaborados. [Buenos Aires, between 1968 and 1971.] 411p.
  CA/U-1; CV/U-1; LO/N99

- Censo nacional económico: minería, construcción, electricidad y gas, CIIU - divisiones 1-4-5, total del país. [Buenos Aires, 1969?] 57p.
  CA/U-1; CC/U-1; CV/U-1; LO/N99; LO/U-2; OX/U-1; OX/U16

Chaco (Province). Ministerio de Economía y Obras Públicas. Dirección de Estadística y Censos
- Censo económico nacional. Provincia del Chaco. Resistencia, 1967. 28p.

1964

Censo General de Tránsito Vehicular Automotor
en Caminos de la Red Nacional

Dirección Nacional de Vialidad. Dirección Principal de Planeamiento
- Datos del censo general de tránsito vehicular automotor en caminos de la red nacional. Realizado durante los días 18, 19 y 20 de diciembre de 1964. Buenos Aires, 1964.

1964

Censo Universitario [Universidad Nacional de Tucumán]

San Miguel de Tucumán. Universidad Nacional de Tucumán
- Censo universitario, 1964. Universidad Nacional de Tucumán. [N.d.] 185p. (Publicación, no. 936).
  LO/U-9

1965

Censo Nacional de Asociaciones Profesionales

Ministerio de Trabajo y Seguridad Social. Dirección General de Asociaciones Profesionales. Dirección General de Estudios e Investigaciones
- Censo nacional de asociaciones profesionales. Buenos Aires, 1965. 64p.

1965

Censo de los Bienes del Estado Nacional

Oficina Nacional del Presupuesto. Contaduría General de la Nación
- Censo de los bienes del Estado Nacional, 1965. Recuento físico quincenal dispuesto por el Decreto no. 7384/64. Reglamentario del art. 68°s de la Ley de Contabilidad. Normas reglamentarias. Buenos Aires, 1965. 45p.

- Censo de los bienes del Estado Nacional, 1965. Nomenclador por especie de bienes (complementaria del clasificador de los bienes del Estado, aprobado por decreto no. 10005/48). Buenos Aires, 1965. 121p.

1965

Censo Pre-Escolar y Escolar de la Ciudad de Cutral-Có [Province of Neuquén]

Neuquén (Province). Ministerio de Economía. Dirección de Estadística y Censos
- Censo pre-escolar y escolar de la ciudad de Cutral-Có, 1965. [Neuquén, 1965.] 10 leaves.

1965

Censo de Educación [Province of Misiones]

Misiones (Province). Dirección General de Estadística
- Censo de educación (Departamento Capital). Cifras definitivas, 15 de diciembre de 1965. Misiones, 1966. 14 leaves.

ARGENTINA

1965

Censo Universitario [Universidad Nacional de Tucumán]

San Miguel de Tucumán. Universidad Nacional de Tucumán. Programa de Estadísticas Universitarias
- Censo universitario, 1965. Universidad Nacional de Tucumán. San Miguel de Tucumán, 1965. 171p. (Publicación, no.940) (Programa de estadísticas universitarias, 9).
LO/U-9

1966

Censo de Población y Vivienda [Ushuaia, Río Grande]

'Ushuaia, Tierra del Fuego. El 24 de marzo de 1966, se realizó un relevamiento censal de población y vivienda en la ciudad de Ushuaia y en Río Grande'. [Cifras provisionales.] La Prensa (26 de marzo de 1966), p.1. Never published?

1966

Censo Territorial [Territorio Nacional de la Tierra del Fuego, Antártida e Islas del Atlántico Sur]

[Secretaría de Hacienda y Economía.] Dirección General de Estadística y Censos
- Censo territorial de 1966, decreto no. 323/65. Territorio Nacional de la Tierra del Fuego, Antártida e Islas del Atlántico Sur. Buenos Aires, [1967?] 141 leaves. On spine: Censo población, vivienda, agropecuario.

1966

Censo de Analfabetos y Semianalfabetos
[Province of Santa Fé]

[Results of the Censo de analfabetos y semianalfabetos, Province of Santa Fé] *In*: La Nación (2 de marzo de 1966). p.6.]
LO/N38; LO/U23

ARGENTINA

1966

Censo de Beneficiarios de los Organismos Nacionales de Previsión Social

Ministerio de Bienestar Social. Secretaría de Estado de Seguridad Social. Comité Ejecutivo Censal
- Censo de beneficiarios de los organismos nacionales de previsión social. Buenos Aires, 1966. 167p.

1966

Censo Universitario [Universidad Nacional de Tucumán]

San Miguel de Tucumán. Universidad Nacional de Tucumán
- Censo universitario, 1966.   [San Miguel de Tucumán, 1966?]   192p. (Publicación, no. 965) (Programa de estadísticas universitarias)

1966-67

Censo Indígena Nacional

Dirección Nacional de Estadística y Censos
- Censo indígena nacional. Buenos Aires: Ministerio del Interior, Secretaría de Estado de Gobierno, 1967-68. 4 tomos.
   1. Provincias de: Buenos Aires, Chubut, La Pampa, Neuquén, Río Negro, Santa Cruz, y el Territorio Nacional de la Tierra del Fuego e Islas del Atlántico Sur. Resultados provisorios, 1966-67. 220 p.
   LO/SIO; SA/U-1
   2. Provincias de Chaco, Formosa, Jujuy, Misiones, Salta y Santa Fé.
   [Includes Bibliografía general sobre los indios del Chaco Argentino.]
   1967-68.
   BT/U-5; LO/SIO; SA/U-1
   3. Resultados definitivos de: Buenos Aires, Chubut, La Pampa, Santa Cruz y el Territorio Nacional de la Tierra del Fuego, Antártida e islas del Atlántico sur; cédula de vivienda, cuadros nos 1-10 [Includes Bibliografía general sobre la Patagonia.]
   LO/S10; SA/U-1
   4. Resultados definitivos de: Buenos Aires [... as vol.3]; cédula de población, cuadros nos 11-22.
   BT/U-5; LO/SIO; SA/U-1
   At head of title: Ministerio del Interior. Secretaría de Estado de Gobierno. On cover, vol.1: Provincia de Buenos Aires y Zona Sur.

ARGENTINA

1967

Censo Provincial Agropecuario [Province of San Luis]

CENSO provincial agropecuario levantado al 30 de setiembre de 1967, dispuesto por Decreto provincial no. 1911-HE-67. Director ejecutivo: Luis E. Anastasi. San Luis: Imp. Oficial, 1969. 16, [63] p.

[1967-68]

Censo de Población y Vivienda [Province of Río Negro]

Río Negro (Province). Dirección de Estadística y Censos
- Censo de población y vivienda. [Viedma, 1967-68]. v.
1. Catriel.
2. San Antonio Oeste.
3. Ingeniero Guido Jacobacci.
4. Río Colorado
5. General Roca.
6. Contralmirante Cordero.
7. Valle Azul.
   Vol.1 without general title. Vol.7 has title: Evaluación de población y vivienda.

1968

Censo Provincial de Población y Vivienda
[Province of Tucumán]

Tucumán (Province). Dirección de Estadística
- Censo provincial de población y vivienda, 1968: análisis de relativos de tabulados reducidos: población, vivienda, ocupación. Censo nacional de población y vivienda 1960: tabulados correspondientes y análisis de relativos. San Miguel de Tucumán, 1969.

1968

Recuento Censal Agropecuario [Province of Santa Cruz]

Santa Cruz (Province). Dirección de Estadística y Censos
- Recuento censal agropecuario, 1968. Río Gallegos: Impresa en los Tall. Gráf. del Departamento Impr. Oficial, [1968?] 42p.

1968

Censo de Alumnos [University of Buenos Aires]

Buenos Aires (City). Universidad de Buenos Aires
- Censo de alumnos, 1968. Buenos Aires, 196-? iv, 557p.

1968

Censo Vitícola Nacional (3)

TERCER censo vitícola nacional, 1967 [i.e. 1968]. Ley 17.378 - 3 de agosto de 1967. *In:* Boletín Oficial (Buenos Aires, 9.8.1967), p.7.

Instituto Nacional de Vitivinicultura
- Resultados del III censo vitícola nacional (Ley no. 17378), año 1968. [Mendoza, 1969.] 144 leaves. On spine: III censo vitícola nacional.
　　LO/N-1

1969

Censo Experimental de Belén [Province of Catamarca]

Experimental census of Belén, taken April 1969, organised by Centro Latinoamericano de Demografía (CELADE), Santiago de Chile; results (which recorded c.6,000 inhabitants) stored in data bank.

1969

Censo Nacional Agropecuario

Instituto Nacional de Estadística y Censos
- Censo nacional agropecuario, 1969: datos del relevamiento agrícola. Buenos Aires, [1971?] 337p.
　　CC/U-1; ED/N-1; OX/U24

- Censo nacional agropecuario, 1969. [Buenos Aires? sept. 1970]. 18p.
　　CA/U-1; ED/N-1; LO/N99; LO/S14; LV/U-1

- Censo nacional agropecuario, 1969: datos comparativos, 1960-1969. [Buenos Aires, 1969 or 70]. 16p.
　　BT/U-5; CA/U-1; CC/U-1; CV/U-1; ED/N-1; LO/U-2; LO/U-3; LO/S14; LO/N99; LV/U-1; OX/U-1

1969

Censo Nacional Agropecuario [Chaco Province]

Chaco (Province). Dirección de Estadística y Censos
- Censo nacional agropecuario: datos provisorios. [N.p.], 1969. 6p. (Serie B, no.2)

1969

Censo Nacional Agropecuario [Province of Río Negro]

Río Negro (Province). Dirección de Estadística y Censos
- Censo nacional agropecuario. 1969.

1969

Censo de Empleados Publicos [Province of Mendoza]

Mendoza (Province). Dirección de Estadísticas e Investigaciones Económicas
- Censo de empleados públicos. [Autores: Rogelio I. Silva y Hugo R. Balacco.] Mendoza, 1969. xiv, 226p. (Estudios especiales, no.78)

[197-?]

Censo de explotaciones Citrícolas [Province of Tucumán]

Tucumán (Province). Dirección [General] de Estadística
- Censo de explotaciones citrícolas. San Miguel, 197-? v.

1970

Censo Nacional de Población, Familias y Viviendas (6)

Dirección General de Estadística
- Censo nacional de población, familias y viviendas - 30 de setiembre de 1970: cifras provisionales. Buenos Aires, [1970 or 71]. [5] leaves.
    LO/N99

ARGENTINA

Instituto Nacional de Estadística y Censos
- Censo nacional de población, familias y viviendas de 1970. Compendio de sus resultados provisionales. Total país. Por provincias. Por localidades. Buenos Aires, 1981. iii, 212p.
    CC/U-1; LO/U-3

Cifras provisionales/provisorias; datos/resultados provisorios (provincial results):

Chaco (Province). Dirección de Estadística y Censos
- Censo nacional de población, familias y viviendas: datos provisorios. Resistencia? 1970. 13p. (Serie B, no.3).
    LO/N99

Chubut (Province). Asesoría de Desarrollo. Dirección de Estadística y Censos
- 1970 censos nacionales, datos provisorios: población, familias y viviendas, agropecuario. [Rawson, 1970?] 44p.
    LO/N99

Córdoba (Province). Secretaría-Ministerio de Desarrollo. Dirección Area Estadística. Departamento Servicios de Apoyo
- Censo nacional de población, 1970: Provincia de Córdoba (cifras provisorias). Córdoba, 1971. 208p. (Sub-serie D, no.5)

- Censo nacional de población, familias y viviendas, 1970: Departamento Capital. Córdoba, 1971- . (Cifras provisorias, serie A, no.1).
    T.1. Totales de población, viviendas y hogares por fracciones y radios censales. Cartografía general.
    LO/N99

Formosa (Province). Asesoría de Desarrollo
- Censo nacional de población, familias y viviendas - 1970: Formosa; datos provisorias. [Formosa, 1970 or 71]. 40 leaves. 'Cifras provisionales correspondientes al relevamiento nacional de población ...'

Misiones (Province). Dirección General de Estadística
- Censo nacional de población, familias y viviendas - 1970; cifras provisionales. [Posadas, 1970]. 28p.

Neuquén (Province). Dirección General de Estadística, Censos y Documentación
- Censo nacional de población, familias y viviendas - 30 de setiembre de 1970; cifras provisionales. [Neuquén, 1970 or 71]. 5 leaves.

Río Negro (Province). Dirección de Estadística y Censos
- Censo nacional de población, familias y viviendas, 1970: cifras provisorias. Viedma, 1971. 24 leaves.

ARGENTINA

Salta (Province). Servicio de Estadística y Censos
- Censo de población, familias y viviendas 1970: resultados provisorios 1971. Salta, [1971 or 72]. 40p. (Boletín estadístico, no. 37)

Tucumán (Province). Dirección General de Estadística
- VI [Sexto] censo nacional de población, familias y viviendas, 1970: resultados provisorios. San Miguel de Tucumán, 1970. 3 vols in 1.
1. Valores absolutos: con referencia a departamentos, localidades, nacionalidad y sexo.
2. Valores absolutos: con referencia a estructura geográfica censal (departamento, fracción y radio).
3. Valores relativos: análisis porcentual y comparativo, censos anteriores.

Instituto Nacional de Estadística y Censos
- Censo nacional de población, familias y viviendas, 1970: resultados obtenidos por muestra. Buenos Aires, [1974-]. 26 vols in 2.

1. Buenos Aires. 51p.
BT/U-5; CA/U-1; LO/N56; LO/N99
2. Capital Federal. 26p.
BT/U-5; CA/U-1; LO/N56; LO/N99
3. Catamarca. 26p.
BT/U-5; LO/N56; LO/N99
4. Chaco. 26p.
BT/U-5; LO/N56; LO/N99
5. Chubut. 26p.
BT/U-5; LO/N99
6. Córdoba. 26p.
BT/U-5; LO/N56; LO/N99
7. Corrientes. 26p.
BT/U-5; CA/U-1; LO/N99
8. Entre Ríos. 26p.
BT/U-5; LO/N56; LO/N99
9. Formosa. 26p.
BT/U-5; LO/N56; LO/N99
10. Gran Buenos Aires. 26p.
BT/U-5; LO/N99
11. Jujuy. 26p.
BT/U-5; LO/N56; LO/N99
12. La Pampa. 26p.
BT/U-5; LO/N99
13. La Rioja.
BT/U-5; LO/N56; LO/N99
14. Mendoza. 26p.
BT/U-5; LO/N56; LO/N99
15. Misiones. 26p.
BT/U-5; LO/N56; LO/N99
16. Neuquén. 26p.
BT/U-5; CA/U-1; LO/N99
17. Río Negro. 26 p.
BT/U-5; LO/N99
18. Salta. 26 p.
BT/U-5; LO/N56; LO/N99
19. San Juan. 26 p.
CC/U-1; OX/U-1; LO/N99
20. San Luis. 26 p.
BT/U-5; LO/N99
21. Santa Cruz. 26 p.
BT/U-5; LO/N56; LO/N99
22. Santa Fé. 26 p.
BT/U-5; LO/N56; LO/N99
23. Santiago del Estero. 26 p.
BT/U-5; LO/N56; LO/N99
24. Tucumán.
BT/U-5; CA/U-1; LO/N56; LO/N99
25. Tierra del Fuego.
BT/U-5; LO/N99
26. Area metropolitana.
BT/U-5; CA/U-1; LO/N99

- Censo nacional de población, familias y viviendas 1970. Resultados obtenidos por muestra, total del país. Buenos Aires, [c1973]. 56p.
BT/U-5; CC/U-1; CV/U-1; ED/N-1; LO/N-1; LO/N56; LO/N99; LO/U-3; LV/U-1; OX/U-1

- Censo nacional de población, familias y viviendas - 1970: resultados provisionales. Buenos Aires, [1970 or 71]. 105p.
    BT/U-5; CC/U-1; CV/U-1; ED/N-1; LO/N99; LO/S14; LO/U-2; LO/U-3; LV/U-1; OX/U-1

- Censo nacional de población, familias y viviendas, 1970: resultados provisionales: Capital Federal. Buenos Aires, 1972-74. 2 vols.
    1. Capital Federal por fracciones y radios de los distritos escolares. 262p.
        BT/U-5; CA/U-1;LV/U-1

    2. Cartografía de los distritos escolares con fracciones y radios. [Various pagings].
        BT/U-5; CA/U-1; LV/U-1

- Censo nacional de población, familias y viviendas, 1970: resultados provisionales: localidades con 1000 y más habitantes: todo el país. Buenos Aires, [1973]. 55p.
    BT/U-5; CA/U-1; CC/U-1; LO/N-1; LO/N99; LO/U-3; OX/U-1

Mendoza (Province). Dirección de Estadísticas e Investigaciones Económicas
- Censo nacional de población, 1970. Mendoza, 1972. 78p. (Estudios especiales, no.89)

- Censo nacional de población, familias y viviendas, 1970: origen de la población de Mendoza y movimientos migratorios. Contador: Hugo Roberto Balacco. Mendoza, 1973. 7 leaves. 'Complemento de las publicaciones del Censo nacional de población, 1970.'

Mendoza (Province). Comité Censal Provincial
- Datos del censo por localidades de Mendoza al 30 de setiembre de 1970, según resultados del censo nacional de población, familias y viviendas; definición de localidad, localidades con menos de 2.000 habitantes.
[Mendoza, 197-?] 7 leaves.
    LO/N-1

Mendoza (Province). Dirección de Estadísticas e Investigaciones Económicas
- Resultados del censo nacional de Mendoza, 1970. [n.d.]
    LO/N-1; LO/N56

- Censo nacional de viviendas - 1970; [datos obtenidos por muestra. Autores: Rogelio I. Silva y Hugo R. Balacco]. Mendoza, 1972. viii, 137 leaves. (Estudios especiales, no.84)

San Luis (Province). Dirección General de Estadística y Censos
- Censo nacional de población, familias y viviendas, 1970: elaboración provincial. San Luis, 1971- . v. (Folletos especiales, no.8)

Santiago del Estero (Province). Asesoría de Desarrollo
- Población por localidades: censo nacional de población, familias y viviendas, año 1970. Santiago del Estero, [1972?] 2 vols.

1895-1914-1947-1960-1970

Cifras Comparativas entre los Censos de Población, Familias y Viviendas [Province of Neuquén]

Neuquén (Province). Dirección General de Estadística, Censos y Documentación
- Cifras comparativas entre los censos de población, familias y viviendas, llevados a cabo en los años 1895-1914-1947-1960-1970. Neuquén, [1970 or 71]. 16 leaves.

1970

Censo de Beneficiarios [Cajas Nacionales de Previsión]

Subsecretaría de Seguridad Social
- Cajas nacionales de previsión: censo de beneficiarios, Ley 18.842/70; información estadística, diciembre 1970. [Buenos Aires, 1971 or 72]. [51]p.

1971

Censo de Plantaciones Forestales [Province of Misiones]

CENSO de plantaciones forestales de la Provincia de Misiones: [al 10 de octubre de 1971]: correspondiente al programa de desarrollo forestal de las provincias de Misiones y de Corrientes. Trabajo ejecutado mediante la coparticipación de la provincia de Misiones y del Servicio Nacional Forestal de la Subsecretaría de Recursos Naturales Renovables del Ministerio de Agricultura y Ganadería. [Posadas? between 1971 and 75]. 53p.

ARGENTINA

1974

Censo Nacional Económico

Instituto Nacional de Estadística y Censos
- Censo nacional económico, 1974: resultados provisionales por jurisdicción. Buenos Aires, 1975- . 23 v.?

1. Buenos Aires.
BT/U-5; LO/N-1; LO/U-3
2. Catamarca.
BT/U-5; LO/N-1; LO/U-3
3. Córdoba. 26p.
BT/U-5; LO/N-1; LO/U-3
4. Corrientes.
BT/U-5; LO/N-1; LO/U-3
5. Chaco.
BT/U-5; LO/N-1; LO/U-3
6. Chubut. 25p.
BT/U-5; LO/N-1; LO/U-3
7. Entre Ríos.
BT/U-5; LO/N-1; LO/U-3
8. Formosa
BT/U-5; LO/N-1; LO/U-3
9. Jujuy.
BT/U-5; LO/N-1; LO/U-3
10. La Pampa. 25p.
BT/U-5; LO/N-1; LO/U-3
11. La Rioja. 25p.
BT/U-5; LO/N-1; LO/U-3
12. Mendoza.
BT/U-5; LO/N-1; LO/U-3
13. Misiones. 25p.
BT/U-5; LO/N-1; LO/U-3
14. Neuquén. 25p.
BT/U-5; LO/N-1; LO/U-3
15. Río Negro. 24p.
BT/U-5; LO/N-1; LO/U-3
16. Salta.
BT/U-5; LO/N-1; LO/U-3
17. San Luis.
BT/U-5; LO/N-1; LO/U-3
18. Santa Cruz. 22p.
BT/U-5; LO/N-1; LO/U-3
19. Santa Fé.
BT/U-5; LO/N-1; LO/U-3
20. Santiago del Estero.
BT/U-5; LO/N-1; LO/U-3
21. Tucumán.
BT/U-5; LO/N-1; LO/U-3
22. Tierra del Fuego. 22p.
BT/U-5; LO/N-1; LO/U-3
23. Capital Federal.
BT/U-5; LO/N-1; LO/U-3

Misiones (Province). Dirección General de Estadística
- Censo nacional económico. Resultado provisorios. 7 vols.

Río Negro (Province). Secretaría de Planeamiento. Dirección de Estadística y Censos
- Censo nacional económico: resultados provisorios: 1974. [Viedma, 1975]. 27 leaves.

Santa Fé (Province). Instituto Provincial de Estadística y Censos
- Censo nacional económico, 1974: resultados provisorios, comparación intercensal. 1975.
LO/U-3

Instituto Nacional de Estadística y Censos
- Censo nacional económico 1974: resultados definitivos. [Buenos Aires, 1977?-84] 20 parts.

1. Salta	11. Chubut
BT/U-5	BT/U-5
2. San Juan	12. San Luis
BT/U-5	BT/U-5
3. Neuquén	13. Santa Cruz
BT/U-5	BT/U-5
4. Chaco	14. Santiago del Estero
BT/U-5	BT/U-5
5. La Pampa	15. Tierra del Fuego
BT/U-5	BT/U-5
6. La Rioja	16. Tucumán
BT/U-5	BT/U-5
7. Jujuy	17. Capital Federal. 1984. lxxx, 407p.
BT/U-5	BT/U-5
8. Formosa	18. Catamarca
BT/U-5	BT/U-5; ED/N-1
9. Entre Ríos	19. Misiones
BT/U-5; ED/N-1	BT/U-5
10. Corrientes	20. Río Negro
BT/U-5	BT/U-5

1974

Censo Nacional Económico: Comercio, Restaurantes, Hoteles y Servicios

Instituto Nacional de Estadística y Censos
- Censo nacional económico, 1974: comercio, restaurantes, hoteles y servicios.
    BT/U-5

1974

Censo Nacional Económico: Industria

Instituto Nacional de Estadística y Censos
- CNE '74: Censo nacional económico 1974: industria, resultados definitivos. Buenos Aires, [between 1974 and 80]. Data collected in conjunction with the provincial offices: Dirección General de Estadística y Censos de ... 24 vols.

1. Buenos Aires.
CC/U-1; LO/N-1; LO/S27; LO/U-3; OX/U16
2. Capital Federal. xxx, 407 p.
BT/U-5; CC/U-1; LO/N-1; LO/S27; LO/U-3; OX/U16
3. Catamarca.
BT/U-5; CC/U-1; LO/N-1; LO/U-3; OX/U16
4. Córdoba.
CC/U-1; LO/N-1; LO/S27; LO/U-3; OX/U16
5. Corrientes.
BT/U-5; CC/U-1; LO/N-1; LO/S27; LO/U-3; OX/U16
6. Chaco.
CC/U-1; LO/N-1; LO/S27; LO/U-3; OX/U16
7. Chubut
BT/U-5; CC/U-1; LO/N-1; LO/S27; LO/U-3; OX/U16
8. Entre Ríos
BT/U-5; CC/U-1; ED/N-1;LO/N-1 LO/U-3; OX/U16
9. Formosa
BT/U-5; CC/U-1; LO/N-1; LO/S27; LO/U-3; OX/U16
10. Jujuy
BT/U-5; CC/U-1; LO/N-1; LO/S27; LO/U-3; OX/U16
11. La Pampa
BT/U-5; CC/U-1; LO/N-1; LO/S27; LO/U-3; OX/U16
12. La Rioja
BT/U-5; CC/U-1; LO/S27; LO/U-1; OX/U16
13. Mendoza
CC/U-1; LO/N-1; LO/U-3; LO/S27; OX/U16
14. Misiones
BT/U-5; CC/U-1; LO/N-1; LO/S27; LO/U-3; OX/U16
15. Neuquén
BT/U-5; CC/U-1; LO/N-1; LO/S27; LO/U-3; OX/U16
16. Río Negro
BT/U-5; CC/U-1; LO/N-1; LO/S27; LO/U-3; OX/U16
17. Salta
BT/U-5; CC/U-1; LO/N-1; LO/S27; LO/U-3; OX/U16
18. San Juan
BT/U-5; CC/U-1; LO/N-1; LO/S27; LO/U-3
19. San Luis
BT/U-5; CC/U-1; LO/N-1; LO/S27; LO/U-3; OX/U16
20. Santa Cruz
BT/U-5; CC/U-1; LO/N-1; LO/S27; LO/U-3; OX/U16
21. Santa Fé
CC/U-1; LO/N-1; LO/S27; LO/U-3; OX/U16
22. Santiago del Estero
BT/U-5; CC/U-1; LO/N-1; LO/S27; LO/U-3; OX/U16
23. Tucumán
BT/U-5; CC/U-1; LO/N-1; LO/S27; LO/U-3
24. Tierra del Fuego
BT/U-5; CC/U-1; LO/N-1; LO/S27; LO/U-3; OX/U16

1974

Censo Nacional Económico: Industria Manufacturera

Instituto Nacional de Estadística y Censos
- Censo nacional económico, 1974: industria manufacturera. v.
    BT/U-5

1974

Empadronamiento Nacional Agropecuario y Censo Ganadero

Ministerio de Agricultura
- Empadronamiento nacional agropecuario y censo ganadero, 1974. [Buenos Aires, 1975?]
    BT/U-5

1976

Censo de Inquilinos

Ministerio de Bienestar Social. Secretaría de Estado de Desarrollo Urbano y Vivienda
- Censo de inquilinos, 1976. 1977.

1977

Censo Ganadero

Ministerio de Economía. Secretaría de Estado de Agricultura y Ganadería
- Censo ganadero, 1977: existencias de ganado al 30 de junio de 1977 en las 18 provincias situadas al norte del Río Colorado. 1978.
    BT/U-5; LO/N-1

- Censo ganadero, 1977: segunda etapa: existencias de ganado al 30 de marzo de 1978 en las jurisdicciones situadas al sur del Río Colorado: Neuquén, Río Negro, Chubut, Santa Cruz y Territorio Nacional de la Tierra del Fuego, Antártida e Islas del Atlántico Sur. [Buenos Aires, 1979]. 63p.
    BT/U-5; LO/N-1

1977

Censo de Personal Civil de la Administración Pública Nacional

Secretaría General de la Presidencia de la Nación
- Resultados del Censo de personal civil de la Administración Pública Nacional. Buenos Aires, 1980. 2 vols.
  1. 247p.
  2. [Unnumbered pages]

1979-1981

Censo Agrícola / Agropecuario [Province of Mendoza]

Ministerio de Economía
- Censo agrícola. Santa Rosa. Noviembre de 1979. Convenio Gobierno de Mendoza - Secretaría de Estado de Agricultura y Ganadería de la Nación. Mendoza: Dirección Agrícola, 1980. [n.p.] (Serie Estadística, no.1)

- Censo agrícola. General San Martín. Marzo-abril 1980. Mendoza: Dirección Agrícola, 1980. [n.p.] (Serie Estadística, no.2)

- Censo agrícola. La Paz. Octubre 1980. Mendoza: Dirección Agrícola, 1980. [n.p.] (Serie Estadística, no.3)

- Censo agrícola. General Alvear. Marzo-abril 1981. Mendoza: Dirección Agrícola, 1981. [n.p.] (Serie Estadística, no.6).

- Censo agropecuario del Valle de Uco. 1979. Mendoza: Dirección Agropecuaria, 1979. 54p.

BAHAMAS

Of the 700 or so islands which form the archipelago of the Bahamas only around thirty are inhabited. Following their discovery by Christopher Columbus in 1492 the islands were not inhabited until British settlers arrived in the 17th century. The islands achieved independence in 1973 and are in membership of the Commonwealth of Nations.

Censuses, described as 'returns' in earlier years have been taken since 1838 and were held at decennial intervals between 1841 and 1931 and then from 1943 to 1963. The pattern was broken when the Bahamas participated in the United Nations World Census Programme, 1970-1971. In that census its scope was broadened to include internal and external migration and individual household incomes by broad categories.

[P.M. Larby]

BAHAMAS

LIST OF CONTENTS

1838 CENSUS

1845 CENSUS

1851 CENSUS

1861 CENSUS

1871 CENSUS

1881 CENSUS

1891 CENSUS

1901 CENSUS

1911 CENSUS

1921 CENSUS

1931 CENSUS

1943 CENSUS

1953 CENSUS

1963 CENSUS

1970 CENSUS

BAHAMAS

1838

No publications located.

1845

No publications located.

1851

No publications located.

1861

No publications located.
Data for this census included in 1871 census volume (q.v. below)

1871

Census

Superintendent of Census
- Census of the Bahama Islands taken on the 2nd day of April, A.D. 1871. [s.l.] 1871. 2 tables. Includes comparative data for 1861 census.
  LO/N17

1881

Census

Superintendent of Census
- Census of the Bahama Islands taken on the 3rd day of April 1881. [s.l.] 1881. 1 table. Includes comparative data for 1871 census.
  LO/N17; LO/N56

1891

Census

Superintendent of Census
- Report on the census of the Bahama Islands taken on the 5th April, 1891. Nassau: Nassau Guardian, 1891. 4p.
    LO/N17

1901

Census

Superintendent of Census
- Report on the census of the Bahama Islands taken on the 14th April, 1901. Nassau: Nassau Guardian, 1901. 16p.
    LO/N17; LO/S65; OX/U-9

1911

Census

Census Supervisor
- Report on the census of the Bahama Islands taken on the 2nd April, 1911. Nassau: Nassau Guardian, 1911. 5 p., 6 tables. Includes summary of population figures since 1838.
    LO/N17; LO/N56; LO/S65; LO/U-3; OX/U-9

1921

Census

Census Supervisor
- Report on the [10th] census of the Bahama Islands taken on the 24th April. 1921. Nassau: Nassau Guardian, 1921. 4 p., 6 tables. Includes summary of population figures since 1838.
    LO/N17; LO/N56; LO/S65; LO/U-3; LO/U19

BAHAMAS

1931

Census

Supervisor of Census
- Report on the [11th] census of the Bahama Islands taken on the 26th April 1931. Nassau: Nassau Guardian, 1931. [4] p., 6 tables. Includes summary of population figures since 1838.
    CA/U-1; LO/N-1; LO/N17; LO/N56; LO/S65; LO/U-3; LO/U-8; OX/U-9

1943

Census

REPORT of the census of the Bahama Islands taken on the 25th April 1943. Nassau: Nassau Guardian, 1943. 5, [ll]p.
    CA/U-1; LO/N17; LO/S65; LO/U-3; LO/U-8; OX/U-9

1953

Census

REPORT on the census of the Bahama Islands taken on the 6th December, 1953. Nassau: Nassau Guardian, 1954. 10, [20] p.
    CA/U-1; LO/N17; LO/N56; LO/S65; LO/U-3; LO/U-8; OX/U-9; XY/N-1 (microfilm)

1963

Census

REPORT on the census of the Bahama Islands taken 15th November 1963. [Nassau: Nassau Guardian, 1965. 322p.] tabs.
    BT/U-5; LO/N17; LO/U-3; LO/U-8; OX/U-9; XY/N-1 (microfilm)

BAHAMAS

1970

Census

Statistics Department
- Report of the 1970 census of population. Nassau: The Department, 1972. xxxi. 481, 5 p.
    BT/U-5; CA/U-1; CV/U-1; LO/N17; LO/N56; LO/S65; LO/U-3; LO/U-8; OX/U-9

- Census monographs, 1- . Nassau: Government Printer, 1973- .
    1. Manpower and income. 1973.
    LO/N-1
    2. Demographic aspects of the Bahamian population, 1901-1974. iii, 53p., tabs.
    BT/U-5; LO/N17; LO/U-3; LO/U-8; OX/U-9

BARBADOS

The territories of the English speaking Caribbean and circum-Caribbean were among Britain's oldest colonies some having been occupied since the early seventeenth century.

Although formal censuses in the modern accepted sense were not conducted until the 1840s a good deal of statistical information, described as censuses or population returns, is contained in Governors' despatches from these colonies to the home government. The quantity of such material appears to be very large: most of it is held in the Public Record Office but some is in the British Library and other manuscript repositories. An indication of the extent of such materials is given in F.W. Pitman's *Development of the British West Indies* where Appendix I records many of the returns made by colonial Governors for the period 1636-1763. Other censuses were subsequently published as British parliamentary papers or in local *Gazettes* and *Votes and proceedings* and summarized in the censuses of England and Wales between 1861 and 1891 and the *Census of the British Empire, 1901*. To locate and describe these materials is not within the compass of this project; accordingly the censuses listed in the following pages cover such early materials only where they have been reissued in printed format and reported by contributing libraries; no systematic search for them has been made.

For many early censuses bibliographical data are scarce and may be suspect; later censuses, *ie* those for the British West Indies of 1946 and 1960 and the Commonwealth Caribbean census for 1970, were issued in series of volumes and parts for which bibliographical data are complicated and apparently incomplete.

[P.M. Larby]

BARBADOS

LIST OF CONTENTS

1679-1680

1844 CENSUS OF POPULATION

1861 CENSUS...

1871 CENSUS OF BARBADOS

1881 CENSUS OF BARBADOS

1891 CENSUS OF BARBADOS

1911 CENSUS OF BARBADOS

1921 CENSUS OF BARBADOS

1946 CENSUS OF THE COLONY OF BARBADOS [WEST INDIAN CENSUS]

1960 EASTERN CARIBBEAN POPULATION CENSUS

1961 WEST INDIES CENSUS OF AGRICULTURE

1970 COMMONWEALTH CARIBBEAN POPULATION CENSUS

1679-1680

Hotten, John Camden
- The original lists of persons of quality: emigrants; religious exiles; political rebels ... and others who went from Great Britain to the American plantations, 1600-1700 ... London: Chatto & Windus, 1874. 580p.
    LO/U-8

- -- Reprint. New York: G.A. Baker & Co., 1931.
    LO/U19

Brandow, James C.
- Omitted chapters from Hotten's *Original lists* ... census returns, parish registers and militia rolls from the Barbados Census of 1679/80. Baltimore: Genealogical Publishing Co., 1982. xi, 245p.
    LO/U19

1844

Census of Population

CENSUS of the population of the island of Barbados taken on the 3rd June, 1844. Table *in* Schomburgk, R.H. History of Barbados. p.88-99.

1851

No publications located.

1861

Census...

Census Compiler
- General abstract of the returns of the population of the Island of Barbados according to the census of 7th April, 1861. [Bridgetown]: Globe Office, 1861. 1 folding table.
    LO/N17

1871

Census of Barbados

Census Compiler
- Census, 1871, by Robert Haynes, Compiler. [Bridgetown, 1871]. 21p.
 LO/N17

Rawson, Rawson W. *Governor*
- Report upon the census of Barbados, 1851-1871. [Bridgetown]: Barclay and Fraser, 1872. [1], 25, [9] p.
 LO/N17

1881

Census of Barbados

Census Compiler
- Report on the census of Barbados, 1881, compiled by E. Lyte Stokes. Bridgetown: Barclay and Fraser, 1881. 10, 28p.
 LO/N17

1891

Census of Barbados

REPORT on census of Barbados, 1881-'91. Bridgetown: T.E. King and Co., 1892. 99p. Includes comparative data for censuses since 1851.
 LO/N-1; LO/N17

1901

No census held.

1911

Census of Barbados

CENSUS of Barbados, 1891-1911, *in* Barbados Official gazette, supplement, 7 December 1911. 44 p. Excludes appendices to the census.
   LO/S65

REPORT on the census of Barbados, 1911, (with supplement) compiled by E.P. Boyce. Bridgetown: T.E. King and Co., 1911. 97p.
   BT/U-5; CA/U-1; LO/N-1; LO/N17; LO/N56; LO/S65; LO/U-8

1921

Census of Barbados

Lofty, Henry W *comp*.
- Census of Barbados, 1911-1921. [Bridgetown]: Advocate Co., [1921]. 115p.
   BT/U-5; LO/N-1; LO/N17; LO/N56; LO/S65; LO/U-3

1946

Census of the Colony of Barbados [West Indian Census]

Barbados is included in the West Indies Census, 1946. *See* Commonwealth Caribbean, 1946. Jamaica. Central Bureau of Statistics. West Indian census, 1946.

Census Office
- Administrative and financial report on the 1946 census, by L.A. Chase, Census Officer. Bridgetown: Office of Social Welfare, 1947. 8 leaves. Typescript.
   LO/U-8

- Regulations, orders and other publications issued in connection with the West Indian census, 1946, and published as supplements to the Barbados Gazette. List of supervisors and enumerators. Regulations. 12 March, 1946; Order. 12 March, 1946.
   LO/N-1

1960

Eastern Caribbean Population Census

Barbados is included in the Eastern Caribbean population census, 1960. *See* Commonwealth Caribbean, 1960. Trinidad and Tobago. Eastern Caribbean population census, 1960.

1961

West Indies Census of Agriculture

West Indies. Regional Council of Ministers
- West Indies census of agriculture, 1961. Interim report, census of agriculture, 1961, Barbados, West Indies. St. Michael, 1964. 45 p.
    LO/U-8

See also Commonwealth Caribbean, 1961. West Indies census of agriculture

1970

Commonwealth Caribbean Population Census

Statistical Service
- Commonwealth Caribbean population census, 1970: Barbados preliminary figures. [s.l., 1971?] 2 p.
    LO/N17

- Commonwealth Caribbean population census, 1970. Barbados: preliminary bulletin, 1- . Garrison: Government Printer, 1971-.
    1. Housing. 1972. 17p. tables.
       BT/U-5; LO/N17; LO/U-8; LV/U-1; OX/U-9
    2. Working population, part 1. 1972. 13p. tables.
       BT/U-5; LO/N17; LO/U-8; LV/U-1; OX/U-9
    3. Working population, part 2. 1972. 15p. tables.
       BT/U-5; LO/N17; LO/U-8; LV/U-1; OX/U-9
    4. Population. 1973. 12p. tables.
       BT/U-5; LO/N17; LO/U-8; LV/U-1; OX/U-9
    5. Education. 1974. 21p. tables.
       LO/N17; LO/U-8; OX/U-9

See also Commonwealth Caribbean, 1970. West Indies. University. Census Research Programme. Commonwealth Caribbean population census report.

BELIZE

[British Honduras until June 1973]

The territories of the English speaking Caribbean and circum-Caribbean were among Britain's oldest colonies some having been occupied since the early seventeenth century.

Although formal censuses in the modern accepted sense were not conducted until the 1840s a good deal of statistical information, described as censuses or population returns, is contained in Governors' despatches from these colonies to the home government. The quantity of such material appears to be very large: most of it is held in the Public Record Office but some is in the British Library and other manuscript repositories. An indication of the extent of such materials is given in F.W. Pitman's *Development of the British West Indies* where Appendix I records many of the returns made by colonial Governors for the period 1636-1763. Other censuses were subsequently published as British parliamentary papers or in local *Gazettes* and *Votes and proceedings* and summarized in the censuses of England and Wales between 1861 and 1891 and the *Census of the British Empire, 1901*. To locate and describe these materials is not within the compass of this project; accordingly the censuses listed in the following pages cover such early materials only where they have been reissued in printed format and reported by contributing libraries; no systematic search for them has been made.

For many early censuses bibliographical data are scarce and may be suspect; later censuses, *ie* those for the British West Indies of 1946 and 1960 and the Commonwealth Caribbean census for 1970, were issued in series of volumes and parts for which bibliographical data are complicated and apparently incomplete.

[P.M. Larby]

BELIZE

LIST OF CONTENTS

1816 CENSUS...

1820 CENSUS...

1823 CENSUS...

1826 CENSUS...

1829 CENSUS...

1832 CENSUS...

1835 CENSUS...

1861 CENSUS OF BRITISH HONDURAS

1871 CENSUS OF BRITISH HONDURAS

1881 CENSUS OF BRITISH HONDURAS

1891 CENSUS OF THE COLONY OF BRITISH HONDURAS

1901 CENSUS OF THE COLONY OF BRITISH HONDURAS

1911 CENSUS OF THE COLONY OF BRITISH HONDURAS

1921 CENSUS...

1931 CENSUS OF BRITISH HONDURAS

1946 CENSUS OF BRITISH HONDURAS [WEST INDIAN CENSUS]

1960 WEST INDIES POPULATION CENSUS

1970 POPULATION CENSUS

1978 CATTLE CENSUS

1816

Census...

[SUMMARY data of census, 1816]. *In*: Hadel, Richard. Three early censuses, 1816, 1820, 1823, of Belize. Belize City: Belize Institute for Social Research and Action, 1974. 22 p. (BISRA occasional paper, 1).
LO/U-8

See also Report of the census of 1921: appendix.

1820

Census...

[SUMMARY data of census 1820]. *See* Report of the census of 1921: appendix *and* Hadel at 1816 above. The 1820 census records slaves and slave owners only.

1823

Census...

[SUMMARY data of census, 1823]. *See* Report of the census of 1921: appendix *and* Hadel at 1816 above.

1826

Census...

[SUMMARY data of census, 1826]. *See* Report of the census of 1921: appendix.

1829

Census...

[SUMMARY data of census, 1829]. *See* Report of the census of 1921: appendix.

1832

Census...

[SUMMARY data of census, 1832]. *See* Report of the census of 1921: appendix.

BELIZE

1835

Census...

[SUMMARY data of census, 1835]. *See* Report of the census of 1921: appendix.

1861

Census of British Honduras

Census Commissioners
- Census of British Honduras, 1861: churches and chapels. [British Honduras], 1861. 1 sheet.
    LO/N17

[SUMMARY data of census, 1861]. *See* Report of the census of 1921: appendix.

1871

Census of British Honduras

RESULTS of the census of British Honduras taken the 24th September 1871. Belize: Government Printing Office, 1871. 7p.
    LO/N-1; LO/N17

[SUMMARY data of census, 1871]. *See* Report of the census of 1921: appendix.

1881

Census of British Honduras

RESULTS of the census of British Honduras taken on the 4th April 1881. Belize, 1881. 25p.
    LO/N-1; LO/N17; LO/N56

[SUMMARY data of census, 1881]. *See* Report of the census of 1921: appendix.

1891

Census of the Colony of British Honduras

REPORT and results of the census of the colony of British Honduras taken 5th April 1891. London, 1892. 43p.
  LO/N17; LO/N56; LO/U-3; LO/U-8

1901

Census of the Colony of British Honduras

REPORT on the result of the census of the colony of British Honduras taken on the 31st March 1901. Belize: Angelus Office, 1901. 31p.
  LO/N-1; LO/N17; LO/S65; LO/U-8

1911

Census of the Colony of British Honduras

General Registry
- Report on the result of the census of the colony of British Honduras taken on the 2nd April 1911. Belize: Angelus Office, 1912. 47p.
  LO/N17; LO/N56

1921

Census...

REPORT on the census of 1921 taken on the 24th April 1921. Belize: Government Printing Office, 1921. 2 volumes. Gives an outline history of the census of British Honduras. The results of the censuses held in 1816, 1820 and the triennial censuses to 1835 are given in Appendix A.
  Part 1. Report. Map, 81, [4] p. map, tables.
    LO/N-1; LO/N17; LO/N56; LO/S65; LO/U-3; LO/U-8; LO/U19; OX/U-9
  Part 2. Appendices and tables. p.85-141.
    LO/N-1; LO/N17; LO/N56; LO/S65; LO/U-3; LO/U-8; LO/U19; OX/U-9

1931

Census of British Honduras

CENSUS of British Honduras, 1931. Belize: Government Printer, 1932. 72p. Includes a resumé of population trends from 1861 to 1931.
LO/N17; LO/N56; LO/S65; LO/U-3; LO/U-8; OX/U-9

1946

Census of British Honduras [West Indian Census]

British Honduras is included in the West Indies census, 1946. *See* Commonwealth Caribbean, 1946.

1960

West Indies Population Census

British Honduras is included in the West Indies population census, 1960. *See* Commonwealth Caribbean, 1960.

1970

Population Census

Central Planning Unit
- Population census, 1970. Belize City, n.d.

- Population census, 1970.
    Preliminary bulletin. Working population, part 1. [s.l.] 17p.
        BT/U-5
    Series A. No publications located.
    Series B. (i). n.d. 22 p.
        BT/U-5

1978

Cattle Census

Department of Agriculture
- Cattle census 1978. Belmopan: Government Printer, 1979. 22p. tables.
    LO/U-8

BERMUDA

The Bermuda or Somers Islands form a cluster of 150 small islands, of which about twenty are inhabited, in the Western Atlantic. They were first colonized by Sir George Somers in 1609 and remain a British dependent territory.

Censuses have been taken at roughly ten yearly intervals since 1841 with a *Census return* in 1939 and the decennial interval resuming in 1950. In 1970 Bermuda was included in the census of the Commonwealth Caribbean.

[P.M.Larby]

BERMUDA

LIST OF CONTENTS

1841

1851

1861

1871

1881 CENSUS

1891 CENSUS OF THE BERMUDAS OR SOMERS ISLANDS

1901 CENSUS OF THE BERMUDAS OR SOMERS ISLANDS

1911 CENSUS OF THE BERMUDAS OR SOMERS ISLANDS

1921 CENSUS OF THE BERMUDAS OR SOMERS ISLANDS

1931 CENSUS OF THE BERMUDAS OR SOMERS ISLANDS

1939

1950 CENSUS OF BERMUDA

1960 CENSUS OF BERMUDA

1970 POPULATION CENSUS

1971 ECONOMIC CENSUS (1): ESTABLISHMENTS

1841

No publications located.

1851

STATISTICAL return for the nine parishes of Bermuda on 1st January 1851. [Hamilton]: Queen's Printer, 1851. Table.
   LO/N17

1861

No publications located. *See* 1891 below.

1871

See 1881 and 1891 below.

1881

Census

CENSUS report, 1871, 1881. [Hamilton], 1881.
   LO/N17

1891

Census of the Bermudas or Somers Islands

Census Commissioners
- Census of the Bermudas or Somers Islands: a comparative statement for the years 1861, 1871, 1881 and 1891 and abstract of summaries of the several districts, no.1-4 and abstracts of summaries of military and naval schedules. [Hamilton], 1891. 5 tables.
   LO/N17; LO/N56

1901

Census of the Bermudas or Somers Islands

CENSUS of the Bermudas or Somers Islands, 1901. [Hamilton], 1902. 7 tables.
  LO/N17; LO/N56

1911

Census of the Bermudas or Somers Islands

CENSUS of the Bermudas or Somers Islands: abstracts of summaries of the several districts, no. 1-8. [Hamilton, 1911?]. 8 tables. Table 7 includes comparative data for 1891, 1901 and 1911.
  LO/N17; LO/N56

1921

Census of the Bermudas or Somers Islands

CENSUS report of the Bermuda or Somers Islands: abstracts of summaries of ... districts, no.1-8, 1921. [Hamilton, 1921?]. 8 tables.
  LO/N17; LO/N56; OX/U-9

1931

Census of the Bermudas or Somers Islands

CENSUS of the Bermudas or Somers Islands: abstracts of summaries of the several districts, no.1-8. [Hamilton, 1931?]. 8 tables.
  LO/N17; LO/N56

1939

Superintendent of Statistics
- The Census act, 1939: Superintendent's return of the population of Bermuda. [Hamilton], 1940. [19]p.
  LO/N-1; LO/N17; LO/N56

1950

Census of Bermuda

Census Committee
- Census of Bermuda, 9th October, 1950; report of Census Committee and statistical tables compiled in accordance with the Census Act, 1950. [Hamilton], 1952. 118p.
    CA/U-1; LO/N-1; LO/N17; LO/N56; LO/S65; LO/U-3; LO/U-8; OX/U-9; XY/N-1 (microfilm)

1960

Census of Bermuda

CENSUS of Bermuda, 23rd October, 1960. [Hamilton]: Government Printer, 1961. 136p.
    BT/U-5; CA/U-1; LO/N17; LO/N56; LO/S65; LO/U-3; LO/U-8; OX/U-9; XY/N-1 (microfilm)

1970

Population Census

REPORT of the population census, 1970. Hamilton: Government Printer, 1973. 265 p. tables.
    BT/U-5; CA/U-1; LO/N17; LO/S65; LO/U-3; LO/U-8; OX/U-9

1971

Economic Census (1): Establishments

Statistical Office. Finance Department
- A report on Bermuda's first economic census: the census of establishments, 1971. [Hamilton], 1972. 2 vols.

BOLIVIA

Bolivia has a fairly long but erratic history of census-taking starting in 1796 with a general census of the Provinces of Upper Peru. Several attempts at general censuses were made between 1831 and 1882 but nothing was published in full until the 6th National Census in 1900. Although more complete than earlier ones, the final results of the 1900 census indicated that 14.3% of the population had not been enumerated owing to communication problems, the population's lack of census experience and the failure to cover regions populated by uncivilized tribes. Economic and political problems prevented the taking of another population census until 1950 (a census of agriculture was taken simultaneously). Even though the final results of this census were more realistic than those of the previous one, many figures were estimated and 10.5% of the population was still not enumerated. Another long gap followed before the next and final national population census, up to press, in 1976 (a housing census was taken simultaneously). This is much more precise than the others, having a 95% reliability of data. Although there are several city and department censuses, no regular pattern has been adopted in taking them and publication of their results has been as erratic as that of the national censuses.

[M.Johnson and J.Stringer]

BOLIVIA

LIST OF CONTENTS

1796-1882

1845

1854 CENSO JENERAL DE LA POBLACION DE LA REPUBLICA

1900 CENSO GENERAL DE LA POBLACION DE LA REPUBLICA DE BOLIVIA [6]

1909 CENSO MUNICIPAL DE LA CIUDAD DE LA PAZ

1936 CENSO DE EXTRANJEROS

1938 CENSO AGROPECUARIO DEL DEPARTAMENTO DE ORURO

1942 CENSO DEMOGRAFICO DE LA CIUDAD DE LA PAZ

1942 CENSO EXPERIMENTAL AGROPECUARIO DEL DEPARTAMENTO DE CHUQUISACA

1944 CENSO DE LA CIUDAD DE TARIJA

1944-1945 CENSO EXPERIMENTAL AGROPECUARIO DEL DEPARTAMENTO DE TARIJA

1945 CENSO DE COCHABAMBA

1948 CENSO EXPERIMENTAL DE LA PROVINCIA JORDAN

1950 CENSO DE POBLACION DE LA REPUBLICA DE BOLIVIA [7]

1950 CENSO DEMOGRAFICO

1950 CENSO AGROPECUARIO

1966 CENSO DE LA CIUDAD DE SANTA CRUZ

1967 CENSO DE LA CIUDAD DE COCHABAMBA

1970 CENSO DE POBLACION Y VIVIENDA DE LA CIUDAD DE RIBERALTA

BOLIVIA

1970 CENSO DE POBLACION Y HABITACION DE TARIJA

1970 CENSO DE POBLACION Y HABITACION

1972 CENSO DE POBLACION Y VIVIENDA

1976 CENSO NACIONAL DE POBLACION Y VIVIENDA [8]

BOLIVIA

1796-1882

No publications have been located for the National Censuses of 1796 (Census of the provinces of Upper Peru; these provinces became the nation of Bolivia in 1825), 1831, 1835, 1845, 1854 and 1882. However figures from the Censuses of 1831, 1835 and 1845 can be found in Delancé's Bosquejo estadístico de Bolivia (see 1845 below) and along with figures from the Censuses of 1854 and 1882 in the first volume of the report of the Census of 1900.

1845

Delancé, José María.
- Bosquejo estadístico de Bolivia. Chuquisaca: Imp. de Sucre, 1851. 391p.
    LO/N-1; OX/U-1 (microfilm)

- Bosquejo ... reprint. La Paz: Editorial Universidad Mayor de San Andrés, 1975.
    LO/U-1; LO/U19

1854

Censo Jeneral de la Población de la República

Ministerio de Interior
- Censo jeneral de la población de la República formado en el año de 1854. *In*: Anuario administrativo y político. 1856. Tomo 2. p. 145-160.

1900

Censo General de la Población de la República de Bolivia[6]

Oficina Nacional de Inmigración, Estadística y Propaganda Geográfica
- Censo general de la población de Bolivia. Decreto supremo de 1° de abril 1900. La Paz: Imp. del Estado, 1900. iii, 8p.

- Censo general de la población de la República de Bolivia según el empadronamiento de 1° de septiembre de 1900. La Paz: J.M. Gamarra, 1902-1904. 2v.
    Tomo I. Resultados generales. 1902. 29, xliv, 400p.
        LO/U-3
    Tomo II. Resultados definitivos. 1904. lxxxiii, 145p.
        LO/U-3

- Censo general de la población de la República de Bolivia, según el empadronamiento de 1° de septiembre de 1900. 2.ed. Cochabamba: Editorial Canelas, 1973. 2v.
    Tomo I. Resultados generales. 304 p.
        LO/N-1; OX/U-1
    Tomo II. Resultados definitivos. cxxv, 61, 144p.
        LO/N-1; OX/U-1

1909

Censo Municipal de la Ciudad de La Paz

La Paz. Comisión Central del Censo
- Censo municipal de la ciudad de La Paz 15, de junio de 1909. La Paz: Tall. Tip. Lit. de José Miguel Gamarra, 1910. xiii, 80, xip.
    OX/U-1

1936

Censo de Extranjeros

Dirección General de Inmigración
- Censo de extranjeros. *In*: Demografía. 1936/1937.

1938

Censo Agropecuario del Departamento de Oruro

Dirección General de Estadística
- Censo agropecuario del Departamento de Oruro, realizado con carácter de experimento en 1938. *In*: Anuario de la Sección Agropecuario. 1938.

1942

Censo Demográfico de la Ciudad de La Paz

Dirección General de Estadística
- Plan para el levantamiento del censo de población de la ciudad de La Paz,1942. La Paz, 1942. 6p Typewritten.

- Censo demográfico de la ciudad de La Paz, 15 de Octubre de 1942. La Paz: Empresa Ed. 'Universo', 1943. 139p.

BOLIVIA

1942

Censo Experimental Agropecuario del Departamento de Chuquisaca

Dirección General de Economía Rural y Estadística Agropecuaria
- Censo experimental agropecuario del Departamento de Chuquisaca, 1942. La Paz: Editorial Argote, 1944, 298p.

1944

Censo de la Ciudad de Tarija

City census organized by the Dirección de Estadística in collaboration with municipal authorities. No publications located.

1944-1945

Censo Experimental Agropecuario del Departamento de Tarija

Dirección General de Economía Rural
- Censo experimental agropecuario, Departamento de Tarija, 1944-1945. La Paz, 1946. 211 p. Mimeograph.

1945

Censo de Cochabamba

Soroco, Carlos
- Análisis del censo de Cochabamba. *In*: Revista jurídica, 12(48), June, 1949. p. 29-62.

1948

Censo Experimental en la Provincia Jordán

Census organized by the Dirección de Estadística y Censos, Departamento de Censos. No publications located.

1950

Censo de Población de la República de Bolivia [7]

Dirección General de Estadística y Censos
- Resultados generales del censo de población de la República de Bolivia levantado el día 5 de septiembre de 1950. La Paz, 1951. 139 p.
  CV/U-1; LO/U-3; XY/N-1 (microfilm)

During preparations for the 1950 census, experimental censuses were taken in Cliza, Achocalla and Laja. Partial results only were issued in limited editions.

1950

Censo Demográfico

Dirección General de Estadística y Censos
- Censo demográfico 1950. La Paz: Editorial 'Argote', 1955. xxxii, 252, [6]p.
  CC/U-1; CV/U-1; LO/N-1; LO/U-2; LO/U-3; OX/U-1; XY/N-1 (microfilm)

1950

Censo Agropecuario

Dirección Nacional de Estadística y Censos
- Censo agropecuario 1950. [La Paz, 1956?]
  LO/N-1; LO/U-2

1966

Censo de la Ciudad de Santa Cruz

Dirección Nacional de Estadística y Censos
- Censo de la ciudad de Santa Cruz: población, 1966. La Paz, [1969]. ii, 130p.

- Memorias y resultados del contaje de población y vivienda de la ciudad de Santa Cruz de la Sierra, Bolivia, 22 de mayo de 1966. [La Paz, 1967]. 119p.

1967

Censo de la Ciudad de Cochabamba

Dirección Nacional de Estadística y Censos
- Censo de la ciudad de Cochabamba: población y vivienda, [1967]. [La Paz, 1968?] 83p.
  BT/U-5; OX/U18

1970

Censo de Población y Vivienda de la Ciudad de Riberalta

Instituto Nacional de Estadística
- Listado de población y vivienda de la ciudad de Riberalta, año 1970. [La Paz, 1972?] ii, 6,p.

1970

Censo de Población y Habitación de Tarija

Instituto Nacional de Estadística
- Tarija: censo de población - habitación; [resumen del plan censal]. La Paz, 1970. 13 p.
  OX/U16

- Censo de población y habitación: Tarija. La Paz, 1970. 1v (various pagings).
  OX/U-1

1970

Censo de Población y Habitación

Instituto Nacional de Estadística
- Censo de población y habitación: ciudad de Cobija. [La Paz, 1970]. 64, 12 p.

- Censos de población y habitación de la ciudad de La Paz. La Paz, 1970. 52 p.
At head of title: Planificación censal.

1972

Censo de Población y Vivienda

Instituto Nacional de Estadística
- Ciudad de Oruro, 23 mayo 1972. La Paz, 1974. iv, 157p.
  BT/U-5

- Ciudad de Potosí, septiembre 1972. [La Paz], 1974. iii, 233p.
  BT/U-5

- Ciudad de Sucre, septiembre 1972. La Paz, 1974. vii, 302p.
  BT/U-5

1976

Censo Nacional de Población y Vivienda [8]

Instituto Nacional de Estadística
- Resultados anticipados por muestreo: censo nacional de población y vivienda, 1976. La Paz, [1977]. 77p.
  BT/U-5; LO/U-3

- Censo nacional de población y vivienda. Resultados provisionales. La Paz, 1977.

Beni. 5p.
  BT/U-5; LO/N-1; LO/U-3
Cochabamba. 9p.
  BT/U-5; LO/N-1; LO/U-3
Chuquisaca. 10p.
  BT/U-5; LO/N-1; LO/U-3
La Paz. 20p.
  BT/U-5; LO/N-1; LO/U-3
Oruro. 12 p.
  BT/U-5; LO/N-1; LO/U-3
Pando. 2p.
  BT/U-5; LO/N-1; LO/U-3
Potosí. 18p.
  BT/U-5; LO/N-1; LO/U-3
Santa Cruz. 12p.
  BT/U-5; LO/N-1; LO/U-3
Tarija. 12p.
  BT/U-5; LO/N-1; LO/U-3
Total del país. 22p.
  BT/U-5

- Resultados del censo nacional de población y vivienda, 1976. [La Paz, 197-].
  Vol. 1. Departamento de Chuquisaca. Población y vivienda. 1978. 292p.
  BT/U-5; OX/U-1
  Vol. 2. Departamento de La Paz. Población y vivienda. 1978. 292p.
  BT/U-5; OX/U-1
  Vol. 3. Departamento de Cochabamba. Población y vivienda. 1978. 292p.
  BT/U-5; OX/U-1
  Vol. 4. Departamento de Oruro. Población y vivienda.
  Vol. 5. Departamento de Potosí. Población y vivienda.
  Vol. 6. Departamento de Tarija. Población y vivienda.
  Vol. 7. Departamento de Santa Cruz. Población y vivienda. 1978. 292p.
  BT/U-5; OX/U-1
  Vol. 8. Departamento del Beni. Población y vivienda.
  Vol. 9. Departamento de Pando. Población y vivienda.
  Vol.10.Resumen nacional. Población y vivienda.
  Vol.11.Resumen nacional. Habitantes por sexo, hogares y viviendas según provincias, cantones, ciudades, centros poblados y población dispersa.

BRAZIL

Partial censuses and population counts for the whole country were taken in 1808, 1818, 1854, 1867 and 1870 and for the capital city of Rio de Janeiro in 1799, 1821, 1838, 1849, 1856 and 1870. Some of the early estimates were published in *La population du Brésil* (Paris: Committee for International Coordination of National Research in Demography, 1975).

The first modern population census in Brazil was taken in 1872. The next was in 1890 and since then censuses have been taken regularly at ten year intervals, except for 1910 and 1930. Census-taking has been centralised from the beginning and most of the censuses have covered the entire country. There have, however, also been a few local and state censuses. Since 1920, the censuses have included economic information as well as population statistics. A detailed account of Brazilian censuses and population statistics up to 1920 is contained in *Resumo historico dos inqueritos censitarios realizados no Brazil* in Recenseamento do Brasil realizado em 1 de setembro de 1920. Volume I. Introducção. Rio de Janeiro, 1922, p. 403-483.

The censuses up to 1920 were conducted by a government department, the Directoria Geral de Estatística. Since 1940, the responsibility for censuses has been vested in the national statistical institute originally called the Instituto Brasileiro de Geografia e Estatística (IBGE) and now the Fundação Instituto Brasileiro de Geografia e Estatística (Fundação IBGE).

The censuses are arranged in chronological order, with publications covering more than one census grouped at the end. Unless otherwise stated, the place of publication is Rio de Janeiro. The spelling of the titles published before 1940 has been modernized where necessary to ensure consistency.

[R. Howes]

LIST OF CONTENTS

Pre 1872

1872 RECENSEAMENTO DE POPULAÇÃO DO IMPÉRIO DE BRASIL (1)

1890 RECENSEAMENTO GERAL DA REPÚBLICA DOS ESTADOS UNIDOS DO BRASIL (2)

1892 RECENSEAMENTO DO ESTADO DO RIO DE JANEIRO

1900 RECENSEAMENTO (3)

1910 [RECENSEAMENTO GERAL DA POPULAÇÃO DA REPÚBLICA]

1920 RECENSEAMENTO DO BRASIL (4)

1930 [RECENSEAMENTO]

1934 RECENSEAMENTO DEMOGRÁFICO, ESCOLAR E AGRÍCOLA-ZOOTÉCNICO DO ESTADO DE SÃO PAULO

1940 RECENSEAMENTO GERAL DO BRASIL (5)

1950 RECENSEAMENTO GERAL DO BRASIL (6)

1957 CENSO DA CIDADE DE ITUIUTABA

1957 RECENSEAMENTO DE BRASÍLIA

1959 CENSO EXPERIMENTAL DE BRASÍLIA

1959 CENSO SOCIAL DOS FERROVIÁRIOS

1960 RECENSEAMENTO GERAL DO BRASIL (7)

1964 CENSO ESCOLAR DO BRASIL

1965 CADASTRO INDUSTRIAL

1966 CENSO DOS SERVIDORES PÚBLICOS CIVIS FEDERAIS

1967 CENSO DEMOGRÁFICO DO MUNICÍPIO DE PRESIDENTE PRUDENTE

BRAZIL

1968 CENSO FISCAL DA UNIÃO

1969-1979 CENSO DE TRÁFEGO RODOVIÁRIO

1970 RECENSEAMENTO GERAL (8)

1974 CENSO NACIONAL DE TRÁFEGO RODOVIÁRIO

1975 CENSOS ECONÔMICOS

1977 PROJETO CENSO ESCOLAR

MISCELLANEOUS PUBLICATIONS (including those covering two or more censuses)

BRAZIL

Pre-1872

DECRETO n.o 797, de 18 de junho de 1851. Manda executar o regulamento para a organização do censo geral do Império.

DECRETO n.o 907, de 29 de janeiro de 1852. Suspende a execução dos regulamentos para a organização do censo geral do Império, e para o Registro dos nascimentos e óbitos.

DECRETO n.o 4.676, de 14 de janeiro de 1871. Cria na Corte do Império uma Diretoria Geral de Estatística, em virtude da autorização concedida pelo art. 2.o da Lei n.o 1.829 de 9 de setembro de 1870 e manda executar o respectivo regulamento.

Diretoria Geral de Estatística
- Relatório apresentado ao Ministro e Secretario de Estado dos Negócios do Império pela Commissão encarregada da direção dos trabalhos do arrolamento da população do Município da Côrte a que se procedeu em abril de 1870. Tip. Perseverança, 1871. 36 p.

Silva, Joaquim Norberto de Souza e
- Investigações sobre os recenseamentos da população geral do Império. 1951. 156 p. (Documentos censitários. Série Bl).

La POPULATION du Brésil. Paris: Committee for International Coordination of National Research in Demography, 1975. 213p. (CICRED series). Includes some of the provincial estimates of the colonial period.
LO/U-3

1872

Recenseamento de População do Império de Brasil (1)

LEI no. 1.829, de 9 de setembro de 1870. Sanciona o decreto da Assembléia Geral que manda proceder ao recenseamento da população do Império.

DECRETO no. 4.356, de 30 de dezembro de 1871. Manda proceder, em execução ao art. 1.o da Lei no. 1.829, de 9 de setembro de 1870, ao primeiro recenseamento da população do Império.

BRAZIL

Diretoria Geral de Estatística

- Recenseamento de população do Império de Brasil a que se procedeu no dia 1 de agosto de 1872. Leuzinger & Filhos, 1873-1876. Volumes I-XVII.

Vol. I.	Amazonas. 68p.	Vol. XI.	Bahia. 515p.
Vol. II.	Pará. 215p.	Vol. XII.	Minas Gerais (1.a parte). 558p.
Vol. III.	Maranhão. 161p.		
Vol. IV.	Piauí. 80p.	Vol. XIII.	Minas Gerais (2.a parte). p.559-1085.
Vol. V.	Ceará. 176p.		
Vol. VI.	Rio Grande do Norte. 86 p.	Vol. XIV.	Espírito Santo. 79p.
		Vol. XV.	Santa Catarina. 119p.
Vol. VII.	Paraíba. 119p.	Vol. XVI.	Rio Grande do Sul. 209p.
Vol. VIII.	Pernambuco. 218p.		
Vol. IX.	Alagoas. 88p.	Vol. XVII.	Mato Grosso. 49p.
Vol. X.	Sergipe. 80p.		

- Recenseamento de população do Império de Brasil a que se procedeu no dia 1.o de agosto de 1872. Leuzinger & Filhos, 1873-1876. (21 vols. on 6 reels of microfilm made by Library of Congress).

1. Alagoas.
GL/U-1; LO/U-3; OX/U18
2. Amazonas.
GL/U-1; LO/U-3; OX/U18
3. Bahia.
GL/U-1; LO/U-3; OX/U18
4. Ceará.
GL/U-1; LO/U-3; OX/U18
5. Espírito Santo.
GL/U-1; LO/U-3; OX/U18
6. Goiás.
GL/U-1; LO/U-3; OX/U18
7. Maranhão.
GL/U-1; LO/U-3; OX/U18
8. Mato Grosso.
GL/U-1; LO/U-3; OX/U18
9. Minas Gerais.
GL/U-1; LO/U-3; OX/U18
10. Pará.
GL/U-1; LO/U-3; OX/U18
11. Paraíba.
GL/U-1; LO/U-3; OX/U18
12. Paraná.
GL/U-1; LO/U-3; OX/U18
13. Pernambuco.
GL/U-1; LO/U-3; OX/U18
14. Piauí.
GL/U-1; LO/U-3; OX/U18
15. Rio de Janeiro.
GL/U-1; LO/U-3; OX/U18
16. Rio Grande do Norte.
GL/U-1; LO/U-3; OX/U18
17. S. Pedro do Rio Grande do Sul.
GL/U-1; LO/U-3; OX/U18
18. Santa Catarina.
GL/U-1; LO/U-3; OX/U18
19. São Paulo.
GL/U-1; LO/U-3; OX/U18
20. Sergipe.
GL/U-1; LO/U-3; OX/U18
21. Município Neutro.
GL/U-1; LO/U-3; OX/U18

- Relatório e trabalhos estatísticos... 1872-1876, 1878. Diretoria Geral de Estatística. [Contains miscellaneous information concerning the 1872 census].
LO/N-1

BRAZIL

1890

Recenseamento Geral da República dos Estados Unidos do Brasil (2)

DECRETO n.o 113-D, de 2 de janeiro de 1890. Restaura a Diretoria Geral de Estatística, criada pelo art. 2.o da Lei n.o 1.829, de 9 de setembro de 1870, e manda proceder ao segundo recenseamento da população dos Estados Unidos do Brasil.

DECRETO n.o 659, de 12 de agosto de 1890. Manda observar as instruções para o segundo recenseamento da população dos Estados Unidos do Brasil.

Diretoria Geral de Estatística
- Instruções para o segundo recenseamento da população da República dos Estados Unidos do Brasil em 31 de dezembro de 1890. Imp. Nacional, 1890. 30p.

- Recenseamento Geral da República dos Estados Unidos do Brasil em 31 de dezembro de 1890. Recensement général de la République des États Unis du Brésil. Imp. Nacional, 1892-98. 2 v.

- Recenseamento geral da República dos Estados Unidos do Brasil em 31 de dezembro de 1890: Distrito Federal (cidade de Rio de Janeiro). Tip. Leuzinger, 1895. xliii, 454 p.
    CA/U-1; GL/U-1 (microfilm. Washington: LC, 1974); OX/U-1

- Sinopse do recenseamento de 31 de dezembro de 1890. Oficina da Estatística, 1898. x, 133 p.
    LO/N-1; LO/N56; OX/U-1

- Sexo, raça e estado civil, nacionalidade, filiação, culto e analfabetismo da população recenseada em 31 de dezembro de 1890. Oficina da Estatística, 1898. 446 p.
    GL/U-1 (microfilm. Washington: LC, 1974); LO/N-1; LO/N56; OX/U-1

- Idades da população recenseada em 31 de dezembro de 1890. Oficina da Estatística, 1901. 411 p.
    GL/U-1 (microfilm. Washington: LC, 1970. 1 reel)

- Recenseamento...do...Estado das Alagoas...em...31 de dezembro de 1890, etc. (Recensement de l'État des Alagoas au 31 décembre 1890). 1898. 481 p.
    LO/N-1

1892

Recenseamento do Estado do Rio de Janeiro

Nunes, J.P. Favilla
- Recenseamento do Estado do Rio de Janeiro. Feito em 30 de agosto de 1892, por ordem do Exmo. Sr. Presidente do Estado Dr. José Thomaz da Porciuncula, autorizado pela Lei do mesmo mes e ano. Comp. Tip. do Brasil, 1893. 237 p.

1900

Recenseamento (3)

Diretoria Geral de Estatística
- Portaria de 20 de janeiro de 1900. Aprova as instruções gerais e os modelos para o recenseamento de 31 de dezembro do corrente ano.

- Recenseamento de 31 de dezembro de 1900. Quadros do trabalho preliminar. Oficina da Estatística, 1900. 23 p.
    LO/N-1

- Sinopse do recenseamento de 31 de dezembro de 1900. Tip. da Estatística, 1905. xv, 106 p.

Carvalho, Bulhões
- A verdadeira população da cidade do Rio de Janeiro. Tip. do Jornal do Comércio, 1901.

- Instruções para o Serviço do Recenseamento de 1900 em sua fase final. Tip. da Estatística, 1907. 7 p.

- Recenseamento do Rio de Janeiro (Distrito Federal) realizado em 20 de setembro de 1906. Oficina da Estatística, 1907. xxvii, 399 p.
    CC/U-1; LO/N-1; LO/N56; LO/U-3

- Recenseamento do Rio de Janeiro (Distrito Federal); realizado em 20 de Setembro de 1906. Oficina da Estatística, 1908. x, 149 p.
    LO/N56

[The 1906 census of Rio de Janeiro replaces the statistics secured in the 1900 census which were rejected.]

BRAZIL

1910

[Recenseamento Geral da População da República]

DECRETO n.o 7.931, de 31 de março de 1910. Aprova o regulamento para o serviço do recenseamento geral da população da República.

DECRETO n.o 8.301, de 14 de outubro de 1910. Aprova o regulamento para a organização do serviço do pessoal em comissão encarregado do recenseamento geral da população da República.

DECRETO n.o 8.382, de 13 de novembro de 1910. Designa o dia 30 de junho de 1911 para serem feitas as declarações nas listas domiciliares do recenseamento geral da população da República.

[The 1910 census was not carried out.]

1920

Recenseamento do Brasil (4)

DECRETO n.o 4.017, de 9 de janeiro de 1920. Autoriza o governo a mandar proceder, no dia 1 de setembro de 1920, ao recenseamento geral da população do Brasil.

DECRETO n.o 14.026, de 21 de janeiro de 1920. Aprova o regulamento para execução do Decreto n.o 4.017, de 9 de janeiro de 1920.

LEI e regulamento para o recenseamento geral da população, da agricultura e das indústrias a realizar-se em 1 de setembro de 1920 (Decretos ns. 4.017 e 14.026, de 9 e 21 de janeiro de 1920). Tip. da Estatística, 1920. 13p.

Diretoria Geral de Estatística
- Instruções aos delegados gerais e secionais e as comissões censitárias, para o recenseamento geral da população, da agricultura e das indústrias a realizar-se em 1 de setembro de 1920. Aprovadas por aviso n. 21, de 8 de março de 1920. Tip. da Estatística, 1920. 31p.

- Recenseamento de 1920. Modelos para a coleta e apuração dos censos demográfico e econômico. 1920. 31p.

Moreira, Fausto
- Recenseamento de 1920. Conferência feita em 21 de junho na sede da Escola Superior de Comércio do Rio de Janeiro. Tip. da Estatística, 1920. 18p.

BRAZIL

Diretoria Geral de Estatística
- Tabelas de conversão das principais medidas agrárias usadas no Brasil em unidades do sistema métrico decimal. Tip. da Estatística, 1921. ix, 104p.

- Recenseamento de 1920. Sessão solene, realizada no salão nobre do Ministério da Agricultura, em 6 de novembro de 1921, para a distribuição das medalhas comemorativas do censo efetuado na cidade do Rio de Janeiro em 1 de setembro de 1920. Tip. da Estatística, 1921. 21p.

- Recenseamento de 1920. Instruções para a apuração do censo demográfico. Tip. da Estatística, 1922. 31p.

- Sinopse do recenseamento realizado em 1 de setembro de 1920. População do Brasil. Resumo do censo demográfico por estados, capitais e municípios. Confronto do número de habitantes em 1920 com as populações recenseadas anteriormente. Tip. da Estatística, 1922. 43p.
LO/N56

- Sinopse do recenseamento realizado em 1 de setembro de 1920. População do Brasil. Resumo do censo demográfico segundo o sexo, a idade, a nacionalidade e os defeitos físicos dos habitantes recenseados nos estados e nas capitais, coeficientes da população do Brasil por 1890, 1900 e 1920. Tip. da Estatística, 1924. 118 p.
LO/N56

- Sinopse do recenseamento realizado em 1 de setembro de 1920. População do Brasil. Resumo do censo demográfico segundo o sexo, o estado civil, e a nacionalidade dos habitantes recenseados nos estados e nas capitais. Coeficientes da população do Brasil por sexo, estado civil, e nacionalidade em 1872, 1890, 1900 e 1920. Tip. da Estatística, 1924. 62 p.

- Sinopse do recenseamento realizado em 1 de setembro de 1920. População do Brasil. Resumo do censo demográfico segundo o grau de instrução, a idade, o sexo e a nacionalidade, nos estados e nas capitais, coeficientes da população do Brasil, em 1872, 1890, 1900 e 1920, segundo o grau de instrução, a idade, o sexo e nacionalidade. Tip. da Estatística, 1925. 39p.
OX/U-1

- Sinopse do recenseamento realizado em 1 de setembro de 1920. População do Brasil. Resumo do censo demográfico segundo as profissões, a nacionalidade, o sexo e a idade dos habitantes recenseados nos estados e nas capitais. Coeficientes da população do Brasil, segundo as profissões, a nacionalidade e o sexo em 1872, 1900 e 1920. População de fato e de direito no Brasil e nos estados, em 1920. Resumo da estatística predial e domiciliária nos estados e nas capitais, em 1920. Densidade predial e domiciliária em 1872, 1900 and 1920. Tip. da Estatística, 1926. iv, 210p.
LO/N56

- Recenseamento do Brasil realizado em 1 de setembro de 1920. Sinopse do censo da agricultura. Tip. da Estatística, 1922. 90p.

- Sinopse do recenseamento realizado em 1 de setembro de 1920. População pecuária. Tip. de Estatística, 1922. 51p.
 LO/U-3

- Recenseamento do Brasil realizado em 1 de setembro de 1920. Tip. da Estatística, 1922-1930. Volumes I-V in 17 v.
 Vol. I. Introdução. Aspeto físico do Brasil. Geologia, flora e fauna. Evolução do povo brasileiro. Histórico dos inquéritos demográficos. 1922. 544p.
 LO/N-1; LO/N56; LO/U-3; OX/U-1
 Vol. I. Anexos. Decretos, instruções e modelos das cadernetas e dos questionários para a execução do recenseamento. 1922. 160 p.
 LO/N-1; LO/N56; LO/U-3
 Vol. II.
  1a. parte. População do Rio de Janeiro. Histórico da cidade e dos inquéritos censitários. Crescimento, densidade e distribuição da população segundo o sexo, o estado civil, a nacionalidade, a idade, o grau de instrução, os defeitos físicos e as profissões. 1923. xiv, 648p. LO/N-1; LO/N56; LO/U-3; OX/U-1
  2a. parte. Agricultura e indústrias. Distrito Federal. 1924. cvi, 192 p.
  LO/N-1; LO/N56; LO/U-3; OX/U-1
  3a. parte. Estatística predial e domiciliária da cidade do Rio de Janeiro, Distrito Federal. 1925. xxxvi, 548p.
  LO/N56
 Vol. III.
  1a parte. Agricultura. Tomo I. Superfície territorial, area e valor dos imóveis recenseados, etc. 1923. lxxxvii, 512p.
  LO/N-1; LO/U-3
  2a. parte. Agricultura. 1924. lv, 526 p.
  3a. parte. Agricultura. 1927. xxxii, 367p.
  LO/U-3
 Vol. IV.
  1a. parte. População. População do Brasil por estados, municípios e distritos, segundo o sexo, o estado civil e a nacionalidade. 1926. xc, 883 p.
  LO/N-1; LO/N56; LO/U-3
  2a. parte. População do Brasil por estados e municípios segundo o sexo, a idade e a nacionalidade. 1928.
  Tomo I. lxxviii, 795p.
  LO/N56; LO/U-3
  Tomo II. 868p.
  LO/N-1; LO/U-3

3a. parte. População. População do Brasil por estados e municípios, segundo os defeitos físicos, por idade, sexo e nacionalidade. 1928. xxiii, 265 p.
LO/N-1; LO/N56; LO/U-3

4a. parte. População. População do Brasil por estados, municípios e distritos, segundo o grau de instrução, por idade, sexo e nacionalidade. 1929. lviii, 811 p.
LO/N-1; LO/U-3

5a. parte. População. População do Brasil por estados e municípios segundo o sexo, a nacionalidade, a idade e as profissões. 1930.
Tomo I. cxlvii, 630 p.
LO/N-1; LO/N56
Tomo II. 851 p.
LO/N-1; LO/N56

6a. parte. Estatística predial e domiciliária do Brasil. 1930. xx, 724p.
LO/N-1; LO/N56

Vol. V.
1a. parte. Indústria. 1927. cxxx, 526 p.
LO/N-1; LO/N56

2a. parte. Salários. 1928. xxxii, 520 p.
LO/N-1; LO/N56

3a. parte. Estatísticas complementares do censo econômico. 1929. lxi, 210p.
LO/N-1; LO/N56

- Recenseamento do Brasil realizado em 1 de setembro de 1920. (5 v. in 18. Microfilm. Washington D.C.: Library of Congress, 1974. 6 reels).
GL/U-1

Pacheco, Octavio Leal
- Recenseamento de 1920. Município de Bom Sucesso (Estado de Minas Gerais). Relatório apresentado a 15.a Delegacia Secional do Recenseamento. Belo Horizonte: Imp. Oficial, 1922. 40 p.

Diretoria Geral de Estatística
- Recenseamento do Brasil realizado em 1 de setembro de 1920. Custo dos inquéritos demográfico e econômico. Tip. da Estatística, 1923. vi, 9-36 p.

- Valor das terras no Brasil segundo o censo agrícola realizado em 1 de setembro de 1920. Tip. da Estatística, 1924. 51 p.

Carvalho, Bulhões
- Aperçu sur les résultats du recensement realisé au Brésil en septembre 1920; population-agriculture-industrie. Typ. Statistique, 1925. 50 p.
LO/N56

Diretoria Geral de Estatística
- Indice alfabético da Carta Censitária do Distrito Federal: discriminação dos logradouros segundo as divisões censitária, municipal e judiciária. Tip. da Estatística, 1925. 114 p.

- Confirmação dos resultados do recenseamento demográfico de 1920 e da estimativa feita pela Diretoria Geral de Estatística da população de 6 a 12 anos existente no Distrito Federal em 21 de dezembro de 1926. Tip. da Estatística, 1927. 15 p.

Freitas, Mário Augusto Teixeira de
- O Recenseamento de 1920 em Minas Gerais. 1951. 32 p. (Documentos censitários. Série B, 2).
    LO/U-3

See also miscellaneous publications on the census (including those covering two or more censuses) under *Miscellaneous Publications*, p.187-191.

1930

Recenseamento

DECRETO n. 5.730, de 15 de outubro de 1929. Autoriza a proceder ao recenseamento geral da República em 1 de setembro de 1930.

DECRETO n. 18.994, de 19 de novembro de 1929. Dá regulamento de decreto - legislativo n. 5.730 de 15 de outubro de 1929, que autoriza a proceder ao recenseamento da República em setembro de 1930.

Diretoria Geral de Estatística
- Recenseamento de 1930. Tabelas de conversão das principais medidas agrárias usadas no Brasil em unidades do sistema métrico decimal. 2a. edição. Tip. de Estatística, 1930. xix, 136p.

[The Census of 1930 was not carried out owing to the revolution led by Getúlio Vargas in October of that year].

1934

Recenseamento Demográfico, Escolar e Agrícola-Zootécnico do Estado de São Paulo

Comissão Central do Recenseamento
- Recenseamento demográfico, escolar e agrícola-zootécnico do estado de São Paulo, 20 de setembro de 1934. São Paulo: Imp. Oficial do Estado, 1936. 15p.

1940

Recenseamento Geral do Brasil (5)

DECRETO-lei no. 237, de 2 de fevereiro de 1938. Regula o início dos trabalhos do Recenseamento geral da República em 1940.

DECRETO-lei no. 796, de 19 de outubro de 1938. Dispõe sobre a Comissão Censitária Nacional, com vistas ao recenseamento geral da República de 1940.

DECRETO-lei no. 969, de 21 de dezembro de 1938. Dispõe sobre os recenseamentos gerais do Brasil.

DECRETO-lei 237, de 2 de fevereiro de 1938. Regula o início dos trabalhos do recenseamento geral da República em 1940 e dá outras providências. Decreto-lei 969, de dezembro de 1938. Dispõe sobre os recenseamentos gerais do Brasil. Serviço Gráfico do I.B.G.E., 1939. 24p.

I.B.G.E. Serviço Nacional de Recenseamento
- Coleção de decretos-leis sobre o recenseamento geral da República em 1940. Serviço Gráfico do I.B.G.E., 1939. 47p.

DECRETO-lei no. 2.141, de 15 de abril de 1940. Regulamenta a execução do recenseamento geral de 1940, nos termos do Decreto-lei no. 969, de 21 de dezembro de 1938.

Comissão Censitária Nacional
- A glimpse into the coming fifth census of Brazil (September 1st, 1940) presented at the eighth American scientific congress, Washington D.C., May 10-18, 1940. Printing office of the B.I.G.S., 1940. 17p.

I.B.G.E. Serviço Nacional de Recenseamento
- Finalidades do censo agrícola. 1939. 14p.

- Recenseamento geral de 1940. Censo demográfico. Caderneta do agente recenseador. [1940?].

- Recenseamento geral de 1940. Censo demográfico. Instruções ao agente recenseador, C.D. 1.30. [1940-1941?].

- Recenseamento geral de 1940. Censo agrícola. Caderneta do agente recenseador. 1940.

- Recenseamento geral de 1940. Censo agrícola. Instruções ao agente recenseador, C.A. 2.30. 1940.

- Recenseamento geral de 1940. Censos industrial, comercial, dos transportes e comunicações e dos serviços. Instruções ao agente recenseador mod. 0.30. 1940.

Mortara, Giorgio
- A população do Brasil, por regiões fisiográficas, conforme os resultados provisórios do censo de 1940 e a nova divisão territorial adotada pelo Instituto Brasileiro de Geografia e Estatística. 1942. 3p.

Comissão Censitária Nacional
- Recenseamento geral do Brasil, realizado em 1.o de setembro de 1940. Sinopse preliminar dos resultados demográficos segundo as unidades da Federação e os municípios. 1941. 43p.

I.B.G.E. Serviço Nacional de Recenseamento
- Análises de resultados do censo demográfico. 1944-1950. Volumes I-XII.
    Vol. I.   Nos. 1-40. 1944. 205p.
    Vol. II.   Nos. 41-80. 1944. 227p.
    Vol. III.   Nos. 81-120. 1944. iii, various paging.
    Vol. IV.   Nos. 121-160. 1944. iii, various paging.
    Vol. V.   Nos. 161-200. 1945. ii, 368p.
    Vol. VI.   Nos. 201-240. 1945. iii, 336p.
    Vol. VII.   Nos. 241-280. 1946. various paging.
    Vol. VIII.   Nos. 281-320. 1946. ii, 348p.
    Vol. IX.   Nos. 321-360. iv, 453p.
    Vol. X.   Nos. 361-395. 1950. iii, 513p.
    Vol. XI.   Nos. 396-912. 1950. ii, 517p.
    Vol. XII.   Análises suplementares. Nos. 143-306A. 1950. various paging.

Comissão Censitária Nacional
- Recenseamento geral do Brasil (1.o de setembro de 1940). Sinopse do censo demográfico, dados gerais. 1946. vii, [2], 47p.
    CA/U-1; GL/U-1; LO/N-1; LO/U-2; LO/U-3; LV/U-1; MA/U-1; OX/U-1

- Sinopse do censo demográfico, dados gerais. Ed. especial do Conselho Nacional de Estatística. 1947. vii, 47p.

I.B.G.E. Serviço Nacional de Recenseamento
- Recenseamento geral de 1940 (resultados preliminares). Número de prédios e população, segundo os quadros urbano, suburbano e rural. [1940?].

Comissão Censitária Nacional
- Sinopse do censo agrícola, dados gerais. 1948. 47p.
    GL/U-1; LO/N-1; LO/U-2; LO/U-3; MA/U-1; OX/U-1

- Sinopse do censo comercial, dados gerais. 1948. 73p.
    GL/U-1; LO/N-1; LO/S76; LO/U-2; LO/U-3; LV/U-1; MA/U-1; OX/U-1

- Sinopse do censo industrial e do censo dos serviços, dados gerais. 1948. xviii, 74p.
    GL/U-1; LO/N-1; LO/U-2; LO/U-3; LV/U-1; MA/U-1; OX/U-1

I.B.G.E. Conselho Nacional de Estatística
- Sinopse estatística do município de Maceió, estado de Alagoas. 1950. viii, 29p.

- Sinopse estatística do munícipio..., estado do Amazonas, subsídios para o estudo da evolução política; alguns resultados estatísticos, 1945; principais resultados censitários, I-IX-1940. 1948.

- Sinopse estatística do município..., estado da Bahia, subsídios para o estudo da evolução política; alguns resultados estatísticos, 1945; principais resultados censitários, I-IX-1940. 1948.

- Sinopse estatística do município..., estado do Ceará, subsídios para o estudo da evolução política; alguns resultados estatísticos, 1945; principais resultados censitários, I-IX-1940. 1948.

- Sinopse estatística do município..., estado de Goiás; subsídios para o estudo da evolução política; alguns resultados estatísticos, 1945; principais resultados censitários, I-IX-1940. 1948. 15p.

- Sinopse estatística do município..., estado de Mato Grosso; subsídios para o estudo da evolução política; alguns resultados estatísticos, 1945; principais resultados censitários, I-IX-1940. 1948. 15p.

- Sinopse estatística do município..., estado de Minas Gerais; subsídios para o estudo da evolução política; alguns resultados estatísticos, 1945; principais resultados censitários, I-IX-1940. 1948. 15p.

- Sinopse estatística do município..., estado do Pernambuco; subsídios para o estudo da evolução política; alguns resultados estatísticos, 1945, principais resultados censitários, I-IX-1940. 1948. 15p.

- Sinopse estatística do município..., estado do São Paulo; subsídios para o estudo da evolução política; alguns resultados estatísticos, 1945; principais resultados censitários, I-X-1940. 1948.

I.B.G.E.
- Recenseamento geral do Brasil (1.o de setembro de 1940): Série nacional.
  Volume I. Introdução. 1943-1950.
    Tomo I. A cultura brasileira. Introdução ao estudo da cultura no Brasil por Fernando de Azevedo. 1943. xviii, 535 p., 418 ill.
    LO/N-1; LO/U-3; LO/U19; LV/U-1; MA/U-1; OX/U-1
  Volume. II. Censo demográfico. População e habitação. Quadros de totais para o conjunto da União e de distribuição pelas regiões fisiográficas e unidades federadas. 1950. xxxviii, 181 p.
    CA/U-1; GL/U-1; LO/U-3; LO/U19; LV/U-1; MA/U-1; OX/U-1
  Volume III. Censos econômicos: Agrícola, industrial, comercial e dos serviços. 1950. lxxiii, 506 p.
    CA/U-1; CV/U-1; GL/U-1; LO/U-3; LO/U19; LV/U-1; MA/U-1; OX/U-1

I.B.G.E. Serviço Nacional de Recenseamento
- Recenseamento geral do Brasil (1.o de setembro de 1940): Série regional. Censo demográfico: População e habitação. Censos econômicos: Agrícola, industrial, comercial e dos serviços. 1950-1952. Tomos 1-22 in 30 v.
  Tomo 1. Território de Acre. 1952. lxxiii, 283 p.
    CA/U-1; GL/U-1; LO/N-1; LO/U-2; LO/U-3; LO/U19; LV/U-1; MA/U-1; OX/U-1
  Tomo 2. Amazonas. 1952. lxxiv, 379 p.
    CA/U-1; GL/U-1; LO/N-1; LO/N56; LO/U-2; LO/U-3; LO/U19; LV/U-1; MA/U-1; OX/U-1
  Tomo 3. Pará. 1952. lxxiv, 471 p.
    CA/U-1; GL/U-1; LO/N-1; LO/U-2; LO/U-3; LO/U19; LV/U-1; MA/U-1; OX/U-1
  Tomo 4. Maranhão. 1952. lxxiv, 537 p.
    CA/U-1; GL/U-1; LO/N-1; LO/U-2; LO/U-3; LO/U19; LV/U-1; MA/U-1; OX/U-1
  Tomo 5. Piauí. 1952. lxxv, 451 p.
    CA/U-1; GL/U-1; LO/N-1; LO/U-2; LO/U-3; LO/U19; LV/U-1; MA/U-1; OX/U-1
  Tomo 6.
    Volumen 1. Ceará: Censo demográfico: População e habitação. 1950. xxxii, 289 p.
      CA/U-1; GL/U-1; LO/N-1; LO/U-2; LO/U-3; LO/U19; LV/U-1; MA/U-1; OX/U-1
    Volumen 2. Ceará: Censos econômicos: Agrícola, industrial, comercial e dos serviços. 1950. lx, 317 p.
      CA/U-1; CV/U-1; GL/U-1; LO/N-1; LO/U-2; LO/U-3; LO/U19; LV/U-1; MA/U-1; OX/U-1

Tomo 7. Rio Grande do Norte. 1952. lxxiv, 437p.
CA/U-1; GL/U-1; LO/N-1; LO/U-2; LO/U-3; LO/U19; LV/U-1; MA/U-1; OX/U-1

Tomo 8. Paraíba. 1952. lxxiv, 435p.
CA/U-1; GL/U-1; LO/N-1; LO/U-2; LO/U-3; LO/U19; LV/U-1; MA/U-1; OX/U-1

Tomo 9.
Volumen 1. Pernambuco: Censo demográfico: População e habitação. 1950. xxxii, 299 p.
CA/U-1; GL/U-1; LO/N-1; LO/S76; LO/U-2; LO/U-3; LO/U19; LV/U-1; MA/U-1; OX/U-1

Volumen 2. Pernambuco: Censos econômicos: Agrícola, industrial, comercial e dos serviços. 1950. lx, 323p.
CA/U-1; CV/U-1; GL/U-1; LO/N-1; LO/U-2; LO/U-3; LO/U19; LV/U-1; MA/U-1; OX/U-1

Tomo 10. Alagoas. 1952. lxxiv, 391p.
CA/U-1; GL/U-1; LO/N-1; LO/U-2; LO/U-3; LO/U19; LV/U-1; MA/U-1; OX/U-1

Tomo 11. Sergipe. 1952. lxxiii, 429p.
CA/U-1; GL/U-1; LO/N-1; LO/U-2; LO/U-3; LO/U19; LV/U-1; MA/U-1; OX/U-1

Tomo 12.
Volumen 1. Bahia: Censo demográfico: População e habitação. 1950. xxxiii, 481 p.
CA/U-1; GL/U-1; LO/N-1; LO/S76; LO/U-2; LO/U-3; LO/U19; LV/U-1; MA/U-1; OX/U-1

Volumen 2. Bahia: Censos econômicos: Agrícola, industrial, comercial e dos serviços. 1950. lxi, 419p.
CA/U-1; CV/U-1; GL/U-1; LO/N-1; LO/U-2; LO/U-3; LO/U19; LV/U-1; MA/U-1; OX/U-1

Tomo 13.
Volumen 1. Minas Gerais: Censo demográfico: População e habitação. 1950. xxxi, 243p.
CA/U-1; GL/U-1; LO/N-1; LO/N56; LO/S76; LO/U-2; LO/U-3; LO/U19; LV/U-1; MA/U-1; OX/U-1

Volumen 2. Minas Gerais: Censo demográfico: População. 1950. xix, 603 p.
CA/U-1; GL/U-1; LO/N-1; LO/N56; LO/S76; LO/U-2; LO/U-3; LO/U19; LV/U-1; MA/U-1; OX/U-1

Volumen 3. Minas Gerais: Censos econômicos: Agrícola, industrial, comercial e dos serviços. 1950. lxiii, 619p.
CA/U-1; CV/U-1; GL/U-1; LO/N-1; LO/U-2; LO/U-3; LO/U19; LV/U-1,; MA/U-1; OX/U-1

Tomo 14. Espírito Santo. 1951. lxxiv, 393p.
CA/U-1; GL/U-1; LO/N-1; LO/U-2; LO/U-3; LO/U19; LV/U-1; MA/U-1; OX/U-1

Tomo 15. Rio de Janeiro. 1951. lxxiv, 463p.
   CA/U-1; GL/U-1; LO/N-1; LO/U-2; LO/U-3; LO/U19; LV/U-1; MA/U-1;
   OX/U-1
Tomo 16. Distrito Federal. 1951. lxxiv, 355p.
   CA/U-1; LO/N-1; LO/S76; LO/U-2; LO/U-3; LO/U19; LV/U-1; MA/U-1;
   OX/U-1
Tomo 17.
   Volumen 1. São Paulo: Censo demográfico: População e habitação.
   1950. xxx, 243p.
      CA/U-1; GL/U-1; LO/N-1; LO/N56; LO/S76; LO/U-2; LO/U-3;
      LO/U19; LV/U-1; MA/U-1; OX/U-1
   Volumen 2. São Paulo: Censo demográfico: População. 1950. xix, 560p.
      CA/U-1; GL/U-1; LO/N-1; LO/N56; LO/S76; LO/U-2; LO/U-3;
      LO/U19; LV/U-1; MA/U-1; OX/U-1
   Volumen 3. São Paulo: Censos econômicos: Agrícola, industrial,
   comercial e dos serviços. 1950. lxiii, 601p.
      CA/U-1; CV/U-1; GL/U-1; LO/N-1; LO/U-2; LO/U-3; LO/U19;
      LV/U-1; MA/U-1; OX/U-1
Tomo 18. Paraná. 1951. lxxiv, 459p.
   CA/U-1; GL/U-1; LO/N-1; LO/U-2; LO/U-3; LO/U19; LV/U-1; MA/U-1;
   OX/U-1
Tomo 19. Santa Catarina. 1952. lxxiv, 445p.
   CA/U-1; GL/U-1; LO/N-1; LO/U-2; LO/U-3; LO/U19; LV/U-1; MA/U-1;
   OX/U-1
Tomo 20.
   Volumen. 1. Rio Grande do Sul: Censo demográfico: População e
   habitação. 1950. xxx, 307 p.
      CA/U-1; GL/U-1; LO/N-1; LO/S76; LO/U-2; LO/U-3; LO/U19;
      LV/U-1; MA/U-1; OX/U-1
   Volumen. 2. Rio Grande do Sul: Censos econômicos: Agrícola,
   industrial, comercial e dos serviços. 1950. lx, 325 p.
      CA/U-1; CV/U-1; GL/U-1; LO/N-1; LO/U-2; LO/U-3; LO/U19;
      LV/U-1; MA/U-1; OX/U-1
Tomo 21. Goiás. 1952. lxxiv, 467p.
   CA/U-1; GL/U-1; LO/N-1; LO/U-2; LO/U-3; LO/U19; LV/U-1; MA/U-1;
   OX/U-1
Tomo 22. Mato Grosso. 1952. lxxiii, 381p.
   CA/U-1; GL/U-1; LO/N-1; LO/U-2; LO/U-3; LO/U19; LV/U-1; MA/U-1;
   OX/U-1

Mortara, Giorgio
- Interpretação e análise de algumas estatísticas de ensino primário no Brasil em relação com os resultados do censo de 1940. 1942. 44p.

I.B.G.E.
- Notícia sobre o recenseamento geral de 1940. 1942. 11p.

Espirito Santo (State). Departamento Estadual de Estatística
- A população de Espírito Santo segundo o recenseamento geral de 1940. Vitória, Imp. no D.S.P., 1946. 24p.

Felippe, J Carneiro *and* Morais, Octavio Alexander de
- Nota sobre a eficiência da coleta do censo demográfico brasileiro de 1940. 1947. 3p.

Carvalho, Afrânio de
- Observações sobre a organização e execução do recenseamento geral do Brasil em 1940. 1948. 367p.

I.B.G.E. Serviço Nacional de Recenseamento
- Estudos sobre a natalidade no Brasil e a fecundidade da mulher brasileira conforme o censo demográfico de I-IX-1940. 1945. 196p.

I.B.G.E.
- O aproveitamento das apurações do censo demográfico de 1940 para a determinação das correntes de migração interior. 1948. 67p. (Estudos de estatística teórica e aplicada. Estatística demográfica, 1).

- Os cegos no Brasil segundo o censo demográfico de 1.o de setembro de 1940. 1948. 96 p. (Estudos de estatística teórica e aplicada. Estatística demográfica, 2).

- Os surdos-mudos no Brasil segundo o censo demográfico de 1.o de setembro de 1940. 1948. 27p. (Estudos de estatística teórica e aplicada. Estatística demográfica, 3).

I.B.G.E. Serviço Nacional de Recenseamento
- Estudos sobre a alfabetização e a instrução da população do Brasil, conforme as apurações do censo demográfico de 1940. 2 ed. 1950. 110p. (Estudos de estatística teórica e aplicada. Estatística cultural, 1).

Conselho Nacional de Estatística
- A estrutura da economia agropecuária do estado de São Paulo segundo o censo agrícola de 1940. A produção agrícola do estado de São Paulo nos anos de 1945 a 1949. A produção extrativa vegetal e a produção florestal do estado de São Paulo nos anos de 1945 a 1949. 1951. 66 p. (Estudos de estatística teórica e aplicada. Estatística agrícola, 6).

LO/U-2

- A estrutura da economia agropecuária do estado do Piauí segundo o censo agrícola de 1940. A produção agrícola do estado do Piauí nos anos de 1945 a 1949. A produção extrativa vegetal e a produção florestal do estado do Piauí nos anos de 1945 a 1949. 1951. 60p. (Estudos de estatística teórica e aplicada. Estatística agrícola, 9).

I.B.G.E.
- Recenseamento geral do Brasil, 1.o de setembro de 1940. Esquema de publicação e Ementário de quadros. 1950. 4 p.

- Legislação básica do recenseamento de 1940. 1951. 31p. (Documentos censitários. Série A, 3).

- Recenseamento geral de 1940. Resoluções da Comissão Censitária Nacional. 1951. 181 p. (Documentos censitários. Série A, 4).

- Recenseamento geral de 1940. Relatórios do Serviço Nacional de Recenseamento. 1954. 165 p. (Documentos censitários. Série B, 8).

Aroucha, Marcelo
- A região da serra dos Aimorés e o recenseamento geral de 1940. 1953. 35p. (Documentos censitários. Série B, 5).

Mortara, Giorgio
- Curso de elementos de estatística demográfica. 1953. 125p. (Documentos censitários. Série D, 3).

Morais, Octavio Alexander de
- O Recenseamento de 1940 do ponto de vista da técnica censitária. 1954. 21 p. (Documentos censitários. Série B, 7).

Jardim, Germano
- População urbana e população rural. 1954. 43 p. (Documentos censitários. Série, D, 5).

Figueiredo, Jayme
- Coisas que acontecem num recenseamento. 2 ed. 1959. 165 p.

See also miscellaneous publications on the census (including those covering two or more censuses) under *Miscellaneous Publications*, p.187-191.

1950

Recenseamento Geral do Brasil (6)

LEI no.651, de 13-3-49. Dispõe sobre a realização do VI recenseamento geral do Brasil.

DECRETO no. 26.914, de 20 de julho de 1949. Aprova o regulamento do VI recenseamento geral do Brasil.

I.B.G.E. Serviço Nacional de Recenseamento
- Recenseamento geral de 1950. v.1. Legislação. Atos do Governo Federal. 1949. 22p.

- Recenseamento geral de 1950. v.2. Legislação. Atos do Conselho Nacional de Estatística. 1949. 29p.

Guimarães, Alberto Passos
- Base legal do recenseamento geral de 1950. 1951. 43p. (Documentos censitários. Série C, 1).
    LO/U-3

I.B.G.E. Serviço Nacional de Recenseamento
- Recenseamento geral de 1950. Censo demográfico. Instruções ao recenseador, C.D. 1.30. [1950?]. 38p.

- Recenseamento geral de 1950. Censo agrícola. Instruções ao recenseador, C.A. 2.30. [1950]. 84p.

- Recenseamento geral de 1950. Censos econômicos (censos industrial, comercial e dos serviços). Instruções ao recenseador, C.E.0.30. [1950?]. 96 p.

- Para que serve o recenseamento. 1950. 30p.

- Recenseamento geral do Brasil, 1 de julho do 1950. Sinopse preliminar do censo demográfico. 1951. 33 p.
    CV/U-1; LO/U-2; LO/U-3; LV/U-1; MA/U-1; OX/U-1

I.B.G.E. Conselho Nacional de Estatística. Serviço Nacional de Recenseamento
- Recenseamento geral do Brasil, 1950. Sinopse preliminar do censo comercial. 1952.

- Recenseamento geral do Brasil, 1950. Sinopse preliminar do censo industrial. 1953. xiv, 183 p.
    LO/N-1; LO/S76; LO/U-3; OX/U-1

- Recenseamento geral do Brasil, 1950. Sinopse preliminar do censo dos serviços. 1952.

- VI [Sexto] recenseamento geral do Brasil. Censo demográfico: Estado do... Seleção dos principais dados. 1951-1953. 23 v.

Estados Unidos do Brasil. 1953. x, 85p.
GL/U-1; OX/U-1; XY/N-1 (microfilm)
Territórios Federais (Acre, Amapá, Fernando Noronha, Guaporé, Rio Branco). 1952. xvi, 116p.
LO/S76; OX/U-1; XY/N-1 (=xvi) (microfilm)
Amazonas. 1952. vi, 28p.
XY/N-1 (microfilm)
Pará. 1952. vii, 34p.
OX/U-1; XY/N-1 (microfilm)
Maranhão. 1952. vii, 34p.
OX/U-1; XY/N-1 (microfilm)
Piauí. 1952. vii, 28p.
OX/U-1; XY/N-1 (microfilm)
Ceará. 1951. vii, 42p.
XY/N-1 (microfilm)
Rio Grande do Norte. 1951. vii, 30 p.
XY/N-1 (microfilm)
Paraíba. 1951. vii, 32 p.
XY/N-1 (microfilm)
Pernambuco. 1952. viii, 40 p.
XY/N-1 (microfilm)
Alagoas. 1952. vii, 30 p.
XY/N-1 (microfilm)
Sergipe. 1951. viii, 28 p.
LO/S76; XY/N-1 (microfilm)
Bahia. 1952. viii, 56p.
XY/N-1 (microfilm)
Minas Gerais. 1953. viii, 88p.
XY/N-1 (microfilm)
Espírito Santo. 1951. viii, 30p.
XY/N-1 (microfilm)
Rio de Janeiro. 1951. viii, 36p.
XY/N-1 (microfilm)
Distrito Federal. 1951. vii, 13p.
GL/U-1; LO/U-2; LO/U-3; LV/U-1; MA/U-1; OX/U-1; XY/N-1 (microfilm)
São Paulo. 1953. viii, 76 p.
XY/N-1 (microfilm)
Paraná. 1953. viii, 36p.
XY/N-1 (microfilm)
Santa Catarina. 1952. viii, 46p.
XY/N-1 (microfilm)
Rio Grande do Sul. 1952. viii, 46p.
XY/N-1 (microfilm)
Mato Grosso. 1952. vii, 30p.
XY/N-1 (microfilm)
Goiás. 1952. vii, 34p.
OX/U-1; XY/N-1 (microfilm)

- VI [Sexto] recenseamento geral: Censo demográfico, 1.o de julho de 1950: Estados Unidos do Brasil, seleção dos principais dados. 1953. iii, 37 p.
    CV/U-1; LO/S76; XY/N-1 (microfilm)

- VI [Sexto] recenseamento geral do Brasil, 1.o-VII-1950. Selected tables of the population census. Tableaux choisis du recensement de la population. 1953. vii, 15 p.
    LO/N-1; LO/N56; LO/S76; LO/U-3; LV/U-1; OX/U-1

- VI [Sexto] recenseamento geral do Brasil, 1.o-VII-1950. 1953. vii, 15 p.
    XY/N-1 (microfilm)

- Estado do Paraná; resultados do recenseamento de 1950. Edição comemorativa do I Centenário do Estado. 1953. xv, 55p.
  LO/U-2

- Censo agrícola de 1950, Brasil: [dados preliminares]. 1954. 2 parts [One part subtitled. Estabelecimentos segundo grupos de area pessoal ocupado].
  LO/U-3

  - VI [Sexto] recenseamento do Brasil, 1950. Serviço Gráfico, I.B.G.E., 1954-1958. Volumes I-XXX in 51 v.
    Vol. I. Brasil: Censo demográfico. 1956. xxxii, 334p.
      CA/U-1; LO/N-1; LO/N56; LO/S76; LO/U-2; LO/U-3; LV/U-1; OX/U-1; RE/U-1; XY/N-1 (microfilm)
    Vol. II. Brasil: Censo agrícola. 1956. xxxvi, 135p.
      CA/U-1; LO/N-1; LO/N56; LO/S76; LO/U-3; LV/U-1; OX/U-1; RE/U-1; XY/N-1 (microfilm)
    Vol. III.
      Tomo 1. Brasil: Censo industrial. 1957. xxxvi, 284p.
        CA/U-1; LO/N-1; LO/N56; LO/S76; LO/U-3; OX/U-1; RE/U-1; XY/N-1 (microfilm)
      Tomo 2. Brasil: Censos comercial e dos serviços. 1957. lxiv, 330p.
        CA/U-1; LO/N-1; LO/N56; LO/S76; LO/U-3; RE/U-1; XY/N-1 (microfilm)
    Vol. IV. Brasil: Transportes e comunicações. 1958. xxx, 111p.
      CA/U-1; LO/N-1; LO/N56; LO/S76; LO/U-3; XY/N-1 (microfilm)
    Vol. V. Anexos [not published].
    Vol. VI. Território do Guaporé: Censos demográfico e econômicos. 1957. lxx, 259 p.
      CA/U-1; LO/N-1; LO/N56; LO/S76; LO/U-3; LV/U-1; OX/U-1; XY/N-1 (microfilm)
    Vol. VII. Território do Acre. 1957. lxxi, 286p.
      CA/U-1; LO/N-1. LO/N56. LO/S76; LO/U-3; LV/U-1; XY/N-1 (microfilm)
    Vol. VIII. Estado do Amazonas. 1956. lxxii. 366p.
      CA/U-1; LO/N-1; LO/N56; LO/S76; LO/U-3; LV/U-1; OX/U-1; XY/N-1 (microfilm)
    Vol. IX. Território do Rio Branco. 1957. lxvii, 243p.
      CA/U-1; LO/N-1; LO/N56; LO/S76; LO/U-3; OX/U-1; XY/N-1 (microfilm)
    Vol. X.
      Tomo 1. Estado do Pará. 1956. xxv, 117p.
        CA/U-1; LO/N-1; LO/N56; LO/S76; LO/U-3; LV/U-1; OX/U-1; XY/N-1 (microfilm)
      Tomo 2. Estado do Pará: Censos demográfico e econômicos. 1956. lxi, 324p.
        CA/U-1; LO/N-1; LO/N56; LO/S76; LO/U-2; LO/U-3; LV/U-1; OX/U-1; XY/N-1 (microfilm)

Vol. XI. Território do Amapá: Censos demográfico e econômicos. 1957. lxviii, 253p.
CA/U-1; LO/N-1; LO/N56; LO/S76; LO/U-3; LV/U-1; OX/U-1; XY/N-1 (microfilm)

Vol. XII.
Tomo 1. Estado do Maranhão: Censo demográfico. 1955. xxv, 118p.
CA/U-1; LO/N-1; LO/N56; LO/S76; LO/U-2; LO/U-3; XY/N-1 (microfilm)
Tomo 2. Estado do Maranhão: Censos econômicos. 1956. lx, 318p.
CA/U-1; LO/N-1; LO/N56; LO/S76; LO/U-3; LV/U-1; XY/N-1 (microfilm)

Vol. XIII. Estado do Piauí: Censos demográficos e econômicos. 1956. lxxiii, 364p.
CA/U-1; LO/N-1; LO/N56; LO/S76; LO/U-3; LV/U-1; OX/U-1; XY/N-1 (microfilm)

Vol. XIV.
Tomo 1. Estado do Ceará: Censos demográficos. 1955. xxv, 131p.
CA/U-1; LO/N-1; LO/N56; LO/S76; LO/U-2; LO/U-3; XY/N-1 (microfilm)
Tomo 2. Estado do Ceará: Censos econômicos. 1956. lxi, 332 p.
CA/U-1; LO/N-1; LO/N56; LO/U-3; LV/U-1; OX/U-1; XY/N-1 (microfilm)

Vol. XV.
Tomo 1. Rio Grande do Norte: Censo demográfico. 1956. xxv, 97p.
CA/U-1; LO/N-1; LO/N56; LO/S76; LO/U-2; LO/U-3; XY/N-1 (microfilm)
Tomo 2. Rio Grande do Norte: Censos econômicos. 1956. lxi, 274p.
CA/U-1; LO/N-1; LO/N56; LO/S76; LO/U-3; LV/U-1; XY/N-1 (microfilm)

Vol. XVI.
Tomo 1. Paraíba: Censo demográfico. 1955. xxv, 101p.
CA/U-1; LO/N-1; LO/N56; LO/S76; LO/U-2; LO/U-3; OX/U-1; XY/N-1 (microfilm)
Tomo 2. Estado da Paraíba: Censos econômicos. 1956. lxi, 278p.
CA/U-1; LO/N-1; LO/N56; LO/S76; LO/U-2; LO/U-3; LV/U-1; OX/U-1; XY/N-1 (microfilm)

Vol. XVII.
Tomo 1. Estado de Pernambuco: Censo demográfico. 1955. xxv, 125p.
CA/U-1; LO/N56; LO/S76; LO/U-2; LO/U-3; RE/U-1; XY/N-1 (microfilm)
Tomo 2. Estado de Pernambuco: Censos econômicos. 1956. lx, 342p.
CA/U-1; LO/N-1; LO/N56; LO/S76; LO/U-2; LO/U-3; OX/U-1; RE/U-1; XY/N-1 (microfilm)

Vol. XVIII.
Tomo 1. Estado de Alagoas: Censo demográfico. 1955. xxv, 97p.
CA/U-1; LO/N-1; LO/N56; LO/S76; LO/U-2; LO/U-3; XY/N-1 (microfilm)

Tomo 2. Estado de Alagoas: Censos econômicos. 1956. lx, 278 p.
   CA/U-1; LO/N-1; LO/N56; LO/S76; LO/U-2; LO/U-3; LV/U-1; OX/U-1; XY/N-1 (microfilm)

Vol. XIX. Estado de Sergipe: Censos demográfico e econômicos. 1956. lxxiii, 374 p.
   CA/U-1; LO/N-1; LO/N56; LO/S76; LO/U-3; LV/U-1; OX/U-1; XY/N-1 (microfilm)

Vol. XX.
   Tomo 1. Estado da Bahia: Censo demográfico. 1955. xxv, 162 p.
      CA/U-1; LO/N56; LO/S76; LO/U-2; LO/U-3; XY/N-1 (microfilm)
   Tomo 2. Estado da Bahia: Censo agrícola. 1956. xxv, 194 p.
      CA/U-1; LO/N-1; LO/N56; LO/S76; LO/U-2; LO/U-3; LV/U-1; XY/N-1 (microfilm)
   Tomo 3. Estado da Bahia: Censos industrial, comercial e dos serviços. 1956. xlvii, 210 p.
      CA/U-1; LO/N-1; LO/N56; LO/S76; LO/U-2; LO/U-3; OX/U-1; XY/N-1 (microfilm)

Vol. XXI.
   Tomo 1. Estado de Minas Gerais: Censo demográfico. 1954. xxix, 283p.
      CA/U-1; LO/N-1; LO/N56; LO/S76; LO/U-2; LO/U-3; OX/U-1; XY/N-1 (microfilm)
   Tomo 2. Estado de Minas Gerais: Censo agrícola. 1955. xxvii, 469 p.
      CA/U-1; LO/N-1; LO/N56; LO/S76; LO/U-2; LO/U-3; OX/U-1; XY/N-1 (microfilm)
   Tomo 3. Estado de Minas Gerais: Censos industrial, comercial e dos serviços. 1955. xlvii, 256 p.
      CA/U-1; LO/N-1; LO/N56; LO/S76; LO/U-2; LO/U-3; OX/U-1; XY/N-1 (microfilm)

Vol. XXII.
   Tomo 1. Estado do Espírito Santo: Censo demográfico. 1955. xxv, 98 p.
      CA/U-1; LO/N-1; LO/N56; LO/S76; LO/U-2; LO/U-3; LV/U-1; OX/U-1; XY/N-1 (microfilm)
   Tomo 2. Estado do Espírito Santo: Censos econômicos. 1956. lx, 276 p.
      CA/U-1; LO/N-1; LO/N56; LO/U-2; LO/U-3; LV/U-1; OX/U-1; XY/N-1 (microfilm)

Vol. XXIII.
   Tomo 1. Estado do Rio de Janeiro: Censo demográfico. 1955. 121 p.
      CA/U-1; LO/N56; LO/S76; LO/U-2; LO/U-3; LV/U-1; OX/U-1; XY/N-1 (microfilm)
   Tomo 2. Estado do Rio de Janeiro: Censos econômicos. 1956. lxi, 356 p.
      CA/U-1; LO/N-1; LO/N56; LO/S76; LO/U-2; LO/U-3; LV/U-1; OX/U-1; XY/N-1 (microfilm)

Vol. XXIV.
   Tomo 1. Distrito Federal: Censo demográfico. 1955. xxiii, 88 p.
      CA/U-1; LO/N-1; LO/N56; LO/S76; LO/U-2; LO/U-3; LV/U-1; OX/U-1; XY/N-1 (microfilm)

Tomo 2. Distrito Federal: Censos econômicos. 1956. lxi, 287 p.
CA/U-1; LO/N-1; LO/N56; LO/S76; LO/U-3; LV/U-1; OX/U-1;
XY/N-1 (microfilm)

Vol. XXV.
Tomo 1. Estado de São Paulo: Censo demográfico. 1954. xxxi, 266 p.
CA/U-1; LO/N-1; LO/N56; LO/S76; LO/U-2; LO/U-3; LV/U-1;
OX/U-1; XY/N-1 (microfilm)
Tomo 2. Estado de São Paulo: Censo agrícola. 1955. xxv, 485 p.
CA/U-1. LO/N-1; LO/N56; LO/S76; LO/U-2; LO/U-3; LV/U-1;
XY/N-1 (microfilm)
Tomo 3. Estado de São Paulo: Censos industrial, comercial e dos serviços. 1955. xlvii, 257 p.
CA/U-1; LO/N-1; LO/N56; LO/S76; LO/U-2; LO/U-3; OX/U-1;
XY/N-1 (microfilm)

Vol. XXVI. Estado do Parana: Censos demográfico e econômicos. 1955. lxxiii, 496, [10]p.
CA/U-1; LO/N-1; LO/N56; LO/576; LO/U-2; LO/U-3; LV/U-1;
OX/U-1; XY/N-1 (microfilm)

Vol. XXVII.
Tomo 1. Estado de Santa Catarina: Censo demográfico. 1955. xxv, 106p.
CA/U-1; LO/N56; LO/S76; LO/U-2; LO/U-3; XY/N-1 (microfilm)
Tomo 2. Estado de Santa Catarina: Censos econômicos. 1956. lxi, 248 p.
CA/U-1; LO/N-1; LO/N56; LO/S76; LO/U-2; LO/U-3; OX/U-1;
XY/N-1 (microfilm)

Vol. XXVIII.
Tomo 1. Estado do Rio Grande do Sul: Censo demográfico. 1955. xxv, 134 p.
CA/U-1; LO/N56; LO/S76; LO/U-3; OX/U-1; RE/U-1;
XY/N-1 (microfilm)
Tomo 2. Estado do Rio Grande do Sul: Censos econômicos. 1956. lx, 370p.
CA/U-1; LO/N-1; LO/N56; LO/S76; LO/U-2; LO/U-3; LV/U-1;
OX/U-1; RE/U-1; XY/N-1 (microfilm)

Vol. XXIX. Estado de Mato Grosso: Censos demográfico e econômicos. 1956. lxxii, 376 p.
CA/U-1; LO/N-1; LO/N56; LO/S76; LO/U-3; LV/U-1; OX/U-1; XY/N-1 (microfilm)

Vol. XXX.
Tomo 1. Estado de Goiás: Censo demográfico. 1956. xxv, 118 p.
CA/U-1; LO/N-1; LO/N56; LO/S76; LO/U-2; LO/U-3; LV/U-1;
OX/U-1; XY/N-1 (microfilm)
Tomo 2. Estado de Goiás: Censos econômicos. 1956. lx, 326 p.
CA/U-1; LO/N-1; LO/N56; LO/S76; LO/U-3; LV/U-1; OX/U-1;
XY/N-1 (microfilm)

- VI [Sexto] recenseamento geral do Brasil, 1950. Autoviação. 1955. ii, 12p.

- Aspectos da execução de um censo. 1951. 22p.

- Recenseamento geral do Brasil, 1950. Censo industrial; classificação de indústrias. 1951. v, 11p.
CV/U-1

- A data do recenseamento geral de 1950. 1951. 22p. (Documentos censitários. Série C, no.2).
LO/U-3

- O censo agrícola de 1950 no Distrito Federal. 1951. 16p. (Documentos censitários. Série C, no. 3).

- Base geográfica do recenseamento geral de 1950. 1951. 48p. (Documentos censitários. Série C, no. 6).

- Informação sobre o VI recenseamento geral do Brasil. 1951. 23p. (Documentos censitários. Série C, no. 6).
LO/U-3

- Notas sobre o preparo da 'Sinopse preliminar do censo demográfico' de 1950. 1951. 24p. (Documentos censitários. Série C, no 7).
LO/U-3

- Geografia e cartografia para fins censitários. 1951. 37p. (Documentos censitários. Série D, 2).

- O quésito 'religião' no censo demográfico de 1950. 1952. 24p. (Documentos censitários. Série C, 8).

- As favelas do Distrito Federal e o censo demográfico de 1950. 1952. 47p. (Documentos censitários. Série C, 9).

- Cadastros preliminares do recenseamento geral de 1950. 1953. 18p., 7 anexos (I., 3 p; II., 11 p.; III., 2 p.; IV., 1 p.; V., 1 p.; VI., 1 p.; VII., 1 p.). (Documentos censitários. Serie C, no.10).

- A região da Serra dos Aimorés e o recenseamento geral de 1950. 1953. 92p. (Documentos censitários. Série B, 6).

- Classificação de indústrias no recenseamento geral de 1950. 1953. iii, 74p. (Documentos censitários. Série C, no. 11).

BRAZIL

- Notas e comunicados (9 de março a 7 de julho de 1953). 1953. (Documentos censitários. Série C, no. 12).

- Notas e comunicados (8 de julho a 5 de novembro de 1953). 1954. (Documentos censitários. Série C, no. 13).

- Notas e comunicados (6 de novembro de 1953 a 29 de junho de 1954). 1954. (Documentos censitários. Série C, no. 14).

- Planejamento do censo agrícola de 1950. 1954. ii, 52p. (Documentos censitários. Série C, no. 15).

- Notas sobre a divulgação do recenseamento geral de 1950. 1955. vii, 81p. (Documentos censitários. Série C, no. 16).

- População urbana e população rural. 1954. 43p. (Documentos censitários. Série D, no. 5).

- Estudos sobre a alfabetização da população do Brasil, baseados no censo demográfico de 1950. 1955. 159p. (Estudos de estatística teórica e aplicada: Estatística cultural no. 8).

- A fecundidade da mulher no Brasil, segundo os resultados do recenseamento de 1950. 1957. 100p.

- VI [Sexto] recenseamento geral do Brasil, 1950. Censo industrial. Municípios segundo grupos de indústria. Dados sinóticos. 1958. xxvii, 157p

- Campanha publicitária do recenseamento geral de 1950. 1959. iv, 124p. (Documentos censitários. Série C, no. 18).

- Utilização dos dados censitários. 1959. ii, 37p. (Documentos censitários. Série E, no. 4).

- Migração interna (análise de dados censitários de 1950). 1959. 102p. (Estudos de estatística teórica e aplicada. Estatística demográfica, 26).

- A composição da população do Distrito Federal segundo a idade e segundo a atividade, em 1.o. VII. 1950; ... estudo redigido pelo Alceu Vicente de Carvalho. [1959]. (Estudos demográficos. no. 250).
    LO/U-3

- Estudos demográficos. 1951-1964. 10v.

- Contribuições para o estudo da demografia do Brasil. 2 ed. 1970. 458p.

See also miscellaneous publications on the census (including those covering two or more censuses) under *Miscellaneous Publications*, p. 187-191.

1957

Censo da Cidade de Ituiutaba

Conselho Nacional de Estatística. Núcleo de Planejamento Censitário
- Informe sobre a execução do censo da cidade de Ituiutaba. 1957. lv.

- Censo da cidade de Ituiutaba, 1957. 1958. 47p.

1957

Recenseamento de Brasília

Inspetoria Regional de Estatística de Goiás
- 1.o [Primeiro] recenseamento de Brasília. 1957. 14p.

1959

Censo Experimental de Brasília

Comissão Censitária Nacional
- Censo experimental de Brasília. População, habitação, 17 de maio de 1959. 1959. xii, 109p.

- Censo experimental de Brasília; plano de divulgação. 1959. n.p.

- Brasília: população, habitação; censo experimental, 17 de maio de 1959. Ajude a fazer o censo de 1960. [1960]. 64p.

1959

Censo Social dos Ferroviários

Rede Ferroviária Federal
- Censo social dos ferroviários; relatório final: (*with* A comunidade ferroviária de Jaboatão; *and* Sinopse dos principais aspectos). 1959-60. 20 pts in 1 vol.
    LO/U-3

BRAZIL

1960

Recenseamento Geral do Brasil (7)

I.B.G.E. Serviço Nacional de Recenseamento
- Programa de planejamento do recenseamento geral de 1960. 1957. 13p.

- Âmbito do recenseamento geral de 1960. 1958. 4p.

- Recenseamento geral de 1960. Esquema de operação do censo demográfico. 1958. 3p.

- Investigação em profundidade. 1958. 22p. (Doc. I/2)

- Âmbito em extensão do recenseamento geral de 1960. 1959. 5p. (Doc. 2 - Rev.)

- Programa do censo demográfico de 1960. 1959. 21p.

- Programa do recenseamento geral de 1960. Datas de referência e prazos de execução dos censos de 1960. 1959. 4p. (Doc. 3 - Rev.).

- Programa de recenseamento geral de 1960. Profundidade do censo demográfico. 1959. 37p. (Doc. 4).

Azevedo, Anderson Gouveia de
- Aspectos administrativos da coleta censitária. 1959. 7p.

I.B.G.E. Serviço Nacional de Recenseamento
- Censo demográfico; instruções ao recenseador. 1959. 41p.

- Base geográfica do recenseamento de 1960. 1959. 9p.

Wilkes Junior, Herbert
- Base cartográfica: elaboração dos mapas municipais censitários. 1959. (Documentos censitários. Série E, 1).

I.B.G.E. Serviço Nacional de Recenseamento
- Programa internacional (Censo de população). 1958. vi, 153p. (Documentos censitários. Série E, no. 2).

- Programa internacional (Censo de habitação e censos econômicos). 1959. vii, 61p. (Documentos censitários. Série E, no. 3).

- Programa internacional (Censo agropecuário). 1960. iv, 94p. (Documentos censitários. Série E, no. 5).

- Censo demográfico. Conceitos, critérios e classificações. s.d., 48p. (Doc. I/3).

- Plano geral da operação censitária em toda sua extensão e profundidade. 1960. 3p.

- Programa do recenseamento geral de 1960. Aplicação de amostragem e coleta do censo demográfico; declaração de voto. 1960. 8 p.

- Quadros de divulgação. n.d., (Doc. I/4).

DECRETO no. 47.813, de 3 de março de 1960. Institui o Serviço Nacional de Recenseamento.

I.B.G.E. Serviço Nacional de Recenseamento
- Orçamento das despesas do recenseamento geral de 1960, para prévio conhecimento e aprovação do Governo. 1960. 2p.

- Recenseamento geral do Brasil, 1960. Censo industrial, matérias-primas, matérias e produtos. 1960. 113p.

Pereira, Celeciana Maciel de Sá
- Bases para análise de resultados do censo de 1960. Considerações preliminares, estrutura político-administrativa e estrutura socio-econômica. Graf. Riachuelo Ed., 1961. 143p.

[Censo Demográfico: Sinopse Preliminar]

I.B.G.E. Serviço Nacional de Recenseamento
- VII [Sétimo] recenseamento geral de Brasil, 1960. Sinopse preliminar do censo demográfico. 1960-1962. 23 v.

Brasil. 1962. xiii, 71p.
LO/N-1; LO/S76; OX/U-1; XY/N-1 (microfilm)
Territórios Federais: Acre, Rodônia, Rio Branco, Amapá. 1961. ii, 8p.
XY/N-1 (microfilm)
Amazonas. 1961. ii, 13p.
XY/N-1 (microfilm)
Pará. 1961. ii, 16p.
XY/N-1 (microfilm)
Maranhão. 1961. ii, 16p.
XY/N-1 (microfilm)
Piauí. 1961. ii, 24p.
XY/N-1 (microfilm)
Ceará. 1961. ii, 15p.
XY/N-1 (microfilm)
Rio Grande do Norte. 1961. ii, 24p.
XY/N-1 (microfilm)
Paraíba. 1961. ii, 30p.
XY/N-1 (microfilm)
Pernambuco. 1961. ii, 34p.
XY/N-1 (microfilm)

Alagoas. 1961. ii, 20p.
XY/N-1 (microfilm)
Sergipe. 1961. ii, 17p.
XY/N-1 (microfilm)
Bahia. 1961. ii, 80p.
XY/N-1 (microfilm)
Minas Gerais. 1961. ii, 128p.
LO/N56; XY/N-1 (microfilm)
Espírito Santo. 1961. ii, 18p.
XY/N-1 (microfilm)
Rio de Janeiro. 1961. ii, 26p.
XY/N-1 (microfilm)
Guanabara. 1960. v, 48p.
XY/N-1 (microfilm)

São Paulo. 1962. ii, 116p.
XY/N-1 (microfilm)
Paraná. 1962. ii, 60p.
XY/N-1 (microfilm)
Santa Catarina. 1961. ii, 39p.
XY/N-1 (microfilm)
Rio Grande do Sul. 1961. ii, 79p.
LO/N56; XY/N-1 (microfilm)
Mato Grosso. 1961. ii, 27p.
XY/N-1 (microfilm)
Goiás. 1961. ii, 48p.
LO/N56; XY/N-1 (microfilm)

Espírito Santo (State). Departamento Estadual de Estatística
- Censo demográfico, datos preliminares, 1960. 1961. 13 p.
    LO/N-1

Censo Agrícola: Sinopse Preliminar]

I.B.G.E. Serviço Nacional de Recenseamento
- VII [Sétimo] recenseamento geral do Brasil, 1960. Sinopse preliminar do censo agrícola. 1961-1963. 23 v.

Brazil. 1963. 13 p.
OX/U-1; XY/N-1 (microfilm)
Territórios Federais: Rondônia, Acre, Rio Branco, Amapá. 1962. iii, 28 p.
XY/N-1 (microfilm)
Amazonas. 1961. ii, 21p.
XY/N-1 (microfilm)
Pará. 1962. ii, 32p.
XY/N-1 (microfilm)
Maranhão. 1963. ii, 25p.
XY/N-1 (microfilm)
Piauí. 1963. ii, 19p.
XY/N-1 (microfilm)
Ceará. 1962. ii, 56p.
XY/N-1 (microfilm)
Rio Grande do Norte. 1963. ii, 32p.
XY/N-1 (microfilm)
Paraíba. 1963. ii, 38p.
XY/N-1 (microfilm)

Pernambuco. 1963. ii, 43p.
LO/N56; XY/N-1 (microfilm)
Alagoas. 1962. ii, 27p.
XY/N-1 (microfilm)
Sergipe. 1962. ii, 27p.
XY/N-1 (microfilm)
Bahia. 1962. ii, 83p.
XY/N-1 (microfilm)
Minas Gerais. 1963. ii, 97p.
LO/N56; XY/N-1 (microfilm)
Espírito Santo. 1961. ii, 17p.
XY/N-1 (microfilm)
Rio de Janeiro. 1963. ii, 19p.
LO/N56; XY/N-1 (microfilm)
Guanabara. 1962. ii, 17p.
XY/N-1 (microfilm)
São Paulo. 1963. ii, 105p.
LO/N56; OX/U-1; XY/N-1 (microfilm)
Paraná. 1963. ii, 37p.
LO/N56; XY/N-1 (microfilm)

Santa Catarina. 1962. ii, 44p.
XY/N-1 (microfilm)
Rio Grande do Sul. 1962. iii, 62p.
LO/N56; XY/N-1 (microfilm)

Mato Grosso. 1963. ii, 19p.
XY/N-1 (microfilm)
Goiás. 1963. ii, 74p.
XY/N-1 (microfilm)

- VII [Sétimo] recenseamento geral do Brasil. Censo agrícola de 1960. 1963. 3v.
    Alagoas. 1963. [22]., 103p.
    XY/N-1 (microfilm)
    Sergipe. 1963. [19], 103p.
    XY/N-1 (microfilm)
    Espírito Santo. 1963. [13], 62p.
    XY/N-1 (microfilm)

[Censo Industrial: Aspectos Gerais]

- Classificação de indústrias, produtos, matérias primas. 1963. 82p.
    LO/N-1; LO/N56; LO/S76; XY/N-1 (microfilm)

- VII [Sétimo] recenseamento geral do Brasil, 1960. Censo industrial.
    Aspectos gerais. 1963. 23v.
    Brasil. 1963. ii, 48p.
    LO/N56; LO/U-3; LV/U-1; S/OX/U-1;
    XY/N-1 (microfilm)
    Territórios Federais: Rondônia,
    Roraima, Amapá, e Estado do Acre.
    1963. ii, 35p.
    XY/N-1 (microfilm)
    Amazonas. 1963. 22p.
    XY/N-1 (microfilm)
    Pará. 1963. ii, 29p.
    XY/N-1 (microfilm)
    Maranhão. 1963. ii, 35p.
    XY/N-1 (microfilm)
    Piauí. 1963. ii, 29p.
    XY/N-1 (microfilm)
    Ceará. 1963. ii, 49p.
    XY/N-1 (microfilm)
    Rio Grande do Norte. 1963. ii, 34p.
    XY/N-1 (microfilm)
    Paraíba. 1963. ii, 35p.
    XY/N-1 (microfilm)
    Pernambuco. 1963. ii, 43p.
    XY/N-1 (microfilm)
    Alagoas. 1963. ii, 31p
    XY/N-1 (microfilm)
    Sergipe. 1963. ii, 32p.
    XY/N-1 (microfilm)
    Bahia. 1963. ii, 69p.
    XY/N-1 (microfilm)
    Minas Gerais. 1963. ii, 126p.
    XY/N-1 (microfilm)
    Espírito Santo. 1963. ii, 26p.
    XY/N-1 (microfilm)
    Rio de Janeiro. 1963. ii, 37p.
    XY/N-1 (microfilm)
    Guanabara. 1963. ii, 32p.
    XY/N-1 (microfilm)
    São Paulo. 1963. ii, 172p.
    OX/U-1; XY/N-1 (microfilm)
    Paraná. 1963. ii, 61p.
    XY/N-1 (microfilm)
    Santa Catarina. 1963. ii, 50p.
    XY/N-1 (microfilm)
    Rio Grande do Sul. 1963. ii, 71p.
    XY/N-1 (microfilm)
    Mato Grosso. 1963. ii, 30p.
    XY/N-1 (microfilm)
    Goiás. 1963. ii, 49p.
    XY/N-1 (microfilm)

BRAZIL

[Censo Comercial]

- VII [Sétimo] recenseamento geral do Brasil. Censo comercial: Comércio de mercadorias. Confronto dos resultados dos censos de 1950 e 1960. 1963-65.
  Territorio do Amapá. 1963. lp., 1 table.
  LO/N-1; OX/U-1; XY/N-1 (microfilm)
  Territorio de Rondônia, Estado do Acre, Territorio de Roraima. 1963. 1p. 6 tables.
  LO/N-1; OX/U-1; XY/N-1 (microfilm)
  Estado do Amazonas. 1963. 1p., 2 tables.
  LO/N-1; OX/U-1; XY/N-1 (microfilm)
  Estado do Pará. 1963. lp., 2 tables.
  LO/N-1; OX/U-1; XY/N-1 (microfilm)
  Estado do Maranhão. 1964. lp., 2 tables.
  LO/N-1; XY/N-1 (microfilm)
  Estado do Piauí. 1964. 1p. 2 tables.
  LO/N-1; XY/N-1 (microfilm)
  Estado do Ceará. 1964. 1p., 2 tables.
  LO/N-1; OX/U-1; XY/N-1 (microfilm)
  Estado do Rio Grande do Norte. 1965. 1p., 2 tables.
  LO/N-1
  Estado da Paraíba. 1964. 1p., 2 tables.
  LO/N-1; XY/N-1 (microfilm)
  Estado de Pernambuco. 1964. 1p., tables.
  LO/N-1
  Estado de Alagoas. 1964. 1p., 2 tables.
  LO/N-1; OX/U-1; XY/N-1 (microfilm)
  Estado de Sergipe. 1964. 1p., 2 tables.
  LO/N-1; XY/N-1 (microfilm)
  Estado da Bahia. 1964. 1p., 2 tables.
  LO/N-1; OX/U-1; XY/N-1 (microfilm)
  Estado de Minas Gerais. 1964. 1p., 2 tables.
  LO/N-1; XY/N-1 (microfilm)
  Estado do Espírito Santo. 1964. 1p., 2 tables.
  LO/N-1; XY/N-1 (microfilm)
  Estado do Rio de Janeiro. 1964. 1p., 2 tables.
  LO/N-1; XY/N-1 (microfilm)
  Estado da Guanabara. 1965. 1p. 2 tables.
  LO/N-1; XY/N-1 (microfilm)
  Estado de São Paulo. 1965. 1p., 2 tables.
  LO/N-1
  Estado do Paraná. 1965. 1p., 2 tables.
  LO/N-1; XY/N-1 (microfilm)
  Estado de Santa Catarina. 1965. 1p., 2 tables.
  LO/N-1; XY/N-1 (microfilm)

Estado do Rio Grande do Sul. 1965. 1p., 2 tables.
LO/N-1; XY/N-1 (microfilm)
Estado do Mato Grosso. 1964. 1p., 2 tables.
LO/N-1; OX/U-1; XY/N-1 (microfilm)
Estado de Goiás. 1964. 1 p., 2 tables.
LO/N-1; XY/N-1 (microfilm)
Região da Serra dos Aimorés. 1964. 1p., 1 table.
Brasil. 1965. 1 p., 12 tables.
LO/N-1; XY/N-1 (microfilm)

[Censo dos Serviços]

- VII [Sétimo] recenseamento geral do Brasil. Censo dos serviços. Confronto dos resultados dos censos de 1950 e 1960. 1965.

Rondônia, Roraima, Amapá. n.d. 4 p.1., 1 table.
LO/N-1; XY/N-1 (microfilm)
Serra dos Amores. 4 p.1., 1 table.
LO/N-1; XY/N-1 (microfilm)
Acre. n.d. 3 p.1, 1 table.
LO/N-1; XY/N-1 (microfilm)
Amazonas. n.d. 3 p.1., 1 table.
LO/N-1; XY/N-1 (microfilm)
Pará. 4 p.1., 1 table.
LO/N-1; XY/N-1 (microfilm)
Ceará. 3 p.1., 1 table.
XY/N-1 (microfilm)
Rio Grande do Norte. 1 p.1., 3 tables.
LO/N-1; XY/N-1 (microfilm)
Paraíba. 4 p.1., 1 table.
XY/N-1 (microfilm)
Pernambuco. 4 p.1., 1 table.
XY/N-1 (microfilm)
Alagoas. 3 p.1., 1 table.
LO/N-1; XY/N-1 (microfilm)
Sergipe. 4 p.1., 1 table.
XY/N-1 (microfilm)
Bahia. 3 p.1., 1 table.
XY/N-1 (microfilm)
Minas Gerais. 4 p.1., 1 table.
XY/N-1 (microfilm)
Espírito Santo. 4 p.1., 1 table.
XY/N-1 (microfilm)
Rio de Janeiro. 4 p.1., 1 table.
XY/N-1 (microfilm)
Guanabara. 1 p.1., 3 tables.
LO/N-1; XY/N-1 (microfilm)
São Paulo. 1 p.1., 3 tables.
LO/N-1; XY/N-1 (microfilm)
Paraná. 4 p.1., 1 table.
LO/N-1; XY/N-1 (microfilm)
Santa Catarina. 4 p.1., 1 table.
LO/N-1; XY/N-1 (microfilm)
Rio Grande do Sul. 4 p.1., 1 table.
LO/N-1; XY/N-1 (microfilm)
Mato Grosso n. d. 4 p.1. 1 table.
LO/N-1. XY/N-1 (microfilm)
Goiás. n.d. 4 p.1., 1 table.
LO/N-1; XY/N-1 (microfilm)
Brasil. 4 p.1., 6 tables.
LO/N-1; XY/N-1 (microfilm)

- VII [Sétimo] recenseamento geral do Brasil, 1960. Censo demográfico.
Resultados preliminares. Série especial. 1965.
  Vol. I.   Atlas censitário industrial do Brazil. 1965. 104p.
  LO/S76; XY/N-1 (microfilm)
  Vol. II. Censo demográfico: resultados preliminares. v, [4], 41p.
  CA/U-1; LO/N56; LO/S76; LO/U-2; OX/U-1; XY/N-1 (microfilm)
  Vol. III. Censo industrial. Cadastro das empresas de construção civil. 1965. 98p.
  OX/U-1
  Vol. IV. Censo demográfico. Favelas do Estado da Guanabara. 1968. xv, 97p.
  CA/U-1; GL/U-1; LO/S76; LO/U-3; OX/U-1
  Vol. V.   Matérias - primas e produtos. 1968. iii, 422p.
  CA/U-1; GL/U-1; LO/S76; OX/U-1
  Vol. VI. Compra e venda de mercadorias. 1969. vi, 212p.
  CA/U-1; GL/U-1; OX/U-1

Censo Demográfico/Agrícola/ Industrial/ Comercial e dos Serviços. Série Regional/ Série Nacional

- VII [Sétimo] recenseamento geral do Brasil. Volume I. Censo demográfico de 1960. Série regional. [1967-1977].
  Tomo 1. Rondônia, Roraima, Amapá.
    1.a. parte. 1967. xxvii, 277p.
    BT/U-5; CA/U-1; CC/U-1; LO/N-1; LO/S76; LO/U-2; LO/U-3; OX/U-1; XY/N-1
    (microfilm)
    2.a parte. 1968. xxxvii, 199p.
    BT/U-5; CA/U-1; CC/U-1; LO/S76; LO/U-3; OX/U-1; XY/N-1 (microfilm)
  Tomo 2. Acre, Amazonas, Pará.
    1.a parte. 1967. xxvii, 291p.
    BT/U-5; CA/U-1; LO/N-1; LO/S76; LO/U-2; LO/U-3; OX/U-1; XY/N-1
    (microfilm)
    2.a parte. 1968. xxxvii, 257p.
    BT/U-5; CA/U-1; LO/S76; LO/U-3; OX/U-1;   XY/N-1 (microfilm)
  Tomo 3. Maranhão, Piauí.
    1.a parte. 1968. 1968. xxi, 253p.
    BT/U-5; CA/U-1; CC/U-1; LO/N-1; LO/S76; LO/U-3; OX/U-1; XY/N-1
    (microfilm)
    2.a parte. 1968. xxxvii, 221p.
    BT/U-5; CA/U-1; LO/S76; LO/U-3; OX/U-1; XY/N-1 (microfilm)
  Tomo 4. Ceará. [1977]. xlii, 125p.
  OX/U-1
  Tomo 5. Rio Grande do Norte, Paraíba. [1977]. xlii, 251p.
  OX/U-1

Tomo 6. Pernambuco. [1977]. xlii, 125p.
OX/U-1; RE/U-1
Tomo 7. Alagoas, Sergipe. [1977]. xlii, 227p.
OX/U-1
Tomo 8. Bahia. [1977]. xlii, 137p.
OX/U-1
Tomo 9. Minas Gerais. [1977]. xlii, 177p.
OX/U-1
Tomo 10. Espírito Santo.
   1.a parte. 1967. xxvii, 103p.
   BT/U-5; CA/U-1; LO/N-1; LO/S76; LO/U-2; LO/U-3; OX/U-1;
   XY/N-1 (microfilm)
   2.a parte. 1968. xxxvii, 87p.
   BT/U-5; CA/U-1; LO/S76; LO/U-3; OX/U-1; XY/N-1 (microfilm)
Tomo 11. Rio de Janeiro. [1977]. xlii, 113p.
OX/U-1
Tomo 12. Guanabara.
   1.a parte. 1968. xx, 121p.
   BT/U-5; CA/U-1; LO/N-1; LO/S76; LO/U-2; LO/U-3; OX/U-1; XY/N-1
   (microfilm)
   2.a parte. 1968. xxxvii, 117p.
   BT/U-5; CA/U-1; LO/S76; LO/U-3; OX/U-1; XY/N-1 (microfilm)
Tomo 13. São Paulo. [1977]. xlii, 185p.
OX/U-1
Tomo 14. Paraná. [1977]. xlii, 137p.
OX/U-1
Tomo 15. Santa Catarina.
   1.a parte. 1968. xx, 157p.
   BT/U-5; CA/U-1; LO/N-1; LO/S76; LO/U-2; LO/U-3; OX/U-1;
   XY/N-1 (microfilm)
   2.a parte. 1968. xxxvii, 129p.
   BT/U-5; CA/U-1; LO/S76; LO/U-3; OX/U-1; XY/N-1 (microfilm)
Tomo 16. Rio Grande do Sul. [1977]. xlii, 137p.
OX/U-1; RE/U-1
Tomo 17. Mato Grosso. [1977]. xlii, 113p.
OX/U-1
Tomo 18. Goiás. [1977]. xlii, 137p.
OX/U-1
Tomo 19. Distrito Federal. [1977]. xlii, 95p.
OX/U-1

- VII [Sétimo] recenseamento geral do Brasil. Volume I. Censo demográfico de 1960. Série nacional. [1977].
   Brasil. xlii, 138p.
   OX/U-1

- VII [Sétimo] recenseamento geral do Brasil. Volume II. Censo agrícola de 1960. Série regional. [1966-1967].

   Tomo 1. Rondônia, Roraima, Amapá.
      1.a parte. 1966. xix, 71 p.
      BT/U-5; CA/U-1; LO/N-1; LO/S76; LO/U-2; LO/U-3; OX/U-1; XY/N-1 (microfilm)
      2.a parte. 1969. xviii, 82 p.
      BT/U-5; CA/U-1; LO/U-3; OX/U-1; XY/N-1 (microfilm)
   Tomo 2. Acre, Amazonas, Pará.
      1.a parte. 1967. xix, 105 p.
      BT/U-5; CA/U-1; LO/N-1; LO/S76; LO/U-2; LO/U-3; OX/U-1; XY/N-1 (microfilm)
      2.a parte. 1966. xviii, 167 p.
      BT/U-5; CA/U-1; LO/U-3; XY/N-1 (microfilm)
   Tomo 3. Maranhão, Piauí.
      1.a parte. 1966. xix, 109 p.
      BT/U-5; CA/U-1; LO/N-1; LO/S76; LO/U-2; LO/U-3; OX/U-1; XY/N-1 (microfilm)
      2.a parte. 1969. xviii, 201 p.
      BT/U-5; CA/U-1; LO/U-3
   Tomo 4. Ceará, Rio Grande do Norte.
      1.a parte. 1966. xix, 123 p.
      BT/U-5; CA/U-1; LO/N-1; LO/S76; LO/U-2; LO/U-3; OX/U-1; XY/N-1 (microfilm)
      2.a parte. 1969. xix, 231 p.
      BT/U-5; CA/U-1; LO/U-3; XY/N-1 (microfilm)
   Tomo 5. Paraíba.
      1.a parte. 1966. xix, 61 p.
      BT/U-5; CA/U-1; LO/N-1; LO/S76; LO/U-2; LO/U-3; OX/U-1; XY/N-1 (microfilm)
      2.a parte. 1969. xix, 116 p.
      BT/U-5; CA/U-1; LO/U-3; XY/N-1 (microfilm)
   Tomo 6. Pernambuco.
      1.a parte. 1966, xix, 61 p.
      BT/U-5; CA/U-1; LO/N-1; LO/S76; LO/U-2; LO/U-3; OX/U-1; RE/U-1; XY/N-1 (microfilm)
      2.a parte. 1969. xix, 116 p.
      BT/U-5; CA/U-1; LO/U-3; XY/N-1 (microfilm)
   Tomo 7. Alagoas, Sergipe.
      1.a parte. 1966, xix, 93 p.
      BT/U-5; CA/U-1; LO/N-1; LO/S76; LO/U-2; LO/U-3; OX/U-1; XY/N-1 (microfilm)
      2.a parte. 1969. xix, 165 p.
      BT/U-5; CA/U-1; LO/U-3; XY/N-1 (microfilm)

Tomo 8. Bahia.
   1.a parte. 1967. xix, 105p.
   BT/U-5; CA/U-1; LO/N-1; LO/S76; LO/U-2; LO/U-3; OX/U-1; XY/N-1 (microfilm)
   2.a parte. 1969. xix, 233p.
   BT/U-5; CA/U-1; LO/U-3; XY/N-1 (microfilm)
Tomo 9. Minas Gerais.
   1.a parte. 1967. xix, 181p.
   BT/U-5; CA/U-1; CC/U-1; LO/N-1; LO/S76; LO/U-2; LO/U-3; OX/U-1; XY/N-1 (microfilm)
   2.a parte. 1970. xix, 424p.
   BT/U-5; CA/U-1; LO/U-3; OX/U-1; XY/N-1 (microfilm)
Tomo 10. Espírito Santo, Rio de Janeiro, Guanabara.
   1.a parte. 1966. xix, 113p.
   BT/U-5; CA/U-1; LO/N-1; LO/S76; LO/U-2; LO/U-3; OX/U-1; XY/N-1 (microfilm)
   2.a parte. 1969. xix, 217p.
   BT/U-5; CA/U-1; LO/U-3; OX/U-1; XY/N-1 (microfilm)
Tomo 11. São Paulo.
   1.a parte. 1967. xix, 211p.
   BT/U-5; CA/U-1; CC/U-1; LO/N-1; LO/S76; LO/U-2; LO/U-3; OX/U-1; XY/N-1 (microfilm)
   2.a parte. 1970. xix, 511p.
   BT/U-5; CA/U-1; LO/U-3; OX/U-1; XY/N-1 (microfilm)
Tomo 12. Paraná, Santa Catarina.
   1.a parte. 1967. xix, 155p.
   CA/U-1; CC/U-1; LO/N-1; LO/S76; LO/U-2; LO/U-3; XY/N-1 (microfilm)
   2.a parte. 1970. xix, 324p.
   BT/U-5; CA/U-1; LO/U-3; OX/U-1; XY/N-1 (microfilm)
Tomo 13. Rio Grande do Sul.
   1.a parte. [incorrectly numbered Tomo 12]. 1967. xix, 75p.
   BT/U-5; CA/U-1; LO/N-1; LO/S76; LO/U-2; LO/U-3; OX/U-1; XY/N-1 (microfilm)
   2.a parte. 1970. xix, 165p.
   BT/U-5; CA/U-1; LO/U-3; OX/U-1; XY/N-1 (microfilm)
Tomo 14. Mato Grosso, Goiás, Distrito Federal.
   1.a parte. 1967. xix, 154p.
   BT/U-5; CA/U-1; LO/N-1; LO/S76; LO/U-2; LO/U-3; OX/U-1; XY/N-1 (microfilm)
   2.a parte. 1970. xviii, 277p.
   BT/U-5; CA/U-1; LO/U-3; OX/U-1; XY/N-1 (microfilm)

- VII [Sétimo] recenseamento geral do Brasil. Volume II. Censo agrícola de 1960. Série nacional. [1967].
 Brasil.
  1.a parte. 1967. xix, 37p.
  BT/U-5; CA/U-1; CC/U-1; GL/U-1; LO/N-1; LO/S76; LO/U-2; OX/U-1; XY/N-1 (microfilm)
  2.a parte. 1970. xx, 125p.
  OX/U-1; RE/U-1; XY/N-1 (microfilm)

- VII [Sétimo] recenseamento geral do Brasil. Volume III. Censo industrial de 1960. Série regional. [1966?].
  Tomo 1. Rondônia, Acre, Amazonas, Roraima, Pará, Amapá. 1966. xx, 133p.
  CA/U-1; LO/N-1; LO/S76; LO/U-2; OX/U-1; XY/N-1 (microfilm)
  Tomo 2. Maranhão, Piauí, Ceará, Rio Grande do Norte. 1966. xx, 119p.
  CA/U-1; LO/N-1; LO/S76; LO/U-2; OX/U-1; XY/N-1 (microfilm)
  Tomo 3. Paraíba, Pernambuco, Alagoas. 1966. xx, 89p.
  CA/U-1; CC/U-1; LO/N-1; LO/S76; LO/U-2; OX/U-1; XY/N-1 (microfilm)
  Tomo 4. Sergipe, Bahia, Minas Gerais. 1966. xx, 121p.
  CA/U-1; LO/N-1; LO/S76; LO/U-2; OX/U-1; XY/N-1 (microfilm)
  Tomo 5. Espírito Santo, Rio de Janeiro, Guanabara. 1966. xx, 75p.
  CA/U-1; CC/U-1; LO/N-1; LO/S76; LO/U-2; OX/U-1; XY/N-1 (microfilm)
  Tomo 6. São Paulo. 1966. xx, 59p.
  CA/U-1; CC/U-1; LO/N-1; LO/S76; LO/U-2; OX/U-1; XY/N-1 (microfilm)
  Tomo 7. Paraná, Santa Catarina, Rio Grande do Sul. 1966. xx, 101p.
  CA/U-1; CC/U-1; LO/N-1; LO/S76; LO/U-2; OX/U-1; XY/N-1 (microfilm)
  Tomo 8. Mato Grossos Goiás. 1966. xx, 63p.
  CA/U 1; LO/N-1; LO/S76; LO/U-2; OX/U-1; XY/N-1 (microfilm)
  Tomo 9. Distrito Federal.

- VII [Sétimo] recenseamento geral do Brasil. Volume III. Censo industrial de 1960. Série nacional. [1967].
  Brasil. xx, 127p.
  BT/U-5; CA/U-1; CC/U-1; GL/U-1; LO/N-1; LO/N56; LO/S76; LO/U-2; LO/U-3; OX/U-1; XY/N-1 (microfilm)

- VII [Sétimo] recenseamento geral de Brasil. Volume IV. Censos comercial e dos serviços de 1960. Série regional. [1966-1967].
  Tomo 1. Rondônia, Roraima, Amapá. 1966. xxiv, 109p.
  CA/U-1; LO/N-1; LO/S76; LO/U-2; OX/U-1
  Tomo 2. Acre, Amazonas, Pará. 1966. xxiv, 114p.
  CA/U-1; LO/N-1; LO/S76; LO/U-2; OX/U-1
  Tomo 3. Maranhão, Piauí, Ceará, Rio Grande do Norte. 1966. xxiv, 173p.
  CA/U-1; LO/N-1; LO/S76; LO/U-2; OX/U-1
  Tomo 4. Paraíba, Pernambuco, Alagoas. 1966. xxiv, 127p.
  CA/U-1; LO/N-1; LO/S76; LO/U-2; OX/U-1

Tomo 5. Sergipe, Bahia. 1967. xxiv, 98p.
    CA/U-1; LO/N-1; LO/S76; LO/U-2; OX/U-1
Tomo 6. Minas Gerais. 1967. xxiv, 78p.
    CA/U-1; LO/N-1; LO/S76; LO/U-2; OX/U-1
Tomo 7. Espírito Santo, Rio de Janeiro, Guanabara. 1967. xxiv, 117p.
    CA/U-1; LO/N-1; LO/S76; LO/U-2; OX/U-1
Tomo 8. São Paulo. 1967. xxiv, 89 p.
    CA/U-1; LO/N-1; LO/S76; LO/U-2; OX/U-1
Tomo 9. Paraná, Santa Catarina, Rio Grande do Sul. 1967. xxiv, 145p.
    CA/U-1; LO/N-1; LO/S76; LO/U-2; OX/U-1
Tomo 10. Mato Grosso, Goiás. 1966. xxiv, 93p.
    CA/U-1; LO/N-1; LO/S76; LO/U-2; OX/U-1
Tomo 11. Distrito Federal.

- VII [Sétimo] recenseamento geral do Brasil. Volume IV. Censos comercial e dos serviços de 1960.
    Tomo 1. Rondônia, Roraima, Amapá. xxi, 138p.
        XY/N-1 (microfilm)
    Tomo 2. Acre, Amazonas, Pará. xxi, 142p.
        XY/N-1 (microfilm)
    Tomo 3. Maranhão, Piauí, Ceará, Rio Grande do Norte. xxi, 202p.
        XY/N-1 (microfilm)
    Tomo 4. Paraíba, Pernambuco, Alagoas. xxi, 154p.
        XY/N-1 (microfilm)
    Tomo 5. Sergipe, Bahia. xxi, 126p.
        XY/N-1 (microfilm)
    Tomo 6. Minas Gerais. xxi, 106p.
        XY/N-1 (microfilm)
    Tomo 7. Espírito Santo, Rio de Janeiro, Guanabara. xxi, 146p.
        XY/N-1 (microfilm)
    Tomo 8. São Paulo. xxi, 118p.
        XY/N-1 (microfilm)
    Tomo 9. Paraná, Santo Catarina, Rio Grande do Sul. xxi, 174p.
        XY/N-1 (microfilm)
    Tomo 10. Mato Grosso, Goiás. xxi, 122p.
        XY/N-1 (microfilm)

- VII [Sétimo] recenseamento geral do Brasil. Volume IV. Censos comercial e dos serviços de 1960. Série nacional. [1967].
    Brasil. xxvii, 234p.
        BT/U-5; CA/U-1; CC/U-1; GL/U-1; LO/N-1; LO/N56; LO/S76; LO/U-2; LO/U-3; OX/U-1; XY/N-1 (microfilm)

- Relatório da Comissão Censitária Nacional sôbre os trabalhos do VII recenseamento geral do Brasil. [1963?].

- Alguns aspectos da população brasileira segundo o censo de 1960. 1969. 55p. (Estudos de estatística teórica e aplicada. Estatística demográfica, 30).
    CC/U-1

- Descrição dos limites das circunscrições censitárias do Estado da Guanabara. 1970. 30p.

See also miscellaneous publications on the census (including those covering two or more censuses) under Miscellaneous Publications, p.187-191.

1964

Censo Escolar do Brasil (1)

Guanabara (State). Secretaria de Educação e Cultura
- 1.o [Primeiro] censo escolar, 1964. 1964.
    LO/S76

Instituto Nacional de Estudos Pedagógicos. Comissão Central do Censo Escolar
- Censo escolar do Brasil: resultados preliminares. [São Paulo?]. 1965. (Série de separatas).
    LO/U-9

- Censo escolar do Brasil, 1964. 1966-7.
    Vol. 1. Apurações preliminares. 1966. xii, 688 p.-
        LO/S76; LO/U-3; OX/U-1
    Vol. 2. Condição escolar das crianças de 7 a 14 anos.
        LO/U-3
    Vol. 3. Ensino primário (prédios e cursos). 1967. 35p.
        LO/S76

1965

Cadastro Industrial

Instituto Brasileiro de Estatística
- Cadastro industrial, 1965. 1968. 11 vols. in 15.
    Vol. 1. Rondônia, Acre, Amazonas, Roraima, Pará, Amapá, Maranhão, Piauí e Ceará. 1968. 748p.
    BT/U-5; LO/S76
    Vol. 2. Rio Grande do Norte, Paraíba e Pernambuco. 1968. 849p.
    BT/U-5; L0/S76

Vol. 3. Alagoas, Sergipe e Bahia. 1968. 936p.
BT/U-5; LO/S76
Vol. 4.
    Tomo 1. Minas Gerais. 1968. 607p.
    BT/U-5; LO/S76
    Tomo 2. Minas Gerais. 1968. 606p.
    BT/U-5; LO/S76
Vol. 5. Espírito Santo e Rio de Janeiro. 1968. 401p.
BT/U-5; LO/S76
Vol. 6. Guanabara. 1968. 177p.
BT/U-5; LO/S76
Vol. 7.
    Tomo 1. São Paulo. 1968. 442p.
    BT/U-5; LO/S76
    Tomo 2. São Paulo. 1968. 767p.
    BT/U-5; LO/S76
    Tomo 3. São Paulo. 1968. 833p.
    BT/U-5; LO/S76
Vol. 8. Paraná. 1968. 824p.
BT/U-5; LO/S76
Vol. 9. Santa Catarina. 1968. 414p.
BT/U-5; LO/S76
Vol. 10. Rio Grande do Sul. 1968. 902p.
BT/U-5; LO/S76
Vol. 11. Mato Grosso, Goiás e o Distrito Federal. 1968. 417p.
BT/U-5; LO/S76

1966

Censo dos Servidores Públicos Civis Federais

Serviço Nacional de Recenseamento
- Censo dos servidores públicos civis federais, 31 de maio de 1966: resultados preliminares. 1966.
    LO/U-3

1967

Censo Demográfico do Município de Presidente Prudente

I.B.G.E.
- Censo demográfico do município de Presidente Prudente, 22 de outubro de 1967. 1968. 43p.

1968

Censo Fiscal da União

Ministério da Fazenda. Secretaria da Receita Federal
- Censo fiscal da União, 1968. 1969. 162p.
  LO/N-1

1969-1979

Censo de Tráfego Rodoviario

Departmento de Estradas de Rodagem. Diretoria de Planejamento. Divisão de Planos e Programas
- Censo de tráfego rodoviário: série histórica, 1969-79. Rio de Janeiro, 1982.
  LO/U-3

1970

Recenseamento Geral (8)

DECRETO-LEI no.369, de 19 de dezembro de 1968. Dispõe sobre a realização do VIII recenseamento geral do Brasil em 1970.

DECRETO-LEI no.428, de 22 de janeiro de 1969. Dispõe sobre operação externa de financiamento do VIII Censo geral do Brasil.

DECRETO no 64.520, de 15 de maio de 1969. Aprova o Regulamento do VII Recenseamento geral do Brasil.

DECRETO no.65.697, de 12 de novembro de 1969. Altera disposições do Decreto no. 64.520, de 15 de maio de 1969, que aprova o Regulamento do VIII recenseamento geral do Brasil.

Cafiero, Pergi *and* Leal, Luiz Carlos Campos
- Sugestão para apurações sobre os dados do censo demográfico, 1970. Melhoria das informações para o planejamento urbano. 1972. n.p. (Conferência Nacional de Estatística, Geografia e Cartografia, 2., Rio de Janeiro, 28 Nov./11 Dec. 1972).

Reis, Sebastião de Oliveira *et al.*
- Recenseamento geral de 1970. Planos para o censo demográfico. 1968. 24p.

Fundacão I.B.G.E. Instituto Brasileiro de Estatística
- Censo 1970: realidade de hoje, perspectivas do amanhã. 1970. n.p.

- Instruções para delimitação dos setores censitários (DT-7.01). [1970]. 25 p.
LO/N56

- Censo demográfico; instruções de coleta (CD 1.09). [1970]. 60p.
LO/S76

- Censo demográfico. Avaliação da precisão da coleta; instruções de coleta (CD 1.83). [1970]. 34p.
LO/N56

- Censo demográfico; código geral. [1970?]. 36p.
LO/N56

- Censo demográfico; código complementar. [1970]. 243p.
LO/N56

- Código de muncípios. 1. Ordem alfabética. 2. Micro-regiões e distritos. [1972]. 242p.
LO/N-1; LO/N56; LV/U-1

- Censo demográfico; código de países. [1970?] 11p.
LO/N56

- Censo demográfico; contrôle do andamento da coleta. [1970?] 7p.

- Julinho o recenseador. 1970. 16p.

- Cadastro agropecuário, (DT-7.11). [n.d.] 12p.

- Censos econômicos; instruções de coleta, (CE 7.01). [1970?]. ix. 110p.
LO/N56

Kannisto, Vaino
- Observações e recomendações relativas ao questionário do censo de 1970 do Brasil. Trad. de Ruth Gottert. n.d. 11p.

Oliveira, Raul Romero de
- O Recenseamento geral de 1970. 1970. Separata de A economia brasileira e suas perspectivas. APEC, 1970.

I.B.G.E.
- Amostra de 1% dos registros do censo demográfico de 1970: manual do usuário. 1979. 85p. (Estudos e pesquisas, 5).

- O quésito cor no censo de 1970. 1970. 8p.

Costa, Rubens Vaz da
- Algumas considerações em torno dos resultados preliminares do censo de 1970. Fortaleza, 1971. 9p.

Merrick, Thomas William
- Resultados preliminares do censo de 1970, realizado no Brasil. 1971. 15p.

Kerstenetzky, Isaac
- O recenseamento. INL/MEC/Bloch, 1972. 61 p. (Coleçao Brasil Hoje, 10).

Freire, Francisco Romero Feitosa *and* Villalobos, Alvaro Gonzalez
- Anteprojeto: Plano de amostragem para o 'SABAT' referente ao censo demográfico de 1970. 1975. 128p. (Centro de Informática, 09/75).

[Censo Demográfico: Resultados Preliminares]

Fundacão I.B.G.E. Instituto Brasileiro de Estatística
- Censo demográfico de 1970; resultados preliminares. Exposição de motivos no 235 do 21-12-70 do Ministro do Planejamento e Coordenação Geral. [1970]. 10p.

- VIII [Oitavo] recenseamento geral do Brasil. Resultado preliminar do censo demográfico de 1970, Estado da Paraíba. [1970]. 9p.

- VIII [Oitavo] recenseamento geral, 1970. Tabulações avançadas do censo demográfico. Resultados preliminares. 1971. xxx, 131p.
 BT/U-5; LO/N-1; LO/N56; LO/S76; LO/U-3; LV/U-1; OX/U-1

- VIII [Oitavo] recenseamento geral, 1970. Sinopse preliminar do censo demográfico. 1971.
 Rondônia, Roraima, Amapá. 1971. 66p.
  BT/U-5; LO/N-1; LO/S76; LV/U-1; OX/U-1
 Acre. 1971. 38p.
  BT/U-5; LO/N-1; LO/S76; LV/U-1; OX/U-1
 Amazonas. 1971. 47p.
  BT/U-5; LO/N-1; LO/S76; LV/U-1; OX/U-1
 Pará. 1971. 76p.
  BT/U-5; LO/N-1; LO/S76; LV/U-1; OX/U-1
 Maranhão. 1971. 77p.
  BT/U-5; LO/N-1; LO/S76; LV/U-1; OX/U-1
 Piauí. 2.a edição. 1971. 72p.
  BT/U-5; LO/N-1; LO/S76; LV/U-1; OX/U-1
 Ceará. 1971. 108p.
  BT/U-5; LO/N-1; LO/S76; LV/U-1; OX/U-1

Rio Grande do Norte. 1971. 83p.
BT/U-5; LO/N-1; LO/S76; LV/U-1; OX/U-1
Rio Grande do Norte. 2.a edição. 1971. 83p.
LO/S76; OX/U-1
Paraíba. 1971. 94p.
LO/N-1; LV/U-1
Paraíba. 2.a edição. 1971. 94p.
BT/U-5; LO/N-1; LO/S76; OX/U-1
Pernambuco. 2.a edição. 1971. 100p.
BT/U-5; LO/N-1; LO/S76; LV/U-1; OX/U-1
Alagoas. 2.a edição. 1971. 64p.
BT/U-5; LO/N-1; LO/S76; LV/U-1; OX/U-1
Sergipe. 2.a edição. 1971. 60p.
BT/U-5; LO/N-1; LO/S76; LV/U-1; OX/U-1
Bahia. 1971. 163p.
BT/U-5; LO/N-1; LO/S76; LV/U-1; OX/U-1
Minas Gerais. 1971. 284p.
BT/U-5; LO/N-1; LO/S76; LV/U-1; OX/U-1
Espírito Santo. 1971. 63p.
BT/U-5; LO/N-1; LO/S76; LV/U-1; OX/U-1
Rio de Janeiro. 1971. 71p.
BT/U-5; LO/N-1; LV/U-1
Rio de Janeiro. 2.a edição. 1971. 71p.
LO/S76; OX/U-1
Guanabara. 1971. 65p.
BT/U-5; LO/N-1; LO/S76; LV/U-1; OX/U-1
São Paulo. 1971. 212p.
BT/U-5; LO/N-1; LO/S76; LV/U-1; OX/U-1
Paraná. 1971. 168p.
BT/U-5; LO/N-1; LO/S76; LV/U-1; OX/U-1
Santa Catarina. 2.a edição. 1971. 117p.
BT/U-5; LO/N-1; LO/S76; LV/U-1; OX/U-1
Rio Grande do Sul. 2.a edição. 1971. 159p.
BT/U-5; LO/N-1; LO/S76; LV/U-1; OX/U-1
Mato Grosso. 1971. 77p.
BT/U-5; LO/N-1; LO/S76; LV/U-1; OX/U-1
Goiás. 1971. 108p.
BT/U-5; LO/N-1; LV/U-1
Goiás. 2.a edição. 1971. 108p.
LO/S76; OX/U-1
Distrito Federal. 1971. 31p.
BT/U-5; LO/N-1; LO/S76; LV/U-1; OX/U-1

- VIII [Oitavo] recenseamento geral, 1970. Sinopse preliminar do censo demográfico: Brasil. 1971. 256p.
BT/U-5; LO/N-1; LO/N56; LO/S76; LO/U-2; LO/U-3; OX/U-1

[Censo Agropecuário: Dados prelimares]

- VIII [Oitavo] recenseamento geral, 1970. Sinopse preliminar do censo agropecuário; Brasil e unidades da Federação. [1973]. 599p.
BT/U-5; OX/U-1

- VIII [Oitavo] recenseamento geral, 1970. Dados preliminares gerais do censo agropecuário. [1972]. 5 vols.
  [1] Região nordeste.
  [2] Região centro-oeste
  [3] Região sul.
  [4] Região sudeste.
  [5] Região norte.
  BT/U-5

Censo Demográfico/Predial/Agropecuário/Industrial/ Comercial/ dos Serviços. Série Regional/ Série Nacional

- VIII [Oitavo] recenseamento geral, 1970. Volume I. Censo demográfico. Série regional. 1972-1973.
  Tomo 1. Rondônia, Roraima, Amapá. 1973. lxxi, 678p.
    BT/U-5; CA/U-1; CC/U-1; GL/U-1; LO/N-1; LO/S76; LO/U-3; LV/U-1; OX/U-1
  Tomo 2. Acre. 1973. lxxiii, 226p.
    BT/U-5; CA/U-1; CC/U-1; GL/U-1; LO/N-1; LO/S76; LO/U-3; LV/U-1; OX/U-1
  Tomo 3. Amazonas. 1973. lxxiv, 293p.
    BT/U-5; CA/U-1; CC/U-1; GL/U-1; LO/N-1; LO/S76; LO/U-3; LV/U-1; OX/U-1
  Tomo 4. Pará. 1973. lxxiv, 421p.
    BT/U-5; CA/U-1; CC/U-1; GL/U-1; LO/N-1; LO/S76; LO/U-3; LV/U-1; OX/U-1
  Tomo 5. Maranhão. 1973. lxxv, 461p.
    BT/U-5; CA/U-1; CC/U-1; GL/U-1; LO/N-1; LO/S76; LO/U-3; LV/U-1; OX/U-1
  Tomo 6. Piauí. 1972. lxxv, 381p.
    BT/U-5; CA/U-1; CC/U-1; GL/U-1; LO/N-1; LO/S76; LO/U-3; LV/U-1; OX/U-1
  Tomo 7. Ceará. 1973. lxxvi, 621p.
    BT/U-5; CA/U-1; CC/U-1; GL/U-1; LO/N-1; LO/S76; LO/U-3; LV/U-1; OX/U-1
  Tomo 8. Rio Grande do Norte. 1973. lxxvi, 471p.
    BT/U-5; CA/U-1; CC/U-1; GL/U-1; LO/N-1; LO/S76; LO/U-3; LV/U-1; OX/U-1

Tomo 9. Paraíba. 1973. lxxvi, 503p.
BT/U-5; CA/U-1; CC/U-1; GL/U-1; LO/N-1; LO/S76; LO/U-3; LV/U-1; OX/U-1

Tomo 10. Pernambuco. 1972. lxxvii, 551p.
BT/U-5; CA/U-1; CC/U-1; GL/U-1; LO/N-1; LO/S76; LO/U-3; LV/U-1; OX/U-1

Tomo 11. Alagoas. 1972. lxxv, 383p.
BT/U-5; CA/U-1; CC/U-1; GL/U-1; LO/N-1; LO/S76; LO/U-3; LV/U-1; OX/U-1

Tomo 12. Sergipe. 1972. lxxiv, 363p.
BT/U-5; CA/U-1; CC/U-1; GL/U-1; LO/N-1; LO/S76; LO/U-3; LV/U-1; OX/U-1

Tomo 13. Bahia. 1973. lxxx, 845p.
BT/U-5; CA/U-1; CC/U-1; GL/U-1; LO/N-1; LO/S76; LO/U-3; LV/U-1; OX/U-1

Tomo 14. Minas Gerais.
 1.a parte. 1973. lxxxviii, 191p.
 BT/U-5; CA/U-1; CC/U-1; GL/U-1; LO/N-1; LO/S76; LO/U-3; LV/U-1; OX/U-1
 2.a parte. 1973. xxvi, 593p.
 BT/U-5; CA/U-1; CC/U-1; GL/U-1; LO/N-1; LO/S76; LO/U-3; LV/U-1; OX/U-1
 3.a parte. 1973. xxiv, 676p.
 BT/U-5; CA/U-1; CC/U-1; GL/U-1; LO/N-1; LO/S76; LO/U-3; LV/U-1; OX/U-1

Tomo 15. Espírito Santo. 1973. lxxiv, 387p.
BT/U-5; CA/U-1; CC/U-1; GL/U-1; LO/N-1; LO/S76; LO/U-3; LV/U-1; OX/U-1

Tomo 16. Rio de Janeiro. 1973. lxxiv, 441p.
BT/U-5; CA/U-1; CC/U-1; GL/U-1; LO/N-1; LO/S76; LV/U-1; OX/U-1

Tomo 17. Guanabara. 1973. xci, 194p.
BT/U-5; CA/U-1; CC/U-1; GL/U-1; LO/N-1; LO/S76; LO/U-3; LV/U-1; OX/U-1

Tomo 18. São Paulo.
 1.a parte. 1973. lxxxvi, 191p.
 BT/U-5; CA/U-1; CC/U-1; GL/U-1; LO/N-1; LO/S76; LO/U-3; LV/U-1; OX/U-1
 2.a parte. 1973. xxiv, 501p.
 BT/U-5; CA/U-1; CC/U-1; GL/U-1; LO/N-1; LO/S76; LO/U-3; LV/U-1; OX/U-1
 3.a parte. 1973. xxii, 478p.
 BT/U-5; CA/U-1; CC/U-1; GL/U-1; LO/N-1; LO/S76; LO/U-3; LV/U-1; OX/U-1

Tomo 19. Paraná. 1973. lxxix, 807p.
BT/U-5; CA/U-1; CC/U-1; GL/U-1; LO/N-1; LO/S76; LO/U-3; LV/U-1; OX/U-1

Tomo 20. Santa Catarina. 1973. lxxvii, 575p.
  BT/U-5; CA/U-1; CC/U-1; GL/U-1; LO/N-1; LO/S76; LV/U-1; OX/U-i
Tomo 21. Rio Grande do Sul. 1973. lxxviii, 783p.
  BT/U-5; CA/U-1; CC/U-1; GL/U-1; LO/N-1; LO/S76; LO/U-3; LV/U-1; OX/U-1
Tomo 22. Mato Grosso. 1973. lxxv, 427p.
Tomo 23. Goiás. 1973. lxxvii, 605p.
  BT/U-5; CA/U-1; CC/U-1; GL/U-1; LO/N-1; LO/S76; LO/U-3; LV/U-1; OX/U-1
Tomo 24. Distrito Federal. 1973. lxxv, 218p.
  BT/U-5; CA/U-1; CC/U-1; GL/U-1; LO/N-1; LO/S 76; LO/U-3; LV/U-1; OX/U-1

Fundação I.B.G.E. Diretoria Técnica. Superintendência de Estatísticas Primárias. Departamento de Censos
- VIII [Oitavo] recenseamento geral, 1970. Volume I. Censo demográfico. Série nacional: Brasil. 1973. lxxiii, 267p.
  BT/U-5; CA/U-1; CC/U-1; GL/U-1; LO/N-1; LO/S76; LO/U-3; OX/U-1

- VIII [Oitavo] recenseamento geral, 1970. Volume II. Censo predial. Série regional.
Tomo 1. Região Norte. 1974. xxix, 94p.
  BT/U-5; CA/U-1; CC/U-1; LO/N-1; LO/S76; LV/U-1; OX/U-1
Tomo 2. Região Nordeste. 1974. xvii, 395p.
  BT/U-5; CA/U-1; LO/N-1; LO/S76; LV/U-1; OX/U-1
Tomo 3. Região Sudeste. 1974. xvii, 372p.
  BT/U-5; CA/U-1; CC/U-1; LO/N-1; LO/S76; LV/U-1; OX/U-1
Tomo 4. Região Sul. 1974. xvii, 208p.
  BT/U-5; CA/U-1; CC/U-1; LO/N-1; LO/S76; LV/U-1; OX/U-1
Tomo 5. Região Centro-Oeste. 1974. xvii, 108p.
  BT/U-5; CA/U-1; CC/U-1; LO/N-1; LO/S76; LV/U-1; OX/U-1

- VIII [Oitavo] recenseamento geral, 1970. Volume II. Censo predial. Série nacional: Brasil. 1974. xvii, 74p.
  BT/U-5; CA/U-1; CC/U-1; LO/N-1; LO/U-3; OX/U-1

- VIII [Oitavo] recenseamento geral, 1970. Volume III. Censo agropecuário. Série regional. 1974-1975.
Tomo 1. Rondônia, Roraima, Amapá. 1974. xxxix, 494p.
  BT/U-5; CA/U-1; LO/N-1; LO/S76; LO/U-3; LV/U-1; OX/U-1
Tomo 2. Acre. 1974. xxxvii, 168p.
  BT/U-5; CA/U-1; LO/N-1; LO/S76; LO/U-3; LV/U-1; OX/U-1
Tomo 3. Amazonas. 1975. xxix, 220p.
  BT/U-5; CA/U-1; LO/N-1; LO/U-3; LV/U-1; OX/U-1
Tomo 4. Pará. 1975. xxviii, 331p.
  BT/U-5; CA/U-1; LO/N-1; LO/U-3; LV/U-1; OX/U-1

Tomo 5. Maranhão. 1975. xxxix, 329p.
  BT/U-5; LO/N-1; LV/U-1; OX/U-1
Tomo 6. Piauí. 1975. xl, 438p.
  BT/U-5; CA/U-1; LO/N-1; LO/S76; LO/U-3; LV/U-1; OX/U-1
Tomo 7. Ceará. 1975. xl, 428p.
  BT/U-5; CA/U-1; LO/N-1; LO/U-3; LV/U-1; OX/U-1
Tomo 8. Rio Grande do Norte. 1974. xl, 341p.
  BT/U-5; CA/U-1; LO/N-1; LO/S76; LV/U-1; OX/U-1
Tomo 9. Paraíba. 1975. xl, 429p.
  BT/U-5; CA/U-1; LO/N-1; LO/U-3; LV/U-1; OX/U-1
Tomo 10. Pernambuco. 1975. xli, 443p.
  BT/U-5; LO/N-1; LV/U-1; OX/U-1
Tomo 11. Alagoas. 1975. xxxix, 319p.
  BT/U-5; CA/U-1; LO/N-1; LO/S76; LO/U-3; LV/U-1; OX/U-1
Tomo 12. Sergipe. 1975. xxxviii, 321p.
  BT/U-5; CA/U-1; LO/N-1; LO/S76; LO/U-3; LV/U-1; OX/U-1
Tomo 13. Bahia. 1975. xliv, 657p.
  BT/U-5; CA/U-1; LO/U-3; LV/U-1; OX/U-1
Tomo 14. Minas Gerais. 1.a parte. 1975. liv, 613p.
  BT/U-5; CA/U-1; LO/N-1; LO/U-3; OX/U-1
Tomo 14. Minas Gerais. 2.a parte. 1975. liv, 614 - 1232p.
  BT/U-5; CA/U-1; LO/U-3; OX/U-1
Tomo 15. Espírito Santo. 1974. xxxviii, 240p.
  BT/U-5; CA/U-1; LO/N-1; LO/S76; LO/U-3; LV/U-1; OX/U-1
Tomo 16. Rio de Janeiro. 1974. xxxviii, 333p.
  BT/U-5; CA/U-1; LO/N-1; LO/S76; LV/U-1; OX/U-1
Tomo 17. Guanabara. 1974. lv, 200p.
  BT/U-5; CA/U-1; LO/N-1; LO/S76; LO/U-3; LV/U-1; OX/U-1
Tomo 18. São Paulo. 1.a parte. 1975. lii, 521p.
  BT/U-5; CA/U-1; LO/N-1; LO/U-3; LV/U-1; OX/U-1
Tomo 18. São Paulo. 2.a parte. 1975. lii, 524 - 1043p.
  BT/U-5; CA/U-1; LO/U-3; LV/U-1; OX/U-1
Tomo 19. Paraná. 1975. xliii, 629p.
  CA/U-1; LO/N-1; LO/S76; LV/U-1; OX/U-1
Tomo 20. Santa Catarina. 1975. xli, 482p.
  BT/U-5; CA/U-1; LO/N-1; LO/S76; LO/U-3; LV/U-1; OX/U-1
Tomo 21. Rio Grande do Sul. 1974. xlii, 581p.
  BT/U-5; CA/U-1; LO/N-1; LO/S76; LO/U-3; LV/U-1; OX/U-1
Tomo 22. Mato Grosso. 1975. xxxix, 357p.
  BT/U-5; CA/U-1; LO/S76; LO/U-3; LV/U-1; OX/U-1
Tomo 23. Goiás. 1974. xli, 470p.
  BT/U-5; CA/U-1; LO/N-1; LO/S76; LO/U-3; LV/U-1; OX/U-1
Tomo 24. Distrito Federal. 1974. xxvii, 132p.
  BT/U-5; CA/U-1; LO/N-1; LO/S76; LO/U-3; LV/U-1; OX/U-1

- VIII [Oitavo] recenseamento geral, 1970. Volume III. Censo agropecuário. Série nacional. Brasil. 1975. xxxii, 299p.
 BT/U-5; CC/U-1; LO/S76; LO/U-3; LV/U-1; OX/U-1

- VIII [Oitavo] recenseamento geral, 1970. Volume IV. Censo industrial. Série regional. 1974.
 Tomo 1. Rondônia, Roraima, Amapá. 1974. xxxi, 263p.
 BT/U-5; CA/U-1; LO/N-1; LO/S76; LV/U-1; OX/U-1
 Tomo 2. Acre. 1974. xxxi, 177p.
 BT/U-5; CA/U-1; LO/N-1; LO/S76; LV/U-1; OX/U-1
 Tomo 3. Amazonas. 1974. xxxii, 183p.
 BT/U-5; CA/U-1; LO/N-1; LO/S76; LV/U-1; OX/U-1
 Tomo 4. Pará. 1974. xxxii, 193p.
 BT/U-5; CA/U-1; LO/N-1; LO/S76; LV/U-1; OX/U-1
 Tomo 5. Maranhão. 1974. xxxiii, 203p.
 BT/U-5; CA/U-1; LO/N-1; LO/S76; LV/U-1; OX/U-1
 Tomo 6. Piauí. 1974. xxxiii, 199p.
 BT/U-5; CA/U-1; LO/N-1; LO/S76; LV/U-1; OX/U-1
 Tomo 7. Ceará. 1974. xxxiv, 209p.
 BT/U-5; CA/U-1; LO/N-1; LO/S76; LV/U-1; OX/U-1
 Tomo 8. Rio Grande do Norte. 1974. xxxiv, 201p.
 BT/U-5; CA/U-1; LO/N-1; LO/S76; LV/U-1; OX/U-1
 Tomo 9. Paraíba. 1974. xxxiv, 207p.
 BT/U-5; CA/U-1; LO/N-1; LO/S76; LV/U-1; OX/U-1
 Tomo 10. Pernambuco. 1974. xxxv, 215p.
 BT/U-5; CA/U-1; LO/N-1; LO/S76; LV/U-1; OX/U-1
 Tomo 11. Alagoas. 1974. xxxiii, 193p.
 BT/U-5; CA/U-1; LO/N-1; LO/S76; LV/U-1; OX/U-1
 Tomo 12. Sergipe. 1974. xxxii, 191p.
 BT/U-5; CA/U-1; LO/N-1; LO/S76; LV/U-1; OX/U-1
 Tomo 13. Bahia. 1974. xxxviii, 245p.
 BT/U-5; CA/U-1; LO/N-1; LO/S76; LV/U-1; OX/U-1
 Tomo 14. Minas Gerais. 1974. xlvi, 333p.
 BT/U-5; CA/U-1; LO/N-1; LO/S76; LV/U-1; OX/U-1
 Tomo 15. Espírito Santo. 1974. xxxii, 191p.
 BT/U-5; CA/U-1; LO/N-1; LO/S76; LV/U-1; OX/U-1
 Tomo. 16. Rio de Janeiro. 1974. xxxii, 199p.
 BT/U-5; CA/U-1; LO/N-1; LO/S76; LV/U-1; OX/U-1
 Tomo 17. Guanabara. 1974. xlix, 189p.
 BT/U-5; CA/U-1; LO/N-1; LO/S76; LV/U-1; OX/U-1
 Tomo 18. São Paulo. 1974. xliv, 337p.
 BT/U-5; CA/U-1; LO/N-1; LO/S76; LV/U-1; OX/U-1
 Tomo 19. Paraná. 1974. xxxvii, 244p.
 BT/U-5; CA/U-1; LO/N-1; LO/S76; LV/U-1; OX/U-1
 Tomo 20. Santa Catarina. 1974. xxxv, 233p.
 BT/U-5; CA/U-1; LO/N-1; LO/S76; LV/U-1; OX/U-1

Tomo 21. Rio Grande do Sul. 1974. xxxvi, 255p.
   BT/U-5; CA/U-1; LO/N-1; LO/S76; LV/U-1; OX/U-1
Tomo 22. Mato Grosso. 1974. xxxiii, 195p.
   BT/U-5; CA/U-1; LO/N-1; LO/S76; LV/U-1; OX/U-1
Tomo 23. Goiás. 1974. xxxviii, 219p.
   BT/U-5; CA/U-1; LO/N-1; LO/S76; LV/U-1; OX/U-1
Tomo 24. Distrito Federal. 1974. xxiv, 175p.
   BT/U-5; CA/U-1; LO/N-1; LO/S76; LV/U-1; OX/U-1

- VIII [Oitavo] recenseamento geral, 1970. Volume IV. Censo industrial. Série nacional: Brasil. 1974. xxvi, 287p.
BT/U-5; CA/U-1; CC/U-1; GL/U-6; LO/N-1; LO/U-3; LV/U-1; OX/U-1

- VIII [Oitavo] recenseamento geral, 1970. Volume V. Censo industrial. Série nacional: Brasil. Produção física.
BT/U-5; CC/U-1; LO/N-1; LO/S76; OX/U-1

- VIII [Oitavo] recenseamento geral, 1970. Volume VI. Censo comercial. Série regional. 1975.
Tomo 1. Rondônia, Roraima, Amapá. 1975. xxv, 235p.
   BT/U-5; CA/U-1; LO/N-1; LO/S76; LV/U-1; OX/U-1
Tomo 2. Acre. 1975. xvii, 79p.
   BT/U-5; CA/U-1; LO/N-1; LO/S76; LV/U-1; OX/U-1
Tomo 3. Amazonas. 1975. xxvi, 91p.
   BT/U-5; CA/U-1; LO/N-1; LO/S76; LV/U-1; OX/U-1
Tomo 4. Pará. 1975. xxvi, 111p.
   BT/U-5; CA/U-1; LO/N-1; LO/S76; LV/U-1; OX/U-1
Tomo 5. Maranhão. 1975. xxvii, 131p.
   BT/U-5; CA/U-1; LO/N-1; LO/S76; LV/U-1; OX/U-1
Tomo 6. Piauí. 1975. xxvii, 123p.
   BT/U-5; CA/U-1; LO/N-1; LO/S76; LV/U-1; OX/U-1
Tomo 7. Ceará. 1975. xxviii, 147p.
BT/U-5; CA/U-1; LO/N-1; LO/S76; LV/U-1; OX/U-1
Tomo 8. Rio Grande do Norte. 1975. xxviii, 129p.
   BT/U-5; CA/U-1; LO/N-1; LO/S76; LV/U-1; OX/U-1
Tomo 9. Paraíba. 1975. xxviii, 139p.
   BT/U-5; CA/U-1; LO/N-1; LO/S76; LV/U-1; OX/U-1
Tomo 10. Pernambuco. 1975. xxix, 159p.
   BT/U-5; CA/U-1; LO/N-1; LO/S76; LV/U-1; OX/U-1
Tomo 11. Alagoas. 1975. xxvii, 111p.
   BT/U-5; CA/U-1; LO/N-1; LO/S76; LV/U-1; OX/U-1
Tomo 12. Sergipe. 1975. xxvi, 105p.
   BT/U-5; CA/U-1; LO/N-1; LO/S76; LV/U-1; OX/U-1
Tomo 13. Bahia. 1975. xxxii, 231p.
   BT/U-5; CA/U-1; LO/N-1; LO/S76; LV/U-1; OX/U-1

Tomo 14. Minas Gerais. 1975. xl, 381p.
 BT/U-5; CA/U-1; LO/N-1; LO/S76; LV/U-1; OX/U-1
Tomo 15. Espírito Santo. 1975. xxvi, 103p.
 BT/U-5; CA/U-1; LO/N-1; LO/S76; LV/U-1; OX/U-1
Tomo 16. Rio de Janeiro. 1975. xxvi, 119p.
 CA/U-1; LO/N-1; LO/S76; OX/U-1
Tomo 17. Guanabara. 1975. xliii, 97p.
 BT/U-5; CA/U-1; LO/N-1; LO/S76; LV/U-1; OX/U-1
Tomo 18. São Paulo. 1975. xxxvii, 389p.
 BT/U-5; CA/U-1; LO/N-1; LO/S76; LV/U-1; OX/U-1
Tomo 19. Paraná. 1975. xxxi, 235p.
 BT/U-5; CA/U-1; LO/N-1; LO/S76; LV/U-1; OX/U-1
Tomo 20. Santa Catarina. 1975. xxix, 175p.
 BT/U-5; CA/U-1; LO/N-1; LO/S76; LV/U-1; OX/U-1
Tomo 21. Rio Grande do Sul. 1975. xxx, 225p.
 BT/U-5; CA/U-1; LO/N-1; LO/S76; LV/U-1; OX/U-1
Tomo 22. Mato Grosso. 1975. xxvii, 115p.
 BT/U-5; CA/U-1; LO/N-1; LO/S76; LV/U-1; OX/U-1
Tomo 23. Goiás. 1975. xxix, 163p.
 BT/U-5; CA/U-1; LO/N-1; LO/S76; LV/U-1; OX/U-1
Tomo 24. Distrito Federal. 1975. xvii, 75p.
 BT/U-5; CA/U-1; LO/N-1; LO/S76; LV/U-1; OX/U-1

- VIII [Oitavo] recenseamento geral, 1970. Censo comercial. Volume VI. Série nacional: Brasil. xvii, 157p.
 CA/U-1; CC/U-1; LO/N-1; LO/S76; LO/U-3; OX/U-1

- VIII [Oitavo] recenseamento geral, 1970. Censo comercial: Brasil: inquéritos especiais. 1975. 142p.
 CA/U-1; CC/U-1

- VIII [Oitavo] recenseamento geral, 1970. Volume VII. Censo dos serviços. Série regional. 1975.
 Tomo 1. Rondônia, Roraima, Amapá. 1975. xxiii, 161p.
  BT/U-5; CA/U-1; LO/N-1; LO/S76; LV/U-1; OX/U-1
 Tomo 2. Acre. 1975. xxiii, 53p.
  BT/U-5; CA/U-1; LO/N-1; LO/S76; LV/U-1; OX/U-1
 Tomo 3. Amazonas. 1975. xxiv, 59p.
  BT/U-5; CA/U-1; LO/N-1; LO/S76; LV/U-1; OX/U-1
 Tomo 4 Pará. 1975. xxiv, 67p.
  BT/U-5; CA/U-1; LO/N-1; LO/S76; LV/U-1; OX/U-1;
 Tomo 5. Maranhão. 1975. xxv, 75p.
  BT/U-5; CA/U-1; LO/N-1; LO/S76; LV/U-1; OX/U-1
 Tomo 6. Piauí. 1975. xxv, 71p.
  BT/U-5; CA/U-1; LO/N-1; LO/S76; LV/U-1; OX/U-1

Tomo 7. Ceará. 1975. xxvi, 81p.
   CA/U-1; LO/N-1; LO/S76; LV/U-1; OX/U-1
Tomo 8. Rio Grande do Norte. 1975. xxvi, 79p.
   BT/U-5; CA/U-1; LO/N-1; LO/S76; LV/U-1; OX/U-1
Tomo 9. Paraíba. 1975. xxvi, 83p.
   BT/U-5; CA/U-1; LO/N-1; LO/S76; LV/U-1; OX/U-1
Tomo 10. Pernambuco. 1975. xxvii, 87p.
   BT/U-5; CA/U-1; LO/N-1; LO/S76; LV/U-1; OX/U-1
Tomo 11. Alagoas. 1975. xxv, 71p.
   BT/U-5; CA/U-1; LO/N-1; LO/S76; LV/U-1; OX/U-1
Tomo 12. Sergipe. 1975. xxiv, 67p.
   BT/U-5; CA/U-1; LO/N-1; LO/S76; LV/U-1; OX/U-1
Tomo 13. Bahia. 1975. xxx, 117p.
   BT/U-5; CA/U-1; LO/N-1; LO/S76; LV/U-1; OX/U-1
Tomo 14. Minas Gerais. 1975. xl, 189p.
   BT/U-5; CA/U-1; LO/N-1; LO/S76; LV/U-1; OX/U-1
Tomo 15. Espírito Santo. 1975. xxvi, 63p.
   BT/U-5; CA/U-1; LO/N-1; LO/S76; LV/U-1; OX/U-1
Tomo 16. Rio de Janeiro. 1975. xxiv, 67p.
   BT/U-5; CA/U-1; LO/N-1; LO/S76; LV/U-1; OX/U-1
Tomo 17. Guanabara. 1975. xli, 57p.
   BT/U-5; CA/U-1; LO/N-1; LO/S76; LV/U-1; OX/U-1
Tomo 18. São Paulo. 1975. xxxvi, 177p.
   BT/U-5; CA/U-1; LO/N-1; LV/U-1; OX/U-1
Tomo 19. Paraná. 1975. xxix, 115p.
   BT/U-5; CA/U-1; LO/N-1; LO/S76; LV/U-1; OX/U-1
Tomo 20. Santa Catarina. 1975. xxvii, 93p.
   BT/U-5; CA/U-1; LO/N-1; LO/S76; LV/U-1; OX/U-1
Tomo 21. Rio Grande do Sul. 1975. xxviii, 105p.
   BT/U-5; CA/U-1; LO/N-1; LO/S76; LV/U-1; OX/U-1
Tomo 22. Mato Grosso. 1975. xxvi, 69p.
   BT/U-5; CA/U-1; LO/N-1; LO/S76; LV/U-1; OX/U-1
Tomo 23. Goiás. 1975. xxx, 95p.
   BT/U-5; CA/U-1; LO/N-1; LO/S76; LV/U-1; OX/U-1
Tomo 24. Distrito Federal. 1975. xvi, 51p.
   BT/U-5; CA/U-1; LO/N-1; LO/S76; LV/U-1; OX/U-1

- VIII [Oitavo] recenseamento geral, 1970. Volume VII. Censo dos serviços. Série nacional: Brasil. 1975. xvii, 71p.
   CA/U-1; CC/U-1; LO/N-1; LO/S76; LV/U-1; OX/U-1

- VIII [Oitavo] recenseamento geral, 1970. Empresas. Brasil e unidades da Federação. 1978. 394p.
   LO/S76

BRAZIL

1974

Censo Nacional de Tráfego Rodoviário

Departamento Nacional de Estadas de Rodagem. Diretoria de Planejamento.

- Censo nacional de tráfego rodoviário, 1974. [1977]. 3 v. & 1 annexe.
  vol.1 Regiões Norte e Nordeste. 1977. 295p.
  LO/S76
  vol.2 Regiões Centro-Oeste e Sul. 1977. 167p.
  LO/S76
  vol.3. Região Sudeste. 1977. 245p.
  LO/S76

1975

Censos Econômicos

Instituto Brasileiro de Estatística
- Classificação de indústrias, aprovada pela Comissão Censitária Nacional (CCN), em sua 18a sessão plenária e homologada pela Comissão Censitária Nacional de Planejamento e Normas Estatísticas (CONPLANE), em sua 49a sessão extraordinária. 1972. 1 vol. (various pagings).

Fundação I.B.G.E.
- Censos econômicos de 1975. Sinopse preliminar do censo agropecuário. [1977]. 14 vol.

Vol. 1. Rondônia, Roraima, Amapá.
BT/U-5; LO/S76
Vol. 2. Acre, Amazonas, Pará.
BT/U-5; LO/S76
Vol. 3. Maranhão, Piauí.
BT/U-5; LO/S76
Vol. 4. Ceará, Rio Grande do Norte.
BT/U-5; LO/S76
Vol. 5. Paraíba, Pernambuco.
BT/U-5; LO/S76; RE/U-1
Vol. 6. Alagoas, Sergipe.
BT/U-5; LO/S76
Vol. 7. Bahia.
BT/U-5; LO/S76
Vol. 8. Minas Gerais.
BT/U-5; LO/S76
Vol. 9. Espírito Santo, Rio de Janeiro
BT/U-5; LO/S76
Vol. 10. São Paulo.
BT/U-5; LO/S76
Vol. 11. Paraná, Santa Catarina.
BT/U-5; LO/S76
Vol. 12. Rio Grande do Sul.
BT/U-5; LO/S76; RE/U-1
Vol. 13. Mato Grosso, Goiás, Distrito Federal.
BT/U-5; LO/S76
Vol. 14. Brasil
BT/U-5; RE/U-1

- Censos econômicos de 1975. Volume 1. Censo agropecuário. Série regional. 1979. 24 vols.
    Tomo 1. Rondônia, Roraima, Amapá. 1979. xli, 535p.
        BT/U-5; LO/N-1; LO/S76; LO/U-3; LV/U-1
    Tomo 2. Acre. 1979. xxxix, 178p.
        BT/U-5; LO/N-1; LO/S76; LO/U-3; LV/U-1
    Tomo 3. Amazonas. 1979. xlii, 314p.
        BT/U-5; LO/N-1; LO/S76; LO/U-3; LV/U-1
    Tomo 4. Pará. 1979. xlii, 484p.
        BT/U-5; LO/N-1; LO/S76; LO/U-3; LV/U-1
    Tomo 5. Maranhão. 1979. xliii, 502p.
        BT/U-5; LO/N-1; LO/S76; LO/U-3; LV/U-1
    Tomo 6. Piauí. 1979. xliii, 520p.
        BT/U-5; LO/N-1; LO/S76; LO/U-3; LV/U-1
    Tomo 7. Ceará. 1979. xlvi, 696p.
        BT/U-5; LO/N-1; LO/S76; LO/U-3
    Tomo 8. Rio Grande do Norte. 1979. xliv, 504p.
        BT/U-5; LO/N-1; LO/S76; LO/U-3; LV/U-1
    Tomo 9. Paraíba. 1979. xliv, 651p.
        BT/U-5; LO/N-1; LO/S76; LO/U-3; LV/U-1
    Tomo 10. Pernambuco. 1979. xlv, 669p.
        BT/U-5; LO/N-1; LO/S76; LO/U-3; LV/U-1
    Tomo 11. Alagoas. 1979. xliii, 377p.
        BT/U-5; LO/N-1; LO/S76; LO/U-3; LV/U-1
    Tomo 12. Sergipe. 1979. xlii, 377p.
        BT/U-5; LO/N-1; LO/S76; LO/U-3; LV/U-1
    Tomo 13. Bahia, 1.a parte. 1979. 1, 551p.
        BT/U-5; LO/N-1; LO/S76; LO/U-3; LV/U-1
    Tomo 13. Bahia, 2.a parte. 1979. 1, 555-1113p.
        BT/U-5; LO/N-1; LO/S76; LO/U-3; LV/U-1
    Tomo 14. Minas Gerais, 1.a parte. 1979. lviii, 929p.
        BT/U-5; LO/N-1; LO/S76; LO/U-3; LV/U-1
    Tomo 14. Minas Gerais, 2.a parte. 1979. lviii, 932-2002p.
        BT/U-5; LO/N-1; LO/S76; LO/U-3; LV/U-1
    Tomo 15. Espírito Santo. 1979. xlii, 381p.
        BT/U-5; LO/N-1; LO/S76; LO/U-3; LV/U-1
    Tomo 16. Rio de Janeiro. 1979. xlii, 434p.
        BT/U-5; LO/N-1; LO/S76; LO/U-3; LV/U-1
    Tomo 17. São Paulo, 1.a parte. 1979. lv, 807p.
        BT/U-5; LO/N-1; LO/S76; LO/U-3; LV/U-1; OX/U24
    Tomo 17. São Paulo, 2.a parte. 1979. lv, 811-1695p.
        BT/U-5; LO/N-1; LO/S76; LO/U-3; LV/U-1; OX/U24
    Tomo 18. Paraná, 1.a parte. 1979. xlix, 493p.
        BT/U-5; LO/N-1; LO/S76; LO/U-3; LV/U-1; OX/U24
    Tomo 18. Paraná, 2.a parte. 1979. xlix, 496-1023p.
        BT/U-5; LO/N-1; LO/S76; LO/U-3; LV/U-1; OX/U24

Tomo 19. Santa Catarina. 1979. xlv, 702p.
  BT/U-5; LO/N-1; LO/S76; LO/U-3; LV/U-1
Tomo 20. Rio Grande do Sul. 1979. xlviii, 920p.
  BT/U-5; LO/N-1; LO/S76; LO/U-3; LV/U-1
Tomo 21. Mato Grosso do Sul. 1979. xlii, 401p.
  BT/U-5; LO/N-1; LO/S76; LO/U-3; LV/U-1
Tomo 22. Mato Grosso. 1979. xli, 257p.
  BT/U-5; LO/N-1; LO/S76; LO/U-3; LV/U-1
Tomo 23. Goiás. 1979. xlv, 704p.
  BT/U-5; LO/N-1; LO/S76; LO/U-3; LV/U-1
Tomo 24. Distrito Federal. 1979. xxv, 129p.
  BT/U-5; LO/N-1; LO/S76; LO/U-3; LV/U-1

- Censos econômicos de 1975. Volume 1. Censo agropecuário. Série nacional: Brasil. 1979. xxxv, 471p.
  BT/U-5; LO/N-1; LO/N99; LO/S76; LV/U-1

- Censos econômicos de 1975. Volume 2. Censo industrial. Série regional. 1979-1980. 24 vols.
  Tomo 1. Rondônia, Roraima, Amapá. 1979. xxxiii, 371p.
    BT/U-5; LO/N-1; LO/S76; LO/U-3; LV/U-1
  Tomo 2. Acre. 1979. xxxi, 173p.
    BT/U-5; LO/N-1; LO/S76; LO/U-3; LV/U-1
  Tomo 3. Amazonas. 1979. xxxii, 181p.
    BT/U-5; LO/N-1; LO/S76; LO/U-3; LV/U-1
  Tomo 4. Pará. 1979. xxxii, 191p.
    BT/U-5; LO/N-1; LO/S76; LO/U-3; LV/U-1
  Tomo 5. Maranhão. 1979. xxxiii, 197p.
    BT/U-5; LO/N-1; LO/S76; LO/U-3; LV/U-1
  Tomo 6. Piauí. 1979. xxxiii, 195p.
    BT/U-5; LO/N-1; LO/S76; LO/U-3; LV/U-1
  Tomo 7. Ceará. 1979. xxxiv, 205p.
    BT/U-5; LO/N-1; LO/S76; LO/U-3; LV/U-1
  Tomo 8. Rio Grande do Norte. 1979. xxxiv, 199p.
    BT/U-5; LO/N-1; LO/S76; LO/U-3; LV/U-1
  Tomo 9. Paraíba. 1979. xxxiv, 203p.
    BT/U-5; LO/N-1; LO/S76; LO/U-3
  Tomo 10. Pernambuco. 1979. xxxv, 217p.
    BT/U-5; LO/N-1; LO/S76; LO/U-3; LV/U-1
  Tomo 11. Alagoas. 1979. xxxiii, 191p.
    BT/U-5; LO/N-1; LO/S76; LO/U-3; LV/U-1
  Tomo 12. Sergipe. 1979. xxxii, 189p.
    BT/U-5; LO/N-1; LO/S76; LO/U-3; LV/U-1
  Tomo 13. Bahia. 1979. xxxviii, 247p.
    BT/U-5; LO/N-1; LO/S76; LO/U-3; LV/U-1
  Tomo 14. Minas Gerais. 1980. xlvi, 351p.
    BT/U-5; LO/N-1; LO/S76; LO/U-3; LV/U-1

Tomo 15. Espírito Santo. 1979. xxxii, 189p.
    BT/U-5; LO/N-1; LO/S76; LO/U-3; LV/U-1
Tomo 16. Rio de Janeiro. 1980. xxxii, 203p.
    BT/U-5; LO/N-1; LO/U-3
Tomo 17. São Paulo. 1980. xliii, 363p.
    BT/U-5; LO/N-1; LO/U-3
Tomo 18. Paraná. 1979. xxxvii, 257p.
    BT/U-5; LO/N-1; LO/S76; LO/U-3; LV/U-1
Tomo 19. Santa Catarina. 1979. xxxv, 239p.
    BT/U-5; LO/N-1; LO/S76; LO/U-3; LV/U-1
Tomo 20. Rio Grande do Sul. 1980. xxxvi, 263p.
    BT/U-5; LO/N-1; LO/U-3; LV/U-1
Tomo 21. Mato Grosso do Sul. 1979. xxxii, 185p.
    BT/U-5; LO/N-1; LO/S76; LO/U-3; LV/U-1
Tomo 22. Mato Grosso. 1979. xxxi, 181p.
    BT/U-5; LO/N-1; LO/S76; LO/U-3; LV/U-1
Tomo 23. Goiás. 1979. xxxv, 223p.
    BT/U-5; LO/N-1; LO/876; LO/U-3; LV/U-1
Tomo 24. Distrito Federal. 1979. xxvii, 173p.
    BT/U-5; LO/N-1; LO/S76; LO/U-3; LV/U-1

- Censos econômicos de 1975. Volume 2. Censo industrial. Série nacional: Brasil. 1981.
    Parte 1. xxix, 381p.
        LO/N-1; LO/U-3
    Parte 2. Produção física. xxv, 628p.
        LO/N-1; LO/S76

- Censos econômicos de 1975. Inquéritos especiais. Indústria da construção. Brasil. 1982. xvii, 388p.
    BT/U-5; LO/N-1

- Censos econômicos de 1975. Volume 3. Censo comercial. Série regional. 1980 - 81. 24 vols.

Rondônia, Roraima, Amapá	Bahia
Acre	Minas Gerais
Amazonas	Espírito Santo
Pará	Rio de Janeiro
Maranhão	São Paulo
Piauí	Paraná
Ceará	Santa Catarina
Rio Grande do Norte	Rio Grande do Sul
Paraíba	Mato Grosso do Sul
Pernambuco	Mato Grosso
Alagoas	Goiás
Sergipe	Distrito Federal

- Censos econômicos de 1975. Censo do comércio e administração de imóveis e valores mobiliários: Brasil, grandes regiões e unidades da federação. 1981. 95p.

- Censos econômicos de 1975. Volume 4. Censo dos serviços. Série regional. 1981. 24 vols.

Rondônia, Roraima, Amapá	Bahia
Acre	Minas Gerais
Amazonas	Espírito Santo
Pará	Rio de Janeiro
Maranhão	São Paulo
Piauí	Paraná
Ceará	Santa Catarina
Rio Grande do Norte	Rio Grande do Sul
Paraíba	Mato Grosso do Sul
Pernambuco	Mato Grosso
Alagoas	Goiás
Sergipe	Distrito Federal

- Censos econômicos de 1975. Volume 4. Censo dos serviços. Série nacional: Brasil. 1981. xxiii, 70p.

1977

Projeto Censo Escolar/Pesquisa Socio-Econômica

Espírito Santo (State). Secretaria de Estado do Planejamento. Departamento de Informações Técnicas
- Dados básicos sobre população e escolarização no Estado do Espírito Santo: resultados parciais do Projeto Censo Escolar - Pesquisa Socio-Econômica, 1977. [Vitória, 1978]. 114p. (Série estudos básicos para o planejamento estadual; documento, 1).

Miscellaneous Publications
(including those covering two or more censuses)

I.B.G.E. Serviço Nacional de Recenseamento
- Documentos censitários. 1950-1960. Série A-E in 43 v.
    Série A:
        No. 1. Legislação básica dos recenseamentos de 1872 e 1890. 1951. 13p.
        LO/U-3
        No. 2. Legislação básica dos recenseamentos de 1900 e 1920. 1951. 13p.
        LO/U-3

No. 3. Legislação básica do recenseamento de 1940. 1951. 31p.
LO/U-3
No. 4. Resoluções da Comissão Censitária Nacional (Recenseamento geral de 1940). 1951. v, 181p.
LO/U-3
No. 5. Legislação básica dos recenseamentos de 1910 e 1930. 1953. 33p.

Série B:
No. 1. Investigações sobre os recenseamentos da população geral do Império. 1951. 156p.
LO/U-3
No. 2. O recenseamento de 1920 em Minas Gerais. 1951. 32p.
LO/U-3
No. 3. Aspectos da propaganda censitária. 1951. 26p.
LO/U-3
No. 4. Resumo histórico dos inquéritos censitários realizados no Brasil. 1951. 66p.
LO/U-3
No. 5. A região da Serra dos Aimorés e o recenseamento geral de 1940. 1953. 33p.
No. 6. A região da Serra dos Aimorés e o recenseamento geral de 1950. 1953. 92p.
No. 7. O recenseamento de 1940 do ponto de vista da técnica censitária. 1954. 21p.
No. 8. Relatórios do Serviço Nacional de Recenseamento (Recenseamento geral de 1940). 1954. 165p.

Série C:
No. 1. Base legal do recenseamento geral de 1950. 1951. 43p.
LO/U-3
No. 2. A data do recenseamento geral de 1950. 1951. 22p.
LO/U-3
No. 3. O censo agrícola de 1950 no Distrito Federal. 1951. 16p.
No. 4. Divisão do Distrito Federal em quadros urbano, suburbano e rural, para fins censitários. 1951. 26p.
No. 5. Base geográfica do recenseamento geral de 1950. 1951. 48p.
LO/U-3
No. 6. Informação sobre o VI recenseamento geral do Brasil. 1951. 23p.
LO/U-3
No. 7. Notas sobre o preparo da 'Sinopse preliminar do censo demográfico' de 1950. 1951. 24p.
LO/U-3
No. 8. O quésito 'Religião' no censo demográfico de 1950. 1952. 24p.
No. 9. As favelas do Distrito Federal e o censo demográfico de 1950. 1953. 47p.
No. 10. Cadastros preliminares do recenseamento geral de 1950. 1953. 18p., 7 annexos (I., 3p.; II., 11p.; III.; 2p; IV., 1p..; V., 1p.; VI.; 1p.; VII., 1p.).

No. 11. Classificação de indústrias no recenseamento geral de 1950. 1953. iii, 74p.
No. 12. Notas e comunicados (9 de março a 7 de julho do 1953). 1953. Unnumbered.
No. 13. Notas e comunicados (8 de julho a 5 de novembro de 1953). 1954. Unnumbered.
No. 14. Notas e comunicados (6 de novembro de 1953 a 29 de junho de 1954). 1954. Unnumbered.
No. 15. Planejamento do censo agrícola de 1950. 1954. ii, 52p.
No. 16. Notas sobre a divulgação do recenseamento geral de 1950. 1955. vii, 81p.
No. 17. O custo dos censos no Brasil. 1957. v, 106p.
No. 18. Campanha publicitária do recenseamento geral de 1950. 1959. iv, 124p.
No. 19. Areas mínimas de comparação entre os censos de 1960 e 1950. 1966. 72p.

Série D:
No. 1. Métodos dos censos de população das Nações Americanas. 1952. 94p.
LO/U-3
No. 2. Geografia e cartografia para fins censitários. 1951. 37p.
LO/U-3
No. 3. Curso de elementos de estatística demográfica. 1953. 125p.
No. 4. Resoluções do comité do censo das Américas de 1950. 1953. 63p.
No. 5. População urbana e população rural. 1954. 43p.
No. 6. O censo industrial das Nações Americanas. 1954. 64p.
No. 7. Elementos de amostragem probabilística aplicada aos censos. 1957. Various paging.

Série E:
No. 1. Base cartográfica (Recenseamento de 1960). 1959. iii, 30p.
No. 2. Programa internacional (Censo de população). 1958. vi, 153p.
No. 3. Programa internacional (Censo de habitação e censos econômicos). 1959. vii, 61p.
No. 4. Utilização dos dados censitários. 1959. ii, 37p.
No. 5. Programa internacional (Censo agropecuário). 1960. iv, 94p.

DECRETO-LEI no. 969, de 21 de dezembro de 1938. Dispõe sobre os recenseamentos gerais do Brasil.

LEI no. 4.789, de 14 de outubro de 1965. Dispõe sobre o Serviço Nacional de Recenseamento.

Mortara, Giorgio
- Methods of using census statistics for the calculation of life tables and other demographic measures (with applications to the population of Brazil). Lake Success: United Nations, Department of Social Affairs. 1949. 60p. (Population studies, no.7). ST/SOA/Series A/7. Also French and Spanish eds.
  LO/N-1; LV/U-1

I.B.G.E.
- Aplicação comparativa de diferentes critérios para as estimativas da população do Brasil no período entre os recenseamentos de 1940 e 1950. 1949. 37p. (Estudos de estatística teórica e aplicada. Estatística demográfica, 7).

Serviço Nacional de Recenseamento
- Extensão do estabelecimento rural no Brasil; segundo os censos agrícolas de 1920, 1940 e 1950. 1955. 26p.

Conselho Nacional de Estatística
- Estudos sobre a alfabetização das crianças no Brasil baseados nos censos demográficos de 1940 e de 1950. 1956. (Estudos de estatística teórica e aplicada. Estatística cultural, no 9).

I.B.G.E.
- Análises críticas de resultados dos censos demográficos. 1956. 142p. (Estudos de estatística teórica e aplicada. Estatística demográfica, 21).
  LO/U-2

- A população do Brasil: dados censitários, 1872-1950. 1958. 36p.

Fonseca, Vinicius
- Análise, avaliação de qualidade e utilização dos resultados dos censos de população no Brasil. 1959. 10p.

I.B.G.E.
- Amostragem aplicada aos censos. 1959. 7p.

- A propaganda censitária no âmbito municipal. 1959. 8p.

Carvalho, Alceu Vicente W. de
- A população brasileira (estudo e interpretação). 1960. 148p.
  LO/S76; LO/U-3

Costa, Manoel Augusto
- Aspectos demográficos da população econômicamente ativa. IPEA, 1968. 54p.
  LO/S76

I.B.G.E.
- Brasil, areas mínimas de comparação 1940-1950-1960; evolução territorial - população. 1968. irreg.

Instituto Brasileiro de Estatística. Departamento de Censos
- Relação das publicações censitárias editadas no período de 1950 a julho de 1969. 1969. 24p.

I.B.G.E.
- Relação das publicações censitárias editadas no período de 1950 a julho de 1970. 1970. 24p.

Leite, Valéria da Motta
- Avaliação da qualidade dos dados censitários. 1970. 35p. (Estudos e análises, 8).
    LO/S76

I.B.G.E.
- Areas mínimas de comparação 1960-1970. 1970. 25p.

Reis, Sebastião de Oliveira *and* Azevedo, Aloysio V
- Legislação sobre a realização dos censos demográfico e econômicos (inclusive agropecuário). 1972. 11p.

I.B.G.E.
- Considerações sobre os censos nacionais. 1980. 22p.

CAYMAN ISLANDS

The Cayman Islands were a dependency of Jamaica until 1959 when they became a separate dependent territory of the United Kingdom.

For censuses from 1881 to 1959 *see* Jamaica. For 1960 and 1970 *see* Commonwealth Caribbean.

[P.M.Larby]

CAYMAN ISLANDS

**1979
Population Census**

Cayman Islands. Department of Finanace and Development
- Population census, 1979. Georgetown, 1980. 345p.
    LO/N17; LO/N56

CHILE

Attempts to undertake a general population census began at an early date, 1777, but only met with partial success until 1831. At the first attempt, in 1777, only the results for the Bishopric of Santiago were completed and, in 1791 and 1793, attempts to take partial censuses followed. The National Congress ordered a nationwide census in 1811, but its implementation was prevented by the Desastre de Rancagua, and only the Province of Concepción completed enumeration. Another attempt, in 1813, again produced only partial coverage, and it was not until 1831-5 that the first general census was finally completed. A second general census was planned and achieved in 1843, and then the principle of taking regular national censuses was finally established in 1853 by a census law stating that there should be decennial censuses. The censuses of 1854, 1865, 1875, 1885 and 1895 were taken before the pattern was broken, first, in 1905 by administrative and economic difficulties, postponing the census to 1907, and then in 1917 because Chile had signed the statement for the Fourth Inter American Conference (1910) agreeing that all American states should take a census in 1920. After the 1920 census the censuses were established on the decennial pattern again: 1930, 1940, 1952, 1960, 1970.

Caution should be exercised in the use of the population censuses, particularly those before 1907, as a number of methodological defects and political and legal factors must be taken into account when considering their accuracy. For a full discussion of the accuracy of Chile's population censuses see Marcos J. Mamalakis, *Historical statistics of Chile* (Westport, Conn.: Greenwood Press, 1980) vol. 2 p. 10-15.

The taking of other kinds of censuses has been more irregular and confined largely to the twentieth century. Although statistical methods were more advanced in these later years, there were still deficiencies in the implementation of some of the censuses. For a discussion of the deficiencies of the agricultural censuses see David Alaluf, *Los censos agrícolas en Chile* (Santiago: Instituto de Economía, 1962).

The national agricultural censuses are considered to be those of 1929-1930, 1935-1936, 1955, 1964-1965 and 1975-1976.

[C. Travis]

CHILE

LIST OF CONTENTS

1540-1565

1777 CENSO DE LA CAPITANIA GENERAL

1811

1813 CENSO

1831-1835 [CENSO JENERAL DE LA REPUBLICA DE CHILE] (1)

1843 [CENSO JENERAL DE LA REPUBLICA DE CHILE] (2)

1854 CENSO JENERAL DE LA REPUBLICA DE CHILE (3)

1865 CENSO JENERAL DE LA REPUBLICA DE CHILE (4)

1875 CENSO JENERAL DE LA REPUBLICA (5)

1885 CENSO JENERAL DE LA POBLACION DE CHILE (6)

1887 CENSO: ELECCIONES

1895 CENSO JENERAL DE LA POBLACION DE CHILE (7)

1906 CENSO JENERAL DE POBLACION I EDIFICACION, INDUSTRIA ... TERRITORIO DE MAGALLANES

1906 CENSO GANADERO DE LA REPUBLICA DE CHILE

1907 CENSO DE LA REPUBLICA DE CHILE (8)

[1910] CENSO ESCOLAR DE LA CIUDAD DE SANTIAGO

1912 CENSO ELECTORAL

1918 CENSO ELECTORAL

1920 CENSO DE POBLACION DE LA REPUBLICA DE CHILE (9)

1921 CENSO ELECTORAL

1928 CENSO DE LA INDUSTRIA MANUFACTURERA Y DEL COMERCIO (1)

1929-1930 CENSO AGROPECUARIO

1930 CENSO NACIONAL DE LA POBLACION (10)

1933 CENSO: DEPARTAMENTO MELIPILLA

1933 CENSO DE EDUCACION

1935-1936 AGRICULTURA: CENSO

1937 CENSO INDUSTRIAL Y COMERCIAL (2)

1940 CENSO DE POBLACION (11)

1943 CENSO ECONOMICO GENERAL

[1946] CENSO ECONOMICO NACIONAL

1952 CENSO GENERAL DE POBLACION (12) Y DE VIVIENDA (1)

1952 CENSO NACIONAL DE VIVIENDAS (1)

1955 CENSO AGRICOLA GANADERO (3)

[Date unknown - pre 1956] CENSO GANADERO [ACONCAGUA]

[1957] CENSO NACIONAL DE MANUFACTURAS (3)

1960 CENSO DE POBLACION (13) Y DE VIVIENDA (2)

1960 CENSO DE PRUEBA DE LA COMUNA DE RENGO

1964-1965 CENSO NACIONAL AGROPECUARIO (4)

1964-1965 CENSO DE PESCADORES ARTESANALES (1)

1967 CENSO NACIONAL DE MANUFACTURAS (4)

1970 CENSO NACIONAL DE POBLACION (14) Y DE VIVIENDA (3)

1970 CENSO DE LA POBLACION DE ORIGEN ARABE DEL GRAN SANTIAGO

1975-1976 CENSO NACIONAL AGROPECUARIO (5)

1979 CENSO NACIONAL DE MANUFACTURAS (5)

1540-1565

Thayer Ojeda, Tomás
- Formación de la sociedad chilena y censo de la población de Chile en los años de 1540 a 1565. Prensas de la Universidad de Chile, 1939-1943. 3v.
    T. 1. 1939. 356p.
    T. 2. 1939. 384p.
    T. 3. 1943. 408p.

1777

Censo de la Capitanía General

Academia Chilena de la Historia
- Censo de la capitanía general de Chile en 1777. Santiago: Bal. Santiago de Chile, 1940. 132p.

1811

A nation-wide census was ordered, but only the Province of Concepción completed enumeration. No reports traced.

1813

Censo ...

Archivo Nacional
- Censo de 1813. Santiago: Imp. Chile, 1953. xx, 372p.
    LO/U19

1831-1835

[Censo Jeneral de la República de Chile] (1)

1831 Counts made of population in Maule, Concepción, Valdivia, Chilóe and the department of Santiago.
1835 Counts made of Talca, Colchagua, Aconcagua, Coquimbo and the districts of Santiago not surveyed in 1831. No reports traced.

1843

[Censo Jeneral de la República de Chile] (2)

No reports traced, but the following title may be part of this census:

ESTADISTICA de la República de Chile: Provincia de Maule. Tomo 1. Santiago: Imp. de los Tribunales, 1845. viii, 173, [5]p.

1854

Censo Jeneral de la República de Chile (3)

Oficina Central de Estadística
- Censo jeneral de la República de Chile levantado en abril de 1854. Santiago: Imp. del Ferrocarril, 1858. 9p. text, 43p. tables.
    LO/N-1

Marin-Lira, Angélica
- Les débuts des statistiques démographiques au Chili, 1848-1877. DH: Bulletin d'information (Paris), no. 26, Feb. 1979 p. 2-18. Describes sources of data on the early demographic history of Chile, such as ecclesiastical records and censuses. Data are included from the 1854, 1865 and 1875 censuses and tables are provided with data on marriages, baptisms and burials by age and sex for each year, 1848-1877.
    LO/N-1

1865

Censo Jeneral de la República de Chile (4)

Oficina Central de Estadística
- Censo jeneral de la República de Chile, levantado en 19 de abril de 1865. Santiago: Imp. Nacional, 1866. xxvii, 396p.
    LO/N56; OX/U-1

see also 1854
Marin-Lira, Angélica. Les débuts des statistiques démographiques au Chili, 1848-1877.

1875

Censo Jeneral de la República (5)

Oficina Central de Estadística
- Noticia preliminar del censo jeneral de la República levantado el 19 de abril de 1875. Santiago, 1875. 80p.
 LO/N-1

- Quinto censo jeneral de la población de Chile levantado el 19 de abril de 1875 i compilado por la Oficina Central de Estadística en Santiago. Valparaíso: Imp. del Mercurio, 1876. lviii, 674p.
 LO/N-1; LO/N56; OX/U-1

see also
1854 Marin-Lira, Angélica. Les débuts des statistiques démographiques au Chili, 1848-1877.

1885

Censo Jeneral de la Población de Chile (6)

Oficina Central de Estadística
- Censo de población de subdelegaciones i departamentos de la República de Chile. Cuadro de departamentos y subdelegaciones existentes en 26 de septiembre de 1887, y su correspondiente población con arreglo al censo de 1885. Santiago: Imp. Nacional, 1887. 28p.

- Sesto censo jeneral de la población de Chile levantado el 26 de noviembre de 1885 y compilado por la Oficina Central de Estadística en Santiago. Valparaíso: Imp. de 'La Patria', 1889-1890. 2v.
 T. 1.
 T. 2. xvi. 499p.
 LO/N-1

1887

Censo: Elecciones

Oficina Central de Estadística
- Censo: elecciones. Santiago: Imp. Nacional, 1887. 12p.

1895

Censo Jeneral de la Población de Chile (7)

Oficina Central de Estadística
- Noticia preliminar del censo jeneral de la República de Chile levantado el 28 de noviembre de 1895. Santiago: Imp. i encuadernación Barcelona, 1896. 254p.
    LO/N-1

- Sétimo censo jeneral de la población de Chile levantado el 28 de noviembre de 1895 y compilado por la Oficina Central de Estadística. Valparaíso: Imp. Guillermo Helfmann, 1900.
    LO/U-3

Carrasco, Gabriel
- La verdadera población de Chile, 1895. Buenos Aires: Imp. Litografía y Encuadernación de J. Peuser, 1895. 25p.

1906

Censo Jeneral de Población i Edificación, Industria, República de Chile ... Territorio de Magallanes

Oficina del Censo
- Censo jeneral de población i edificación, industria, ganadería i minería de Magallanes, República de Chile, levantado por acuerdo de la Comisión de Alcaldes el día 8 de setiembre de 1906. Pasado i presente del territorio de Magallanes. Por Lautaro Navarro Avaria. Punto Arenas: Tall. de la imprenta de 'El Magallanes', 1907-8. 2v.

1906

Censo Ganadero de la República de Chile

Oficina de Estadística e Informaciones Agrícolas
- Censo gandero de la República de Chile levantado el año 1906. Santiago: Sociedad 'Imp. y Litografía Universo', [1907]. vi, [164]p. At head of title: Ministerio de Industria y Obras Públicas. Seccíon de Estadística e Informaciones Agrícolas.

1907

Censo de la República de Chile (8)

Comisión Central del Censo
- Censo de la República de Chile levantado el 28 de noviembre de 1907. Santiago: Sociedad 'Imp. y Lit. Universo', 1908. xlvii, 1320p.
  LO/U-3; OX/U-1

[1910]

Censo Escolar de la Ciudad de Santiago

Inspección Jeneral de Instrucción Primaria
- Censo escolar de la ciudad de Santiago. Santiago: Sociedad 'Imp. y Lit. Universo', 1910. vi, 85p.

1912

Censo Electoral

Oficina Central de Estadística
- Censo electoral: elecciones ordinarias de senadores y municipales, verificados el 3 de marzo de 1912. Santiago: 'Imp. y Lit. Universo',1912. xvii, 90p.

1918

Censo Electoral

Oficina de Estadística
- Censo electoral: elecciones ordinarias de senadores, diputados y municipales, año 1918. Santiago: Sociedad 'Imp. y Lit. Universo', 1919. 86p.

1920

Censo de Población de la República de Chile (9)

Oficina Central de Estadística
- Censo de la República de Chile de 15 de diciembre de 1920. Noticia preliminar. Santiago: Sociedad 'Imp. y Lit. Universo'', 1921. viii, 34p.
  LO/U-3

- Resultados generales del censo de la República levantado el 15 de diciembre de 1920/Dirección General de Estadística. Santiago: Soc. Imp. y Lit. Universo, 1923. 31p.
LO/U-3

- Censo de población de la República de Chile levantado el 15 de diciembre de 1920/Dirección General de Estadística. Santiago: Sociedad 'Imp. y Lit. Universo", 1925. xxxi, 610p.
LO/U-3

1921

Censo Electoral

Oficina Central de Estadística
- Censo electoral; elecciones ordinarias de senadores, diputados, municipales y el electores de presidente, año 1921. Santiago: Sociedad 'Imp. y Lit. Universo', 1922. 110p.

1928

Censo de la Industria Manufacturera y del Comercio (1)

Dirección General de Estadística
- Censo de la industria manufacturera y del comercio de 1928. Santiago: Imp. Universo, 1929. 119p. [There are two sections: A. 'Industria manufacturera", and B. 'Comercio interior' Both include nationality of proprietors and classification of personnel by type of employment (by month or day), sex, locality, and industry.]
LO/N-1

1929-1930

Censo Agropecuario (1)

Dirección General de Estadística
- Censo agropecuario, 1929-1930. Santiago: Sociedad 'Imp. y Lit. Universo' 1933. 117p. Detailed informacion on acreage, yield, livestock, and so forth; does not include information on agricultural labour force.
LO/N-1

1930

Censo Nacional de la Población (10)

Dirección General de Estadística
- Instrucciones a las comisiones locales sobre la forma de levantar el censo. Santiago, 1930. 30 p.

- Décimo censo nacional de la población, 27 de noviembre de 1930. Folletos no. 1-5, 7. Santiago: Imp. Lagunas & Quevedo, ltda., 1930.
>   Número 1. Instrucciones preliminares que la comisión central imparte a las comisiones departamentales y comunales. Enero de 1930.
>   Número 2. Instrucciones sobre la división de la comuna en zonas de empadronamiento. Febrero de 1930.
>   Número 3. Historia y fines de los censos: los censos de Chile, sus errores; determinación de la población entre censo y censo; preparación y realización de un censo; el censo chileno de 1930. Por el ingeniero Don Roberto Vergara. Febrero de 1930.
>   Número 4. Decreto y reglamento relativo al décimo censo nacional de la población y ley 4541 de 25 de enero de 1929. Marzo de 1930.
>   Número 5. Resumen de la labor preparatoria del censo efectuada en los 5 primeros meses de 1930. Junio de 1930.
>   Número 6. Not located.
>   Número 7. Instrucciones para los empadronadores. Septiembre de 1930.

- Decreto y reglamento relativo al décimo censo nacional de la población y ley 4541 de 25 de enero de 1929. Seguros y impuestos, Santiago, June, 1930, p. 1433-1438.

- [Resultados del] X censo de la población efectuado el 27 de noviembre de 1930 y estadísticas comparativas con censos anteriores / Comisión Central del Censo. Santiago: Imp. Universo, 1931-1935. 3v.
>   Vol.1. Estadísticas comparativas con censos anteriores. 1931. 298p. [The preparations for the census are discussed and the instructions to the enumerators and local officials are reproduced. The main body of the volume reports data on the distribution of the population according to civil divisions, size classes, urban-rural distribution, and sex]
>   CV/U-1; LO/N-1; LO/N56; LO/U-3
>   Vol.2. Edad, estado civil, nacionalidad, religión e instrucción. 1933. xi, 512p. [The factors listed are reported in detail for provinces and minor civil divisions.]
>   CV/U-1; LO/N-1; LO/U-3
>   Vol.3. Ocupaciones. 1935. 171p. [The population is distributed according to occupation, nationality and age groups under 15, 15-19, 20 and over.]
>   LO/N-1; LO/N56

1933

Censo ... Departamento Melipilla

Dirección General de Estadística
- Departamento Melipilla, censo 1933. Santiago: Dirección General de Prisiones, imp., 1938. vii, 323p.

1933

Censo de Educación

Dirección General de Estadística
- Censo de educación. Año 1933. Santiago: Imp. Universo, 1934. 84p. [Includes ages of students and marital status and training of teachers for all types of schools.]
  LO/N-1; LO/U-3

1935-1936

Agricultura: Censo

Dirección General de Estadística
- Reglamento e instrucciones para la organización del censo agropecuario, 9 de abril 1936. Santiago, 1936. 30 p.

- Agricultura 1935-36. Censo. Santiago: Imp. Universo, 1938. 704p.
  LO/N-1; LO/U-3

1937

Censo Industrial y Comercial (2)

Dirección General de Estadística
- Censo industrial y comercial, año 1937. Santiago: Sociedad 'Imp. y Lit. Universo', 1939. xxxxvi, 241p. Information is similar to that in the census of 1928, including nationality of proprietors and classification of personnel by type of employment (by month or day), sex, locality, and industry.
  LO/N-1; LO/U-3

1940

Censo de Población (11)

Dirección General de Estadística (y Censos)
- Instrucciones para la división del territorio comunal en zonas de empadronamiento; XI censo de población .../Comisión Directiva del Censo. Santiago: Sociedad 'Imp. y Lit. Universo', 1940. 26p.

- Libreta de empadronador: XI censo de población/Comisión Directiva del Censo. Santiago: 'Imp. y Lit. Universo', 1940. 26p.

- Reglamento del XI censo de población/Comisión Directiva del Censo. Santiago: Sociedad 'Imp. y Lit. Universo', 1940. 3 vols.
  Vol. 1.   14p.
  Vol. 2.   26p.
  Vol. 3.   32p.

- Resultados generales del XI censo de población. *In*: Estadística Chilena (as listed below).
Resultados generales del XI censo de población, por provincias, departamentos, comunas y distritos. Año 14, no. 12, diciembre 1941, p. 659- 673.
  XI [Undécimo] censo general de población 28 de nov. 1940. Año 15, no. 12, diciembre de 1942. p. 653-675.
  Censo de población, 1940. Año 18, no. 1-2, enero-febrero de 1945, p. 118-123.
  Censo de población, 1940: Provincias de Tarapacá y Antofagasta. Año 18, no. 1-2, enero-febrero de 1945, p. 123-137.
  Pueblos de 1,000 a 5,000 habitantes según el censo de 1940 y en censos anteriores. Año 17, no. 1-2, enero-febrero de 1944, p. 53-54.
  Población de las ciudades con más de 5,000 habitantes en 1940 y censos anteriores. Año 17, no. 1-2, enero-febrero de 1944, p. 52.
  Población del país por edades, sexo, y provincias. Año 18, no. 12, diciembre de 1945, p. 569-572.
  Habitantes por provincias, departamentos, comunas y distritos, clasificados por sexo. Año 15, no. 6, junio de 1942, p. 222-236.
  Población urbana y rural, con distinción del sexo por provincias, departamentos, comunas y distritos. Año 15, no. 10, octubre de 1942 - Año 16, no. 12, diciembre de 1943. (As listed below.)
    Provincia de Antofagasta. Año 15, no. 10, octubre de 1942, p. 473-474.
    Provincia de Arauco. Año 16, no. 7, julio de 1943, p. 382.
    Provincia de Aysén. Año 16, no. 12, diciembre de 1943, p. 790.
    Provincia de Bío-Bío. Año 16, no. 8, agosto de 1943, p. 448-449.
    Provincia de Cautín. Año 16, no. 9, septiembre de 1943, p. 544-545.
    Provincia de Colchagua. Año 16, no. 4, abril de 1943, p. 168-171.
    Provincia de Concepción. Año 16, no. 7, julio de 1943, p. 379-381.
    Provincia de Curicó. Año 16, no. 4, abril de 1943. p. 175.

Provincia de Chiloé. Año 16, no. 12, diciembre de 1943, p. 788-790.
Provincia de Linares. Año 16, no. 5, may de 1943, p. 235-236.
Provincia de Llanquihue. Año 16, no. 12, diciembre de 1943, p. 787-788.
Provincia de Magallanes. Año 16, no. 12, diciembre de 1943, p. 790-791.
Provincia de Malleco. Año 16, no. 9, septiembre de 1943, p. 542-543.
Provincia de Maule. Año 16, no. 4, abril de 1943, p. 177.
Provincia de Nuble. Año 16, no. 6, junio de 1943, p. 316-318.
Provincia de O'Higgins. Año 16, no. 4, abril de 1943, p. 171-173.
Provincia de Osorno. Año 16, no 12, diciembre de 1943, p. 787.
Provincia de Santiago. Año 16, no. 4, abril de 1943, p. 168-171.
Provincia de Talca. Año 16, no. 4, abril de 1943, p. 175-176.
Provincia de Tarapacá. Año 15, no. 10, octubre de 1942, p. 472.
Provincia de Valdivia. Año 16, no. 12, diciembre de 1943, p. 786.
Habitantes del país, según ocupación y sexo. Año 19, no. 9, septiembre de 1946, p. 546-547.
Detalles de las actividades de la población del país. Año 19, no. 9, septiembre de 1946, p. 547-564.
Actividades por sexo, situación y comunas ... Año 18, no. 6, junio de 1945 - Año 19, no. 4, abril de 1946.
Hombres y mujeres activos según trabajo y situación. Año 18, no. 6, junio de 1945, p. 118-121.
Población activa del país según censo 1940. Año 18, no. 5, mayo de 1945, p. 75
Ocupaciones por sexo y comunas ... Año 18, no. 6, junio de 1945 - Año 19, no. 4, abril de 1946.
Número de viviendas por categoría, comunas, distritos, localidades y sexos. Año 15, no. 6, junio de 1942, p. 215-221.
Número de viviendas por categoría, provincias, departamentos, comunas y distritos. Clasificada la población por sexo. Año 15, no. 6, junio de 1942 - Año 16, no. 12, diciembre de 1943. (As listed below.)
Provincia de Aconcagua. Año 15, no. 10, octubre de 1942, p. 408-420.
Provincia de Arauco. Año 16, no. 7, julio de 1943, p. 375-378.
Provincia de Aysén. Año 16, no. 12, diciembre de 1943, p. 781-782.
Provincia de Bío-Bío. Año 16, no. 8, agosto de 1943, p. 431-447.
Provincia de Colchagua. Año 16, no. 1-2, enero-febrero de 1943, p. 45-53.
Provincia de Concepción. Año 16, no. 7, julio de 1943, p. 363-374.
Provincia de Coquimbo. Año 15, no. 9, septiembre de 1942, p. 408-420.
Provincia de Linares. Año 16, no. 5, mayo de 1943, p. 227-235.
Provincia de Llanquihue. Año 16, no. 12, diciembre de 1943, p. 771-781.
Provincia de Magallanes. Año 16, no. 12, diciembre de 1943, p. 782-785.
Provincia de Malleco. Año 16, no. 9, septiembre de 1943, p. 509-541.
Provincia de Maule. Año 16, no. 4, abril de 1943, p. 158-167.
Provincia de Nuble. Año 16, no. 6, junio de 1943, p. 301-316.
Provincia de Valdivia. Año 16, no. 10, octubre de 1943, p. 597-607.
Provincia de Valparaíso. Año 15, no. 11, noviembre de 1942, p. 518-522.

Instrucción de los habitantes de la República por provincias, población de edad escolar sin instrucción y población analfabeta de edad postescolar. Año 19, no. 3, marzo de 1945, p. 93.

Instrucción de los habitantes de la República por edades y sexo. Año 19, no. 1-2, enero-febrero de 1946, p. 36.

Instrucción de los habitantes de la República, según censos de 1930 y 1940. Año 19, no.1-2, enero-febrero de 1946, p. 35.

Instrucción según censo de 1940. Año 18, no. 12, diciembre de 1945, p. 567-568.

Edad, estado civil, e instrucción ... Año 18, no. 12, diciembre de 1945, p. 573-575.

Extranjeros según censo de 1940, por provincias y sexo. Año 18, no. 6, junio de 1945, p. 122-123.

Reducciones indígenas. Año 17, no. 7, julio de 1944, p. 482-490.

Religiones ... Año 18, no. 6, junio de 1945 - Año 19, no. 7, julio de 1946 (As listed below.)

    Provincias de Bío-Bío y Malleco. Año 19, no. 4, abril de 1946, p. 157-174.
    Provincias de Cautín y Valdivia. Año 19, no. 6, junio de 1946, p. 326-360.
    Provincias de Chiloé y Aysén. Año 19, no. 7, julio de 1946, p. 416-439.

Sumario (Prepared by Enrique Guzmán C.). [Santiago? 1947?] 3p. (index to results published in Estadística Chilena).

LO/N-1

- Censo de 1940: métodos y procedimientos. Material usado en el levantamiento de los censos de población y de viviendas. Adquirido por el IASI con motivo de su estudio sobre métodos y procedimientos de los censos, 1944.

- División administrativa por provincias, departamentos y comunas, con las circumscripciones del registro civil. Población según el censo de 1940/ Sección Geografía Administrativa. Santiago, 1941. Fold. table. [This table reports the population of Chile at the time of the 1940 census.]

- Chile, XI [Undécimo] censo de población (1940): recopilación de cifras publicadas por la Dirección de Estadística y Censos. Recopilador, Robert McCaa. [Santiago]: Centro Latinoamericano de Demografía, [1976?]. 335p.

- Cifras comparativas de los censos de 1940 y 1952 y muestra del censo de 1960. [Santiago], 1965. [14p.]

1943

Censo Económico General

Dirección General de Estadística. Secretaría General del Censo
- El censo económico general de 1943; antecedentes sobre su organización. Santiago: Sociedad 'Imp. y Lit. Universo', 1943. lv.

[1946]

Censo Económico Nacional

Secretaría General del Censo Económico
- Censo económico nacional. Santiago: Zig-zag, 1946-.
  Vol. 1. El Departamento de Arica, redacción de Carlos Keller R.
  LO/N-1

1952

Censo General de Población (12) y de Vivienda (1)

Dirección General de Estadística [*then* Servicio Nacional de Estadística y Censos]
- Reglamento del XII censo general de población y viviendas (ley 10,003 y decreto, 1,242). Santiago: Tall. Graf. La Nación, 1951. 15 p.

- XII [Duodécimo] censo general de población y vivienda, abril de 1952 (ley 10,003 y decreto 1,242). Instrucciones para dividir el territorio comunal en zonas de empadronamiento. Santiago: Tall. Graf. La Nación, 1951. 26 p.

- XII [Duodécimo] censo de población y 1° de vivienda, realizado el 24 de abril de 1952, Pre informe. Santiago, 1953. 109p.
  LO/N-1

- XII [Duodécimo] censo general de población y I de vivienda levantado el 24 de abril de 1952: escrutinio oficial. Santiago, 1953. 10, 4p.

- Algunos resultados del XII censo de población y I de vivienda obtenidos por muestreo. 1955. 55p.
  LO/N-1; LO/U-3

- XII [Duodécimo] censo general de población y 1 de vivienda resumen levantado el 24 de abril del año 1952. [n.p.]: Servicio Nacional de Estadística, 1955. 14 leaves. typescript.
  LO/U-3

- XII [Duodécimo] censo general de población y I de vivienda levantado el 24 de abril del año 1952: [escrutinio preliminar]. Santiago, 195- .
  Vol. 5, 9 have title: Escrutinio preliminar del XII censo general de población y I de vivienda.
  Vol. 1. Concepción.
  Vol. 2. Antofagasta.
  Vol. 4. Atacamá.
  Vol. 5. Aysén.
  [Vol. ?.] Cautín.
  Vol. 8. Chiloé.
  Vol. 9. Colchagua.
  Vol. 11. Coquimbo.
  Vol. 26. Isla de Pascua. 1952. 17p.

- XII [Duodécimo] censo general de población y I de vivienda, levantado el 24 de abril de 1952. Santiago: n.d. Tomo I-VI. 1956-7.
  Tomo I. Resumen de país. 269, 3p., specimen forms.
    LO/N-1; LO/N56; LO/U-2; LO/U-3
  Tomo II. Nucleo Central I. Norte Grande y Norte Chico. Provincias de Tarapacá, Antofagasta, Atacamá y Coquimbo. xiv, 2 maps. 389p.
    LO/N-1; LO/N56; LO/U-2; LO/U-3
  Tomo III. Nucleo Central I. Provincias de Aconcagua, Valparaíso, Santiago, O'Higgins, y Colchagua. xxi. 866p.
    LO/N-1; LO/N56; LO/U-2; LO/U-3
  Tomo IV. Nucleo Central II. Provincias de Curicó, Talca, Maule, Linares, y Nuble. xxx. 496p.
    LO/N-1; LO/N56; LO/U-2; LO/U-3
  Tomo V. Concepción y la frontera. Provincias de Concepción, Bío-Bío, Arauco, Malleco y Cautín. xxv. 617p.
    LO/N-1; LO/N56; LO/U-2; LO/U-3
  Tomo VI. Región de los Lagos, región de los Canales. Provincias de Valdivia, Osorno, Llanquihue, Chiloé, Aisén y Magallanes. xxviii, 468p.
    LO/N56; LO/U-2; LO/U-3

see also 1940
Cifras comparativas de los censos de 1940 y 1952 y muestra del censo de 1960.

1952

Censo Nacional de Viviendas (1)

Servicio Nacional de Estadística y Censos
- Primer censo nacional de viviendas. Santiago, 1957. vii, 879p.
  BT/U-5; LO/N-1; LO/U-2; LO/U-3

1955

Censo Agrícola Ganadero (3)

Servicio Nacional de Estadística y Censos
- Manual del empadronador. [1955?].

- Algunos resultados del 3 censo agrícola ganadero obtenidos por muestreo.
[Diagrs., tables]. [3], 35p. [Santiago], 1956.
    LO/U-2

- III [Tercer] censo nacional agrícola ganadero, abril 1955. [Diagrs., map, tables]. 6 tom. la 8o. [Santiago, 1956-60].
    Tomo 1. Norte Grande y Norte Chico: Tarapacá, Antofagasta, Atacamá y Coquimbo. n.d. xxiii. 150p.
        BT/U-5; GL/U-1; LO/U-2; LO/U-3; OX/U-1
    Tomo 2. Núcleo Central 1. Aconcagua, Valparaíso, Santiago, O'Higgins, Colchagua. n.d. xxiii. 258p.
        BT/U-5; GL/U-1; LO/U-2; LO/U-3
    Tomo 3. Núcleo Central 2. Curicó, Talca, Maule, Linares y Nuble. 1959 xxvii, 252p.
        BT/U-5; GL/U-1; LO/U-2; LO/U-3; OX/U-1
    Tomo 4. Concepción y la Frontera. Concepción, Arauco, Bío-Bío, Malleco y Cautín. 1959. xxvii, 282p.
        BT/U-5; LO/U-2; LO/U-3; OX/U-1
    Tomo 5. Regiones de Los Lagos y Los Canales. Valdivia, Osorno, Llanquihue, Chiloé, Aysén y Magallanes. 1959. xxxv, 230p.
        BT/U-5; LO/U-2; LO/U-3; OX/U-1
    Tomo 6. Resumen general de país. 1960. xlvii, 159p.
        BT/U-5; GL/U-1; LO/U-2; LO/U-3; OX/U-1

[undated, pre-1956]

Censo Ganadero [Aconcagua]

Aconcagua, Chile (Province)
- Censo ganadero levantado por el inspector Señor Simon B. Rodriguez. n.p.: n.d. 7p.

[1957]

Censo Nacional de Manufacturas (3)

Dirección de Estadística y Censos
- 3 [Tercer] censo nacional de manufacturas: resumen general del país. Santiago, 1960, 132p. [Datos referidos al año 1957.] In same series as Censo industrial y comercial, 1937.
BT/U-5; LO/U-2

1960

Censo de Población (13) y de Vivienda (2)

Dirección de Estadística y Censos
- Evaluacción de los censos de población y vivienda. Instrucciones para comparación y verificación. Instrucciones no. 3R. Santiago, 1960. 15p.

- Libro de consultas del empadronador. XIII censo de población, 11 de vivienda, IV agropecuario, 1960. Santiago: Zig-Zag, 1960, 39 p. (Foll. no. 3).

- XIII [Décimotercio] censo de población, 11 de vivienda, 1960. Un sencillo recorrido por la cédula de población. Santiago: Imp. Roma, 1960. 8p.

- Seminario de capitación censal, 22 al 27 de agosto de 1960. Santiago, 1960.

- Algunos resultados del XIII censo de población y II de vivienda, obtenidos por muestreo. Santiago, 1962. 31p., specimen form.

- Algunos resultados provinciales del XIII censo de población y II de vivienda, levantados el 29 de noviembre de 1960 obtenidos por muestreo. Santiago, 1963. 284p.
LO/U-3

- Algunos resultados provinciales del II censo de vivienda obtenidos por muestreo: XIII censo de población, y II de vivienda levantados el 29 de noviembre de 1960. Santiago, 1963. 71p.
LO/U-2

- Breve analisis de algunas cifras provisorias del XIII Censo de población, Chile 1960, con especial referencia a la provincia de Santiago. 8p.

CHILE

- Breves consideraciones sobre la muestra de población del censo de 1960, en relación a las características de edad y sexo. [Santiago, 1962?]. 14p. Prepared by its Departamento de Demografía y Censos.
   LO/N56

- División político - administrativa del país y circunscripciones del registro civil con indicación de la población censo 1960 y superficie. 1964.

- Entidades de población. Número de habitantes y viviendas por provincias, departamentos, comunas y localidades; distribución de los habitantes en las áreas urbanas y rurales por localidades; número de viviendas urbanas y rurales; localidades con características urbanas. Santiago: Sección Impresiones de la Dirección de Estadística y Censos, 1963. 25v.
'Cifras provisorias ... del censo do población y viviendas de 1960'.

Aconcagua. 1963. [4], 42, 3p.
   CC/U-1; LO/U-2; LO/U-3
Antofagasta. 1963. [4], 25, 2p.
   CC/U-1; LO/U-2; LO/U-3
Arauco. 1963. [6], 33p.
   CC/U-1; LO/U-2; LO/U-3
Atacamá. 1963. [4], 38, lp.
   CC/U-1; LO/U-2; LO/U-3
Aysén. [1964]. [6], 29p.
   CC/U-1; LO/U-2; LO/U-3
Bío-Bío. [1964]. [6], 98p.
   CC/U-1; LO/U-2; LO/U-3
Cautín [1964] [6] 117p.
   CC/U-1. LO/U-2. LO/U-3
Chiloé. [1964]. [6], 46p.
   CC/U-1; LO/U-2; LO/U-3
Colchagua. 1963. [8], 43p.
   CC/U-1; LO/U-2; LO/U-3
Concepción. [1964]. [6], 112p.
   CC/U-1; LO/U-2; LO/U-3
Coquimbo. 1963. [8], 98p.
   CC/U-1; LO/U-2; LO/U-3
Curicó. 1963. [6], 34p.
   CC/U-1; LO/U-2; LO/U-3
Linares. 1963. [6], 57p.
   CC/U-1; LO/U-2; LO/U-3
Llanquihue. [1964]. [6], 43p.
   CC/U-1; LO/U-2; LO/U-3
Magallanes. [1964]. [6], 28p.
   CC/U-1; LO/U-2; LO/U-3
Malleco. [1964]. [6], 71p.
   CC/U-1; LO/U-2; LO/U-3
Maule. [1964]. [6], 70p.
   CC/U-1; LO/U-2; LO/U-3
Nuble. [1964]. [6], 144p.
   CC/U-1; LO/U-2; LO/U-3
O'Higgins. 1963. [6], 52, [l]p.
   CC/U-1; LO/U-2; LO/U-3
Osorno. [1964]. [6], 35p.
   CC/U-1; LO/U-2; LO/U-3
Santiago. 1963. [8], 104p.
   CC/U-1; LO/U-2; LO/U-3
Talca. [1964]. [6], 56p.
   CC/U-1; LO/U-2; LO/U-3
Tarapacá. 1963. [4], 34, [3]p.
   CC/U-1; LO/U-2; LO/U-3
Valdivia. [1964]. [6], 60p.
   CC/U-1; LO/U-2; LO/U-3
Valparaíso. 1963. [6], 55, 2p.
   CC/U-1; LO/U-2; LO/U-3

- XIII [Décimotercio] censo [de] población 1960: Serie A, resumen [del] país. Santiago, 196?. 448p.
   GL/U-1; LO/N-1; LO/N56

- II [Segundo] censo de vivienda 1960: resumen [del] país. Santiago, 1966? 135p. [On cover: Resumen del país. Census dated Nov. 29].
GL/U-1; LO/N-1; LO/U-2

- XIII [Décimotercio] censo de población (29 de noviembre de 1960). [Tables] Serie B, no. 1- Santiago, 1964- . 25v.

No. 1. Provincia Tarapacá. 139p.
BT/U-5; CC/U-1; LO/U-2; LO/U-3; LV/U-1

No. 2. Provincia de Antofagasta. 1964. [4], 137, [1]p.
BT/U-5; CC/U-1; LO/U-2; LO/U-3; LV/U-1

No. 3. Provincia de Atacamá. 1964. [4], 135, [3]p.
BT/U-5; CC/U-1; LO/U-2; LO/U-3; LV/U-1

No. 4. Provincia de Coquimbo. 1964. [3], 147, [3]p.
BT/U-5; CC/U-1; LO/U-2; LO/U-3; LV/U-1

No. 5. Provincia Aconcagua. 1965. 140p.
CC/U-1; LO/U-2; LO/U-3; LV/U-1

No. 6. Provincia Valparaíso. 1965. 140p.
BT/U-5; CC/U-1; LO/U-2; LO/U-3; LV/U-1

No. 7. Provincia de Santiago. [6], 174, [6]p.
BT/U-5; CC/U-1; LO/U-2,; LO/U-3; LV/U-1

No. 8. Provincia O'Higgins. 1965. 141p.
BT/U-5; CC/U-1; LO/U-2; LO/U-3; LV/U-1

No. 9. Provincia Colchagua. 1965. 139p.
BT/U-5; CC/U-1; LO/U-2,; LO/U-3; LV/U-1

No. 10. Provincia Curicó. 1965. 131p.
BT/U-5; CC/U-1; LO/U-2; LO/U-3; LV/U-1

No. 11. Provincia Talca. 1965. 133p.
BT/U-5; CC/U-1; LO/U-2; LO/U-3; LV/U-1

No. 12. Provincia Maule. 1965. 133p.
BT/U-5; CC/U-1; LO/U-2; LO/U-3; LV/U-1

No. 13. Provincia Linares. 1965. 129p.
BT/U-5; CC/U-1; LO/U-2; LO/U-3; LV/U-1

No. 14. Provincia Nuble. 133p.
BT/U-5; CC/U-1; LO/U-2; LO/U-3; LV/U-1

No. 15. Provincia de Concepción. 123, [5]p.
BT/U-5; CC/U-1; LO/U-2; LO/U-3; LV/U-1

No. 16. Provincia de Arauco. 133, [5]p.
BT/U-5; CC/U-1; LO/U-2; LO/U-3; LV/U-1

No. 17. Provincia de Bío-Bío. 121, [5]p.
BT/U-5; CC/U-1; LO/U-2; LO/U-3; LV/U-1

No.18 Provincia Malleco. 138p.
BT/U-5; CC/U-1; LO/U-2; LV/U-1

No. 19. Provincia Cautín. 151p.
BT/U-5; CC/U-1; LO/U-2; LV/U-1

No. 20. Provincia Valdivia. 138p.
BT/U-5; CC/U-1; LO/U-2; LV/U-1

No. 21. Provincia Osorno. 130p.
BT/U-5; CC/U-1; LO/U-2; LV/U-1

No. 22. Provincia Llanquihue. 134p.
BT/U-5; CC/U-1; LO/U-2; LV/U-1

No. 23.Provincia Chiloé. 143p.
BT/U-5; CC/U-1; LO/U-2; LV/U-1

No. 24. Provincia Aysén. 129p.
BT/U-5; CC/U-1; LO/U-2; LV/U-1

No. 25. Provincia Magallanes. 136p.
BT/U-5; CC/U-1; LO/U-2; LV/U-1

- Población del país. Características básicas de la población (Censo 1960). Santiago, 1964. [2], 66, [1]p.
    BT/U-5; LO/U-2; LO/U-3

- Población del país: provincias, departamentos y comunas, clasificada según sexo (Censo de 1960). Santiago, 1964. 11p.
    LO/U-2

- Población total por provincias Chile 1885-1960. Santiago, 1964. 11, [1]p.
    LO/U-3

- Población 1960-1975. Total país, provincias y área metropolitana: estimaciones por sexo y grupos de edad al 30 de junio de cada año/Instituto Nacional de Estadísticas. [Santiago, 1976?]. 232p. [Census data for 1960 and 1970 are used to produce population estimates for Chile].
    LO/N-1; LO/U-3

see also 1940
Cifras comparativas de los censos de 1940 y 1952 y muestra del censo de 1960

1960

Censo de Prueba de la Comuna de Rengo

Dirección de Estadística y Censos
- Censo de prueba de la comuna de Rengo (26 de abril y el 17 de junio, 1960). Santiago, 1961. 60, [32]p.

1960

Censo Agropecuario (4)

REGLAMENTO del cuarto censo agropecuario. *In* Diario oficial, 9 agosto, 1960. [census was planned for 1960 but cancelled as a result of earthquakes. Finally held in 1964-1965, q.v. below].

1964-1965

Censo Nacional Agropecuario (4)

Dirección de Estadística y Censos
- IV [Cuarto] censo nacional agropecuario, año agrícola 1964-5. Santiago, 1967-70. 26 vols.

Vol. 1. Resumen general del país.
BT/U-5; CC/U-1; GL/U-1; LO/N-1; LO/U-2; LO/U-3

Vol. 2. Tarapacá.
BT/U-5; CC/U-1; GL/U-1; LO/N-1; LO/U-2; LO/U-3

Vol. 3. Antofagasta.
BT/U-5; CC/U-1; GL/U-1; LO/N-1; LO/U-2; LO/U-3

Vol. 4. Atacamá.
BT/U-5; CC/U-1; GL/U-1; LO/N-1; LO/U-2; LO/U-3

Vol. 5. Coquimbo. 240p.
BT/U-5; CC/U-1; GL/U-1; LO/N-1; LO/U-3

Vol. 6. Aconcagua.
BT/U-5; LO/U-2; LO/U-3

Vol. 7. Valparaíso.
BT/U-5; CC/U-1; GL/U-1; LO/N-1; LO/U-2; LO/U-3

Vol. 8. Santiago.
BT/U-5; GL/U-1; LO/N-1; LO/U-2; LO/U-3

Vol. 9. O'Higgins. 218p.
BT/U-5; CC/U-1; GL/U-1; LO/N-1; LO/U-2; LO/U-3

Vol. 10. Colchagua.
BT/U-5; GL/U-1; LO/N-1; LO/U-2; LO/U-3

Vol. 11. Curicó. 224p.
BT/U-1; GL/U-1; LO/N-1; LO/U-2; LO/U-3

Vol. 12. Talca. 218p.
BT/U-5; GL/U-1; LO/N-1; LO/U-2; LO/U-3

Vol. 13. Maule.
BT/U-5; GL/U-1; LO/N-1; LO/U-2; LO/U-3

Vol. 14. Linares. 216p.
BT/U-5; GL/U-1; LO/N-1; LO/U-2; LO/U-3

Vol. 15. Nuble. 248p.
BT/U-5; GL/U-1; LO/N-1; LO/U-2;, LO/U-3

Vol. 16. Concepción.
BT/U-5; CC/U-1; GL/U-1; LO/N-1; LO/U-2; LO/U-3

Vol. 17. Arauco.
BT/U-5; CC/U-1; GL/U-1; LO/N-1;, LO/U-2; LO/U-3

Vol. 18. Bío-Bío.
BT/U-5; CC/U-1; GL/U-1; LO/N-1; LO/U-2; LO/U-3

Vol. 19. Malleco.
BT/U-5; CC/U-1; GL/U-1; LO/N-1; LO/U-2; LO/U-3

Vol. 20. Cautín.
BT/U-5; CC/U-1; GL/U-1; LO/N-1; LO/U-2; LO/U-3

Vol. 21. Valdivia. 204p.
BT/U-5; CC/U-1; GL/U-1; LO/N-1; LO/U-2; LO/U-3

Vol. 22. Osorno.
BT/U-5; GL/U-1; LO/N-1; LO/U-2; LO/U-3

Vol. 23. Llanquihue.
BT/U-5; CC/U-1; GL/U-1; LO/N-1; LO/U-2; LO/U-3

Vol. 24. Chiloé.
BT/U-5; CC/U-1; GL/U-1; LO/N-1; LO/U-2; LO/U-3

Vol. 25. Aysén.
BT/U-5; CC/U-1; GL/U-1; LO/N-1;, LO/U-2; LO/U-3

Vol. 26. Magallanes.
BT/U-5; CC/U-1; GL/U-1; LO/N-1; LO/U-2; LO/U-3

- IV [Cuarto] censo nacional agropecuario año 1965; Isla de Pascua, Rapa Nui. Santiago 1965? 82p. Cover title.
  LO/N-1; LO/U-2; LO/U-3

- Isla de Pascua (Rapa nui). Informaciones: censo nacional agropecuario, 1965 (Primero en la Isla de Pascua); censo de población, 1960. Santiago, 1967?. 43p. On cover: IV censo nacional agropecuario, año 1965.

1964-1965

Censo de Pescadores Artesanales (1)

Dirección de Agricultura y Pesca
- Primer censo de pescadores artesanales, 1964 (-1965). Santiago, [1965]. 78p.
  LO/N-1

1967

Censo Nacional de Manufacturas (4)

Instituto Nacional de Estadísticas
- IV [Cuarto] censo nacional de manufacturas. [Santiago, 1971]. On cover: año de levantamiento: 1968; año de referencia de los datos: 1967. 'Redacción cerrada: diciembre de 1970'.
    [Tomo 1]. Establecimientos de 5 y más personas ocupadas, clasificados según la rama de actividad. 1970. 81p.
      BT/U-5; CV/U-1; GL/U-1; LO/U-3; OX/U16
    Tomo 2. Combustibles empleados por los establecimientos de 5 y más ocupadas.
      BT/U-5; CV/U-1; GL/U-1; OX/U16
    Tomo 3. Antecedentes generales. Resultados según ubicación geográfica, tamaño y rama de actividad de los establecimientos de 5 y más personas ocupadas. 392p.
      BT/U-5; CV/U-1; LO/N-1; LO/U-2; OX/U16

1970

Censo Nacional de Población (14) y de Vivienda (3)

Instituto Nacional de Estadísticas
- XIV [Décimocuarto] censo nacional de población y III de vivienda: resultados provisorios / Oficina Nacional de los Censos. [Santiago], 1970. 26p.
    LO/N-1; LO/U-3
2 ed. 1970. 26p.
    LV/U-1

- -- Muestra de adelanto de cifras censales. Santiago: I.N.E., 1971. 13v.
    [Vol. 1.] Aconcagua; Valparaíso. 1971. 75p.
        BT/U-5; GL/U-1; LO/N-1; LO/N56; LO/U-2; LO/U-3; LV/U-1
    [Vol. 2.] Antofagasta. 1971. 75p.
        BT/U-5; GL/U-1; LO/N-1; LO/U-3; LV/U-1
    [Vol. 3.] Atacamá; Coquimbo. 1971. 75p.
        BT/U-5; GL/U-1; LO/N-1; LO/N56; LO/U-3; LV/U-1
    [Vol. 4.] Cautín. 1971. 75p.
        BT/U-5; GL/U-1; LO/N-1; LO/N56; LO/U-2; LV/U-1
    [Vol. 5.] Curicó; Talca; Linares; Maule. 1971. 75p.
        BT/U-5; GL/U-1; LO/N-1; LO/U-3; LV/U-1
    [Vol. 6.] Gran Santiago. 1971. 27p.
        BT/U-5; GL/U-1; LO/N-1; LO/U-3; LV/U-1
    [Vol. 7.] Llanquihue; Chiloé; Aysén. 1971. 75p.
        BT/U-5; GL/U-1; LO/N-1; LO/U-2; LO/U-3; LV/U-1
    [Vol. 8.] Magallanes. 1971. 75p.
        BT/U-5; GL/U-1; LO/N-1; LO/N56; LO/U-2; LO/U-3; LV/U-1
    [Vol. 9.] Nuble; Concepción; Arauco; Bío-Bío; Malleco. 1971. 75p.
        BT/U-5; LO/N-1; LO/U-2; LO/U-3; LV/U-1
    [Vol. 10.] O'Higgins; Colchagua. 1971. 75p.
        BT/U-5; GL/U-1; LO/N-1; LO/U-2; LO/U-3; LV/U-1
    [Vol. 11.] Santiago. 1972. 75p.
        BT/U-5; GL/U-1; LO/N-1; LO/U-2; LO/U-3; LV/U-1
    [Vol. 12.] Tarapacá. 1971. 75p.
        BT/U-5; GL/U-1; LO/N-1; LO/U-2; LO/U-3; LV/U-1
    [Vol. 13.] Valdivia; Osorno. 1971. 75p.
        BT/U-5; GL/U-1; LO/N-1; LO/U-2; LO/U-3; LV/U-1
    Total país. 1971. vi, 75p.
        GL/U-1; LO/N-1; LO/N56; LO/U-2; LO/U-3; LV/U-1

- -- Características básicas de la población (censo 1970).
Aconcagua. 1970? x, 34p.
  GL/U-1
Aisén. 1970? xii, 26p.
  LO/N-1; LO/N56
Antofagasta. 1970? xii, 30p.
  GL/U-1
Arauco. 1970? xii, 26p.
  LO/N-1
Atacamá. 1970? xii, 27p.
  GL/U-1
Bío-Bío. 1970? xii, 28p.
  GL/U-1
Chiloé. 1970? xii, 34p.
  GL/U-1
Colchagua. 1970. xii, 35p.
  GL/U-1
Concepción.
  LO/N-1; LO/N56
Linares. 1970? xii, 28p.
  GL/U-1
Magallanes. 1970? xii, 30p.
  GL/U-1
Maule. 1970? xii, 24p.
  LO/N-1
Nuble. 1970? xii, 38p.
  GL/U-1
Osorno. 1970? xii, 25p.
  GL/U-1
Valdivia. 1970? xii, 32p.
  GL/U-1
Valparaíso.
Resumen país.

- -- Entidades de población / Oficina Nacional de los Censos. [Santiago, 1971 ?-]. v. illus.
Aisén. xiv, 34p.
  LO/N56; LO/U-2
Arauco. xii, 30p.
  LO/N56; LO/U-2
Atacamá. 197?. xiii, 34p.
  LO/U-2
Chiloé. 1971? xiv, 46p.
  LO/N56
Colchagua. 1971? xiv, 50p.
  LO/N56
Llanquihue. xvii, 41p.
  LO/N56; LO/U-2
Malleco. 1971? xiv, 66p.
  LO/N56
Maule. 1971? 38p.
  LO/N56
O'Higgins. xiv, 53p.
  LO/N56; LO/U-2
Osorno. xv, 30p.
  LO/N56; LO/U-2
Tarapacá. 197?. xviii, 33p.
  LO/N56; LO/U-2

- -- Localidades pobladas 1970. Santiago: Departamento de Geografía y Censos, [1973 or 1974]. [25?] v.
Aconcagua.
  GL/U-1; LO/N56
Aisén.
  GL/U-1; LO/N56
Antofagasta.
  GL/U-1; LO/N56
Arauco.
  GL/U-1; LO/N56
Atacamá. 1973? x, 34p.
  GL/U-1
Bío-Bío. 1973? xi, 78p.
  GL/U-1
Cautín. 1973? xv, 119p.
  GL/U-1
Chiloé. 1973? xiii, 41p.
  GL/U-1
Colchagua. 1973? xii, 46p.
  GL/U-1
Concepción.
  GL/U-1; LO/N56

Coquimbo.
LO/N56
Curicó. 1973? xi, 28p.
GL/U-1
Linares. 1973? xi, 51p.
GL/U-1
Llanquihue.
GL/U-1; LO/N56
Magallanes. 1973? xiv, 34p.
GL/U-1
Malleco. 1973? xiii, 65p.
GL/U-1
Maule. 1973? xi, 63p.
GL/U-1

Nuble.
GL/U-1; LO/N56
O'Higgins.
Osorno.
GL/U-1; LO/N56
Santiago.
Talca.
GL/U-1; LO/N56
Tarapacá.
GL/U-1; LO/N56
Valdivia.
LO/N56
Valparaíso.
GL/U-1; LO/N56

- -- Población: [Santiago: I.N.E., 1977?]. [26?] v.
Cover title: Resultados definitivos del XIV censo de población, 1970. Chiefly tables.

Total país.
CC/U-1; LO/N56
Aconcagua. 1977. 155p.
LO/U-3
Arauco. 1977. 152p.
LO/U-3
Antofagasta. 1977. 156p.
LO/U-3
Atacamá. 1977. 156p.
LO/U-3
Aysén. 1977. 151p.
LO/U-3
Bío-Bío. 1977. 157p.
LO/U-3
Cautín. 1977. 163p.
LO/U-3
Chiloé. 1977. 151p.
LO/U-3
Colchagua. 1977. 153p.
LO/U-3
Concepción. 1977. 159p.
LO/U-3
Coquimbo. 1977. 155p.
LO/U-3
Curicó. 1977. 151p.
LO/U-3

Linares. 1977. 157p.
LO/U-3
Llanquihue. 1977. 156p.
LO/U-3
Malleco. 1977. 158p.
LO/U-3
Magallanes. 1977. 157p.
LO/U-3
Maule. 1977. 150p.
LO/U-3
Nuble. 1977. 155p.
LO/U-3
O'Higgins. 1977. 154p.
LO/U-3
Osorno. 1977. 154p.
LO/U-3
Santiago. 1977. 163p.
LO/U-3
Talca. 1977. 157p.
LO/U-3
Tarapacá. 1977. 156p.
LO/U-3
Valdivia. 1977. 161p.
LO/U-3
Valparaíso.

--- Viviendas hogares y familias. Santiago: I.N.E. 197?. 26 v. in v. Cover title: Censo '70.

Aisén. 1970? xvii, 60p.
GL/U-1
Antofagasta. 1970? xvii, 60p.
GL/U-1
Aconcagua.
GL/U-1
Arauco.
GL/U-1; LO/N-1; LO/N56
Atacamá. 1970? xvii, 60p.
GL/U-1
Bío-Bío. 1970? xvii, 60p.
GL/U-1; LO/N-1
Cautín.
GL/U-1
Chiloé. 1970? xvii, 60p.
GL/U-1
Colchagua. 1970? xvii, 60p.
GL/U-1; LO/N-1
Concepción. 1970? xvii, 60p.
GL/U-1
Coquimbo. 1970? xvii, 60p.
GL/U-1
Curicó. 1970? xvii, 60p.
GL/U-1; LO/N-1
Linares.
GL/U-1

Llanquihue. 1970? xvii, 60p.
LO/N-1
Magallanes. 1970? xvii, 60p.
GL/U-1
Malleco.
GL/U-1
Maule.
GL/U-1
Nuble. 1970? xvii, 60p.
GL/U-1
O'Higgins. 1970? xvii, 60p.
GL/U-1
Osorno.
GL/U-1
Santiago. 1970? xvii, 60p.
GL/U-1; LO/N-1
Talca.
GL/U-1
Tarapacá. 1970? xvii, 60p.
GL/U-1
Valparaíso. 1970? xvii, 60p.
GL/U-1; LO/N-1
Total país. 1970? xvii, 60p.
GL/U-1; LO/N-1

- División político-administrativa del país y circunscripciones del registro civil con indicación de la población censo 1970 y superficie. 1973? 1 sheet.
GL/U-1

- División político-administrativa actualizada al 31 diciembre de 1970. Santiago, 1974. 110p. 'Political geography report and compilation of statistical tables on the geographic distribution of population of Chile based on 1970 census'.
LO/N-1; LO/N56

see also 1960. Census de Población (13) y de Vivienda (2).
Población 1960-1975. Total país, provincias y área metropolitana: estimaciones ...

1970

Censo de la Población de Origen Arabe del Gran Santiago

Asociación Chileno-Arabe de Cooperación
- Censo de la población de origen arabe del Gran Santiago. Santiago, 1970, 98p., tables,

1975-1976

Censo Nacional Agropecuario (5)

Instituto Nacional de Estadísticas
- V [Quinto] censo nacional agropecuario: tabulaciones manuales. Santiago: I.N.E., 1977-8. 5 v. 'Adelanto de cifras'. Año agricola, 1975-1976'.
    Región metropolitana.
      LO/U-3
    Quinta región: Valparaíso, San Antonio, Quillota, Petorca, San Felipe, Los Andes, Isla de Pascua.
      LO/U-3
    Sexta región: Cachapoal, Colchagua.
      LO/U-3
    Séptima región: Curicó, Talca, Linares.
      LO/U-3
    Octava región: Nuble, Concepción, Arauco, Bío-Bío.
      LO/U-3

- V [Quinto] censo nacional agropecuario, año agrícola 1975-1976, Chile : cifras provisorias, tabulaciones manuales : resumen país. Santiago, 1978.

- V [Quinto] censo nacional agropecuario. 1975-1976. Santiago: INE. s.f. 222p.

- V [Quinto] Censo nacional agropecuario 1975-1976. Resultados definitivos del V censo nacional agropecuario. Santiago, 1981-2. 13v.
  i. Región de Tarapacá. 169p.
     BT/U-5
  ii. Región de Antofagasta. 157p.
     BT/U-5
  iii. Región de Atacamá. 176p.
     BT/U-5
  iv. Región de Coquimbo. 194p.
     BT/U-5
  v. Región de Valparaíso. 203p.
     BT/U-5
  vi. Región del Libertador General Bernardo O'Higgins. 192p.
     BT/U-5
  vii. Región del Maule. 197p.
     BT/U-5
  viii. Región del Bío-Bío. 192p.
     BT/U-5
  ix. Región de la Araucania. 188p
     BT/U-5
  x. Región de los Lagos.
  xi. Región del Gral. Carlos Ibañez del Campo. 165p.
  xii. Región de Magallanes y Antartica Chilena. 142p.
     BT/U-5
  Total país. 208p.

1979

Censo Nacional de Manufacturas (5)

Instituto Nacional de Estadísticas
- V [Quinto] censo nacional de manufacturas, levantamiento censal año 1980; precenso año 1979. Santiago, 1982. 364p. Cover title: Precenso nacional de manufacturas 1979: año de levamiento censal 1980, v censo nacional.
   BT/U-5; CC/U-1

- V [Quinto] censo nacional de manufacturas 1979: año del levantamiento censal, 1980; año de referencia, 1979. Santiago: INE, 1983. 3v.
   Tomo I.   50 y mas personas ocupadas. 319p.
   Tomo II. 10 a 49 personas ocupadas. 437p.
   Tomo III. 5 a 9 personas ocupadas. 427p.
   BT/U-5; CC/U-1

COLOMBIA

From 1717 to 1819 what is now Colombia formed part of the Spanish Viceroyalty of New Granada, and it was during this period that the first recorded census was taken, by order of the Viceroy, in 1770. The census revealed a total population (for the whole viceroyalty) of 806,209. Further viceregal censuses were taken in 1778, 1787 and 1803, and another estimate of the population was made in 1810. None of these censuses has been published *in extenso*, but much of the material is retained in the Archivo Histórico Nacional in Bogotá, and some tables were published in Departamento Administrativo Nacional de Estadística, *Estadísticas históricas* (Bogotá: DANE, 1975).

In the last two centuries the country has been through some confusing changes of name. In 1819 the former Spanish possessions of New Granada and Venezuela were united under the presidency of Simón Bolívar; Ecuador joined the union two years later. The nation thus formed was called the Republic of Colombia (also known as the Republic of Gran Colombia) and under its auspices the 1825 census was held. After Bolívar's death and the consequent secession of Ecuador and Venezuela, the remaining provinces resumed the name of New Granada. In 1834 an octennial census was instituted, and carried out in 1835, 1843 and 1851. Under the federalist constitutions in force from 1853 to 1886, and in the subsequent periods of civil war, census-taking was greatly hampered. As a result, there are no satisfactory published censuses of the Granadine Confederation or the United States of Colombia (as the country was successively renamed) for the rest of the century, though attempts were made in 1864 and—with greater success—in 1870. The census was reinstituted in 1905, and has continued since with reasonable regularity.

[R. A. McNeil]

LIST OF CONTENTS

1780-1905

1825 [CENSUS OF THE REPUBLIC OF COLOMBIA (GRAN COLOMBIA)]

1835 CENSO DE POBLACION DE LA REPUBLICA DE LA NUEVA GRANADA

1842

1843 CENSO JENERAL DE LA POBLACION DE LA NUEVA GRANADA

1851

1859 CENSO JENERAL DE LA CONFEDERACION

1864

1870

1905 [CENSO DE POBLACION]

1912 CENSO GENERAL DE LA REPUBLICA DE COLOMBIA

1918 CENSO DE POBLACION

1928 CENSO...

1938 CENSO GENERAL DE LA POBLACION

1938 CENSO NACIONAL DE EDIFICIOS (1)

1945 CENSO INDUSTRIAL (1)

1947 CENSO SINDICAL DE COLOMBIA (1)

1951-1964-1973

1951 CENSO DE POBLACION

1951 CENSO DE EDIFICIOS Y VIVIENDAS

1954 CENSO NACIONAL DE COMERCIO Y SERVICIOS

1959

1959-1960 CENSO DE BIBLIOTECAS

1960 [CENSO AGROPECUARIO]

1961 CENSO TABACALERO

1963 CENSO AUTOMOTOR

1964 CENSO NACIONAL DE POBLACION (13) Y DE EDIFICIOS Y VIVIENDAS (2)

1968 CENSO DE ESTABLECIMIENTOS EDUCATIVOS

1969 [CENSO DE EMPRESAS CONSTRUCTORAS]

1969 CENSO EXPERIMENTAL AGROPECUARIA DE TULUA

1969 CENSO DE MINAS Y CANTERAS

1970 CENSO ECONOMICOS: COMERCIO, INDUSTRIA, SERVICIOS

1970 CENSO DE ENERGIA ELECTRICA

1970 CENSO INDUSTRIAL (3)

1970-1971 CENSO AGROPECUARIO

1973 CENSO NACIONAL DE POBLACION (14) Y DE VIVIENDA (3)

1975 CENSO NACIONAL DE COOPERATIVAS

(Note: See introduction for note on country name changes. In list below assume country heading is Colombia and the place of publication Bogotá unless otherwise stated.)

1780-1905

Departamento Administrativo Nacional de Estadística
- Estadísticas históricas. 1975. 200p. [p. 11-122 give tables and comparative data on population between the 1780 census of the Las Nieves district of Bogotá and the national census of 1905, q.v.]
LO/N-1

1825

[Census of the Republic of Colombia (Gran Colombia)]

Laws, statutes &c.
- Francisco de Paula Santander... he venido en decretar lo siguiente ... [Decree dated 4 October 1825 laying down instructions for the census. *In*: Estadísticas históricas (see above) p. 28-31].

Secretario del Interior
- Esposición que el Secretario de Estado del despacho del Interior ... hace el Congreso de 1827. Imp. de Pedro Cubides, 1827. 36p. [2 in-folded tables give summary results of the population census of 1825, including data on what is now Ecuador].
LO/N-1

1835

Censo de Población de la República de la Nueva Granada

New Granada. Laws, statutes &c.
- Lei sobre la reforma periódica del censo de población de la República, 2 de junio de 1834. [Decree instituting an octennial census with effect from 1835. *In*: Colección de las leyes i decretos espedidos por el Congreso Constitucional de la Nueva Granada. Imp. del Estado, 1835, p.188-191. Repr. *In:* Estadísticas históricas, p.41-43].

New Granada (Republic of)
- Censo de población de la República de la Nueva Granada, levantado con arreglo a las disposiciones de la lei de 2 de junio de 1834 en los meses de enero, febrero i marzo del año de 1835 en las diferentes provincias que comprende su territorio. [*In*: Gaceta de la Nueva Granada, trim. 16, no. 211 (11 Oct. 1835)].
LO/N38

- Resumen del censo jeneral de la población de la República de la Nueva Granada, levantado con arreglo a las disposiciones de la lei de 2 de junio de 1834 en los meses de enero, febrero i marzo del año de 1835 en las diferentes provincias que comprende su territorio, i distribuido por provincias, sexos, edades i clases. [*In*: Gaceta de la Nueva Granada, trim. 17, no. 234 (10 Mar. 1836)].
LO/N38

New Granada. Secretario del Interior y Relaciones Esteriores
- Esposición del Secretario del Interior y Relaciones Esteriores al Congreso Constitucional de 1836. Imp. de Nicomedes Lora, 1836. 86p., tables. [Census of 1835 -- p. 59-61 and tables 4 and 5].
OX/U-1

1842

New Granada. Laws, statutes &c.
- Decreto del 12 de abril de 1842, disponiendo que el Poder Ejecutivo haga formar un censo de los esclavos que haya en la República.
[*In*: Coleción de las leyes i decretos espedidos por el Congreso Constitucional de la Nueva Granada. Imp. del Estado, 1842, p. 13-14. Repr. *In*: Estadísticas históricas, p. 64-69].

1843

Censo Jeneral de la Población de la Nueva Granada

New Granada. Departamento del Interior i Relaciones Esteriores
- Decreto del Poder Ejecutivo sobre formación del censo de población de la República. 1842. [7]p [Repr. *in*: Estadísticas históricas, p.60-63].

- Esposición que el Secretario de Estado en el despacho de lo Interior dirige al Congreso Constitucional de 1844. Imp. de Cualla, 1844. Pagination various. [Tables 1-17 present data from the census of 1843].
LO/N-1

New Granada (Republic of)
- Resumen del censo jeneral de la población de la Nueva Granada, distribuido por provincias, cantones i distritos parroquiales, con espresión del número de electores que a cada canton i provincia corresponde, con arreglo al artículo 17 de la Constitución. [*In*: Gaceta de la Nueva Granada, trim. 50, no. 661 (7 Jan. 1844) p.2-5].

New Granada. Departamento de Relaciones Esteriores
- Estadística jeneral de la Nueva Granada, que conforme al decreto ejecutivo del 18 de diciembre de 1846. Pt. 1: Población e instituciones. Imp. de Cualla, 1848. 231p. [Census of 1843 -- p. 29-180. Some tables repr. *in*: Estadísticas históricas, p.70-80].

1851

New Granada. Secretario de Estado de Gobierno
- Informe del Secretario de Estado del despacho de Gobierno de la Nueva Granada al Congreso Constitucional de 1852. Imp. del Neo-Granadino, 1852. 44p., tables. [Census of 1851 -- tables 1-13].

1859

Censo Jeneral de la Confederación

Granadine Confederation. Laws, statutes &c.
- Disposiciones lejislativas i ejecutivas sobre formación del censo jeneral de la Confederación. Lei de 1° de abril de 1858. 1858. 17p., tables. [The census of 1859 was never carried out].
   OX/U-1 [photocopy]

1864

[This census was a failure: only three of the nine states responded in time. Only the total population of the states are given].

Secretaría de lo Interior y Relaciones Esteriores
- Esposición del Secretario de lo Interior y Relaciones Esteriores de los Estados Unidos de Colombia al Congreso de 1866. 1866. 108p. [Census of 1864 -- p. 42-55].

- Memoria del Secretario de lo Interior y Relaciones Esteriores al Señor Presidente de los Estados Unidos de Colombia, 1867. Imp. de Echeverria Hermanos, 1867. 23p., tables. [Census of 1864 -- p. 21-22 and table A].

1870

Secretario de lo Interior i Relaciones Esteriores
- Memoria del Secretario de lo Interior i Relaciones Esteriores de los Estados Unidos de Colombia para el Congreso de 1875. Imp. de Medardo Rivas, 1875. [Census of 1870 (wrongly dated 1871) -- p. 120-122].

1905

[Censo de Población]

Dirección General de Estadística
- Reglamento para la formación del censo y movimiento de la población. Imp. Nacional, 1899. 114p.

CENSO de población, 1905. [*In*: Diario Oficial, vol. 53, no. 16028 (24 Feb. 1917) p. 489-496].

1912

Censo General de la República de Colombia

Ministerio de Gobierno, Junta Central de Censo Nacional
- Compilación de las disposiciones legales, ejecutivas y administrativas que sirven de guía a todas las personas que desempeñen cargos en levantamiento del censo. Imp. Nacional, 1911. 28p.

- Censo general de la República de Colombia, levantado el 5 de marzo de 1912. Imp. Nacional, 1912. 336p.
    LO/N56; LO/U19; OX/U-1

1918

Censo de Población

Dirección General de Estadística
- Censo de población de la República de Colombia levantado el 14 de octubre de 1918, con especificación de los varones mayores y menores de 21 años. 1923. 47p.
    LO/U19; OX/U-1

- Censo de población de la República de Colombia levantado el 14 de octubre de 1918 y aprobado el 19 de septiembre de 1921 por la ley 8a del mismo año. Imp. Nacional, 1924. 448p.
    LO/N56; LO/U-3

1928

Censo ...

Contraloría General, Dirección del Censo
- Memoria y cuadros del censo de 1928. Editorial Librería Nueva, 1930. 71p.

1938

Censo General de la Población

Dirección Nacional de Estadística
- Decretos y bases de organización para la ejecución de los censos. Editorial El Gráfico, 1938. 60p.

Contraloría General
- Informe que la Contraloría General de la República rende al Sr. Ministro de Gobierno y a las Honorables Cámaras sobre el levantamiento del censo civil de 1938. [*In*: Anales de Economía y Estadística, vol. 2, no. 4 (Aug. 1939), p.3-45].

Contraloría General, Sección de Censos Nacionales
- Censo general de la población, 5 de julio de 1938, ordenado por la ley 67 de 1917. Imp. Nacional, 1940-42. [Each of the provincial volumes is divided into two parts -- Censo de población and Censo de edificios].
    Tom. 1. Departamento de Antioquia. 1940. xxxvi, 435p.
        CC/U-1; LO/N-1; OX/U-1
    Tom. 2. Departamento del Atlántico. 1940. xxxvi, 139p.
        CC/U-1; LO/N-1
    Tom. 3. Departamento de Bolívar. 1940. xxxvi, 299p.
        CC/U-1; LO/N-1
    Tom. 4. Departamento de Boyacá. 1940. xxxvi, 569p.
        CC/U-1; LO/N-1
    Tom. 5. Departamento de Caldas. 1941. xxxii, 237p.
        CC/U-1; LO/N-1
    Tom. 6. Departamento de Cauca. 1940. xxxvi, 193p.
        CC/U-1
    Tom. 7. Departamento de Cundinamarca. 1941. xxxvi, 519p.
        CC/U-1; LO/N-1
    Tom. 8. Departamento de Huila. 1940. xxxii, 179p.
        CC/U-1

Tom. 9. Departamento del Magdalena. 1941. xxxvi, 189p.
CC/U-1; LO/N-1
Tom.10. Departamento de Nariño. 1941. xxxvi, 225p.
CC/U-1; LO/N-1
Tom.11. Departamento del Norte de Santander. 1941. xxxvi, 191p.
CC/U-1; LO/N-1
Tom.12. Departamento de Santander. 1942. xxxvi, 359p.
CC/U-1
Tom.13. Departamento de Tolima. 1942. xxxvi, 217p.
CC/U-1; LO/N-1
Tom.14. Departamento del Valle de Cauca. 1942. xxxvi, 207p.
CC/U-1; LO/N-1
Tom.15. Intendencias y comisarías. 1942. xxxv, 262p.
CC/U-1; LO/N-1
Tom.16. Resumen general del país. 1942. xxiii, 195p.
CC/U-1; LO/N-1; LO/U-3

1938

Censo Nacional de Edificios (1)

Dirección Nacional de Estadística
- Primer censo nacional de edificios, efectuado el 20 de abril de 1938. Imp. Nacional, 1939. 393p.
CC/U-1; LO/N-1; LO/N56; LO/U-3

1945

Censo Industrial (1)

Dirección Nacional de Estadística
- Primer censo industrial de Colombia, 1945. Imp. Nacional, 1947-48.

Resumen general. 1947. 545p.
CC/U-1; LO/U-3
Antioquia.
CC/U-1; LO/U-3
Atlántico.
CC/U-1; LO/U-3
Bolívar.
CC/U-1; LO/U-3
Boyacá.
CC/U-1; LO/U-3
Caldas.
CC/U-1; LO/U-3
Cundinamarca.
CC/U-1; LO/U-3
Huila.
CC/U-1; LO/U-3
Magdalena.
CC/U-1; LO/U-3
Nariño.
CC/U-1; LO/U-3
Norte de Santander.
CC/U-1; LO/U-3
Santander.
CC/U-1; LO/U-3

Tolima.
    CC/U-1; LO/U-3
Valle de Cauca.
    CC/U-1; LO/U-3

Intendencias y comisarías.
    CC/U-1
Territorios nacionales.
    LO/U-3

1947

Censo Sindical de Colombia (1)

Ministerio del Trabajo
- Primer censo sindical de Colombia, 1947. Contraloría General de la República, 1949. xiv, 183p.

1951-1964-1973

Departamento Administrativo Nacional de Estadística
- Población total, número de viviendas y promedio de personas por vivienda, para las cabeceros [sic] municipales, según los censos de 1951, 1964, 1973. 1974. 33 leaves.
    LO/N-1

1951

Censo de Población

Departamento Nacional de Estadística
- La organización censal de Colombia en 1950: estudio crítico. 1951. vi, 50, 7, 32p.
    LO/N-1; LO/U-3

- Clasificación ocupación para los censos de 1951. 1952. 45p.
    OX/U-1 (microfilm); XY/N-1 (microfilm)

- Definiciones de las profesiones, ocupaciones y condiciones en la 'clasificación de ocupaciones' para el censo de 1951. 1952. 45p.
    OX/U-1 (microfilm); XY/N-1 (microfilm)

- Censo de población 9 de mayo de 1951: decreto-ley num. 1905 de 1954. 1954. 24p. [The decree consists of 1 page; the rest of the volume consists of population tables]
    LO/N-1; LO/U-2; LO/U-3; OX/U-1 (microfilm); XY/N-1 (microfilm)

Departamento Administrativo Nacional de Estadística
- Censo de población 9 de mayo de 1951: cifras para someter a la aprobación que exige la ley. 1954. 31p.
OX/U-1 (microfilm); XY/N-1 (microfilm)

- Censo de población de 1951. 1954-59. Resumen. n.d. 191p.
LO/U-3; OX/U-1 (microfilm); XY/N-1 (microfilm)
Antioquia. 1956. 347p.
CV/U-1; LO/N-1; LO/U-3; OX/U-1 (microfilm); XY/N-1 (microfilm)
Atlántico. 1955. 171p.
CV/U-1; LO/N-1; LO/U-3; OX/U-1 (microfilm); XY/N-1 (microfilm)
Bolívar. 1956. 251p.
CV/U-1; LO/N-1; LO/U-3; OX/U-1 (microfilm); XY/N-1 (microfilm)
Boyacá. 1955. 340p.
CV/U-1; LO/N-1; LO/U-3; OX/U-1 (microfilm); XY/N-1 (microfilm)
Caldas. 1959. 83p.
OX/U-1 (microfilm); XY/N-1 (microfilm)
Departamento del Cauca. 1954. 199p.
CV/U-1; LO/N-1; LO/U-3; OX/U-1 (microfilm); XY/N-1 (microfilm)
Chocó. 1955. 142p.
CV/U-1; LO/N-1; LO/U-3; OX/U-1 (microfilm); XY/N-1 (microfilm)
Cundinamarca. 1954. 237p.
LO/N-1; LO/U-3; OX/U-1 (microfilm); XY/N-1 (microfilm)
Huila. 1955. 191p.
CV/U-1; LO/N-1; LO/U-3; OX/U-1 (microfilm); XY/N-1 (microfilm)
Magdalena. 1959. 76p.
OX/U-1 (microfilm); XY/N-1 (microfilm)
Nariño. 1956. 234p.
CV/U-1; LO/N-1; LO/U-3; OX/U-1 (microfilm); XY/N-1 (microfilm)
Norte de Santander. 1959. 77p.
OX/U-1 (microfilm); XY/N-1 (microfilm)
Santander. 1959. 101p.
OX/U-1 (microfilm); XY/N-1 (microfilm)
Tolima. 1959. 81p.
OX/U-1 (microfilm); XY/N-1 (Microfilm)
Valle de Cauca. 1959. 82p.
OX/U-1 (microfilm); XY/N-1 (microfilm)
Intendencias del Caquetá, Meta y San Andrés y Providencia. n.d. 88p.
OX/U-1 (microfilm); XY/N-1 (microfilm)

1951

Censo de Edificios y Viviendas

Departamento Administrativo Nacional de Estadística
- Censo de edificios y viviendas de 1951. 1953-57.

Resumen. 1957. 98p.
CV/U-1; LO/N-1; LO/U-2; LO/U-3
Departamento de Antioquia. 1955. 168p.
CV/U-1; LO/N-1; LO/U-3
Departamento de Bolívar. 1955. 132p.
CV/U-1; LO/N-1; LO/U-3
Departamento de Boyacá. 1954. 199p.
CV/U-1; LO/N-1; LO/U-3
Departamento de Caldas. 1954. 91p.
CV/U-1; LO/N-1; LO/U-3
Departamento del Cauca. 1954. 68p.
CV/U-1; LO/N-1; LO/U-3
Departamento del Chocó. 1953. 28p.
CV/U-1; LO/N-1; LO/U-3
Departamento de Cundinamarca. 1954. 187p.
CV/U-1; LO/N-1; LO/U-3
Departamento de Huila. 1953. 63p.
CV/U-1; LO/N-1; LO/U-3
Departamento de Magdalena. 1954. 75p.
CV/U-1; LO/N-1; LO/U-3
Departamento de Atlántico. 1954. 40p.
CV/U-1; LO/N-1; LO/U-3
Departamento de Nariño. 1954. 84p.
CV/U-1; LO/N-1; LO/U-3
Departamento del Norte de Santander. 1954. 68p.
CV/U-1; LO/N-1; LO/U-3
Departamento de Santander. 1954. 126p.
CV/U-1; LO/N-1; LO/U-3
Departamento del Tolima. 1954. 74p.
CV/U-1; LO/N-1; LO/U-3
Departamento del Valle de Cauca. 1954. 84p.
CV/U-1; LO/N-1; LO/U-3
Territorios nacionales y población indígena. 1955. 92p.
LO/N-1; LO/U-3

1954

Censo Nacional de Comercio y Servicios

Departamento Administrativo Nacional de Estadística
- Censo nacional de comercio y servicios, 1954. 1957. 72p.
LO/N-1

Resumen nacional.
LO/U-2
Antioquia. 53 leaves.
LO/U-2; LO/U-3
Atlántico. 5 leaves.
LO/U-2; LO/U-3
Caldas. 53 leaves.
LO/U-2; LO/U-3
Córdoba. 53 leaves.
Huila. 53 leaves.
Santander. 53 leaves.
Tolima. 53 leaves.

[No other parts traced].

1959

Departamento Aministrativo Nacional de Estadística
- Directorio nacional de la industria manufacturera, 1959. Imp. Nacional, 1960. 437p.
  LO/N-1

1959-1960

Censo de Bibliotecas

Departamento Administrativo Nacional de Estadística, Punto Central de Información
- Censo de bibliotecas en Colombia, 1959 y 1960: deficiencias, necesidades. 1961. 5 leaves.

1960

[Censo Agropecuario]

Departamento Administrativo Nacional de Estadística
- Directorio nacional de explotaciones agropecuarias (censo agropecuario) 1960. 1962 - ?
  Resumen nacional. Pt. 1. 1962. 91p.
  Resumen nacional. Pt. 2. 1964. 59p.
    LO/U-3
  Antioquia. 1964. 103p.
  Bolívar. 1964. 70p.
  Boyacá. 1964. 114p.
  Caldas.
    BT/U-5
  Cauca. 1964. 67p.
  Cundinamarca.
  Huila. 1964. 64p.
  Meta. 1964. 52p.
  Norte de Santander. 1964. 72p.
  Tolima. 1964. 70p.
[No other parts traced].

1961

Censo Tabacalero

Instituto Nacional de Fomento Tabacalero
- Censo tabacalero de Colombia, 1961. 1962. 96 leaves.
  LO/U-3

1963

Censo Automotor

Departamento Administrativo Nacional de Estadística
- Censo automotor, 1963. 1964. 86p.

1964

Censo Nacional de Población (13) y de
Edificios y Viviendas (2)

Departamento Administrativo Nacional de Estadística
- XIII [Décimotercio] censo nacional de población, 15 de julio de 1964. (Número de habitantes). Multilith Estadinal, 1965. 25p.
   LV/U-1; XY/N-1 (microfilm)

- XIII [Décimotercio] censo de población y II de edificios y viviendas (julio 15 de 1964). 1969-70.
   Atlántico. 1969. 102p.
      LO/N-1; LO/U-2; LV/U-1; OX/U-1 (microfilm); XY/N-1 (microfilm)
   Bogotá D.E. 1969. 128p.
      BT/U 5. LO/N-1. LO/U-2. LV/U-1. OX/U-1 (microfilm).
      XY/N-1 (microfilm)
   Bolívar. 1969. 136p.
      LO/N-1; LO/U-2; LV/U-1; OX/U-1 (microfilm); XY/N-1 (microfilm)
   Caldas. 1969. 152p.
      BT/U-5; LO/N-1; LO/U-2; OX/U-1 (microfilm); XY/N-1 (microfilm)
   Cauca. 1970. 124p.
      LO/N-1; LO/U-2; OX/U-1 (microfilm); XY/N-1 (microfilm)
   Chocó. 1970. 96p.
      LO/N-1; LO/U-2; LO/U-3; LV/U-1; OX/U-1 (microfilm); XY/N-1 (microfilm)
   Córdoba. 1970. 102p.
      LO/N-1; LO/U-2; OX/U-1 (microfilm); XY/N-1 (microfilm)
   Huila. 1970. 126p.
      LO/N-1; LO/U-2; LO/U-3; OX/U-1 (microfilm); XY/N-1 (microfilm)
   Magdalena. 1970. 124p.
      LO/N-1; LO/U-2; OX/U-1 (microfilm); XY/N-1 (microfilm)
   Meta. 1970. 92p.
      LO/N-1; LO/U-2; OX/U-1 (microfilm); XY/N-1 (microfilm)
   Nariño. 1970. 156p.
      LO/N-1; LO/U-2; LV/U-1; OX/U-1 (microfilm); XY/N-1 (microfilm)
   Norte de Santander. 1970. 124p.
      LO/N-1; LO/U-2; LV/U-1; OX/U-1 (microfilm); XY/N-1 (microfilm)

Santander. 1970. 194p.
   LO/N-1; LO/U-2; OX/U-1 (microfilm); XY/N-1 (microfilm)
Tolima. 1970. 150p.
   LO/N-1; LO/U-2; LV/U-1; OX/U-1 (microfilm); XY/N-1 (microfilm)
Valle del Cauca. 1969. 156p.
   LO/N-1; LO/U-2; LV/U-1; OX/U-1 (microfilm); XY/N-1 (microfilm)
[The remainder of the census was published in separate volumes for the population and housing censuses, as below].

- XIII [Décimotercio] censo nacional de población (julio 15 de 1964). 1967-71.
   Resumen general. 1967. 149p.
      BT/U-5; CC/U-1; LO/N-1; LO/U-3; LV/U-1; OX/U-1 (microfilm); OX/U16; XY/N-1 (microfilm)
   Antioquia. 1967. 149p.
      LO/N-1; LO/U-2; LV/U-1; OX/U-1 (microfilm); XY/N-1 (microfilm)
   Boyacá. 1970. 152p.
      LO/N-1; LO/U-2; OX/U-1 (microfilm); XY/N-1 (microfilm)
   Cundinamarca. 1969. 138p.
      LO/N-1; LO/U-2; OX/U-1 (microfilm); XY/N-1 (microfilm)
   Intendencias de Arauca, Caquetá, Guajira y San Andrés y Providencia. 1971. 210p.
      LO/N-1; LO/U-2; LV/U-1; OX/U-1 (microfilm); XY/N-1 (microfilm)

- II [Segundo] censo nacional de edificios y vivienda (julio 15 de 1964). 1968-71.
   Resumen general. 1968. 236p.
      BT/U-5; GL/U-1; LO/N-1; LO/U-3; OX/U-1 (microfilm)
   Antioquia. 1969. 145p.
      BT/U-5; LO/N-1; LO/U-2; OX/U-1 (microfilm); XY/N-1 (microfilm)
   Boyacá. 1970. 139p.
      LO/N-1; LO/U-2; OX/U-1 (microfilm); XY/N-1 (microfilm)
   Cundinamarca. 1970. 127p.
      LO/N-1; LO/U-2; LO/U-3; OX/U-1 (microfilm); XY/N-1 (microfilm)
   Intendencias de Arauca, Caquetá, Guajira y San Andrés y Providencia. 1971. 74p.
      LO/N-1; LO/U-2; OX/U-1 (microfilm); XY/N-1 (microfilm)

- Sub-empleo en las 7 principales ciudades del país, segun el censo de 1964. 1969. 166p.
   LO/N-1; LO/U-3

- Muestra agropecuaria nacional, 1964. 1965. 32p.
   CC/U-1

1968

Censo de Establecimientos Educativos

Departamento Administrativo Nacional de Estadística
- Censo de establecimientos educativos 1968. 1970. xvi, 230p.
  BT/U-5; CC/U-1; LO/N-1; OX/U18

1969

[Censo de Empresas Constructoras]

Departamento Administrativo Nacional de Estadística
- Construcción: estadísticas básicas. [1970?]. 72p. [Includes 'Censo de empresas constructoras, 1969'].

1969

Censo Experimental Agropecuaria de Tulúa

Departamento Administrativo Nacional de Estadística
- Censo experimental agropecuaria de Tulúa, 1969. [1970]. 47p.

1969

Censo de Minas y Canteras

Departamento Administrativo Nacional de Estadística
- Censo de minas y canteras, 1969. 1972.
  CC/U-1; LO/U-3

1970

Censos Económicos: Comercio, Industria, Servicios

Departamento Administrativo Nacional de Estadística
- Censos económicos 1970: comercio, industria, servicios. Datos provisionales, 1972. 23p.
  LO/U-3

1970

Censo de Energía Eléctrica

Departamento Administrativo Nacional de Estadística
- Censo de energía eléctrica [1970?]. [1970?]. vi, 19p.
  CC/U-1; LO/N-1; LO/U-3

1970

Censo Industrial (3)

Departamento Administrativo Nacional de Estadística
- III [Tercer] censo industrial, 1970. 1976. 111p.
  LO/N-1; LO/N99; LO/U-3; OX/U-1; OX/U16

1970-1971

Censo Agropecuario

Departamento Administrativo Nacional de Estadística
- Censo agropecuario 1970-71: importancia, metodología, calendaria, colaboración. [1970?]. 14p.

- Censo agropecuario 1970-71: manual de jefe local, vereda corregimiento o sitio. [1970?]. 65p.

- Censo agropecuario 1970-71: datos preliminares. 1971. 2 pt.
  CC/U-1; LO/N-1; LO/N99; LO/U-3

- Censo agropecuario 1970-71. 1974. 9 pt.
    Resumen nacional. 48p.
    BT/U-5
[All the following parts have identical pages 5-46, containing Introducción, Objetivos, Metodología and Resumen nacional].
    Antioquia, Córdoba. 140p.
      BT/U-5; LO/N-1; LO/U-3; OX/U-1
    Atlántico, Bolívar, Sucre. 107p.
      BT/U-5; LO/N-1; LO/U-3; OX/U-1
    Boyacá y Meta. 129p.
      BT/U-5; LO/N-1; LO/U-3; OX/U-1
    Caldas, Quindio, Risaralda y Antiguo Caldas. 101p.
      BT/U-5; LO/N-1; LO/U-3; OX/U-1

Cundinamarca, Tolima, Huila. 168p.
  BT/U-5; LO/N-1; LO/U-3; OX/U-1
Magdalena, César. 70p.
  BT/U-5; LO/N-1; LO/U-3; OX/U-1
Santander, Norte de Santander. 126p.
  BT/U-5; LO/N-1; LO/U-3; OX/U-1
Valle, Cauca, Nariño. 138p.
  BT/U-5; LO/N-1; LO/U-3; OX/U-1

1973

Censo Nacional de Población (14) y de Vivienda (3)

[DANE issued nearly sixty preliminary and working documents for the 1974 census, listed in the 1977 Muestra de avance: resumen de los departamentos and the 1981 Resumen nacional (see below). Only the more important items are included here].

Departamento Administrativo Nacional de Estadística
- Propuesta sobre el censo de vivienda (provisional). 1971. 27p.

- XIV [Décimocuarto] censo nacional de población y III de vivienda. Propuesta básica sobre organización censal. 1972. 39p.

- Propuesta general del XIV censo nacional de población y III de vivienda. 1972. 52p.

- Censo de población y vivienda: informe al Consejo de Población. 1972. 68p.

- Decreto no. 1759 de 1973 por el cual se ordena la realización del XIV censo nacional de población y III de vivienda. [1973].

- Presupuesto general del XIV censo nacional de población y III de vivienda. [1973].

- Presupuesto general del XIV censo nacional de población y III de vivienda de Colombia. 1973. 60p.

- Manuel del recoletor, censo de población y vivienda, 1973. 32p.

- XIV [Décimocuarto] censo nacional de población y III de vivienda. Manual del recoletor de áreas con población predominante indígena. 1973. 72p.

- XIV [Décimocuarto] censo nacional de población y III de vivienda. Manual del delegado departamental. 1973. 37p.

-XIV [Décimocuarto] censo nacional de población y vivienda. Manual del jefe de manzana. 1973. 22p.

- XIV [Décimocuarto] censo nacional de población y III de vivienda. Manual del recoletor de la Encuesta Nacional de Hogares: encuesta post-censal. Listado de viviendas. n.d.

- XIV [Décimocuarto] censo nacional de población y III de vivienda. Zonificación geográfica. n.d. 29p.

- XIV [Décimocuarto] censo nacional de población y III de vivienda, octubre 24 de 1973. 1974-82.
: Resultados provisionales. 1974. [37] leaves.
    LO/N-1; LO/U-3
  Departamento de Antioquia: datos preliminares. 1974. 113p.
  Resultados preliminares: Armenia, Pereira, Manizales. 1975. 62p.
  Muestra de avance: propuesta básica. 1974.
  Muestra de avance: población. 1975. 68p.
    LO/N-1; LO/U-3
  Muestra de avance: resumen de los departamentos. 1977. 58p.
    LO/N-1; OX/U-1
  La vivienda en Colombia 1973: resumen nacional por departamentos y 10 ciudades principales. Muestra de avance. 1977. 204p.
    BT/U-5; LO/N-1; LO/U-2
  La población en Colombia 1973: muestra de avance. Resumen por departamentos, capitales con mas de 200.000 habitantes y agregados departamentos y Bogotá D.E. 1978. 435p.
    BT/U-5; CC/U-1; LO/N-1; LO/U-1
  Instructivo para interpretación de cuadros con información censal. 1977. 25p.
  [All the following form a set of resultados definitivos]
    Resumen nacional. 1981. 490p.
      LO/N-1
    Bogotá, D.E. 1980. lxxi, 38p.
      LO/N-1
    Departamento de Antioquia. 1980. 2 vols.
      LO/N-1
    Departamento del Atlántico. 1980. lxxi, 264p.
      LO/N-1
    Departamento de Bolívar. 1980. lxxi, 324p.
      LO/N-1
    Departamento de Boyacá. 1980-81. 2 vols.
      LO/N-1
    Departamento de Caldas. 1980. lxxi, 264p.
      LO/N-1

Departamento de Cauca. 1980. lxxxi, 325p.
   LO/N-1
Departamento del César. 1980. lxxi, 196p.
   LO/N-1
Departamento del Chocó. 1980. lxxi, 180p.
   LO/N-1
Departamento de Córdoba. 1980. lxxi, 270p.
   LO/N-1
Departamento de Cundinamarca. 1980. 2 vols.
   LO/N-1
Departamento del Huila. 1980. lxxi, 290p.
   LO/N-1
Departamento de La Guajira. 1980. lxxi, 132p.
   LO/N-1
Departamento del Magdalena. 1980. lxxi, 268p.
   LO/N-1
Departamento del Meta. 1980. lxxi, 180p.
   LO/N-1
Departamento de Nariño. 1980. lxxi, 424p.
   LO/N-1
Departamento del Norte de Santander. 1980. lxxi, 320p.
   LO/N-1
Departamento del Quindio. 1980. lxxi, 164p.
   LO/N-1
Departamento del Risaralda. 1980. lxxi, 196p.
   LO/N-1
Departamento de Santander. 1980. lxxi, 598p.
   LO/N-1
Departamento de Sucre. 1980. lxxi, 210p.
   LO/N-1
Departamento del Tolima. 1980. lxxi, 422p.
   LO/N-1
Departamento del Valle. 1980. lxxi, 526p.
   LO/N-1
Intendencias y comisarías. 1981. 744p.
   LO/N-1

1975

Censo Nacional de Cooperativas

Departamento Administrativo Nacional de Estadística
- Directorio nacional de entidades cooperativas 1975-1976. 1977. [Contains the results of the 'Primer censo nacional de cooperativas', 1975].
   LO/N-1

COMMONWEALTH CARIBBEAN

This section contains censuses taken collectively of the British West Indies/Commonwealth Caribbean, in 1845, 1946, 1960, 1961 and 1970. For censuses of other years and for census volumes not within this series *see* individual country sections.

[P.M. Larby]

LIST OF CONTENTS

British West Indies

1845 CENSUS OF THE POPULATION IN EACH OF THE BRITISH ISLANDS AND IN BRITISH GUIANA

1946 WEST INDIAN CENSUS

1960 [CENSUS]

EASTERN CARIBBEAN POPULATION CENSUS

BRITISH WEST INDIES POPULATION CENSUS

1961 WEST INDIES CENSUS OF AGRICULTURE

Commonwealth Caribbean

1970 POPULATION CENSUS OF THE COMMONWEALTH CARIBBEAN

1970 COMMONWEALTH CARIBBEAN POPULATION CENSUS, JAMAICA

1845
Census of the Population in Each of the British Islands and in British Guiana

Great Britain. Colonial Office
- Census of the population in each of the British Islands and in British Guiana ... with information re numbers of the emancipated negroes who have become freeholders. 1845. London, 1845. [426], 43p.
   LO/N17; LO/S65

1946

West Indian Census

The British West Indies census of 9 April 1946 was taken in Barbados, British Guiana, the Leeward Islands, Trinidad and Tobago and the Windward Islands. Preparation of the detailed census was undertaken by the Jamaican Central Bureau of Statistics; they were published by the Jamaican Government Printer. The census was issued in 2 volumes, parts A-B and C-H, and also in individual parts A-H.

Jamaica. Central Bureau of Statistics
- West Indian census, 1946. Kingston: Government Printer, 1948-1950. 2 volumes. Volume 1, parts A-B; volume 2, parts C-H.
   LO/N-1; LO/N17; LO/U-8
   Also published in separate parts:
   Volume 1:
   Part A. General report on the census of population. 1950. x, 122p.
      BT/U-5; CA/U-1; LO/N-1; LO/N17; LO/N56; LO/U-3; OX/U-9; XY/N-1 (microfilm)
   Part B. Census of agriculture in Barbados, the Leeward Islands, the Windward Islands and Trinidad and Tobago. 1950. ix, 74p.
      BT/U-5; CA/U-1; LO/N-1; LO/N17; LO/N56; LO/U-3; OX/U-9; XY/N-1 (microfilm)
   Volume 2:
   Part C. Census of the colony of Barbados, 9th April, 1946. 1950. lv, 51p.
      BT/U-5; CA/U-1; LO/N-1; LO/N17; LO/N56; LO/U-3; OX/U-9; XY/N-1 (microfilm)
   Part D. Census of the colony of British Guiana, 9th April, 1946. 1949. lxviii, 88p.
      CA/U-1; LO/N-1; LO/N17; LO/N56; LO/U-3; OX/U-9; XY/N-1 (microfilm)
   Part E. Census of British Honduras. 9th April, 1946. 1948. xlvi, 36p.
      BT/U-5; CA/U-1; LO/N-1; LO/N17; LO/N56; LO/U-3; OX/U-9; XY/N-1 (microfilm)

Part F. Census of the Leeward Islands, 9th April, 1946. 1948. lx, 63p.
BT/U-5; CA/U-1; LO/N-1; LO/N17; LO/N56; LO/S65; LO/U-3; OX/U-9; XY/N-1(microfilm)
Part G. Census of the colony of Trinidad and Tobago, 9th April, 1946. 1949. lxvi, 82p.
BT/U-5; CA/U-1; LO/N-1; LO/N17; LO/N56; LO/U-3; OX/U-9; XY/N-1 (microfilm)
See also Trinidad and Tobago Census, 1946.
Part H. Census of the Windward Islands: Dominica, Grenada, St. Lucia, St. Vincent, 9th April, 1946. lxxvi, 79p.
CA/U-1; LO/N-1; LO/N17; LO/U-3; OX/U-9; XY/N-1 (microfilm)

- West Indian census, 1946. Kingston: Central Bureau of Statistics, 1946-50. Bulletin 1-13.
    1. Population and dwellings in the Leeward Islands. 1946.
       XY/N-1 (microfilm)
    2. Agriculture and fishing in the British Virgin Islands. 1946.
       XY/N-1 (microfilm)
    3. Trinidad employment and unemployment. 1947.
       XY/N-1 (microfilm)
    4. Trinidad birthplaces. 1947.
       XY/N-1 (microfilm)
    5. Conjugal condition and fertility in the Leeward Islands. 1947.
       XY/N-1 (microfilm)
    6. Summary census tables for the colony of British Honduras. 1947. 17p.
       XY/N-1 (microfilm)
    7. Summary census tables for the presidency of St. Kitts-Nevis and Anguilla. 1948. 17p.
       XY/N-1 (microfilm)
    8. Summary statistics of the labour force. 1948. 11p.
       XY/N-1 (microfilm)
    9. Life tables for Jamaica, 1879-82 to 1945-47. 1949. 19p.
       LO/N17; LO/U-8
       (Reissue). Life tables for Jamaica, 1879-82 to 1945-47. 1950. 10p. Tables only.
       LO/N17; LO/S65; LO/U-3; LO/U-8; XY/N-1 (microfilm)
    10. Life tables for Trinidad and Tobago and for Barbados. 1949. 22p.
        LO/S65; LO/U-3; XY/N-1 (microfilm)
    11. Special population bulletin. 1949. 1p.
        LO/S65; LO/U-3; XY/N-1 (microfilm)
    12. Life tables for British Guiana and British Honduras. 1950. 14p.
        LO/S65; LO/U-3; XY/N-1 (microfilm)
    13. Vital statistics of the British Caribbean, 1921-1948. 1950. 14p.
        LO/S65; LO/U-3; XY/N-1 (microfilm)

COMMONWEALTH CARIBBEAN

1960

In 1960 the censuses were again taken on the same day and published in two series: 1: Eastern Caribbean population census, 1960, covering Barbados, British Guiana, Trinidad and Tobago and the Windward Islands (Dominica, Grenada, St. Lucia, St. Vincent); and 2: West Indies population census, 1960,covering Jamaica, Cayman Islands, Turks and Caicos Islands, British Honduras and the Leeward Islands (Antigua, St. Kitts-Nevis and Anguilla, Montserrat and the British Virgin Islands).

CENSUS population preliminary count. [Kingston], 1960. 4p. tables. mimeographed.
    LO/N17; LO/S65; LO/U-3

CONFERENCE on 1960 Population Census, 3rd Trinidad, 25th-27th June, 1958. Report. Port of Spain, [1958?] 5, 2 p. mimeographed. At head of wrapper: The West Indies; at foot of wrapper: Trinidad, 25th-27th June, 1958; at head of p [1]: WI cens/3, 1st July 1958.
    CA/U-1

Eastern Caribbean Population Census, 1960

Trinidad and Tobago. Central Statistical Office. Population Census Division - Eastern Caribbean population census, 1960: Trinidad and Tobago. Port of Spain: 1963-70. Volumes I-III in 34 parts.
Volume I.
    Part A. Administrative report. 1967. vi, 78p.
        BT/U-5; CA/U-1; LO/N56; LO/U-3; LO/U-8; OX/U-9; XY/N-1 (microfilm)
    Part B. Boundaries of enumeration districts. 1964. viii, 133p.
        BT/U-5; CA/U-1; LO/N17; LO/N56; LO/S65; LO/U-3; LO/U-8; MA/U-1; OX/U-9; XY/N-1 (microfilm)
    Part C. Boundaries of enumeration districts of Barbados. 1965. v, 43p.
        BT/U-5; CA/U-1; LO/N17; LO/N56; LO/U-3; LO/U-8
    Part D. Boundaries of enumeration districts of the Windward Islands. (Dominica, Grenada, St. Lucia, St. Vincent). 1965. vi, 45p.
        BT/U-5; CA/U-1; LO/N17; LO/N56; LO/U-3; LO/U-8
    Part E. Boundaries of enumeration districts of British Guiana. 1965. vi, 74p.
        BT/U-5; CA/U-1; LO/N17; LO/N56; LO/U-8
    Supplement of maps showing enumeration districts. (Trinidad and Tobago) 1964. [3], 45 leaves, maps.
        LO/N17; LO/N56; LO/U-8; XY/N-1 (microfilm)

Volume II. Summary tables. 1963-64.
  Barbados. Summary tables 1-19. 1963. xv, [158]p.
    BT/U-5; CA/U-1; LO/N17; LO/S65; LO/U-3; LO/U-8
  British Guiana. Part A. Summary tables 1-11. 1964. xiii, [410]p.
    CA/U-1; LO/N17; LO/S65; LO/U-3; LO/U-8; OX/U-9; XY/N-1 (microfilm)
  Part B. Summary tables 12-19. 1964. xi, [272]p.
    BT/U-1; CA/U-1; LO/N17; LO/U-8
  Dominica. Summary tables. 1963. xv, [208]p.
    BT/U-5; CA/U-1; LO/N17; LO/U-8
  Grenada. Summary tables. 1963. xv, [156]p.
    CA/U-1; LO/N17; LO/U-8
  St. Lucia. Summary tables. 1963. xv, [208]p.
    CA/U-1; LO/N17; LO/U-8
  St. Vincent. Summary tables. 1963. xv, [156]p.
    BT/U-1; CA/U-1; LO/N17; LO/U-8
  Trinidad and Tobago. Summary tables 1-11. 1963. xiii, [722]p.
    BT/U-5; CA/U-1; LO/N17; LO/S65; LO/U-3; LO/U-8; MA/U-1; OX/U-9;XY/N-1 (microfilm)
  Summary tables 12-19. 1963. xi, [366]p.
    BT/U-5; CA/U-1; LO/N17; LO/S65; LO/U-3; LO/U-8; MA/U-1
  Windward Islands. Summary tables 1-19. 1963. xv, [728]p.
    BT/U-5; LO/U-3
Volume III. Detailed cross classifications. 1965-1970. 19 parts.
  Trinidad and Tobago.
  Part A. Individuals by type of household, internal and external migration. 1965. vii, [29]p.
    BT/U-5; CA/U-1; LO/N17; LO/U-3; LO/U-8; OX/U-9; XY/N-1 (microfilm)
  Part B. Marital status and union status. 1965. v, [48]p.
    BT/U-5; CA/U-1; LO/N17; LO/U-3; LO/U-8; OX/U-9; XY/N-1 (microfilm)
  Part C. Fertility. Not published.
  Part D. Age, ethnic origin and religion. n.d. vi, [71]p.
    BT/U-5; CA/U-1; LO/N17; LO/S65; LO/U-3; LO/U-8; OX/U-9; XY/N-1 (microfilm)
  Part E. Households and families. 1966. vi, [73]p.
    BT/U-5; CA/U-1; LO/N17; LO/S65; LO/U-3; LO/U-8; OX/U-9; XY/N-1 (microfilm)
  Part F. Educational attainment. 1966. vi, [206]p.
    BT/U-5; CA/U-1; LO/N17; LO/U-3; LO/U-8; OX/U-9; XY/N-1 (microfilm)
  Part G. Working population. 1966. viii, [221]p.
    BT/U-5; CA/U-1; LO/N17; LO/S65; LO/U-3; LO/U-8; OX/U-9; XY/N-1 (microfilm)
  Part H. Income distribution. Not published.
  Part I.
  Part J. Miscellaneous. Not published.

Barbados
Part A. Individuals by type of households; and internal and external
migration. 1970. ix, [22] p.
LO/N17; LO/U-3; LO/U-8
Part B, D, F, G. Marital status and union status; Age, ethnic origin and
religion; Educational attainment; Working population. 1967. xvi,[371]p.
BT/U-5; CA/U-1; LO/N17; LO/S65; LO/U-8
Part C. Fertility. n.d. [26]p.
BT/U-5; CA/U-1; LO/S65; LO/U-8
Part E. Households and families. 1968. vi, [48] p.
BT/U-5; CA/U-1; LO/N17; LO/U-8
Windward Islands. Dominica.
Parts A, B, D, E, F, G. Individuals by type of households, and internal and
external migration; Marital status and union status; Age, ethnic origin
and religion; Households and families; Educational attainment;
Working population. 1969. xx, [442]p.
BT/U-5; LO/N17; LO/U-8
Windward Islands. Grenada.
Part A. Individuals by type of households, and internal and external
migration. 1969. ix, [20]p.
CA/U-1; LO/N17; LO/U-8
Parts B, D, E, F. Marital status and union status; Age, ethnic origin and
religion; Household and family; Educational attainment.1967.xiv [193]p.
BT/U-5; LO/N17; LO/U-8
Part G. 1967. ix, [142]p.
BT/U-5; CA/U-1
Windward Islands. St. Lucia.
Parts A, F. 1969. xii, [131]p.
LO/N17
Parts B, D, E, G. Marital status and union status; Age, ethnic origin and
religion; Households and families;Working population. 1969. xiii [293]p.
LO/N17; LO/U-8
Windward Islands. St. Vincent.
Parts A, B, F. 1969. xiii, [176]p.
LO/N17
Parts D, E, G. 1968. x, [289]p.
CA/U-1; LO/N17
British Guiana.
Parts A, G. 1969. xi, [275]p.
BT/U-5; CA/U-1; LO/N17; LO/U-3
Parts B, D. Marital status and union status; Age, ethnic origin and religion.
1967. ix, [130] p.
BT/U-5; CA/U-1; LO/N17; LO/U-3; LO/U-8
Parts E, F. ix, [266] p.
BT/U-5; CA/U-1; LO/N17; LO/U-3

[Eastern Caribbean Population census, 7 April, 1960]

Series A. Trinidad and Tobago. Port of Spain: 1961-1963. Bulletin 1-20?
1. Population by sex, age-group and race. 1961. 4p.
   BT/U-5; LO/N17; LO/S65; LO/U-3; LO/U-8; OX/U-9; XY/N-1 (microfilm)
2. Population by sex and religion. 1961. 4p.
   BT/U-5; LO/N17; LO/S65; LO/U-3; LO/U-8; OX/U-9; XY/N-1 (microfilm)
3. Non-institutional population by sex, migration status and place of birth. 1961. 4p.
   BT/U-5; CV/U-1; LO/N17; LO/U-3; LO/U-8; OX/U-9; XY/N-1 (microfilm)
4. Population attending school by sex and type of school attended. 1961. 4p.
   CV/U-1; LO/N17; LO/U-3; LO/U-8; OX/U-9; XY/N-1 (microfilm)
5. Working population by sex and months worked during the 12 months preceding the census (provisional). 1962. 4p.
   BT/U-5; CV/U-1; LO/N17; LO/S65; LO/U-3; LO/U-8; OX/U-9; XY/N-1 (microfilm)
6. Working population by sex and major industrial group (provisional). 1962. 4p.
   BT/U-5; CV/U-1; LO/N17; LO/U-3; LO/U-8; OX/U-9; XY/N-1 (microfilm)
7. Working population by sex and type of worker and whether actually working at census time (provisional). 1962. 4p.
   BT/U-5; CV/U-1; LO/N17; LO/S65; LO/U-3; LO/U-8; OX/U-9; XY/N-1 (microfilm)
8. Male working population by major occupational group (provisional). 1962. 4p.
   BT/U-5; CV/U-1; LO/N17; LO/S65; LO/U-3; OX/U-9; XY/N-1 (microfilm)
9. Female working population by major occupational group (provisional). 1962. 4p.
   BT/U-5; CV/U-1; LO/N17; LO/U-3; LO/U-8; OX/U-9; XY/N-1 (microfilm)
10. Adults by sex and main activity; number of persons working for the first time; number of persons looking for first job. 1962. 4p.
    BT/U-5; CV/U-1; LO/N17; LO/U-3; LO/U-8; OX/U-9; XY/N-1 (microfilm)
11. Persons by sex and socio-economic status (provisional). 1962. 4p.
    BT/U-5; CV/U-1; LO/N17; LO/U-1; LO/U-8; OX/U-9; XY/N-1 (microfilm)
12. Population by sex and 5 year age group. 1962. 6 p.
    BT/U-5; CV/U-1; LO/U-3; LO/U-8; OX/U-9; XY/N-1 (microfilm)
13. Population by sex and type of household institution. 1962. 4p.
    BT/U-5; CV/U-1; LO/N17; LO/S65; LO/U-3; OX/U-9
-- Revised ed. 1963. 4p.
    LO/U-8; XY/N-1 (microfilm)
14. Adult population by sex and marital status. 1962. 4p.
    BT/U-5; CV/U-1; LO/N17; LO/U-3; LO/U-8; OX/U-9; XY/N-1 (microfilm)
15. Part A. Population aged 5-14 years by sex and educational attainment; Part B. Population aged 15 years and over by sex and educational attainment. 1962. 6p.
    BT/U-5; CV/U-1; LO/N17; LO/U-3; LO/U-8; OX/U-9; XY/N-1 (microfilm)

16. Private households by number of persons and number of rooms. 1962. 4p.
16A. Number of rooms occupied by private households according to number of persons in households, 1960. 1963. 4p.
BT/U-5; CV/U-1; LO/N17; LO/S65; LO/U-3; OX/U-9; XY/N-1 (microfilm)
17. Part A. Number of families by size and by sex of head of family; Part B. Private households by number of families. 1962. 5p.
BT/U-5; CV/U-1; LO/N17; LO/S65; LO/U-3; LO/U-8; OX/U-9; XY/N-1 (microfilm)
18. Part A. Women (1) under 15 years, (2) 15-44 years of age and (3) 45-64 years of age by the number of children ever born.
Part B. Total number of live born children to women in year preceding census and women by type of live births in year preceding census;
Part C. Women (1) under 15 years of age, (2) 15-44 years of age and (3) 45-64 years of age by type of union. 1963. 12p.
BT/U-5; CV/U-1; LO/N17; LO/S65; LO/U-3; LO/U-8; OX/U-9; XY/N-1 (microfilm)
19. Labour force by sex and work status. 1963. 4p.
BT/U-5; CV/U-1; LO/N17; LO/U-3; LO/U-8; OX/U-9; XY/N-1 (microfilm)
20. Working population by sex, income group and type of work (preliminary). 1965. 12p.
BT/U-5; LO/N17; LO/U-3; LO/U-8; XY/N-1 (microfilm)

Series B. Windward Islands. Dominica, Grenada, St. Lucia, St. Vincent. Port of Spain, 1961-1963. Census bulletin, 1-19.
1. Population by sex, age-group and race. 1961. 4p.
BT/U-5; LO/N17; LO/U-3; LO/U-8; OX/U-9; XY/N-1 (microfilm)
2. Population by sex and religion. 1962. 4p.
BT/U-5; LO/N17; LO/U-3; LO/U-8; OX/U-9; XY/N-1 (microfilm)
3. Non-institutional population by sex, migration status and place of birth. 1962. 4p.
BT/U-5; LO/N17; LO/U-3; LO/U-8; OX/U-9; XY/N-1 (microfilm)
4. Population attending school by sex and type of school attended. 1962. 4p.
BT/U-5; LO/N17; LO/U-3; LO/U-8; OX/U-9; XY/N-1 (microfilm)
5. Working population by sex and months worked during the 12 months preceding the census (provisional). 1962. 4p.
BT/U-5; LO/N17; LO/U-3; LO/U-8; OX/U-9; XY/N-1 (microfilm)
6. Working population by sex and major industrial group (provisional). 1962. 4p.
BT/U-5; LO/N17; LO/U-3; LO/U-8; OX/U-9; XY/N-1 (microfilm)
7. Working population by sex and type of worker and whether actually working at census time (provisional) 1962. 4 p.
BT/U-5; LO/N17; LO/U-3; LO/U-8; OX/U-9; XY/N-1 (microfilm)
8. Male working population by major occupation group (provisional). 1962. 4p.
BT/U-5; LO/N17; LO/U-3; LO/U-8; OX/U-9; XY/N-1 (microfilm)

COMMONWEALTH CARIBBEAN

9. Female working population by major occupational group (provisional). 1962. 4p.
   BT/U-5; LO/N17; LO/U-3; LO/U-8; OX/U-9; XY/N-1 (microfilm)
10. Adults by sex and main activity; number of persons working for the first time; number of persons looking for first job. 1962. 4p.
    BT/U-5; LO/N17; LO/U-3; LO/U-8; OX/U-9; XY/N-1 (microfilm)
11. Persons by sex and socio economic status (provisional). 1962. 4p.
    BT/U-5; LO/N17; LO/U-3; LO/U-8; OX/U-9; XY/N-1 (microfilm)
12. Population by sex and 5-year age group. 1962. 6p.
    BT/U-5; LO/N17; LO/U-3; LO/U-8; OX/U-9; XY/N-1 (microfilm)
13. Population by sex, type of household and type of institution. 1962. 4p.
    BT/U-5; LO/U-3; LO/U-8; XY/N-1 (microfilm)
14. Adult population by sex and marital status. 1962. 4p.
    BT/U-5; LO/N17; LO/U-3; LO/U-8; OX/U-9; XY/N-1 (microfilm)
15. Part A. population aged 5 to 14 years by sex and educational attainment; Part B. Population aged 15 years and over by sex and educational attainment. 1962. 6p.
    BT/U-5; LO/N17; LO/U-3; LO/U-8; OX/U-9; XY/N-1 (microfilm)
16. Private households by number of persons and number of rooms. 1963. ?p.
    LO/N17; LO/U-3; XY/N-1 (microfilm)
16A. Number of rooms occupied by private households according to number of persons in households. 1963. 4p.
    BT/U-5; LO/N17; LO/U-8; OX/U-9; XY/N-1 (microfilm)
17A. Number of families by size and by sex of head of family. 1963. ?p.
    BT/U-5; LO/N17; LO/U-3; XY/N-1 (microfilm)
17B. Private households by number of families. 1963. ?p.
    BT/U-5; LO/U-3; XY/N-1 (microfilm)
18A. Women (1) under 45 years of age, (2) 45-64 years of age by number of children born. 1963. 12p. 18B. Total number of live born children to women in year preceding census and women by type of live births in year preceding census. 1963. ?p.
    BT/U-5; LO/N17; LO/U-3; LO/U-8; OX/U-9; XY/N-1 (microfilm)
18C. Women (1) under 45 years of age, (2) 45-64 years of age by type of union. 1963. ?p.
    BT/U-5; LO/N17; LO/U-3; LO/U-8; OX/U-9; XY/N-1 (microfilm)
19. Labour force by sex and work status. 1963. 4p.
    BT/U-5; LO/N17; LO/U-8; OX/U-9; XY/N-1 (microfilm)

Series C. Barbados. Port of Spain: 1962-63. Census bulletin 1-19 in 8 parts.
   1. Population by sex, age-group and race. 1963. 4p. Issued with no.12.
      LO/N17; LO/U-3; LO/U-8; XY/N-1 (microfilm)
   2. Population by sex and religion. 1963. 4p. Issued with no.4.
      LO/U-3; LO/U-8; XY/N-1 (microfilm)
   3. Non-institutional population by sex, migration status and place of birth, 1963. 4p. Issued with no. 11 and 14.
      LO/N17; LO/U-3; LO/U-8; XY/N-1 (microfilm)

4. Population attending school by sex, and type of school attended. 1963. 4 p. Issued with no.2.
   LO/N17; LO/U-3; LO/U-8; XY/N-1 (microfilm)
5. Working population by sex and months worked during the 12 months preceding the census. 1963. 4p. Issued with no. 7 and 10.
   LO/N17; LO/U-3; LO/U-8; XY/N-1 (microfilm)
6. Working population by sex and major industrial group. 1963. 4p. Issued with no. 8 and 9.
   LO/N17; LO/U-8; XY/N-1 (microfilm)
7. Working population by sex and type of worker and whether actually working at census time. 1963. 4p. Issued with no. 5 and 10.
   LO/N17; LO/U-3; LO/U-8; XY/N-1 (microfilm)
8. Male working population by major occupational group. 1963. 4p. Issued with no. 6 and 9.
   LO/N17; LO/U-8; XY/N-1 (microfilm)
9. Female working population by major occupational group. 1963. 4p. Issued with no. 6 and 8.
   LO/N17; LO/U-8; XY/N-1 (microfilm)
10. Adults by sex and main activity; number of persons working for the first time; number of persons looking for first job. 1963. 4p. Issued with no. 5 and 10.
    LO/N17; LO/U-3; LO/U-8; XY/N-1 (microfilm)
11. Working population by sex and socio-economic status. 1963. 4p. Issued with no.3 and 14.
    LO/N17; LO/U-3; LO/U-8; XY/N-1 (microfilm)
12. Population by sex and 5 year age group. 1963. 4p. Issued with no.1.
    LO/N17; LO/U-3; LO/U-8; XY/N-1 (microfilm)
13. Population by sex and type of household/institution. 1963. 4p. Issued with no. 16 and 17.
    LO/N17; LO/U-3; LO/U-8; XY/N-1 (microfilm)
14. Adult population by sex and marital status. 1963. 4p. Issued with no. 3 and 11.
    LO/N17; LO/U-3; LO/U-8; XY/N-1 (microfilm)
15A. Population aged 5 to 14 years by sex and educational attainment. 1963. 4p. 15B. Population aged 15 years and over by sex and educational attainment. 1963. 6p. Issued with no.19.
    LO/N17; LO/U-3; LO/U-8; XY/N-1 (microfilm)
16. Private households by number of persons and by number of rooms. 1963. 4p. Issued with no. 13 and 17.
    LO/N17; LO/U-3; LO/U-8; XY/N-1 (microfilm)
17. Part A. Number of families by size and by sex of head of family. Part B. Private households by number of families. 1962. 4p. Issued with no. 13 and 16.
    LO/U-3; LO/U-8; XY/N-1 (microfilm)

18. Part A. Women (1) under 45 years of age, (2) 45-64 years of age by number of children ever born; Part B. Total number of live born children to women in year preceding census, and women by type of live births in year preceding census; Part C. Women (1) under 45 years of age, (2) 45-64 years of age by type of union. 1963. 4p.
    LO/N17; LO/U-3; LO/U-8; XY/N-1 (microfilm)
19. Labour force by sex and work status. 1963. 6p. Issued with no. 15.
    LO/N17; LO/U-3; LO/U-8; XY/N-1 (microfilm)

Series D. British Guiana. Port of Spain: 1963. Census bulletin, 1-19.
1. Population by sex, age group and race. 1963. 4p.
   BT/U-5; LO/N17; LO/U-3; LO/U-8; OX/U-9; XY/N-1 (microfilm)
2. Population by sex and religion. 1963. 4p.
   BT/U-5; LO/N17; LO/U-3; LO/U-8; OX/U-9; XY/N-1 (microfilm)
3. Non-institutional population by sex, migration status and place of birth. 1963. 4p.
   LO/N17; LO/U-3; LO/U-8; OX/U-9; XY/N-1 (microfilm)
4. Population attending school by sex and type of school attended. 1963. 4p.
   BT/U-5; LO/N17; LO/U-3; LO/U-8; OX/U-9; XY/N-1 (microfilm)
5. Working population by sex and months worked during the 12 months preceding the census. 1963. 4p.
   BT/U-5; LO/N17; LO/U-3; LO/U-8; OX/U-9; XY/N-1 (microfilm)
6. Working population by sex and major industrial group. 1963. 4p.
   BT/U-5; LO/N17; LO/U-3; LO/U-8; OX/U-9; XY/N-1 (microfilm)
7. Working population by sex and type of worker and whether actually working at census time. 1963. 4p.
   LO/N17; LO/U-3; LO/U-8; OX/U-9; XY/N-1 (microfilm)
8. Male working population by major occupational group. 1963. 4p.
   BT/U-5; LO/N17; LO/U-3; LO/U-8; OX/U-9; XY/N-1 (microfilm)
9. Female working population by occupational group. 1963. 4 p.
   BT/U-5; LO/N17; LO/U-8; OX/U-9; XY/N-1 (microfilm)
10. Adults by sex and main activity; number of persons working for the first time; number of persons working for first job. 1963. 4p.
    BT/U-5; LO/N17; LO/U-3; LO/U-8; OX/U-9; XY/N-1 (microfilm)
11. Persons by sex and socio-economic status. 1963. 4p.
    LO/N17; LO/U-3; LO/U-8; OX/U-9; XY/N-1 (microfilm)
12. Population by sex and 5-year age group. 1963. 6p.
    BT/U-5; LO/N17; LO/U-3; LO/U-8; OX/U-9; XY/N-1 (microfilm)
13. Population by sex, type of household and type of institution. 1963. 4p.
    BT/U-5; LO/N17; LO/U-3; LO/U-8; OX/U-9; XY/N-1 (microfilm)
14. Adult population by sex and marital status. 1963. 4p.
    BT/U-5; LO/N17; LO/U-3; OX/U-9; XY/N-1 (microfilm)
15. Part A. Population aged 5 to 14 years by sex and educational attainment; Part B. Population aged 15 years and over by sex and educational attainment. 1963. 6p.
    BT/U-5; LO/N17; LO/U-3; LO/U-8; OX/U-9; XY/N-1 (microfilm)

COMMONWEALTH CARIBBEAN

16. Private households by number of persons and number of rooms.1963.4p.
    BT/U-5; LO/N17; LO/U-3; LO/U-8; OX/U-9; XY/N-1 (microfilm)
17. Part A. Number of families by size and by sex of head of family. Part B. Private households by number of families. 1963. 5p.
    BT/U-5; LO/N17; LO/U-3; LO/U-8; OX/U-9; XY/N-1 (microfilm)
18. Part A. Total number of children born to women (1) under 45 years (2) 45-64 years; Part B. Total number of live born children to women in the year preceding census; Part C. Women in type of union (1) under 45 years (2) 45-64 years. 1963. 8p.
    BT/U-5; LO/N17; LO/U-3; LO/U-8; OX/U-9; XY/N-1 (microfilm)
19. Labour force by sex and work status. 1963. 4p.
    BT/U-5; LO/U-3; LO/U-8; OX/U-9; XY/N-1 (microfilm)

British West Indies Population Census 1960

Jamaica

Jamaica
- Census population preliminary count, 1960. [Press release, no. 515/60. Kingston: Government Public Relations Office, 1960]. 4p., tabs.
    LO/N17; LO/S65; LO/U-3; LO/U-8

Jamaica. Department of Statistics
- Organization and content of the reports on the census of Jamaica, 7th April, 1960. Kingston, 1964. [2], 46p.
    LO/N-1; LO/N17; LO/N56; LO/U-3; LO/U-8; XY/N-1 (microfilm)

- Population census, 1960: some notes on internal migration. [Kingston, 196?] 20p.
    LO/N17

- Population census, 1960: some notes on the union status, marital status and number of children of the female population of Jamaica. Kingston, [1964?]. 35 p., tabs.
    LO/N17; LO/S65; LO/U-3; LO/U-8; XY/N-1 (microfilm)

Jamaica. Department of Statistics. Jamaica Tabulation Centre
- West Indies population census: census of Jamaica, 7th April, 1960. Kingston, 1963-64. Volumes I-II in 17 volumes.
    Volume I
    Part A. Administrative report [and enumeration districts definitions]. 1963. Three, ii, 556 p.
    BT/U-5; CA/U-1; LO/N-1; LO/N17; LO/N56; LO/S65; LO/U-3; LO/U-8; XY/N-1 (microfilm)

Part B. Enumeration district definitions. (cont). 1963. ii, four, 557- 1902p. 3 folding maps, 7 illus.
BT/U-5; CA/U-1; LO/N-1; LO/N56; LO/S65; LO/U-3; LO/U-8; XY/N-1 (microfilm)

Part C. Enumeration district tables. 1963. [3], ii, VIII, 1093-1487p.
BT/U-5; CA/U-1; LO/N-1; LO/N17; LO/N56; LO/S65; LO/U-3; LO/U-8; XY/N-1 (microfilm)

Part D. Enumeration district tables. (cont). 1963. [4] ii, XXI, 1488-1992p.
BT/U-5; CA/U-1; LO/N-1; LO/N17; LO/N56; LO/S65; LO/U-3; LO/U-8; XY/N-1 (microfilm)

Volume II, parts A-J. Tables.

Part A. Book 1. [General tables]. 1964. ix, xxvii, [387]p.
CA/U-1; LO/N-1; LO/N17; LO/N56; LO/S65; LO/U-3; LO/U-8; XY/N-1 (microfilm)

Part A. Book 2. [General tables]. 1964. 323, 411p.
BT/U-5; CA/U-1; LO/N17; LO/N56; XY/N-1 (microfilm)

Part B. [Housing and households]. 1964. ii, XXVI, 308 p.
BT/U-5; CA/U-1; LO/N-1; LO/N17; LO/N56; LO/S65 LO/U-3; LO/U-8; XY/N-1 (microfilm)

Part C. [Migration]. 1963. [435]p.
BT/U-5; LO/N-1; LO/N17; LO/N56; LO/S65; LO/U-3; LO/U-8; XY/N-1 (microfilm)

Part D. [Classifiable labour force].
CA/U-1; LO/N56

Part E. [Classifiable labour force]. (cont) 1964. ix, 592p.
BT/U-5; CA/U-1; LO/N-1; LO/N17; LO/N56; LO/S65; LO/U-3; LO/U-8; XY/N-1 (microfilm)

Part F. Section 1. [Classifiable labour force]. (cont) 1964. ix, 196p.
BT/U-5; CA/U-1; LO/N-1; LO/N17; LO/N56; LO/S65; LO/U-3; LO/U-8; XY/N-1 (microfilm)

Part F. Section 2. [Classifiable labour force]. (cont) 1964. 197-815p.
CA/U-1; LO/N-1; LO/N17; LO/N56; LO/S65; LO/U-8; XY/N-1 (microfilm)

Part G. Section 1. [Classifiable labour force]. 1964. v, 325 p.
BT/U-5; CA/U-1; LO/N-1; LO/N17; LO/N56; LO/S65; LO/U-3; LO/U-8

Part G. Section 2. [Classifiable labour force]. 1964. 326-780p.
BT/U-5; CA/U-1; LO/N-1; LO/N17; LO/N56; LO/S65; LO/U-3; LO/U-8; XY/N-1 (microfilm)

Part H. [Labour by industry and occupation]. 1963. iii, [471]p.
BT/U-5; CA/U-1; LO/N-1; LO/N17; LO/N56; LO/S65; LO/U-3; LO/U-8; XY/N-1(microfilm)

Part I. [Labour by industry]. 1964. viii, [507]p.
BT/U-5; CA/U-1; LO/N-1; LO/N17; LO/N56; LO/S65; LO/U-3; LO/U-8; XY/N-1 (microfilm)

Part J. [Labour force and income]. 1964. viii, [685]p.
BT/U-5; CA/U-1; LO/N-1; LO/N17; LO/N56; LO/S65; LO/U-3; LO/U-8; XY/N-1 (microfilm)

Jamaica. Department of Statistics
- [Census of Jamaica]. Final report: 1960 population census. [Kingston: Department of Statistics, 196?]. 11 leaves.
   LO/N17

Jamaica. Department of Statistics. Jamaica Tabulation Centre
- Census of Antigua, 7th April, 1960. Kingston: Department of Statistics, 1961. 2 volumes.
   Volume 1. Not published.
   Volume 2. xvii, 168p.
   BT/U-5; LO/N-1; XY/N-1 (microfilm)

- Census of British Honduras, 7th April, 1960. Kingston: Department of Statistics, 1961. 2 volumes.
   Volume 1. 208p.
     LO/N-1; LO/U-8; XY/N-1 (microfilm)
   Volume 2. vii, 254p. tables.
     CA/U-1; LO/N-1; LO/S65; LO/U-8; XY/N-1 (microfilm)

- Census of the British Virgin Islands, 7th April, 1960. [Kingston: Department of Statistics, 1961]. 2 volumes.
   Volume 1. Not published.
   Volume 2. xxi, 197p.
     CA/U-1; LO/N-1; LO/S65; LO/U-8; XY/N-1 (microfilm)

- Census of Cayman Islands, 7th April, 1960. Kingston: Department of Statistics, 1960. 2 volumes.
   Volume 1. Not published.
   Volume 2. xxiii, 190p.
     XY/N-1 (microfilm)

- Census of Montserrat, 7th April, 1960. Kingston: Department of Statistics, [1964]. 2 volumes.
   Volume 1. Administrative report. Not published.
   Volume 2. [1964]. xxii, 186 p. tables.
     CA/U-1; LO/N-1; LO/S65; LO/U-8; XY/N-1 (microfilm)

- Census of St. Kitts, Nevis, Anguilla, 7th April, 1960. Kingston: Department of Statistics, 1960. 2 volumes.
   Volume 1. Not published.
   Volume 2. [1960?] x, 221p.
     CA/U-1; LO/N-1; LO/S65; LO/U-8; XY/N-1 (microfilm)

- Census of Turks and Caicos Islands, 7th April, 1960. Kingston: Department of Statistics, [1964]. 2 volumes.
    Volume 1. Administrative report. Not published.
    Volume 2. [Age and sex, religion and education... 1964]. xix, 125p. tables.
    BT/U-5; CA/U-1; LO/N-1; LO/S65; LO/U-3; LO/U-8; XY/N-1 (microfilm)

- West Indies population census, 1960. Bulletin 1-24. Kingston: Department of Statistics, 1960-62.
    1. Provisional census population for Jamaica and other territories. 1960. 14p. Covers Cayman Islands, Turks and Caicos Islands, British Honduras and Leeward Islands.
        LO/N-1; LO/N17; LO/S65; LO/U-3; LO/U-8; XY/N-1 (microfilm)
    2. [Provisional census population for small administrative units].1960. 12p.
        CA/U-1; LO/N-1; LO/N17; LO/S65; LO/U-3; LO/U-8; XY/N-1 (microfilm)
    3. Census population of Jamaica. 1961. 21p.
        LO/N-1; LO/S65; LO/U-3; LO/U-8; OX/U-9; XY/N-1 (microfilm)
    4 Turks and Caicos Islands. 1960. 9 p.
        LO/U-3; LO/U-8; OX/U-9; XY/N-1 (microfilm)
    5. Cayman Islands. [1960]. 8 p.
        LO/N17; LO/U-8; XY/N-1 (microfilm)
    6. Virgin Islands. [1960]. 6p.
        LO/N17; LO/U-8; XY/N-1 (microfilm)
    7. Montserrat. [1960]. 6p.
        LO/N17; LO/U-3; LO/U-8; XY/N-1 (microfilm)
    8. Antigua. [196?]. 14p.
        LO/N17; LO/U-8; XY/N-1 (microfilm)
    9. St Kitts, Nevis and Anguilla. 1960. 14p.
        LO/N17; XY/N-1 (microfilm)
    10. British Honduras. [1960?]. 10p.
        LO/N17; XY/N-1 (microfilm)
    11. (Leeward Islands). 1962. [4] 50p.
        LO/N-1; LO/N17; LO/U-3; LO/U-8; OX/U-9; XY/N-1 (microfilm)
    12. (Cayman and Turks and Caicos Islands). 1962. [2] ii, 14p.
        LO/N-1; LO/N17; LO/U-3; LO/U-8; OX/U-9; XY/N-1 (microfilm)
    13. (British Honduras). Provisional. 1962. ii, 22p.
        LO/N-1; LO/N17; LO/U-3; LO/U-8; OX/U-9; XY/N-1 (microfilm)
    14. (Jamaica). Provisonal. 1962. [1] i, 46p.
        CV/U-1; LO/N-1; LO/N17; LO/S65; LO/U-3; LO/U-8; OX/U-9; XY/N-1 (microfilm)
    15. (Leeward Islands). Provisional. 1962. [3] 32p.
        LO/N-1; LO/N17; LO/U-3; LO/U-8; OX/U-9; XY/N-1 (microfilm)
    16. (Cayman and Turks and Caicos Islands). Provisional. 1962. 2, 11p.
        LO/N-1; LO/N17; LO/U-3; LO/U-8; XY/N-1 (microfilm)
    17. Not published.
    18. (Jamaica). Provisional. 1962. [3] 72p.
        LO/N-1; LO/N17; LO/S65; LO/U-3; LO/U-8; OX/U-9; XY/N-1 (microfilm)

19. (Jamaica). Provisional. 1962. 72p.
   CA/U-1; CV/U-1; LO/N-1; LO/N17; LO/S65; LO/U-3; LO/U-8; OX/U-9; XY/N-1 (microfilm)
20. (Jamaica). Provisional. 1962. [4] 101p.
   CA/U-1; CV/U-1; LO/N-1; LO/N17; LO/S65; LO/U-3; LO/U-8; OX/U-9; XY/N-1 (microfilm)
21. (Jamaica). Provisional. 1962. [1] 104p.
   BT/U-5; CA/U-1; LO/N-1; LO/N17; LO/S65; LO/U-3; LO/U-8; OX/U-9; XY/N-1 (microfilm
22. (Jamaica). Provisional. 1962. 1, ii, 47p.
   BT/U-5; CA/U-1; LO/N-1; LO/N17; LO/S65; LO/U-3; LO/U-8; OX/U-9; XY/N-1 (microfilm)
23. (Jamaica). Provisional. 1962. 2, vii, 66p.
   BT/U-5; CA/U-1; LO/N-1; LO/N17; LO/S65; LO/U-3; LO/U-8; OX/U-9; XY/N-1 (microfilm)
24. (Jamaica. Provisional. 1962. vii, 10p.
   LO/U-8; OX/U-9; XY/N-1 (microfilm)

1961

West Indies Census of Agriculture

British Development Division in the Caribbean
- West Indies census of agriculture, 1961. Report on the Eastern Caribbean: including the territories of Antigua, Barbados, Dominica, Grenada, St. Kitts-Nevis - Anguilla, St. Lucia, St. Vincent and the British Virgin Islands. Bridgetown, 1968. [275p.]
   LO/U-8

1970

Population Census of the Commonwealth Caribbean

Barbados. Statistical Service
- Commonwealth Caribbean population census, 1970. Preliminary bulletin, *see* Barbados, 1970.

Jamaica. Department of Statistics
- Commonwealth Caribbean population census, 1970. Census of Jamaica, *see* Jamaica, 1970.

Trinidad and Tobago. Central Statistical Office. Population Census Division
- 1970 population census. Bulletin, *see* Trinidad and Tobago, 1970.

University of the West Indies. Census Research Programme
- 1970 population census of the Commonwealth Caribbean. Mona, 1973-76. 10 volumes in ? parts. Some results issued by individual countries.
1. Administrative volume. Not published.
2. Enumeration district tabulations. Not published.
3. Age tabulations: populations by sex and five year age-groups ... and by single years of age. 1973. viii, 231p.
BT/U-5; CA/U-1; LO/N56; LO/U-3; LO/U-8
4. Economic activity. Parts 1-16.
Part 1. Jamaica. 1973. x, 385p.
BT/U-5; CA/U-1; LO/N-1; LO/U-3; LO/U-8
Part 2. Trinidad and Tobago. 1973. x, 361p.
BT/U-5; CA/U-1; LO/N-1; LO/N56; LO/U-3; LO/U-8
Part 3. Guyana. 1973. x, 38 p.
BT/U-5; CA/U-1; LO/N-1; LO/N56; LO/U-3; LO/U-8
Part 4. Barbados. 1973. x, 335p.
LO/N-1; LO/N56; LO/U-3; LO/U-8
Part 5. Belize. 1973. x, 257p.
LO/N-1; LO/N56; LO/U-3; LO/U-8
Part 6. St. Lucia. 1973. x, 361p.
LO/N-1; LO/N56; LO/U-3; LO/U-8
Part 7. Grenada. 1973. x, 25 p.
LO/N-1; LO/N56; LO/U-3; LO/U-8
Part 8. St. Vincent. 1973. x, 387p.
LO/N-1; LO/N17; LO/N56; LO/U-3; LO/U-8
Part 9. Dominica. 1973. x, 335p.
BT/U-5; CA/U-1; LO/U-3; LO/U-8
Part 10. Bermuda. 1973. x, 265p.
BT/U-5; CA/U-1; LO/N-1; LO/U-3; LO/U-8
Part 11. St. Kitts-Nevis. 1973. x, 439p.
BT/U-5; CA/U-1; LO/U-3; LO/U-8
Part 12. Montserrat. 1973. x, 153p.
CA/U-1; LO/N-1; LO/N56; LO/U-3; LO/U-8
Part 13. Cayman Islands. 1973. x, 127p.
CA/U-1; LO/N-1; LO/N56; LO/U-3; LO/U-8
Part 14. British Virgin Islands. 1973. x, 179p.
LO/N-1; LO/N56; LO/U-3; LO/U-8
Part 15. Turks and Caicos Islands. 1973. x, 205p.
LO/N-1; LO/N56; LO/U-3; LO/U-8
Part 16. Economic activity: occupation and industry. 1976. x, 150p.
BT/U-5; CA/U-1; LO/N-1; LO/N17; LO/N56; LO/U-3; LO/U-8
5. Internal migration: Jamaica, Trinidad and Tobago, Guyana, Barbados, British Honduras. 1975. xi, [1] 295p.
BT/U-5; CA/U-1; LO/N-1; LO/N17; LO/N56; LO/U-3; LO/U-8

6. Education.
   Part 1. Jamaica, Trinidad and Tobago, Guyana. 1975. viii, [1] 377p.
   BT/U-5; CA/U-1; LO/N-1; LO/N56; LO/U-3; LO/U-8
   Part 2. Barbados, Belize, St. Lucia, Grenada, St. Vincent. 1975. x, 327p.
   BT/U-5; CA/U-1; LO/N-1; LO/N17; LO/N56; LO/U-3; LO/U-8
   Part 3. Dominica, Bermuda, St. Kitts, Montserrat, Cayman Islands, British Virgin Islands, Turks and Caicos Islands. 1975. xii, 359p.
   BT/U-5; CA/U-1; LO/N-1; LO/N56; LO/U-3; LO/U-8
7. Race and religion. 1976. vii, [1] 182p.
   BT/U-5; CA/U-1; LO/N-1; LO/N17; LO/N56; LO/U-3; LO/U-8
8. Part 1. Fertility. 1976. xiv, [1] 296p.
   BT/U-5; CA/U-1; LO/N-1; LO/N17; LO/N56; LO/U-3; LO/U-8
   Part 2. Union status. 1976. xvi, 32 p.
   BT/U-5; CA/U-1; LO/N-1; LO/N17; LO/N56; LO/U-3; LO/U-8
   Part 3. Marital status. 1976. xi, [1] 342p.
   BT/U-5; CA/U-1; LO/N-1; LO/N17; LO/N56; LO/U-3; LO/U-8
9. Housing and household.
   Part 1. Jamaica, Trinidad and Tobago, Guyana. 1975. xii, 390p.
   BT/U-5; CA/U-1; LO/N-1; LO/N56; LO/U-3; LO/U-8
   Part 2. Barbados, British Honduras, St. Lucia, Grenada. 1975. xiv, 354p.
   BT/U-5; CA/U-1; LO/N-1; LO/N17; LO/N56; LO/U-3; LO/U-8
   Part 3. St. Vincent, Dominica, Bermuda. 1975. xii, 273p.
   BT/U-5; CA/U-1; LO/N-1; LO/N17; LO/N56; LO/U-3; LO/U-8
   Part 4. St. Kitts-Nevis, Montserrat, Cayman Islands, British Virgin Islands, Turks and Caicos Islands. 1975. xvi, 352p.
   BT/U-5; CA/U-1; LO/N-1; LO/N56; LO/U-3; LO/U-8
10. Miscellaneous. Income.
    Part 1. Jamaica, Trinidad and Tobago, Guyana, Barbados, British Honduras. 1976. viii, 348 p.
    BT/U-5; CA/U-1; LO/N-1; LO/N56; LO/U-3; LO/U-8
    Part 2. St. Lucia, Grenada, St. Vincent, Dominica, Bermuda, St. Kitts. 1976. viii, 408 p.
    BT/U-5; CA/U-1; LO/N-1; LO/N56; LO/U-3; LO/U-8
    Part 3. Montserrat, Cayman, British Virgin Islands, Turks. 1976. viii, 108p.
    BT/U-5; CA/U-1; LO/N-1; LO/N56; LO/U-3; LO/U-8
    Part 4. Jamaica, Trinidad, Guyana, Barbados, British Honduras, St.Lucia, Grenada, St. Vincent, Dominica, Bermuda, St. Kitts, Montserrat, Cayman, British Virgin Islands, Turks. 1976. viii, 120p.
    BT/U-5; CA/U-1; LO/N-1; LO/N56; LO/U-3; LO/U-8

Commonwealth Caribbean Population Census 1970

Jamaica

Jamaica. Censuses and Surveys Division
- Population census, 1970: preliminary report. Kingston: Censuses and Surveys Division, 1970. ii, 32p., 5 maps, tabs.
    BT/U-5; CA/U-1; LO/N-1; LO/N17; LO/N99; LO/U-3; LO/U-8; LV/U-1; OX/U-9

- Population census 1970: classified by constituencies and type of household (preliminary data). Kingston: Censuses and Survey Division, 1971. 4p.
    BT/U-1; LO/N17; LO/N99; LO/S65; LO/U-3; LO/U-8; LV/U-1; OX/U-9

- Commonwealth Caribbean population census, 1970: Jamaica, volume I-VI in ? parts. Kingston: Government Printer, 1974- .
  I Administrative report. 197?
  II Subject reports.
    Part A, book 1. Population by sex, by 5 year age-group, by parish constituency, by special area and by enumeration district. [Data by single years and age group]. 1976. 377p.
    CA/U-1; LO/N-1; LO/N17; LO/U-8; OX/U-9
    Part B.
    LO/N-1
    Part C.
    Part D, book 1. [Educational attainment]. 1976. 149p.
        CA/U-1; LO/N-1; LO/N17; LO/U-8; OX/U-9
    Part E, book 1. [Economic activity of the population 14 years of age and over]. 1976. 456p.
        CA/U-1; LO/N-1; LO/N17; LO/U-8; OX/U-9
    Part E, book 2. Adult population by sex, by special area, constituency, parish, educational attainment, type of worker, industry group. [1978]. 435p.
        LO/N17; LO/S65
    Part E, book 3.
    Part E, book 4. [Working population by sex, ethnic origin, type of worker and industry]. 1978. 309p.
        LO/N17; LO/N56; LO/S65; LO/U-8
    Part F. Fertility and union status of the female adult non school population. 1977. 343p.
        LO/N-1; LO/N17; LO/U-8
  III Enumeration district reports.
    Part A. Age. 1977. 315 p., tabs.
        CA/U-1; LO/N-1; LO/N17; LO/U-8; OX/U-9
    Part B.
    Part C.

Part D.
Part E, book 1.
Part E, book 2. Dwellings. 1977. ii, 398p.
   CA/U-1; LO/N-1; LO/U-8; OX/U-9
IV Enumeration district tables (by parishes).
V Enumeration district maps and descriptions (by parts): population classified by age, sex and number of dwellings, parts 1-14.
  Part 1. Parish of Kingston. 1974. 171p.
    BT/U-5; CA/U-1; LO/N17; LO/U-8; OX/U-9
  Part 2. Parish of St. Andrew. 1975. 392p.
    BT/U-5; CA/U-1; LO/N17; LO/U-8; OX/U-9
  Part 3. Parish of St. Thomas. 1975. 114 p.
    BT/U-5; CA/U-1; LO/N17; LO/U-8; OX/U-9
  Part 4. Parish of Portland. 1975. 114p.
    BT/U-5; CA/U-1; LO/N17; LO/U-8; OX/U-9
  Part 5. Parish of St. Mary. 1975. 129 p.
    BT/U-5; CA/U-1; LO/N17; LO/U-8; OX/U-9
  Part 6. Parish of St. Ann. 1974. 163p.
    BT/U-5; LO/N17; LO/U-8; OX/U-9
  Part 7. Parish of Trelawney. 1975. 98.
    BT/U-5; CA/U-1; LO/N17; LO/U-8; OX/U-9
  Part 8. Parish of St. James. 1974. 136p.
    LO/N17; LO/U-8; OX/U-9
  Part 9. Parish of Hanover. 1975. 79p.
    BT/U-5; CA/U-1; LO/N17; LO/U-8; OX/U-9
  Part 10. Parish of Westmorland. 1975. 145p.
    BT/U-5; CA/U-1; LO/N17; LO/U-8; OX/U-9
  Part 11. Parish of St. Elizabeth. 1974. 155p.
    BT/U-5; LO/N17; OX/U-9
  Part 12. Parish of Manchester. 1976. 147p.
    BT/U-5; LO/N17; LO/U-8
  Part 13. Parish of Clarendon. 1975. 204p.
    BT/U-5; LO/N17; LO/U-8; OX/U-9
  Part 14. Parish of St. Catherine. 1975. 234p.
    BT/U-5; CA/U-1; LO/N17; LO/U-8; OX/U-9
VI Demographic atlas of urban areas, parts 1-?
  Part 1. Kingston metropolitan area. 1977. 52p.
    BT/U-5; LO/N17; LO/U-8

- Population census, 1970: bulletin 1-5. Kingston: Government Printer, 1973-74.
  1. Population: by parish, by sex, by five year age groups, by urban/rural areas: provisional totals. 1973. xix, 44p. tabs.
     BT/U-5; CA/U-1; LO/N-1; LO/N17; LO/S65; LO/U-3; LO/U-8
  2. Dwellings: type, tenure, water-supply, toilet facilities, year of construction, materials of outside walls, number of rooms; by parish; by constituency, by urban/rural distribution, by parish capitals; provisional totals. 1973. vii, 80p. tabs.
     BT/U-5; CA/U-1; LO/N-1; LO/N17; LO/S65; LO/U-3; LO/U-8
  3. Education: population by years of primary schooling, highest examination passed, highest level of educational institution attended. 1974. [vii] 73p.
     BT/U-5; CA/U-1; LO/N17; LO/S65; LO/U-3; LO/U-8; OX/U-9
  4. Internal migrants: by parish, by sex, by period of entry, by educational attainment, by special training, by major occupation, by number of years lived in parish, by ethnic origin: provisional totals. 1973. [vii] 33, [7] p. tables.
     BT/U-5; CA/U-1; LO/N-1; LO/N17; LO/S65; LO/U-3; LO/U-8
  5. Economic activity: by sex, by age group, by educational attainment, by occupational group, by industrial group, by number of months worked, by type of worker. 1974. vii, 68p., tabs.
     BT/U-5; CA/U-1; LO/N-1; LO/N17; LO/S65; LO/U-3; LO/U-8

COSTA RICA

Many estimates of the population of Costa Rica were made during colonial times and the early nineteenth century, although the first systematic collection and publication of national census data was that for the census of 1864. The major published work on these early estimates is that of Monseñor Theil in his *Monografía de la población de Costa Rica en el siglo XIX* (San José: Tip. Nacional, 1902) which supplies figures from many parochial and civil sources, starting with the tribal composition of the Indian population in 1502-1522 and ending at 1900. Similarly Luis Dobles-Segreda, in his *Indice bibliográfico de Costa Rica* (San José: Imp. Lehmann, 1933) summarises census data for 1844 to 1927 (see section on Colonial and Early Censuses for details). A description of the manuscript sources from 1777 to the 1850s held in the Archivo Nacional in San José is given in Lowell Gudmundson, *Late colonial and early independent census records in Costa Rica* in: Latin American historical statistics newsletter, vol. 1, no. 2 (Spring 1983) p. 1-3.

The number and reliablity of Costa Rican censuses for the nineteenth and early twentieth centuries are uncertain. Various reports on the population cite data which claim to be based on censuses for 1824, 1836, 1844, 1864, 1883, 1888, 1892 and 1927. For example, the *Resúmenes estadísticas. I. Sección demográfica, 1883-1889* is reputedly based on censuses for 1844, 1864, 1875, 1888 and 1892. (See 1883 section for details). (N.B. Gudmundson gives slightly different dates for the 1830s and 1840s census attempts). However, the Statistical Office in Costa Rica only admits four of these censuses [1844, 1864, 1892 and 1927] as national censuses. Of these the status of the 1844 data is questionable and seems to have been a compilation from parish registers. The 1864 census was organized by the German statistician Streber, but because of the scattered nature of the population and much lack of cooperation this census was also imperfect, as may be the next two national censuses, because of poor communications and a lack of competent personel.

After 1927 no national population census was taken until 1950, although the Central Statistical Office felt that one was needed. Annual estimates made during this period give rough totals for the country as a whole but no valid figures of provincial populations. Vital statistics were also published. There was a census of the unemployed only in 1932.

The programme of the Census of the Americas put the Costa Rican censuses on a more regular basis as it was implemented in that country by four censuses for housing, population, agriculture, and commerce and industry, which were established by Decreto Ley No. 294 on the 7th December 1948. The necessary administrative machinery was set up and the population census was held in 1950, followed by those of 1963 and 1973.

[G. Shaw]

LIST OF CONTENTS

COLONIAL AND EARLY CENSUSES

1844 [FIRST NATIONAL CENSUS]

1864 CENSO GENERAL (2)

1875

1883 CENSO DE POBLACION

1883-1910 RESUMENES ESTADISTICOS, COMERCIO, AGRICULTURA, INDUSTRIA

1888 POBLACION DE LA REPUBLICA DE COSTA RICA

1892 CENSO DE POBLACION (3)

1904 CENSO DE LA CIUDAD DE SAN JOSE

1904 CENSO AGRICOLA GENERAL (1)

1905 CENSO AGRICOLA GENERAL (2)

1907 CENSO COMERCIAL

1907 CENSO INDUSTRIAL

1909 POBLACION DE LA REPUBLICA

1910 CENSO AGRICOLA

1915 CENSO COMERCIAL

1927 CENSO DE POBLACION

1932 CENSO DE PERSONAS SIN TRABAJO

1948 CENSO DE PRUEBA DE POBLACION Y AGROPECUARIO, TURRIALBA

1949 CENSO DE POBLACION Y AGROPECUARIO EN EL CANTON DE FLORES DE LA PROVINCIA DE HEREDIA

COSTA RICA

1949 CENSO DE PRUEBA EN EL CANTON DE MORAVIA DE LA PROVINCIA DE SAN JOSE

1949 CENSO URBANO DE EDIFICIOS Y VIVIENDAS

1950 CENSO DE POBLACION

1950 CENSO AGROPECUARIO

1952 CENSO DE PRUEBA... COMERCIO E INDUSTRIAS

1952 CENSO DE COMERCIO (1) Y INDUSTRIAS (1)

1955 CENSO AGROPECUARIO

1958 CENSO DE COMERCIO (2)

1958 CENSO DE INDUSTRIAS (2)

1959 CENSO DE EDIFICIOS ESCOLARES

1960 EL CENSO DE LAS AMERICAS EN COSTA RICA

1963 CENSOS POBLACION, VIVIENDA, AGROPECUARIO

1963 CENSO NACIONAL DE POBLACION

1963 CENSO AGROPECUARIO

1963 CENSO DE VIVIENDA

1963-1964 EL AREA METROPOLITANA DE SAN JOSE SEGUN LOS CENSOS DE 1963 Y 1964

1964 CENSOS ECONOMICOS

1964 CENSO DE COMERCIO Y SERVICIOS (3)

1964 CENSO DE INDUSTRIAS MANUFACTURERAS (3)

1966 CENSO DE POBLACION UNIVERSITARIA CENTROAMERICANA (4)

1973 CENSO NACIONAL DE POBLACION (7)

1973 CENSO AGROPECUARIO

COSTA RICA

1973 CENSO DE VIVIENDA

1975 CENSO DE COMERCIO (4)

1975 CENSO DE MANUFACTURA (4)

1975 CENSO DE SERVICIOS (4)

COSTA RICA

Colonial and Early Censuses

Dobles-Segreda, Luis
- Indice bibliográfico de Costa Rica. Tomo v, Historia hasta 1900. San José: Imp. Lehmann (Sauter and Co.), 1933. XIV, 623p. The section, 'Censos de Costa Rica', p. 576-593, summarizes data on provincial populations from censuses of 1844, 1864, 1875, 1883, 1888, 1892, and 1927. Total populations are given on the basis of censuses in 1824 and 1836.
    LO/N-1; LO/U19; OX/U-1

Thiel, B.A.
- Monografía de la población de Costa Rica en el siglo XIX. p. 3-52 in: Revista de Costa Rica en el siglo XIX. Tomo primero. San José: Tip. Nacional, 1902. x, 404p. One table included gives the tribal composition of the Indian population during the period of discovery, 1502-1522 (p. 13) and another table gives the racial composition of the population according to 'censuses' of 1522, 1569, 1611, 1700, 1720, 1741, 1751, 1778, and 1801 (p. 8), with detailed information for various of these dates given in the following pages. Data for the 19th century include a summary table giving populations of provinces and sub-provincial areas for censuses of 1824, 1836, 1864, 1875, 1883, 1888, and 1892, with estimates for 1801, 1844, and 1900. Sources of all data are discussed at some length.
    LO/U-1

1844

1st national census. No census volumes traced. For data from 1844 census *see* Colonial and Early Censuses
Dobles-Segreda, Luis. Indice bibliográfico de Costa Rica ...
Thiel, B.A. Monografía de la población de Costa Rica en el siglo XIX ...

and 1883
Departamento Nacional de Estadística. Resúmenes estadísticos. 1. Sección demográfica, 1883-1893...

1864

Censo General (2)

Dirección General de Estadística y Censos
- Censo general de la República de Costa Rica, 27 de noviembre de 1864. San José: D.G.E.G., 1964 (Facsimile ed. First printing, 1868 by Imp. Nacional). xl, 71, [1]p. 27 cm.
    BT/U-5; CC/U-1; LO/N56; LO/U-3

COSTA RICA

Dirección General de Estadística
- Año 1864. Las profesiones y oficios de los habitantes de la República dividida en provincias. Este estudio se reproduce integro del censo general de ese año. p. 118-124 *in*: Resúmenes estadísticos, años 1883 a 1910. Comercio, agricultura, industria. San José: Imp. Nacional, 1912. 135p.
    LO/N-1; LO/U-3

- Censo de la República de Costa Rica. Estadística de la población en cuadros demostrativos. [San José 1865.] xl, 103 p. 33 cm.

For data from 1864 census *see also* Colonial and Early Censuses
Dobles-Segreda, Luis. Indice bibliográfico de Costa Rica ...
Thiel, B.A. Monografía de la población de Costa Rica en el siglo XIX ...

See also 1883 Censo de Población
Departamento Nacional de Estadística. Resúmenes estadísticos 1. Sección demográfica, 1883-1893...

See also 1892
Dirección General de Estadística. Censo general de la República de Costa Rica...

1875

Not considered to be a national census. No census volumes traced. For data from 1875 census:

See Colonial and Early Censuses
Dobles-Segreda, Luis. Indice bibliográfico de Costa Rica...
Thiel, B.A. Monografía de la población de Costa Rica en el siglo XIX...

and 1883
Departamento Nacional de Estadística. Resumenes estadísticos. 1. Sección demográfica 1883-1893...

1883

Censo de Población

Dirección General de Estadística y Censos
- Censo de población 1883. [San José]: República de Costa Rica, Ministerio de Economía, Industria y Comercio, Dirección General de Estadística y Censos, 1975. 110p; 28 cm. [Facsimile reprint of 2nd vol. of Anuario Estadístico, 1885].
    CA/U-1; LO/U-1

COSTA RICA

Departamento Nacional de Estadística
- Resúmenes estadísticos ... I. Sección demográfica 1883-1893. San José: Tip. Nacional, 1895. 275p. Detailed statistics from the census of 1883 accompany the data for 1892 which are given in this volume. Provincial populations are given according to so-called censuses of 1844, 1864, 1875, 1883, 1888 and 1892. p.9.

For data from 1883 census:
See also Colonial and Early Censuses
Dobles-Segreda, Luis. Indice bibliográfico de Costa Rica...
Thiel, B.A. Monografía de la población de Costa Rica en el siglo XIX ...

See also 1892
Direccion General de Estadística. Censo general de la República de Costa Rica...

1883-1910

Dirección General de Estadística
- Resúmenes estadísticos, años 1883 a 1910. Comercio, agricultura, industria. San José: Imp. Nacional, 1912. 135 p. Includes año 1907. Censo comercial..... p. 93-104. Censos agrícolas, años 1905 y 1910. p. 108-113. Año 1907. Censo industrial. p. 126-133.
    LO/N-1; LO/U-3 (2 parts)

1888

Dirección General de Estadística
- Población de la República de Costa Rica del 31 diciembre de 1888. San José: Tip. Nacional, 1889. 35p. Not considered to be a national census.

See also Colonial and Early Censuses
Dobles-Segreda, Luis. Indice bibliográfico de Costa Rica...
Thiel, B.A. Monografía de la población de Costa Rica en el siglo XIX ...

See also 1883
Departamento Nacional de Estadística. Resúmenes estadísticos. 1. Sección demográfica, 1883-1893...

1892

Censo de Población (3)

Dirección General de Estadística
- Censo general de la República de Costa Rica, levantado bajo la administración del licenciado Don José J. Rodriguez el 18 de febrero de 1892. San José: Tip. y Litografía Nacional, 1893. ccxvii p. Comparative data for 1864 and 1883 are included.

Dirección General de Estadística y Censos
- Censo de población, 1892. [San José], 1974. ccxvii p. 28 cm. Reprint of the 1893 ed. published by Tip. Nacional, San José, under title: Censo general de la República de Costa Rica, levantado bajo la administración del licenciado don José J. Rodriguez el 18 de febrero de 1892. [It enumerates 243, 205 people].
   CA/U-1; LO/U-1; OX/U-1

For data from 1892 census:
See also Colonial and Early Censuses
Dobles-Segreda, Luis. Indice bibliográfico de Costa Rica...
Thiel, B.A. Monografía de la población de Costa Rica en el siglo XIX ...

See also 1883 Censo de Población
Departamento Nacional de Estadística. Resúmenes estadísticos. 1. Sección demográfica, 1883-1893...

1904

Censo de la Ciudad de San José

CENSO de la ciudad de San José. Costa Rica: Imp. Nacional, 1906. 22p. 20½ x 30 cm. Resumen del censo de 30 de noviembre de 1904.
   LO/N-1

1904

Censo Agrícola General (1)

Dirección General de Estadística
- Primer censo agrícola general. San José: Tip. Nacional, 1904. 17p. 31 cm.

1905

Censo Agrícola General (2)

Dirección General de Estadística y Censos
- [Censo general 1905-1906]. Censo agrícola de 1905. San José: Tip. Nacional, 1906. 17p. 30 cm.

- Segundo censo agrícola general. San José: Tip. Nacional, 1905. 17p. 30 cm.

For data from 1905 agricultural census:
See also 1883-1910
Oficina Nacional de Estadística. Resúmenes estadísticos, años 1883 a 1910. Comercio, agricultura, industria...

1907

Censo Comercial

Dirección General de Estadística y Censos
- Censo comercial el 31 de diciembre de 1907: comercio é industrias patentadas. (San José: Tip. Nacional, [1908?]). 95 p. 30 cm. 'Anexo a la memoria de fomento de 1907 a 1908'.

For data from 1907 commercial census:
See also 1883-1910
Oficina Nacional de Estadística. Resúmenes estadísticos, años 1883 a 1910. Comercio, agricultura, industria...

1907

Censo Industrial

For data from 1907 industrial census:
See also 1883-1910 Oficina Nacional de Estadística. Resúmenes estadísticos, años 1883 a 1910. Comercio, agricultura, industria...

1909

POBLACION de la República el 31 de diciembre de 1909. San José: Tip. Nacional, 1910. 15p.

1910

Censo Agrícola

For data from 1910 agricultural census:
See also 1883-1910
Oficina Nacional de Estadística. Resúmenes estadísticos, años 1883 a 1910. Comercio, agricultura, industria...

1915

Censo Comercial

Dirección General de Estadística
- Censo comercial, año 1915. San José: Imp. Nacional, 1917. 210p. 31 cm.

1927

Censo de Población

Dirección General de Estadística y Censos
- Censo de población de Costa Rica, 11 de mayo de 1927. San José, 1960. 115, [1]p.
  LO/N-1; LO/N56; LO/U-1; LO/U-3

Oficina Nacional del Censo
- Población de la República de Costa Rica según el censo general de población levantado al 11 de mayo de 1927. Por provincias, cantones y distritos. San José: María V. de Lines, Librería Española, Imp., 1927. 20p. (Publicación no.2).

- Alfabetismo y analfabetismo en Costa Rica según el censo general de población de 11 de mayo de 1927. San José: Imp. Libreria y Encuadernación Alsina, 1928. 65p. (Publicación no.3). Includes comparative statistics for 1864 and 1892.
  LO/N-1

Dirección General de Estadística
- División territorial administrativo de la República de Costa Rica. San José: Imp. Nacional, 1927. 52p. 24 cm.
  LO/N-1

See also Colonial and Early Censuses
Dobles-Segreda, Luis. Indice bibliográfico de Costa Rica...

1932

Censo de Personas sin Trabajo

Dirección General de Estadística
- Censo de personas sin trabajo, año 1932. (Articulo transitorio del Decreto legislativo no. 54 de 16 de julio de 1932). San José: Imp. Nacional, 1933. 35p. 25 cm.
  LO/N-1; LO/U-3

1948

Censo Prueba de Población y Agropecuario, Turrialba

Martinez, Alfredo
- Censo prueba de población y agropecuario, Turrialba, Costa Rica. San José, 1948. 4 1.

1949

Censo de Población y Agropecuario en el Cantón de Flores de la Provincia de Heredia

Septiembre 1949. No volumes traced.

1949

Censo de Prueba en el Cantón de Moravia de la Provincia de San José

Mayo 1949. No volumes traced.

1949

Censo Urbano de Edificios y Viviendas

Dirección General de Estadística y Censos
- Censo urbano de edificios y viviendas, noviembre y diciembre de 1949. San José, 1954. viii, 70p.
  LO/U-3

COSTA RICA

1950

Censo de Población

Dirección General de Estadística y Censos
- Boletín de las características económicas de la población de Costa Rica, censo de 1950.
XY/N-1 (microfilm)

- Causas comprobadas y causas posibles de la diferencia numérica entre el censo de población de 1950 y la estimación a esa fecha. Ajuste de la población en el periódo intercensal de 1927 a 1950. Estudio realizado por Ricardo Jiménez J., jefe, Sección Demográfica. San José, 1951. 10 1. tables, 28 cm.

- Densidad de la población de Costa Rica por cantones, censo de 1950. San José: Fotolitografía Universal, 1951. 1 map.
XY/N-1 (microfilm)

- Censo de población de Costa Rica, 22 de mayo de 1950. San José, 1953. v, 237 p. illus, maps, diags. 29 cm.
CC/U-1 (microfiche); CV/U-1; LO/N-1; LO/N56; LO/U-3; XY/N-1 (microfilm)

- - . 2a ed. San José, 1975. 314p.
LO/N-1

1950

Censo Agropecuario

Dirección General de Estadística y Censos
- Censo agropecuario de 1950. (San José: Instituto Geográfico, 1953). xxxii, 160p. map, diags, 28cm.
LO/N-1

1952

Censo de Prueba ... Comercio e Industrias

CENSO de prueba para el de comercio e industrias de 1952. [Dos fases: una por muestreo en todo el país y otra por enumeración total en el cantón de Desamparados de la Provincia de San José. Octubre, noviembre, diciembre 1951]. No report traced.

1952

Censo de Comercio (1) y Industrias (1)

Dirección General de Estadística y Censos
- Censo de comercio. Boletín informativo. 1- 1952-. San José. v. tables. 28 cm. [Preliminary report summarizing statistics published more fully in its Censo de comercio. Informe (q.v. below)].

- Censo de comercio. [Informe] 1- 1952-. San José. v. graphs, tables. 28 cm. [Preliminary statistics also published in Censo de comercio. Boletín informativo (q.v. above)].

- Censo de comercio y servicios. 1- ; San José. v. illus, maps, tables. 28 cm.

- Censo de industria en Costa Rica. Boletín informativo. 1- 1952- . San José. v, diags., tables. 28 cm.

- Censo de comercio e industrias de 1952, lo de octubre de 1950 al 30 de setiembre de 1951. San José, 1954. xxii, 163p. 27 cm.
    CV/U-1; LO/N-1; LO/U-3

1955

Censo Agropecuario

Dirección General de Estadística y Censos
- Censo agropecuario de 1955; instrucciones para la critica y codificación de la boleta general. San José. 1955- . v. 28 cm.

- Censo agropecuario de 1955; manual de enumerador. San José: Imp. Nacional, 1955. 87p. 21 cm.

- Censo agropecuario de 1955 (resultados obtenidos por muestreo). San José, 1957. 33p. diags, tables. 28 cm.
    LO/N-1; OX/U10

- Censo agropecuario de 1955. [Tables]. xl, 387p. San José: Ministerio de Economía y Hacienda, 1959.
    LO/N-1; LO/U-2; LO/U-3

1958

Censo de Comercio (2)

Dirección General de Estadística y Censos. Departamento de Censos. Sección de Comercio e Industrias
- II [Segundo] censo de comercio de Costa Rica, 1958: boletín informativo. San José, 1960. 15p. 27 cm.
   LO/N-1; LO/U-3

- Segundo censo de comercio de Costa Rica, 1958. San José, 1961. xxxv, 106p. 27 cm.
   CC/U-1; CV/U-1; LO/N-1; LO/U-3

1958

Censo de Industrias (2)

Dirección General de Estadística y Censos. Departamento de Censos. Sección de Comercio e Industrias
- II [Segundo] censo de industria en Costa Rica. 1958: boletín informativo. San José, 1961. 25 p. 27 cm.
   BT/U-5; LO/N-1; LO/U-3

- II [Segundo] censo de industrias en Costa Rica, 1958. San José, 1962. xxxvi, 322 p. 27 cm.
   CC/U-1; LO/N-1; LO/U-3

1959

Censo de Edificios Escolares

Ministerio de Educación Pública
- Censo de edificios escolares 1959. (San José, 1960).

1960

Censo de las Americas en Costa Rica

Dirección General de Estadística y Censos
- El censo de las Américas de 1960 en Costa Rica. [San José, 1957]. [16]p. col. illus. 21 cm.

Ministerio de Educación Pública. Departamento de Extensión Territorial
- División territorial administativa de la República: (población calculada de Costa Rica al 31 de diciembre de 1960). San José, 1961. 43p. 16 cm.
LO/N-1

1963

Censos Población, Vivienda, Agropecuario

Dirección General de Estadística y Censos
- Censos de 1963. Boletín informativo, no. 1- setiembre 1963- . San José, 1963- .
BT/U-5 (no.1); LO/N-1; LO/N56; LO/U-2 (no.1); LO/U-3; LV/U-1 (no.1); XY/N-1 (no.1) (microfilm)

- Manuales de crítica y codificación - población y vivienda, 1963. (San José, 1963).

- Censos población, vivienda, agropecuario, 1° de abril de 1963: evaluación. San José: Sección de Publicaciones, 1965. 49p. 27 cm.
BT/U-5; CC/U-1; LO/N-1; LO/N56; LO/U-2; LO/U-3; OX/U10; XY/N-1 (microfilm)

- Censos de 1963; población, vivienda: resultados provisionales obtenidos por muestreo. [San José, 1964]. xiii, 59p. tables. 27 cm.
CC/U-1; CV/U-1; LO/N-1; LO/N56; LO/U-2; LO/U-3; XY/N-1 (microfilm)

1963

Censo Nacional de Población

Dirección General de Estadística y Censos
- Censo de población 1963. San José: Sección de Publicaciones, 1966. xliv, 633p. tables. illus. 27 cm.
BT/U-5; CC/U-1 (microfiche); CV/U-1; LO/N-1; LO/U-2; LO/U-3; LV/U-1; XY/N-1 (microfilm)

- Censo nacional de población al 1.o de abril de 1963 : población total, urbana y rural según sexo de la República de Costa Rica, por provincias, cantones y distritos. [San José], 1964. 16p.
BT/U-5; CC/U-1; LO/N-1; LO/N56; LO/U-2; LO/U-3

- Censo de población de 1963: alfabetismo en la población total, urbana y rural de 7 años y más según sexo, por provincias, cantones y distritos. San José, 1964. 51p.
  XY/N-1 (microfilm)

1963

Censo Agropecuario

Dirección General de Estadística y Censos
- Censo agropecuario, 1963. San José: Sección de Publicaciones, 1965. xliii, 308p. illus., forms. 27 cm.
  BT/U-5; CC/U-1; CV/U-1; LO/N-1; LO/U-2; LO/U-3; LV/U-1

- Censo agropecuario de 1963: fincas menores de 1 manzana y animales fuera de finca. San José, [1964?]. xvii, 36p. tables. 27 cm.
  BT/U-5; CC/U-1; LO/N-1; LO/U-2; LO/U-3; OX/UIO

1963

Censo de Vivienda

Dirección General de Estadística y Censos
- Censo de vivienda. 1963. San José, 1966. xxxiii, 438p. illus. tables. 28 cm.
  BT/U-5; CC/U-1; CV/U-1; LO/N-1 (microfilm); LO/N56; LO/U-2; LO/U-3

1963-1964

Dirección General de Estadística y Censos
- El área metropolitana de San José según los censos de 1963 y 1964. San José: Sección de Publicaciones, 1967. xxxv, 256p. illus., maps. 27 cm.
  CC/U-1; LO/N-1; LO/N56; LO/U-2; LO/U-3

1964

Censos Económicos

Dirección General de Estadística y Censos
- Censos económicos de 1964: manual para la codificación, materias primas y productos terminados; industria. [San José, 1964?]. 501 p. 27 cm.

- Censos económicos de 1964; manual para la codificación; minería, industria, comercio, servicios. [San José]: Sección de Publicaciones, [1964?] 63p. tables, forms (3 fold, in pocket). 28 cm.

1964

Censo de Comercio y Servicios (3)

Dirección General de Estadística y Censos
- III [Tercer] censo de comercio y servicios. 1964. San José, 1967. xii, 74p. illus., form, map. 28 cm.
    BT/U-5; CC/U-1; CV/U-1; LO/N-1; LO/U-2; LO/U-3

1964

Censo de Industrias Manufactureras (3)

Dirección General de Estadística y Censos
- III [Tercer] censo de industrias manufactureras, 1964. San José: Sección de Publicaciones, 1967. xliv, 191p. map. 27 cm.
    BT/U-5; CC/U-1; CV/U-1; LO/N-1; LO/U-2; LO/U-3

1966

Censo de Población Universitaria Centroamericana (4)

Consejo Superior Universitario Centroamericano
- Cuarto censo de población universitaria centroamericana (San José, 1966).

1973

Censo Nacional de Población (7)

Dirección General de Estadística y Censos
- Instructivo para el enumerador. Censos nacionales de 1973. San José, 1973.

- Lugares poblados (barrios, caseríos, etc.) de la República de Costa Rica, Censos nacionales de 1973. Codificación. (San José, 1973).

- VII [Séptimo] censo nacional de población, 14 de mayo de 1973: resultados preliminares. San José, 1973. 72p.

- Costa Rica, evaluación del censo de 1973 y proyecciones de población por sexo y grupos de edades, años 1950 al 2000. San José, 1976. 105p. : illus.; 27 cm. Cover title: Evaluación del censo de 1973 y proyección de la población por sexo y grupos de edades.
    BT/U-5

- Población de la República de Costa Rica por provincias, cantones y distritos. Estimación al 1 de junio de 1974. San José, 1975. 28p.
    LO/N-1

- Población total, urbana y rural por provincias, cantones y distritos. [San José, 1974] 23p. : ill. ; 28 cm. (Censos nacionales de 1973; 2).
    BT/U-5; CA/U-1; CC/U-1 (microfiche); LO/N-1; LO/N56; LO/U-3

- Censo de población, 1973. San José. 2 vols. (Censos nacionales de 1973, 5-6).
    Vol.1. 1974. lxix, 500p.
        BT/U-5; CA/U-1; CC/U-1 (microfiche); CV/U-1; LO/N-1; LO/N56; LO/U-3
    Vol.2. 1975. xlix, 631p.
        CA/U-1; CC/U-1 (microfiche); CV/U-1; LO/U-3

- Censo de población, 1973: área metropolitana. San José, 1976. v.: ill.,; 28 cm.
    Vol.1. Jan. 1976. 88p. (Censos nacionales de 1973; 9).
        CA/U-1; CC/U-1 (microfiche); LO/N56; LO/U-3
    Vol.2. 1976. 198p. (Censos nacionales de 1973: 10).
        CC/U-1 (microfiche); LO/N56; LO/U-3

1973

Censo Agropecuario

Dirección General de Estadística y Censos
- Censo agropecuario 1973. San José: Sección de Publicaciones, 1974. 61, 187, 286p.: ill. ; 28 cm. (Censos nacionales de 1973: 3).
    BT/U-5; CA/U-1; CC/U-1 (microfiche); CV/U-1; LO/N-1

- Censo agropecuario de 1973: aves de corral fuera de finca. [San José]: Ministerio de Economía, Industria y Comercio, [1973]. 24p. diags. tables. 27 cm. (Censos nacionales de 1973: 1)
    CA/U-1; CC/U-1 (microfiche); LO/U-3

- Censo agropecuario, 1973; regiones agrícolas. San José: Sección de Publicaciones, 1975. xliv, 432 p.; 28 cm. (Censos nacionales de 1973: 7).
  BT/U-5; CA/U-1; CC/U-1 (microfiche)

1973

Censo de Vivienda

Dirección General de Estadística y Censos
- Censo de vivienda, 1973. San José, 1974. xlii, 447p.: ill.; 27 cm. (Censos nacionales de 1973: 4). Cover title: Vivienda.
  BT/U-5; CA/U-1; CC/U-1 (microfiche); CV/U-1; LO/N-1; LO/U-3

- Censo de vivienda, 1973: área metropolitana. (Censos nacionales de 1973, 8). San José, 1975. xxx, 65p.: illus.; 28 cm.
  BT/U-5; CA/U-1; CC/U-1 (microfiche); LO/N-1; LO/N56

- Censos 1973 [mil novecientos setenta y tres]: vivienda, población:. ciudades capitales. [San José, between 1973 and 1977]. xvi, 219p.; 28 cm. (Censo nacionales de 1973; 11-12). Cover title: Vivienda, población.
  CA/U-1; CC/U-1 (microfiche); LO/N56; LO/U-3

1975

Censo de Comercio (4)

Dirección General de Estadística y Censos
- IV [Cuarto] censo de comercio, 1975. San José, 1980. 90 p. (chiefly tables).
  BT/U-5

1975

Censo de Manufactura (4)

Dirccción General de Estadística y Censos
- IV [Cuarto] censo de manufactura. 1975. San José, 1977-78. v.: forms; 28 cm.
  - T.1. Resultados por división territorial administrativa.
    BT/U-5; LO/N99; LO/U-3
  - T.2. Resultados por rama de actividad. 1978. 72p: chiefly tables.
    LO/N99; LO/U-3
  - T.3. Resultados por número de personal ocupado y por valor de la producción. 1978. 38p. chiefly tables.

1975

Censo de Servicios (4)

Dirección General de Estadística y Censos
- IV [Cuarto] censo de servicios, 1975. San José, [1979]. 73p.: form, tables; 28 cm.

CUBA

The bodies responsible for compiling the censuses of Cuba reflect the political history of the country. Nine censuses were produced during the colonial period of Spanish rule, which lasted from the discovery of the island in 1492 until the end of 1898. The final three censuses of this period were produced in conjunction with those of Spain. United States influence in Cuba lasted from 1899 until 1959, and the role of the United States Department of War in the censuses of the early years of this era are a clear indication of this. The socialist period of Cuba's history began when Castro came to power in 1959. Two censuses have been taken since then, those of 1970 and 1981.

The reliability of the very early censuses is variously marred by inadequate techniques, illiteracy, civil disorder, and the deliberate withholding of information about the numbers of slaves. It has also been suggested that the censuses since 1899 have suffered by being subordinated to the electoral needs. The lack of industrial and economic censuses is noticeable, and only one agricultural, and two censuses of cattle, have appeared.

[M. Auckland]

LIST OF CONTENTS

1768-1879

1774-1841

1827

1828 CENSO DE LA...CIUDAD DE LA HABANA

1841 CENSO DE POBLACION...

1846

1860 CENSO DE LA POBLACION DE ESPAÑA...

1861 [CENSO]

1877 CENSO DE POBLACION DE ISLA DE CUBA...

1887 CENSO DE LA ISLA DE CUBA...

1899 CENSUS OF CUBA...

1907 CENSO DE LA REPUBLICA DE CUBA..

1919 CENSO DE LA REPUBLICA DE CUBA

1931 CENSO...

1939 CENSUS OF UNEMPLOYMENT

1943 CENSO...

1945 CENSO DE GANADO

1946 CENSO AGRICOLA NACIONAL

1952 CENSO GANADERO

1953 CENSOS DE POBLACION, VIVIENDAS Y ELECTORAL...

1970 CENSO DE POBLACION Y VIVIENDAS

1768 - 1879

López Prieto, Antonio.
- Cuadro sinóptico de los principales censos de la isla de Cuba desde 1768 a 1879, con el resumen de sus rentas generales en los años que se consignan.

1774 - 1841

Superintendencia General Delegada de Real Hacienda.
- Informe fiscal sobre fomento de la población blanca en la isla de Cuba y emancipación progresiva de la esclava con una breve reseña de las reformas y modificaciones que para conseguirlo convendría establecer en la legislación y constitución coloniales: presentado a la superintendencia general delegada de real hacienda en diciembre de 1844, por el fiscal de la misma. Madrid: Imp. de J. Martin Alegría, 1845. xviii, 32 p. [Includes data from the censuses of 1774, 1792, 1817, 1827 and 1841].
    LO/N-1; OX/U-1

1827

Comisión de Estadística.
- Cuadro estadístico de la siempre fiel isla de Cuba correspondiente el año de 1827, formado por una comisión de gefes y oficiales...Precedido de una descripción histórica, física, geográfica, y acompañada de cuantos notas, etc. Habana, 1929. 90p.
    LO/N-1

1828

Censo de la...Ciudad de la Habana

CENSO de la siempre fidelísima ciudad de la Habana, capital de la siempre fiel isla de Cuba. Año de 1828. Formado...por Don Manuel Pastor. Habana, 1829. 12p.
    LO/N-1

1841

Censo de Población...

Comisión de Censo.
- Resumen del censo de población de la isla de Cuba a fin del año de 1841. Habana: Imp. del Gobierno por S.M., 1842. 68,[1]p.

1846

Comisión de Estadística.
- Cuadro estadístico de la siempre fiel isla de Cuba, correspondiente al año de 1846. Habana, Imp. del Gobierno y Capitanía General, 1847. vii, 266, 44p.

1860

Censo de la Población de España...

Spain. Comisión de Estadística General del Reino.
- Censo de la población de España según el recuento verificado en 21 de mayo de 1857 (en 25 de diciembre de 1860) por la Junta General de Estadística. Madrid, 1863. Tomo II, p. 798-809.

1861

[Censo]

Centro de Estadística.
- Noticias estadísticas de la isla de Cuba en 1862. Habana: Imp. del Gobierno, Capitanía General y Real Hacienda por S.M., 1864. [Returns of census taken in Cuba in 1861].

1877

[Censo de Población] de Isla de Cuba...

Spain. Instituto Nacional de Estadística.
- Censo de la población de España, según el empadronamiento hecho en 31 de diciembre de 1877. Madrid, 1879-84. 2 vols. *Contains*: Tomo I, p. 679-693. [Censo de población de] Isla de Cuba provincia de la Habana comprende esta provincia los siguientes ayuntamientos, por partidos judiciales.
LO/N-1

1887

Censo de la Isla de Cuba...

Spain. Instituto Geográfico y Estadística.
- Censo de la población de España, según el empadronamiento hecho en 31 de diciembre de 1887. Madrid, 1891. *Contains*: Tomo I, p. 757-771. Censo de la isla de Cuba: resultados generales. Población de hecho y de derecho y clasificación de la hecho, con distinción de color, por sexo é instrucción elemental.
    LO/N-1; LO/U-3

1899

Census of Cuba...

United States. War Department. Cuban Census Office.
- Census of Cuba: bulletin Nos. I-III. Washington: General Printing Office, 1900. 3 vols. in 1.
    No.1 Total population by provinces, municipal districts and wards. 24p.
        LO/N-1
    No.2 Population by age, sex, race, nativity, conjugal condition, and literacy. 15p.
        LO/N-1
    No.3 Citizenship, literacy and education. 17p.
        LO/N-1

- Report on the census of Cuba, 1899. Washington: Government Printing Office, 1900. 786p.
    LO/N-1; LO/U-3; LO/U19; OX/U-1; OX/U19

- Informe sobre el censo de Cuba, 1899. Washington: Imp. del Gobierno, 1900. 793p.
    LO/N-1; LO/N56

Cuba. Military Governor, 1899-1902. (Leonard Wood).
- Ley electoral municipal adicionada con el censo de población y la ley de perjurio. Habana: Imp. de la 'Gaceta oficial', 1900. 34p. [In English and Spanish].

1907

Censo de la República de Cuba...

United States. Bureau of the Census.
- Censo de la República de Cuba bajo la administración provisional de los Estados Unidos, 1907. Washington: Oficina del Censo de los Estados Unidos, 1908. 707p.
  LO/N-1; LO/U-3; OX/U-1

- Cuba: population, history and resources, 1907; compiled by Victor H. Olmstead, Director and Henry Gannett, Assistant Director: Census of Cuba taken in the year 1907. Washington: United States Bureau of the Census, 1909. 275p.

- Report of the work performed in the preparation of the municipal registers rendered to honourable Charles E. Magoon, Provisional Governor of Cuba, by General José de Jesus Monteagudo, Director of the Cuban census. Havana, 1909. 33p. [In English and Spanish].

1919

Censo de la República de Cuba

Dirección General del Censo.
- Censo de la República de Cuba, año de 1919. Habana: Maza, Arroyo y Caso, [1920?]. xii, 977p.
  LO/N-1; MA/U-1; OX/U-1

- Census of the Republic of Cuba, 1919. Havana: Maza, Arroyo y Caso, [1921]. xii, 968p.

- Censo de la República de Cuba. Disposiciones, circulares, etc. relativas a la Dirección General del Censo del Población. Habana, 1913.

- Estados que comprenden el número de habitantes y electores de la República, según la enumeración practicada el 15 de septiembre de 1919. Habana: Imp. y Papelería de Rambla, Bouza y Cía, 1920. 99p.

- Apéndice anual a la memoria del censo decenal verificado en 1919. Habana: Sloane y Fernández, 1927. 107p.
  LO/N-1; LO/N56

- Apéndice de la Oficina Nacional del Censo, 1926. (Apéndice anual a la memoria del censo decenal verificado en 1919, 1927). 2 parts. Habana, [1927, 28].
LO/N-1

1931

Censo...

Dirección General del Censo.
- Censo de 1931: estados de habitantes y electores. Habana: Carasa y Cía, 1932. 93p.
LO/N-1

Oficina Nacional del Censo.
- Censo del año de 1931: resumen. [Habana?, 193?].

- Memorias inéditas del censo de 1931. Habana: Ed. de Ciencias Sociales, 1978. 356p.
OX/U-1

- Información estadística de la población de la República de Cuba en 30 junio 1935, comparada con la que existía el día del censo (21 de septiembre de 1931). Habana, 1935.

Dirección General del Censo.
- Censo de población: estadísticas industrial y agrícola de Cuba, 1931. Habana: Ed. Luz-Hilo, 1939.

Oficina Nacional del Censo.
- Información estadística de la población de la República de Cuba en 31 de diciembre de 1935. [Habana, 1935?]. 91p.

1939

Census of Unemployment

CENSUS of unemployment, 1939: summary. *In* Bulletin of the Pan American Union, 74, May 1940, p. 415.

CUBA

1943

Censo...

Dirección General del Censo.
- Informe general del censo de 1943. Habana: P. Fernandez, [1945]. 1373p.
  LO/N-1; LO/U-3; OX/U-1

- Censo de la República de Cuba, 1943: atlas. Habana, [1944].
  LO/N-1; OX/U-1

- Censo de 1943: ley del censo. Instrucciones generales a los enumeradores. Instrucciones para la identificación dactiloscópica. Instrucciones para llenar el modelo número 10 (informe de población). Habana: Imp. Cultural, 1943. 74p.

- Estados contentivos de habitantes y electores, clasificados por provincias, municipios y barrios. Habana: Casamayor y Comp., [1943?]. 112p.
  LO/N-1; LO/U-3

Oficina Nacional del Censo y de Estadística Electora.
- Información estadística de la población de la República de Cuba referente al número de sus habitantes en cada día 31 de diciembre posterior al día del censo del año 1943, hasta el del año de 1949 inclusive. [Habana, 1950?].

- Tablas de estimados de la población de la República, desde el último censo levantado en 25 de julio de 1943 al 31 de diciembre de 1951. Habana, n.d. Mimeo.

1945

Censo de Ganado

Ministerio de Agricultura.
- Censo de ganado, 1945: bovinos, ovinos, equinos, porcinos y caprinos. [Habana, 1945?]. 22p.

1946

Censo Agrícola Nacional

Ministerio de Agricultura.
- Memoria del censo agrícola nacional, 1946. Habana: P. Fernandez, 1951. 1253p.
  OX/U-1

- Censo agrícola nacional, 1946: trabajadores agrícolas temporales percipiendo sueldo o jornal, en 1945, clasificados de acuerdo con el tiempo laborado durante el año, por provincias. 7p.

- Censo agrícola nacional, 1946: uso de la tierra por provincia, 1946. 6p.

- Censo agrícola nacional, 1946: años que los agricultores han permanecido en las fincas de acuerdo con el tipo de tenencia, y por cientos de agricultores en cada tipo de tenencia, 1945. Habana, 1948.

Becker, Joseph A. and Hurley, Ray
- Report on the 1946 census of agriculture and the agricultural statistical services of Cuba to the Minister of Agriculture, Government of Cuba. [Washington, 1948]. 25p.

1952

Censo Ganadero

Ministerio de Agricultura.
- Memoria del censo ganadero, 1952. Habana: Seoane, Fernández y Cía, 1953. 201p.
    LO/U-3

1953

Censos de Población, Viviendas y Electoral

Oficina Nacional de los Censos Demográfico y Electoral.
- Cifras preliminares obtenidas en los censos de población, electoral y de viviendas de 1953. Habana: Fernandez y Cía, 1954. 256, [2]p.
    XY/N-1 (microfilm)

- Censos de población, vivendas y electoral, enero 28 de 1953: informe general. Habana: Fernandez y Cía, 1955. xlviii, 325p.
    LO/U-2; LO/U-3; XY/N-1 (microfilm)

- Atlas censo 1953. Habana: Tribunal Superior Electoral, [1958?]. 156p.

- Manual de instrucciones para la enumeración, censo de 1953. [Habana, 1953?]. 55p.

1956

Census Atlas Maps of Latin America

United States. Bureau of the Census. Census Atlas Project.
- Census atlas maps of Latin America. Part II. Greater Antilles: by F. Webster McBryden. Washington, 1956.
 LO/U-3

1970

Censo de Población y Viviendas

United States. Joint Publications Research Service.
- 1970 Cuban census data: preliminary figures. Washington, 1971. 42p.

Dirección Central de Estadística.
- Análisis de los características demográficos de la población cubana: censo de población y vivienda de 1970, anticipo de datos por muestro. Habana, 1973. 76p.
 OX/U-1

- Análisis de los características laborales de la población cubana: censo de población y vivienda de 1970, anticipo de datos por muestro. Habana, 1973. 86p.
 OX/U-1

- Análisis de los resultados preliminares de población residente. Censo de población y viviendas de 1970. Habana, 1971.

- Censo de población y viviendas, 1970. Habana: Ed. Orbe, 1975. 1035p.
 BT/U-5; LO/N56; LO/U-3; OX/U-1

Departamento de Demografía.
- Análisis de las características de la viviendas. Habana, 1974. 89p.

- Densidad de población y urbanización: análisis de los resultados del censo de población y viviendas de 1970. Habana, 1975. 85p.

Dirección Central de Estadística.
- Censo de población y viviendas de 1970. Características diferenciales de la población residente en Matanzas. Zonas urbana y rural. Habana, 1973.

- Las provincias de Cuba en el censo de 1970...: análisis de las características demográficas, laborales y de las viviendas. Habana, 1974.
  1. Pinar del Río.
  2. Habana Metro
  3. Habana Interior
  4. Matanzas
  5. Las Villas
  6. Camagüey
  7. Oriente

- La situación de la vivienda en Cuba en 1970 y su evolución: perspectiva. Habana, 1976. 78p.
  OX/U-1

DOMINICAN REPUBLIC

A population count was taken in 1812 and further estimates and parochial censuses were taken following independence in 1844. The results of these do not appear to have been published in any form. The earliest surviving censuses are those of Santo Domingo taken in 1893, 1908 and 1919. In 1906 a national census had been planned and money was allocated for preliminary work on this but it was not taken, due to disturbed conditions in some parts of the country. It was not until 1920 that the first national census was taken. Subsequent censuses were held at fifteen-year intervals (1920, 1935, 1950) and then decennially (1950, 1960, 1970).

[J. Laidlar]

CONTENTS LIST

?1893 CENSO DE POBLACION...DE LA CIUDAD DE SANTO DOMINGO

1908 CENSO DE POBLACION...DE LA CIUDAD DE SANTO DOMINGO

1919 CENSO Y CATASTRO DE LA COMUN DE SANTO DOMINGO

1920 CENSO DE LA REPUBLICA DOMINICANA (1)

1935 CENSO DE LA REPUBLICA DOMINICANA (2)

1943 CENSO CAFETALERO NACIONAL (1)

?1944 CENSO ESPECIAL URBANO

?1945 CENSO ESPECIAL URBANO

1946 POBLACION DE LA REPUBLICA

1949 CENSO DE PROFESIONALES (1)

1950 CENSO NACIONAL DE POBLACION (3)

1950 CENSO NACIONAL AGROPECUARIO (4)

1955 CENSO NACIONAL DE EDIFICIOS Y VIVIENDAS (3)

1955 CENSO NACIONAL DE INDUSTRIAS Y DE COMERCIO (1)

1960 CENSO NACIONAL DE POBLACION (4)

1960 CENSO NACIONAL AGROPECUARIO (5)

1968 CENSO NACIONAL DE EDUCACION (1)

1970 CENSO NACIONAL DE POBLACION Y HABITACION (5)

1971 CENSO NACIONAL AGROPECUARIO (6)

?1893

Censo de Población ... de la Ciudad de Santo Domingo

CENSO de población y otros datos estadísticos de la Ciudad de Santo Domingo. Santo Domingo: Ayuntamiento, 1893. 20p. 23 cm.

1906

1st national census planned, but not taken, due to disturbed conditions in some parts of the country.

1908

Censo de Población ... de la Ciudad de Santo Domingo

CENSO de población y otros datos estadísticos de la Ciudad de Santo Domingo. Santo Domingo: Ayuntamiento, 1908. 35p. 28 cm.

1919

Censo y Catastro de la Común de Santo Domingo

CENSO y catastro de la común de Santo Domingo. Informe que al honorable Ayuntamiento presenta el director del Censo y Catastro de 1919, José R. López, el 15 de mayo de 1919. Santo Domingo: Ayuntamiento, 1919.

1920

Censo de la República Dominicana (1)

Dirección del Censo
- Censo de la República Dominicana, 1920. Primer censo nacional. Santo Domingo: Secretaria de Estado de lo Interior y la Policía, 1923. xiii, 160p. 23 cm.

----Segunda edición. Edición a cargo de Emilio Cordero Michel. Santo Domingo: Universidad Autónoma de Santo Domingo, 1975. (Publicaciones de la Universidad Autónoma de Santo Domingo, vol. 168). xiii, 160p. 22 cm.
    CC/U-1; LO/N-1; OX/U-1

- Censo nacional de población. Vol. 1. Ciudad Trujillo: Dirección General de Estadística y Censos, [?1930]. 28 cm.

1935

Censo de la República Dominicana (2)

Direccion General del Censo
- 1935, censo de la República Dominicana. Instrucciones a los enumeradores para manejar el formulario A-1. Santo Domingo: 1935. 13p. 15 cm. Cover title: Instrucciones a los enumeradores para manejar el formulario del censo de habitaciones.

- 1935, censo de la República Dominicana. Instrucciones a los enumeradores para manejar el formulario del censo de habitaciones urbanas. Santo Domingo, 1935. 14p. 15 cm.

- 1935 censo de la República Dominicana. Instrucciones a los enumeradores del censo de población. Santo Domingo: Tall. Linotipográficos La Nación C. por A., [1935]. 16p. 17 cm.

CENSO de la República Dominicana: observaciones históricas. *In*: Anuario Estadístico de la República Dominicana del año 1937, ch.II, p.84-111. Ciudad Trujillo: Dirección General de Estadística, 1937.
   LO/N-1 (microfiche)

Dirección General de Estadística
- Población de la República Dominicana distribuida por nacionalidades. Cifras del censo nacional de 1935. Ciudad Trujillo, 1937. 19, [1]p. 26 cm.
   LO/U-3

CENSO de la República Dominicana. Censo nacional del 13 de mayo de 1935. *In*: Anuario Estadístico de la República Dominicana del año 1938. Tom. I, p. 78-151. Ciudad Trujillo: Dirección General de Estadística, 1938.
   LO/N-1

Dirección General de Estadística
- Censo de población urbana y rural, por provincias y comunes. Ciudad Trujillo, 1939. 3 leaves, 28 cm.
   LO/U-3

1943

Censo Cafetalero Nacional (1)

Comisión de Defensa del Café y del Cacao
- Primer censo cafetalero nacional, 1943. Ciudad Trujillo, 1944. lxxiii, 172p.

?1944

Censo Especial Urbano

Dirección General de Estadística Nacional
- Censo especial urbano, San Cristóbal. Instrucciones a los enumeradores. Ciudad Trujillo, 1944. 13f. 21 cm.

?1945

Censo Especial Urbano

Dirección General de Estadística
- Censo especial urbano de Ciudad Trujillo. Cartilla de instrucciones a los enumeradores. Ciudad Trujillo, 1945. 23f. 21 cm.

1946

Dirección General de Estadística
- Población de la República Dominicana, según las sucesivas modificaciones territoriales, a partir del 13 de mayo de 1935, día en que se levantó el segundo censo de población, hasta el 1. de enero de 1946. Con un índice alfabético de comunes, distritos municipales y secciones municipales existentes al 31 de diciembre, 1945, y unas notas sobre el método utilizado para la determinación de la población probable. Ciudad Trujillo, 1946. iv, 354p. 29 cm.
    CC/U-1 (microfiche); LO/N-1

1949

Censo de Profesionales (1)

Dirección General de Estadística
- Primer censo de profesionales de la República, enero, 1949. Ciudad Trujillo, 1949. 11p. 28 cm.
    CV/U-1; LO/N-1; LO/U-3

1950

Censo Nacional de Población (3)

Dirección General de Estadistica. Oficina Nacional del Censo.
- Boletín de información censal. No.1- , enero, 1950- . Ciudad Trujillo, 1950.
    LO/N56

- Instrucciones para empadronadores del tercer censo nacional de población, 1950. Ciudad Trujillo, 1950. 53p.

- Tercer censo nacional de población, 1950. Población de la República según el sexo, por provincias, comunes y distritos municipales. Cifras provisionales. Ciudad Trujillo, 1950. [4,] 9p.
  LO/U-3; XY/N-1 (microfilm)

- Tercer censo nacional de población, 1950. Vol. 1. Común de San Cristóbal. Ciudad Trujillo: Sección de Publicaciones, 1952. 4, [2], xxxv, 170p. 28 cm.
  LO/N56; LO/U19; XY/N-1 (microfilm)

- Tercer censo nacional de población, 1950. Resumen general. Ciudad Trujillo, 1953. xvii, 75p. 28 cm.
  CV/U-1; LO/N-1; LO/N56; LO/U-2; LO/U-3; LO/U19; XY/N-1 (microfilm)

- Población de la República o Dominicana censada en 1950. Distribución según la división territorial al 1°de julio 1954. Cuidad Trujillo: Sección de Publicaciones, [4,] vi, 126p. 22 cm.
  CC/U-1 (microfiche); LO/N-1; LO/U-2; LO/U-3; XY/N-1 (microfilm)

- Tercer censo nacional de población, 1950. Ciudad Trujillo, 1958. [3], lv, 866, [5]p. 27 cm.
  CC/U-1; LO/U-3; OX/U-1; XY/N-1 (microfilm)

1950

Censo Nacional Agropecuario (4)

Dirección General de Estadística. Oficina Nacional del Censo
- Cuarto censo nacional agropecuario, 1950. Fincas censadas, ganado vacuno y porcino, por provincias, comunes y distritos municipales. Cifras provisionales. Ciudad Trujillo, 1950. 5f.
  LO/N-1

- Cuarto censo nacional agropecuario, 1950. San Cristóbal, 1955. 27cm. 244p.
  LO/N-1; LO/U-3; OX/U-1

- Cuarto censo nacional agropecuario, 1950. Común de San Cristóbal. Ciudad Trujillo, 1954. 46p. 27 cm.
  BT/U-5; LO/U-3

1955

Censo Nacional de Edificios y Viviendas (3)

Dirección General de Estadística
- 3er [Tercer] censo nacional de edificios y viviendas, 1955. Cifras provisionales. San Cristóbal, 1955. 7p. 28 cm.
  LO/N-1

- 3er [Tercer] censo nacional de edificios y viviendas, 1955. San Cristóbal, 1955. 69p. 28 cm.
  LO/U-3

1955

Censo Nacional de Industrias y de Comercio (1)

Dirección General de Estadística. Oficina Nacional del Censo.
- 1er [Primer] censo nacional de industrias y de comercio, 1955: cifras provisionales. San Cristóbal, 1955. 6 leaves, 28 cm.
  BT/U-5; CV/U-1; LO/N-1; LO/U-3; OX/U-1

- Primer censo nacional de comercio, 1955. Ciudad Trujillo, 1960. 224p. 28 cm.
  LO/N-1; LO/U-3

1960

Censo Nacional de Población (4)

Dirección General de Estadística y Censos
- 4° [Cuarto] censo nacional de población, 1960. Cifras provisionales. Ciudad Trujillo, 1960. [4], 14p.
  BT/U-5; OX/U-1; XY/N-1 (microfilm)

- 4° [Cuarto] censo nacional de población, 1960. Ciudad Trujillo, 1961. [2], 16p. 28 cm.
  LO/N-1; LO/N56; XY/N-1 (microfilm)

- 4° [Cuarto] censo nacional de población, 1960. Texto de los considerandos y parte dispositiva del Decreto no.6916, dictado por el Excelentísimo Señor Presidente de la República, en relación con las cifras que deben considerarse vigentes como resultado del 4to. censo nacional de población levantado el 7 de agosto de 1960. Ciudad Trujillo, [1961]. [2], 18p. 28 cm.
  LO/N-1; XY/N-1 (microfilm)

- División territorial de la República Dominicana. Provincias, municipios, secciones, parajes. Agosto de 1960. Ciudad Trujillo, 1961. iii, 433p.
XY/N-1 (microfilm)

- IV [Cuarto] censo nacional de población, 1960. Datos preliminares. II parte. Santo Domingo, 1962. 44p. 28 cm.
    LO/N-1; LO/U-2; LO/U-3; OX/N-1 (microfilm)

- Cuarto censo nacional de población, 7 de agosto de 1960. Resumen general. Santo Domingo, 1966. 112p. 28 cm.
    BT/U-5; CC/U-1 (microfiche); LO/N-1 (microfiche); LO/U-3; XY/N-1 (microfilm)

- Cuarto censo nacional de población: (viviendas ocupadas y habitantes según el sexo, por zona, la República, distrito nacional, provincias, municipios, y distritos municipales, 7 de agosto de 1960). Ciudad Trujillo, 1961. 16p.
    LO/U-3

1960

Censo Nacional Agropecuario (5)

Dirección General de Estadística y Censos
- Instrucciones para enumerador del quinto censo nacional agropecuario, 1960. Ciudad Trujillo, 1960. 26p. 21 cm.

-5° [Quinto] censo nacional agropecuario, 1960. Datos preliminares. Ciudad Trujillo, 1961-62. 2 vol. 28 cm. Pt.1, [4], xix, 33p. Pt.2, [4], xvi, 33p.
    LO/N-1; LO/U-2; LO/U-3; OX/U-1

- Quinto censo nacional agropecuario, 1960. Santo Domingo: Oficina Nacional de Estadística, 1966. xiii, 335p.
    BT/U-5

1968

Censo Nacional de Educación (1)

Oficina de Programación Educativa. Sección de Estadísticas.
- Primer censo nacional de educación. Locales escolares de enseñanza oficial: propriedad, tipo, estado. Santo Domingo, 1968. 381p. 34 cm.

1970

Censo Nacional de Población y Habitación (5)

Oficina Nacional de Estadística.
- Manual de instrucciones para personal de campo, empadronadores, jefes de grupos, comisiones municipales del censo, comisiones provinciales del censo, censo nacional de población y habitación, 9 y 10 de enero de 1970. Santo Domingo, 1969. vii, 33p. 29 cm.

- Censo nacional de población y habitación, 9 y 10 de enero, 1970. Boletín censal. Santo Domingo, 1969-71. No. 1-4. 28 cm.
   No.1
   No.2
   No.3 Cifras oficiales preliminares. 1970. 33p.
      CV/U-1; LO/N-1; LV/U-1
   No.4 Normas de crítica para las informaciones de población. 1971. 38p.
      GL/U-1; LO/U-3

- Comentarios sobre los resultados definitivos del V censo nacional de población. Santo Domingo, [?1972]. 28 cm.
   LV/U-1

- V [Quinto] censo nacional de población, 1970, 9 y 10 de enero de 1970. 2a edición. Santo Domingo, 1976. 28 cm.
   Vol.1
   Vol.2 Características educativas.
   Vol.2 Características educativas. 2a edición. xx, 534p.
   LO/U-3

1971

Censo Nacional Agropecuario (6)

Oficina Nacional de Estadística
- Sexto censo nacional agropecuario, 10 al 15 de septiembre 1971. Manual del encargado de grupo y del supervisor. Santo Domingo, 1971. 9 leaves. 28 cm.

- Sexto censo nacional agropecuario. Resultados preliminares. distribución por provincias. Santo Domingo, 1972.
   LV/U-1

- Sexto censo nacional agropecuario. [Cifras preliminares] III-VIII. Santo Domingo, 1971.
    LV/U-1

- Sexto censo nacional agropecuario, 1971. 2a edición. Santo Domingo, c. 1975.
    Vol.2-3 Regiones. 27 cm.

ECUADOR

Ecuador achieved independence in 1822 but no reference has been found to a census before 1825 when the country was still part of the Federation of Gran Colombia. Ecuador withdrew from the Federation in 1830, but the first national census was not held for another one hundred and twenty years, despite various decrees which would have made one possible. Censuses of housing were also conducted when the next general censuses were taken in 1962 and 1974. The first national agricultural census was made in 1954 and the second in 1974; there are however publications relating to another in 1961. It should be noted that no publication details have been found of the first census of manufacturing and mining taken in 1956. Other censuses of an economic nature have been published but the data is not extensive or regular.

[M. Auckland]

ECUADOR

LIST OF CONTENTS

1738 PADRON DE VECINOS

1825 [CENSUS OF THE REPUBLIC OF COLOMBIA / GRAN COLOMBIA]

1861 CENSO DE LA PROVINCIA DE ESMERALDES

1861 CENSO DE LA PROVINCIA DE MANABI

1906 CENSO DE LA POBLACION DE QUITO

1941

1942

1950 CENSO NACIONAL DE POBLACION

1954 CENSO AGROPECUARIO NACIONAL (1)

1954 CENSO NACIONAL DE PESCADORES (1)

1955 CENSO INDUSTRIAL (1)

1957 CENSO EXPERIMENTAL DE LA CIUDAD DE QUITO

1958 CENSO EXPERIMENTAL DE LA CIUDAD DE LOJA

1960 CENSOS DE POBLACION, HABITACION Y AGROPECUARIO

1961 CENSO AGROPECUARIO NACIONAL

1962 CENSO NACIONAL DE POBLACION (2) Y CENSO DE VIVIENDA (1)

1962-1963 CENSO NACIONAL DE ELECTRIFICACION (1)

1964 CENSOS ECONOMICOS

1965 CENSO DE COMERCIO INTERNO (1)

1965 CENSO DE SERVICIOS (1)

1965 CENSO DE MANUFACTURA Y MINERIA (2)

1966 CENSO DE CONSTRUCCION (1)

1971 CENSO DE POBLACION Y VIVIENDA DE...VILCABAMBA Y SAN PEDRO DE LA BENDITA

1971 CENSO PESQUERO (2)

1974 CENSO AGROPECUARIO (2)

1974 CENSO DE POBLACION (3) Y CENSO DE VIVIENDA (2)

1975 CENSO NACIONAL DE SERVIDORES PUBLICOS (1)

1738

Padrón de Vecinos

Hamerly, Michael
- Un censo olvidado: el padrón de vecinos de 1738. (Separata de la Revista del Archivo Histórico de Guayas, Dec. 1979. 90 pages.)

1825

[Census of the Republic of Colombia/Gran Colombia]

Colombia. Secretario del Interior
- Esposición que el Secretario de Estado del despacho del Interior ... hace al Congreso de 1827. Bogota: Imp. de Pedro Cubides, 1827. 36p. [Note: Two in-folded tables give summary results of the census of 1825. The data include Ecuador, which was not separated from Colombia until 1830.]
    LO/N-1

1861

Censo de la Provincia de Esmeraldes

CUADRO que manifiesta el censo de la población de la provincia de Esmeraldes. *In*: El Nacional, periódico oficial, época segunda, No. 186. Quito, 5 de abril de 1865.

1861

Censo de la Provincia de Manabí

CUADRO que manifiesta el censo de la población de la provincia de Manabí. In: El Nacional, periódico oficial, época segunda, No. 186. Quito, 5 de abril de 1865.

1906

Censo de la Población de Quito

CENSO de la población de Quito, 1° de mayo de 1906. Quito: El Comercio, 1906. 16p., tables A-N.
    LO/N-1

1941

Dirección General de Registro Civil
- Población de la República del Ecuador, al 1° de enero de 1941. *In*: Registro oficial, 2 (369), Nov. 18, 1941, p. 2111-2114.

1942

Dirección General de Registro Civil
- Población de la República del Ecuador, al 1° de enero de 1942 por Ecuador 1942 por provincias, cantones y ciudades - urbana y rural. *In*: Registro oficial, 2 (601), Aug. 27, 1942, p. 3743-3744.

1950

Censo Nacional de Población (1)

Inter American Statistical Institute
- Disposiciones legales sobre el censo de 1950. *In*: Estadística, 6(21), Dec. 1948 p. 586-593.

Dirección General de Estadística y Censos
- Información censal; resumen de los resultados definitivos del censo nacional de población de 1950 sobre: sexo, edad, estado civil, alfabetismo y población económicamente activa e inactiva. Quito, 1952. 61p.
   LO/U-3; XY/N-1 (microfilm)

- Primer censo de población del Ecuador, 1950: resumen de características. Quito, 1960. 189p.
   GL/U-1

- Primer censo de población del Ecuador, 1950: resumen de características. Volumen único. Quito, [1965]. iv, 196p.
   XY/N-1 (microfilm)

- Principales características del censo de población de 1950. [Quito, 1952]. 6 leaves. Typescript.
   LO/N-1; LO/U-3

- Resultados definitivos del censo nacional de población levantado en noviembre 29 de 1950. Quito, 1952. 6p.
   XY/N-1 (microfilm)

ECUADOR

- Primer censo nacional de población, 29 de noviembre de 1950: resultados definitivos. Quito, 1953-1960. Volumen I - X in 8v.
    Vol. I. Población por edad y sexo. 1954. 320p.
    XY/N-1 (microfilm)
    Vol. II. Población urbana, suburbana y rural. 1954. 133p.
    XY/N-1 (microfilm)
    Vol. III. Población por estado civil. 1954. 137p.
    XY/N-1 (microfilm)
    Vol. IV, T.1. Población por idiomas y dialectos. 1954. 152p.
    XY/N-1 (microfilm)
    Vol. IV, T.2. Población por idiomas y dialectos. Not published.
    Vol. V. Población alfabeta y analfabeta, Tomo 1. 1955. 158p.
    CC/U-1; XY/N-1 (microfilm)
    Vol. V. Población alfabeta y analfabeta, Tomo 2. 1955. 199p.
    XY/N-1 (microfilm)
    Vol. VI. Población, alfabeta, según el más alto grado de instrucción primaria, secundaria, universitaria y tecnica. Not published.
    Vol. VII. Familias censales, caraterísticas culturales de los jefes, características de la vivienda, número de localidades, defectos físicos. Not published.
    Vol. VIII. Población económicamente activa según: ocupaciones, posición ocupacional, ramas de actividad, y profesiones. Not published.
    Vol. IX, T.1. Provincia de Guayas. 1953. 213p.
    XY/N-1 (microfilm)
    Vol. IX, T.2. Not published.
    Vol. X, T.1. Provincia del Imbabura. 1953. 163p.
    XY/N-1 (microfilm)
    Vol. X, T.2. Not published.

- Boletín de información censal. Resultados definitivos del censo nacional de población de 1950 sobre: edad y sexo, estado civil, alfabetismo, población económicamente activa e inactiva. Quito, 1951-1952. Boletín No.1 -17, 17A.
    No.1. Provincia del Carchi. 1951.
    [ii], 21p.
    LO/U-3; XY/N-1 (microfilm)
    No.2. Provincia del Cañar. 1951.
    [ii], 17p.
    LO/U-3; XY/N-1 (microfilm)
    No.3. Provincia de Bolívar. 1951.
    [ii], 17p.
    LO/U-3; XY/N-1 (microfilm)
    No.4. Provincia de Cotopaxi. 1951.
    [ii], 25p.
    LO/U-3; XY/N-1; (microfilm)
    No.5. Provincia de Imbabura. 1951.
    [ii], 22p.
    LO/U-3; XY/N-1 (microfilm)
    No.6. Provincia de Loja. 1951.
    [ii], 38p.
    LO/U-3; XY/N-1 (microfilm)
    No.7. Provincia de Tungurahua. 1952. [ii], 21p.
    LO/U-3; XY/N-1 (microfilm)
    No.8. Provincia de Chimborazo. 1952. [ii], 30p.
    LO/U-3; XY/N-1 (microfilm)
    No.9. Provincia de El Oro. 1952. [ii], 26p.
    LO/U-3; XY/N-1 (microfilm)
    No.10. Provincia de Santiago-Zamora. 1952. [ii], 25p.
    LO/U-3; XY/N-1 (microfilm)

No.11. Provincia del Azuay.
1952. [ii], 30p.
LO/U-3; XY/N-1 (microfilm)
No.12. Provincia de Napo Pastazá.
1952. [ii], 21p.
LO/U-3; XY/N-1 (microfilm)
No.13. Provincia de Esmeraldas.
1952. [ii], 13p.
LO/U-3; XY/N-1 (microfilm)
No.14. Provincia de Los Ríos.
1952. [31]p.
LO/U-3; XY/N-1 (microfilm)

No.15. Provincia del Pichincha.
1952. [ii], 26p.
LO/U-3; XY/N-1 (microfilm)
No.16. Provincia de Manabí.
1952. [ii], 46p.
LO/U-3; XY/N-1 (microfilm)
No.17. Provincia del Guayas.
1952. [ii], 34p.
LO/U-3; XY/N-1 (microfilm)
No.17-A. Archipiélago de Colón
(Galápagos). 1952. [ii], 21p.
LO/U-3; XY/N-1 (microfilm)

Glubin, Rose I. *and* McBride, F. Webster
- 1950 census of the Americas population census: urban area data. No. 2. Ecuador. Washington, D.C.: Business Information Service. 1953. 6p.

Dirección General de Estadística y Censos
- Población de acuerdo con la división político-territorial del Ecuador al 29 de noviembre de 1950. Quito, 1952. 48p.
   LO/U-3

- El primer censo nacional de población del Ecuador; [por] Luis López Muñoz. Quito, [1951]. 17p.
   XY/N-1 (microfilm)

Saunders, J.V.D.
- La población del Ecuador: un análisis del censo de 1950. [Quito]: Editorial Casa de la Cultura Ecuatoriana, 1959. 118, [iii]p.
   LO/U-1; LO/U-3; XY/N-1 (microfilm)

1954

Censo Agropecuario Nacional (1)

Comisión Coordinadora y Supervisora del Censo Agropecuario Nacional
- Primer censo agropecuario nacional 1954; resumen de los principales datos preliminares. Quito: Dirección General de Estadística y Censos, 1955. [44]p.

- Primer censo agropecuario nacional, 1954. Quito, 1956. 289p.
   LO/N-1; LO/U-2

1954

Censo Nacional de Pescadores (1)

Comisión Coordinadora y Supervisora del Censo Agropecuario Nacional
- Primer censo nacional de pescadores, 1954. Quito: Dirección General de Estadística y Censos, [1955]. iv, 180p. At head of title: Censo agropecuario nacional por muestro.
   LO/U-3

1955

Censo Industrial (1)

PRIMER censo industrial, 1955: resumen de resultados. Quito, 1957. 149p. [Entidades auspiciadoras: Banco Central del Ecuador; Banco de Fomento; Ministerio de Economía; Junta de Planificación Económica].
   CC/U-1; LO/U-2; LO/U-3; OX/U16

1957

Censo Experimental de la Ciudad de Quito

Dirección General de Estadística y Censos
- Censo experimental de la ciudad de Quito. Año 1957. Volumen único. Quito, 1959. 69p.
   XY/N-1 (microfilm)

1958

Censo Experimental de la Ciudad de Loja

Dirección General de Estadística y Censos
- Censo experimental de la ciudad de Loja. Año 1958. Quito, 1959. 63p.
   OX/U16 (V.1, 73p.); XY/N-1 (microfilm)

1960

Censos de Población, Habitación y Agropecuario

Comisión de Censos
- Los censos de población, habitación y agropecuario de 1960. Quito, 1957. 19p.

1961

Censo Agropecuario Nacional

Departamento de los Censos Nacionales
- Censo agropecuario nacional 1961: datos preliminares de la Provincia del Carchi. Quito, [1962]. 84p.

- Censo agropecuario nacional 1961: datos preliminares de la Provincia del Imbabura obtenidos de la enumeración completa de todas las explotaciones agrícolas. Quito, [1963]. 107p.

- Censo agropecuario nacional 1961: datos preliminares obtenidos de la enumeración completa de todas las explotaciones agrícolas. [Quito, 1962-].
   1. Bolívar
      CC/U-1
   2. Cañaria
   3. Loja
   4. Pichincha
      CC/U-1

1962

Censo Nacional de Población (2) y Censo de Vivienda (1)

División de Estadística y Censos
- Características de la población y vivienda del Ecuador: datos preliminares obtenidos de una muestra del 3% de los boletos de II censo nacional de población y I de vivienda de 25 de noviembre de 1964 [sic]. Quito, 1964. 358p.
   XY/N-1 (microfilm)

- Resultados preliminares del II censo nacional de población y I de vivienda,1962. 2nd ed. Quito, 1964. 80p.

- II [Segundo] censo de población y I de vivienda, 1962: datos preliminares de la población total por sexo y número de viviendas. [Quito]: Dirección General de Estadística y Censos, 1963. 98p.
   XY/N-1 (microfilm)

- Resumen de los censos de población y vivienda de 1962. Quito, [1965]. 96 leaves.
   CC/U-1; LO/N-1

ECUADOR

- Segundo censo de población y primer censo de vivienda 25 de noviembre de 1962. Quito, 1964. Tomo I-IV.
T.I vi, 285p.
   BT/U-5; GL/U-1; LO/N-1; LO/N56; LO/U-3; OX/U10; XY/N-1 (microfilm)
T.II vi, 325p.
   BT/U-5; GL/U-1; LO/N-1; LO/N56; LO/U-3; OX/U10; XY/N-1 (microfilm)
T.III vi, 291p.
   BT/U-5; GL/U-1; LO/N-1; LO/N56; LO/U-3; XY/N-1 (microfilm)
T.IV vi, 155p.
   BT/U-5; LO/N56; LO/U-3; XY/N-1 (microfilm)

- Segundo censo de población y primer censo de vivienda, 25 de noviembre de 1962. Quito, 1964-. 17 vols.

Azuay. 1964. xviii, 338p.
   CC/U-1; GL/U-1; LO/N56; XY/N-1 (microfilm)
Bolívar. 1964. xviii, 191p.
   CC/U-1; XY/N-1 (microfilm)
Cañar. 1964. xviii, 192p.
   CC/U-1; XY/N-1 (microfilm)
Carchi. 1964. xviii, 193p.
   CC/U-1; XY/N-1 (microfilm)
Chimborazo. 1964. xviii, 333p.
   GL/U-1; LO/N56; XY/N-1 (microfilm)
Cotopaxi. 1964. xviii, 359p.
   CC/U-1; GL/U-1; XY/N-1 (microfilm)
Esmeraldas. 1964. xviii, 205p.
   XY/N-1 (microfilm)
Guayas-Galápagas. Primer tomo. xviii, 276p.
   XY/N-1 (microfilm)
Guayas-Galápagas. Segundo tomo. 1964. xviii, 270p.
   CC/U-1; XY/N-1 (microfilm)
Imbabura. 1964. xviii, 243p.
   GL/U-1; XY/N-1 (microfilm)
Loja. 1964. xviii, 424p.
   CC/U-1; LO/N56; XY/N-1 (microfilm)
Manabí. Primer tomo. 1964. xviii, 316p.
   GL/U-1; LO/N56; XY/N-1 (microfilm)
Manabí. Segundo tomo. xviii, 268p.
   CC/U-1; XY/N-1 (microfilm)
El Oro. 1964. xviii, 325p.
   CC/U-1; GL/U-1; LO/N56; XY/N-1 (microfilm)
Pichincha. 1964. 297p.
   XY/N-1 (microfilm)
Región oriental. 1964. xviii, 263p.
   CC/U-1; GL/U-1; LO/N56; XY/N-1 (microfilm)
Los Ríos. 1964. xviii, 369p.
   GL/U-1; LO/N56; XY/N-1 (microfilm)
Tungurahua. 1964. xviii, 293p.
   CC/U-1; GL/U-1; LO/N56; XY/N-1(microfilm)

1962 - 1963

Censo Nacional de Electrificación (1)

Departamento de Servicios Eléctricos Nacionales
- Primer censo nacional de electrificación, 1962-1963. Quito, [1964]. 85p.

ECUADOR

1964

Censos Económicos

División de Estadística y Censos
- Definiciones y plan de publicación de los censos económicos de 1964 (para consulta). Quito, 1965. 113p.

1965

Censo de Comercio Interno (1)

División de Estadística y Censos. Departamento Técnico
- Primer censo de comercio interno, 1965. Quito, [1969?]. 202p.

1965

Censo de Servicios (1)

División de Estadística y Censos. Departamento Técnico
- Primer censo de servicios, 1965. Quito, [1969?]. 1 vol., various pagings.

1965

Censo de Manufactura y Mineria (2)

División de Estadística y Censos
- Segundo censo de manufactura y mineria, 1965.
    Vol. 1 [Resumen nacional]. Quito, [1969]. 272p.
        CV/U-1; LO/N-1; LO/U-2; LO/U-3
    Vol. 2 [Resumen por provincias].
        CV/U-1; LO/U-2

1966

Censo de Construcción (1)

División de Estadística y Censos
- Primer censo de construcción, 1966. Quito, [1969?]. 87p.
    LO/U-3

1971

Censo de Población y Vivienda de ... Vilcabamba y San Pedro de la Bendita

Instituto Nacional de Estadística
- Censo de población y vivienda de las cabeceras parroquiales: Vilcabamba y San Pedro de la Bendita. Quito, 1971. 67p.

1971

Censo Pesquero (2)

Instituto Nacional de Pesca
- II [Segundo] censo pesquero, 1971. Quito, 1973.
   Vol.1 Pesca artesanal. 280p.
   LO/N-1

1974

Censo Agropecuario (2)

Oficina de los Censos Nacionales [*then* Instituto Nacional de Estadística]
- II [Segundo] censo agropecuario, 1974: resultados provisionales. Quito, 1976. xiv, 53p.
   LO/U-3

- II [Segundo] censo agropecuario, 1974: resultados definitivos. Quito, 1977- .
   Azuay. n.d., xlvi, 179p.
   LO/U-3
   Carchi. 1978, xlvi, 131, v p.
   LO/U-3
   Esmeraldas. n.d., xlvi, 151, vi p.
   LO/U-3
   Guayas. 1979, xlvi, 239p.
   LO/U-3
   Imbabura. n.d., xlvi, 149p.
   LO/U-3
   Morona Santiago. 1979, xlvi, 155, vi p.
   LO/U-3
   Napo. n.d., xlvi, 161p.
   LO/U-3
   Pichincha. 1977, xlvi, 209, vii p.
   LO/U-3
   Zamora Chinchipe. 1979, xlvi, 113, v p.
   LO/U-3

ECUADOR

1974

Censo de Población (3) y Censo de Vivienda (2)

Oficina de los Censos Nacionales [*then* Instituto Nacional de Estadística]
- III [Tercer] censo de población, II de vivienda, 1974: resultados anticipados por muestra. Quito, 1975. 86p.
  LO/N99; LO/U-3

- III [Tercer] censo de población, II de vivienda, 1974: resultados provisionales. Quito, 1974. 31p.
  CC/U-1; CV/U-1; LO/N99; LO/U-3

- Resumen nacional del III censo de población. Quito, [1976].

- II [Segundo] censo de vivienda 1974: resultados definitivos; resumen nacional. Quito, 1976. xiv, 74p.
  LO/U-3

- III [Tercer] censo de población 1974: resultados definitivos; resumen nacional. Quito, 1977. 171p.
  LO/N99; LO/U-3

- II [Segundo] censo de vivienda 1974: resultados definitivos. Quito, 1978- .
  Cañar. 1978. xiv, 62, iv p.
  LO/U-3
  Loja. 1978. xiv, 158, ix p.
  LO/U-3

- III [Tercer] censo de población 1974: resultados definitivos. Quito, 1976- .
  Azuay. 1976. 2 vols.
  LO/N99; LO/U-3
  Bolívar. 1977. xxi, 488, xxxv p.
  LO/N99; LO/U-3
  Cañar. 1977. 400, xxviii p.
  LO/N99; LO/U-3
  Carchi. 1976. 408, xxviii p.
  LO/N99; LO/U-3
  Chimborazo. 1976. 2 vols.
  LO/N99; LO/U-3
  Cotopaxi. 1977. 2 vols.
  LO/N99; LO/U-3
  Esmeraldas. 1977. 508, xxxvp.
  LO/N99; LO/U-3
  Galápagos. 1976. 393, xxx p.
  LO/N99; LO/U-3
  Guayas. 1976. 4 vols.
  LO/N99; LO/U-3
  Imbabura. 1977. 503, xxxiv p.
  LO/N99; LO/U-3
  Loja. 1978. 3 vols.
  LO/N99; LO/U-3
  Manabí. 1976. 4 vols.
  LO/N99; LO/U-3
  Morona Santiago. 1976. 2 vols.
  LO/N99; LO/U-3
  Napo. 1976. 2 vols.
  LO/N99; LO/U-3
  El Oro. 1976. 2 vols.
  LO/N99; Vol 2 LO/U-3
  Pastazá. 1976. 308, xxii p.
  LO/N99; LO/U-3

Pichincha. 1976. 2 vols.
    LO/N99; LO/U-3
Los Ríos. 1976. 2 vols.
    LO/N99; LO/U-3
Tungurahua. 1977. 2 vols.
    LO/N99; LO/U-3
Zamora Chinchipe. 1976. 368,
    xxviii p.
    LO/U-3

- Manual del empadronador rural; III censo de población y II de vivienda, 8 julio de 1974. Quito, 1974. 36p.
    CC/U-1

1975

Censo Nacional de Servidores Públicos (1)

Oficina de los Censos Nacionales
- Primer censo nacional de servidores públicos, 1975: resultados provisionales. Quito, 1976. 1 vol (unpaged).
    LO/U-3

FALKLAND ISLANDS

The Falkland Islands (Islas Malvinas) comprise the East and West Falklands, South Georgia and the South Sandwich Islands (the latter are uninhabited).

The first population census was held in 1881 and subsequent censuses were held decennially until 1931. This was followed by the 1946 and 1953 censuses and then the decennial pattern was reestablished with the censuses of 1962 and 1972.

All censuses are similar in scope and methodology. They include population on ships in the harbours but exclude British armed forces and temporary foreign labour. South Georgia is included as a separate territorial division for the first time in the census of 1911.

[P. M. Larby]

LIST OF CONTENTS

1881 CENSUS OF THE FALKLAND ISLANDS

1891 CENSUS

1901 CENSUS

1911 CENSUS

1921 CENSUS

1931 CENSUS

1946 CENSUS

1953 CENSUS

1962 CENSUS

1972 CENSUS

1881

Census of the Falkland Islands

CENSUS of the Falkland Islands, 3rd April, 1881. [Stanley, 1881]. 5p.
LO/N17

1891

Census

Registrar General
- Census, 1891. 1891. 5 tables. Manuscript.
LO/N17

1901

Census

Census Supervisor
- Report on census, 1901. Stanley, 1901. 10p. Includes comparative data for 1881 and 1891.
LO/N17

1911

Census

Census Supervisor
- Report on census, 1911. Stanley, 1911. 12p.
LO/N17

1921

Census

REPORT of census, 1921. London: Waterlow and Sons, 1922. 12p.
CA/U-1; LO/N-1; LO/N17; LO/N56; LO/S65; OX/U-9

1931

Census

Supervisor of Census
- Colony of the Falkland Islands and its dependencies: report of census taken on the night of 26th April, 1931. Stanley: Government Printing Office, 1931. 15p.
    CA/U-1; LO/N-1; LO/N17; LO/N56; LO/S65; LO/U-3; OX/U-9

1946

Census

REPORT of census taken on the night of 31st March, 1946. Stanley: Government Printing Office, 1946. 20p.
    LO/N17; LO/N56; LO/U-3; LO/U-8; OX/U-9; XY/N-1 (microfilm)

1953

Census

Registrar General
- Report of the census taken on the night of the 28th March, 1953. Stanley: Government Printing Office, 1954. 9p.
    CA/U-1; LO/N-1; LO/N17; LO/N56; LO/S65; LO/U-3; LO/U-8; OX/U-9; XY/N-1 (microfilm)

1962

Census

Census Supervisor
- Report of census, 1962. Stanley: Government Printer, 1962. [2] 14p. tables.
    BT/U-5; CA/U-1; LO/N-1; LO/N17; LO/S65; LO/U-3; LO/U-8; OX/U-9; XY/N-1 (microfilm)

1972

Census

Census Supervisor
- Report of census, 1972. Stanley: Government Printer, 1973. 12p. tabs.
    BT/U-5; CA/U-1; LO/N17; LO/U-3; LO/U-8

GUADELOUPE

This census bibliography and union list deals with material from the earliest traceable population estimate. These early estimates, however, cannot truly be called censuses, since most of them are not called 'Recensement' but are described variously as 'Tableau de la population' or 'Note sur la population'. As Doreen S. Goyer and Eliane Domschke state in 'The Handbook of National Population Censuses: Latin America and the Caribbean', for a proper census, as opposed to a population estimate, 'an extensive administrative machinery has to be mobilized and supported with adequate legislative and legal authority... population figures have no meaning unless they refer to a precisely defined territory... A census enumerates each individual separately...' However, while many of the earlier entries in our list clearly do not fall within this definition, they have nevertheless been included for historical reasons. This former French colony (Département d'Outre-Mer) began to enumerate its population almost from the time of settlement, but this seems mainly to have been done so that the numbers of slaves and their movements could be traced; it is noticeable that the 'Tableaux de la population' are normally divided into statistics by race and sex. However, these early estimates are generally considered to be unreliable because the local French administrators artificially inflated the statistics for fiscal reasons and the native population was a shifting one and, consequently, difficult to enumerate accurately.
Censuses prior to 1946 are now regarded as unreliable but since 1954 census-taking has been conducted under the auspices of INSEE and the results are consequently more accurate.

The regular census statistics that were compiled during the earlier colonial period were not necessarily published and many of them may be found in manuscript in the collections of the Ministère de la Marine in Paris. It will also be seen in several entries that we have included references to proposed censuses, for which instructions were published, but for which no trace of published results can be found; it is possible that these censuses were, in fact, never held.

[L. Dethan and S. Rockett]

GUADELOUPE

LIST OF CONTENTS

1671-1701

1738-1753

1835

1840

1849

1852

1864-1867

1867

1876

1883

1888

1894-1903

1894

1901

1906 RECENSEMENT GÉNÉRAL

1911

1921 RECENSEMENT DE LA POPULATION DES COLONIES FRANCAISES

1926

1931

1936

1946-1967

1946 RECENSEMENT GÉNÉRAL DE LA POPULATION

GUADELOUPE

1954 RECENSEMENT GÉNÉRAL DE LA POPULATION

1961 RECENSEMENT GÉNÉRAL DE LA POPULATION

1967 RECENSEMENT GÉNÉRAL DE LA POPULATION

1974 RECENSEMENT GÉNÉRAL DE LA POPULATION

1975 RECENSEMENT GÉNÉRAL DE L'AGRICULTURE

GUADELOUPE

1671-1701

Dessalles, Adrien
- Histoire générale des Antilles. Paris: France éditeur, 1847. 5v
[Contains, vol.2, p.438-452, Noms des habitants de la Guadeloupe, extraits du procès-verbal de l'état général de l'île Guadeloupe (1671)- Archives de la Marine, cartons Guadeloupe; p.453-455, Recensement général des îles françaises de l'Amérique au commencement de l'année 1687; p.456... au commencement de 1688; p.457, Recensement général des îles de la Martinique, la Guadeloupe et Saint-Christophe, en 1701.]
    CA/U-1; LO/N-1; OX/U-1

1738-1753

Dessalles, Adrien
- Histoire générale des Antilles. Paris: France éditeur, 1847. 5v
[Contains, vol.4, p.580, 581, Recensement général de la Guadeloupe et de ses dépendances en novembre et décembre 1738- Archives de la Marine, cartons Guadeloupe; p.582, 583, 590, 591. Recensement général de la Guadeloupe, en 1740 (1742; vol.5, p.609, Recensement général des îles françaises du Vent de l'Amérique, année 1753.]
    CA/U-1; LO/N-1; OX/U-1

1835

France. Ministère de la Marine.
- Notices statistiques sur les colonies françaises...Premiere partie...Martinique-Guadeloupe et dépendances. Paris: Imprimerie Royale, 1837. 248p. [Contains detailed population tables as of 31 Dec. 1835, p.163-169.]
    CA/U-1; LO/N-1; OX/U-9

1840

BULLETIN officiel de la Guadeloupe. Basse-Terre: Imprimerie du Gouvernement, 1840. [Contains, p.206, instructions for the census held 15 July-15 Oct. 1840. No published results traced.]

1849

BULLETIN officiel de la Guadeloupe. Basse-Terre: Imprimerie du Gouvernement, 1848. [Contains, p.712, instructions for the census to be held 1-15 July 1849. No published results traced.]

1852

JOURNAL officiel de la Guadeloupe. Basse-Terre: Imprimerie du Gouvernement, 1852, 54. [Issues for 15, 25 April, 20 May and 25 Oct. 1852 contain instructions, and issues for 1852 and 25 Jun. and 10 Sept. 1854 the results, of the census held from 1 Jun. 1852.]

1864-1867

ANNUAIRE de la Guadeloupe et dépendances pour 1865[-68]. Basse-Terre: Imprimerie du Gouvernement; Paris: Challamel, 1865-8. [Contains tables: 'Population de la Guadeloupe et dépendances au 31 décembre 1864-67'. The Annuaire for 1866 contains the note 'Ces chiffres résultent des documents émanés des mairies après l'épidémie. Ils ne sont qu'approximatifs. L'Administration fera proceder à un recensement général']
LO/N-1

1867

JOURNAL officiel de la Guadeloupe. Basse-Terre: Imprimerie du Gouvernement, 1866-68. [Issues for 18 Dec. 1866 and 5 Jan. 1867 contain instructions, and the issue for 22 Sept. 1868 the results, of the census held 2-16 Jan. 1867.]

1876

France. Ministère du Travail et de la Prévoyance Sociale. Statistique Générale de la France.
- Statistique de la France. Résultats généraux du dénombrement de 1876. France. Algérie. Colonies. Paris: Imprimerie Nationale, 1878. lxvii, 287p. [Quatrième section, p.284, 285, contains census statistics for Guadeloupe, Guyane, Martinique.]
LO/N-1; LO/U-3

1883

JOURNAL officiel de la Guadeloupe. Basse-Terre: Imprimerie du Gouvernement, 1883,84. [Issues for 31 July and 14 Aug. 1883 contain instructions, and the issue for 6 June 1884 the results, of the census held 11 Nov. 1883. Instructions also published *in* the Bulletin officiel de la Guadeloupe for 1883.]

1888

JOURNAL officiel de la Guadeloupe. Basse-Terre: Imprimerie du Gouvernement, 1888, 89. [Issues for 5 June and 2 Oct. 1888 contain instructions, and the issue for 14 May 1889 the results, of the census held 7 Nov. 1888. Results also published *in* the Annuaire de la Guadeloupe for 1890, p.6.]

1894-1903

ANNUAIRE de la Guadeloupe et dépendances. Année 1895, 1904. Basse-Terre: Imprimerie du Gouvernement, 1895, 1904. [1895 issue contains census results for 1894, p.74-76; 1904 issue contains Tableau de l'effectif de la colonie, 1902, 1903, p.205, 206.]
    LO/N-1

1894

JOURNAL officiel de la Guadeloupe. Basse-Terre: Imprimerie du Gouvernement, 1893,94. [Issues for 24 Nov. 1893 and 24 Apr., 11 Dec. 1894, contain instructions for the census held 22 Dec. 1894. Results published *in* the Annuaire de la Guadeloupe for 1895, p.74.]

1901

JOURNAL officiel de la Guadeloupe. Basse-Terre: Imprimerie du Gouvernement, 1901. [The issue for 26 Apr. 1901 contains instructions for the census held 12 Jun. 1901. Results published *in* the Annuaire de la Guadeloupe for 1902, p.74.]

1906

Recensement Général

JOURNAL officiel de la Guadeloupe. Basse-Terre: Imprimerie du Gouvernement, 1906-07. [Issues for 11 and 25 Oct. 1906 contain instructions, and the issue for 18 Apr. 1907 the results, of the census held 15 Nov. 1906.]

France. Ministere du Travail et de la Prévoyance Sociale. Statistique Générale de la France.
- Résultats statistiques du recensement général effectué le 4 mars 1906. Paris: Imprimerie Nationale, 1908-10. 3 v. [Vol 1, 1e partie, Appendice, Tableau II gives 1906 census figures for Guadeloupe, Guyane, Martinique.]
    LO/N-1; LO/U-3

1911

JOURNAL officiel de la Guadeloupe. Basse-Terre: Imprimerie du Gouvernement, 1911. [The issue for 6 July 1911 contains instructions for the census held 1 Oct. 1911. Results published *in* the Annuaire de la Guadeloupe for 1912, p. 213.]

1921

Recensement de la Population des Colonies Francaises

France. Ministère des Colonies. Office Colonial.
- Recensement de la population des colonies françaises en 1921. Paris, 1923.

JOURNAL officiel de la Guadeloupe. Basse-Terre: Imprimerie du Gouvernement, 1921. [Issues for 21 and 28 Apr. 1921 contain instructions for the census held 1 July 1921. Results published *in* the Annuaire de la Guadeloupe for 1923, p.258.]

1926

JOURNAL officiel de la Guadeloupe. Basse-Terre: Imprimerie du Gouvernement, 1926. [The issue for 15 Apr. 1926 contains instructions, and the issue for 30 Dec. 1926 the results, of the census held 1 July 1926.]

1931

JOURNAL officiel de la Guadeloupe. Basse-Terre: Imprimerie du Gouvernement, 1931, 32. [The issue for 5 Feb. 1931 contains instructions, and the issue for 7 Jan. 1932 the results, for the census held 1 July 1931.]

Martial, J.E. *and* Beaudiment, R.
- Essai de démographie des colonies françaises. Office international d'hygiène publique. Bulletin mensuel, tom.XXX no.2, fév. 1938, supplément. [p.108-127 contain population statistics for Guadeloupe, Guyane and Martinique, based on the 1931 census, with birth and mortality tables to 1935.]
  LO/N-1; OX/U-8

1936

JOURNAL officiel de la Guadeloupe. Basse-Terre: Imprimerie du Gouvernement, 1937, 37. [The issue for 2 Apr. 1936 contains instructions, and the issue for 14 Jan. 1937 the results, of the census held 1 July 1936.]

GUADELOUPE

1946-1967

France. I.N.S.E.E. Annuaire statistique de la Guadeloupe, 1949-53, 53-57, 57-59, 59-61, 62-64, 63-67-70. Paris: Imprimerie Nationale, 1954- . [The issue for 1949-53 has a Note sur les recensements de la Guadeloupe and 1954 census tables; 1953-57, 57-59 issues have tables based on growth since 1954; 1959-61 issue based on 1961 census; 1963-67 issue has Etat de la population-Tableau 1, Population de la Guadeloupe d'après les recensements officiels 1686-1967. Tableau 2, 1967 census results; 1967-70 issue ditto.]
    LO/N-1; LO/U-3 (1949-53, 53-57, 57-59, 59-61, 62-64, 63-67, 67-70; LO/U-8 (1957-59, 59-61, 62-64, 63-67, 67-70, 71-76)

1946

Recensement Général de la Population

ANNUAIRE statistique de l'Union Française Outre-Mer 1939-1946. Paris: Imprimerie Nationale de France, 1949. [Contains 1946 census results, p.B-66, 67.]
    BT/U-5; LO/N-1; LO/U-3

ANNUAIRE statistique de l'Union Française Outre-Mer 1939-1949. Paris: Imprimerie Nationale de France, 1951. [Contains 1946 census results, p.B-102.]
    BT/U-5; LO/N-1; LO/U-3; OX/U-1

France. I.N.S.E.E.
- Résultats statistiques du recensement général de la population effectué le 10 mars 1946. Vol.1: Population légale o de résidence habituelle. Appendice: population des territoires français d'outre-mer et des pays étrangers. Paris: Imprimerie Nationale; Presses Universitaires de France, 1948. 162p.
    LO/N-1; LO/U-3

JOURNAL officiel de la Guadeloupe. Basse-Terre: Imprimerie du Gouvernement, 1946, 47. [Issues for 23 Feb., 2, 9, 21, 23 March, 13 April, 7 Sept. 1946 contain instructions, and the issue for 20 Sept. 1947 the results, of the census held 25 Apr. 1946.]

1954

Recensement Général de la Population

RESULTATS Statistiques du recensement général de la population des departements d'outre-mer effectué le 1ᵉʳ juillet 1954. Antilles françaises; Martinique et Guadeloupe. Paris: Imprimerie Nationale; Presses Universitaires de France, 1956. 300p. [Instructions published *in* Journal Officiel de la République Française 20 March 1954, and results in issue of 5 Feb. 1955.]
 LO/N-1; first item only: BT/U-5; LO/U-3; LV/U-1

1961

Recensement Général de la Population

France. I.N.S.E.E.
- Recensement démographique de la Guadeloupe et la Réunion, du 9 octobre 1969: principaux résultats. Paris, 1964. 49p.
 BT/U-5; LO/U-8

- Résultats statistiques du recensement général de la population effectué le 9 octobre 1961. Guadeloupe. Paris: Imprimerie Nationale, [1965]. 184p.
 BT/U-5; LO/N-1; LO/U-3

RECENSEMENT de 1961. Population des départements d'outre-mer. Paris: Imprimerie des Journaux Officiels, 1962. 12p.
 BT/U-5

1967

Recensement Général de la Population

France. I.N.S.E.E.
- Recensement démographique de la Guadeloupe du 16 octobre 1967: principaux résultats (provisoires). Paris, [1970?] 39p.

- Résultats statistiques du recensement général de la population des départements d'outre-mer, effectué le 16 octobre 1967. Vol.1. Guadeloupe. 1ᵉ partie. Tableaux statistiques. n.d. 106p.
 LO/U-3; LO/U-8

1974

Recensement Général de la Population

Elie, P. and Maroger, C.
- Recensement général de la population en 1974, départements d'outre-mer, Guadeloupe. Tableaux sur l'activité et l'emploi. Paris: I.N.S.E.E., 1982. 170p. (Archives et documents; no.42)
    BT/U-5; LO/N-1; LO/U-3

- Tableaux sur la structure démographique. Paris: I.N.S.E.E., 1983. 257p. (Archives et documents; no. 70)
    LO/N-1; LO/U-3

- Tableaux sur les ménages, les logements, les constructions. Paris: I.N.S.E.E., 1983. 68p. (Archives et documents; no. 94.)
    LO/N-1

France. Ministère de l'Intérieur; Ministère de l'Economie et des Finances.
- Recensement général de la population en 1974...Départements d'Outre-Mer. Arrondissements, communes. Paris: I.N.S.E.E., [1977]. 31p.
    LO/N-1

1975

Recensement Général de l'Agriculture

France. Ministère de l'Agriculture.
- Recensement général de l'agriculture en Guadeloupe. Paris: Imprimerie Nationale, 1975. 145p. (Collection de statistique agricole, étude no. 137, déc. 1975.)
    LO/N-1

GUATEMALA

The first population count of Guatemala was taken in the colonial period when, in 1778, a compilation was made of tax and parish records. The first national census was in 1880, which was followed irregularly by censuses of 1893, 1921 and 1940. The permanent census office set up in 1948 established the principle of the decennial census and, though the 1960 census had to be postponed, censuses continued more regularly thereafter: 1950, 1964, 1973.

Other kinds of censuses are in evidence from the 1940s. In 1950 the agricultural census was conducted simultaneously with the population census, as were the censuses of housing and agriculture in 1964 and the census of housing in 1973.

The validity of data in the early censuses is suspect because of inadequate methods and lack of trained personnel. The 1950 census is regarded as the first to follow international standards and to provide reliable data.

[J. Laidlar]

GUATEMALA

LIST OF CONTENTS

1778 [FIRST CENSUS]

1880 CENSO GENERAL DE LA REPUBLICA DE GUATEMALA (2)

1881 MOVIMIENTO DE POBLACION

1893 CENSO GENERAL DE LA REPUBLICA DE GUATEMALA (3)

1921 CENSO DE LA POBLACION DE LA REPUBLICA (4)

1930 CENSO

1938 CENSO URBANO DE LA CAPITAL

1940 CENSO GENERAL DE POBLACION (5)

1945 CENSO ESCOLAR

1946 CENSO INDUSTRIAL (1)

1947 CENSO GANADERO

1949 CENSO DE LA VIVIENDA

1949 CENSOS EXPERIMENTALES

1950 CENSO GENERAL DE POBLACION (6)

1950 CENSO AGROPECUARIO

1950 CENSO CAFETALERO

1953 CENSO INDUSTRIAL (2)

1963 CENSO ESTUDIANTIL UNIVERSITARIO

1964 CENSO DE POBLACION Y VIVIENDA (7)

1964 CENSO AGROPECUARIO (2)

1964 CENSO DE VIVIENDA (2)

1965 CENSOS ECONOMICOS

GUATEMALA

1966 RESUMEN DE LABOR ESTADISTICA Y CENSAL

1966 LA VERBENA: RECUENTO DE POBLACION Y VIVIENDA

1966 CHICAMAN: ESTRUCTURA DEMOGRAFICA Y AGROPECUARIO

1970 CENSO EXPERIMENTAL DE POBLACION Y HABITACION

1973 CENSO DE POBLACION (8) Y DE HABITACION (3)

1973 CENSO DE VIVIENDA (3)

1977 CENSO DE LA INDUSTRIA MANUFACTURERA FABRIL

1977 CENSO INDUSTRIAL (5)

1978 CENSO ARTESANAL (1)

1979 CENSO NACIONAL AGROPECUARIO (3)

1979 CENSO DE LA INDUSTRIA MANUFACTURERA FABRIL (6)

1778

First census of Guatemala, compiled from tax and parish records. Data from this census were published *in*:
Juarros, Domingo
- Compendio de la historia de la ciudad de Guatemala. 3rd ed. Guatemala: Tip. Nacional, 1936. 2v.
   LO/U-2

also published as:
Juarros, Domingo
- Compendio de la historia del Reino de Guatemala, 1500-1800. Guatemala: Editorial Piedra Santa, c.1981. 2v.
   LO/U23; OX/U-1

and:
Juarros, Domingo
- A statistical and commercial history of the kingdom of Guatemala, in Spanish America: containing important particulars relative to its productions, manufactures, customs etc. With an account of its conquest by the Spaniards, and a narrative of the principal events down to the present time: from original records in the archives; actual observation; and other authentic sources. London: J. Hearne, 1823. 520p.
   LO/U-1

1880

Censo General de la República de Guatemala (2)

Secretaría de Fomento. Sección de Estadística
- Censo general de la República de Guatemala levantado el año de 1880. Guatemala: Tip. de 'El Progreso', 1881. xxi, 448p; 30cm. On wrapper, 'Primer censo'.

1881

Movimiento de Población

Secretaría de Fomento. Sección de Estadística
- Movimiento de población habido en los pueblos de la República de Guatemala ... año 1881. Guatemala, 1882.

1893

Censo General de la República de Guatemala (3)

Dirección de Estadística
- Censo general de la República de Guatemala levantado en 26 de febrero de 1893 por la Dirección General de Estadística y con los auspicios del Presidente constitucional. Guatemala: Tip. Nacional, 1894. 68p, 205p; 31 cm.

1921

Censo de la Población de la República (4)

Dirección General de Estadística
- Censo de la población de la República levantado el 28 de agosto de 1921. 4° censo. Guatemala: Tall. Gutenberg, 1924-26. 2pt. in 3; 26 cm.
  > Pt. I Población clasificada por municipios departamentos y zonas, con distinción de población urbana y rural, instuccion, raza, sexo y edades. 1924.
  > LO/U-3
  > Pt.II. División política y administrativa, estado civil, nacionalidad, ocupaciones. 1924. 614p.
  > LO/U-3
  > Pt.II complemento. Estado civil, nacionalidad, ocupaciones, municipio de Guatemala. Tip. Nacional, 1926. 527p.
  > LO/U-3

- Instrucciones a los empadronadores. Guatemala: Tip. Curthiz, 1921. 9p; 21 cm.

1930

Censo

Dirección General de Estadística
- Reglamento general para la facción del censo de 1930. Guatemala: Tip. Nacional, 1929. 31p; 17 cm.

- Censo de 1930: preliminares. Intereses económicos y comerciales de Guatemala en la región fronteriza con Honduras. Publicaciones de la Comisión de Límites, Arbitraje, *etc.* Guatemala: Tip. Nacional, 1931. 116p; 27cm.
  LO/N-1

- Census of 1930. Preliminaries. Inspection of the Guatemalan region bounding with Honduras. Guatemala: Tip. Nacional, 1932. 116p; 27cm.

1938

Censo Urbano de la Capital

Dirección General de Estadística
- Análisis del censo urbano de la capital, levantado el 22 de febrero de 1938, considerado en sus cifras globales. Guatemala: Tip. Nacional, 1939. 31p; 18½cm.

1940

Censo General de Población (5)

Dirección General de Estadística
- Reglamento para el censo general de población del año 1940. Guatemala: Tip. Nacional, 1939. 24p.

- Quinto censo general de población levantado el 7 de abril de 1940. Guatemala: Tip. Nacional, 1942. 885p; 27½cm.
  LO/U-3; LO/U19

- Cartilla para los alumnos de instrucción primaria. Censo de 1940. Guatemala: Tip. Nacional, 1939. 8p; 18cm.

1945

Censo Escolar

Dirección General de Estadística
- Censo escolar: instrucciones generales para los jefes de empadronadores, empadronadores y personal auxiliar. Guatemala, [?1945]. 56p; 16cm.

1946

Censo Industrial (1)

Dirección General de Estadística
- Primer censo industrial de Guatemala, año de 1946. Guatemala, 1951. 240p.
  LO/U-3

1947

Censo Ganadero

Dirección General de Estadística
- Censo ganadero año 1947: instrucciones para los jefes de empadronadores, empadronadores y personal auxiliar. Guatemala: Tip. Nacional, 1947. 35p; 17cm.

1949

Censo de la Vivienda

Dirección General de Estadística
- Censo de la vivienda, 1949. Presentado por la Delegación del Gobierno de Guatemala a la tercera sesión de la Comisión del Censo de las Américas al 2° Congreso Interamericano de Estadística. Guatemala, [?1949]. 29p. 33cm.
    LO/U-2

- Censo de la vivienda urbana, 1949. Guatemala: Tip. Nacional, 1954; 33cm.
T. I. Ciudad de Guatemala.

1949

Censos Experimentales

Dirección General de Estadística
- Censos experimentales [de San Miguel Dueñas y San Juan Alotenango], julio de 1949. Guatemala, 41 leaves.
    XY/N-1 (microfilm)

1950

Censo General de Población (6)

Dirección General de Estadística
- Censos, abril, 1950: población, agropecuario. Preparación empadronamiento, elaboración. Guatemala: Oficina Permanente del Censo, 1953. 48p; 27cm.
    XY/N-1 (microfilm)

GUATEMALA

- Sexto censo general de población, abril 18 de 1950. [Preliminary results.] Guatemala: Imp. Universitaria, 1953. 244p; 24cm.
  LO/U-3; XY/N-1 (microfilm)

- Sexto censo de población, abril 18 de 1950. [Datos definitivos.] Guatemala, 1957. lxvi, 304p; 24 cm.
  CC/U-1 (microfiche); LO/N-1; LO/U-2; LO/U-3; XY/N-1 (microfilm)

- 'Censo de población', *in* Boletín de la Dirección General de Estadística, 26, agosto, 1950, p.34-49.
  LO/U-3

- Instrucciones para empadronadores. Guatemala: Tall. Gutenberg, 1950. 140p; 15cm.

- Estudio sobre aspectos técnicos del censo de población, 1950. Guatemala, 103p.

1950

Censo Agropecuario

Dirección General de Estadística
- Censo agropecuario, 1950. Boletín de la Dirección General de Estadística, 49-52, 1954; 28cm.
  T. 1. Agricultura.
  T. 2. Ganadería.
  T. 3. Población agrícola y otros aspectos.
  LO/U-2; LO/U-3

1950

Censo Cafetalero

Dirección General de Estadística
- Censo cafetalero, 1950. Boletín de la Dirección General de Estadística, 44-45, 1953, 187p; 28cm.

GUATEMALA

1953

Censo Industrial (2)

Dirección General de Estadística
- Segundo censo industrial, 1953. Guatemala, 1957. xviii, 125p.
   LO/U-3

1963

Censo Estudiantil Universitario

Orellana González, Rene Arturo
- Análisis del segundo censo estudiantil universitario de enero de 1963. Guatemala: Instituto de Investigaciones Económicas y Sociales, Facultad de Ciencias Económicas, Universidad de San Carlos de Guatemala, 1964. 102p.
   CC/U-1

Universidad de San Carlos de Guatemala
- Segundo censo estudiantil universitario. Enero de 1963. Guatemala: n.d., 201p.

1964

Censo de Población y Vivienda (7)

Dirección General de Estadística
- Algunos datos del censo de población y vivienda efectuados en abril de 1964: cifras preliminares. Guatemala, 1964. 24p.; 28cm.
   XY/N-1 (microfilm)
- Censo efectuado del 18 al 26 de abril de 1964: cifras preliminares. Guatemala, 1964. 26p; 28cm.

- Población total conforme al censo efectuado del 18 al 26 de abril de 1964: cifras preliminares. Guatemala, 1964.

- Población total por departamento y sexo, conforme al censo efectuado del 18 al 26 de abril de 1964: cifras preliminares. Guatemala, 1964. 24p.
   XY/N-1 (microfilm)

- Séptimo censo de población: cifras preliminares. Guatemala, ?1964. unpaged.

- Censos de 1964: vivienda, población, agropecuaria y leyes alusivas a los censos. Manual para el empadronador, boleta censal de población y vivienda y boleta censal de agropecuaria. Guatemala, 1964. 160p.
    XY/N-1 (microfilm)

- 'Breve análisis de los resultados preliminares de los censos de población y de vivienda de 1964', *in* Trimestre Estadístico, jul.-set., 1964, p.i-xx.

- Población total, por departamento, conforme censos del 18 de abril de 1950 y del 18 de abril de 1964. Incremento intercensal, cifras absolutas y relativas. Guatemala, ?1964. 24p.

- VII [Séptimo] censo de población, 1964. Guatemala, 1971-72. 24 cm.
    T. 1. Metodología, población total por sexo, edad, grupo étnico, urbano-rural y estado civil. 1971. 532p.
        CC/U-1; LO/N99; LV/U-1; XY/N-1 (microfilm)
    T. 2. Migración, ciudadanía, alfabetismo, asistencia escolar, último grado aprobado, otras características culturales, lengua o idioma, traje, calzado y religión. 1971. 821p.
        LO/N99; XY/N-1 (microfilm)
    T. 3. Ocupación principal, rama de actividad y posición, ocupaciones. Populación economicamente activa. Fecundidad. 1972. 477p.
        LO/N99; XY/N-1 (microfilm)

- Censo de población 1964: resultados de tabulación por muestreo. Guatemala, 1966. iv, 131p; 24cm.
    BT/U-5; CC/U-1; LO/U-2; LO/U-3; XY/N-1 (microfilm)

- Censos 1964: vivienda. Resultados de tabulación por muestreo. Guatemala, 1965. 56p; 24cm.
    CC/U-1; LO/N99

- Población de la ciudad de Guatemala, censos 1964: resultado de tabulación por muestreo. Guatemala, 1966. xi, 175p; 24cm.
    BT/U-5; CC/U-1; LO/N-1; LO/U-2; LO/U-3; XY/N-1 (microfilm)

- Algunas características de la población de Guatemala, 1964: resultados de tabulación manual. Guatemala, 1968. 37p.
    GL/U-1; LV/U-1; XY/N-1 (microfilm)
    -2ª edición, 1969.
    GL/U-1

- Estudio post-enumerativo censal, 1964. Guatemala, 1965. 95p; 24cm.
    GL/U-1; LO/U-3; XY/N-1 (microfilm)

- Ajuste en la distribución de la población de la República de Guatemala por edad, censo de 1964. Guatemala, 1967. 5p.
  LO/U-3; XY/N-1 (microfilm)

- Tablas de vida. República de Guatemala, 1964. Guatemala, 1967. 67p.

1964

Censo Agropecuario (2)

Dirección General de Estadística
- II [Segundo] censo agropecuario, 1964. Guatemala: Editorial de Ejército, 1968-71. 5v.
  - T. 1. Características generales, concentración y tenencia de la tierra 1968. iii, 308p.
    BT/U-5; GL/U-1; LO/U-2; LO/U-3; LV/U-1; OX/U24
  - T. 2. Uso de la tierra, cultivos. 1971. iv, 774p.
    GL/U-1; LO/U-3; OX/U24
  - T. 3. Ganadería. 1969. iv, 446p.
    BT/U-5; GL/U-1; LO/U-3; OX/U24
  - T. 4. Aves de corral, colmenas, productos pecuarios, equipo y vehículos, abonos y riegos, energía en labores agrícolas, mozos colonos, apéndice. 1969. iii, 431p.
    BT/U-5; GL/U-1; LO/U-3
  - T. 5. Panorama de la estructura agropecuaria de Guatemala. Análisis estadístico-censal de los resultados del II censo nacional agropecuario, 1964. 1971. 251p.
    GL/U-1; LO/U-3; OX/U24

1964

Censo de Vivienda (2)

Dirección General de Estadística
- II [Segundo] censo de vivienda, 1964. Guatemala, 1972-73. 2v.
  - T. 1. Viviendas colectivas.
  - T. 2. Viviendas particulares.

GUATEMALA

1965

Censos Económicos

Dirección General de Estadística
- Censos económicos, 1965. Guatemala, 1968-72. 6v; 24cm.
    T. 1. I censo de servicios: establecimientos sin contabilidad. 169p.
    BT/U-5; GL/U-1; LO/N99; LO/U-3
    T. 2. II censo comercial: establecimientos sin contabilidad. 302p.
    BT/U-5; LO/N99; LO/U-3
    T. 3. I censo de servicios: establecimientos con contabilidad. 212p.
    BT/U-5; LO/N99; LO/U-3
    T. 4. II censo comercial: establecimientos con contabilidad. 342p.
    BT/U-5; GL/U-1; LO/N-1; LO/N99; LO/U-3
    T. 5. IV censo industrial: establecimientos sin contabilidad. 155p.
    BT/U-5; GL/U-1; LO/N-1; LO/N99; LO/U-2; LO/U-3
    T. 6. IV censo industrial: establecimientos con contabilidad. 657p.
    BT/U-5; GL/U-1; LO/N-1; LO/N99; LO/U-2; LO/U-3

- Directorio de establecimientos industriales: censos económicos, 1965. Guatemala, 1967. xvi, 310p.

1966

Dirección General de Estadística
- Resumen de la labor estadística y censal, abril 1963-junio 1966. Guatemala, ?1966. 24 leaves.

1966

La Verbena

Dirección General de Estadística
- La Verbena: recuento de población y vivienda, octubre de 1966. Guatemala, 1967. 49 leaves. 28cm.

1967

Chicamán

Dirección General de Estadística
- Chicamán: estructura demográfica y agropecuaria, abril de 1967. Guatemala, 1967. 30 leaves. 28cm.
    LO/U-3

GUATEMALA

1970

Censo Experimental de Población y Habitación

Dirección General de Estadística
- Guatemala: resultados del censo experimental de población y habitación, diciembre, 1970, llevado a cabo por la Dirección General de Estadística con la colaboración técnica y financiera del Centro Latinoamericano de Demografía de las Naciones Unidas. San José: CELADE, 1972. vi, 121p; 28cm.
LO/N-1

1973

Censo de Población (8), Censo de Habitación (3)

Dirección General de Estadística
- VIII [Octavo] censo de población y III de habitación, 26 de marzo de 1973. Serie II: resultados de tabulación por muestreo. Guatemala, ?1974. 28cm.
   T. 1. Población total, indígena.

- VIII [Octavo] censo de población, 26 de marzo de 1973. Serie III: cifras definitivas. Guatemala, ?1975-77. 2v; 27cm.
   T. 1. República: población total, población indígena. ?1975. xliv, 587p.
      BT/U-5; LO/N56; LO/N99
   T. 2. Ciudad capital, municipio de Guatemala: datos por zona municipal, población total, población indígena. ?1977.
      LO/N56; OX/U-1

- III [Tercer] censo de habitación, 26 de marzo de 1973: cifras definitivas. Guatemala, ?1976- . 27cm.
   T.I. República: viviendas particulares, hogares. ?1976. xvii, 603p.
      BT/U-5; LO/N56
   T. II. República: hogares, viviendas colectivas. 1976. vii, 666p.
      BT/U-5; LO/N56
   T.III. Ciudad capital: viviendas particulares, hogares. 1976. vii, 402p.
      BT/U-5

GUATEMALA

1973

Censo de Vivienda (3)

Dirección General de Estadística
- III [Tercer] censo de vivienda, 26 de marzo de 1973. Viviendas particulares, materiales de construcción, tipo de local; número de hogares, régimen de tenencia, tipo de local. Edición especial referente a los departamentos afectados por el terremoto de febrero de 1976. Guatemala, 1976. 112p; 21 x 33cm.
    LO/N-1

1977

Censo de la Industria Manufacturera Fabril

Dirección General de Estadística
- Censo de la industria manufacturera fabril, 1977. Guatemala: Ministerio de Economía, 1982. 568p.

1977

Censo Industrial (5)

Dirección General de Estadística
- V [Quinto] censo industrial año 1977. [Guatemala], n.d.

1978

Censo Artesanal (1)

Dirección General de Estadística
- Censo artesanal 1978. Principales indicadores económicos de los establecimientos artesanales. Guatemala, 1982. 487p.

- Censo artesanal. Guatemala.
    Tomo 1.
    Tomo 2.
    Tomo 3. Directorio artesanal, 1978. 1981. 516p.

GUATEMALA

1979

Censo Nacional Agropecuario (3)

Dirección General de Estadística
- III [Tercer] censo nacional agropecuario, 1979. Guatemala, 1983-5. 3 vols.
    Vol. 1.   Número y superficie de fincas y características principales. 2t.
    Vol. 2.   Cultivos, producción agrícola y forestal. 2t.
    Vol. 3.   Existencia de animales y productos agropecuarios derivados. 2t.

1979

Censo de la Industria Manufacturera Fabril (6)

Instituto Nacional de Estadística
- Vl [Sexto] censo de la industria manufacturera fabril, 1979. Guatemala, 1986. 707p. [Resultados definitivos]

GUYANA

[British Guiana until May 1966]

The territories of the English speaking Caribbean and circum-Caribbean were among Britain's oldest colonies some having been occupied since the early seventeenth century.

Although formal censuses in the modern accepted sense were not conducted until the 1840s a good deal of statistical information, described as censuses or population returns, is contained in Governors' despatches from these colonies to the home government. The quantity of such material appears to be very large: most of it is held in the Public Record Office but some is in the British Library and other manuscript repositories. An indication of the extent of such materials is given in F.W. Pitman's *Development of the British West Indies* where Appendix I records many of the returns made by colonial Governors for the period 1636-1763. Other censuses were subsequently published as British parliamentary papers or in local *Gazettes* and *Votes and proceedings* and summarized in the censuses of England and Wales between 1861 and 1891 and the *Census of the British Empire, 1901*. To locate and describe these materials is not within the compass of this project; accordingly the censuses listed in the following pages cover such early materials only where they have been reissued in printed format and reported by contributing libraries; no systematic search for them has been made.

For many early censuses bibliographical data are scarce and may be suspect; later censuses, *ie* those for the British West Indies of 1946 and 1960 and the Commonwealth Caribbean census for 1970, were issued in series of volumes and parts for which bibliographical data are complicated and apparently incomplete.

[P.M. Larby]

GUYANA

LIST OF CONTENTS

1827 CENSUS OF THE FREE PEOPLE OF BERBICE

1829 CENSUS OF THE FREE PEOPLE OF DEMERARA AND ESSEQUIBO

1831

1841

1851 CENSUS OF THE POPULATION OF THE COLONY OF BRITISH GUIANA

1861

1871 CENSUS OF THE POPULATION OF BRITISH GUIANA

1881 CENSUS OF THE POPULATION OF BRITISH GUIANA

1891 CENSUS...

1901

1911 CENSUS OF THE POPULATION

1921 CENSUS OF POPULATION

1931 CENSUS OF THE COLONY OF BRITISH GUIANA

1946 CENSUS OF THE COLONY OF BRITISH GUIANA [WEST INDIAN CENSUS]

1960 EASTERN CARIBBEAN POPULATION CENSUS

1970 POPULATION CENSUS

[British Guiana until May 1966]

In 1831 Berbice was united with Demerara and Essequibo to form the Colony of British Guiana.

1827

Census of the Free People of Berbice

CENSUS of the free people of Berbice, October 1827. [s.l., 1827].

1829

Census of the Free People of Demerara and Essequibo

CENSUS of the free people of Demerara and Essequibo, 31st October 1829. [s.l., 1829].

1831

[Rough count of the population of British Guiana. 1831. s.l., 1831]. Usually considered the first census.

1841

No publications located.

1851

Census of the Population of the Colony of British Guiana

Government Secretary
- Abstract of the census of the population of the colony of British Guiana as taken on the 31st March 1851. Georgetown: Government Printer, 1851. 20p.
    LO/N17

GUYANA

1861

Census Board
- Results of the population of British Guiana taken on the 7th April 1861. Demerara: Royal Gazette, 1862. 26p.
    LO/N-1; LO/N17

1871

Census of the Population of British Guiana

Census Board
- Results of the decennial census of the population of British Guiana on the 3rd April, 1871. Demerara: Creole Office, 1872. iii, 55p.
    LO/N17

1881

Census of the Population of British Guiana

Census Board
- Results of the decennial census of the population of British Guiana taken on the 3rd April 1881. Demerara: Argosy Office, 1882. v, 55p.
    LO/N17

1891

Census...

PRELIMINARY report on the census, 1891. Georgetown: C.K. Jardine, 1891. 7p.
    LO/N-1; LO/N17; OX/U-9

Registrar General
- Report on the results of the census of 1891. [s.1., s.n. 1891?]. xv, 59p. folding table.

- -- Port of Spain: Central Statistical Office. 1964. xv, 59p. folding table. (Reissues of early census reports, no.3). Photographic reprint.
    BT/U-5; CA/U-1; LO/N17; LO/U-8

1901

Registrar General
- Report showing the estimated population of the colony for the years 1891-1901. Georgetown: C.K. Jardine, 1902. 8p.
    LO/N17

1911

Census of the Population

Census Commissioner's Office
- Report on the results of the census of the population, 1911, by Geo.D. Bayley. Georgetown: Argosy, 1912. xxxv, 71p.
    LO/N-1; LO/N17; LO/S65

- -- Port of Spain: Central Statistical Office, 1964. (Reissues of early census reports, no.3).
    CA/U-1; LO/U-8; OX/U-9

1921

Census of Population

Census Commissioner. Sydney H. Bailey
- Report on the results of the census of population, 1921. Georgetown: Argosy, 1922. xxxviii, 75p.
    LO/N-1; LO/N17; LO/N56; LO/S65; LO/U-3; OX/U-9

1931

Census of the Colony of British Guiana

Census Commissioner
- Preliminary report on the census of the colony of British Guiana, 1931. Georgetown: Argosy, 1931. 8p.
    LO/S65

- -- *In* British Guiana. Legislative Council. Minutes (and sessional papers), 1931, no.13. 8p.
    LO/U-3

- Report on the results of the census of population, 1931, by C.H. Norton. Georgetown: Argosy, 1932. lii. 153p.
    LO/N-1; LO/N17; LO/N56; LO/U-3; LO/U-8; OX/U-9

1946

Census of the Colony of British Guiana [West Indian Census]

British Guiana is included in the West Indies census, 1946. *See* Commonwealth Caribbean, 1946.

Seymour, H.J.
- Census samples (Summaries based on the tables of British Guiana's census of 1946). Georgetown, 1949. 19p. Typescript.
    LO/N17; LO/S65

1960

Eastern Caribbean Population Census

British Guiana is included in the Eastern Caribbean population census, 1960. *See* Commonwealth Caribbean, 1960. Eastern Caribbean population census. On independence on 26th May 1966 British Guiana became Guyana.

1970

Population Census

Statistical Bureau
- Population census, 1970. Summary tables. Georgetown: Government Printer, 1977. ix, 29p.
    BT/U-5; LO/N17; LO/U-8

For 1970 census *see also* Commonwealth Caribbean census. 1970.

GUYANE

This census bibliography and union list deals with material from the earliest traceable population estimate. These early estimates, however, cannot truly be called censuses, since most of them are not called 'Recensement' but are described variously as 'Tableau de la population' or 'Note sur la population'. As Doreen S. Goyer and Eliane Domschke state in 'The Handbook of National Population Censuses: Latin America and the Caribbean', for a proper census, as opposed to a population estimate, 'an extensive administrative machinery has to be mobilized and supported with adequate legislative and legal authority... population figures have no meaning unless they refer to a precisely defined territory... A census enumerates each individual separately...'

However, while many of the earlier entries in our list clearly do not fall within this definition, they have nevertheless been included for historical reasons. This former French colony (Département d'Outre-Mer) began to enumerate its population almost from the time of settlement, but this seems mainly to have been done so that the numbers of slaves and their movements could be traced; it is noticeable that the 'Tableaux de la population' are normally divided into statistics by race and sex. However, these early estimates are generally considered to be unreliable because the local French administrators artificially inflated the statistics for fiscal reasons and the native population was a shifting one and consequently, difficult to enumerate accurately.

Censuses prior to 1946 are now regarded as unreliable but since 1954 census-taking has been conducted under the auspices of INSEE and the results are consequently more accurate.

The regular census statistics that were compiled during the earlier colonial period were not necessarily published and many of them may be found in manuscript in the collections of the Ministère de la Marine in Paris. It will also be seen in several entries that we have included references to proposed censuses, for which instructions were published, but for which no trace of published results can be found; it is possible that these censuses were, in fact, never held.

[L. Dethan and S. Rockett]

LIST OF CONTENTS

1695-1749

1790-1901

1827-1831

1836

1841

1849

1863

1867

1872

1876

1877

1882

1885-1900

1895

1901

1906 RECENSEMENT GÉNÉRAL

1911

1921 RECENSEMENT DE LA POPULATION

1926

1931

1936

1946-1961

GUYANE

1946 RECENSEMENT

1954 RECENSEMENT GÉNÉRAL DE LA POPULATION

1961 RECENSEMENT DE LA POPULATION

1967 RECENSEMENT DÉMOGRAPHIQUE

1974 RECENSEMENT GÉNÉRAL DE LA POPULATION

1695-1749

Maurel, Edouard César Emile.
- Histoire de la Guyane française. Paris: Challamel & Cie, 1889. [Contains population tables for 1695, 1698, 1707, 1716, 1740, 1749, p.19.]
    LO/N-1

1790-1901

Dangoise, Arthur and Pottereau, L.
- Notes, essais et études sur la Guyane française. Paris, 1905. [Contains results of Dec. 1901 census and numbers of inhabitants in 1790, 1830, 1862, 1879, 1884, 1887, 1891, 1895, and a 'relevé officiel' for 1820, p.40-42.]
    LO/N-1

1827-1831

BULLETIN officiel de la Guyane française. Pour l'année 1827-31. Cayenne: l'Imprimerie du Gouvernement. [Contains details on conduct of censuses: 1827, p.69, 310; 1830, p.256.]
    LO/N-1

1836

France. Ministère de la Marine.
- Notices statistiques sur les colonies françaises...Seconde partie...Guyane française. Paris: Imprimerie Royale, 1838. 271p. [Contains detailed population tables as of 31 Dec. 1836, p.178-187.]
    CA/U-1; LO/N-1; OX/U-9

Société d'Etudes pour la Colonisation de la Guyane Française.
- Notice statistique sur la Guyane française. Paris: Firmin Didot, 1843. 176p. [Contains tables and statistics of population on 31 Dec. 1836, p.46- 56.]
    LO/N-1; OX/U-1

1841

BULLETIN officiel de la Guyane française. Cayenne: Imprimerie du Gouvernement, 1839, 40. [Issues for 1839, p.188 and 1840, p.232, contain instructions for the census held 1 Jan. - 1 Mar. 1841. No trace of results.]

1849

BULLETIN officiel de la Guyane française. Cayenne: Imprimerie du Gouvernement, 1849. [The issue 1849, p.380, contains instructions for the census held 13 Sept. - 30 Nov. 1849. No published results traced.]

1863

BULLETIN officiel de la Guyane française. Cayenne: Imprimerie du Gouvernement, 1863. [The issue for 1863, p.149, contains instructions for the census held 1 June - 15 July 1863. No published results traced.]

1867

BULLETIN officiel de la Guyane française. Cayenne: Imprimerie du Gouvernement, 1867. [The issue for 1867, p.231, contains instructions for the census held 1 July - 31 July 1867. No published results traced.]

1872

BULLETIN officiel de la Guyane française. Cayenne: Imprimerie du Gouvernement, 1872. [The issue for 1872, p.34, contains instructions for the census held 29 Jan. - 29 Feb. 1872 (Cayenne only). No published results traced.]

1876

France. Ministère du Travail et de la Prévoyance Sociale. Statistique Générale de la France. Statistique de la France.
- Résultats généraux du dénombrement de 1876. France. Algérie. Colonies. Paris: Imprimerie Nationale, 1878. lxvii, 287p. [Quatrième section, p.284, 285, has census statistics for Guadeloupe, Guyane, Martinique.]
    LO/N-1; LO/U-3

1877

BULLETIN officiel de la Guyane française. Cayenne: Imprimerie du Gouvernement, 1877. [The issue for 1877, p.313, contains instructions for the census held 1 July - 16 July 1877. Results published *in* Annuaire de la Guyane francaise, 1878, p.158.]

1882

BULLETIN officiel de la Guyane française. Cayenne, Imprimerie du Gouvernement, 1882. [The issue for 1882, p.498, contains instructions for the census planned for 1 Oct. - 16 Oct 1882, but apparently not completed.]

1885-1900

ANNUAIRE de la Guyane française pour 1887, etc. Cayenne: Imprimerie du Gouvernement. [Contains 'Population au 31 décembre 1885 [etc.] 'in issues to 1900.]
LO/N-1

1895

JOURNAL officiel de la Guyane française. Cayenne: Imprimerie du Gouvernement, 1894-96. [The issues for 24 Feb., 2 Mar., 19 May 1894 and 24 Aug., 7 Sept. 1895 contain instructions, and the issues for 28 Dec. 1895 and 11 Feb. 1896 the results, of the census held 7-13 Oct. 1895.]

1901

JOURNAL officiel de la Guyane française. Cayenne: Imprimerie du Gouvernement, 1901. [The issue for 21 Sept. 1901 contains instructions, and the issue for 28 Dec. 1901 the results, of the census held 21-28 Oct. 1901.]

1906

Recensement Général

JOURNAL officiel de la Guyane française. Cayenne: Imprimerie du Gouvernement, 1906,07. [The issue for 1 Dec. 1906 contains instructions, and the issue for 10 Aug. 1907 the results, of the census held 24-31 Dec. 1906.]

France. Ministère du Travail et de la Prévoyance Sociale. Statistique Général de la France.
- Résultats statistiques du recensement général effectué le 4 mars 1906. Paris: Imprimerie Nationale, 1908-10. 3 v. [Vol.1, 1e partie, Appendice, Tableau II gives the 1906 census figures for Guadeloupe, Guyane, Martinique.]
LO/N-1; LO/U-3

1911

BULLETIN officiel de la Guyane française. Cayenne: Imprimerie du Gouvernement, 1911. [The issue for 1911, p.41, contains instructions, and the issue of the Journal officiel de la Guyane française for 27 May 1911 the results, of the census held 5 Mar. 1911.]

1921

Recensement de la Population

France. Ministère des Colonies. Office Colonial.
- Recensement de la population des colonies françaises en 1921. Paris, 1923.

JOURNAL officiel de la Guyane française. Cayenne: Imprimerie du Gouvernement, 1921. [The issue for 14 May 1921 contains instructions, and the issue for 17 Dec. 1921 the results, of the census held 1 July 1921.]

1926

JOURNAL officiel de la Guyane française. Cayenne: Imprimerie du Gouvernement, 1926. [The issue for 10 Apr. 1926 contains instructions, and the issue for 27 Nov. 1926 the results, of the census held 1 July 1926.]

1931

JOURNAL officiel de la Guyane française. Cayenne: Imprimerie du Gouvernement, 1931, 32. [The issue for 6 June 1931 (Inini) and 13 June 1931 (Guyane) contain instructions, and the issues for 31 Dec. 1931 and 9 Jan. 1932 the results, of the census held 1 July 1931.]

Martial, J.E. *and* Beaudiment, R.
- Essai de démographie des colonies françaises. Office international d'hygiène publique. Bulletin mensuel, tom. XXX, no. 2, fév. 1938, supplément. [p.108-127 contain population statistics for Guadeloupe, Guyane and Martinique, based on the 1931 census, with birth and mortality tables to 1935.]
    LO/N-1; OX/U-8

1936

JOURNAL officiel de la Guyane française. Cayenne: Imprimerie du Gouvernement, 1936, 37. [The issues for 16 May (Guyane) and 27 June (Inini) 1936 contain instructions, and the issue for 23 Jan. 1937 the results, of the census held 1 July 1936.]

1946-1961

France. I.N.S.E.E.
- Annuaire de la Guyane, 1947-52, 52-56, 57-59, 59-61. Paris: Imprimerie Nationale, 1953-62. [1947-52 issue contains census results for 1946, p.25; 1952-56 issue gives total of 1954 census and population tables for 1954; 1957-59 issue also gives figures for 1954 census and population growth 1956-58; 1959-61 issue has census tables for 1961.]
    LO/N-1; LO/U-3 (1947-52, 1952-56, 1959-61); LO/U-8 (1947-52, 1957-59); OX/U-9 (1947-52)

1946

Recensement

ANNUAIRE statistique de l'Union Française Outre-Mer 1939-1946. Paris: Imprimerie Nationale de France, 1949. [Contains 1946 census results, p.B-68,69.]
    BT/U-5; LO/N-1

- 1939-1949. Paris: Imprimerie Nationale de France, 1951. [Contains 1946 census results, p. B-103, 104.]
    BT/U-5; LO/N-1; OX/U-9

France. Ministère des Colonies.
- Bulletin mensuel de statistiques coloniales. Paris, 1948. Supplément sér. Etudes, no. 18, Les Français d'origine métropolitaine et les étrangers dans les territoires d'outre-mer au recensement de 1946. [Includes statistics for Guyane and Martinique.]
    LO/N-1; LO/U-3

- Supplément sér. Statistique, no.7. Résultats du recensement de 1946 dans les territoires d'outre-mer (Français d'origine métropolitaine et étrangers) Guyane et Inini. 43p. [Instructions published *in* the issue for 26 Jan. 1946 of Journal officiel de la Guyane française : no locations.]
    LO/N-1; LO/U-3

1954

Recensement Général de la Population

RÉSULTATS statistiques du recensement gernéral de la population des départements d'outre-mer effectué le 1er juillet 1954. Guyane. Paris: Imprimerie Nationale; Presses universitaires de France, 1957. 44p. [Instructions published in the Journal officiel de la République française 20 Mar. 1954, and results published in the issue for 5 Feb. 1955.]
BT/U-5; LO/N-1; LO/U-3; LV/U-1

1961

Recensement de la Population

France. I.N.S.E.E.
- Recensement de la population de la Guyane, 9 octobre 1961. Analyse des résultats...Résultats provisoires. Paris, 1964. 41p.
LO/N-1; LO/U-8

- Résultats statistiques du recensement général de la population des départements d'outre-mer effectué le 9 octobre 1961. Guyane. Paris: Imprimerie Nationale, 1964. 67p.
BT/U-5; LO/N-1; LO/U-3

RECENSEMENT de 1961. Population des départements d'outre-mer. Paris: Imprimerie des Journaux Officiels, 1962. 12p.
BT/U-5; LO/U-3

1967

Recensement Démographique

France. I.N.S.E.E.
- Recensement démographique de la Guyane du 16 octobre 1967; principaux résultats (provisoires). Paris, 1969. [37]p.
LO/N-1; LO/U-3; LO/U-8

- Résultats statistiques du recensement général de la population des départements d'outre-mer effectué le 16 octobre 1967. 1re partie: Tableaux statistiques. Guyane. Paris: Imprimerie Nationale, [1970?]. 172p.
BT/U-5; LO/N-1; LO/U-3; LO/U-8

1974

Recensement Général de la Population

Elie, P. and Maroger, C.
- Recensement général de la population en 1974, départements d'outre-mer, Guyane. Tableaux sur l'activité et l'emploi. Paris: I.N.S.E.E., 1982. 156p. (Archives et documents; no.51).
  BT/U-5; LO/N-1

- Tableaux sur la structure démographique. Paris: I.N.S.E.E., 1983. 199p. (Archives et documents; no. 66.)
  LO/N-1; LO/U-8

- Tableaux sur les ménages, les logements, les constructions. Paris: I.N.S.E.E., 1983. 68p. (Archives et documents; no. 96.)
  LO/N-1

France. Ministère de l'Intérieur; Ministère de l'Economie et des Finances.
- Recensement général de la population en 1974...Départements d'outre-mer. Arrondissements, communes. Paris: I.N.S.E.E., [1977]. 31p.
  LO/N-1

HAITI

This census bibliography and union list deals with material from the earliest traceable population estimate. These early estimates, however, cannot truly be called censuses, since most of them are not called 'Recensement' but are described variously as 'Tableau de la population' or 'Note sur la population' As Doreen S. Goyer and Eliane Domschke state in 'The Handbook of National Population Censuses: Latin America and the Caribbean', for a proper census, as opposed to a population estimate, 'an extensive administrative machinery has to be mobilized and supported with adequate legislative and legal authority... population figures have no meaning unless they refer to a precisely defined territory... A census enumerates each individual separately...'

However, while many of the earlier entries in our list clearly do not fall within this definition, they have nevertheless been included for historical reasons. In common with the French territories, enumeration of the population began almost from the time of settlement, but this seems mainly to have been done so that the the numbers of slaves and their movements could be traced; it is noticeable that the 'Tableaux de la population' are normally divided into statistics by race and sex. However, these early estimates are generally considered to be unreliable because the local French administrators artificially inflated the statistics for fiscal reasons and the native population was a shifting one and, consequently, difficult to enumerate accurately. Population counts prior to 1950 are regarded as unreliable, the first real census, in 1950, was conducted by the Institut Haïtien de Statistique with proper scientific methods.

The regular census statistics that were compiled during the earlier colonial period were not necessarily published and many of them may be found in manuscript in the collections of the Ministère de la Marine in Paris.

[L. Dethan and S. Rockett]

HAITI

LIST OF CONTENTS

1492-1950

1687, 1688 RECENSEMENT GÉNÉRAL DES ILES FRANCAISES DE L'AMÉRIQUE

1789

1804-1985

1824

1919

1949, 1950 RECENSEMENT GÉNÉRAL

1949 RECENSEMENT DE LA VILLE DE PORT-AU-PRINCE

1950 RECENSEMENT GÉNÉRAL (1)

1971 RECENSEMENT GÉNÉRAL (2)

HAITI

1492-1950

Aristide, Achille
- Quelques aspects du problème de la population en Haïti. Port-au-Prince: Imprimerie de l'Etat, 1955. 61p. [Contains estimates for population in 1492, 1726 and 1730, results of Saint-Domingue censuses of 1753, 1775, 1777, 1785, 1788, 1789, 1790, census results for Haiti 1804, 1824, estimate for 1843, census of 1864, estimates for 1888 and 1910, census results for 1919, estimates for 1931, 1932, 1935, census results for 1950.]
    LO/N-1; LO/U-2

1687, 1688

Recensement Général des Iles Françaises de l'Amérique

Dessalles, Adrien.
- Histoire générale des Antilles. Paris: France éditeur, 1847. 5 v. [Contains, vol.2, p.453-455, Recensement général des îles françaises de l'Amérique au commencement de l'année 1687; p.456, 457... au commencement de 1688.]
    CA/U-1; LO/N-1; OX/U-1

1789

Ducoeurjoly, S.J.
- Manuel des habitans de Saint-Domingue. Paris: Lenoir, 1802 [an 10]. 2v. [Vol.1, p.clii-clxxiv, contains a Tableau de la population et des productions... pour l'année 1789, and detailed population statistics by parish.]
    CA/U-1; LO/N-1

Lacroix, François Joseph Pamphile, vicomte de.
- Mémoires pour servir à l'histoire de Saint-Domingue. Paris: Pillet, 1819. 2 v. [Contains, vol.2, p.271-276, population statistics for 1789, according to class and colour, and estimate for 1819.]
    CA/U-1 (and accompanying atlas); LO/N-1; OX/U-1

1804-1985

Institut Haïtien de Statistique.
- Guide économique de la République d'Haïti. Port-au-Prince: 1977. 666p. [Contains, p.47-55, population estimates 1804-1950 and 1950-85, census results of 1950 and 1971, estimated population for 1975.]
    BT/U-5; LO/N-1

1824

Franklin, James.
- The present state of Hayti. London: James Murray, 1828. viii, 411p. [Contains, p.402-408, details of the 1824 census and its execution, claiming that it was largely a fabrication.]
    CA/U-1; LO/N-1; LO/U-2; LO/U-3; OX/U-1

- [London:]: F.Cass, [1971]. viii, 411p. (Source books on Haiti; no.4.)
    CA/U-1; LO/U-8; LV/U-1

1919

Le MONITEUR; no. 63. Port-au-Prince, 13 Sept. 1919. [Quoted in A.Aristide, Quelques aspects du problème de la population en Haïti. Port-au-Prince: Imprimerie de l'Etat, 1955. p.24]

1949, 1950

Recensement Général

Alexandre, Pierre C.
- Suggestions à propos de notre premier recensement général (étude démographique). Port-au-Prince: Imprimerie 'Les Presses libres', 1953. 55p. [A compilation of articles originally published in 1949, proposing methods for executing the 1950 census, based on the experience of the Port- au-Prince census of Jan. 1949.]
    LO/N-1

1949

Recensement de la Ville de Port-au-Prince

Bureau de Recensement.
- Recensement de la ville de Port-au-Prince, 24 janvier 1949. Port-au- Prince, 1949. 12 f.
    LO/U-3

1950

Recensement Général (1)

Bureau de Recensement.
- Recensement de la République d'Haïti. Premier dénombrement de la population. Port-au-Prince, n.d. 47p.

Institut Haïtien de Statistique.
- Dénombrement de la population de la République d'Haïti, résultats définitifs du recensement de 1950. Port-au-Prince, 1956. 31p.
  XY/N-1

- Recensement général de la République d'Haïti, août 1950. Port-au-Prince, 1955-195? Vols I-V in 8 v.
  Vol.1. Département du Nord-Ouest. 1955. 318p.
    LO/U-2; LO/U-3; XY/N-1 (microfilm)
  Vol.II. Département du Nord. 2 tom.
    Tom.1. Démographie-économie. n.d. 531p.
      LO/U-3; XY/N-1 (microfilm)
    Tom.2. Famille et habitation - agriculture et élevage. n.d. 235p.
      LO/U-2; LO/U-3; XY/N-1 (microfilm)
  Vol.III. Département de l'Artibunite. n.d. 506p.
    LO/U-2; LO/U-3; XY/N-1 (microfilm)
  Vol.IV. Département de l'Ouest. 2 tom.
    Tom.1. Démographie-économie. n.d. 529p.
      LO/U-2; LO/U-3; XY/N-1 (microfilm)
    Tomo.2. Famille et habitation - agriculture et élevage. n.d. 260p.
      LO/U-2; LO/U-3; XY/N-1 (microfilm)
  Vol.V. Département du Sud. 2 tom.
    Tom.1. Démographie-économie. n.d. 553p.
      LO/U-2; LO/U-3; XY/N-1 (microfilm)
    Tom.2. Famille et habitation - agriculture et élevage. n.d. 250p.
      LO/U-3; XY/N-1 (microfilm)

1971

Recensement Général (2)

Institut Haïtien de Statistique
- Recensement général de la population, du logement et de l'agriculture de 1971. Méthodes et procédés; questionnaire. Port-au-Prince, 1970.

- Résultats complémentaires du recensement général de la population, du logement et de l'agriculture (septembre 1971); résultats préliminaires de l'enquête démographique à passages répétés; projections provisoires de population. [Port-au-Prince], April 1975. 2 vols.

- Recensement général de la population et du logement, août 1971. Port-au-Prince, 1979-.
    Vol.I. Résultats pour l'ensemble du pays. 1979. 143p.
       BT/U-5; LO/N-1; LO/N56; LO/N99
    Vol.2. Résultats pour le département traditionnel de l'Ouest. 1979. 406p.
       LO/N-1; LO/N56
    Vol.5. Résultats pour le département traditionnel du Sud. 1979. 300p.
       LO/N-1; LO/N56
    Vol.6. Résultats pour le département traditionnel du Nord-Ouest.1978.189p

- Résultats préliminaires du recensement général de la population, du logement et de l'agriculture (septembre 1971). Port-au-Prince, 1973. [iii], v, [i], 49, [i]p.
BT/U-5; LO/N-1; LO/N99; LO/U-3

- Unité d'analyse et de recherche démographiques. Aspects methodologiques du recensement de la population et du logement de 1971. Port-au-Prince, 1980. 148p. (Cahiers de l'UARD. Série Analyse du Recensement de 1971; no.1.)
LO/N-1

HONDURAS

The earliest attempt to record the population of Honduras was a church survey, conducted by Señor Obispo Fray Ferdinand de Cardiñanos (head of the Diocese of Comayagua) between 1789 and 1791. This was followed in 1801 by a count produced by the Governor of the Province, Don Ramón de Anguiano, representing the record of population taken between 1791 and 1801. It was not until 1881, however, that the first census in the modern meaning of the term was undertaken. From 1881 to 1930 population censuses were taken at irregular intervals and then from 1930 to 1950 quinquenially. This pattern was finally broken by a census in 1961 and one in 1974. An account of the census-taking in the period 1791 to 1910 (including population figures) is given in Honduras. Dirección General de Estadística. *Breve noticia del empadronamiento general de casas y habitantes de la República de Honduras practicado el 18 de diciembre de 1910.* Tegucigalpa: Tipografía Nacional, 1911. p. 6-7.

Regarding the validity of the data, the earlier figures are to be used with care because of the methods used (the lack of simultaneity of the count, for instance) and the fact that sections of the population were excluded, either by intention, or by (in the case of the indigenous population in 1887) their refusal to be counted. The censuses from 1910 are considered to have a greater degree of validity.

[C. Travis]

LIST OF CONTENTS

1791-1974

1791 CENSO...

1801 CENSO...

1826

1850

1881 CENSO...

1887 CENSO GENERAL

1895

1901

1905

1910

1916

1926 CENSO GENERAL DE POBLACION [7?]

1930 CENSO GENERAL DE POBLACION [8?]

1932 CENSO DE ELECTORES

1933 CENSO DE ELECTORES

1934 CENSO DE ELECTORES

1935 CENSO GENERAL DE POBLACION [9?]

1935 CENSO DE CIUDADANOS ELECTORES

1936 CENSO DE ELECTORES

1937 CENSO DE ELECTORES

1938 CENSO DE ELECTORES

1939 CENSO DE ELECTORES

1940 CENSO GENERAL DE POBLACION [10?]

1940 CENSO DE ELECTORES

1941 CENSO DE ELECTORES

1942 CENSO DE ELECTORES

1945 CENSO GENERAL [11?]

1945 CENSO DE ELECTORES

1946 CENSO DE CIUDADANOS ELECTORES

1947 CENSO DE CIUDADANOS ELECTORES

1948 CENSO DE CIUDADANOS ELECTORES

1949 CENSO AGROPECUARIO

1949 CENSO DE VIVIENDA

1950 CENSO GENERAL DE POBLACION (12)

1950 CENSO DE CIUDADANOS ELECTORES

1951 CENSO DE CIUDADANOS ELECTORES

1952 CENSO AGROPECUARIO (1)

1952 CENSO DE CIUDADANOS ELECTORES

1954 CENSO DE CIUDADANOS ELECTORES

1955 CENSO DE CIUDADANOS ELECTORES

1956 CENSO DE CIUDADANOS ELECTORES

1961 CENSO GENERAL DE POBLACION Y VIVIENDA

1965-1966 CENSO NACIONAL AGROPECUARIO (2)

1966 CENSO INDUSTRIAL (1)

HONDURAS

1967

1970 CENSO DE NEGOCIOS

1974 CENSOS NACIONALES: POBLACION, AGROPECUARIO, VIVIENDA

1974 CENSO NACIONAL DE POBLACION (14)

1974 CENSO AGROPECUARIO (3)

1974 CENSO NACIONAL DE VIVIENDA

1978 CENSO DE BENEFICIARIOS DE LA REFORMA AGRARIA

1791-1974

Dirección General de Estadística y Censos
- Censos de población y vivienda levantados en Honduras de 1791 a 1974. Tegucigalpa, 1977. iii, 216p. Cover title.

1791

Censo ...

Cadiñanos, Fernando de
- Censo levantado en 1791 (censo eclesiástico). *In*: Primer anuario estadístico. Antonio R. Vallejo, 1889.
    LO/N-1

1801

Censo ...

Anguiano, Ramón de
- Censo levantado en 1801. *In*: Primer anuario estadístico. Antonio R. Vallejo, 1889.
    LO/N-1

1826 and 1850

For population figures for these years *see* 1910

1881

Censo ...

Cruz, Francisco
- Censo practicado en 1881. Tip. del Gobierno, 1882.

Reprinted *in* :
Vallejo, Antonio R.
- República de Honduras: primer anuario estadístico correspondiente al año de 1889. Tegucigalpa, 1893. viii, 524p.
    LO/N-1

- Cuaderno número I que contiene el movimiento de población correspondiente al año de 1888. Tegucigalpa: Tip. del Gobierno, 1890. 31p. Data on and a brief critique of the census of 1881.

1887

Censo General

Vallejo, Antonio R.
- Censo general de la República de Honduras levantado el 15 de junio de 1887. Tip. del Gobierno, 1888. xi, 217p.

Also published *in*::
Vallejo, Antonio R.
- República de Honduras: primer anuario estadístico correspondiente al año de 1889. Tegucigalpa, 1893. viii, 524p.
    LO/N-1

- División municipal y judicial de la República de Honduras en 1889. Tegucigalpa. 45p.

- Estadística de las escuelas según el censo de 1887. Tegucigalpa: Imp. del Gobierno, 1889. 86p.

1895

Dirección General de Estadística y Censos
- División político territorial, formada por la Dirección General de Estadística, a cargo de Eduardo Guillen A. Tegucigalpa: Tip. Nacional, 1896. 224p.
    LO/N-1

- Segunda ed. 1907. 224p.

No census reports traced.

1901

Dirección General de Estadística
- La población de Honduras en 1901. Tegucigalpa: Tip. Nacional, 1902. 71p.

1905

Dirección General de Estadística
- La población de Honduras en 1905. Tegucigalpa: Tip. Nacional, 1906 [?]13p.
  LO/N-1

1910

Dirección General de Estadística
- Breve noticia del empadronamiento general de casas y habitantes de la República de Honduras, practicado el 18 de diciembre de 1910. Tegucigalpa: Tip. Nacional, 1911. 28p. Includes figures for 1826 and 1850.
  LO/N-1

1916

Censo General de Población [6?]

Dirección General de Estadística
- Censo general de población: Informe del Señor Director General de Estadística Nacional al Señor Ministro de Gobernación y Justicia. Tegucigalpa: Tip. Nacional, 1918. 93p.

- Censo general de población. [Dec. 17, 1916] p. 3, 9-93 *in*: Informe del Señor Director General de Estadística Nacional al Señor Ministro de Gobernación y Justicia, 1916. Tegucigalpa: Tip. Nacional, 1919. 763p.

1926

Censo General de Población [7?]

Dirección General de Estadística
- Censo general de población. Tegucigalpa: Tip. Nacional, [1928]. [10], 126 p., charts. The title page has the date 1927, but the table headings report the census as having been taken on Dec. 26, 1926.
  LO/U-3

Secretaría de Gobernación, Justicia y Sanidad
- División político-territorial y judicial de la República de Honduras. Tegucigalpa: Tip. Nacional, 1926. 9p.

1930

Censo General de Población [8?]

REGLAMENTO del censo de población. Tegucigalpa: Ministerio de Gobernación Justicia y Sanidad, 1930. 12p.

Dirección General de Estadística
- Instrucciones para la preparación y práctica del censo de mil novecientos treinta. Tegucigalpa, 1930. 12p.

- Resumen del censo general de población levantado el 29 de junio de 1930. Tegucigalpa: Tip. Nacional, 1932. 202, [1]p.

Dirección General de Estadistica y Censos
- Division político-territorial y judicial, 1933. Tegucigalpa: Tall. Tip. Nacionales, (1933). 180p.

1932

Censo de Electores

Secretaria de Gobernación, Justicia y Sanidad
- Cuadro general del censo de electores. Tegucigalpa, 1932. 19p.

1933

Censo de Electores

Secretaria de Gobernación, Justicia, Sanidad y Beneficencia
- Cuadro general del censo de electores. Tegucigalpa, 1933. 20p.

1934

Censo de Electores

Secretaria de Gobernación, Justicia, Sanidad y Beneficencia
- Cuadro general del censo de electores. Tegucigalpa, 1934. 20p.

1935

Censo General de Población [9?]

Dirección General de Estadística
- Resumen del censo general de población levantado el 30 de junio de 1935. Tegucigalpa: Tall. Tip. Nacionales, 1936. 205, [1]p.
    LO/U-3

Dirección General de Estadística y Censos
- Division político-territorial y judicial, 1936. Tegucigalpa: Tall. Tip. Nacionales, (1936). 224p. fold. map, diagr.

- Segunda edición. 1936. 225p.

1935

Censo de Ciudadanos Electores

Secretaria de Gobernación, Justicia, Sanidad y Beneficencia
- Cuadro general del censo de ciudadanos electores de la República de Honduras, 1935. Tegucigalpa, 1935. 19p.

1936

Censo de Electores

Secretaria de Gobernación, Justicia, Sanidad y Beneficencia
- Cuadro general del censo de electores. Tegucigalpa, 1936. 19p.

1937

Censo de Electores

Secretaria de Gobernación, Justicia, Sanidad y Beneficencia
- Cuadro general del censo de electores. Tegucigalpa, 1937. 18p.

1938

Censo de Electores

Secretaria de Gobernación, Justicia, Sanidad y Beneficencia
- Cuadro general del censo de electores. Tegucigalpa, 1938. 19p.

1939

Censo de Electores

Secretaria de Gobernación, Justicia, Sanidad y Beneficencia
- Cuadro general del censo de electores. Tegucigalpa, 1939. 20p.

1940

Censo General de Población [10?]

REGLAMENTO para el levantamiento del censo de población de 1940. Tegucigalpa: Tall. Tip. Nacionales, 1939. 1, 1, 8p.

Dirección General de Estadística y Censos
- Instrucciones para la preparación y práctica del censo de 1940. Tegucigalpa: Tall. Tip. Nacionales. 11p.

- Censo de población de la República de Honduras, levantando el 30 de junio. Tegucigalpa: Talleres Tip. Nacionales, 1940. 37p. 'un resumen del resultado del último censo de población'.

- Resumen del censo general de población levantado el 30 de junio de 1940. Tegucigalpa: Talleres Tip. Nacionales, 1942. 214, ii, [1]p.

1940

Censo de Electores

Secretaria de Gobernación, Justicia, Sanidad y Beneficencia
- Cuadro general del censo de electores. Tegucigalpa, 1940. 20p.

1941

Censo de Electores

Secretaria de Gobernación, Justicia, Sanidad y Beneficencia
- Cuadro general del censo de electores. Tegucigalpa, 1941. 27p.

1942

Censo de Electores

Secretaria de Gobernación, Justicia, Sanidad y Baneficencia
- Cuadro general del censo de electores. Tegucigalpa, 1942. 28p.

1945

Censo General [11?]

REGLAMENTO del censo de población de 1945. Tegucigalpa: Tall. Tip. Nacionales, 1945. Secretaria de Gobernación, Justicia, Sanidad y Beneficencia. 8p.

Dirección General de Estadística
- Instrucciones para la preparación y práctica del censo de población de 1945. Tegucigalpa: Tall. Tip. Nacionales, 1945. 14p.

- Resumen del censo general de población levantado el 24 de junio de 1945. Tegucigalpa, 1947. [2], 191, iip.
   CC/U-1 (microfiche); LON-1 (microfiche); LO/U-3

1945

Censo de Electores

Secretaria de Gobernación, Justicia, Sanidad y Beneficencia
- Cuadro general del censo de electores. Tegucigalpa, 1945. 18p.

1946

Censo de Ciudadanos Electores

CUADRO general del censo de ciudadanos electores de la República de Honduras. 1946. 18p.

HONDURAS

1947

Censo de Ciudadanos Electores

CUADRO general del censo de ciudadanos electores de la República de Honduras. 1947. 18p.

1948

Censo de Ciudadanos Electores

CUADRO general del censo de ciudadanos electores de la República de Honduras. 1948. 18p.

1949

Censo Agropecuario

Dirección General de Estadística y Censos
- Censo agropecuario. Instrucciones para levantario, 1949. Tegucigalpa: 1950. 11p.

No reports traced.

1949

Censo de Vivienda

Dirección General de Estadística y Censos
- Instrucciones para el levantamiento del censo de vivienda y edificios. Tegucigalpa, 1949. 10p.

- Cuestionario pre-censal. Tegucigalpa, 1949. 16p.

- Resumen general del censo de vivienda levantado el 10 de junio de 1949. Tegucigalpa: Imp. 'Coello' (1950). 246p.
   LO/U-3

- Extractos de los censos de población 1950 y vivienda 1949. Reedición. Tegucigalpa, 1951. 57p.

- ---. 1960. 57p.

1950

Censo General de Población (12)

Dirección General de Censos y Estadísticas
- Instrucciones para levantar censo de población. Tegucigalpa, 1950. 15p.

- Detalle del censo de población por departamentos, levantado el 18 de junio de 1950. Tegucigalpa: Tall. Tip. Nacionales, 1952. Tomo I-II.
    Tomo I. Provinces of Atlántida, Colón, Comayagua, Copán, Cortés, Choluteca, El Paraíso, and Francisco Marazán. 692p.
    LO/U-3; XY/N-1 (microfilm)
    Tomo II. Departamento de Intibucá, Departamento de Islas de la Bahía, Departamento de La Paz, Departamento de Lempira, Departamento de Ocotepeque, Departamento de Olancho, Departamento de Santa Bárbara, Departamento de Valle, Departamento de Yoro. 840p.
    LO/U-3; XY/N-1 (microfilm)

- Resultados generales del censo general de la República levantado el 18 de junio de 1950. Cover-title: Resumen general del censo de población levantado el 18 de junio de 1950. Tegucigalpa, 1952. 373, x p.
    CC/U-1 (microfiche); LO/N-1 (microfiche); LO/U-3; XY/N-1 (microfiche)

- Extractos de los censos de población 1950 y vivienda 1949 *see* 1949 Censo de Vivienda.

- División político-territorial de la República de Honduras. Tegucigalpa, 1951. 1952. 326, [1]p.
    LO/U-3; XY/N-1 (microfilm)

Departamento de Francisco Morazán
- Algunos detalles de su población con base en el censo general levantado el 18 de junio de 1950. Rentas comunales y división político-territorial de Departamento. Tegucigalpa, 1950. 95p.

1950

Censo de Ciudadanos Electores

CUADRO general del censo de ciudadanos electores de la República de Honduras. 1950. 19p.

1951

Censo de Ciudadanos Electores

CUADRO general del censo ciudadanos electores de la República de Honduras. 1951. 19p.

1952

Censo Agropecuario (1)

LEY de censos y estadísticas, decréto núm. 94. Tegucigalpa: Tall. Tip. Nacionales, 1951. 51, 15p.

LEY de censos y estadísticas, 1951. Tegucigalpa: Tall. Tip. Nacionales. 1952. 31p.

Dirección General de Estadística y Censos
- Censo agro-pecuario 1952: café, datos preliminares. Preparado por Roberto Hernan Rosales, Rodolfo Lanza Valeriano (y) Edgar H. Elam, Jr. Tegucigalpa, 1954. iv, 61p., maps.

- Censo agro-pecuario, 1952: ganado y aves de corral, datos preliminares. Folleto preparado por Roberto Hernan Rozales, Rodolfo Lanza Valeriano (y) Edgar H. Elam, Jr. Tegucigalpa, 1954. vi, 116p., maps, tables.

- Censo agro-pecuario, 1952: principales cultivas: superficies y producción; datos preliminares. Preparado por Roberto Hernán Rosales, Rodolfo Lanza Valeriano (y) Edgar H. Elam, Jr. Tegucigalpa, 1953. 85p., map.

- Primer censo agropecuario, 1952. [Tegucigalpa], 1954. xx. 592p., illus., ports., maps (part col.) diagrs., tables.
  LO/N-1; LO/U-2; LO/U-3

1952

Censo de Ciudadanos Electores

CUADRO general del censo de ciudadanos electores de la República de Honduras. 1952. 19p.

HONDURAS

1954

Censo de Ciudadanos Electores

CUADRO general del censo de ciudadanos electores de la República de Honduras. 1954. 18p.

1955

Censo de Ciudadanos Electores

CUADRO general del censo de ciudadanos electores de la República de Honduras. 1955. 18p.

1956

Censo de Ciudadanos Electores

Dirección General de Estadística y Censos
- Cuadro general del censo de ciudadanos electores (hombres y mujeres) de la República de Honduras, 1956. Tegucigalpa: Tall. Tip. Nacionales. 1956. 18p.

1961

Censo General de Población y Vivienda

LEY de estadística y censos, 1960. Tegucigalpa, 1960. 21p.

Dirección General de Estadística y Censos
- División político territorial, 1959. Tegucigalpa, 1959. 294p.

- Manual de enumeración, censo general de vivienda y población, 1961. Tegucigalpa, 1960. 30p.
    XY/N-1 (microfilm)

- Entrenamiento de delegados. Tegucigalpa, 1961. 94p.
    XY/N-1 (microfilm)

- Programa censal 1961. Tegucigalpa, 1961. 17p.

- Censo experimental: vivienda, población, agropecuario, municipio de Sabanagrande, sept. 1959. 1960. [3], 53p.
    XY/N-1 (microfilm)

- Censo experimental: vivienda, población, Barrio Buenos Aires. Tegucigalpa, 1960. 28p.
XY/N-1 (microfilm)

- Censo experimental: vivienda y población: Barrio el Benque, San Pedro Sula, abril 1960. Tegucigalpa, 1960. 29p.

- Censo experimental de vivienda y población de Santa Rita, Macuelizo, Azacualpa, abril 1960. Tegucigalpa, 1961. iv, 89p., specimen forms.
XY/N-1 (microfilm)

- Censo nacional de vivienda y población, abril 1961. Resumen preliminar. 1961. 3, 20p.

- Datos preliminares del censo nacional de población, abril 1961, obtenidos por medio de muestra. Tegucigalpa: Don A. Zobel and Gustavo Rodolfo Avila, 1962. xxv, 220p., graphics.
XY/N-1 (microfiche)

- Resumen preliminar: viviendas y población en cabeceras municipales y en aldeas y caseríos, abril 1961. Tegucigalpa, 1962. 23p.

- Resultados preliminares del censo de vivienda obtenidos por muestra, abril 1961. xi, 210p.

- Población y vivienda, abril 1961: Departamento de .... . Tegucigalpa, 1962-1964. 18 v.

Atlántida. 1962. xxvi, 103p., graphics.
LO/N-1; LO/U-2; LO/U-3;
XY/N-1 (microfilm)
Colón. [1963]. xxiii, [2], 106p.
LO/N-1; LO/U-2; LO/U-3;
XY/N-1 (microfilm)
Comayagua. [1963]. vi, [3], 119p.
LO/N-1; XY/N-1 (microfilm)
Copán. [1963]. vi, 130p.
LO/N-1; XY/N-1 (microfilm)
Cortés. 1963. xxxii, 121p.
LO/N-1; LO/U-2; LO/U-3;
XY/N-1 (microfilm)
Choluteca. n.d. xxi, 119p.
LO/N-1; LO/U-3; XY/N-1 (microfilm)
El Paraíso. [1963]. v, [3], 119p.
LO/N-1; XY/N-1 (microfilm)
Francisco Morazán. [1963]. xxi,[3], 132p.
LO/N-1; LO/U-2; XY/N-1 (microfilm)
Gracias á Dios. n.d. xx, 75p., graphics.
LO/N-1; LO/U-2; LO/U-3;
XY/N-1 (microfilm)
Intibucá. [1963]. v, [3], 119p.
LO/N-1; XY/N-1 (microfilm)
Islas de la Bahía. 1963. xxv, 106p.
LO/N-1; LO/U-2; LO/U-3;
XY/N-1 (microfilm)
La Paz. [1963]. v, [3], 119p.
LO/N-1; XY/N-1 (microfilm)
Lempira. [1963]. v, [3], 130p.
LO/N-1; XY/N-1 (microfilm)
Ocotepeque. [1963]. v, [3], 119p.
LO/N-1; XY/N-1 (microfilm)

HONDURAS

Olancho. [1963]. vi, [3], 130p.
   LO/N-1; XY/N-1 (microfilm)
Santa Bárbara. [1963]. v, [3], 130p.
   LO/N-1; XY/N-1 (microfilm)

Valle. [1963]. xvi, [3], 106p
   LO/N-1; LO/U-3; XY/N-1
   (microfilm)
Yoro. [1963]. xv, [3], 119p.
   LO/N-1; XY/N-1 (microfilm)

- Estudio de enumeración post-censal del censo de población y vivienda de Honduras 1961, preparado por Don C. Zobel y Gustavo R. Avila. Tegucigalpa, 1962. 29 p., forms. man.

- Censo nacional de población y vivienda, abril 1961: cifras definitivas, población y viviendas en cabeceras municipales y en aldeas y caseríos. Tegucigalpa, 1963. 24p.
   XY/N-1 (microfilm)

Dirección General de Estadística y Censos, Subsección Cartografía
- Principales poblaciones del país. Tegucigalpa, 1963. vi, 158p.
   XY/N-1 (microfilm)

Dirección General de Estadística y Censos
- Censo nacional de Honduras, características generales y educativas de la población, abril 1961. Tegucigalpa, 1964. xl, [1], 237p. (Multilith).
   BT/U-5; CC/U-1; LO/N-1; LO/U-2; LO/U-3; LV/U-1; XY/N-1 (microfilm)

- Características económicas de la población, abril de 1961. (Multilith), Tegucigalpa, 1964. xvii, [1], 262p.
   BT/U-5; CC/U-1; LO/N-1; LO/U-3; LV/U-1; XY/N-1 (microfilm)

- Censo de población y vivienda. Ciudad de ... abril 1961. Tegucigalpa, 1965. 2 v.
   San Pedro Sula. xx, 41p.
   Tegucigalpa, D.C. xx, 43p.
      LV/U-1

- Segundo censo nacional de vivienda de Honduras, abril 1961. Tegucigalpa: Sección de Información y Publicaciones, Dirección General de Estadística y Censos, 1964. xii, 135p. (Multilith).
   BT/U-5 (reedición, 1967); CC/U-1; LO/N-1; LO/U-3; LV/U-1

- División político-territorial, 1964. Tegucigalpa, 1964. 294p. map.

- División político-territorial, 1964. Tegucigalpa, 1964. 4p. 251p.

1965-1966

Censo Nacional Agropecuario (2)

Dirección General de Estadística y Censos
- Censo experimental agropecuario: Choloma. Tegucigalpa, 1965. 33p.

- Cifras preliminares, segundo censo nacional agropecuario: superficie cosechada y producción de maiz, maicillo, frijoles, arroz y café, por departamento y municipio. Tegucigalpa, 1968. 30p.

- Cifras preliminares, segundo censo nacional agropecuario, 1965-66: superficie de las fincas segun la tenencia de tierra, equipos e implementos agrícolas existentes en las fincas. Tegucigalpa, 1968. 37p.

- Segundo censo nacional agropecuario: cifras preliminares. Número y superficie da las fincas, existencia de ganado según tamaño y tenencia de las fincas por departamento y municipio. Tegucigalpa: [s.n.], 1967. [ii], 111 leaves.
    BT/U-5

- Segundo censo nacional agropecuario, 1965-1966. [Tegucigalpa, 1968?]. xi, 263p. forms.

- Estudio post-censal. Segundo censo nacional agropecuario de Honduras, 1965-1966. Tegucigalpa, 1967. 26p.

1966

Censo Industrial (1)

Partido Nacional de Honduras
- Instrucciones generales a los organismos departamentales del censo. Tegucigalpa, 1966. 12p.

Dirección General de Estadística y Censos
- Censo 1966: la industria en Honduras. Tegucigalpa?, [1967?] 188p. 'Los resultados del primer censo nacional de la industria manufacturera para el periódico contable de 1966'
    LO/U-3

- Primer censo industrial de 1966. Tegucigalpa, 1969.

1967

Dirección General de Estadística y Censos
- Población total de la República de Honduras por departamento y municipio, estimada al 30 de junio de 1967. Tegucigalpa, 1967. 10p. map.

1970

Censo de Negocios

Departamento Nacional de Salarios
- Análisis del censo de negocios en Tegucigalpa, San Pedro Sula y Choluteca. Tegucigalpa, 1970. 114p.

1974

Censos Nacionales: Población, Agropecuario, Vivienda

Dirección General de Estadística y Censos
- Censo experimental de población y vivienda, 1973: métodos y procedimientos. Boleta. Tegucigalpa. [1973?].

- Cifras preliminares, censo nacional de población y vivienda. Tegucigalpa, 1974. 61p. Cover title.
- Cifras preliminares: censo nacional de población y vivienda. Tegucigalpa, 1975. 46p. Reissue of 1974 ed.

- Censo de población y vivienda 1974: resultados muestra. Tegucigalpa, 1975. 98p.

- Población y vivienda por departamento y municipio: marzo 74, censo población y vivienda. Tegucigalpa, 1976. 43p. Chiefly tables.

- - - . Reedición. 1982. 43p.
   CC/U-1

1974

Censo Nacional de Población (14)

Dirección General de Estadística y Censos
- Censo nacional de población. Tegucigalpa, 1976- .
    Tomo I.   Resumen por departamento y municipio. 1976. xxix, 256p.
       LO/U-3
    Tomo II. Sumaría. 1977. 291p.
       BT/U-5; CC/U-1; LO/U-2; LO/U-3
    Tomo III. [Updated version of Tomo I]. 1979. 213p.
       BT/U-5

1974

Censo Agropecuario (3)

Dirección General de Estadísticas y Censos
- Tercer censo agropecuario, Agosto 1974: cifras preliminares. Tegucigalpa, 1975. 31p.

- Tercer censo agropecuario, Agosto 1974: cifras preliminares. Tegucigalpa, 1976. 33p.

- Censo nacional agropecuario, 1974: sumaria. 1979. [iii], 61p.
    BT/U-5

- Censo nacional agropecuario. 1974. Tegucigalpa. 19 v. Cover title. Tables.
    1. Ocupación principal, nacionalidad y condición jurídica del productor. 1978. 55 p.
       LO/U-3
    2. Tenencia de la tierra. 1978. 403p.
       LO/U-3
    3. Uso de la tierra.
       LO/U-2
    4. Granos basicos.
       LO/U-2; LO/U-3
    6. Cultivos anuales y permanentes. 1978. 266p.
       LO/U-2; LO/U-3
    8. Ganado: caballar, mular, asnal, porcino y caprino. Aves de corral. Apicultura. Equipos e implementos agricolas.
       LO/U-2; LO/U-3
       Ganado bovino y porcino. 1978 [214 p.?].

1974

Censo Nacional de Vivienda

Dirección General de Estadística y Censos
- Censo nacional de vivienda [1974]. Secretaria de Economía. Dirección General de Estadística y Censos. Tegucigalpa, 1976. Tomo I-III.
  I. [Resumen]. ii, 313p.
     BT/U-5; LO/U-3
  II. Cabeceras municipales. i, 165p.
     LO/U-3
  III. Sumaria nacional. iii, 157p.
     LO/U-3

1978

Censo de Beneficiarios de la Reforma Agraria

Instituto Nacional Agrario
- Censo de beneficiarios de la reforma agraria 1978. Tegucigalpa, 1979. [53p.?]. Map.

JAMAICA

[Including the Turks and Caicos Islands from 1871 and the Cayman Islands, 1881-1959. *See also* separate Cayman Islands section.]

The territories of the English speaking Caribbean and circum-Caribbean were among Britain's oldest colonies some having been occupied since the early seventeenth century.

Although formal censuses in the modern accepted sense were not conducted until the 1840s a good deal of statistical information, described as censuses or population returns, is contained in Governors' despatches from these colonies to the home government. The quantity of such material appears to be very large: most of it is held in the Public Record Office but some is in the British Library and other manuscript repositories. An indication of the extent of such materials is given in F.W. Pitman's *Development of the British West Indies* where Appendix I records many of the returns made by colonial Governors for the period 1636-1763. Other censuses were subsequently published as British parliamentary papers or in local *Gazettes* and *Votes and proceedings* and summarized in the censuses of England and Wales between 1861 and 1891 and the *Census of the British Empire, 1901*. To locate and describe these materials is not within the compass of this project; accordingly the censuses listed in the following pages cover such early materials only where they have been reissued in printed format and reported by contributing libraries; no systematic search for them has been made.

For many early censuses bibliographical data are scarce and may be suspect; later censuses, *ie* those for the British West Indies of 1946 and 1960 and the Commonwealth Caribbean census for 1970, were issued in series of volumes and parts for which bibliographical data are complicated and apparently incomplete.

[P.M. Larby]

JAMAICA

LIST OF CONTENTS

1844 CENSUS (1)

1861 CENSUS (2)

1871 CENSUS (3)

1881 CENSUS OF JAMAICA AND ITS DEPENDENCIES (4)

1891 CENSUS OF JAMAICA AND ITS DEPENDENCIES (5)

1911 CENSUS (6)

1921 CENSUS OF JAMAICA AND ITS DEPENDENCIES (7)

1934

1943 CENSUS OF JAMAICA (8)

1953 SAMPLE SURVEY OF THE POPULATION OF JAMAICA

1960 BRITISH WEST INDIES POPULATION CENSUS

1961-1962 AGRICULTURAL CENSUS

1968-1969 CENSUS OF AGRICULTURE

1970 COMMONWEALTH CARIBBEAN POPULATION CENSUS

1978-1979 CENSUS OF AGRICULTURE

JAMAICA

The Cayman Islands and Turks and Caicos Islands are included with Jamaica at each census date; the former since 1881, the latter since 1871. The Cayman Islands also took a census of limited scope in 1934. In 1959, the Cayman Islands ceased to be a dependent territory of Jamaica. *See also* separate Cayman Islands section.

1844

Census (1)

CENSUS, 1844. 3 tables.

Higman, B.W. ed.
- The Jamaican censuses of 1844 and 1861: a new edition derived from the manuscript and printed schedules in the Jamaica archives. Mona: University of the West Indies, Department of History, 1980. 58p. (Its Social history project).
    LO/N17; LO/U-8

1861

Census (2)

CENSUS, 1861. 8p.

House of Assembly
- Summary of census returns taken on the 6th day of May, 1861. *In* Votes of the Assembly of Jamaica, November 1861-February 1862, appendix 1. 8 leaves.

See also 1844

1871

Census (3)

Central Bureau of Statistics
- Summary of census returns taken in Jamaica on the 4th day of June, 1871. [Kingston]. 51p.
    LO/N17

See also 1881

1881

Census of Jamaica and its Dependencies (4)

Registrar-General's Department
- Census of Jamaica and its dependencies taken on the 4th April, 1881. Kingston: Government Printing Establishment, 1882. 32p. Includes comparative data for 1871.
    LO/N17; LO/N56; LO/S65

1891

Census of Jamaica and its Dependencies (5)

CENSUS of Jamaica and its dependencies taken on 6th April, 1891. Kingston: Government Printing Office, 1892. 80 p.
    LO/N17; LO/S65; LO/U-3

1911

Census (6)

Registrar General
- Report on the results of the census taken on the 3rd April, 1911. Kingston: Government Printing Office, 1912. [1] 93p.
    CA/U-1; LO/N-1; LO/N17; LO/N56; LO/S65; LO/U-3; LO/U-8; MA/U-1; OX/U-9

1921

Census of Jamaica and its Dependencies (7)

Registrar General
- Cayman Islands report on the census of 1921. *In*: Jamaica Gazette, volume XLIV, supplement no. 15, 13 October 1921, p. 121-124.
    LO/S65

CENSUS of Jamaica and its dependencies taken on the 25th April, 1921. Kingston: Government Printing Office, 1922. 76p.
    LO/N-1; LO/N17; LO/N56; LO/S65; LO/U-3

JAMAICA

REPORT of the result of the census taken on the night of the 24th April, 1921. *In*: Jamaica Gazette, volume XLIV, no.46, 11 August, 1921. p. 624-626.
    LO/S65

1934

Census of Cayman Islands only. No publications located.

1943

Census of Jamaica (8)

Central Bureau of Statistics
- Eighth census of Jamaica: instructions to supervisors and enumerators. Kingston: Government Printer, 1942. viii, 60p.
    LV/U-1

- Eighth census of Jamaica and its dependencies, 1943: population, housing and agriculture. Kingston: Government Printer, 1945. Twenty eight, CII, 571p., 4 folding maps.
    BT/U-5; CA/U-1; CV/U-1; LO/N-1; LO/N17; LO/N56; LO/S65; LO/U-3; LO/U-8; LO/U19; OX/U-9

- Census of Jamaica, 1943: classification of occupations and industries. Kingston: Government Printer, 1943. 222p.
    LO/N17

Census Office
- Administrative progress report no. 1 on the 1943 census of Jamaica and its dependencies. [Kingston: The Office]. 1943. [9]p.
    LO/N-1; LO/U-8

- Census of Jamaica, 4th of January, 1943. Population bulletin, 1-8. Kingston: Government Printer, 1943-44.
  1. Preliminary count of population. 1943. 5p. Note. This bulletin went out of print very quickly; its contents were absorbed into bulletin 4.
      LO/N-1; LO/U-8
  2. Population by census districts. 1943. 6p. maps.
      LO/N-1; LO/N17; LO/U-3; LO/U-8
  3. Preliminary count of blind and deaf-mutes for Jamaica and its dependencies. 1943. 4p.
      LO/N-1; LO/N17; LO/U-3; LO/U-8
  4. Final population by sex. 1944. 10p.
      LO/N-1; LO/N17; LO/U-3

JAMAICA

5. Ages of the population by single years; illiteracy; standard of education, school attendance. 1944. 20p.
   LO/N-1; LO/N17; LO/U-3; LO/U-8
6. Growth and personal characteristics of the population; conjugal condition by five year age groups... 1944. 39p.
   LO/N-1; LO/N17; LO/U-3; LO/U-8
7. Birthplace; movement of population; immigrant population. 1944. 15p.
   LO/N-1; LO/N17; LO/U-3; LO/U-8
8. Racial origins... 8p.
   LO/N-1; LO/N17; LO/U-3; LO/U-8

Bulletin A 1. Gainfully occupied population bulletin, Al, 1943. 8p.
LO/U-3; LO/U-8

- Census of Jamaica, 4th January 1943. Agriculture bulletin, 1-5. Kingston: Government Printer, 1943-44- .
  1. Farm population and farm workers. 1943. 4p.
     LO/N-1; LO/U-3; LO/U-8
  2. [Preliminary figures on number of livestock]. 1944. 4p.
     LO/N-1; LO/U-8
  3. [Final figures of livestock and animal products]. 1944. 4p.
     LO/N-1; LO/U-3; LO/U-8
  4. Grains and pulses, roots, forest products on farms by kinds and values. 1944. [5] leaves.
     LO/N-1; LO/U-3
  5. [Banana, cacao, coconut, citrus, coffee]. 1944. [6]p.
     LO/N-1; LO/U-3

- [Press bulletin]. Abridged comparative life tables showing life expectancy during the years 1919-21 and 1940-42. [Kingston], 1945. 2p.
  LO/N-1; LO/U-3; LO/U-8

- Press bulletin: census of the Turks and Caicos Islands. [Kingston], 1943.

- Press bulletin on earnings groups. [Kingston, 1945?]. 1p.
  LO/N-1; LO/U-3; LO/U-8

- Press bulletin on housing. [Kingston], 1945. 8p.
  LO/N-1; LO/U-3; LO/U-8

JAMAICA

1953

Sample Survey of the Population of Jamaica

Department of Statistics
- Report on a sample survey of the population of Jamaica, October/November, 1953. Kingston: Department of Statistics, 1957. [8], 124, [4]p., charts.
    CA/U-1; LO/N17; LO/S65; LO/U-8; XY/N-1 (microfilm)

1960

British West Indies Population Census

For 1960 census *see* Commonwealth Caribbean, 1960 census.

1961-1962

Agricultural Census

Department of Statistics
- Agricultural census, 1961-62. Provisional bulletin, no. 1-5. Kingston: Government Printer, 1962-1964. 5 vols.
  1. Changes in numbers and size distribution of farms. 1962. [6]p.
     LO/U-8
  2. Changes in acreage and production of specified crops. Provisional. 1963. iii, [1], II-IX, [1], 1-127, [7]p. Tables appendices.
     LO/U-8
  3. Changes in numbers of workers in agriculture; basis of occupancy of farms; acreage of farmland; livestock numbers, etc. Provisional. 1963. v, [1], 1-114p. Tables.
     LO/U-8
  4. Changes in levels of production of selected items. Provisional. 1963. iv, 1-38p. Tables.
     LO/U-8
  5. Land utilization; number of farms reporting cattle by size of herd and size of farm. Provisional. 1964. IV, xiv, 1-79, [7]p. Tables, appendices.
     LO/U-8

- Survey of agriculture, 1961-62. Kingston: The Department, 1966. XVII, [1], 399p. Tables. Final report of the survey carried out 1961-1962 which edits the five provisional reports.
    LO/U-8

JAMAICA

1968-1969

Census of Agriculture

Department of Statistics. Agricultural Census Unit
- Census of agriculture, 1968-69. Kingston: The Department, 1970-74. 4 vols. in 9 parts. This census was sponsored by the Food and Agriculture Organization under the World Agricultural Census Programme.

Volume I
    Preliminary report. 1970. [3], ii-iii, [2]. 2-40p. Tables.
        LO/U-8
    Final report part A. 1973. [8], 7-124p. Tables.
        LO/U-8
    Part B. 1973. [8], 7-82p. Tables.
        LO/U-8
Volume II
    Part A. 1973. [5], ii-viii, [2], 1-97p. Tables.
        LO/U-8
    Part B. 1973. [5]. ii-v, [1], 1-103p. Tables.
        LO/U-8
Vol. III
    Part A. 1974. [5]. ii-ix, [2], 2-37p Tables.
        LO/U-8
    Part B. 1974. [5], ii-ix, [2] 2-27p. Tables.
        LO/U-8
Volume IV
    Part A. 1974. [5], ii-x, 1-37p. Tables.
        LO/U-8
    Part B. 1974. [5]. ii-ix, [2], 2-51p. Tables.
        LO/U-8

1970

Commonwealth Caribbean Population Census

For 1970 census *see* Commonwealth Caribbean, 1970 census.

JAMAICA

1978-1979

Census of Agriculture

Department of Statistics
- Census of Agriculture, 1978-1979. Kingston: Statistical Institute of Jamaica, 1983- .? vols. Preliminary report published by the Government Printer.
    Preliminary report. 1983. [5], ii-vi, [1], ii-ix, [2], 2-167p. Tables, appendices.
        LO/U-8
    Volume 1.
    Volume 2. Section 1. Livestock and poultry; Section 2. Extent of crops. 1985. [15], 2-193p.
        LO/U-8

LEEWARD ISLANDS

The territories of the English speaking Caribbean and circum-Caribbean were among Britain's oldest colonies some having been occupied since the early seventeenth century.

Although formal censuses in the modern accepted sense were not conducted until the 1840s a good deal of statistical information, described as censuses or population returns, is contained in Governors' despatches from these colonies to the home government. The quantity of such material appears to be very large: most of it is held in the Public Record Office but some is in the British Library and other manuscript repositories. An indication of the extent of such materials is given in F.W. Pitman's *Development of the British West Indies* where Appendix I records many of the returns made by colonial Governors for the period 1636-1763. Other censuses were subsequently published as British parliamentary papers or in local *Gazettes* and *Votes and proceedings* and summarized in the censuses of England and Wales between 1861 and 1891 and the *Census of the British Empire, 1901*. To locate and describe these materials is not within the compass of this project; accordingly the censuses listed in the following pages cover such early materials only where they have been reissued in printed format and reported by contributing libraries; no systematic search for them has been made.

For many early censuses bibliographical data are scarce and may be suspect; later censuses, *ie* those for the British West Indies of 1946 and 1960 and the Commonwealth Caribbean census for 1970, were issued in series of volumes and parts for which bibliographical data are complicated and apparently incomplete.

[P.M. Larby]

LEEWARD ISLANDS

LIST OF CONTENTS

1841

1844

1851 CENSUS OF THE ISLANDS OF ANTIGUA AND BARBUDA

1855 CENSUS [ST. KITTS]

1861 CENSUS [ANTIGUA]

1871 CENSUS [ANTIGUA]

1871 CENSUS [BRITISH VIRGIN ISLANDS]

1871 CENSUS [MONTSERRAT]

1871 CENSUS [ST. KITTS-NEVIS, ANGUILLA]

1881 CENSUS [ANTIGUA]

1881 CENSUS [BRITISH VIRGIN ISLANDS]

1881 CENSUS [MONTSERRAT]

1881 CENSUS OF SAINT CHRISTOPHER AND ANGUILLA

1891 CENSUS [LEEWARD ISLANDS]

1891 CENSUS [ST. KITTS-NEVIS]

1901 CENSUS [LEEWARD ISLANDS]

1901 CENSUS [ST. KITTS]

1911 CENSUS OF ANTIGUA AND ITS DEPENDENCIES OF BARBUDA AND REDONDA

1911 CENSUS [BRITISH VIRGIN ISLANDS]

1911 CENSUS [MONTSERRAT]

1911 CENSUS [ST. KITTS-NEVIS, ANGUILLA]

LEEWARD ISLANDS

1921 CENSUS OF ANTIGUA AND ITS DEPENDENCIES

1921 CENSUS [BRITISH VIRGIN ISLANDS]

1921 CENSUS [MONTSERRAT]

1921 CENSUS [ST. KITTS-NEVIS, ANGUILLA]

1946 BRITISH WEST INDIES CENSUS

1960 BRITISH WEST INDIES CENSUS

1961 WEST INDIES CENSUS OF AGRICULTURE

1970 CENSUS OF POPULATION [ANTIGUA]

1970 CENSUS [MONTSERRAT]

1970 CENSUS [ST. KITTS-NEVIS, ANGUILLA]

1970 CENSUS [ST. LUCIA]

1970 CENSUS [ST. VINCENT]

1975 CENSUS OF AGRICULTURE [ST. KITTS-NEVIS, ANGUILLA]

LEEWARD ISLANDS

Until 1940 the colony was divided into five presidencies: Antigua, with Barbuda and Redonda; St. Kitts and Nevis with Anguilla; Dominica, Montserrat and the Virgin Islands, comprising 36 islands. On 1 January 1940 Dominica was transferred from the Leeward Islands Federation to the Windward Islands. Prior to 1891 census returns were published separately for each colony. The censuses for Dominica are listed under the Windward Islands.

1841

St. Kitts. No publications located.

1844

Antigua. No publications located.

1851

Census of the Islands of Antigua and Barbuda

Antigua. Superintendent of Police
- Census of the islands of Antigua and Barbuda... March 31st, 1851. St. John's, 1851. 3p.
    LO/N17

1855

Census [St. Kitts]

St. Kitts
- The report of the commissioners for taking the census, January 1st, 1855. Basseterre: Gazette Office, 1855. 30p.
    LO/N17

1861

Census [Antigua]

Antigua. Colonial Secretary
- [Report on the census of 1861]. St. John's, 1861. 3p., 7 tables.
    LO/N17

1871

Census [Antigua]

Antigua. Registrar-General
- Report of the Registrar-General on the census of 1871. London: Waterlow and Sons, 1872. 30p.
    LO/N17; LO/S65; OX/U-9

Census [British Virgin Islands]

British Virgin Islands. Registrar General's Office
- Census taken November 1871: tables. Roseau: Contractor for the Public Printing, 1872. Unnumbered.

Census [Montserrat]

Montserrat. Census, 1871. No publications located.

Census [St. Kitts-Nevis, Anguilla]

St. Kitts-Nevis and Anguilla [Population figures for 1871 census]. *See* St. Kitts-Nevis and Anguilla... 1911 census, table II.

1881

Census [Antigua]

Antigua. Registrar General
- Report of the Registrar General on the census of 1881. [St. John's], 1881. 4p. 9 tables.
    LO/N17

Census [British Virgin Islands]

British Virgin Islands. Registrar-General's Office
- [Virgin Islands census taken on the 4th April, 1881]. Tortola, 1881. 3p., 1 folding table.
    LO/N17

Census [Montserrat]

Montserrat. Registrar-General
- Report of the Registrar-General on the census taken 4th April, 1881. 9p. Manuscript.
    LO/N17

Census of Saint Christopher and Anguilla

St. Kitts-Nevis and Anguilla
- Report on the census of Saint Christopher and Anguilla taken on the 4th of April, 1881. Basseterre, [1881. 4]p.
    LO/U-3

[Population figures for 1881 census]. *See* St. Kitts-Nevis and Anguilla... 1911 census, table II.

1891

Census [Leeward Islands]

Leeward Islands. Colonial Secretary
- Census, 1891, with tabular statements and report. [St. John's]: S.B. Laviscount, 1892. 124p. tables.
    LO/N17; LO/S65

Leeward Islands
- Census, 1891, with tabular statements and report. Port of Spain: Central Statistical Office, 1964. 5 volumes in 1. Contents: Leeward Islands census, 1891,by Fred Evans; St. Kitts-Nevis census report, 1911, by C. Malone; St. Kitts-Nevis report, 1921, by C.H. Durrant; Montserrat census report, 1921, by A.K. Agar; Dominica census report, 1921, by E.H.E. Dalrymple. Photographic reprint of the original volumes produced as part of the University of the West Indies Census Research Programme.
    CA/U-1; LO/N17; LO/U-8; OX/U-9

Census [St. Kitts-Nevis]

St. Kitts-Nevis
[Population figures for 1891 census]. *See* St. Kitts-Nevis and Anguilla... 1911 census, table II.

LEEWARD ISLANDS

1901

Census [Leeward Islands]

Leeward Islands. Registrar-General's Office
- Census, 1901, [s.l.] 1901. 2, [7]p. tables.
    LO/N17; LO/S65

Census [St. Kitts]

St. Kitts
- Population figures for 1901. *See* St. Kitts-Nevis and Anguilla... 1911 census, table II.

1911

Census of Antigua and its Dependencies of Barbuda and Redonda

Antigua
- Report on the census of Antigua and its dependencies of Barbuda and Redonda, 1911. St. John's Government Printing Office, 1912. 23p.
    LO/N17

Antigua. Registrar General
- Census 1911 as compared with census 1901. [St. John's], 1911. 1 sheet, tables.
    LO/N17; LO/S65

Census [British Virgin Islands]

British Virgin Islands
- Table showing the number of inhabitants etc. in the Presidency of the Virgin Islands according to the census of 2nd April, 1911. [1911]. 2 sheets.
    LO/N17; LO/S65

Census [Montserrat]

Montserrat. Registrar General
- Montserrat census, 1911: report. Bridgetown, Barbados: Advocate Company, 1911. 14p.
    LO/N17

[Montserrat]
- Montserrat census, 1911 [compared with 1901. s.l. 1911]. 1 sheet.
    LO/N17

Census [St. Kitts-Nevis, Anguilla]

St. Kitts-Nevis and Anguilla
- Report on the census of St. Kitts-Nevis and Anguilla taken on the 2nd April, 1911, compiled by C. Malone. Basseterre, 1912. [2], 22p. Table II gives population at each census 1871 to 1911.
    LO/N17; LO/S65

St. Kitts-Nevis and Anguilla
- Report on the census of St. Kitts-Nevis, 1911... Photographic reprint. *See* Leeward Islands 1891 census.
    LO/N17; LO/U-8; OX/U-9

St. Kitts-Nevis and Anguilla. Registrar General
- Presidency of St. Kitts-Nevis: census 1911 as compared with census 1901. [St. John], 1911.
    LO/N17; LO/S65

1921

Census of Antigua and its Dependencies

Antigua
- Report on the census of Antigua and its dependencies, 1921. St. John's: Government Printing Office, 1922. 6, 11p.
    LO/N17; LO/S65

Census [British Virgin Islands]

British Virgin Islands. Registrar General
- Table showing the number of inhabitants etc. in the Presidency of the Virgin Islands according to the census of 25th April, 1921. [s.l.] 1921. 2p.
    LO/N17

LEEWARD ISLANDS

Census [Montserrat]

Montserrat
- Montserrat census report, 1921. London: Waterlow and Sons, 1921. 12 p.
  LO/N17; LO/S65; LO/U-3

Montserrat
- Montserrat census report, 1921... Photographic reprint. *See* Leeward Islands 1891 census.

Census (St. Kitts-Nevis, Anguilla]

St. Kitts-Nevis and Anguilla. Registrar-General
- St. Kitts-Nevis census report, 1921. Roseau, Dominica: Bulletin Office, [1921]. 5, 20p.
  LO/N17; LO/N56

St. Kitts-Nevis and Anguilla
- St. Kitts-Nevis census report, 1921 ... Photographic reprint. *See* Leeward Islands 1891 census.
  LO/N17; LO/U-8; OX/U-9

1946

See Commonwealth Caribbean 1946.

1960

See Commonwealth Caribbean 1960.

1961

West Indies Census of Agriculture

Antigua and Barbuda

West Indies. Regional Council of Ministers
- West Indies census of agriculture, 1961. Interim report on the census of agriculture in Antigua and Barbuda. St. Michael, 1961. [4], i, [2], 2-45p.
  LO/U-8

LEEWARD ISLANDS

British Virgin Islands

West Indies. Regional Council of Ministers
- West Indies census of agriculture, 1961. A summary of the main results of the census of agriculture in the British Virgin Islands. St. Michael, 1965. [4],i, [2], 2-18p.
    LO/U-8

See also Commonwealth Caribbean, 1961 for volume covering the Eastern Caribbean

1970

Census of Population [Antigua]

Antigua. Ministry of Planning Development and External Affairs. Statistics Division
- Census of population, 1970. St. John's: Government Printer, 1974-75. 3 volumes.
    Volume 1. Housing characteristics. 1974. 21p.
        BT/U-5; LO/U-3; LO/U-8
    Volume 2. Social and demographic characteristics. 1974. 21p.
        BT/U-5; LO/U-3; LO/U-8
    Volume 3. Economic characteristics. 1975. 21p.
        BT/U-5; LO/U-3; LO/U-8

Census [Montserrat]

Montserrat
- [1970 census]. *See* Commonwealth Caribbean. 1970 census.

Census [St. Kitts-Nevis, Anguilla]

St. Kitts-Nevis and Anguilla
[1970 census]. *See* Commonwealth Caribbean. 1970 census.

Census [St. Lucia]

St. Lucia
[1970 census]. *See* Commonwealth Caribbean. 1970 census.

LEEWARD ISLANDS

Census [St. Vincent]

St. Vincent
[1970 census]. *See* Commonwealth Caribbean. 1970 census.

1975

Census of Agriculture [St. Kitts-Nevis, Anguilla]

St. Kitts-Nevis, Anguilla
- Summary report on the census of agriculture, 1975. Bridgetown: British Development Division in the Caribbean, 1977. 30p.
    LO/U-8

MARTINIQUE

This census bibliography and union list deals with material from the earliest traceable population estimate. These early estimates, however, cannot truly be called censuses, since most of them are not called 'Recensement' but are described variously as 'Tableau de la population' or 'Note sur la population'. As Doreen S. Goyer and Eliane Domschke state in 'The Handbook of National Population Censuses: Latin America and the Caribbean', for a proper census, as opposed to a population estimate, 'an extensive administrative machinery has to be mobilized and supported with adequate legislative and legal authority... population figures have no meaning unless they refer to a precisely defined territory... A census enumerates each individual separately...'

However, while many of the earlier entries in our list clearly do not fall within this definition, they have nevertheless been included for historical reasons. This former French colony (Département d'Outre-Mer) began to enumerate its population almost from the time of settlement, but this seems mainly to have been done so that the numbers of slaves and their movements could be traced; it is noticeable that the 'Tableaux de la population' are normally divided into statistics by race and sex. However, these early estimates are generally considered to be unreliable because the local French administrators artificially inflated the statistics for fiscal reasons and the native population was a shifting one and, consequently, difficult to enumerate accurately.

Censuses prior to 1946 are now regarded as unreliable but since 1954 census-taking has been conducted under the auspices of INSEE and the results are consequently more accurate.

The regular census statistics that were compiled during the earlier colonial period were not necessarily published and many of them may be found in manuscript in the collections of the Ministère de la Marine in Paris. It will also be seen in several entries that we have included references to proposed censuses, for which instructions were published, but for which no trace of published results can be found; it is possible that these censuses were, in fact, never held.

[L. Dethan and S. Rockett]

MARTINIQUE

LIST OF CONTENTS

1664-1931

1687-1701

1731-1764

1829-1832

1835

1840

1850

1853

1867

1876

1886

1891

1894
1896

1901

1905

1906

1910

1921

1926

1927

1931

MARTINIQUE

1936

1939-1944

1946

1954-1960

1954

1961

1967 RECENSEMENT DÉMOGRAPHIQUE GÉNÉRAL

1974 RECENSEMENT GÉNÉRAL

1664-1931

Revert, Eugène
- Note sur la population de la Martinique. *In*: Congrès International de la population, Paris, 1937. vol. vi, p.27-41. Paris: Hermann & Cie, 1938. [Contains general history of population, brief results of censuses from 1664 and detailed table of results of 1905, 1910, 1921, 1927, 1931 censuses.]
   LO/N-1; LO/U-3; OX/U-1

1687-1701

Dessalles, Adrien
- Histoire générale des Antilles. Paris: France éditeur, 1847, 48. 5 v. [Contains, vol.2, p.453-455, Recensement général des îles françaises de l'Amérique au commencement de l'année 1687; p.456...au commencement de 1688; p.457, Recensement général des îles de la Martinique, la Guadeloupe et Saint-Christophe, en 1701.]
   CA/U-1; LO/N-1; OX/U-1

1731-1764

Dessalles, Adrien
- Histoire générale des Antilles. Paris: France éditeur, 1847, 48. 5 v. [Contains, vol.4, p. 574, Recensement général de la Martinique, en 1731; p. 575-579, Population de la Martinique en 1734 (1736, 1738, 1751); vol.5, p.609, Recensement général des îles françaises du Vent de l'Amérique année 1753; p.610, Population de la Martinique, par départements, en 1764.]
   CA/U-1; LO/N-1; OX/U-1

1829-1832

BULLETIN des actes administratifs de la Martinique. (Bulletin officiel de la Martinique.) Saint-Pierre: J.A.Fleurot, 1829-32. 1e sér., vol.1[-4]. [Contains arrangements for; 'dénombremens': 1829, p.8, 14, 195, 201; 1830, p.745, 754; 1831, p.155, 165; 1832, p.159, 169.]
   LO/N-1

1835

France. Ministère de la Marine.
- Notices statistiques sur les colonies françaises...Première partie...Martinique-Guadeloupe et dépendances. Paris: Imprimerie Royale, 1837. 248 p. [Contains detailed population tables as of 31 Dec. 1835, p.49-55.]
    LO/N-1; OX/U-9

1840

BULLETIN officiel de la Martinique. Saint-Pierre?: Thoubeau, 1840. [Contains, p.316, instructions for the census to be held 15 Sept. - 20 Oct. 1840. Instructions also published in the Journal officiel de la Martinique, 2 Sept. 1840. No trace of results.]

1850

JOURNAL officiel de la Martinique. Saint-Pierre? : Ch.Arnaud, 1849. [Issue of 22 Dec. 1849 contains instructions for the census held 16-31 Jan. 1850. No trace of results.]

1853

BULLETIN officiel de la Martinique. Saint-Pierre? : E. Ruelle & Ch. Arnaud, 1854. [Contains, p.196, a 'Tableau de la population au 31 décembre 1853, déclaré valable pour cinq ans'.]

1867

JOURNAL officiel de la Martinique. Saint-Pierre? : E.Ruelle & Ch. Arnaud, 1867, 68. [Issue for 9 May 1867 contains instructions, and issue for 9 June the results, of the census held 20 May-30 June 1867. Results also published *in* the Annuaire de la Martinique, 1868, p.212.]

1876

France. Ministère du Travail et de la Prévoyance Sociale. Statistique Générale de la France. Statistique de la France.
- Résultats généraux du dénombrement de 1876. France. Algérie. Colonies. Paris: Imprimerie Nationale, 1878. lxvii, 287 p. [Quatrième section, p.284, 285, contains census statistics for Guadeloupe, Guyane and Martinique.]
    LO/N-1; LO/U-3

JOURNAL officiel de la Martinique. Saint-Pierre? : E.Ruelle & E.Ruelle & Ch. Arnaud, 1876. [Issues for 12 and 19 May 1876 contain instructions for the census held 1 June-15 July 1876. Results published *in* the Annuaire de la Martinique, 1877, p.250.]

1886

JOURNAL officiel de la Martinique. Fort-de-France: Imprimerie du Gouvernement, 1886. [Issues for 30 Apr., 25 May and 1 June 1886 contain instructions, and the issue for 7 Dec. 1886 the results, for the census held 14 June 1886.]

1891

JOURNAL officiel de la Martinique. 1891. [Issues for 21 Apr. and 15 May 1891 contain instructions for a census which was not held.]

1894

JOURNAL officiel de la Martinique. 1893, 94. [The issue for 19 Dec. 1893 contains instructions, and the issue for 29 Dec. 1894 the results, of the census held 15 Jan. 1894.]

1896

ANNUAIRE de la Martinique. Année bissextile 1896. Fort-de-France: Imprimerie du Gouvernement, 1896. [Contains, p.65, Composition de la population au 15 janvier 1894; p.575, Tableau statistique de la population de la Martinique au 15 janvier 1894. Mouvements de la population indienne de 1853 au 31 decembre 1895. Situation numérique des immigrants existant au 1er janvier 1896.]
    LO/N-1

1901

JOURNAL officiel de la Martinique. Fort-de-France: Imprimerie du Gouvernement, 1901, 02. [The issue for 5 July 1901 contains instructions, and the issues for 31 Dec. 1901 and 24 Jan. 1902 the results, for the census held 29 July 1901.]

1905

JOURNAL officiel de la Martinique. 1904, 05. [The issue for 16 Dec. 1904 and 13 Jan. 1905 contain instructions, and the issue for 19 May 1905 the results, of the census held 13 Jan. 1905.]

1906

France. Ministère du Travail et de la Prévoyance Sociale. Statistique Générale de la France.
- Résultats statistiques du recensement général effectué le 4 mars 1906. Paris: Imprimerie Nationale, 1908-10. 3v. [vol., 1ᵉ partie, Appendice, Tableau II gives 1906 census figures for Guadeloupe, Guyane, Martinique.]
    LO/N-1; LO/U-3

1910

JOURNAL officiel de la Martinique. Fort-de-France: Imprimerie du Gouvernement, 1910. [The issues for 17, 24 Sept., 1, 22 Oct. 1910 contain instructions, and the issues for 19, 26 Nov. 1910 the results, of the census held 2 Oct. 1910.]

1921

France. Ministère des Colonies. Office Colonial.
- Recensement de la population des colonies françaises en 1921. Paris, 1923.

JOURNAL officiel de la Martinique. Fort-de-France: Imprimerie du Gouvernement, 1921. [The issue for 9 Apr. 1921 contains instructions, and the issue for 3 Dec. 1921 the results, of the census held 1 July 1921.]

1926

JOURNAL officiel de la Martinique. 1926. [The issue for 8 May 1926 contains instructions for the census of 1 July 1926, which was cancelled.]

1927

JOURNAL officiel de la Martinique. 1927. [The issues for 18 June and 8 Oct. 1927 contain instructions, and the issue for 5 May 1928 the results, of the census held 7 Nov. 1927.]

1931

JOURNAL officiel de la Martinique. 1931. [The issues for 14 Feb., 13 June and 4 July 1931 contain instructions, and the issue for 19 Dec. 1931 the results, of the census held 1 July 1931.]

Martial, J.E. *and* Beaudiment, R.
- Essai de démographie des colonies françaises. Office international d'hygiène publique. Bulletin mensuel, tom.XXX no.2, fév. 1938, supplément. [p.108-127 contain population statistics for Guadeloupe, Guyane and Martinique, based on the 1931 census, with birth and mortality tables to 1935.]
    LO/N-1; OX/U-8

1936

JOURNAL officiel de la Martinique. Fort-de-France: Imprimerie du Gouvernement, 1936, 37. [The issues for 1, 12, 26 Sept., 3 Oct. 1936 contain instructions, and the issue for 31 July 1937 the results, of the census held 10 Oct. 1936.]

1939-1944

France. Ministère des Colonies.
- Bulletin mensuel de statistiques coloniales. -Supplément sér. Etudes, no.3. Paris, [1945?]. [Quelques renseignements pour la période 1939-1944 sur la Martinique, p.18; effectif de la population, p.2.]
    LO/N-1

1946

ANNUAIRE statistique de l'Union Française Outre-Mer 1939-1946. Paris: Imprimerie Nationale de France, 1949. [Contains 1946 census results, p.B-64, 65.]
    BT/U-5; LO/N-1; LO/U-3

MARTINIQUE

ANNUAIRE statistique de l'Union Française Outre-Mer 1939-1946. Paris: Imprimerie Nationale de France, 1951. [Contains 1946 census results, p.B-100, 101.]
   BT/U-5; LO/N-1; LO/U-3; OX/U-1

France. Ministère des Colonies.
- Bulletin mensuel de statistiques coloniales. Paris, 1948-. [Supplément sér. Etudes, no.13. Recensement de la population de la Martinique en 1946; no.18. Les Français d'origine métropolitaine et les étrangers dans les territoires d'outre-mer au recensement de 1946. Sér. Statistique, no.5. Résultats du recensement de 1946 dans les territoires d'outre-mer, Français d'origine métropolitaine et étrangers; no.18. Annuaire statistique de la Martinique 1952. p.6-8, Population par âge et par canton en 1946.]
   LO/N-1; LO/U-3 (Supp. sér. Etudes, no.13, 18; supp. sér. Statistique, no.5, 18)

JOURNAL officiel de la Martinique. Fort-de-France: Imprimerie du Gouvernement, 1945, 46. [The issue for 13 Dec. 1945 contains instructions, and the issue for 17 Oct. 1946 the results, of the census held 16 May 1946.]

1954-1960

France. I.N.S.E.E.
- Annuaire de la Martinique. (Annuaire statistique de la Martinique.) Paris: Imprimerie Nationale, 1957, 61, 62. [Contains tables for the 1954 census and population growth tables to 1960.]
   LO/N-1; LO/U-3 (1961, 62)

1954

Recensement Général de la Population

RESULTATS statistiques du recensement général de la population des départements d'outre-mer effectué le 1er juillet 1954. Antilles françaises: Martinique et Guadeloupe, 1956. 300p. [Instructions published *in* Journal Officiel de la République Française 20 March 1954, and results in issue of 5 Feb. 1955.]
   LO/N-1; first item only: BT/U-5; LO/U-2; LO/U-3; LV/U-1

1961

Recensement Général de la Population

France. I.N.S.E.E.
- Résultats statistiques du recensement général de la population des départements d'outre-mer effectué le 9 octobre 1961. Martinique. Paris: Imprimerie Nationale, [1965]. 182p.
    BT/U-5; CV/U-1; LO/N-1; LO/U-3; LO/U-8

RECENSEMENT de 1961. Population des départements d'outre-mer. Paris: Imprimerie des Journaux Officiels, 1962. 12p.
BT/U-5; LO/U-3

1967

Recensement Démographique Général

France. I.N.S.E.E.
- Résultats statistiques du recensement général de la population des départements d'outre-mer effectué le 16 octobre 1967. 1e partie: Tableaux statistiques. Martinique. Paris: Imprimerie Nationale, [1970?]. 134p.
    BT/U-5; LO/N-1; LO/U-3
RECENSEMENT démographique de la Martinique du 16 octobre 1967. Principaux résultats (provisoires). Paris: I.N.S.E.E., [1969]. 37p.
    LO/N-1

1974

Recensement Général

Elie, P. & Maroger, C.
- Recensement général de la population en 1974, départements d'outre-mer, Martinique. Tableaux sur l'activité et l'emploi. Paris: I.N.S.E.E., 1982. 162p. (Archives et documents; no.43.)
    BT/U-5; LO/N-1

- - Tableaux sur la structure démographique. Paris: I.N.S.E.E., 1983. 247p. (Archives et documents; no.73.)

MARTINIQUE

- - Tableaux sur les ménages, les logements, les constructions. Paris: I.N.S.E.E., 1983. 68p. (Archives et documents; no.93.)
    LO/N-1

France. Ministère de l'Intérieur; Ministère de l'Economie et des Finances.
- Recensement général de la population en 1974...Départements d'outre-mer. Arrondissements, communes. Paris: I.N.S.E.E., [1977]. 31p.
    LO/N-1

MEXICO

The year 1895 is the most significant in the history of census-taking in Mexico for, in that year, the first national census of population ever to be undertaken in independent Mexico was successfully carried out and, for the first time also, census results were to be published in considerable detail.

Many attempts had been made during the preceding centuries to estimate or count the population and wealth of Mexico, although only fragmentary published records exist. Evidence that such counts were undertaken in pre-Columbian Mexico is provided by native records preserved in codices and in stone. Throughout the three centuries of Spanish colonial rule (1519-1821), general surveys or 'padrones' covering the whole or, more usually, parts of the viceroyalty were undertaken at irregular intervals by royal or ecclesiastical authorities. These early surveys could hardly be called censuses in the modern sense of a country-wide count carried out on a specific day or days and based on a uniform set of questions, but some of them were sufficiently detailed and broad in scope to provide valuable records of the demographic and economic development of the colony. The most important were those of 1547-1550 (the 'Suma de visitas...'), 1569-1572 (the 'visita' of Juan de Ovando), 1577-1585 (the 'Relaciones geográficas...'), 1742-1746 (the Fuenclara census), 1777-1778 (the Bucareli census) and 1790-1793 (the Revillagigedo census, on which the statistical work of Humboldt was based). None of the results were published contemporaneously but many are preserved in manuscript form in, for example, such great repositories as the Archivo General de Indias in Seville and the Archivo General de la Nación in Mexico City. Some of the surviving documents have been published in modern compilations. None, however, bore the original title of 'censo'.

In the nineteenth century, despite the need for periodic censuses being recognised in successive constitutions and other legislation, no national census was successfully undertaken during the first three-quarters of a century of the independence period. The obligation to carry out censuses was left to the states and departments, and some local counts were undertaken at different times and the results forwarded to the central government in Mexico City where, from time to time, they were incorporated into published estimates of the national population. Regional results were sometimes reported in the 'Memorias' of the states or departments and also in the prestigious 'Boletín' of the Sociedad Mexicana de Geografía y Estadística which had been founded in 1833 as the Instituto Nacional de Geografía y Estadística de la República Mexicana to improve knowledge of the country.

The modern era of regular census-taking was heralded by the creation in 1882 of the Dirección General de Estadística which continues in existence to this day as the government agency charged with carrying out the various censuses and disseminating their results. Its place in the hierarchy of the executive branch of the Mexican government has been as follows:

1882-1891: a subordinate unit of the Secretaría de Fomento, Colonización, Industria y Comercio;

1891-1917: a subordinate unit of the Secretaría de Fomento, Colonización e Industria;

1917-1923: a subordinate unit of the Secretaría de Agricultura y Fomento;

1923-1932: an autonomous department re-named Departamento de la Estadística Nacional;

1933-1946: name reverts to Dirección General de Estadística, a subordinate unit of the Secretaría de la Economía Nacional;

1947-1958: a subordinate unit of the Secretaría de Economía;

1959-1977: a subordinate unit of the Secretaría de Industria y Comercio;

1977-1980: a subordinate unit of the Coordinación General del Sistema Nacional de Información within the Secretaría de Programación y Presupuesto;

1980- : a subordinate unit of the Coordinación General de los Servicios Nacionales de Estadística, Geografía e Informática within the Secretaría de Programación y Presupuesto.

For the pre-1895 period, only published items which refer to actual censuses have been included, whilst unpublished documents and published population estimates have been excluded. For the post-1895 period, preliminary or summary census results published in the following serials have been omitted: Anuario estadístico de los Estados Unidos Mexicanos, Boletín de estadística, Boletín de la Dirección General de Estadística, Boletín del Departamento de la Estadística Nacional, Compendio estadístico, Diario oficial, México en cifras, Revista de estadística.

[C. J. Anderton]

LIST OF CONTENTS

16th CENTURY [RELACIONES GEOGRAFICAS DE INDIAS...]

1789-1793 CENSO GENERAL DE LA INTENDENCIA DE GUADALAJARA

1790-1793 CENSO DE POBLACION DE LA NUEVA ESPAÑA (1) [CENSO DE REVILLAGIGEDO]

1793-[1803] [POBLACION DE NUEVA ESPAÑA.../ALEXANDER VON HUMBOLDT]

[1793-1839] [POBLACION.../JOSE GOMEZ DE LA CORTINA]

1831 CENSO DE LA REPUBLICA MEXICANA

[1849] CENSO DEL ESTADO DE COAHUILA

[1862] CENSO DE LA REPUBLICA MEXICANA

1868 CENSO DEL ESTADO DE OAXACA

1868-1870 CENSO DEL ESTADO DE TLAXCALA

[1872] CENSO DEL ESTADO DE SINALOA

[1873] CENSO DE LOS ESTADOS DE DURANGO, MEXICO, QUERETARO

1885 CENSO DEL ESTADO DE VERACRUZ

1886 CENSO DE LA MUNICIPALIDAD DE GUADALUPE HIDALGO

[1888] CENSO DEL ESTADO DE JALISCO

[1890] CENSO DEL ESTADO DE SONORA

1890 CENSO DE LA MUNICIPALIDAD DE MEXICO

1895 CENSO GENERAL (1)

1900 CENSO GENERAL (2)

1910 CENSO DE POBLACION (3)

MEXICO

[1911] CENSO HIDRAULICO

1921 CENSO GENERAL DE HABITANTES (4)

[1927] CENSO DE LA LEPRA (1)

1929-1931 CENSO DEL MAL DEL PINTO (1)

1929 CENSO EXPERIMENTAL DEL ESTADO DE MORELOS

1929-1930 [ITEMS RELATING TO SEVERAL CENSUSES]

1929 CENSO DE EDIFICIOS (1)

1930 CENSO DE POBLACION (5)

1930 CENSO AGRICOLA-GANADERO (1)

1930 CENSO DE FUNCIONARIOS Y EMPLEADOS PUBLICOS

1930 CENSO INDUSTRIAL (1)

1930-1934 CENSO QUINQUENAL REGLAMENTARIO DE LA LEPRA (1)

1932 CENSO DE EMPLEADOS SUJETOS A LA LEY GENERAL DE PENSIONES CIVILES DE RETIRO (2)

1935 [ITEMS RELATING TO SEVERAL CENSUSES]

1935 CENSO EJIDAL (1)

1935 CENSO INDUSTRIAL (2)

1938 CENSO DE EMPLEADOS SUJETOS A LA LEY GENERAL DE PENSIONES CIVILES DE RETIRO (3)

1939-1940 [ITEMS RELATING TO SEVERAL CENSUSES]

1939 CENSO DE EDIFICIOS (2)

1940 CENSO DE POBLACION (6)

1940 CENSO AGRICOLA-GANADERO (2)

1940 CENSO COMERCIAL (1) [INCLUDES CENSO DE SERVICIOS (1)]

MEXICO

1940 CENSO EJIDAL (2)

1940 CENSO INDUSTRIAL (3)

1940 CENSO DE TRANSPORTES (1)

1945 CENSO COMERCIAL (2) [INCLUDES CENSO DE SERVICIOS (2)]

1945 CENSO INDUSTRIAL (4)

1945 CENSO DE TRANSPORTES (2)

1949 CENSO NACIONAL UNIVERSITARIO (1)

1950 [ITEM RELATING TO SEVERAL CENSUSES]

1950 CENSO GENERAL DE POBLACION (7)

1950 CENSO AGRICOLA-GANADERO Y EJIDAL (3)

1950 CENSO INDUSTRIAL (5) AND CENSO DE TRANSPORTES (3)

1955 CENSO DE TRANSPORTES (4)

1955 CENSO REGIONAL DE LA COSTA DE JALISCO (1)

1956 CENSO COMERCIAL (3) AND CENSO DE SERVICIOS (3)

1956 CENSO INDUSTRIAL (6)

1958 CENSO DE HOSPITALES

1959 CENSO EXPERIMENTAL DE IXTAPALUCA

1960-1961 [ITEMS RELATING TO SEVERAL CENSUSES]

1960 CENSO GENERAL DE POBLACION (8)

1960 CENSO AGRICOLA-GANADERO Y EJIDAL (4)

1961 CENSO COMERCIAL (4)

1961 CENSO INDUSTRIAL (7)

1961 CENSO DE SERVICIOS (4)

1961 CENSO DE TRANSPORTES (5)

1966 CENSO COMERCIAL (5)

1966 CENSO INDUSTRIAL (8)

1966 CENSO DE SERVICIOS (5)

1966 CENSO DE TRANSPORTES (6)

1970 [ITEM RELATING TO SEVERAL CENSUSES]

1970 CENSO GENERAL DE POBLACION (9)

1970 CENSO AGRICOLA-GANADERO Y EJIDAL (5)

1971 CENSO COMERCIAL (6)

1971 CENSO INDUSTRIAL (9)

1971 CENSO DE SERVICIOS (6)

1971 CENSO DE TRANSPORTES (7)

1975 CENSO NACIONAL DE CAMINOS

1975 CENSO DE RECURSOS HUMANOS DEL SECTOR PUBLICO FEDERAL

1976 [ITEMS RELATING TO SEVERAL CENSUSES]

1976 CENSO COMERCIAL (7)

1976 CENSO INDUSTRIAL (10)

1976 CENSO DE SERVICIOS (7)

1976 CENSO DE TRANSPORTES (8)

RELACIONES geográficas de Indias (contenidas en el Archivo general de Indias de Sevilla). La Hispano-América del siglo XVI: Virreinato de Nueva España. (México - Censos de población) / Colección y publicación hecha por Germán Latorre. Sevilla: Tip. Zarzuela, 1920. 119p.; 24 cm. (Publicaciones del Centro oficial de estudios americanistas de Sevilla. Biblioteca colonial americana, t. IV.)

1789 - 1793

Censo General de la Intendencia de Guadalajara

Menéndez Valdés, José
- Descripción y censo general de la Intendencia de Guadalajara, 1789-1793 / José Menéndez Valdés; estudio preliminar y versión del texto de Ramón Ma. Serrera. Guadalajara: Gobierno de Jalisco, Secretaría General, Unidad Editorial, 1980. 161p.; 23 cm. (Colección Historia. Serie Estadísticas básicas, no. 1.)

1790 - 1793

Censo de Población de la Nueva España (1)

1er [PRIMER] censo de población de la Nueva España, 1790: censo de Revillagigedo, 'un censo condenado'. México: Secretaría de Programación y Presupuesto, Dirección General de Estadística, 1977. 166p.; 29 cm.

1793 - [1803]

Humboldt, Alexander von
- Población de Nueva España, censo general hecho en 1793. Progresos de la población en los diez años siguientes, proporción entre nacidos y muertos. Méjico: Imp. de D. Mariano de Zúñiga y Ontiveros, 1820. 16p.; 20 cm.
    LO/N-1

[1793 - 1839]

Gómez de la Cortina, José
- Población [a discussion of Mexican censuses from 1793, including (p.14) 'Resultados de los censos generales del Departamento de Zacatecas hechos desde el año de 1824 y aumento progresivo que según ellos ha tenido aquella población antes de que se le segregara el Partido de Aguascalientes']. In: Boletín del Instituto Nacional de Geografía y Estadística, tomo I, 1839, p. 10-27.
    OX/U-1 (3a ed., 1861)

1831

Censo de la República Mexicana

Valdés, Antonio José
- Censo actual de la República Mexicana. Lo escribe por orden del Supremo Gobierno de la Federación el ciudadano ... Jalapa: Imp. Blanco y Aburto, Tip. del Gobierno del Estado, 1831. 8p.

Valdés, Antonio José
- Censo de la República Mexicana formado en cumplimiento del decreto de 2 de marzo de 1831 por D. Antonio José Valdés, comisionado al efecto por el Supremo Gobierno de la Federación. Documento no. 1, p. 1-13 *in*: Mexico. Secretaría de Relaciones Exteriores. Memoria de la Secretaría de Estado y del Despacho de Relaciones Interiores y Exteriores, presentada por el Secretario de Ramo, en cumplimiento del artículo 120 de la Constitución, a las Cámaras del Congreso General al principio de sus sesiones ordinarias del año de 1832. México: Imp. del Aguila, 1832. 35p.

[1849]

Censo del Estado de Coahuila

PLAN general que manifiesta la población del estado de Coahuila, formado según los censos remitidos por los jefes políticos de departamentos. Saltillo, 1849.

[1862]

Censo de la República Mexicana

Durán, Rafael
- Memoria sobre el censo de la República Mexicana. *In*: Boletín de la Sociedad Mexicana de Geografía y Estadística, primera época, tomo IX, 1862, p. 263-178 [i.e. 278].
   LO/N-1; OX/U-1

1868

Censo del Estado de Oaxaca

Rincón, Francisco
- Estadística. Noticia que manifiesta el censo del estado de Oaxaca, con expresión del que a cada distrito pertenece, formada en virtud del decreto del Congreso de la Unión del 14 de nov. de 1868. *In*: Boletín de la Sociedad Mexicana de Geografía y Estadística, segunda época, tomo I, 1869, p. 328.
LO/N-1; OX/U-1 (microfilm)

1868 - 1870

Censo del Estado de Tlaxcala

Lira y Ortega, Manuel
- Memoria sobre el censo de estado de Tlaxcala. *In*: Boletín de la Sociedad Mexicana de Geografía y Estadística, segunda época, tomo I, 1869, p. 160- 163.
LO/N-1; OX/U-1 (microfilm)

Jáuregui, Martín F. de
- Censo comparativo del estado de Tlaxcala, de mayo 1868 a julio 1870. *In*: Boletín de la Sociedad Mexicana de Geografía y Estadística, segunda época, tomo VI, 1872, p. 529-530.
LO/N-1; OX/U-1 (microfilm)

[1872]

Censo del Estado de Sinaloa

Martínez, J. D.
- Censo de la población en Sinaloa ... extracto de la población general del Estado. *In*: Boletín de la Sociedad Mexicana de Geografía y Estadística, segunda época, tomo IV, 1872, p. 778-784.
LO/N-1; OX/U-1 (microfilm)

[1873]

Censo de los Estados de Durango, México, Querétaro

Gaona, J. M.
- Censo general del estado de Durango ... México ... Querétaro. *In*: Boletín de la Sociedad Mexicana de Geografía y Estadística, tercera época, tomo I, 1873, p. 610-616.
LO/N-1; LO/U-2; OX/U-1 (microfilm)

1885

Censo del Estado de Veracruz

César, Juan N.
- Censo del estado de Veracruz en 1885: su división en cantones, municipalidades, congregaciones y rancherías, y población de cada una de esas fracciones. [Veracruz, 1885]. p. 179-215.

1886

Censo de la Municipalidad de Guadalupe Hidalgo

CENSO de la municipalidad de Guadalupe Hidalgo, correspondiente al año de 1886, mandado formar por el presidente del ayuntamiento C. José Vicente Villada. [n.p.], 1887. 33p.

[1888]

Censo del Estado de Jalisco

Jalisco. Gobernador (Ramón Corona)
- Ramón Corona, gobernador constitucional del estado libre y soberano de Jalisco, a los habitantes del mismo, hago saber: Que por la secretaría de la legislatura se me ha comunicado el decreto que sigue: 'Núm. 296 - El Congreso del Estado decreta: Art. 1°. Son bases para la formación de la estadística del estado: I. El censo de sus habitantes clasificándolos por sexos, edades, nacionalidades, profesión, industria ó trabajo de que subsisten, estado civil, y si saben leer y escribir ... [Guadalajara? 1888?]. ii, 16p.; 22 cm.

[1890]

Censo del Estado de Sonora

Sonora. Secretaría de Gobierno
- División territorial y censo del estado de Sonora, formado con los datos que existen en la Secretaría de Gobierno. Guaymas: Imp. de E. Gaxiola y Compañía, 1890. 59p.; 15 x 24 cm.

1890

Censo de la Municipalidad de México

Dirección General de Estadística
- Censo de habitantes de la municipalidad de México, verificado el 12 de octubre de 1890. México: Oficina tip. de la Secretaría de fomento, 1892. cviii, 22, 906p.; 30 cm. (Estadística general de la República Mexicana, año VI, 1890.)
   LO/N-1; LO/N56

1895

Censo General (1)

RESUMEN del censo, estado de Nuevo León. Monterrey: Tip. del Comercio, 1895. 11 tables.

RESÚMENES del censo del estado de Nuevo León, levantado el 20 de octubre de 1895. Monterrey: Tip. del gobierno en Palacio, a cargo de J. Saenz, n.d. 67p.; 24 x 34 cm.

[Campeche]
RESÚMENES del censo levantado el 20 de octubre de 1895. Campeche de Baranda: Imp. del Gobierno, n.d. 136p.; 37 cm.

Dirección General de Estadística
- Censo general de la República Mexicana verificado el 20 de octubre de 1895: resumen. México, 1899. 502p.; 30 cm.
   LO/N56

- Censo general de la República Mexicana verificado el 20 de octubre de 1895. México, 1897-1899. 30 v.; 30 cm.

    Censo del estado de Aguascalientes. 1897. 62p.
    Censo del territorio de la Baja California. 1899. 72p.
    Censo del estado de Campeche. 1899. 72p.
    Censo del estado de Chiapas. 1899. 71p.
    Censo del estado de Chihuahua. 1898. 80p.
    Censo del estado de Coahuila. 1897. p. 354-410.
    Censo del estado de Colima. 1899. 60p.
    Censo del Distrito Federal. 1898. 86p.
    Censo del estado de Durango. 1899. 122p.
    Censo del estado de Guanajuato. 1897. 200p.
    Censo del estado de Guerrero. 1899. 140p.
    Censo del estado de Hidalgo. 1897. 136p.
    Censo del estado de Jalisco. 1898. 72p.
    Censo del estado de México. 1899. 140 p.
    Censo del estado de Michoacán. 1899. 136p.
    Censo del estado de Morelos. 1899. 60p.
    Censo del estado de Nuevo León. 1897. p. 76-350.
    LO/U-3
    Censo del estado de Oaxaca. 1899. 254p.
    Censo del estado de Puebla. 1898. 144p.
    Censo del estado de Querétaro. 1899. 62p.
    Censo del estado de San Luis Potosí. 1899. 148p.
    Censo del estado de Sinaloa. 1897. 80p.
    Censo del estado de Sonora. 1897. 72p.
    LO/U-3
    Censo del estado de Tabasco. 1897. 126p.
    LO/U-3
    Censo del estado de Tamaulipas. 1897. 58p.
    LO/U-3
    Censo del territorio de Tepic. 1899. 58p.
    Censo del estado de Tlaxcala. 1899. 58p.
    Censo del estado de Veracruz. 1897. 162p.
    LO/U-3
    Censo del estado de Yucatán. 1897. 130p.
    LO/U-3
    Censo del estado de Zacatecas. 1899. 118p.

Note: Sonora, Nuevo León and Coahuila vols. have continuous pagination.

1900

Censo General (2)

Dirección General de Estadística
- Instrucciones para la ejecución del censo de 1900. Tuxtla Gutiérrez: Imp. del Gobierno del Estado, 1899. 29p.; 23 cm.

- Instrucciones para la ejecución del censo de 1900. México: Tip. 'El Libro Diario', 1900. 33p.; 23 cm.

- Instrucciones para la ejecución del censo de 1900. San Luis Potosí: Tip. de la Escuela i. militar, 1900. 28p.; 21 cm.

- Censo de 1900: resultado del censo de habitantes que se verificó el 28 de octubre de 1900 según los primeros datos recibidos, con expresión del sexo y por cada uno de los distritos, partidos, cantones, etc., que forman los estados, Distrito Federal y territorios de la República, y resumen comparativo por estados, del presente censo con el de 1895. México, 1901. 15p.; 30 cm.
   LO/N56

- Censo de la República Mexicana practicado en 1900: extranjeros residentes. México, 1903. 225p.; 24 cm.
   LO/U19

- Resumen general del censo de la República Mexicana verificado el 28 de octubre de 1900. México, 1905. 79p.; 23 cm.

CENSO de la municipalidad de Monterrey, levantado el 28 de octubre de 1900. Monterrey: Tip. del Gobierno del Estado, 1902. 138 p.; 23 cm.

CENSO del estado de Nuevo-León, levantado el 28 de octubre de 1900. Monterrey: Tip. del Gobierno del Estado, 1900. 94p.; 32 cm.

[Veracruz]
NOTICIA estadística de la concentración del censo general del estado, que se ejecutó el 28 de octubre de 1900. Xalapa-Enríquez: Gobierno del Estado, 1902. 116p.

Dirección General de Estadística
- Censo general de la República Mexicana verificado el 28 de octubre de 1900 ... México, 1901-1907. 30 v. [in 32]; 30 cm.
[Each volume has added title-page: 'Censo y división territorial del estado de Aguascalientes' etc.] [The indexes of the volumes are separately paged and have special title- page: 'División territorial de la República Mexicana formado con los datos del censo verificado el 28 de octubre de 1900 ...']

Estado de Aguascalientes. 1901.
71, 15p.
LO/N-1; LO/U-3; LO/U19
Territorio de la Baja California. 1905.
72, 21p.
LO/N-1; LO/U-3; LO/U19
Estado de Campeche. 1904.
120, 17p.
LO/N-1; LO/U-3; LO/U19
Estado de Chiapas. 1905.
320, 33p.
LO/U19
Estado de Chihuahua. 1904.
258, 23p.
LO/N-1; LO/U-3; LO/U19
Estado de Coahuila. 1904.
172, 33p.
LO/N-1; LO/U-3; LO/U19
Estado de Colima. 1905.
54, 15p.
LO/U-3; LO/U19
Distrito Federal. 1901.
219, 17p.
LO/N-1 (copy lacks p.9-219);
LO/U-3; LO/U19
Estado de Durango. 1902.
167, 51p.
LO/N-1; LO/U-3; LO/U19
Estado de Guanajuato. 1903.
340, 79p.
LO/N-1; LO/N56; LO/U19
Estado de Guerrero. 1905.
214, 47p.
LO/N-1; LO/U-3; LO/U19
Estado de Hidalgo. 1902
244, 41p.
LO/U-3; LO/U19
Estado de Jalisco. 1905.
332, 159p.
LO/N-1; LO/U-3; LO/U19
Estado de México. 1901.
339, 53p.
LO/N-1 (copy lacks p.17-53);
LO/U-3; LO/U19

Estado de Michoacán. 1905.
312, 71p.
LO/N-1 (copy lacks p.305-312,
1-71); **LO/U-3; LO/U19**
Estado de Morelos. 1902.
131, 15p.
LO/N56;LO/U19
Estado de Nuevo León. 1904.
88, 45p.
LO/U19
Estado de Oaxaca. 1906-1907.
3 v.
T. I. 1906. 1075p.
T. II. 1906. 823p.
LO/U19
T. III. 1907. 578, 77p.
LO/N-1 (copy lacks p.57-578,
1-77); **LO/U19**
Estado de Puebla. 1903.
564, 49p.
LO/U19
Estado de Querétaro. 1902.
81, 19p.
LO/N56; LO/U19
Estado de San Luis Potosí.1903.
268, 53p.
LO/N-1; LO/N56; LO/U19
Estado de Sinaloa. 1905.
86, 49p.
LO/N-1; LO/U19
Estado de Sonora. 1901.
297, 39p.
LO/N-1; LO/U19
Estado de Tabasco. 1904.
72, 23p.
LO/N-1; LO/U19
Estado de Tamaulipas. 1904.
156, 39p.
LO/N-1; LO/U19
Territorio de Tepic. 1905.
78, 29p.
LO/N-1; LO/U19
Estado de Tlaxcala. 1902.
124, 15p.
LO/U19

Estado de Veracruz. 1904.
 564, 135p.
LO/N-1; LO/U19
Estado de Yucatán. 1905.
 300, 53p.
LO/U19

Estado de Zacatecas. 1902.
 214, 31p.
LO/U19

1910

Censo de Población (3)

Dirección General de Estadística
- Instrucciones para la ejecución del censo de 1910. México, 1907. 24p.

- Instrucciones para la ejecución del censo de 1910. Toluca: Gobierno del Estado de México, Secretaría General, Secretaría de Fomento, Departamento de Estadística, 1908. 18p.; 23 cm.

Chiapas. Junta Central
- Censo de 1910: división territorial del Estado... Tuxtla Gutiérrez: Imp. del Gobierno del Estado, 1909. 94p.; 22 cm.

ÍNDICE alfabético de los lugares habitados del estado de Jalisco, con expresión de la categoría de cada uno, municipio y cantón a que pertenecen y número de habitantes de uno y otro sexo, que existían el 27 de octubre de 1910. Guadalajara: Tip. de la Escuela de artes y oficios del estado, 1912. 160p.; 22 cm.

Dirección de Estadística
- Tercer censo de población de los Estados Unidos Mexicanos verificado el 27 de octubre de 1910. México, 1918-1920. 3 v.; 28 cm.
   T. I. 1918. 556p.
   LO/N56
   T. II. 1918. 1341p.
   LO/N56
   T. III. 1920. 105p.
   LO/N56

RESUMEN de los datos del censo de habitantes del estado de Sonora, practicado el 27 de octubre de 1910. [Hermosillo: Imp. del gobierno del estado, 1912.] 99p.

Yucatán. Junta Central del Censo de 1910
- Censo de 1910: cuadros estadísticos formados, con autorización del gobierno del estado, por Enrique Canitllo M. de Oca ... Mérida, Yucatán: Imp. de la 'Escuela correccional de artes y oficios del estado', 1912. 37p.; 23 cm.

Dirección General de Estadística
- División territorial de los Estados Unidos Mexicanos ... México, 1912-1918. 31 v.; 30 cm. [Brief descriptions of each state, with census of 1910, and alphabetical list of places.]

Estado de Aguascalientes. 1912. 23p.
Territorio de la Baja California
   1913. 33p.
LO/N-1
Estado de Campeche. 1913. 20p.
LO/N-1
Estado de Chiapas. 1913. 74p.
LO/N-1
Estado de Chihuahua. 1913. 72p.
LO/N-1
Estado de Coahuila. 1913. 41p.
LO/N-1
Estado de Colima 1913. 19p.
LO/N-1
Distrito Federal. 1913. 17p.
LO/N-1
Estado de Durango. 1913. 77p.
LO/N-1
Estado de Guanajuato. 1914. 119p.
LO/N-1
Estado de Guerrero. 1914.
   (1913 on cover). 52p.
LO/N-1
Estado de Hidalgo. 1913. 93p.
LO/N-1
Estado de Jalisco. 1914. 179p.
Estado de México. 1917. 58p.
Estado de Michoacán. 1917. 103p.
Estado de Morelos 1912. 18p.
LO/N-1
Estado de Nuevo León. 1918. 59p.
Estado de Oaxaca. 1918. 63p.
Estado de Puebla. 1917. 61p.
Estado de Querétaro. 1913. 27p.
LO/N-1
Territorio de Quintana Roo.
   1913. 11p.
LO/N-1
Estado de San Luis Potosí.
   1918. 48p.
Estado de Sinaloa. 1918. 68p.
Estado de Sonora. 1918. 59p.
Estado de Tabasco. 1918. 49p.
Estado de Tamaulipas. 1913. 67p.
LO/N-1
Territorio de Tepic. 1918. 43p.
Estado de Tlaxcala. 1917. 21p.
Estado de Veracruz. 1918. 73p.
Estado de Yucatán. 1918. 50p.
Estado de Zacatecas. 1918. 47p.

[1911]

Censo Hidráulico

Pardo, Manuel
- El censo hidráulico de la República Mexicana. [México?], 1911. 11p.

1921

Censo General de Habitantes (4)

Dirección General de Estadística
- Censo de 1921: disposiciones dictadas por la Dirección General de Estadística para organizar los trabajos preparatorios del censo general de habitantes que deberá verificarse el 30 de noviembre de 1921. México, [1921]. 30p.; 20 cm.

- Censo de 1921: cuarto censo general de la población, instrucciones sobre la ejecución de los trabajos censales. México, 1921. 31p.

- Censo de 1921: primera concentración de las cédulas para habitantes; instrucciones dirigidas a las Secciones de Estadística, con un apéndice relativo a la nomenclatura de ocupaciones. México, 1922. 90p.

Departamento de la Estadística Nacional
- Resumen del censo general de habitantes de 30 de noviembre de 1921. México, 1928. 203p.; 30 cm.
   CA/U-1; CC/U-1; LO/N-1; LO/N56; LO/U-3; LO/U19

- Estado de Durango. Censo de 1921. [n.p.: Imp. del gobierno del estado, n.d.] 52, 32p.
[Reprinted from its: Censo general de habitantes, 30 de noviembre de 1921. Estado de Durango. México, 1926.]

Rouaix, Pastor
- Rectificaciones al censo oficial del estado de Durango practicado en 1921. Durango: Gobierno del estado de Durango, 1928. p. 127-154.

Departamento de la Estadística Nacional
- Censo general de habitantes, 30 de noviembre de 1921. México, 1925-1928. 31 v.; 30 cm.

Estado de Aguascalientes. 1925. 58p.
LO/U19
Baja California. Distritos Norte y Sur. 1926. 140p.
LO/U19
Estado de Campeche. 1925. 57p.
LO/U19
Estado de Chiapas. 1926. 265p.
Estado de Chihuahua. 1926. 183p.
Estado de Coahuila. 1926. 132p.
Estado de Colima. 1926. 60p.
Distrito Federal. 1925. 59p.
LO/N56; LO/U19
Estado de Durango. 1926. 132p.
Estado de Guanajuato. 1927. 224p.
Estado de Guerrero. 1927. xxiv, 131p.
Estado de Hidalgo. 1927. 186p.
Estado de Jalisco. 1926. 400p.
Estado de México. 1927. 185p.
Estado de Michoacán. 1927. 289p.
Estado de Morelos. 1926. 66p.
LO/U19
Estado de Nayarit. 1926. 89p.
Estado de Nuevo León. 1927. 175p.
Estado de Oaxaca. 1927. 354p.
Estado de Puebla. 1927. 137p.
Estado de Querétaro. 1925. 74p.
LO/U19
Territorio de Quintana Roo. 1927. 42p.
Estado de San Luis Potosí. 1927. 143p.
Estado de Sinaloa. 1928. 141p.
Estado de Sonora. 1925. 165p.
LO/U19
Estado de Tabasco. 1928. 130p.

Estado de Tamaulipas. 1928.
170p.
Estado de Tlaxcala. 1927. 74p.
Estado de Veracruz. 1928. 303p.

Estado de Yucatán. 1928.
147p.
Estado de Zacatecas. 1928.
152p.

[1927]

Censo de la Lepra (1)

Departamento de Salubridad Pública
- Primer censo de la lepra. México, 1927. 503p.; 34 cm.
LO/N-1; OX/U-8

1929 - 1931

Censo del Mal del Pinto (1)

Departamento de Salubridad Pública
- Primer censo del mal del pinto en la República Mexicana, 1929-1931. México, 1934. 171p.; 27 x 30 cm.
OX/U-8

1929

Censo Experimental del Estado de Morelos

Departamento de la Estadística Nacional. Dirección de los Censos
- Instrucciones para la ejecución de los censos en el estado de Morelos, 25 de julio de 1929. México, 1929. 9p.

[Results not published separately. The census is discussed and some of the results are given in: Departamento de la Estadística Nacional. Memoria de los censos generales de población, agrícola ganadero e industrial de 1930. (q.v.)]

1929 - 1930

Departamento de la Estadística Nacional. Dirección de los Censos
- Instrucciones para empadronadores, jefes de manzana, de sección de cuartel y agencias censales. México, 1929. 16p.

- Instrucciones para la ejecución de los censos de edificios, predios rústicos y formación del padrón industrial, 15 de octubre de 1929. México, 1929. 16p.

- Instrucciones generales para la ejecución de los censos de población y agrícola ganadero, 15 de mayo de 1930. [México, 1930.] 40p.

Secretaría de Educación Pública
- Instrucciones a los C. C. directores de educación federal, profesores, inspectores y maestros primarios y rurales, para que sustenten pláticas ilustrativas sobre los próximos censos de población, agrícola-ganadero, e industrial de 15 de mayo de 1930. México, 1930.

Departamento de la Estadística Nacional
- Introducción a la Memoria de los censos de 1930, por Juan de D. Bojórquez, jefe del Departamento de la Estadística Nacional. México, 1930. 46p.; 23 cm.
  LO/N-1; LO/N56; LO/U-3

- Memoria de los censos generales de población, agrícola, ganadero e industrial de 1930. [México, 1932.] 212p.; 23 cm.
  LO/N-1; OX/U-1

Dirección General de Estadística
- Memoria de los censos generales de población, agrícola, ganadero e industrial de 1930. [México, 1934.] 212p.
  LO/N56

1929

Censo de Edificios (1)

Departamento de la Estadística Nacional. Dirección de los Censos
- Primer censo de edificios de los Estados Unidos Mexicanos ... México, 1930. 119p.; 31 cm.

1930

Censo de Población (5)

Departamento de la Estadística Nacional. Dirección General de los Censos
- Datos preliminares, sujetos a rectificación, del censo general de habitantes de 1930, por municipios. México, 1930. 66 leaves.

MEXICO

Departamento de la Estadística Nacional
- Censo de población, 15 de mayo de 1930. [México, 1932.] 8 v.; 28 cm.
[Preliminary results. Only 8 vols. published.]

Aguascalientes. 16p.
CV/U-1
Baja California, Distrito Norte.
11p.
CV/U-1
Baja California, Distrito Sur. 22p.
LO/N-1
Campeche. 15p.
CV/U-1

Coahuila. 37p.
CV/U-1
*Distrito Federal. 83p.
CA/U-1; CV/U-1; LO/N-1;
LO/N56
Estado de México. 78p.
CV/U-1
Puebla. 104p.
CV/U-1

*[This vol. also included in Dirección General de Estadística. Quinto censo de población, 15 de mayo de 1930. México, 1932-36. 32 v.]

Dirección General de Estadística
- Quinto censo de población, 15 de mayo de 1930: resumen general. [México, 1934.] xxxi, 269p.; 28 cm.
CV/U-1; LO/N-1; LO/N56

- Quinto censo de población, 15 de mayo de 1930: población municipal. [México, 1934.] 38p.; 28 x 21 cm.
CV/U-1; LO/N-1

- Población económicamente activa de la República Mexicana en 1930. México, 1934. 3p.; 24 cm.

- Población económicamente activa por entidades federativas: censo de 1930. [México, 1934.]

- Quinto censo de población, 15 de mayo de 1930: zona norte ... [México, 1936.] 165p.; 27 cm.

- Quinto censo de población, 15 de mayo de 1930. México, 1932-1936. 8 v. in 32; 28 cm.
Vol.I.
t.1. Estado de Aguascalientes. 1933. 63p.
CV/U-1; LO/N56
t.2. Baja California (Distrito Norte). 1933. 59p.
CV/U-1; LO/N56
t.3. Baja California (Distrito Sur). 1933. 71p.
CV/U-1; LO/N56
t.4. Estado de Campeche. 1934. 65p.
CV/U-1; LO/N56

Vol.II.
    t.5. Estado de Coahuila. 1933. 99p.
    CV/U-1; LO/N56
    t.5. Estado de Colima. 1934. 59p.
    [i.e.6] **CV/U-1; LO/N56**
    t.7. Estado de Chiapas. 1935. 363p.
    CV/U-1; LO/N-1; LO/N56
    t.8. Estado de Chihuahua. 1935. 235p.
    CV/U-1; LO/N-1; LO/N56
Vol.III.
    [t.9.] Distrito Federal. 1932. 83p.
    [This vol., which is not numbered, issued by the Departamento de la Estadística Nacional under the title: Censo de población, 15 de mayo de 1930. Distrito Federal. It is also included in Departamento de la Estadística Nacional. Censo de población, 15 de mayo de 1930. [México, 1932.] 8 v.]
    CA/U-1; CV/U-1; LO/N-1; LO/N56
    t.10. Estado de Durango. 1936. 185p.
    LO/N-1
    t.11. Estado de Guanajuato. 1935. 233p.
    CV/U-1; LO/N-1; LO/N56
    t.12. Estado de Guerrero. 1934. 195p.
    CV/U-1; LO/N-1; LO/N56; LO/U-3
Vol.IV.
    t.13. Estado de Hidalgo. 1936. 209p.
    LO/N-1
    t.14. Estado de Jalisco. 1936. 507p.
    t.15. Estado de México. 1933. 135p.
    CV/U-1; LO/N56
    t.16. Estado de Michoacán. 1935. 329p.
    CV/U-1; LO/N-1; LO/N56
Vol.V.
    t.17. Estado de Morelos. 1935. 69p.
    CV/U-1; LO/N-1; LO/N56
    t.18. Estado de Nayarit. 1933. 103p.
    CV/U-1
    t.19. Estado de Nuevo León. 1934. 201p.
    CV/U-1; LO/N-1
    t.20. Estado de Oaxaca. 1936. 549p.
    CV/U-1; LO/N-1; LO/N56; LO/U-3
Vol.VI.
    t.21. Estado de Puebla. 1933. 149p.
    CV/U-1; LO/N-1; LO/N56
    t.22. Estado de Querétaro. 1935. 81p.
    CV/U-1; LO/N-1; LO/U-3

t.23. Territorio de Quintana Roo. 1935. 49p.
CV/U-1; LO/N-1; LO/N56
t.24. Estado de San Luis Potosí. 1935. 185p.
CV/U-1; LO/N-1; LO/U-3
Vol.VII.
t.25. Estado de Sinaloa. 1935. 165 p.
CV/U-1; LO/N-1; LO/N56
t.26. Estado de Sonora. 1934. 195p.
CV/U-1
t.27. Estado de Tabasco. 1935. 60p.
CV/U-1; LO/N-1
t.28. Estado de Tamaulipas. 1935. 197p.
CV/U-1; LO/N56; LO/U-3
Vol.VIII.
t.29. Estado de Tlaxcala. 1935. 81p.
CV/U-1; LO/N-1; LO/N56
t.30. Estado de Veracruz. 1936. 453p.
t.31. Estado de Yucatán. 1934. 185p.
CV/U-1
t.32. Estado de Zacatecas. 1935. 165 p.
CV/U-1; LO/N-1; LO/N56

1930

Censo Agrícola-Ganadero (1)

Departamento de la Estadística Nacional. Dirección de Censos
- Instrucciones para llenar la boleta II del censo agrícola-ganadero. [México], 1930. 8p.

- Instrucciones para el cálculo, crítica y revisión de las boletas II del censo agrícola-ganadero. México, 1930. 32p. Mimeo.

Dirección General de Estadística
- Medidas regionales: censo agrícola ganadero de 1930. México, 1933. 295p.; 15 x 20 cm.

- Ganado existente y su valor en la República Mexicana en 1930. México, 1934. 3p.; 24 cm. Caption title : Censo agrícola-ganadero de 1930.

- Primer censo agrícola-ganadero, 1930. México, 1936- 2 v. [in 33]; 27 cm.

Vol.I. Resumen general. 1936. 261p.
LO/U-3
Vol.II.
  t.1. Estado de Aguascalientes. 1937. 67p.
  t.2. Baja California (Distrito Norte).
  t.3. Baja California (Distrito Sur).
  t.4. Estado de Campeche. 1937. 61p.
  t.5. Estado de Coahuila. 1937. 127p.
  t.6. Estado de Colima.
  t.7. Estado de Chiapas.
  t.8. Estado de Chihuahua.
  t.9. Distrito Federal. 1937. 63p.
  t.10. Estado de Durango.
  t.11. Estado de Guanajuato. 1937. 145p.
  t.12. Estado de Guerrero.
  t.13. Estado de Hidalgo. 1937. 165p.
  t.14. Estado de Jalisco. 1938. 183p.
  t.15. Estado de México. 1937. 185p.
  t.16. Estado de Michoacán. 1937. 177p.
  t.17. Estado de Morelos. 1937. 99p.
  t.18. Estado de Nayarit.
  t.19. Estado de Nuevo León.
  t.20. Estado de Oaxaca.
  t.21. Estado de Puebla. 1938. 243p.
  t.22. Estado de Querétaro. 1937. 83p.
  t.23. Territorio de Quintana Roo.
  t.24. Estado de San Luis Potosí. 1937. 131p.
  t.25. Estado de Sinaloa.
  t.26. Estado de Sonora.
  t.27. Estado de Tabasco.
  t.28. Estado de Tamaulipas.
  t.29. Estado de Tlaxcala. 1937. 109p.
  t.30. Estado de Veracruz.
  t.31. Estado de Yucatán.
  t.32. Estado de Zacatecas.

1930

Censo de Funcionarios y Empleados Públicos

Dirección General de Estadística
- Censo de funcionarios y empleados públicos, 30 de noviembre de 1930. México, 1934. 75p.; 27 cm.

MEXICO

1930

Censo Industrial (1)

Dirección General de Estadística
- Primer censo industrial de 1930. [México], 1933-1936. 4 v. [in 40]; 23 x 44 cm.

Vol.I. Resúmenes generales.
1933. x, 113p.
LO/N-1

Vol.II. Resúmenes generales por entidades. 1933. 32 v.

t.1. Aguascalientes. viii, 27p.
LO/N-1

t.2. Baja California (Distrito Norte). viii, p.31-51.
LO/N-1

t.3. Baja California (Distrito Sur). viii, p.55-75.
LO/N-1

t.4. Campeche. viii,p.79-107.
LO/N-1

t.5. Coahuila. viii,p.111-149.
LO/N-1

t.6. Colima. viii, p.153-181.
LO/N-1

t.7. Chiapas. viii, p.185-214.
LO/N-1

t.8. Chihuahua. viii, p.217-248.
LO/N-1

t.9. Distrito Federal. viii, p.251-301.
LO/N-1

t.10. Durango. viii, p.307-338.
LO/N-1

t.11. Guanajuato. viii, p.343-381.
LO/N-1

t.12. Guerrero. viii, p.385-410.
LO/N-1

t.13. Hidalgo. viii, p.413-444.
LO/N-1

t.14. Jalisco. viii, p.447-486.
LO/N-1

t.15. México. viii, p.489-525.
LO/N-1

t.16. Michoacán. viii, p.529-561.
LO/N-1

t.17. Morelos. viii, p.565-585.
LO/N-1

t.18. Nayarit. viii, p.589-616.
LO/N-1

t.19. Nuevo León. viii, p.619-657.
LO/N-1

t.20. Oaxaca. viii, p.661-695.
LO/N-1

t.21. Puebla. viii, p.699-737.
LO/N-1

t.22. Querétaro. viii, p.741-769.
LO/N-1

t.23. Quintana Roo. viii, p.773-786.
LO/N-1

t.24. San Luis Potosí. viii, p.789-826.
LO/N-1

t.25. Sinaloa. viii, p.829-857.
LO/N-1

t.26. Sonora. viii, p.861-888.
LO/N-1

t.27. Tabasco. viii, p.891-917.
LO/N-1

t.28. Tamaulipas. viii, p.921-956.
LO/N-1

t.29. Tlaxcala. viii, p.959-985.
LO/N-1

t.30. Veracruz. viii, p.989-1027.
LO/N-1

t.31. Yucatán. viii, p.1031-1067.
LO/N-1

t.32. Zacatecas. viii, p.1071-1095.
LO/N-1

Vol.III. Resúmenes generales por industrias. 1934-1935. 6 v.
    t.1. Textiles. 1934. ix, 183 p.
    LO/N-1
    t.2. Metalurgia y productos metálicos manufacturados. Fabricación de materiales de construcción. Construcción de vehículos. 1934. x, p. 189-405.
    LO/N-1
    t.3. Indumentaria y tocador. Madera y muebles. 1934. xii, p. 411-636.
    LO/N-1
    t.4. Productos alimenticios. 1934. xii, p. 641-893.
    LO/N-1
    t.5. Cerámica. Cuero y pieles. Luz, fuerza y calefacción eléctricas. Química. 1935. xii, p. 899-1117.
    LO/N-1
    t.6. Refinación y destilación de petróleo. Papel. Artes gráficas, fotografía y cinematografía. Tabaco. Vidrio. Joyas, objetos de arte e instrumentos musicales y de precisión. Otras industrias. 1935. xii, p. 1121-1329.
    LO/N-1; LO/U-3
Vol.IV. Materias primas y auxiliares consumidas durante el año de 1929. 1936. 91p.

1930 - 1934

Censo Quinquenal Reglamentario de la Lepra (1)

Departamento de Salubridad Pública. Servicio Federal de Profilaxis de la Lepra
- Primer censo quinquenal reglamentario de la lepra en la República Mexicana, 1930-1934. México, 1935. 136p.; 31 x 35 cm.

1932

Censo de Empleados Sujetos a la Ley General de Pensiones Civiles de Retiro (2)

Dirección de Pensiones Civiles
- Segundo censo de empleados sujetos a la Ley general de pensiones civiles de retiro, 1932. México, [1933]. 61p.; 29 cm.
    LO/U-3

1935

Dirección General de Estadística
- Memoria de los censos de 1935: primer censo ejidal, segundo censo industrial. México, 1936. 244p.; 23 cm.
 LO/N-1; LO/U-3

1935

Censo Ejidal (1)

Dirección General de Estadística
- Censo ejidal de 1935: datos definitivos. [México, 1935?] 31 v.; 28 cm. Mimeo.
 Características principales de los ejidos en Aguascalientes. 12p.
 LO/U-3
 Características principales de los ejidos en Baja California. Territorio Sur. 11p.
 LO/U-3
 Características principales de los ejidos en Campeche. 12p.
 LO/U-3
 Características principales de los ejidos en Coahuila. 12p.
 LO/U-3
 Características principales de los ejidos en Colima. 12p.
 LO/U-3
 Características principales de los ejidos en Chiapas. 12p.
 LO/U-3
 Características principales de los ejidos en Chihuahua. 12p.
 LO/U-3
 Características principales de los ejidos en el Distrito Federal. 12p.
 LO/U-3
 Características principales de los ejidos en Durango. 12p.
 LO/U-3
 Características principales de los ejidos en Guanajuato. 13p.
 LO/U-3
 Características principales de los ejidos en Guerrero. 12p.
 LO/U-3
 Características principales de los ejidos en Hidalgo. 12p.
 LO/U-3
 Características principales de los ejidos en Jalisco. 12p.
 LO/U-3
 Características principales de los ejidos en México. 12p.
 Características principales de los ejidos en Michoacán. 12p.
 Características principales de los ejidos en Morelos. 12p.
 LO/U-3

Características principales de los ejidos en Nayarit. 12p.
LO/U-3
Características principales de los ejidos en Nuevo León. 12p.
LO/U-3
Características principales de los ejidos en Oaxaca. 12p.
LO/U-3
Características principales de los ejidos en Puebla. 12p.
LO/U-3
Características principales de los ejidos en Querétaro. 12p.
LO/U-3
Características principales de los ejidos en Quintana Roo. 12p.
LO/U-3
Características principales de los ejidos en San Luis Potosí. 12p.
LO/U-3
Características principales de los ejidos en Sinaloa. 12p.
LO/U-3
Características principales de los ejidos en Sonora. 12p.
Características principales de los ejidos en Tabasco. 12p.
LO/U-3
Características principales de los ejidos en Tamaulipas. 12p.
LO/U-3
Características principales de los ejidos en Tlaxcala. 12p.
LO/U-3
Características principales de los ejidos en Veracruz. 12p.
LO/U-3
Características principales de los ejidos en Yucatán. 12p.
LO/U-3
Características principales de los ejidos en Zacatecas. 12p.
LO/U-3

[Vol.I.]
- Primer censo ejidal, 1935: resumen general. [México, 1937.] 294p.; 27 cm.
  CC/U-1

- Primer censo ejidal,1935. México, 1937- 31 v.; 28 cm.
Vol.II.
t.1. Estado de Aguascalientes.
t.2. Baja California.
t.3. Estado de Campeche.
t.4. Estado de Coahuila.
t.5. Estado de Colima.
t.6. Estado de Chiapas.
t.7. Estado de Chihuahua.
t.8. Distrito Federal. 1937. 95p.
t.9. Estado de Durango.
t.10. Estado de Guanajuato. 1938. 159p.
t.11. Estado de Guerrero.
t.12. Estado de Hidalgo. 1938. 207p.
t.13. Estado de Jalisco. 1937. 261p.
t.14. Estado de México. 1938. 261p.
t.15. Estado de Michoacán. 1937. 247p.
LO/U-3
t.16. Estado de Morelos. 1937. 129p.
t.17. Estado de Nayarit.
t.18. Estado de Nuevo León.
t.19. Estado de Oaxaca.
t.20. Estado de Puebla. 1937. 405p.
t.21. Estado de Querétaro. 1938. 95p.
t.22. Territorio de Quintana Roo.
t.23. Estado de San Luis Potosí.
t.24. Estado de Sinaloa.
t.25. Estado de Sonora. 1937. 191 p.
t.26. Estado de Tabasco.
t.27. Estado de Tamaulipas.
t.28. Estado de Tlaxcala. 1937. 131p.
t.29. Estado de Veracruz.
t.30. Estado de Yucatán.
t.31. Estado de Zacatecas.

1935

Censo Industrial (2)

Dirección General de Estadística
- Segundo censo industrial (10 de abril de 1935): características fundamentales. [México, n.d.] [25] leaves; 22 cm.

- 2° [Segundo] censo industrial de los Estados Unidos Mexicanos: materias primas consumidas. México, 1941. 101p.; 23 cm.
CV/U-1; LO/U-3

[Vol. I.]
- Resumen general del censo industrial de 1935. México, 1941. vi, 250p.; 27 cm.
LO/U-3

Vol .II.
- Segundo censo industrial de 1935: por entidades federativas. México, 1941. 250p.

- Segundo censo industrial de 1935. México, 1936- v.; 15 x 21 cm.
    Vol. III.
    t.1. Hilados y tejidos de algodón. 1936. 176p.
    t.2. Despepitadoras de algodón. 1937. 82p.
        LO/U-3
    t.3. Hilados y tejidos de lana. 1937. 156p.
    t.4. Hilados y tejidos de seda. Blanqueo, mercerización y teñido. Enrolladoras y teñidoras de hilo. Rebozos, fajas y chalinas. Borras y estopas. Cintas, agujetas y listones. Entretelas. 1938. 214p.
    t.5. Boneterías. 1937. 133p.
        LO/U-3
    t.6. Desfibradoras de henequén. 1937. 58p.
        LO/U-3
    t.7. Hilados y tejidos de fibras duras. Cepillos, escobas y plumeros. Artículos de palma y tule. Desfibradoras y tallanderías de ixtle, palma y lechuguilla. Estampado de telas, acabado de telas, costales de fibras blandas, galonerías y pasamanerías, hilados y tejidos de yute. Mixtas de textiles. 1938. 224p.
        LO/U19
    t.8. Fundiciones de fierro y acero. 1937. 136p.
    t.9. Clavos, cadenas, grapas, etc. Cortinas y puertas de acero. Estructuras de hierro. Muelles, resortes, bisagras, etc. Munición. Corcholatas, casquillos, precintos y sellos para botellas. 1937. 112p.
        LO/U19
    t.10. Talleres mecánicos. 1937. 94p.
    t.11. Maquinaria e implementos agrícolas. Accesorios para la industria textil. Muebles de metal. Camas y tambores. Artículos de alambre. Artículos de aluminio. Mixtas de metalurgia y productos metálicos manufacturados. Tornillos, tuercas, pijas, etc., hojas de rasurar, talleres de niquelar, tubos de estaño, ojillos para zapatos, estufas, botones y hebillas metálicas, herramientas, jaulas metálicas, básculas, construcción de molinos para nixtamal y pistones de aluminio. 1938. 132p.
        LO/U-3; LO/U19
    t.12. Cemento. 1937. 59p.
    t.14. Ropa hecha y confecciones. 1937. 194p.
    t.15. Calzado. 1938. 189p.
    t.17. Molinos de granos. 1937. 186p.
        LO/U-3
    t.18. Panaderías y pastelerías. 1937. 174p.
        LO/U-3
    t.20. Molinos de nixtamal. 1938. 150p.
        LO/U19
    t.21. Azúcar y alcohol. 1937. 181p.
        LO/U-3

MEXICO

t.23. Cerveza. 1937. 74p.
t.24. Conservas alimenticias. Dulces, cajetas, chocolates, paletas heladas, etc. Molinos y tostadores de café. Mantequilla. Manteca vegetal. Aceites vegetales refinados. Mixtas de productos alimenticios. Concentrados de frutas para embotelladores, concentrados para ganado lechero, fabricación de marquetas de azúcar, refinación de sal. 1938. 437p.
t.25. Aceites vegetales. 1937. 127p.
LO/U-3
t.27. Carpinterías y ebanisterías. 1937. 83p.
t.29. Cigarros y puros. 1937. 107 p.
LO/U-3
t.30. Curtidurías. 1937. 202p.
t.31. Plantas de luz, fuerza y calefacción. Aparatos eléctricos en general. 1937. 148p.
t.32. Jabón. 1937. 142p.
LO/U-3
t.35. Papel. 1937. 67p.
t.43. Beneficiadoras de café. 1937. 93p.
t.45. Minas metálicas, plantas metalúrgicas y talleres auxiliares y plantas de luz y fuerza al servicio de la industria minerometalúrgica. 1937 252p.
LO/U-3
t.46. Campos petroleros y refinerías. 1937. 77p.
t.47. Minas carboníferas, fabricación de coke, explotación de canteras, minas de arena y salinas. 1937. 54p.
LO/U-3

1938

Censo de Empleados Sujetos a la Ley General de Pensiones Civiles de Retiro (3)

Dirección de Pensiones Civiles
- Tercer censo de empleados federales sujetos a la Ley general de pensiones civiles de retiro, 1938. México, [1938]. 50p.; 28 cm.
OX/U-1

1939 - 1940

Dirección General de Estadística
- El uso de un solo sistema de medidas: campañas de educación censal. México, 1937. 20p.

- Material para promotores censales: serie B, entrega núm. 2. México, 1938. 11p. Mimeo.

MEXICO

- Los censos y el sistema métrico decimal. México, 1939. 22p.; 23 cm.

- Colaboración del magisterio nacional en los censos 1939-40: folleto para escuelas rurales. Chapultepec, 1939. 36p.

Dirección General de Estadística. Oficina Central de los Censos
- Decreto y bases de organización de los siete censos nacionales y de los padrones estadísticos que se levantarán en 1939-40. Chapultepec, D.F., 1939. 32p.

Dirección General de Estadística
- Cómo se hacen los censos y para qué. [México, 1940?] 25p; 17 cm.

Departamento Agrario. Oficina de Planeación, Programa y Divulgación
- Instructivo para levantamiento de censos. México, 1941. 92p.; 23 cm.

Dirección General de Estadística
- Utilidad de los datos estadísticos sobre ocupación: censos nacionales, 1939-1940. [México, 1941.] [48]p.; 17 cm.

1939

Censo de Edificios (2)

Dirección General de Estadística
- Segundo censo de edificios de los Estados Unidos Mexicanos, 20 de octubre de 1939: resumen general. México, 1943. 254 p.; 23 cm.

- Segundo censo de edificios, 20 de octubre de 1939 ... : (datos definitivos). México, 1941. 32 v.; 28 x 22 cm. Mimeo.

Aguascalientes. 7, 6 leaves.
Baja California, Territorio.
Norte. 7, 6 leaves.
Baja California, Territorio.
Sur. 7, 7 leaves.
Campeche. 7, 6 leaves.
Chiapas. 7, 16 leaves.
Chihuahua. 7, 11 leaves.
Coahuila. 7, 9 leaves.
Colima. 7, 7 leaves.
Distrito Federal. 7, 7 leaves.
Durango. 7, 9 leaves.
Guanajuato. 7, 10 leaves.
Guerrero. 7, 12 leaves.
Hidalgo. 7, 12 leaves.

Jalisco. 7, 17 leaves.
México. 7, 16 leaves.
Michoacán. 7, 15 leaves.
Morelos. 7, 8 leaves.
Nayarit. 7, 7 leaves.
Nuevo León. 7, 11 leaves.
Oaxaca. 7, 64 leaves.
Puebla. 7, 26 leaves.
Querétaro. 7, 7 leaves.
Territorio de Quintana Roo.
    7, 7 leaves.
San Luis Potosí. 7, 12 leaves.
Sinaloa. 7, 7 leaves.
Sonora. 7, 13 leaves.
Tabasco. 7, 7 leaves.

Tamaulipas. 7, 9 leaves.
Tlaxcala. 7, 9 leaves.
Veracruz. 7, 26 leaves.

Yucatán. 7, 15 leaves.
Zacatecas. 7, 13 leaves.

1940

Censo de Población (6)

Dirección General de Estadística
- Instrucciones para la perforación de tarjetas del 6° censo de población de 1940. México, 1940. 15p.

Dirección General de Estadística. Oficina de Representaciones Gráficas y Cartografía
- Estados Unidos Mexicanos: población censada en marzo de 1940. [México? 1940?] Map 64 x 90 cm. (scale: about 85 kilometers to 1 inch).

Dirección General de Estadística
- Censo de 1940. Población de los municipios por entidades federativas y sexos: datos preliminares. México, 1940. 72 leaves; 28 cm.

- 6° [Sexto] censo de población, 1940, Distrito Federal. México: Departamento del Distrito Federal, Oficina de Estadística y Estudios Económicos, 1941. 107p., [12] folded leaves of plates; 23 cm.

- Sexto censo general de población de los Estados Unidos Mexicanos, 6 de marzo de 1940: población municipal. México, 1942. 56p.; 17 cm.

- 6° [Sexto] censo de población, 1940: resumen general. México, 1943. viii, 75 p.; 23 x 35 cm.
CA/U-1; CC/U-1 (microfiche); LO/N-1; LO/U-1; LO/U-3; OX/U-1

- 6° [Sexto] censo de población, 1940. México, 1943-1948. 30 v.; 23 x 35 cm. [Some volumes reprinted as second edition, 1947-1948.]

Aguascalientes. Baja California, Territorios Norte y Sur. 1943. 74p.
Aguascalientes. Baja California ... 2. ed. 1948. 74p.
LO/N-1
Campeche. 1943. 51p.
LO/N-1; LO/U-3
Chiapas. 1943. 227p.
CC/U-1 (microfiche); LO/N-1; LO/U-3
Chihuahua. 1943. 160p.
LO/N-1; LO/U-3
Coahuila. 1943. 106p.
LO/N-1; LO/U-3
Colima. 1943. 49p.
LO/N-1; LO/U-3
Distrito Federal. 1943. 87p.
LO/N-1; LO/U-3
Durango. 1943. 94p.
LO/N-1; LO/U-3
Guanajuato. 1943. 140p.
LO/N-1; LO/U-3
Guerrero. 1943. 149p.
LO/N-1; LO/U-3
Hidalgo. 1943. 160p.
LO/N-1; LO/U-3
Jalisco. 1943. 248p.
LO/N-1; LO/U-3
Estado de México. 1943. 213p.
LO/N-1
Estado de México. 2. ed. 1947. 213p.
LO/U-3
Michoacán. 1943. 210p.
LO/N-1; LO/U-3
Morelos. 1943. 75p.
LO/N-1; LO/U-3
Nayarit. 1943. 56p.
LO/N-1; LO/U-3
Nuevo León. 1943. 127p.
LO/N-1; LO/U-3
Oaxaca. 1943. 613p.
Oaxaca. 2. ed. 1948. 613p.
CC/U-1 (microfiche); LO/N-1
Puebla. 1943. 418p.
LO/N-1
Puebla. 2. ed. 1947. 418p.
Querétaro. 1943. 51p.
LO/N-1
Quintana Roo. 1943. 32p.
LO/N-1
San Luis Potosí. 1943. 123p.
LO/N-1
Sinaloa. 1943. 75p.
LO/N-1
Sinaloa. 2. ed.
Sonora. 1943. 165p.
LO/N-1
Tabasco. 1943. 162p.
LO/N-1
Tamaulipas. 1943. 107p.
LO/N-1
Tlaxcala. 1943. 72p.
LO/N-1
Veracruz. 1943. 370p.
LO/N-1
Veracruz. 2. ed.
Yucatán. 1943. 216p.
LO/N-1
Yucatán. 2. ed.
Zacatecas. 1943. 119p.
LO/N-1
Zacatecas. 2. ed.

1940

Censo Agrícola-Ganadero (2)

Dirección General de Estadística. Oficina Central de los Censos
- Instructivo para requisitar la boleta del censo agrícola-ganadero de 1940. México, 1940. 48p.; 17 cm.

Dirección General de Estadística
- Censo agrícola ganadero y ejidal, 1940: ganado, aves y colmenas. México, 1948. 400p.; 23 cm.

- Segundo censo agrícola ganadero de los Estados Unidos Mexicanos, 1940: resumen general. México, 1951 [i.e. 1952]. 270p.; 23 cm.
  LO/N-1; LO/U-3

1940

Censo Comercial (1)

[includes Censo de Servicios (1)]

[Results included in 'Segundo censo comercial de los Estados Unidos Mexicanos, 1945: resumen general.' *See*: 1945. Censo Comercial (2)]

Dirección General de Estadística
- Padrón de establecimientos comerciales, 1939. México, 1941. 103p.; 23 cm. [Served as a basis for the 'censo comercial' of 1940.]

- Censo comercial de los Estados Unidos Mexicanos, 1940: instituciones de crédito. México, 1944. 66p.; 23 cm.
  LO/N-1; LO/U-3

1940

Censo Ejidal (2)

Dirección General de Estadística
- Instructivo para llenar la boleta del censo ejidal, 1940. [México, 1940.]

- Segundo censo ejidal de los Estados Unidos Mexicanos, 1940: resumen general. México, 1949. 285p.; 23 cm.
  LO/N-1; LO/U-3

MEXICO

- Censo agrícola ganadero y ejidal, 1940: ganado, aves y colmenas.
  See :1940. Censo Agrícola-Ganadero (2)

- Segundo censo ejidal de los Estados Unidos Mexicanos, 6 de marzo de 1940.
México, 1942- v.; 23 cm.

Aguascalientes. 1942. 133p.
Baja California, Territorio
 Norte. 1942. 104p.
Baja California, Territorio Sur.
 1942. 142p.
Campeche. 1942. 126p.
Chiapas.
Chihuahua.
Coahuila.
Colima. 1942. 117p.
Distrito Federal. 1942. 154p.
Durango.
Guanajuato.
Guerrero.
Hidalgo.
Jalisco.
México.
Michoacán.

Morelos. 1943 [1942 on cover].
 209p.
Nayarit.
Nuevo León.
Oaxaca.
Puebla.
Querétaro.
Quintana Roo. 1942. 119p.
San Luis Potosí.
Sinaloa.
Sonora.
Tabasco.
Tamaulipas.
Tlaxcala.
Veracruz.
Yucatán.
Zacatecas.

1940

Censo Industrial (3)

Dirección General de Estadística
- Tercer censo industrial: catálogo general de las industrias de transformación y extractivas, 1940. [México, 1940?]. 25p.

- Características principales de la industria: censo de 1940. México, 1945. 3p.

- Tercer censo industrial de los Estados Unidos Mexicanos, 1940: resumen general. México, 1952. 154p.; 23 cm.
  LO/N-1; LO/U-2; LO/U-3

- Tercer censo industrial de los Estados Unidos Mexicanos, 1940. México, 1943-1948. 185 v.; 23 cm.

Acabado de telas. 1944. 21p.
CC/U-1; LO/N-1; LO/U-3
Accesorios para la industria textil. 1943. 15p.
LO/N-1
Aceites vegetales. 1944. 78p.
LO/N-1; LO/U-3
Acumuladores. 1944. 19p.
LO/N-1; LO/U-3
Aderezos, cemento-pegamento, cosméticos para bandas y sellos de goma y metal. 1944. 15p.
LO/N-1; LO/U-3
Aguardiente de caña. 1944. 24p.
LO/N-1; LO/U-3
Aguarrás, brea o colofonia. 1944. 17p.
LO/N-1; LO/U-3
Aguas gaseosas y refrescos. 1944. 116p.
LO/N-1; LO/U-3
Alcohol. 1944. 50p.
LO/N-1; LO/U-3
Alfileres, botones, broches, cierres, estufas, hebillas, hojas para rasurar, ojillos para zapatos, etc. 1944. 28p.
LO/N-1; LO/U-3
Alfileres, casquillos, crucetas y otros objetos de madera. 1948. 16p.
Almidón y alimento para animales. 1944. 20 p.
LO/N-1; LO/U-3
Anuncios luminosos. 1944. 24p.
LO/N-1; LO/U-3
Artefactos de corcho. 1944. 17p.
LO/N-1; LO/U-3
Artefactos de hule. 1943. 23p.
CC/U-1; LO/N-1
Artefactos de lámina y hojalata. 1944. 57p.
LO/N-1; LO/U-3
Artefactos de madera. 1944. 18p.
LO/U-3
Artículos de alambre y telas metálicas. 1943. 16p.
LO/N-1
Artículos de aluminio y peltre. 1944. 26p.
LO/N-1; LO/U-3
Artículos de baquelita. 1944. 15p.
LO/N-1; LO/U-3
Artículos de bonetería. 1943. 27p.
CC/U-1; LO/N-1
Artículos de cartón. 1944. 23p.
LO/N-1; LO/U-3
Artículos de celuloide. 1943. 17p.
CC/U-1; LO/N-1
Artículos de óptica. 1944. 17p.
LO/N-1; LO/U-3
Artículos de papel. 1943. 20p.
LO/N-1
Artículos de tocador. 1944. 30p.
LO/U-3
Artículos eléctricos en general. 1944. 27p.
LO/N-1; LO/U-3
Artículos para escritorio. 1944. 20p.
LO/N-1; LO/U-3
Aserraderos. 1944. 64p.
LO/U-3
Azúcar. 1944. 73p.
LO/N-1; LO/U-3
Bandas y correas de cuero. 1943. 14p.
CC/U-1; LO/N-1

Básculas. 1943. 15p.
  CC/U-1; LO/N-1
Beneficio de café. 1944. 22p.
Beneficio de raíz de zacatón.
  1944. 16p.
  CC/U-1; LO/N-1
Beneficio de vainilla. 1944. 14p.
  LO/N-1
Beneficio, molienda y
  preparación de arroz.
  1943. 16p.
  CC/U-1; LO/N-1
Beneficio, molienda y
  preparación de avena.
  1943. 15p.
  CC/U-1; LO/N-1
Blanqueo, mercerización y
  teñido. 1943. 16p.
  LO/N-1
Bloques de cemento. 1944. 16p.
  LO/N-1
Bordados y deshilados.
  1944. 14p.
  CC/U-1; LO/N-1
Borras y estopas. 1943. 15p.
  CC/U-1; LO/N-1
Botones, hebillas y peines no
  metálicos. 1944. 21p.
  LO/N-1
Cal. 1944. 19p.
  LO/N-1
Calzado con suela de hule
  (tennis). 1943. 19p.
  CC/U-1; LO/N-1
Calzado con suela no de hule.
  1944. 102p.
Camas y tambores. 1944. 25p.
  LO/N-1
Camisería. 1944. 25p.
  LO/N-1
Campos petroleros. 1944. 27p.
  CC/U-1; LO/N-1
Carbón vegetal. 1944. 14p.
Carpinterías y ebanisterías.
  1948. 102p.
Carrocerías en general. 1944. 21p.
  LO/N-1
Casquillos, precintos, botes y
  tapones metálicos. 1943. 17p.
  LO/N-1
Cemento. 1943. 15p.
Cepillos y escobas. 1944. 36p.
  LO/N-1
Cera de candelilla. 1944. 15p.
  LO/N-1
Cerillos y fósforos. 1943. 18p.
  CC/U-1; LO/N-1
Cerveza. 1943. 19p.
  CC/U-1; LO/N-1
Chamarras de cuero. 1944. 15p.
  LO/N-1
Chicles. 1944. 19p.
  LO/N-1
Chocolate en tablilla. 1944. 21p.
  LO/N-1
Cigarros. 1943. 30p.
  LO/N-1
Cinematografía. 1944. 19p.
  LO/N-1
Cintas, agujetas y listones.
  1943. 19p.
  LO/N-1
Clavos, cadenas, grapas, etc.
  1944. 21p.
  LO/N-1
Colchas. 1943. 16p.
  CC/U-1; LO/N-1
Colchones. 1944. 20p.
  LO/N-1
Confección de ropa con pieles de
  pelo. 1944. 20p.
  LO/N-1
Confección, decoración y
  reparación de sombreros para
  mujer. 1944. 18p.
  LO/N-1
Conos para nieve. 1943. 14p.
Conservas alimenticias. 1944.
  84p.
  CC/U-1; LO/N-1
Construcción, ensamble, o
  armadura de autovehículos.
  1944. 18p.
  LO/N-1

Construcción y pavimentación de caminos y calles. 1944. 21p.
LO/N-1
Corbatas, pañuelos, ligas. 1944. 18p.
LO/N-1
Corses y fajas. 1943. 16p.
LO/N-1
Cortinas y puertas de hierro y acero. 1943. 15p.
CC/U-1; LO/N-1
Crema, mantequilla y queso. 1944. 33p.
LO/N-1
Curtidurías. 1948. 140p.
Desfibradoras de ixtle de palma y lechuguilla. 1943. 14p.
CC/U-1; LO/N-1
Desfibradoras y limpiadoras de henequén. 1943. 15p.
CC/U-1; LO/N-1
Despepitadoras de algodón. 1944. 44p.
LO/N-1
Destilación y refinación de petróleo crudo. 1948. 22p.
LO/N-1
Dulces, bombones, confites, chocolates, etc. 1944. 69p.
LO/N-1
Embotellado de aguas minerales. 1944. 17p.
LO/N-1
Enrolladoras y teñidoras de hilo. 1943. 19p.
CC/U-1
Entretelas. 1944. 16p.
CC/U-1; LO/N-1
Esmaltado y troquelado. 1943. 15p.
LO/N-1
Espejos y lunas. 1944. 22p.
LO/N-1
Establecimientos oficiales. 1948. 24p.
Estampado de telas. 1943. 15p.
CC/U-1; LO/N-1
Estructuras de hierro. 1943. 14p.
CC/U-1; LO/N-1
Explotación de canteras. 1944. 19p.
LO/N-1
Extractos y aceites esenciales. 1944. 17p.
LO/N-1
Fabricación de adornos metálicos, arbotantes, candiles, etc. 1943. 16p.
CC/U-1; LO/N-1
Fabricación de cartón. 1943. 17p.
LO/N-1
Fabricación de coke. 1944. 17p.
LO/N-1
Focos eléctricos. 1943. 15p.
CC/U-1; LO/N-1
Fotografía. 1948. 16p.
Fundición de fierro y acero. 1944. 98p.
LO/N-1
Fundición de metales comunes no ferruginosos. 1944. 24p.
LO/N-1
Galletas y pastas alimenticias. 1944. 82p.
LO/N-1
Galonerías y pasamanerías. 1943. 15p.
LO/N-1
Galvanizadoras. 1943. 15p.
LO/N-1
Gases. 1944. 20p.
LO/N-1
Grabado, fotograbado y rotograbado. 1948. 24p.
Grasas y betunes. 1944. 17p.
LO/N-1
Guantes. 1943. 14p.
LO/N-1
Guaraches. 1944. 17p.
LO/N-1

Herrerías. 1944. 24p.
LO/N-1
Hielo. 1944. 91p.
LO/N-1
Hilados, tejidos y torcidos de henequén, yute e ixtle de lechuguilla y palma. 1943. 20p.
CC/U-1; LO/N-1
Hilados y tejidos de algodón. 1944. 109p.
LO/N-1
Hilados y tejidos de lana. 1943. 37p.
LO/N-1
Hilados y tejidos de seda y artisela. 1943. 20p.
LO/N-1
Hilos para coser. 1943. 15p.
CC/U-1; LO/N-1
Hormas y tacones. 1944. 19p.
LO/N-1
Hule. 1943. 14p.
CC/U-1; LO/N-1
Imprenta, litografía y encuadernación. 1948. 122p.
Jabón. 1944. 136p.
LO/N-1
Joyerías, relojerías y orfebrerías. 1944. 21p.
LO/N-1
Juguetes. 1944. 24p.
Ladrillo, teja y tubo de arcilla. 1944. 34p.
LO/N-1
Levaduras y maltas. 1944. 21p.
LO/N-1
Loza y porcelana. 1944. 34p.
Maíz en hojuelas, secadoras de chile, descascaradoras de nuez, vinagre, tamales, etc. 1944. 18p.
Manteca vegetal. 1944. 22p.
CC/U-1; LO/N-1
Maquinaria en general e implementos agrícolas. 1944. 55p.
LO/N-1

Marmolerías. 1944. 20p.
CC/U-1; LO/N-1
Medias y calcetines. 1944. 44p.
LO/N-1
Mesas de billar y boliche 1943. 15p.
CC/U-1; LO/N-1
Minas carboníferas. 1944. 18p.
CC/U-1; LO/N-1
Minas de arena. 1944. 16p.
Minas metálicas, plantas metalúrgicas, talleres auxiliares al servicio de la industria minerometalúrgica. 1944. 386p.
Molienda y preparación de maíz, cebada, garbanzo, haba, chile, etc. 1944. 19p.
LO/N-1
Molinos de trigo. 1944. 73p.
LO/N-1
Molinos para nixtamal. 1948. 70p.
Molinos y tostadores de café. 1944. 52p.
LO/N-1
Mosaicos y granito artificial. 1944. 64p.
LO/N-1
Muebles de metal. 1944. 25p.
LO/N-1
Muebles y artefactos de mimbre y carrizo. 1944. 14p.
Obradores y tocinerías. 1944. 14 p.
LO/N-1
Otras industrias. 1944. 30p.
Paletas heladas y nieve. 1944. 32p.
LO/N-1
Panaderías y pastelerías. 1944. 143p.
LO/N-1
Papel. 1943. 20p.
CC/U-1; LO/N-1

Paraguas y sombrillas. 1944. 16p.
Persianas y transparentes. 1944. 20p.
LO/N-1
Petacas y baules. 1944. 16p.
LO/N-1
Picadura de tabaco. 1943. 15p.
CC/U-1; LO/N-1
Piloncillo, panela o panocha. 1944. 51p.
LO/N-1
Pinturas y barnices. 1944. 42p.
CC/U-1; LO/N-1
Plantas de generación de electricidad. 1944. 163p.
CC/U-1; LO/N-1
Plantas pasteurizadoras. 1944. 17p.
LO/N-1
Pólvora y otros explosivos. 1944. 20p.
Preparación de asfalto o mezclas bituminosas. 1944. 16p.
LO/N-1
Preparación y preservación de maderas. 1944. 16p.
Productos farmacéuticos. 1944. 41p.
LO/N-1
Productos químicos. 1944. 30p.
LO/N-1
Pulque. 1944. 25p.
LO/N-1
Puros. 1943. 16p.
CC/U-1; LO/N-1
Rebozos, fajas y chalinas. 1943. 15p.
CC/U-1; LO/N-1
Reparación de material rodante. 1948. 52p.
Reparaciones de autovehículos. 1944. 41p.
LO/N-1
Rodillos y tipos para imprenta. 1948. 14p.

Ropa hecha y confecciones. 1944. 130p.
LO/N-1
Ropa para obreros. 1944. 77p.
LO/N-1
Rótulos en general. 1944. 18p.
Salinas. 1944. 28p.
Sombreros de palma. 1944. 35p.
CC/U-1; LO/N-1
Sombreros y cachuchas. 1944. 22p.
CC/U-1; LO/N-1
Talabarterías. 1944. 58p.
Talleres auxiliares al servicio de las minas carboníferas. 1944. 18p.
LO/N-1
Talleres mecánicos. 1944. 58p.
Talleres mecánicos dependientes de establecimientos industriales, comerciales, etc. 1944. 19p.
LO/N-1
Tapetes, colchones, borras, estopas y lavado de lana. 1943. 17p.
CC/U-1; LO/N-1
Tapicerías. 1944. 16p.
Tequila y mezcal. 1944. 34p.
LO/N-1
Tintas para imprenta. 1944. 16p.
LO/N-1
Tornillos, pijas, tuercas y artículos de ferretería. 1944. 21p.
LO/N-1
Tubos de concreto. 1943. 15p.
CC/U-1; LO/N-1
Tubos de hierro y estaño. 1943. 14p.
LO/N-1
Velámenes, toldos y tiendas de campaña. 1944. 18p.
CC/U-1; LO/N-1
Velas y veladoras. 1944. 55p.
LO/N-1

Vidrio. 1943. 17p.
LO/N-1
Vinos y licores. 1944. 64p.
LO/N-1

Yeso. 1943. 14p.
CC/U-1; LO/N-1

1940

Censo de Transportes (1)

[Results included in 'Segundo censo de transportes de los Estados Unidos Mexicanos, 1945: resumen general de la República y Distrito Federal.' *See*: 1945. Censo de Transportes (2)]

1945

Censo Comercial (2)

[includes Censo de Servicios (2)]

Dirección General de Estadística
- Padrón comercial: número de establecimientos en operación y ventas realizadas, por entidades federativas y municipios. México, 1947. [Undertaken in 1944, it served as a basis for the 'censo comercial' of 1945.]

- Segundo censo comercial de los Estados Unidos Mexicanos, 1945: instituciones de seguros. México, 1949. 88p.; 23 cm.
   LO/U-3

- Segundo censo comercial de los Estados Unidos Mexicanos, 1945: resumen general. México, 1950. 558p.; 23 cm. [Includes the results of the first 'censo comercial' of 1940.]
   CV/U-1; LO/U-3

1945

Censo Industrial (4)

Dirección General de Estadística. Oficina del Censo Industrial
- Catálogo de industrias, 1945. [México, 1945.] 20p. Mimeo.

Dirección General de Estadística
- Cuarto censo industrial de los Estados Unidos Mexicanos, 1945: resumen general. México, 1953. 688p.; 23 cm.
   CV/U-1; LO/N-1

1945

Censo de Transportes (2)

Dirección General de Estadística
- Padrón de transportes, 1944: resumen general. México, 1947. 210p.; 23 cm.
[Served as a basis for the 'censo de transportes' of 1945.]

- Segundo censo de transportes de los Estados Unidos Mexicanos, 1945: resumen general de la República y Distrito Federal. México, 1951. 188p.; 24 cm.
[Includes the results of the first 'censo de transportes' of 1940.]
    LO/U-2; LO/U-3

1949

Censo Nacional Universitario (1)

Universidad Nacional Autónoma de México. Instituto de Investigaciones Sociales
- Primer censo nacional universitario, 1949. México, 1953. civ, 518p.; 24 cm.

1950

Dirección General de Estadística
- Memoria de los censos generales de población, agrícola ganadero y ejidal, 1950. México, 1952. 542p.; 23 cm.
    BT/U-5; LO/U-3; XY/N-1

1950

Censo General de Población (7)

Dirección General de Estadística
- Séptimo censo general de población levantado el 6 de junio de 1950: catálogo de claves para la clasificación de ocupaciones, posición en el trabajo y ramas de actividad económica. México, 1951. 111 leaves; 28 cm.
    LO/U-2

- Integración territorial de los Estados Unidos Mexicanos: séptimo censo general de población, 1950. México, 1952. 734p.; 21 x 28 cm.
    LO/N-1; LO/U-2; LO/U-3; XY/N-1 (microfilm)

MEXICO

- Integración territorial de los Estados Unidos Mexicanos: séptimo censo general de población, 1950. México, 1952. 32 v.; 21 x 28 cm.

Estado de Aguascalientes. 17p.
Baja California, Territorio
  Norte. 16p.
Baja California, Territorio Sur.
  20p.
Estado de Campeche. 19p.
  CC/U-1
Estado de Chiapas. 64p.
Estado de Chihuahua. 52p.
Estado de Coahuila. 28p.
Estado de Colima. 16p.
  CC/U-1
Distrito Federal. 16p.
Estado de Durango. 36p.
Estado de Guanajuato. 44p.
Estado de Guerrero. 36p.
Estado de Hidalgo. 34p.
Estado de Jalisco. 74p.
  CC/U-1
Estado de México. 33p.
  CC/U-1
Estado de Michoacán. 53p.
  CC/U-1
Estado de Morelos. 16p.
Estado de Nayarit. 19p.
Estado de Nuevo León. 41p.
  CC/U-1
Estado de Oaxaca. 44p.
Estado de Puebla. 36p.
Estado de Querétaro. 18p.
Territorio de Quintana Roo.
  16p.
Estado de San Luis Potosí.
  36p.
Estado de Sinaloa. 37p.
Estado de Sonora. 35p.
Estado de Tabasco. 52p.
Estado de Tamaulipas. 40p.
Estado de Tlaxcala. 17p.
Estado de Veracruz. 72p.
Estado de Yucatán. 28p.
Estado de Zacatecas. 36p.

- Séptimo censo general de población, 6 de junio de 1950: resumen general. [México, 1953]. 264p.; 27 cm.
  CC/U-1 (microfiche); CV/U-1; LO/N-1; LO/N56; LO/U-2; LO/U-3; XY/N-1 (microfilm)

- Séptimo censo general de población, 6 de junio de 1950. México, 1952-1953. 32 v.; 28 cm.

Estado de Aguascalientes.
  1952. 51p.
  LO/N56; XY/N-1 (microfilm)
Baja California, Territorio
  Norte. 1952. 44p.
  LO/N56; LO/U-2; XY/N-1
  (microfilm)
Baja California, Territorio Sur.
  1952. 54p.
  XY/N-1 (microfilm)
Estado de Campeche.
  1952. 54p.
  LO/N56; LO/U-2; XY/N-1
  (microfilm)
Estado de Chiapas. 1952. 274p.
  LO/N56; XY/N-1 (microfilm)
Estado de Chihuahua. 1952.
  189p.
  LO/U-2; XY/N-1 (microfilm)
Estado de Coahuila. 1952. 116p.
  LO/N56; LO/U-2; XY/N-1
  (microfilm)
Estado de Colima. 1952. 57p.
  LO/N56; LO/U-2; XY/N-1
  (microfilm)
Distrito Federal. 1953. 92p.
  LO/N56; LO/U-2; XY/N-1
  (microfilm)

Estado de Durango. 1952. 128p.
LO/N56; XY/N-1 (microfilm)
Estado de Guanajuato. 1952. 159p.
LO/N56; LO/U-2; XY/N-1 (microfilm)
Estado de Guerrero. 1952. 191p.
LO/N56; XY/N-1 (microfilm)
Estado de Hidalgo. 1952. 195p.
LO/N56; LO/U-2; XY/N-1 (microfilm)
Estado de Jalisco. 1952. 332p.
LO/N56; LO/U-2; XY/N-1 (microfilm)
Estado de México. 1953. 257p.
LO/N56; LO/U-2; XY/N-1 (microfilm)
Estado de Michoacán. 1952. 264p.
LO/N56; LO/U-2; XY/N-1 (microfilm)
Estado de Morelos. 1953. 93p.
LO/N56; LO/U-2; XY/N-1 (microfilm)
Estado de Nayarit. 1953. 73p.
LO/N56; LO/U-2; XY/N-1 (microfilm)
Estado de Nuevo León. 1953. 166p.
LO/N56; LO/U-2; XY/N-1 (microfilm)
Estado de Oaxaca. 1953. 810p.
LO/N56; XY/N-1 (microfilm)
Estado de Puebla. 1953. 404p.
LO/N56; LO/U-2; XY/N-1 (microfilm)
Estado de Querétaro. 1952. 69p.
LO/N56; LO/U-2; XY/N-1 (microfilm)
Territorio de Quintana Roo. 1953. 43p.
XY/N-1 (microfilm)
Estado de San Luis Potosí. 1953. 156p.
LO/N56; LO/U-2; XY/N-1 (microfilm)
Estado de Sinaloa. 1952. 100p.
LO/N56; LO/U-2; XY/N-1 (microfilm)
Estado de Sonora. 1953. 171p.
LO/U-2; XY/N-1 (microfilm)
Estado de Tabasco. 1952. 121p.
LO/N56; LO/U-2; XY/N-1 (microfilm)
Estado de Tamaulipas. 1953. 138p.
LO/N56; LO/U-2; XY/N-1 (microfilm)
Estado de Tlaxcala. 1953. 101p.
LO/N56; LO/U-2; XY/N-1 (microfilm)
Estado de Veracruz. 1953. 427p.
LO/N56; LO/U-2; XY/N-1 (microfilm)
Estado de Yucatán. 1953. 226p.
LO/N56; LO/U-2; XY/N-1 (microfilm)
Estado de Zacatecas. 1953. 155p.
LO/N56; LO/U-2; XY/N-1 (microfilm)

- Séptimo censo general de población, 6 de junio de 1950: parte especial. [México, 1955]. 303p.; 27 cm.
    CV/U-1; LO/U-2; LO/U-3; XY/N-1 (microfilm)

1950

Censo Agrícola-Ganadero y Ejidal (3)

Dirección General de Estadística
- Instructivo para requisitar la boleta del censo agrícola ganadero de 1950. [México, 1950.] 20p.

- Instructivo para contestar el cuestionario del censo nacional ejidal de 1950 (del 2 de mayo al 15 de junio). [México, 1950.] 17p.

- Instructivo para contestar el cuestionario de predios agrícolas mayores de 5 hectáreas. [México, 1950.] 23p.

- Instructivo para requisitar el cuestionario de predios agrícolas de 5 hectáreas o menos. [México, 1950.] 9p.

- Instructivo para requisitar el cuestionario de ganado en las poblaciones. [México, 1950.]

- Tercer censo ejidal, 1950: resumen general. México, 1953. 76p.; 23 x 35 cm.
    CV/U-1; LO/N-1

- Tercer censo agrícola ganadero, 1950: resumen general, predios mayores de 5 hectáreas. México, 1954. 81p.; 24 x 35 cm.
    CC/U-1; LO/N-1; LO/U-3

- Tercer censo agrícola ganadero, 1950: resumen general, predios de 5 hectáreas o menos. México, 1955. 37p.; 23 x 35 cm.
    GL/U-6; LO/N-1; LO/U-3

- Tercer censo agrícola ganadero y ejidal, 1950: resumen general. México, 1956. 256p.; 23 x 35 cm.
    LO/N-1; LO/U-3

Dirección General de Estadística. Departamento de los Censos
- Censos agropecuarios: totales comparativos en 1930, 1940 y 1950; por entidades y distritos económico agrícolas en 1950. México, 1959. 60p.; 21 x 28 cm.
    CV/U-1; LO/N-1;

Dirección General de Estadística
- Tercer censo agrícola ganadero y ejidal, 1950. México, 1955-1958. 32 v.; 21-23 x 27-35 cm.

Estado de Aguascalientes. 1955. 71p.
LO/U-2
Baja California, Territorio Norte. 1955. 75p.
LO/U-2
Baja California, Territorio Sur. 1955. 72p.
LO/U-2
Estado de Campeche. 1955. 71p.
LO/U-2
Estado de Chiapas. 1957. 600p.
LO/U-2
Estado de Chihuahua. 1956. 434p.
LO/U-2
Estado de Coahuila. 1955. 361p.
LO/U-2
Estado de Colima. 1955. 71p.
Distrito Federal. 1955. 130p.
LO/U-2
Estado de Durango. 1955. 361p.
LO/U-2
Estado de Guanajuato. 1955. 294p.
LO/U-2
Estado de Guerrero. 1957. 369p.
LO/U-2
Estado de Hidalgo. 1957. 454p.
LO/U-2
Estado de Jalisco. 1956. 679p.
LO/U-2
Estado de México. 1956. 596p.
LO/U-2
Estado de Michoacán. 1957. 579p.
LO/U-2
Estado de Morelos. 1955. 267p.
LO/U-2
Estado de Nayarit. 1955. 209p.
LO/U-2
Estado de Nuevo León. 1957. 322p.
LO/U-2
Estado de Oaxaca. 1956. 166p.
Estado de Puebla. 1958. 999p.
Estado de Querétaro. 1955. 145p.
LO/U-2
Territorio de Quintana Roo. 1955. 63p.
LO/U-2
Estado de San Luis Potosí. 1957. 320p.
LO/U-2
Estado de Sinaloa. 1955. 124p.
LO/U-2
Estado de Sonora. 1957. 393p.
LO/U-2
Estado de Tabasco. 1955. 111p.
LO/U-2
Estado de Tamaulipas. 1956. 241p.
LO/U-2
Estado de Tlaxcala. 1956. 203p.
LO/U-2
Estado de Veracruz. 1956. 967p.
LO/U-2
Estado de Yucatán. 1957. 468p.
LO/U-2
Estado de Zacatecas. 1957. 318p.
LO/U-2

1950

Censo Industrial (5)

Censo de Transportes (3)

Dirección General de Estadística
- Censos industrial y de comunicaciones y transportes, 1951-1952: instructivo. México, 1951. 40p.

- Quinto censo industrial y tercer censo de transportes, 1950: resumen general. México, 1957. 300p.; 23 cm.
    LO/N-1; LO/U-2

1955

Censo de Transportes (4)

Dirección General de Estadística
- Cuarto censo de transportes, 1955: resumen general. México, 1959. 73p.; 21 x 28 cm.
    CC/U-1; LO/N-1; LO/U-3

1955

Censo Regional de la Costa de Jalisco (1)

Jalisco. Comisión de Planeación de la Costa de Jalisco
- Primer censo regional de la costa de Jalisco, 1955. Guadalajara, 1958. 16, [63]p.; 24 cm.
    CC/U-1

1956

Censo Comercial (3)

Censo de Servicios (3)

Dirección General de Estadística
- III [Tercer] censo comercial y de servicios, 1956, información censal 1955: resumen general. México, 1961. 496p.; 21 x 28 cm.
    CC/U-1; LO/U-3

1956

Censo Industrial (6)

Dirección General de Estadística
- Censo industrial, 1956 (información censal 1955): resumen general. México, 1959. 3 v; 21 x 28 cm.
  T.1. 212p.
   CC/U-1; CV/U-1; LO/N-1; LO/U-3
  T.2. 202p.
   CC/U-1; CV/U-1; LO/N-1; LO/U-3
  T.3. 222p.
   CC/U-1; CV/U-1; LO/N-1; LO/U-3

- Sexto censo industrial, 1956: parte especial: industria de generación y suministro de energía eléctrica (información censal 1955). México, 1959. 108p.; 21 x 28 cm.
  LO/N-1; LO/U-3

1958

Censo de Hospitales

Secretaría de Salubridad y Asistencia. Comisión Nacional de Hospitales
- Censo y planificación de hospitales. México, 1958. 316p.; 30 cm.
  LO/N-1

1959

Censo Experimental de Ixtapaluca

[Results not published separately.]

CENSO experimental de Ixtapaluca, estado de México: investigación sobre el levantamiento censal y análisis de la cédula censal utilizada. *In*: Ciencias políticas y sociales, Oct./Dec. 1959, p. 585-604. México, 1959.
  CA/U-1; CC/U-1; LO/U-3

1960-1961

Dirección General de Estadística
- Decreto, bases de organización y guía cronológica de trabajo para los censos nacionales, 1960-1961. México, 1960. 55 p.; 22 cm.

- Catálogo para los censos económicos de 1961. México, 1961.

-Censos económicos de 1961: instructivo general para el llenado de los cuestionarios de los siguientes censos: 7° industrial, 4° comercial, 4° de servicios, y 5° de transportes. México, 1961. 93p.; 28 cm.

Dirección General de Estadística. Departamento de los Censos
- Censos económicos, 1961: instructivo para funcionarios. México, 1961. 31 p.; 21 cm.

Dirección General de Estadística
- Memoria de los censos nacionales, 1960-1961. México, 1965. 297p.; 24 cm.
    XY/N-1

1960

Censo General de Población (8)

Dirección General de Estadística
- Instructivo para el llenado de la boleta del 8° censo general de población. México, 1960. 80p.; 20 cm.

- Localidades del país con población de 5000 y más habitantes, censo de 1960: datos preliminares. [México, 1961?] 10 leaves; 28 cm.

- VIII [Octavo] censo general de población, 1960, 8 de junio de 1960: resumen general. México, 1962. li, 652p.; 28 cm.
    BT/U-5; CA/U-1; CC/U-1; CV/U-1; LO/N56; LO/U-2; LO/U-3; LV/U-1

- VIII [Octavo] censo general de población, 1960: integración territorial nacional por categorías políticas de las localidades. México, 1963. 6p.

- VIII [Octavo] censo general de población, 1960, 8 de junio de 1960: localidades de la República por entidades federativas y municipios. México, 1963. 2 v.; 28 cm.
    T.I.   [Aguascalientes - Nayarit.] 788p.
            CC/U-1 (microfiche); CV/U-1; LO/N-1; LO/U-2; XY/N-1 (microfilm)
    T.II.   [Nuevo León - Zacatecas.] 801 p.
            CC/U-1 (microfiche); CV/U-1; LO/N-1; LO/U-2; XY/N-1 (microfilm)

- VIII [Octavo] censo general de población, 1960, 8 de junio de 1960. Población económicamente activa: rectificación a los cuadros 25, 26 y 27 del resumen general ya publicado. México, 1964. iii, 74p.; 28 cm.
    BT/U-5; CC/U-1; CV/U-1; LO/N-1; LO/U-2; XY/N-1 (microfilm)

Dirección General de Estadística. Departamento de los Censos
- Ingresos por trabajo de la población económicamente activa y jefes de familia, VIII censo de población de 1960. México, 1964. 40 p.; 25 cm.
  CC/U-1; XY/N-1

Departamento de Estadística Escolar
- Campaña de alfabetización: datos demográficos del VIII censo general de población, 1960: primera región en las entidades de la República mexicana, 1965. [México? 1965?] 1 v. (various pagings); 22 cm.

Dirección General de Estadística
- VIII [Octavo] censo general de población, 1960, 8 de junio de 1960. México, 1963-1964 [i.e. 1965]. 32 v. [in 35] ; 28 cm.
  Estado de Aguascalientes. 1963 [i.e. 1965]. xix, 105p.
    CA/U-1; CC/U-1; LO/N-1(microfilm)
    LO/N56; LO/U-3; LV/U-1; XY/N-1 (microfilm)
  Estado de Baja California. 1963 [i.e. 1964]. 120p.
    CA/U-1; CC/U-1; LO/N-1 (microfilm);
    LO/N56; LO/U-3; XY/N-1 (microfilm)
  Baja California, Territorio. 1963. 147p.
    CA/U-1; CC/U-1; LO/N-1 (microfilm);
    LO/U-3; LV/U-1; XY/N-1 (microfilm)
  Estado de Campeche. 1963 [i.e. 1964]. 145p.
    CA/U-1; CC/U-1; LO/N-1 (microfilm);
    LO/U-3; LV/U-1; XY/N-1 (microfilm)
  Estado de Chiapas. 1963 [i.e. 1964]. 905p.
    CA/U-1; CC/U-1; LO/N-1 (microfilm);
    LO/N56; LO/U-3; LV/U-1; XY/N-1(microfilm)
  Estado de Chihuahua. 1963 [i.e. 1964]. 615p.
    CA/U-1; CC/U-1; LO/N-1 (microfilm);
    LO/N56; LO/U-3; LV/U-1; XY/N-1 (microfilm)
  Estado de Coahuila. 1963. 384p.
    CA/U-1; CC/U-1; LO/N-1 (microfilm);
    LO/N56; LO/U-2; LO/U-3; LV/U-1; XY/N-1 (microfilm)
  Estado de Colima. 1963 [i.e. 1964]. 148p.
    CA/U-1; CC/U-1; LO/N-1 (microfilm);
    LO/U-3; LV/U-1; XY/N-1 (microfilm)
  Distrito Federal. 1963 [i.e. 1964]. 297p.
    CA/U-1; CC/U-1; LO/N-1 (microfilm);
    LO/N56; LO/U-2; LO/U-3; LV/U-1; XY/N-1 (microfilm)
  Estado de Durango. 1963 [i.e. 1965]. xix, 353p.
    CA/U-1; CC/U-1; LO/N-1 (microfilm);
    LO/N56; LO/U-3; LV/U-1; XY/N-1 (microfilm)
  Estado de Guanajuato. 1963 [i.e. 1964]. 448p.
    CA/U-1; CC/U-1; LO/N-1 (microfilm);
    LO/N56; LO/U-3; LV/U-1; XY/N-1 (microfilm)

Estado de Guerrero. 1963 [i.e. 1964]. 646p.
   CA/U-1; CC/U-1; LO/N-1 (microfilm);
   LO/N56; LO/U-3; LV/U-1; XY/N-1 (microfilm)
Estado de Hidalgo. 1964. 502p.
   CA/U-1; CC/U-1; LO/N-1 (hard copy & microfilm);
   LO/N56; LO/U-3; LV/U-1; XY/N-1 (microfilm)
Estado de Jalisco. 1963 [i.e. 1965]. xix, 1005p.
   CA/U-1; CC/U-1; LO/N-1 (microfilm);
   LO/N56; LO/U-3; LV/U-1; XY/N-1 (microfilm)
Estado de México. 1963. 1007p.
   CA/U-1; CC/U-1; LO/N-1 (microfilm);
   LO/N56; LO/U-2; LO/U-3; LV/U-1; XY/N-1 (microfilm)
Estado de Michoacán. 1963. xix, 892p.
   CA/U-1; CC/U-1; LO/N-1 (microfilm);
   LO/N56; LO/U-3; LV/U-1; XY/N-1 (microfilm)
Estado de Morelos. 1963 [i.e. 1965]. xix, 268p.
   CA/U-1; CC/U-1; LO/N-1 (microfilm);
   XY/N-1 (microfilm)
Estado de Nayarit. 1963 [i.e. 1965]. xix, 186p.
   CA/U-1; CC/U-1; LO/N-1 (microfilm);
   LO/N56; XY/N-1 (microfilm)
Estado de Nuevo León. 1964. 492p.
   CA/U-1; CC/U-1; LO/N-1 (microfilm);
   LO/N56; LO/U-3; LV/U-1; XY/N-1 (microfilm)
Estado de Oaxaca. 1963 [i.e. 1965]. 2 v.
 T.I. xxvi, 1192p.
   CA/U-1; CC/U-1; LO/N-1 (microfilm);
   LO/N56; LO/U-3; XY/N-1 (microfilm)
 T.II. xxvi, p. 1193-2384.
   CA/U-1; CC/U-1; LO/N-1 (microfilm);
   LO/N56; LO/U-3; XY/N-1 (microfilm)
Estado de Puebla. 1963 [i.e. 1965]. 2 v.
 T.I. xix, 842p.
   CA/U-1; CC/U-1; LO/N-1 (microfilm);
   LO/N56; LO/U-3; LV/U-1; XY/N-1 (microfilm)
 T.II. xxiii, p. 842 [sic]-1540.
   CA/U-1; CC/U-1; LO/N-1 (microfilm);
   LO/N56; LO/U-3; LV/U-1; XY/N-1 (microfilm)
Estado de Querétaro. 1963 [i.e. 1965]. xix, 183p.
   CC/U-1; LO/N-1 (microfilm);
   LO/N56; LO/U-3; LV/U-1; XY/N-1 (microfilm)
Quintana Roo, Territorio. 1963 [i.e. 1965]. xix, 63p.
   CC/U-1; LO/N-1 (microfilm); XY/N-1 (microfilm)
Estado de San Luis Potosí. 1963 [i.e. 1965]. xx, 461p.
   CA/U-1; CC/U-1; LO/N-1 (microfilm);
   LO/N56; LO/U-3; LV/U-1; XY/N-1 (microfilm)

Estado de Sinaloa. 1964. 240p.
    CA/U-1; CC/U-1; LO/N-1 (hard copy & microfilm);
    LO/N56; LO/U-3; LV/U-1; XY/N-1 (microfilm)
Estado de Sonora. 1963 [i.e. 1965]. xxi, 585p.
    CA/U-1; CC/U-1; LO/N-1 (microfilm);
    LO/N56; LO/U-2; LO/U-3; LV/U-1; XY/N-1 (microfilm)
Estado de Tabasco. 1963. 378p.
    CA/U-1; CC/U-1; LO/N-1 (microfilm);
    LO/N56; LO/U-2; LO/U-3; LV/U-1; XY/N-1 (microfilm)
Estado de Tamaulipas. 1963 [i.e. 1965]. xx, 380p.
    CA/U-1; CC/U-1; LO/N-1 (microfilm);
    LO/U-3; LV/U-1; XY/N-1 (microfilm)
Estado de Tlaxcala. 1963. 377p.
    CA/U-1; CC/U-1; LO/N-1 (microfilm);
    LO/N56; LO/U-3; LV/U-1; XY/N-1 (microfilm)
Estado de Veracruz. 1964. 2 v.
T.I. 840p.
    CA/U-1; CC/U-1; LO/N-1 (microfilm);
    LO/N56; LO/U-2; LO/U-3; LV/U-1; XY/N-1 (microfilm)
T.II. 701p.
    CA/U-1; CC/U-1; LO/N-1 (hard copy & microfilm);
    LO/N56; LO/U-2; LO/U-3; XY/N-1 (microfilm)
Estado de Yucatán. 1963 [i.e. 1965]. xix, 779p.
    CA/U-1; CC/U-1; LO/N-1 (microfilm);
    LO/U-3; LV/U-1; XY/N-1 (microfilm)
Estado de Zacatecas. 1963 [i.e. 1965]. xx, 451p.
    CA/U-1; CC/U-1; LO/N-1 (microfilm); LO/N56; LO/U-3; LV/U-1;
    XY/N-1 (microfilm)

1960

Censo Agrícola-Ganadero y Ejidal (4)

Dirección General de Estadística
- Instructivo para llenar los cuestionarios de predios agrícolas no ejidales. México, 1960. 39 p.; 19 cm.

- Instructivo para llenar el cuestionario de predios ejidales. México, 1960. 18 p.; 20 cm.

- Instructivo para llenar el cuestionario para ganado en las poblaciones. México, 1960.

- IV [Cuartos] censos agrícola ganadero y ejidal, 1960: resumen general, anticipi de cuadros fundamentales. México, 1964. 118 leaves; 22 x 36 cm.

- IV [Cuartos] censos agrícola ganadero y ejidal, 1960: resumen general.
México, 1965. xx, 564p.; 27 cm.
    CC/U-1; CV/U-1; GL/U-1; LO/U-3; LV/U-1

- IV [Cuartos] censos agrícola ganadero y ejidal, 1960. México, 1965-1968. 32 v.;
22 x 34 cm.

Aguascalientes. 1965. 20p.
Baja California. 1965. 18p.
Baja California Territorio.
    1965. 18p.
Campeche. 1965. 18p.
Chiapas. 1965. 106p.
Chihuahua. 1965. 68p.
Coahuila. 1965. 44p.
Colima. 1965. 18p.
Distrito Federal. 1965. 23p.
Durango. 1965. 44p.
Guanajuato. 1965. 53p.
Guerrero. 1965. 79p.
Hidalgo. 1965. 80p.
Jalisco. 1965. 118p.
México. 1965. 116p.
Michoacán. 1965. 106p.
Morelos. 1965. 41p.
Nayarit. 1965. 30p.
Nuevo León. 1965. 56p.
Oaxaca. 1965. 41p.
Puebla. 1968. 204p.
Querétaro. 1965. 30p.
Quintana Roo. 1965. 18p.
San Luis Potosí. 1965. 57p.
Sinaloa. 1965. 29p.
Sonora. 1965. 77p.
Tabasco. 1965. 29p.
Tamaulipas. 1965. 45p.
Tlaxcala. 1965. 53p.
Veracruz. 1968. 188p.
Yucatán. 1965. 104p.
Zacatecas. 1965. 57p.

1961

Censo Comercial (4)

Dirección General de Estadística
- Censos comerciales de México: normas para el de 1961. México, 1961. 556 p.

- IV [Cuarto] censo comercial, 1961, datos de 1960: resumen general. México,
1965. xxvi, 479p.; 27 cm.
    BT/U-5; CC/U-1; CV/U-1; LO/N-1; LO/U-2; LO/U-3

1961

Censo Industrial (7)

Dirección General de Estadística
- VII [Séptimo] censo industrial, 1961, datos de 1960: cuadros fundamentales
del resumen general. México, 1964. 319p.

- VII [Séptimo] censo industrial, 1961, datos de 1960: resumen general. México, 1965. xxxvi, 872p.; 27 cm.
    BT/U-5; CC/U-1; CV/U-1; LO/U-2; LV/U-1

- VII [Séptimo] censo industrial, 1961, datos de 1960: resumen por principales municipios. México, 1965. 2 v. (2, 429 leaves); 22 x 38 cm.

Dirección General de Estadística. Departamento de Censos
- VII [Séptimo] censo industrial, 1961: datos preliminares sujetos a rectificación. México, 1963- v.; 28 cm.
    Beneficio y concentración de metales no ferrosos: clase 1223. 1963. 2, [6]p.
    Blanqueado, mercerizado, teñido y estampado de telas: clase 2318.
    Enlatado de pescados y mariscos: clase 2042.
    Ensamble de vehículos automóviles: clase 3832.
    Envasado hermético de frutas, legumbres y jugos: clase 2033.
    Extracción de azufre: clase 1521.
    Extracción de carbón y grafito: clase 1111.
    Extracción de minerales de hierro: clase 1211.
    Fabricación de aceites y mantecas vegetales y margarinas: clase 2094.
    Fabricación de botellas, tubos, frascos y toda clase de envases de vidrio: clase 3322.
    Fabricación de carrocerías de vehículos automóviles: clase 3833.
    Fabricación de cartones, láminas de cartón y cartoncillos: clase 2712.
    Fabricación de cemento hidráulico: clase 3341.
    Fabricación de cerillos y fósforos: clase 3146.
    Fabricación de dulces, bombones y confituras: clase 2082.
    Fabricación de espejos, lunas, emplomados, biselados y similares: clase 3324.
    Fabricación de fibras sintéticas: clase 3112.
    Fabricación de galletas y pastas alimenticias: clase 2091.
    Fabricación de gomas de mascar: clase 2083.
    Fabricación de hilados y tejidos de algodón: clase 2315.
    Fabricación de hilados y tejidos de lana: clase 2316.
    Fabricación de leche condensada, evaporada y en polvo: clase 2023.
    Fabricación de levaduras, polvos de hornear, maltas y productos similares: clase 2092.
    Fabricación de medias y calcetines: clase 2321.
    Fabricación de pastas de celulosa y papel de todas clases, menos el asfaltado y alquitranado: clase 2711.
    Fabricación de productos alimenticios para animales y aves de corral: clase 2098.
    Fabricación de resinas, materiales plásticos y elastómeros: clase 3115.
    Fabricación de tabiques y productos de vidrio no especificados, excepto lentes ópticos: clase 3323.
    Fabricación de tejidos de fibras artificiales: clase 2317.
    Fabricación de torcidos y tejidos de yute: clase 2334.

Fabricación de triplay, chapas de madera y fibracel: clase 2513.
Fabricación y acabado de tejidos y artículos de punto, no especificados: clase 2323.
Fabricación y mezcla de abonos y fertilizantes: clase 3114.
Fabricación y mezcla de insecticidas: clase 3147.
Fundición, refinado, laminado, extrusión y estiraje de cobre o sus aleaciones: clase 3421.
Fundición y laminación primaria de hierro y acero: clase 3411.
Fundición y refinación de plomo, estaño y cinc: clase 3422.
Hilados, tejidos y torcidos de fibras duras no especificadas: clase 2335.
Laminación, extrusión y estiraje de aluminio. Fabricación de soldadura alumino-térmica: clase 3423.
Laminación secundaria de hierro y acero: clase 3412.
Molienda de trigo: clase 2051.
Pasteurización, rehidratación, homogeneización y embotellado de leche natural: clase 2021.
Preparación, conservación, empacado y enlatado de carnes: clase 2013.
Producción de azúcar: clase 2071.
Producción de bebidas alcohólicas a base de agaves, excepto el pulque: clase 2112.
Producción de cerveza: clase 2131.
Producción de cigarros: clase 2211.
Producción de coque y demás derivados del carbón mineral, realizada independientemente: clase 3222.
Producción de llantas y cámaras: clase 3012. 1963.
Producción de puros: clase 2212.
Producción de salsas, sopas concentradas o en lata y productos similares: clase 2034.
Producción de vidrio plano y otros tipos de vidrio primario: clase 3321.
Producción de vinos y aguardientes de uva: clase 2121.

Dirección General de Estadística
- VII [Séptimo] censo industrial, 1961, datos de 1960. México, 1965- [268 v.?]; 23 cm.
Aserraderos: clase 2511. 32p.
Beneficio de otros minerales no metálicos: clase 1529.
Beneficio, en plantas especializadas, de productos agrícolas no especificados: clase 2056. 30p.
Beneficio y concentración de metales ferrosos: clase 1212.
Beneficio y concentración de metales no ferrosos: clase 1223. 32p.
Blanqueado, mercerizado, teñido y estampado de telas: clase 2318. 26p.
Cerrajerías: clase 3521.
Confección de artículos no especificados de materiales textiles, excepto los de vestir: clase 2448.
Confección de camisas: clase 2432.
Confección de ropa exterior, excepto camisas: clase 2431. 42p.

Confección de ropa interior para hombres: clase 2433.
Confección de ropa interior para mujeres: clase 2434.
Conservación y preparación de madera: clase 2512.
Construcción de motores primarios, no eléctricos: clase 3613.
Construcción de obras e instalaciones públicas y privadas: clase 4111.
Construcción y ensamble de motocicletas y bicicletas: clase 3851. 26p.
Construcción y reconstrucción de embarcaciones en astilleros: clase 3811.
Construcción y reparación de aviones y de sus accesorios: clase 3861.
Construcción y reparación de equipo ferroviario: clase 3821.
Curtido y acabado de cuero y pieles: clase 2911. 36p.
Descascarado de productos agrícolas no especificados, en plantas especializadas: clase 2055.
Descascarado, limpieza y pulido de arroz en plantas especializadas: clase 2054. 40p.
Desfibración, limpieza y otros tratamientos de fibras duras: clase 2331. 24p.
Deshidratación y congelación de frutas y legumbres: clase 2031.
Despepite y empacado de algodón en plantas especializadas: clase 2311. 30p.
Edición de periódicos y revistas: clase 2811. 40p.
Edición e impresión de libros: clase 2812.
Elaboración de pasas y frutas secas, conservas de frutas, mermeladas y jaleas: clase 2032.
Elaboración de productos de panadería y pastelería: clase 2061. 42p.
Encuadernación de libros: clase 2814.
Enlatado de pescados y mariscos: clase 2042. 26p.
Enrollado, mercerizado y teñido de hilo: clase 2313.
Ensamble de vehículos automóviles: clase 3832. 28p.
Envasado hermético de frutas, legumbres y jugos: clase 2033. 32p.
Envases y otros productos de hojalata: clase 3511. 36p.
Estampado de medallas: clase 3943.
Explotación de canteras, tepetates y otras piedras para construcción, menos piedra caliza: clase 1412.
Explotación de minas y yacimientos de sal: clase 1511.
Extracción de azufre: clase 1521. 24p.
Extracción de caolín: clase 1523.
Extracción de carbón y grafito: clase 1111. 24p.
Extracción de espatoflúor: clase 1522.
Extracción de minerales de alto contenido de metales preciosos: clase 1221. 30p.
Extracción de minerales de hierro: clase 1211.
Extracción de minerales fertilizantes: clase 1526.
Extracción de minerales industriales: clase 1222. 32p.
Extracción de otros minerales no metálicos: clase 1528.
Extracción de petróleo y gas natural (inclusive los trabajos de exploración y perforación): clase 1311.
Extracción de piedra caliza: clase 1411.

Extracción de sílice: clase 1524.
Extracción de toda clase de arcillas: clase 1421.
Fabricación de abrasivos y productos de asbesto: clase 3352. 26p.
Fabricación de accesorios, refacciones y equipo de vehículos automóviles: clase 3834. 1965. 32p.
Fabricación de aceites y mantecas vegetales y margarinas: clase 2094. 32p.
Fabricación de ácidos, bases, sales y otros productos químicos inorgánicos esenciales: clase 3111. 32p.
Fabricación de acumuladores y pilas: clase 3725. 28p.
Fabricación de alfombras y tapetes: clase 2442.
Fabricación de aparatos eléctricos: clase 3721. 32 p.
Fabricación de aparatos fotográficos: clase 3921.
Fabricación de artículos conexos a la joyería no especificados, menos adornos de fantasía: clase 3944.
Fabricación de artículos de alambre, alambrados y telas metálicas: clase 3519. 28p.
Fabricación de artículos de cartón de todas clases: clase 2722. 32p.
Fabricación de artículos de loza y porcelana: clase 3332. 24p.
Fabricación de artículos de papel de todas clases: clase 2721. 28p.
Fabricación de artículos de plástico, baquelita y similares: clase 3148. 32p.
Fabricación de artículos eléctricos no especificados: clase 3727.
Fabricación de artículos troquelados y esmaltados: clase 3514. 28p.
Fabricación de azulejos: clase 3333.
Fabricación de básculas: clase 3913.
Fabricación de baterías de cocina: clase 3513.
Fabricación de botellas, tubos, frascos y toda clase de envases de vidrio: clase 3322. 24p.
Fabricación de cajas, jaulas, tambores, barriles y otros envases de madera: clase 2521.
Fabricación de calzado de tela con suela de hule: clase 2412.
Fabricación de calzado y pantuflas, excepto de tela y hule: clase 2411. 42p.
Fabricación de carrocerías de vehículos automóviles: clase 3833. 30 p.
Fabricación de cartones, láminas de cartón y cartoncillos: clase 2712. 30p.
Fabricación de cemento hidráulico: clase 3341.
Fabricación de cerillos y fósforos: clase 3146.
Fabricación de clavos, cadenas, grapas y similares: clase 3516. 26p.
Fabricación de cocoa y chocolate de mesa: clase 2081.
Fabricación de colchones, cojines, almohadas y similares: clase 2443.
Fabricación de condimentos, mostaza y vinagre, inclusive refinación de sal: clase 2095.
Fabricación de cubreasientos y tapicerías: clase 2441.
Fabricación de cuero artificial y de telas impregnadas e impermeabilizadas: clase 2342.
Fabricación de dulces, bombones y confituras: clase 2082. 32p.
Fabricación de espejos, lunas, emplomados, biselados y similares: clase 3324.

Fabricación de explosivos y fuegos artificiales: clase 3113.
Fabricación de fibras sintéticas: clase 3112. 26p.
Fabricación de galletas y pastas alimenticias: clase 2091. 32p.
Fabricación de gomas de mascar: clase 2083.
Fabricación de guaraches y sandalias: clase 2413.
Fabricación de hielo: clase 2096. 40p.
Fabricación de hilados, tejidos y torcidos de henequén: clase 2332. 24p.
Fabricación de hilados, tejidos y torcidos de ixtle de palma y lechuguilla: clase 2333. 24p.
Fabricación de hilados y tejidos de algodón: clase 2315. 40p.
Fabricación de hilados y tejidos de lana: clase 2316. 32p.
Fabricación de hilos de coser: clase 2312. 24p.
Fabricación de instrumentos de cirugía y de laboratorio: clase 3911.
Fabricación de instrumentos de control y de medición no especificados, no eléctricos: clase 3914.
Fabricación de instrumentos musicales: clase 3951.
Fabricación de instrumentos ópticos, científicos y médicos: clase 3923.
Fabricación de joyas no de plata: clase 3942.
Fabricación de ladrillos, tabiques y revestimientos de arcilla, refractarios, para construcción: clase 3311. 30p.
Fabricación de leche condensada, evaporada y en polvo: clase 2023. 24p.
Fabricación de lentes y otros artículos oftálmicos: clase 3924.
Fabricación de levaduras, polvos de hornear, maltas y productos similares: clase 2092. 28p.
Fabricación de maquinaria agrícola, exceptuando tractores: clase 3611.
Fabricación de maquinaria e instrumentos eléctricos, no especificados: clase 3713. 30p.
Fabricación de materiales para pavimentación y techado, a base de asfalto: clase 3221.
Fabricación de materiales y accesorios eléctricos: clase 3723. 30p.
Fabricación de medias y calcetines: clase 2321. 26p.
Fabricación de mesas de billar y de boliche y sus accesorios: clase 2614.
Fabricación de mosaicos, muraletas, fachaletas y similares: clase 3355. 40p.
Fabricación de muebles y sus accesorios, de madera: clase 2611. 44p.
Fabricación de muebles y sus accesorios, de metal: clase 2612. 36p.
Fabricación de muebles y sus accesorios, de mimbre: clase 2613.
Fabricación de municiones, armas de fuego y sus accesorios: clase 3515.
Fabricación de otros artículos fotográficos, inclusive película, placas y papel sensibles: clase 3922.
Fabricación de otros artículos manufacturados total o principalmente de palma, vara, carrizo, mimbre y similares: clase 2523.
Fabricación de partes y equipos para motocicletas y bicicletas: clase 3852.
Fabricación de pastas de celulosa y papel de todas clases, menos el asfaltado y alquitranado: clase 2711.
Fabricación de perfumes, cosméticos y otros artículos de tocador: clase 3142. 34p.

Fabricación de pinturas, barnices y lacas: clase 3131. 32p.
Fabricación de productos alimenticios no especificados: clase 2099. 28p.
Fabricación de productos alimenticios para animales y aves de corral: clase 2098. 32p.
Fabricación de productos de alfarería: clase 3331.
Fabricación de productos de confitería no especificados: clase 2086.
Fabricación de productos de corcho: clase 2532.
Fabricación de productos de cuchillería: clase 3524.
Fabricacíon de productos de madera, no especificados: clase 2533.
Fabricación de productos del tabaco no especificados: clase 2213.
Fabricación de productos farmacéuticos medicinales: clase 3141. 56p.
Fabricación de productos lácteos no especificados: clase 2026.
Fabricación de productos metálicos no especificados, menos maquinaria y equipo de transporte: clase 3527. 32p.
Fabricación de productos minerales no metálicos, no especificados: clase 3357.
Fabricación de productos químicos no especificados: clase 3149. 42p.
Fabricación de productos químicos orgánicos esenciales, no especificados, clase 3116.
Fabricación de puertas y cortinas metálicas. Trabajos de herrería: clase 3520. 46p.
Fabricación de quemadores, calderas, calentadores y productos similares, no eléctricos: clase 3523. 26p.
Fabricación de resinas, materiales plásticos y elastómeros: clase 3115. 26p.
Fabricación de sténciles, plumas, lápices y otros artículos para oficina, dibujo y pintura, no especificados: clase 3964. 28p.
Fabricación de tabiques, ladrillos, tubos, tejas y otros materiales de arcilla, para construcción: clase 3312.
Fabricación de tabiques y productos de vidrio no especificados, excepto lentes ópticos: clase 3323.
Fabricación de tableros eléctricos, amperímetros, voltímetros e instrumentos similares: clase 3712.
Fabricación de tacones de madera y hormas para calzado: clase 2414.
Fabricación de tanques y estructuras metálicas: clase 3517. 30p.
Fabricación de tejidos de fibras artificiales: clase 2317. 28p.
Fabricación de tejidos de punto para ropa interior y ropa íntima de esa clase: clase 2322.
Fabricación de textiles no especificados y recuperación de fibras de desperdicios y trapos: clase 2345.
Fabricación de tinturas y tintas: clase 3144. 28p.
Fabricación de torcidos y tejidos de yute: clase 2334.
Fabricación de tornillos, pijas, tuercas y similares: clase 3522. 26p.
Fabricación de tortillas: clase 2093. 32p.
Fabricación de triplay, chapas de madera y fibracel: clase 2513. 24p.
Fabricación de tubos, bloques y similares a base de cemento: clase 3356. 36p.

Fabricación de tubos y postes de hierro y acero: clase 3413. 26p.
Fabricación de utensilios agrícolas y herramientas de mano: clase 3518.
Fabricación de velas y veladoras: clase 3145.
Fabricación de yeso y productos de yeso: clase 3351.
Fabricación y acabado de tejidos y artículos de punto, no especificados: clase 2323. 32p.
Fabricación y ensamble de relojes y sus refacciones: clase 3931.
Fabricación y ensamble de tractores y de sus partes: clase 3612. 28p.
Fabricación y grabado de discos fonográficos: clase 3952. 24p.
Fabricación y mezcla de abonos y fertilizantes: clase 3114. 30p.
Fabricación y mezcla de insecticidas: clase 3147. 32p.
Fabricación y reparación de artículos de cuero, no especificados: clase 2932.
Fabricación y reparación de calzado y otros artefactos de hule: clase 3013. 28p.
Fabricación y reparación de motores eléctricos, generadores, transformadores y productos similares: clase 3711.
Fabricación y reparación de sillas de montar y aparejos de cuero y sustitutos de éste: clase 2931.
Fabricación y reparación de sombreros: clase 2435.
Fabricación y reparación de vehículos de propulsión a mano: clase 3872.
Fabricación y reparación de vehículos de tracción animal: clase 3871.
Forrado de botones, trou-trou, plisados, bordados y deshilados: clase 2446.
Fundición, refinado, laminado, extrusión y estiraje de cobre o sus aleaciones: clase 3421. 24p.
Fundición y laminación primaria de hierro y acero: clase 3411. 26p.
Fundición y refinación de plomo, estaño y cinc: clase 3422.
Fundiciones de fierro, bronce y otros metales: clase 3526. 32p.
Galvanización, cromado, niquelado y trabajos similares: clase 3512.
Generación, suministro y reventa de energía eléctrica: clase 5111.
Hilado, tejido y acabado de fibras blandas no especificadas.
    Fabricación de encajes, rebozos y similares: clase 2319. 32p.
Hilados, tejidos y torcidos de fibras duras no especificadas: clase 2335.
Imprenta y litografía comercial: clase 2813. 44p.
Industrias conexas con la impresión y edición, no especificadas: clase 2815.
Laminación, extrusión y estiraje de aluminio. Fabricación de soldadura alumino-térmica: clase 3423. 24p.
Laminación secundaria de hierro y acero: clase 3412. 32p.
Lavado, peinado y cardado de fibras blandas: clase 2314.
Matanza de ganado y refrigeración de productos de la matanza: clase 2011. 28p.
Mecánica dental: clase 3969.
Molienda de cereales y leguminosas, no especificados: clase 2057.
Molienda de nixtamal: clase 2052. 28p.
Molienda de trigo: clase 2051. 38p.
Molienda y tostado de café: clase 2053.
Obtención de arenas y gravas: clase 1413.

MEXICO

Pasteurización, rehidratación, homogeneización y embotellado de leche natural: clase 2021. 32p.
Peletería, fabricación y reparación de artículos de piel, no de vestir: clase 2921.
Pesca en agua dulce: clase 0421.
Pesca marítima: clase 0422.
Platerías: clase 3941.
Plomerías y fontanerías: clase 3525.
Preparación, conservación, empacado y enlatado de carnes: clase 2013. 30p.
Preparación de productos de tocinería: clase 2012.
Producción de aceites esenciales para usos industriales: clase 3121. 32p.
Producción de adornos de fantasía, sustitutos de joyas: clase 3963.
Producción de aguardientes de caña, rones, habaneros y similares: clase 2113. 32p.
Producción de aguas gaseosas y purificadas y gasificación de aguas minerales naturales: clase 2141. 44p.
Producción de alcohol etílico: clase 2111. 26p.
Producción de aparatos ortopédicos: clase 3912.
Producción de artículos de mármol y de otras piedras no preciosas: clase 3354.
Producción de artículos diversos no clasificados: clase 3970.
Producción de artículos menudos de metal, no especificados: clase 3968.
Producción de artículos para deporte: clase 3962.
Producción de azúcar: clase 2071. 30p.
Producción de bebidas alcohólicas a base de agaves, excepto el pulque: clase 2112.
Producción de bebidas alcohólicas a base de cereales: clase 2114.
Producción de bebidas no alcohólicas no especificadas: clase 2142.
Producción de cal: clase 3353.
Producción de canastas y otros envases de palma, carrizo, mimbre y similares: clase 2522.
Producción de cerveza: clase 2131. 26p.
Producción de cigarros: clase 2211. 26p.
Producción de coque y demás derivados del carbón mineral, realizada independientemente: clase 3222. 26p.
Producción de crema, mantequilla y queso: clase 2022.
Producción de estandartes, banderas y productos similares: clase 2445.
Producción de féretros y marcos para cuadros y espejos: clase 2531.
Producción de focos y anuncios luminosos: clase 3722. 30p.
Producción de gas, excepto el natural: clase 5211. 32p.
Producción de guantes, pañuelos, corbatas, galonerías y pasamanerías: clase 2436.
Producción de guata, borra, entretelas y otros rellenos de tapicería: clase 2343.
Producción de helados y paletas heladas: clase 2025.
Producción de jabón, detergente y otros productos para lavado y aseo: clase 3143. 36p.

Producción de jarabes y mieles: clase 2085.
Producción de juguetes: clase 3961. 32p.
Producción de letreros y anuncios. Fabricación de sellos metálicos y de goma: clase 3967.
Producción de licores y bebidas compuestas: clase 2115.
Producción de llantas y cámaras: clase 3012. 24p.
Producción de máquinas de oficina: clase 3614.
Producción de máquinas no especificadas y de conjuntos mecánicos: clase 3616. 42p.
Producción de paraguas, sombrillas y bastones: clase 2437.
Producción de películas cinematográficas: clase 3966. 24p.
Producción de penachos, flores artificiales, botones, hebillas y similares: clase 3965.
Producción de persianas y venecianas: clase 2615.
Producción de piloncillo y panocha o panela: clase 2072.
Producción de pulque: clase 2122.
Producción de puros: clase 2212.
Producción de sábanas, manteles, servilletas y productos blancos en general: clase 2444.
Producción de salsas, sopas concentradas o en lata y productos similares: clase 2034.
Producción de sebo y otras grasas y aceites animales para usos industriales: clase 3122.
Producción de sidras y bebidas fermentadas no especificadas excepto las malteadas: clase 2123.
Producción de vidrio plano y otros tipos de vidrio primario: clase 3321. 24p.
Producción de vinos y aguardientes de uva: clase 2121. 32p.
Recolección de algas, conchas, perlas, esponjas y productos similares: clase 0423.
Recuperación y regeneración de hule, vulcanización y reparación de llantas y cámaras: clase 3011. 40p.
Refinación de petróleo crudo y obtención de sus derivados: clase 3211.
Refrigeración de productos lácteos: clase 2024.
Refrigeración y congelación de pescado y otros productos marinos: clase 2041. 30p.
Regeneración de aceites lubricantes: clase 3212.
Reparación de acumuladores: clase 3726.
Reparación de calzado en general: clase 2421.
Reparación de embarcaciones y de sus partes mecánicas: clase 3812.
Reparación de maquinaria, equipos y aparatos eléctricos: clase 3724.
Reparación de maquinaria y equipo mecánico: clase 3617. 44p.
Reparación de motocicletas y bicicletas: clase 3853.
Reparación de muebles de madera: clase 2617.
Reparación de muebles metálicos: clase 2616.
Reparación de relojes: clase 3932.

Reparación de vehículos automóviles: clase 3841. 44p.
Reparación y afinación de instrumentos musicales: clase 3953.
Secado o deshidratación de pescado y otros productos marinos: clase 2043.
Tratamiento y envasado de miel de abeja: clase 2084.

1961

Censo de Servicios (4)

Dirección General de Estadística
- IV [Cuarto] censo de servicios, 1961, datos de 1960: resumen general. México, 1965. xxviii, 209p.; 27 cm.
   BT/U-5; CC/U-1; CV/U-1

1961

Censo de Transportes (5)

Dirección General de Estadística
- V [Quinto] censo de transportes, 1961, datos de 1960: resumen general. México, 1965. xi, 440p.; 21 x 28 cm.
   BT/U-5; CC/U-1; LO/U-2; LO/U-3; LV/U-1

1966

Censo Comercial (5)

Dirección General de Estadística
- V [Quinto] censo comercial, 1966, datos de 1965: resumen general. México, 1968. liv, 400p.; 28 cm.
   BT/U-5; CC/U-1; CV/U-1; LO/U-2; LO/U-3

1966

Censo Industrial (8)

Dirección General de Estadística
- VIII [Octavo] censo industrial, 1966, datos de 1965: resumen general. México, 1967. lxii, 872p.; 28 cm.
   BT/U-5; CV/U-1; LO/U-3

- VIII [Octavo] censo industrial, 1966, datos de 1965: industria del petróleo e industria de generación, transmisión y distribución de energía eléctrica para servicio público. México, 1968. 106p.; 22 x 27 cm.
  CV/U-1; LO/U-3

- VIII [Octavo] censo industrial, 1966, datos de 1965: empresas de participación estatal y organismos descentralizados. México, 1969. xliii, 48p.

- VIII [Octavo] censo industrial, 1966, datos de 1965: principales características por entidad federativa, municipio y grupo de actividad : industrias extractiva y de transformación. México, 1969. xix, 102p.; 28 cm.
  LO/U-3

- VIII [Octavo] censo industrial, 1966, datos de 1965: industrias de transformación: materias primas consumidas por clase de actividad. México, 1970. 277p.; 22 x 30 cm.

- VIII [Octavo] censo industrial, 1966, datos de 1965: industrias de transformación: productos obtenidos por clase de actividad. México, 1970. 174p.; 22 x 30 cm.

1966

Censo de Servicios (5)

Dirección General de Estadística
- V [Quinto] censo de servicios, 1966, datos de 1965: resumen general. México, 1967. liv, 230p.; 28 cm.
  BT/U-5; CC/U-1; CV/U-1; LO/N-1; LO/U-3

- V [Quinto] censo de servicios, 1966, datos de 1965: instituciones de crédito, organizaciones auxiliares de crédito e instituciones de seguros y de fianzas. México, 1969. 168p.
  BT/U-5; CV/U-1; LO/N-1

1966

Censo de Transportes (6)

Dirección General de Estadística
- VI [Sexto] censo de transportes, 1966: datos de 1965. México, 1969. 176p.; 21 x 28 cm.
  BT/U-5; LO/U-2; LO/U-3

1970

Dirección General de Estadística
- Censos nacionales de 1970: bases legales y de organización: IX censo general de población, con datos sobre la vivienda, V censo agrícola- ganadero, V censo ejidal. México, 1969. 73p.; 24 cm.

1970

Censo General de Población (9)

Dirección General de Estadística
- El censo general de población y vivienda, 1970: unidad de aprendizaje para las escuelas primarias. México, 1969. 48p.; 24 cm.

- El censo general de población y vivienda, 1970: unidad de aprendizaje para las escuelas secundarias y tecnológicas. México, 1969. 43p.; 28 cm.

- Censos nacionales de 1970: organizador del censo general de población y vivienda. México, 1969. 37p., specimen forms; 26 cm.

- IX [Noveno] censo general de población, con datos de la vivienda: manual del instructor. México, 1969. 76p.; 24 cm.

- IX [Noveno] censo general de población: manual de empadronamiento: cuestionario para una vivienda. México, 1969. 61p., specimen forms.

- IX [Noveno] censo general de población: catálogo mexicano de ocupaciones, (C-4-0). México, 1970.

- IX [Noveno] censo general de población, 1970, 28 de enero de 1970: datos preliminares sujetos a rectificación. México, 1970. 55p.; 28 cm.
  LO/U-3

- IX [Noveno] censo general de población, 1970, con datos sobre la vivienda, 28 de enero de 1970: resumen de las principales características por entidad federativa. México, 1970. xxx, 448p.; 30 cm.
  CC/U-1 (microfiche); LO/N-1 (microfiche)

- IX [Noveno] censo general de población, 1970, 28 de enero de 1970: resumen general abreviado. México, 1972. xxxv, 327p.; 28 cm.
  CC/U-1; CV/U-1; LO/N56; LO/N99; LO/U-3

- IX [Noveno] censo general de población, 1970, 28 de enero de 1970: resumen general. México, 1972 [i.e. 1973]. xcv, 1121, [19]p.; 28 cm.
  CA/U-1; CC/U-1 (microfiche); LO/N-1 (hard copy & microfiche); LO/N56; LO/N99; LO/U-2; LO/U-3; OX/U10

- IX [Noveno] censo general de población, 1970, 28 de enero de 1970. México, 1971. 32 v. [in 33] ; 28 cm.
   Estado de Aguascalientes. lxxxiii, 170, [19]p.
     BT/U-5; CA/U-1; LO/U-3; LV/U-1
   Estado de Baja California. lxxxiii, 149, [19]p.
     BT/U-5; CA/U-1; LO/U-3; LV/U-1
   Territorio de Baja California. lxxxiii, 166, [19]p.
     BT/U-5; CA/U-1; LO/U-3; LV/U-1
   Estado de Campeche. lxxxiii, 166, [19]p.
     BT/U-5; CA/U-1; LO/U-3; LV/U-1
   Estado de Chiapas. lxxxiii, 659, [19]p.
     BT/U-5; CA/U-1; LO/U-3; LV/U-1
   Estado de Chihuahua. lxxxiii, 447, [19]p.
     BT/U-5; CA/U-1; LO/U-3; LV/U-1
   Estado de Coahuila. lxxxiii, 308, [19]p.
     BT/U-5; CA/U-1; LO/U-3; LV/U-1
   Estado de Colima. lxxxiii, 176, [19]p.
     BT/U-5; CA/U-1; LO/U-3; LV/U-1
   Distrito Federal. lxxxiii, 247, [19]p.
     BT/U-5; CA/U-1; LO/U-3; LV/U-1
   Estado de Durango. lxxxiii, 312, [19]p.
     BT/U-5; CA/U-1; LO/U-3; LV/U-1
   Estado de Guanajuato. lxxxiii, 361, [19]p.
     BT/U-5; CA/U-1; LO/U-3; LV/U-1
   Estado de Guerrero. lxxxiii, 478, [19]p.
     BT/U-5; LO/U-3; LV/U-1
   Estado de Hidalgo. lxxxiii, 534, [19]p.
     BT/U-5; CA/U-1; LO/U-3; LV/U-1
   Estado de Jalisco. lxxxiii, 740, [19]p.
     BT/U-5; CA/U-1; LO/U-3; LV/U-1
   Estado de México. lxxxiii, 721, [19]p.
     BT/U-5; CA/U-1; LO/U-3; LV/U-1
   Estado de Michoacán. lxxxiii, 685, [19]p.
     BT/U-5; CA/U-1; LO/U-3; LV/U-1
   Estado de Morelos. lxxxiii, 285, [19]p.
     BT/U-5; CA/U-1; LO/U-2; LO/U-3; LV/U-1
   Estado de Nayarit. lxxxiii, 214, [19]p.
     BT/U-5; CA/U-1; LO/U-3; LV/U-1
   Estado de Nuevo León. lxxxiii, 368, [19]p.
     BT/U-5; CA/U-1; LO/U-3; LV/U-1

Estado de Oaxaca. 2 v.
T.I. lxxxiii, 267p.
   BT/U-5; CA/U-1; LO/U-3; LV/U-1
T.II. xli, 611 p.
   BT/U-5; CA/U-1; LO/U-3; LV/U-1
Estado de Puebla. lxxxiii, 1157, [19]p.
   BT/U-5; CA/U-1; LO/U-3; LV/U-1
Estado de Querétaro. lxxxiii, 214, [19]p.
   BT/U-5; CA/U-1; LO/U-3; LV/U-1
Territorio de Quintana Roo. lxxxxiii, 149, [19]p.
   BT/U-5; CA/U-1; LO/U-3; LV/U-1
Estado de San Luis Potosí. lxxxiii, 397, [19]p.
   BT/U-5; CA/U-1; LO/U-3; LV/U-1
Estado de Sinaloa. lxxxiii, 208, [19]p.
   BT/U-5; CA/U-1; LO/U-3; LV/U-1
Estado de Sonora. lxxxiii, 447, [19]p.
   BT/U-5; CA/U-1; LO/U-3; LV/U-1
Estado de Tabasco. lxxxiii, 206, [19]p.
   BT/U-5; CA/U-1; LO/U-3; LV/U-1
Estado de Tamaulipas. lxxxiii, 325, [19]p.
   BT/U-5; CA/U-1; LO/U-3; LV/U-1
Estado de Tlaxcala. lxxxiii, 321, [19]p.
   BT/U-5; CA/U-1; LO/U-3; LV/U-1
Estado de Veracruz. lxxxiii, 1122, [19]p.
   BT/U-5; CA/U-1; LO/U-3; LV/U-1
Estado de Yucatán. lxxxiii, 608, [19]p.
   BT/U-5; CA/U-1; LO/U-3; LV/U-1
Estado de Zacatecas. lxxxiii, 405, [19]p.
   BT/U-5; CA/U-1; LO/U-3; LV/U-1

- IX [Noveno] censo general de población, 1970, 28 de enero de 1970: anexo. México, 1973.
   v.1: Planos Distrito Federal. [25p. of fold. maps]; 21 x 27 cm.
      GL/U-1 (microfilm); LO/N-1; LO/N99; LO/U-3

- IX [Noveno] censo general de población, 1970, 28 de enero de 1970: localidades por entidad federativa y municipio con algunas características de su población y vivienda. México, 1973. 3 v.; 22 x 28 cm.
   v.1: Aguascalientes a Guerrero. xxiv, 809p.
      GL/U-1 (microfilm); LO/N-1; LO/N99; LO/U-3
   v.2: Hidalgo a Oaxaca. xxviii, 804p.
      GL/U-1 (microfilm); LO/N-1; LO/N99
   v.3: Puebla a Zacatecas. xxviii, 891p.
      GL/U-1 (microfilm); LO/N-1; LO/N99; LO/U-3

1970

Censo Agrícola-Ganadero y Ejidal (5)

Dirección General de Estadística
- Censos nacionales de 1970: manual del enumerador: V censo agrícola-ganadero. México, 1969. 32p.; 25 cm.

- Censos nacionales de 1970: organizador del censo agrícola-ganadero. México, 1969. 28p.; 25 cm.

- V [Quinto] censo ejidal, 1970: instructivo para el levantamiento del V censo ejidal: manual del coordinador y del jefe de zona. México, 1969. 29p., specimen forms; 28 cm.

- V [Quinto] censo ejidal, 1970: manual del ayudante censal ejidal. México, 1969. 31p.; 24 cm.

Dirección General de Estadística. Departamento de Censos
- V [Quinto] censo agrícola-ganadero, 1970: manual de encuesta piloto. [México, 1970.] iv, 11p.; 28 cm.

- V [Quinto] censo agrícola-ganadero, 1970: manual de separación de cuestionarios. [México, 1970.] iv, 12, [1] p.; 28 cm.

- V [Quinto] censo agrícola-ganadero, 1970: manual de clavificación. [México, 1970.] iv, 26p.; 28 cm.

- V [Quinto] censo agrícola-ganadero, 1970: manual de crítica. [México, 1970.] iv, 15, [3]p.; 28 cm.

Dirección General de Estadística
- V [Quinto] censo agrícola-ganadero, 1970: manual para el llenado del cuestionario de datos municipales de la producción agrícola-ganadero (no ejidal). México, 1970. 8p.; 28 cm.

- Dirección General de Estadística. Departamento de Censos
- V [Quinto] censo ejidal, 1970: manual de clavificación. [México, 1970.] v, 6, [3], [tables 1-5],[1], 7p.; 28cm.

- Alcance I al manual de clavificación del V censo ejidal, 1970. [México, 1970?] 7 leaves.

- V [Quinto] censo ejidal, 1970: manual de enlegajamiento. [México, 1970.] 9p.; 28 cm.

- V [Quinto] censo ejidal, 1970: manual de crítica. [México, 1970.] v, 11, [3], 2, [1]p.; 28 cm.

Dirección General de Estadística
- V [Quinto] censo ejidal, 1970: manual para el llenado del cuestionario de datos municipales de ejidos y comunidades agrarias. México, 1970. 8p., specimen forms; 28 cm.

- V [Quintos] censos agrícola-ganadero y ejidal, 1970: encuesta especial sobre rendimientos y precios medios. México, 1972. [24], 139 p.; 22 x 27 cm.
    CV/U-1

- Censo ejidal, 1970: directorio de ejidos y de comunidades agrarias. México, 1972. [iii], 196p.
    CV/U-1

- Datos básicos: V censos agrícola-ganadero y ejidal, 1970. México, 1973. 56 leaves; 29 cm.
    BT/U-5; CV/U-1

- Unidades de medida regional: V censos agrícola-ganadero y ejidal, 1970. México, 1973. 209p.; 29 cm.
    BT/U-5

- V [Quintos] censos agrícola-ganadero y ejidal, 1970: resumen general abreviado. México, 1975. xi, [8], 53 leaves; 27 cm.
    LO/U-3

- V [Quintos] censos agrícola-ganadero y ejidal, 1970: resumen general. México, 1975 [i.e. 1976]. lxix, 364p.; 28 cm.
    BT/U-5; LO/N99; LO/U-3

- V [Quinto] censo ejidal, 1970: resumen especial. México, 1976. 2 v.; 28 cm.
    Vol. 1. 295p.
    Vol. 2. 335p.

- V [Quintos] censos agrícola-ganadero y ejidal, 1970. México, 1975 [i.e. 1975-1976]. 32 v.; 28 cm.
    Aguascalientes. lxxi, 116p.
        LO/U-3
    Baja California. lxxi, 112p.
        LO/U-3
    Baja California Territorio.
        lxix, 118p.
        LO/U-3
    Campeche. lxix, 116p.
        LO/U-3
    Chiapas. lxix, 452p.
    Chihuahua. lxix, 328p.
        LO/U-3
    Coahuila. lxix, 228p.
        LO/U-3

Colima. lxix, 122p.
LO/U-3
Distrito Federal. lxix, 130p.
LO/U-3
Durango. lxxi, 216p.
LO/U-3
Guanajuato. lxix, 262p.
LO/U-3
Guerrero. lxix, 348p.
LO/U-3
Hidalgo. lxix, 388p.
Jalisco. lxix, 546p.
BT/U-5
México. lxix, 534p.
BT/U-5
Michoacán. lxix, 526p.
Morelos. lxix, 206p.
LO/U-3
Nayarit. lxix, 150p.
LO/U-3
Nuevo León. lxix, 254p.
BT/U-5; LO/U-3

Oaxaca. lxix, 346p.
Puebla. lxix, 780p.
BT/U-5
Querétaro. lxix, 146p.
LO/U-3
Quintana Roo. lxix, 112p.
LO/U-3
San Luis Potosí. lxix, 300p.
LO/U-3
Sinaloa. lxix, 144p.
LO/U-3
Sonora. lxix, 320p.
LO/U-3
Tabasco. lxxi, 146p.
LO/U-3
Tamaulipas. lxix, 224p.
LO/U-3
Tlaxcala. lxix, 228p.
Veracruz. lxix, 782p.
BT/U-5
Yucatán. lxix, 362p.
Zacatecas. lxix, 308p.

1971

Censo Comercial (6)

Dirección General de Estadística
- VI [Sexto] censo comercial, 1971, datos de 1970: resumen general. México, 1975. xlix, 668, 10p.; 28 cm.
BT/U-5; LO/N-1; LO/N99; LO/U-3

1971

Censo Industrial (9)

Dirección General de Estadística
- IX [Noveno] censo industrial, 1971: datos básicos preliminares, información referente a 1970. México, 1972. 35 leaves; 22 cm.
BT/U-5

- Avance al resumen general del IX censo industrial, 1971, datos de 1970. México, 1973. 169p.; 28 cm.
BT/U-5

- IX [Noveno] censo industrial, 1971: resumen general. México, 1973 [i.e. 1974].
2 v.; 28 cm.
	T.1. Información referente a 1970 por actividades industriales. xliv, 472p.
	BT/U-5; CC/U-1; CV/U-1; LO/N-1; LO/N99; LO/U-3
	T.2. Información referente a 1970 por entidades federativas. xliv, 685p.
	BT/U-5; CC/U-1; CV/U-1; LO/N-1; LO/N99; LO/U-3

- IX [Noveno] censo industrial, 1971, datos de 1970: industrias extractiva y de transformación (excepto extracción y refinación de petróleo e industria petroquímica básica): principales características por entidad federativa, municipio y grupo de actividad. México, 1974. xxvi, 120p.; 28 cm
	LO/N-1; LO/N99; LO/U-3

- IX [Noveno] censo industrial, 1971, datos de 1970: industrias de extracción y refinación de petróleo, y petroquímica básica e industria de generación, transmisión y distribución de energía eléctrica para servicio público. México, 1974. 131p.; 23 x 29 cm.
	BT/U-5; LO/U-3

- IX [Noveno] censo industrial, 1971, datos de 1970: empresas de participación estatal y organismos descentralizados. México, 1974. xxviii, 94p.; 28 cm.
	CC/U-1; LO/U-3

1971

Censo de Servicios (6)

Dirección General de Estadística
- VI [Sexto] censo de servicios, 1971, datos de 1970: resumen general. México, 1974. xxxiii, 528, 8p.; 28 cm.
	BT/U-5; LO/N-1; LO/N99; LO/U-3

- VI [Sexto] censo de servicios, 1971, datos de 1970: instituciones de crédito, organizaciones auxiliares e instituciones de seguros. México, 1974. 134p. ; 22 x 28 cm
	BT/U-5; LO/U-3

1971

Censo de Transportes (7)

Dirección General de Estadística
- VII [Séptimo] censo de transportes, 1971: datos de 1970. México, 1974 [i.e. 1975]. 453p.; 21 x 28 cm.
	BT/U-5; LO/N99; LO/U-3

1975

Censo Nacional de Caminos

Secretaría de Obras Públicas *and* Secretaría de Industria y Comercio
- Censo nacional de caminos: resumen general abreviado. México, 1975. xvi, 57p.; 28 cm.

1975

Censo de Recursos Humanos del Sector Público Federal

Comisión de Recursos Humanos
- Censo de recursos humanos del sector público federal: administración descentralizada y de participación estatal mayoritaria, 1975. [México, 1976.] 421p.; 28 cm.

1976

Dirección General de Estadística
- Muestra para evaluar la cobertura de los censos económicos nacionales, 1976. México, 1976. 40p.; 23 cm.

- Censos económicos nacionales, 1976. México, 1976. 52p.

1976

Censo Comercial (7)

Coordinación General de los Servicios Nacionales de Estadística, Geografía e Informática
- VII [Séptimo] censo comercial, 1976, datos de 1975: resumen general. México, 1980. 761p.; 28 cm.
    BT/U-5
- VII [Séptimo] censo comercial, 1976, a nivel entidad federativa, municipio y grupo de actividad: datos de 1975. México, 1981. 352p.; 28 cm.
    BT/U-5

MEXICO

1976

Censo Industrial (10)

Dirección General de Estadística
- X [Décimo] censo industrial, 1976: industria extractiva y de transformación, comercio y servicios: datos preliminares sujetos a rectificación, 1975. México,1976. 52p.

- X [Décimo] censo industrial: industrias extractiva y de transformación: avance de resultados por clase de actividad: datos referentes al año 1975. México, 1976. 6, 70p.; 28 cm.
    LO/N99

Coordinación General del Sistema Nacional de Información
- X [Décimo] censo industrial, 1976, datos de 1975: resumen general. México, 1979. 2 v.; 28 cm.
    T.1. 493p.
    BT/U-5; LO/N99; LO/U-3
    T.2. 933p.
    BT/U-5; LO/N99; LO/U-3

Coordinación General del Sistema Nacional de Información. Dirección General de Estadística
- X [Décimo] censo industrial, 1976, datos de 1975: industria extractiva y de transformación (excepto extracción y refinación de petróleo e industria petroquímica básica): principales características por entidad federativa, municipio y grupo de actividad. México, 1979. 367p.; 28 cm.
    BT/U-5; CC/U-1

- X [Décimo] censo industrial, 1976, datos de 1975: empresas de participación estatal y organismos descentralizados. México, 1979. 171p. 28 cm.
    BT/U-5; CC/U-1

- X [Décimo] censo industrial, 1976, datos de 1975: industrias de extracción y refinación de petróleo y petroquímica básica, industria de generación, transmisión y distribución de energía eléctrica para servicio público. México, 1980. 171p.; 22 x 28 cm.
    BT/U-5; CC/U-1

Coordinación General de los Servicios Nacionales de Estadística, Geografía e Informática. Dirección General de Estadística
- X [Décimo] censo industrial, 1976, datos de 1975: desglose de materias primas consumidas por clase de actividad. México, [1981]. 290p.; 28 cm.
    BT/U-5; CC/U-1

- X [Décimo] censo industrial, 1976, datos de 1975: desglose de productos obtenidos por clase de actividad. México, [1981]. 314p.; 28 cm.
  BT/U-5; CC/U-1

1976

Censo de Servicios (7)

Coordinación General del Sistema Nacional de Información
- VII [Séptimo] censo de servicios, 1976, datos de 1975: resumen general. México, 1978. liii, 723p.; 28 cm.
  BT/U-5; LO/U-3

- VII [Séptimo] censo de servicios, 1976, datos de 1975: instituciones de crédito, organizaciones auxiliares e instituciones de seguros. México, 1979 [i.e. 1980]. [233] leaves; 22 x 28 cm.
  BT/U-5

Coordinación General de los Servicios Nacionales de Estadística, Geografía e Informática. Dirección General de Estadística
- VII [Séptimo] censo de servicios, 1976, a nivel entidad federativa, municipio y grupo de actividad: datos de 1975. México, 1981. 310p.; 27 cm.
  BT/U-5

1976

Censo de Transportes (8)

Coordinación General del Sistema Nacional de Información. DirecciónGeneral de Estadística
- VIII [Octavo] censo de transportes y comunicaciones, 1976: datos de 1975. México, 1979. 470p.; 28 cm.
  BT/U-5

NETHERLANDS ANTILLES

After changing hands from one great power to another from the end of the fifteenth century onwards, the islands which form the Netherlands Antilles - Aruba, Bonaire and Curaçao (the Leeward Islands) and Saba, Sint-Eustatius and Sint-Maarten (the Windward Islands) - have been part of the Kingdom of the Netherlands since the early nineteenth century with their own separate government based on Curaçao from 1845. The name 'Netherlands Antilles' was introduced in 1948.

Although a Royal Decree of 1828 ordered a census to be taken in the Netherlands in 1829 and every ten years thereafter, no count was held for the Netherlands Antilles until 1930. No bibliographical details of the results of this census are available, although it is referred to in subsequent literature. A second census was scheduled for 1940 but never held.

It is unfortunate that the next census, held in the first week of 1961 to record the position as of 31st December 1960, only included five of the six islands of the group; Aruba had already been counted by a team led by Amos H. Hawley in June, 1960. This census and the later one for the other islands organised by the Statistiek- en Planbureau did not use the same criteria and methodology, thus making it difficult to collate and compare the results. The 1966 census only applied to the Windward Islands. A General Census was held, in 1972 with refined methodology and greater awareness of the value of detailed publication of the results.

[S. Roach]

LIST OF CONTENTS

1930

1960 VOLKSTELLING [POPULATION CENSUS]

1960 CENSUS [ARUBA]

1966 VOLKSTELLING BOVENWINDSE EILANDEN [POPULATION CENSUS OF THE WINDWARD ISLANDS

1971 EERSTE ALGEMENE VOLKSTELLING [GENERAL POPULATION CENSUS]

1930

No publications traced.

1960

Volkstelling [Population Census]

Statistiek - en Planbureau Nederlandse Antillen
- Volkstelling 1960. Population census 1960. Curaçao, Bonaire, St. Maarten, St. Eustatius en Saba. Willemstad, [1962]. 4 pt. in lv. (40, 110, 39, 47p.) 29 cm. With a summary in English.
BT/U-5; LO/N-1; LO/U-3; LV/U-1

1960

Census [Aruba]

Hawley, Amos H
- The population of Aruba. A report based on the census of 1960. [Oranjestad]: Lago Oil and Transport Co., [s.d.] [3], 41, [125]p.
   LV/U-1

1966

Volkstelling Bovenwindse Eilanden [Population Census of the Windward Islands]

VOLKSTELLING Bovenwindse Eilanden, 20 Februari 1966. Fort Amsterdam, Curaçao, [s.d.] [19]p. [Census of the Windward Islands only.]

1971

Eerste Algemene Volkstelling [General Population Census]

Bureau voor de Statistiek
- Eerste algemene volks- en woningtelling Nederlandse Antillen. Fort Amsterdam, [1974].
  D1. A. De uitkomsten van de volkstelling.
    1. Handleiding voor het raadplegen van de tabellen.
      BT/U-5; LV/U-1
    2. Uitkomsten Nederlandse Antillen totaal.
      BT/U-5; LO/N-1; LV/U-1

3. Uitkomsten Benedenwindse Eilanden.
   BT/U-5; LO/N-1; LV/U-1
4. Uitkomsten Eilandgebied Aruba.
   BT/U-5; LO/N-1; LV/U-1
5. Uitkomsten Eilandgebied Bonaire.
   BT/U-5; LO/N-1; LV/U-1
6. Uitkomsten Eilandgebied Curaçao.
   BT/U-5; LO/N-1; LV/U-1
7. Uitkomsten Bovenwindse Eilanden.
   BT/U-5; LV/U-1
8. Uitkomsten Eilandgebied Sint Maarten.
   BT/U-5; LO/N-1; LV/U-1
9. Uitkomsten Eilandgebied Sint Eustatius.
   BT/U-5; LV/U-1
10. Uitkomsten Eilandgebied Saba.
    BT/U-5; LO/N-1; LV/U-1

D1. B. De uitkomsten van de woningtelling.
2. Uitkomsten Nederlandse Antillen totaal.
3. Uitkomsten Benedenwindse Eilanden.
   LO/N-1
4. Uitkomsten Eilandgebied Aruba.
5. Uitkomsten Eilandgebied Bonaire.
6. Uitkomsten Eilandgebied Curaçao.
   LO/N-1
7. Uitkomsten Eilandgebied de Bovenwinden.
8. Uitkomsten Sint Maarten
   LO/N-1
9. Uitkomsten Sint Eustatius.
10. Uitkomsten Saba.
    LO/N-1

- Eerste algemene volks- en woningtelling Nederlandse Antillen. Deel 1. De werkgelegenheid op de Nederlandse Antillen ten tijde van de volks- en woningtelling 1972.
1.1. Algemene inleiding. Fort Amsterdam: Bureau voor de Statistiek, 1973. 46p.

NICARAGUA

A number of population estimates and enumerations were made for Nicaragua from as early as 1775. However, with the exception of a summary of the 1813 census results, no separate publication now appears to exist prior to the 1920 census report.

The first national census was that of 1920, and it was followed irregularly by other national censuses in 1940, 1950, 1963 and 1971. Doubts have been expressed about the validity of the earlier counts. The first to employ modern techniques was the census of 1950, and those prior to this date should be used with care.

Though the 1906 census reputedly included some data on business, livestock and the mining industry, the taking of other kinds of censuses appears largely to have begun in 1940 with the separate censuses of agriculture, commerce and buildings. Other censuses continued to be taken at irregular intervals in the 1960s and 1970s, while housing and agriculture were incorporated with the population censuses of 1963 and 1971.

[C. Travis]

NICARAGUA

LIST OF CONTENTS

1775, 1778, 1779, 1800

1813

1834

1845-1846

1867

1890?

1906

1920

1940 CENSO GENERAL DE POBLACION (1)

1940 CENSO AGRICOLA - GANADERO (1)

1940 CENSO COMERCIAL DE NICARAGUA (1)

1940 CENSO DE EDIFICIOS (1)

1950 CENSO GENERAL DE POBLACION DE LA REPUBLICA DE NICARAGUA (2)

1953 [COMMERCIAL AND INDUSTRIAL CENSUS] (1)

1957-1958 CENSO DE CAFÉ

1963 CENSOS NACIONALES: POBLACION (3), VIVIENDA, AGROPECUARIO

1964 [COMMERCIAL AND INDUSTRIAL CENSUS] (2)

1967 CENSO NICARAGUENSE DE LA EDUCACION SUPERIOR

1969 CENSO EXPERIMENTAL DE POBLACION

1970 CENSO DE CENTROS DE TRABAJO DE LA CIUDAD DE MANAGUA

NICARAGUA

1971 CENSO NACIONALES DE POBLACION Y VIVIENDA

1971-1980

1975 CENSO DE POBLACION EN AREAS URBANAS DEL PACIFICO

1975 [CENSUS OF INDUSTRY, COMMERCE AND SERVICES]

1775, 1778, 1779, 1800

Various population estimates and enumerations. No publications traced.

1813

Results summarized *in* :
Gonzalez Saravia, Miguel
- Bosquejo político estadístico de Nicaragua, formado en el año de 1823. Guatemala: Por Beteta, 1824. 23p.

1834

Census taken, but results not published.

1845-1846

No publications traced.

1867

No publications traced.

1890?

No publications traced.

1906

No publications located. Reputedly contained in bulletins published each month from July 1907.

1920

Oficina Central del Censo
- Censo general de 1920. Managua: Tip. Nacional, 1920. xx, 327p.
    LO/U19

1940

Censo General de Población (1)

Dirección General de Estadística
- Primer censo general de población, 1940: instructivo para empadronadores; interpretación de la botela de población. Managua: Tall. Nacionales. Ministerio de Hacienda y Crédito Público, 1940. 17p.

- Boletín mensual de estadística. Números 20 a 25, julio a diciembre, 1940. Preliminary figures on the population of provinces and capitals of provinces according to the 1940 census, p. 57-B.

- Población de Nicaragua, mayo de 1940. Managua, 1942. 16p.

- Población según edades y sexo (censo 1940). Managua: Ministerio de Hacienda y Crédito Público, 1942?. 16p.

1940

Censo Agrícola - Ganadero (1)

Oficina Central del Censo
- Primer censo agrícola-ganadero 1940: instructivo para enumeradores. Managua: Talleres Gráficos Perez, 1940. 32p.

1940

Censo Comercial de Nicaragua (1)

Dirección General de Estadística
- Primer censo comercial de Nicaragua, 1940: instructivo. Interpretación de la boleta. Managua: Tall. Nacionales; Ministerio de Hacienda y Crédito Público, 1940? 37p.
   LO/N-1

1940

Censo de Edificios (1)

Secretaría de la Gobernación
- Decreto ejecutivo orgánico de los censos 1940. Managua, 1940. 32p.
   LO/N-1

Dirección General de Estadística
- Primer censo de edificios: 18 de enero de 1940: cédula. Managua: Ministerio de Hacienda y Crédito Público, 1940. Forma 1-C.E.

- Censo de edificios, 18 de enero de 1940: resumen por departamentos y municipios. Urbano y rural. Managua: Ministerio de Hacienda y Crédito Pública, 1940? 16p.

- Primer censo industrial de Nicaragua, 1940: instructivo para proporcionar los datos a los empadronadores. Managua: Tall. Nacionales, 1940? 41p.

1950

Censo General de Población de la República de Nicaragua (2)

Dirección de Estadística y Censos
- Censo nacional de población, 31 de mayo de 1950: deberes e instructivos para empadronadores. Managua, [1950?] 20p.

- Resultados del censo nacional de población de 1950: cifras provisionales. Managua [1950]. 7p.

Dirección General de Estadística y Censo, Oficina Central de los Censos
- Resultados del censo nacional de población de 1950 (avance de las cifras definitivas). Managua, 1952. 20p.
   LO/U-3; XY/N-1 (microfilm)

Dirección General de Estadística y Censos
- Censo general de población de la República de Nicaragua, 1950. Informe general y cifras del Departamento de... . Managua, 1952-1954. Volume I-XVII.
   Vol. I.   Boaco. 1951. viii, 362 p.
      LO/N56; LO/U-3; XY/N-1 (microfilm)
   Vol. II.   Carazo. 1952. viii, 407p.
      LO/N56; LO/U-3; XY/N-1 (microfilm)
   Vol. III.   Chinandega. 1952. xi, 635p.
      LO/N56; XY/N-1 (microfilm)
   Vol. IV.   Chontales. 1953. xi, 425p.
      LO/N56; XY/N-1 (microfllm)
   Vol. V.   (Never published).
   Vol. VI.   (Never published).
   Vol. VII.   (Never published).
   Vol. VIII.   (Never published).
   Vol. IX.   (Never published).
   Vol. X.   Managua. 1952. vii, 367p.
      LO/U-3

Vol. XI.   (Never published).
Vol. XII.   (Never published).
Vol. XIII.   (Never published).
Vol. XIV.   (Never published).
Vol. XV.   (Never published).
Vol. XVI.   (Never published).
Vol. XVII. Informe general y cifras de la República de Nicaragua. 1954.
vi, 472, (3)p.
  LO/U-2

1953

[Commercial and Industrial Census] (1)

Data published *in*:
Dirección General de Estadística y Censos.
- Boletín de estadística, III época, No. 1, November 1955; no.2, April 1956; no. 7, June 1959.
  LO/N-1 (no.7); LO/U-2 (nos. 1 & 7)

1957-1958

Censo de Café

Dirección General de Estadística y Censos
- El café en Nicaragua, 1951-1961. Managua, 1961. xvii, 52p. map. 'La Dirección ... presenta esta nueva edición de los resultados del censo de café de 1957-58'.

1963

Censos Nacionales: Población (3), Vivienda, Agropecuario

Dirección General de Estadística y Censos
- Manual de instrucción al enumerador, censos 1963: vivienda, población, agropecuario. Managua, 1963. 55p.
- Censo 1963: cifras provisionales. Managua, 1963- .
  Boletín No.1. Cifras provisionales. 1963.
    LO/N-1; XY/N-1 (microfilm)
  Anexo del Boletín No.1, 1964.
    XY/N-1 (microfilm)

Boletín No.2. Viviendas (resultados de tabulación por muestreo). 1964. vii, 11p.
LO/N-1; XY/N-1 (microfilm)
Boletín No.3. Población (resultados de tabulación por muestreo). 1964. xviii, 18p.
XY/N-1 (microfilm)

Dirección General de Estadística
- Censo 1963: población y viviendas por munipios y comarcas; resumen. [Managua] : Ministerio de Economía, 1964. 104p.

Dirección General de Estadística y Censos
- Censos nacionales, 1963, población, vivienda, agropecuario. Managua, 1964- . 3 v in 9 pts.
  [1] Población.
     Vol. I. Población: características generales por departamentos y municipios. 1964. xxxvii, 118 p., folding maps.
     CC/U-1 (microfiche); CV/U-1; LO/U-3; XY/N-1 (microfilm)
     Vol. II. Población: características educacionales por departamentos y municipios. 1965. (6), xvi, (2), 239p.
     CC/U-1 (microfiche); CV/U-1; LO/U-3; XY/N-1 (microfilm)
     Vol. III. Características económicas de la población por departamentos y municipios. 1967. (4), xiii, (3), 137p.
     BT/U-5; XY/N-1 (microfilm)
     Vol. IV. Características demográficas detalladas de la población por departamentos y ciudades principales. 1967. (4), xxiv, (2), 160p.
     BT/U-5; XY/N-1 (microfilm)
     Vol. V. Características económicas detalladas de la población por departamentos y ciudades principales. 1967. (2), xiv, (2), 414p.
     BT/U-5; XY/N-1 (microfilm)
  [2] Vivienda.
     Vol. I. Características generales por departamentos y municipios. 1965. xxv, 224 p.
     BT/U-5; CV/U-1; LO/N-1; LO/U-3
     Vol. II. Material de construcción y servicio de las viviendas particulares por departamentos y municipios. 1965. xxxiv, 220p.
     CV/U-1; LO/U-3
     Vol. III. Características detalladas de las viviendas particulares por departamentos y ciudades principales. xvii, 142p. 1966.
     BT/U-5; LO/U-3
  [3] Agropecuario.
     Vol. I. Características generales de las explotaciones agropecuarias por departamentos y municipios. 1966. xxxx. 159p.
     LO/U-3

- Estadísticas básicas del Departamento de Masaya. Managua, 1967. 'Las estadísticas básicas correspondientes al Departamento de Masaya, tienen como fuente principal el censo de 1963, encuestas posteriores, investigaciones directas y los trabajos realizados por diferentes instituciones del Gobierno'.

1964

[Commercial and Industrial Census] (2)

Same data sought as for 1953 census. Taken in 1965 for 1964. No reports published?

1967

Censo Nicaraguense de la Educación Superior

Universidad Nacional Autónoma de Nicaragua. Oficina de Planeamiento
- Censo nicaraguense de la educación superior, mayo de 1967. León, 1968. 324p.

1969

Censo Experimental de Población

Dirección General de Estadística y Censos
- Nicaragua, resultados del censo experimental de población, agosto 1969. San José, Costa Rica: UN Centro Latinoamericano de Demografía, 1972. 80p. (Serie AS - Centro Latinoamericano de Demografía, no. 17). [Experimental census, conducted in the municipios of Masatepe and Nandasmo in the Department of Masaya].
LO/N-1

1970

Censo de Centros de Trabajo de la Ciudad de Managua

Ministerio del Trabajo. Departamento de Estudios Económicos
- Censo de centros de trabajo de la ciudad de Managua (zona central): (comercio-industrias-servicios). Managua, 1970. 302 leaves.

NICARAGUA

1971

Censo Nacionales de Población y Vivienda

Dirección General de Estadística y Censos *and* Banco Central de Nicaragua. Departamento de Estudios Económicos
- Algunos aspectos relacionados con la planificación del censo nacional de población de 1971. Managua, 1970. 139p. [Includes objectives, tabulation programme, 1st draft, manuals of instructions and codification and punched card design].

Oficina Ejecutiva de Encuestas y Censos
- Manual de enumerador: censos nacionales 1971, vivienda, población, agropecuario. Managua, 1971. 96p.

Instituto Interamericano de Estadística. Secretaría General *(and)*
Organización de los Estados Americanos. Secretaría General
- 77 Programa del censo de América (COTA - 1970) [and] Nicaragua (censo de población y vivienda 20/4/71). Boletín estadística. Nov. 1971. [Reports on preliminary results of 1970 population censuses]. 4p.

Ministerio de Económica, Industria y Comercio *and* Banco Central de Nicaragua
- Censos nacionales de población y vivienda, 20 de abril de 1971: cifras preliminares. Boletín.
    No. 1. Población y vivenda: cifras preliminares, recuento manual. Oct.1971.
    No. 2. Agropecuario: cifras preliminares, recuento manual.
    No. 3. Población, tabulaciones preliminares en base de muestra. April 1972.
    No. 4. Vivienda: tabulaciones preliminares en base a muestra.

Ministerio de Economía, Industria y Comercio
- Tabulación y publicación de los resultados definitivos de los censos nacionales de población y vivienda de 1971. Managua, 1973. 9, [3] leaves. Cover title: Solicitud de asistencia financiera para la tabulación y publicación de los resultados definitivos de los censos nacionales de población y vivienda de 1971.

Oficina Ejecutiva de Encuestas y Censos
- Censos nacionales, 20 de abril de 1971: población. Managua, 1974. 4 vols.
    Vol.1. Características generales. 1974.
    Vol.2. Características educacionales. 1974.
    Vol.3. Características económicas. 1974.
    Vol.4. Población por municipios (Part 1) Características generales Part 1. 1975. Banco Central de Nicaragua, ix, 304p.

- Censos nacionales 1971, 20 abril de 1971: vivienda. (Managua), 1974. 592p.

- Censo nacional de vivienda, 20 de abril de 1971: existencia total de viviendas y características de la vivienda particular, a nivel nacional y departamental. Managua, 1974. 592p.

1971-1980

Oficina Ejecutiva de Encuestas y Censos
- Población de Nicaragua: compendio de las cifras censales y proyecciones por departamentos y municipios, años 1971-1980. Managua, 1977. 53p. (Boletín demográfico, no.1)
 ED/U-1

1975

Censo de Población en Areas Urbanas del Pacífico

Oficina Ejecutiva de Encuestas y Censos
- Censo de población en áreas urbanas del Pacífico, enero 1975: plan de organización y procedimiento. Managua, 1974. 25 leaves.

1975

[Census of Industry, Commerce and Services]

Same data requested as for 1953 census. No reports traced.

PANAMA

From 1821 to 1903 Panama formed part of Colombia (also known as New Granada and the Granadine Confederation). Over this period the area was named successively the Estado Libre del Istmo, the Departamento de Panamá, the Estado de Panamá (under the Colombian federalist constitution) and again the Departamento de Panamá. Statistical materials dating from these times can be found in the Colombia section, and are also usefully summarized in Juan Antonio Susto, *Censos panameños en el siglo XIX: legislación colombiana e istmeña, 1821-1903*. (Publ. en la Revista *Lotería*, 15). La Academia, 1960. Since 1903 both Panama and the Canal Zone have emulated the United States of America in producing a regular decennial census.

In the following list, censuses for the Republic of Panama are arranged chronologically by the year in which they were taken; Canal zone censuses follow in an appendix, under the same arrangement.

[R. A. McNeil]

LIST OF CONTENTS

PANAMA

1821-1903

1911 CENSO DE POBLACION (1)

1920 CENSO DEMOGRAFICO (2)

1930 CENSO DEMOGRAFICO (3)

1940 CENSO DE POBLACION (4)

1942 CENSO AGROPECUARIO

1943 CENSO AGROPECUARIO [PENONOME]

1945 CENSO AGROPECUARIO [HERRERA; LOS SANTOS]

1947 CENSO AGROPECUARIO [CHIRIQUI]

1948 CENSO AGROPECUARIO [VERAGUAS]

1950 CENSO NACIONAL DE POBLACION Y VIVIENDA (5)

1950 CENSO NACIONAL AGROPECUARIO (1)

1950 CENSO NACIONAL DE VIVIENDA (1)

1960-1963 CENSO NACIONAL DE POBLACION (6) Y DE VIVIENDA (2)

1961 CENSO AGROPECUARIO (2)

1962 CENSO NACIONAL INDUSTRIAL, COMERCIAL Y DE SERVICIOS (1)

1966 CENSO NACIONAL DE TRANSPORTE TERRESTRE (1)

1970-1972

1970 CENSO DE POBLACION (7) Y DE VIVIENDA (3)

1971 CENSO AGROPECUARIO (3)

1972 CENSOS ECONOMICOS (2)

1972 CENSO ELECTORAL (1)

1977 CENSO ELECTORAL (2)

LIST OF CONTENTS

CANAL ZONE

1904-1908

1912

1913/14-1920

1920 CENSUS OF THE UNITED STATES (14)

1930 CENSUS OF THE UNITED STATES (15)

1940 CENSUS OF THE UNITED STATES (16)

1950 CENSUS OF THE UNITED STATES (17)

1960 CENSUS OF POPULATION (UNITED STATES) (18)

1970 CENSUS OF POPULATION (UNITED STATES)

1970 CENSUS OF HOUSING (UNITED STATES)

PANAMA

1821-1903

For population counts in these years *see* Colombian list.

Susto, Juan Antonio
- Censos panameños en el siglo XIX: legislación colombiana e istmeña, 1821-1903. (Publ. en la Revista Lotería, 15). La Academia, 1960. 54p.
    LO/U-1; OX/U-1

1911

Censo de Población (1)

Dirección General de Estadística
- Primer censo de población de la República de Panamá: leyes y decretos sobre el censo de 1910. Panamá, 1910. 8p.

- Boletín del censo de la República de Panamá. Panamá. 1911. vii, 18p.

1920

Censo Demográfico (2)

Dirección General del Censo
- Censo demográfico de la provincia de ...   Boletín no. 1-6. Panamá, 1922-24.
    Boletín no. 1.   Panamá. 1922. 260p.
    Boletín no. 2.   Colón. 1922. 158p.
    Boletín no. 3.   Coclé. 1922. 126p.
    Boletín no. 4.   Herrera. 1922. 124p.
    Boletín no. 5.   Bocas del Toro. 1924. 92p.
    Boletón no. 6.   Los Santos. 1924. 105p.

1930

Censo Demográfico (3)

Dirección General del Censo
- 1930 Censo demográfico. Panamá, 1931. 2 vols.
    Vol. 1. 281, v p.
        LO/N56; LO/U-3
    Vol. 2. 280, v p.
        LO/N56

521

1940

Censo de Población (4)

Oficina del Censo
- Cuarto censo decenal de población: intrucciones a los empadronadores e inspectores. Panamá, 1940. xiii, 35p.

- Censo de población, 1940: informe preliminar. Panamá, 1943. 36., map, tables.

- Censo de población, 1940. Panamá, 1943-45. 10 vols [in 9]

Vol. 1. Provincia del Darién.
1943. 83p.
CA/U-1; LO/N-1; LO/U-3
Vol. 2. Provincia de Panamá.
1943. 211p.
CA/U-1; LO/N-1
Vol. 3. Provincia de Colón.
1943. 169p.
LO/N-1
Vol. 4. Provincia de Chiriquí.
1944. 181p.
LO/N-1
Vol. 5. Provincia de Coclé.
1944. 124p.
LO/N-1; LO/U-3
Vol. 6. Provincia de Veraguas.
1944. 183p.
LO/N-1
Vol. 7/8. Provincia de Los Santos y Provincia de Herrera.
1944. 242p.
LO/N-1; LO/U-3
Vol. 9. Provincia de Bocas del Toro. 1944. 10lp.
LO/N-1; LO/U-3
Vol. 10. Compendio general.
1945. 364p.
LO/N-1; LO/U-3

1942

Censo Agropecuario

Ministerio de Agricultura y Comercio
- Censo agro-pecuario 1942, por provincias y distritos. Panamá, 1943. 57p.

1943

Censo Agropecuario [Penonomé]

Ministerio de Agricultura y Comercio
- Censo agro-pecuario de Penonomé, diciembre de 1943. Panamá. 1944. p. 10-22 [Repr. from Revista de Agricultura y Comercio, año 3, no. 36]

Ministerio de Agricultura y Comercio e Industria. Sección de Economía.
- Censo agrícola-pecuario del distrito de Penonomé, diciembre 1943, por Juan Rivera Z., Ofelia Hooper, bajo la dirección de T.F. Corcoran. Panamá. 1945. 99p., maps.

1945

Censo Agropecuario [Herrera; Los Santos]

Ministerio de Agricultura, Comercio e Industrias.
- Censo agro-pecuario de la provincia de Herrera, diciembre 1945, levantado por la División de Economía Agrícola. Panamá, 1947. xvii, 167p.

- Censo agro-pecuario de la provincia de Los Santos, diciembre 1945. Panamá, [1948]. xiv, 196p., illus, maps.

1947

Censo Agropecuario [Chiriquí]

Ministerio de Agricultura, Comercio e Industrias.
- Censo agropecuario de la provincia de Chiriquí: instrucciones a los empadronadores. Panamá, 1946. 50p.

- Censo agropecuario de la provincia de Chiriquí, enero 6 de 1947. Panamá, [1948]. xii, 71p.
    LO/U-3

1948

Censo Agropecuario [Veraguas]

Ministerio de Agricultura, Comercio e Industrias.
- Censo agropecuario de la provincia de Veraguas, enero 1948: instrucciones a los empadronadores. Panamá, 1947. 51p.

[No further publications traced]

PANAMA

1950

Censo Nacional de Población y Vivienda (5)

Dirección de Estadística y Censo.
- Panama censos 1950. Panamá, 1950. 70p.

- Censos nacionales de 1950. Quinto censo nacional de población y vivienda: instrucciones a los empadronadores. Panamá, 1950. 53p.

- Censos nacionales de 1950. Informe general sobre preparación y ejecución de los censos. Panamá, 1953. xvi, 139p.
    LO/U-2

- Discrepancias de los límites de distrito. Censo de 1950. Panamá, 1953. v,79p.

- Censos nacionales de 1950. Quinto censo de población. Panamá, 1954-57. 6 vols.
    Vol. 1. Características generales. 1954. xxxvi, 331p.
        CC/U-1 (microfiche); LO/N-1; LO/N56; LO/U-2; LO/U-3,
    Vol. 2. Características educativas. 1954. xx, 299p.
        CC/U-1 (microfiche); LO/N-1; LO/N56; LO/U-2; LO/U-3
    Vol. 3. Características económicas. 1954. xxxiv, 247p.
        CC/U-1 (microfiche); CV/U-1; LO/N-1; LO/N56; LO/U-2; LO/U-3
    Vol. 4. Población indígena. 1954. xxvii, 83p.
        CC/U-1 (microfiche); LO/N-1; LO/N56; LO/U-2; LO/U-3
    Vol. 5. Población urbana. 1956. xxxv, 227p.
        CC/U-1 (microfiche); LO/N-1; LO/N56; LO/U-2; LO/U-3
    Vol. 6. Características de la familia. 1957. xxxii, 212p.
        CC/U-1 (microfiche); LO/N-1; LO/N56; LO/U-2; LO/U-3

1950

Censo Nacional Agropecuario (1)

Dirección de Estadística y Censo
- Primer censo nacional agropecuario, 10 de diciembre de 1950: unidades de medida. Panamá, [1950?]. ix, 12p.
    LO/U-3

- Primer censo nacional agropecuario, 10 de diciembre de 1950: resultados generales. Superficie sembrada de los principales cultivos. Producción agrícola e industrias domésticas. Productos animales: leche y huevos. Existencia de animales. Panamá, [1952]. 7p.
    LO/U-3

- Censos nacionales de 1950. Primer censo agropecuario. Panamá, 1954-57. 2 vols. [in 3].
   Vol. 1. Producción. 1954. xiv, 310p.
      CC/U-1; LO/N-1; LO/U-2; LO/U-3
      [Supp1.] Resumen de algunos cuadros del volumen segundo. 1954. 29 tables.
   Vol. 2. Características de las explotaciones: tamaño, tenencia, uso de la fuerza, etc. 1957. xxxv, 324p.
      CC/U-1; LO/N-1; LO/U-2; LO/U-3

1950

Censo Nacional de Vivienda (1)

Dirección de Estadística y Censo.
- Censos nacionales de 1950. Primer censo de vivienda. Panamá, 1956-? Vol.1-?
   Vol. 1. Características de la vivienda. 1956. xxvii, 408p.
      LO/U-2
   [No further volumes traced]

1960-1963

Censo Nacional de Población (6) y de Vivienda (2)

Dirección de Estadística y Censo.
- Cifras preliminares, sexto censo nacional de población y segundo de vivienda. Panamá, 1961. vi, 19p.
   LO/N-1; LO/N56

- Población de la República por provincia, distrito y cabecera de distrito y sus caseríos según sexo: censo de 1960. Panamá, 1962. [5]p.
   LO/N56

- Población de las cabeceras de distritos según sexo: censo de 1960. Panamá, 1962. [2]p.
   LO/N56

- Informe general sobre el levantamiento de los censos nacionales, 1960-62. Panamá, 1962-64. 7 vols. [in 8].
   Pt. 1. Ensayos censales: población, vivienda, agropecuario. 1962. xiii, 152p.
   Pt. 2. Cartografía censal: población, vivienda, agropecuario. 1962. vi, 32p.
   Pt. 3. Sexto censo de población y segundo de vivienda, 11 de diciembre de 1960. 1962. xii, 150p.
      LV/U-1

Pt. 4. Segundo censo agropecuario, 16 de abril de 1961. 1962. x, 104p.
LV/U-1
Pt. 5. Primer censo nacional industrial, comercial y de servicios, abril-julio de 1962. 1963. x, 74p.
Pt. 5. [suppl.] Primer censo de construcción y electricidad, segundo semestre de 1963. [1964]. vi, 34p.
BT/U-5; LV/U-1
Pt. 6. Tabulación: población, vivienda, agropecuario, industria, comercio, servicios. 1964. viii, 98p.
LV/U-1
Pt. 7. Resumen. 1964. xii, 69p.
LV/U-1

- Censos nacionales de 1960. Panamá, 1962-64. [5 pt.].
    Algunas características importantes de la población 11 de diciembre de 1960. [1962]. [6]p.
    LO/N-1; LO/N56; LO/U-2; LO/U-3
    Algunas características importantes de la vivienda panameña, 11 de diciembre de 1960. [1962]. [27]p.
    LO/N-1; LO/N56; LO/U-2; LO/U-3
    Algunas características importantes de los explotaciones agropecuarias:. segundo censo agropecuario, 16 de abril de 1961. [1962]. xix, 127p.
    Algunas características importantes de los establecimientos dedicados a industria manufacturera, comercio y servicios: primero censo nacional de industria, comercio y servicios, abril-julio de 1962. 1964. 1 leaf.
    Algunas características importantes de las actividades de construccio'n y producción y distribución de electricidad, año 1962. [1964]. [4]p.

- Sexto censo de población y segundo de vivienda, 11 de diciembre de 1960. 1962-65. Panamá. 9 vols. [in 10].
    Vol. 1. Lugares pobladas de la República. 1962. xiv, 313p.
    BT/U-5; LO/N-1; LO/N56; LO/U-2; LO/U-3
    Vol. 2. Ciudad de Panamá. 1963. xviii, 396p.
    BT/U-5; LO/N-1; LO/N56; LO/U-2; LO/U-3; LV/U-1
    Vol. 3. Ciudad de Colón. 1963. xviii, 294p.
    Vol. 3 [suppl.] Sectorización censal: ciudades de Panamá y Colón. 1964. xv, 98p.
    LO/N-1; LO/N56; LO/U-2; LO/U-3
    Vol. 4. Características generales. 1963. xxxii, 175p.
    LO/N-1; LO/N56; LO/U-2; LO/U-3
    Vol. 5. Características económicas. 1964. xxxiii, 446p.
    LO/U-3
    Vol. 6. Características educativas. 1964. ix, 204p.
    LO/N-1; LO/U-3
    Vol. 7. Características de la familia. 1964. xxviii, 317p.
    LO/U-2; LO/U-3

Vol. 8. Migración internal. 1965. xxviii, 75p.
   BT/U-5; LO/N-1; LO/U-2; LO/U-3; LV/U-8
Vol. 9. Población indígena. 1964. ix, 127p.
   LO/N-1; LO/U-2; LO/U-3

- Censos nacionales de 1960. Sexto censo de población y segundo de vivienda: compendio general de la población. Panamá, 1965. xxii, 149p.
   BT/U-5; LO/N-1; LO/N56; LO/U-2

- Segundo censo de vivienda, 11 de diciembre de 1960. Características de la vivienda. Panamá, [1965]. xxxiv, 226p.
   BT/U-5; CC/U-1; LO/N-1; LO/U-2; LO/U-3

1961

Censo Agropecuario (2)

Dirección de Estadística y Censo
- Segundo censo agropecuario, 16 de abril de 1961. Cifras preliminares. Panamá, [1962]. xi, 41p.
   LO/N-1; LO/U-3

- Censo nacionales de 1960. Segundo censo agropecuario, 16 de abril de 1961. Panamá, 1963-66. 4 vols.
Vol. 1. Producción agrícola. 1963. xxiv, 109p.
   LO/U-2; LO/U-3
Vol. 2. Producción pecuaria. 1964. xxviii, 127p.
   LO/N-1; LO/U-2; LO/U-3
Vol. 3. Características de las explotaciones agropecuarias. [1965]. xxv, 225p.
   CC/U-1; LO/N-1
Vol. 4. Compendio general agropecuario. 1966. xx, 127p.
   CC/U-1; LO/N-1; LO/U-2; LO/U-3

1962

Censo Nacional Industrial, Comercial y de Servicios (1)

Dirección de Estadística y Censo.
- Primer censo nacional industrial, comercial y de servicios, abril-julio de 1962. Panamá, 1966. 2 vols. [in 3].
  Vol. 1. Industria manufacturera, construcción y electricidad. 1966. xiii, 141p.
  LO/N-1; LO/U-2; LO/U-3
  Vol. 2. Comercio y servicios. 1966. xxviii, 96p.
  LO/N-1; LO/U-2; LO/U-3
  Vol. [3?]. Primer censo de construcción y electricidad, segundo semestre de 1963. [1967?]

1966

Censo Nacional de Transporte Terrestre (1)

Dirección de Estadística y Censo.
- Primer censo nacional de transporte terrestre. Panamá, 1969. xxxi, 11p.
  LO/N-1

1970-1972

Dirección de Estadística y Censo.
- Censos nacionales de 1970. Ensayos censales. Panamá, 1971-? Vol. 1-?
  Vol. 1. Población y vivienda. 1971. vi, 43p.
  Vol. 2. Censo agropecuario. 1971. v, 34p.
  [No further volumes traced].

- Censos nacionales de 1970. Informe metodológico sobre el levantamiento de los censos nacionales de 1970-1972 (1970-1976). Panamá, 1973-? 4 vols.
  Vol. 1. Séptimo censo de población y tercero de vivienda. 1973. 147p.
  Vol. 2. III censo agropecuario, 16 de mayo de 1971. 1975. vii, 79p.
  LO/N-1
  Vol. 3. II censo industrial, comercial y de servicios, electricidad y construcción. [1976?]. vii, 89p.
  BT/U-5; LO/N-1
  Vol. 4. Procesamiento de datos. [Not traced].

PANAMA

Figures from the 1970/72 and previous censuses are published in:

Dirección de Estadística y Censo.
- Compendio estadístico, provincia de .... Panamá, 1973. 9 vols.

Vol. 1. Bocas del Toro. 1973. 66p.
CC/U-1; LO/N-1

Vol. 2. Coclé. 1973. 93p
CC/U-1

Vol. 3. Colón. 1973. 99p.
CC/U-1

Vol. 4. Chiriquí. 1973. 145p.
CC/U-1

Vol. 5. Darién. 1973. 76p.
CC/U-1; LO/N-1

Vol. 6. Herrera. 1973. 91p.
CC/U-1; LO/N-1

Vol. 7. Los Santos. 1973. 102p.
CC/U-1; LO/N-1

Vol. 8. Panamá. 1973. 135p.
CC/U-1

Vol. 9. Veraguas. 1973. 149p.
CC/U-1

1970

Censo de Población (7) y de Vivienda (3)

Dirección de Estadística y Censo.
- Censos nacionales de 1970: VII de población, III de vivienda, 10 de mayo de 1970. Panamá, 1970-73. [5 pt.]
    Cifras preliminares. 1970. xi, 28p.
    Resultados generales. 1971. ix, 50p.
    Algunas características importantes de la población: avance de tabulaciones finales. 1971. viii, 23p.
    Algunas características importantes de la vivienda: avance de tabulaciones finales. 1971. viii, 23p.
    Resúmenes de tabulaciones finales. 1973. 1 leaf.
    CC/U-1; LV/U-1

- Séptimo censo de población, tercer censo de vivienda, 10 de mayo de 1970. Panamá, 1972-76. 6 vols [in 7].

Vol. 1. Lugares poblados de la República. 1972. xiii, 423p.
BT/U-5; CC/U-1; LO/N-1; LO/N56

Vol. 1 (anexo) Nomenclatura y localización de los lugares poblados de la República. 1972. p.424-542.
LO/N-1

Vol. 2. Características de la vivienda. 1973. xii, 481p.
BT/U-5; CA/U-1; CC/U-1; LO/N-1; LO/N56; LO/U-3; LV/U-1

Vol. 3. Compendio general de la población. 1975. xv, 404p.
BT/U-5; CA/U-1; LO/N-1; LO/N56; LO/U-3; LV/U-1

Vol. 4. Características generales, educativas, migración interna, fecundidad y hogares. 1975. xii, 215p.
   BT/U-5; CA/U-1; LO/N-1; LO/N56; LO/U-3; LV/U-1
Vol. 5. Características económicas. 1976. xv, 505p.
   BT/U-5; CA/U-1; LO/U-3
Vol. 6. Sectores censales de los distritos de Panamá, San Miguelito y Colón. 1976. xviii, 121p.
   BT/U-5; LO/U-3

1971

Censo Agropecuario (3)

Dirección de Estadística y Censo.
- Tercer censo agropecuario, 16 de mayo de 1971. Cifras preliminares. Panamá, xiii, 26p.
   LO/U-3

- Tercer censo agropecuario, 16 de mayo de 1971. Resultados generales (finales). Panamá, 1973. 1 leaf.
   CC/U-1; LV/U-1

- Tercer censo agropecuario, 16 de mayo de 1971. Panamá, 1974-? 5? vols.
   Vol. 1. Producción agrícola. [1974]. xiii, 242p.
      BT/U-5; CC/U-1; LO/N-1; LV/U-1
   Vol. 2. Producción pecuaria. [1974]. xiv, 139p.
      BT/U-5; CC/U-1; LO/N-1; LO/U-3; LV/U-1
   Vol. 3. Características de las explotaciones agropecuarias. [1976]. xvi, 475p.
      BT/U-5; CC/U-1; LO/N-1
   Vol. 4. Compendio general. [1978?]. xv, 129p.
      BT/U-5; CC/U-1; LO/N-1; LV/U-1
   Vol. 5. Regiones agropecuarias. [Not traced]

1972

Censos Económicos (2)

Dirección de Estadística y Censo.
- Censos nacionales de 1970. Segundos censos económicos, abril-septiembre de 1972. Panamá, 1976. 2 vols.
   Vol. 1. Industria manufacturera, construcción y electricidad. [1976]. x, 177p.
      BT/U-5; LO/N-1; LV/U-1
   Vol. 2. Comercio y servicios. [1976]. x, 104p.
      BT/U-5; LO/N-1

PANAMA

1972

Censo Electoral (1)

Dirección de Estadística y Censo.
- Primer censo electoral de Panamá, 16 de enero de 1972. Cifras preliminares (revisadas). Panamá, 1972. 24p.

1977

Censo Electoral (2)

Dirección de Estadística y Censo.
- Segundo censo electoral de Panamá, 21 al 28 de agosto de 1977. Panamá, [1978]. 28p.
   LO/N56; LO/N99; LO/U-3

PANAMA (CANAL ZONE)

CANAL ZONE

1904-1908

Partial censuses were taken in 1904, 1906 (of towns), 1907 (of rural districts) and 1908.
No reports traced.

1912

United States. Isthmian Canal Commission
- Census of the Canal Zone, February 1, 1912. Mount Hope: C.Z.I.C.C. Press, Quartermaster's Department, 1912. 15p.

1913/14-1920

Annual police censuses were taken.
No reports traced.

1920

Census of the United States (14)

United States. Bureau of the Census.
- Fourteenth census of the United States, taken in the year 1920. Reports. Washington: Government Printing Office, 1921-23.
    Vol. 1. Population: number and distribution of inhabitants. 1921. 695p.
        [Panama Canal Zone: table 4, p. 680-691].
        LO/N56; LO/U-3; LO/U19; OX/U-9
    Vol. 3. Population: composition and characteristics of the population 1922. 1253p. [Panama Canal Zone: p. 1239-1253].
        LO/N56; LO/U-3; LO/U19; OX/U-9

The relevant materials contained in these volumes are also published in:
United States. Bureau of the Census.
- Panama Canal Zone: population. 13p.
    LO/N-1

- [Another issue] 14p. [includes map].
    LO/N-1

1930

Census of the United States (15)

United States. Bureau of the Census.
- Fifteenth Census of the United States: 1930. Washington: Government Printing Office, 1931-34. 32 vols.
  Population. Vol. 1. Number and distribution of inhabitants. Total population for states, countries, townships or other minor civil divisions; for urban and rural areas; and for cities and other incorporated places. 1931. iv, 1268p. [Panama Canal Zone: p. 1245- 1248].
  LO/N56; LO/U-3; LO/U19; OX/U-9
  Outlying territories and possessions. Number and distribution of inhabitants, composition and characteristics of the population, occupations, unemployment and agriculture. 1932. iv, 338p. [Panama Canal Zone: p. 319-388].
  LO/N-1; LO/U-3
  Abstract of the fifteenth census of the United States. 1933. viii, 968p. [Panama Canal Zone: p. 968].
  LO/N-1; LO/U-3

The relevant materials contained in these volumes are also published in:

United States. Bureau of the Census
- Fifteenth census of the United States: 1930. Population bulletin. First series. Panama Canal Zone: number and distribution of inhabitants. 1930.
  LO/N-1; LO/U-3

- Fifteenth census of the United States: 1930. Population. Final bulletin. Panama Canal Zone: composition and characteristics of the population, occupation and unemployment. 1931. 16p.
  LO/U-3

1940

Census of the United States (16)

United States. Bureau of the Census.
- Sixteenth census of the United States: 1940. Population. Washington:. Government Printing Office, 1942-43. 4 vols [in 17].
  Volume I: Number of inhabitants. 1942. vi, 1236p. [Panama Canal Zone: p.1215-1218].
  LO/N56; LO/U-3; OX/U-9
  First series. Number of inhabitants: American Samoa, Guam, the Panama Canal Zone and the Virgin Islands. 1942, p. 9-12
  LO/N-1; LO/U-3

- Sixteenth census of the United States: 1940. Panama Canal Zone, population: characteristics of the population. Washington: Government Printing Office, 1941. 28p.
    LO/N-1; LO/U-3

1950

Census of the United States (17)

United States. Bureau of the Census.
- A report of the seventeenth decennial census of the United States. Census of population: 1950. Washington: Government Printing Office, 1952-55.
    Vol. 1. Number of inhabitants. Pt. 51-54: Territories and possessions. 1952. Various pagings. [Panama Canal Zone: p. 54-4 to 54-5].
    LO/N-1; LO/U-3; OX/U-9
    Vol. 2. Characteristics of the population. Pt. 51-54: Territories and possessions. 1954. Various pagings. [Panama Canal Zone: p. 54-19 to 54-35].
    LO/N-1; LO/N56; LO/U-3; OX/U-9

- Population of American Samoa, Canal Zone, Guam and the Virgin Islands of the United States (detailed statistical area). Washington: Government Printing Office, 1952. 6p.

1960

Census of Population (United States) (18)

United States. Bureau of the Census.
- Census of population: 1960. The eighteenth decennial census of the United States. Washington: Government Printing Office, 1961-?
    Vol. 1. Characteristics of the population: Pt. A, Number of inhabitants. Total population counts for the U.S., states, outlying areas, urban and rural, etc. 1961. Various pagings. [Panama Canal Zone: p. 57-1 to 57-3].
    LO/N56; LO/U-3; OX/U-9
    Vol. 2. Characteristics of the population: number of inhabitants, general population characteristics, general social and economic characteristics, detailed characteristics. Pt. 54-57: Outlying areas. 1961. Various pagings. [Panama Canal Zone: p.57-1 to 57-36].
    LO/N-1; LO/N56; LO/U-3; OX/U-9

PANAMA (CANAL ZONE)

The relevant materials contained in these volumes are also published in:

United States. Bureau of the Census.
- U.S. census of population: 1960. Washington: Government Printing Office, 1960-61.
    Final report PC(1)-57A. Number of inhabitants, Canal Zone: total for cities, SMSAs, counties, urban and rural, etc. vii, p.57-1 to 57-4.
    LO/N-1; LO/U-3; OX/U-9
    Final report PC(l)-57B. General population characteristics, Canal Zone: data on age, race, household relationships, sex, marital status. 1961. xvi, p.57-5 to 57-36.
    LO/N-1; LO/N56; LO/U-3; OX/U-9

1970

Census of Population (United States)

United States. Bureau of the Census.
- Census of population: 1970. Volume 1. Characteristics of the population. Washington: Government Printing Office, 1971-73. Various pagings.
    PC(1)-A. Number of inhabitants. Pt. 54-58: Guam, Virgin Islands, American Samoa, Canal Zone, Trust Territory of the Pacific Islands. 1971.
    LO/N56; LO/U-3
    PC(1)-B. General population characteristics. Pt. 54-58: Guam, Virgin Islands, American Samoa, Canal Zone, Trust Territory of the Pacific Islands. 1972.
    LO/U-3

1970

Census of Housing (United States)

United States. Bureau of the Census.
- 1970 census of housing. Washington: Government Printing Office, 1972. Various pagings.
    HC(1)-A. General housing characteristics. Pt. 54-58: Guam, Virgin Islands, American Samoa, Canal Zone, Trust Territory of the Pacific Islands. 1972.
    LO/U-3

PARAGUAY

For reasons connected with the historical circumstances of Paraguay no very satisfactory census was taken until the population census of 1950. A population census for 1785 was published by Félix de Azara in his *Geografía física y esférica de las provincias del Paraguay, y misiones guaraníes* (Montevideo: Talls. A. Barreiro y Ramos, 1904) and Azara also published a table of cities, towns and parishes in Paraguay together with the population, in Chapter 16 of *Voyages dans l'Amérique Méridionale...depuis 1781 jusqu'en 1801...* (Paris, 1809). There is a long series of population estimates, going back as far as 1536 and extending to 1886, which are summarised in the *Anuario estadístico de la República del Paraguay* for 1886. This issue of the *Anuario* also summarises the results of the first national census taken on 1st March 1886 in order to establish the size of the legislature. This 1886 census, however, seems to have been incomplete, since its results were not accepted by the officials.

The problem of determining the population of Paraguay is of particular historical importance for the nineteenth century when assessing the demographic effects on the country of the War of the Triple Alliance of 1865-1870. The losses in this war were certainly considerable, but the *Anuario* estimates would put them as high as a million in a population given as 1,300,000 before the war.

Fortunately there is an unpublished census ordered in 1845 by the Dictator, Carlos Antonio López, and carried out in 1846-7, plus some other census material for adjoining years, contained in the Archivo Nacional, which gives more adequate information. Olinda Massare de Kostianovsky and John Hoyt Williams have worked separately on this material and estimated a fall in population to c.231,000 (Massare de Kostianovsky's estimate for 1861) from a pre-war population of between only 372,543 to 574,850 (Williams' estimate) - still a very high percentage loss.

Population data remained unreliable until the mid twentieth century, for while there was a census taken in 1899-1900 no publications nor official references for this can be discovered. An electoral census only was taken in 1917, and an agricultural census in 1927. In 1930 there was an attempt to secure authorization for a census but this failed. The next population census attempt was in 1936-37, but the revolution of 1936 hindered this, and as only preparatory publications and laws relating to this can be located it is not clear whether it was ever completed. (Vital statistics based on a Civil Registry system were being published and could be used as a possible source of information on population but detailed tabulations were mostly available only for Asunción.) Only agricultural and family censuses were taken for the 1940s.

In 1950 the population and housing census was finally established on a regular pattern with a population census now being held every decade. Population censuses were taken in 1950, 1962, 1972. Similarly, industrial and economic censuses were now started, with an industrial census in 1955 and 1963, and an economic census in 1963. Agricultural censuses were also taken more frequently.

[G. Shaw]

PARAGUAY

LIST OF CONTENTS

1785

1846

1866

1899

1917 CENSO ELECTORAL

1927 PRIMER COMPUTO CENSAL COMPLETO DE LA ESTADISTICA AGRICOLA Y SECTORES ECONOMICOS DE LA PRODUCCION

1936 CENSO DE POBLACION

1942-1944 CENSO DE AGRICULTURA

1945 CENSO FAMILIAL

1950-1956

1950 CENSO DE POBLACION (1) Y VIVIENDA

1955 CENSO INDUSTRIAL (1)

1956 CENSO AGROPECUARIO

1956 CENSO DEL PERSONAL ASEGURADO EN EL INSTITUTO DE PREVISION SOCIAL DEL PARAGUAY

1961 CENSO AGROPECUARIO

1962 CENSO DE POBLACION (2) Y VIVIENDA

1963 CENSOS ECONOMICOS

1964 CENSO DE LAMBARE

1964 CENSO DE POBLACION Y VIVIENDA DE FERNANDO DE LA MORA

1964 CENSO DE SAN LORENZO

PARAGUAY

1966 CENSO AGROPECUARIO

1972 CENSO NACIONAL DE POBLACION (3) Y VIVIENDA

1975 CENSO DE LAS INDUSTRIAS MADERERAS

1785

Azara, Félix de
- Geografía física y esférica de las provincias del Paraguay, y misiones guaraníes. Compuesta por Don Félix de Azara ... Capitán de Navio de la Real Armada. En la Asunción del Paraguay. Año de MDCCXC. (Manuscrito en la Biblioteca Nacional de Montevideo). Bibliografía, prólogo y anotaciones por Rodolfo R. Schuller. Montevideo: [Talls. A. Barreiro y Ramos], 1904. cxxxii, 478 p. 3 pl., port., VI maps (part fold.) 5 plans (1 fold.) 3 fascim., 2 fold tab. 25 x 19 cm. (Anales del Museo Nacional de Montevideo ... Sección histórico-filosófica. t.1)
'Descripción general' section, p. 442-443 'Población de los partidos y pueblos de la provincia del Paraguay en dic. de 1785'. 1 table. This gives the population by partidos and pueblos, sex and racial composition.
CA/U-3; LO/N-1

1846

The Archivo Nacional, Sección Nueva Encuadernación, holds the unpublished data for a population census carried out in each partido of Paraguay in 1846. There are 20,000 pages of documents. Other more limited censuses for militia or tax purposes were undertaken in succeeding years. 1846 material for 73 of the 89 partidos is in the Archive and census material for 15 of the other 16 exists for the following years:
- 1838: San Joaquín, Pilar, Paraguarí
- 1844: Caacupé
- 1845: Quiindí, San Lorenzo, Villeta, San Roque
- 1847: Yuti, San Salvador
- 1848: Lambaré, Pirayú
- 1849: Itá, Atirá
- 1858: Guarambaré

There seems to be no data for Itacurubí.

Williams, John Hoyt
- Observations on the Paraguayan census of 1846 *in* Hispanic American Historical Review, 56(3), 1976. p. 424-437. Tables.
Reviews the results of the 1846 census and its methodology. Includes population tables and a list of the volume numbers in the Archivo for each partido. Williams also gives a population projection for 1864 of between 372,543 and 574, 850.
(*See* 1886 entry for other post-war projection figures)
CA/U-1; CC/U-1; CV/U-1; ED/N-1; GL/U-1; LO/N-1; LO/U-1; LO/U-2; LO/U-3; LO/U19; LO/U23; LV/U-1; MA/U-1; OX/U-1

Massare de Kostianovsky, Olinda
- Historia y evolución de la población en el Paragúay *in* Población, urbanización y recursos humanos en el Paraguay, [por] Raul Mendoza A. [et a1.], D.M. Rivarola [y] G. Heisecke, editores. (2. ed. Asuncion): Centro Paraguayo de Estudios Sociológicos, (1970). 263p. illus., map. 24 cm.

Olinda Massare de Kostianovsky was the only author to have worked on the 1846 census figures before Williams, and this article incorporates some of her findings. She also gives an informed guess of 231,000 for the population in 1872, after the war of Triple Alliance of 1865-1870. (*See* 1886 entry for other post-war projection figures)
    LO/N-1; LO/U-1; LO/U-3

1886

Oficina General de Estadística
- Anuario estadístico de la República del Paraguay, año 1886. Libro primero del anuario. Asunción: Fischer y Quell, 1888. viii, 275p. (Section: Cuadros del censo general de la República).

The introductory section on the history of Paraguay presents a graph 'Cuadro comparativo del aumento de la población, desde el año 1536 hasta el año 1886, apparently based on estimates made in 1536, 1775, 1828, 1852, 1857, 1861, 1872 and 1886. According to this, the population, less than 100,000 in 1536, increased to 1,300,000 in 1861, and was reduced to about 231,000 in 1886. (*See* 1846 entry for other post-war projection figures) Ch. II, p. 41-64, summarises early estimates of population. It, together
with the final section of the yearbook, p. 212-265, summarises the results of the census of March 1, 1886. Data are given for 37 parts of the country.
Vital statistics are included.
    LO/N-1

1899

The census was taken but no reports were published. A summary of total population figures is given in the census report of 1960 (q.v.)

1917

Censo Electoral

Dirección General de Estadística
- Censo electoral. Elecciones ordinarias de senadores y diputados verificadas el 4 de marzo de 1917. Asunción: Tall. Gráf. del Estado, 1917. 44p. 26 cm.
    LO/N-1

PARAGUAY

1927

Dirección de Agricultura y Defensa Agrícola
- Primer cómputo censal completo de la estadística agrícola y factores económicos de la producción; tierra-población-valor de propiedad-costa del bracero-mercados y cotizaciones-fletes y transporte. Organizado por primera vez bajo la dirección inmediata de Guillermo Tell Bertoni. Asunción: La Colmena, 1927. 32p. 24½ cm. [Head of title: Foll no. 35. República del Paraguay. Ministerio de Hacienda. Dirección de Agricultura Ley no. 672, Boletín no.2]

1936

Censo de Población

Dirección General de Estadística
- Censo de 1936: métodos y procedimiento. Material usado en el levantamiento del censo de población. Adquirido con motivo de la encuesta que el Instituto Interamericano de Estadística realizó sobre métodos y procedimientos de los censos en las naciones americanas, 1944.

- [Censo de población]. Memoria de la Dirección General de Estadística ... año 1935. 1937. p. 6-23.
   LO/N-1

- Censo de población. Memoria de la Dirección General de Estadística ... año 1936. 1938. p.7-14.
   LO/N-1

- Censo de población. Memoria de la Dirección General de Estadística ... ano 1937. 1939. p.7-13. [Exposition and report on 1936 census]
   LO/N-1

- Censo de población, Decreto no. 2120 de 18 de junio de 1936. Que declara carga pública para todos los ciudadanos del país los trabajos del censo de población. Asunción, junio 1936. 3p. Mimeografiado.

- Decreto no. 60.287 de 21 de 1936. 3 Noviembre de 1935. Que faculta a la Dirección General de Estadística a proceder al levantamiento del censo de población de la República. Asunción, noviembre 1935. 1p. Mimeografiado.

- Ley no 1.509 de 1° de noviembre de 1935. Por la que se autoriza al poder ejecutivo a invertir hasta 10.000.000 - de pesos de curso legal en la formación del censo de la República. Asunción, noviembre 1935. 1p. Mimeografiado.

[No publications located for actual 1936 census.]

1942-1944

Censo de Agricultura

Ministerio de Agricultura. Instituto de Asuntos Inter-americanos
- 1948: censo de agricultura del Paraguay con datos para los años 1942-43 y 1943-44. [Asunción]: Servicio Técnico Inter-Americano de Cooperación Agrícola, 1948. 272p.
OX/U16

1945

Censo Familiar

CENSO familiar: cédula. Departamento de Caraguatay, Partido de Piribebuy. Asunción?: La Colmena, S.A., 1944? [sic]. 1p. [Schedule of a family census taken in the district of Piribebuy in 1945 in connection with a nutrition survey made by the Food Supply Division of the Office of Inter-American Affairs].

1950-56

Dirección General de Estadística y Censos
- Boletín estadístico del Paraguay. Año 1, no. 1; enero/marzo 1957- . Asunción: Imp. Nacional, 1957- . quarterly. Includes the results of the population census of 1950, of the industrial census of 1955 and of the agricultural census of 1956. Frequency varies: 1957-1958 quarterly; 1959- three times a year; 1962- two issues a year. Most issues in combined form. Jan./June 1968- volume and issue numbering omitted.
LO/N-1 1(3), 1957-; LO/U-3 1(2), 1957

1950

Censo de Población (1) y Vivienda

Dirección General de Estadística y Censos
- Censo de población y vivienda de 1950. Asunción: n.p., 1950.

- Censo de población y viviendas del 28 de octubre de 1950. Asunción, 1954. 26 1. illus. 33 cm.

- Censo de población y vivienda, 1950. [Cuadros referentes al país en su totalidad.] *In*: Anuario estadístico de la República del Paraguay, 1948-1953.

Cap. II. Población y viviendas. Asunción: El Arte, S.A., 1955. p. 20-38.
    LO/U-2

- Censo nacional de población y vivienda, 1950. Asunción: Ministerio de Hacienda, 1953. 3 vols.

- Censo nacional de población y viviendas, 28 octubre 1950. Asunción, 1953-1955. [Boletín informativo] 17v.

Departamento I, Concepción.
    1953. 24p.
    LO/U-3
Departamento II, San Pedro.
    1953. 26p.
    LO/U-3; XY/N-1 (microfilm)
Departamento III, Las Cordilleras.
    1953. 26p.
    LO/U-3; XY/N-1 (microfilm)
Departamento IV, Guairá.
    1954. 26p.
    LO/U-3
Departamento V, Caaguazú.
    1954. 24p.
    LO/U-3; XY/N-1 (microfilm)
Departamento VI, Caazapá.
    1954. 24p.
    LO/U-3; XY/N-1 (microfilm)
Departmento VII, Itapúa. 1954.
    LO/U-3; XY/N-1 (microfilm)
Departamento VIII, Misiones.
    1954. 26p.
    LO/U-3; XY/N-1 (microfilm)
Departamento IX, Paraguarí.
    1954. 27p.
    LO/U-3; XY/N-1 (microfilm)

Departamento X, Alto Paraná.
    1955. 25p.
    LO/U-3
Departamento XI, Central.
    1955. 27p.
    LO/U-3
Departamento XII, Ñeembucú.
    1955. 27p.
    LO/U-3
Departmento XIII, Amambay.
    1955. 25p
    LO/U-3
Departamento XIV, Presidente
    Hayes. 1954. 26p.
    LO/U-3; XY/N-1 (microfilm)
Departamento XV, Boquerón.
    1954. 26p.
    LO/U-3; XY/N-1 (microfilm)
Departamento XVI, Olimpo.
    1954. 25p.
    LO/U-3; XY/N-1 (microfilm)
Departamento XVII, Ciudad de
    Asunción. 1955. 36p.
    LO/U-3

- Censo de población: Tetagua y Yopapamba. Asunción, 1950. Año 1, junio-agosto, 1950, no. 1-3.
    No. 1. Nuestro propósitos. Junio de 1950. 8p.
        XY/N-1 (microfilm)
    No. 2. Voces de aliento. Julio de 1950. 8p.
        XY/N-1 (microfilm)
    No. 3. [No title]. Agosto de 1950. 16p.
        XY/N-1 (microfilm)

- Censo de población y viviendas, 1950; cuadros generales [y] comentario analítico. Asunción, 1962. 26, [24]p. diagrs., tables. 29 cm. At head of title: Ministerio de Hacienda. Dirección General de Estadística y Censos.

- Resumen definitivo de la población del Paraguay, por sexos: Asunción y departamentos: datos obtenidos en el censo de población y viviendas del 28 de octubre de 1950. Asunción, marzo de 1954. 7 leaves (Pages not numbered). 28 cm. Duplicated.
    LO/N-1; LO/U-3

- Resumen definitivo de la población del Paraguay, urbana y rural: Asunción y departamentos. Datos obtenidos en el censo de población y viviendas del 28 de octubre de 1950. Asunción, 1954. 13p. 28 cm.

Secretaria Técnica de Planificación
- Evaluación de los censos de población levantados en la República del Paraguay en 1950 y 1960. (Estudio demográfico). Asunción, 1965. 52p. (Estudio demográfico, 1).

See also 1950-1956.
Dirección General de Estadística y Censos
- Boletín estadístico del Paraguay....

1955

Censo Industrial (1)

Comisión Nacional del Primer Censo Industrial del Paraguay, 1955
- Paraguay: primer censo industrial. Asunción, 1958. 224p. 24 cm. At the head of title: Ministerio de Industria y Comercio.
    BT/U-5; LV/U-1

Ministerio de Industria y Comercio
- Primer censo industrial. Asunción, 1958. 221p. (chiefly tables). 24 cm. Microfiche (negative). 5 sheets 11 x 15 cm.
    LO/U-3

See also 1950
Dirección General de Estadística y Censos
- Boletín estadístico del Paraguay....

1956

Censo Agropecuario

Ministerio de Agricultura
- Censo agropecuario, 1956. Resultados preliminares del censo agropecuario. 1956. [Asunción]: Imp. Nacional, 1957- .
    Diciembre 1957. 30p.
        LO/U-3
    Diciembre 1958. 2a publicación. 24p.
        LO/U-3
    Julio 1959. 3a publicación. 28p.
        LO/U-3

Ministerio de Agricultura y Ganadería
- Censo agropecuario, 1956. Asunción, 1961. xxiii, 697p. illus., maps. 28 cm.
    BT/U-5

See also 1950
Dirección General de Estadística y Censos
- Boletín estadístico del Paraguay....

1956

Censo del Personal Asegurado en el Instituto de Previsión Social del Paraguay

Dirección General de Estadística y Censos
- Censo del personal asegurado en el Instituto de Previsión Social del Paraguay: 1956 *in* Boletín Estadístico del Paraguay. Asunción: Imp. Nacional. Vol. 1, no.3, julio/septiembre, 1957. p.34-40.
    LO/N-1; LO/U-3

1960

See 1950
Secretaria Técnica de Planificación
- Evaluación de los censos de población levantados en la República del Paraguay en 1950 y 1960....

1961

Censo Agropecuario

[Ministerio de Agricultura y Ganadería.]
- Censo agropecuario 1961. Asunción: n.p., 1964.

- Censo agropecuario por muestreo, 1961. Asunción, 1964. 46p. maps. 28 cm.
At head of title: Centenario de la Epopeya Nacional 1864-1870. [Also heading: Comisión Nacional del Censo Agropecuario.]

1962

Censo de Población (2) y Vivienda

Dirección General de Estadística y Censos
- Datos preliminares del censo de población y vivienda de 1962 obtenidos por medio de muestra. Asunción, 1964. 23p. 23 x 34 cm.
    XY/N-1 (microfilm)

- Datos preliminares del censo de población (1964), y vivienda de 1962.

- Censo de población y vivienda de 1962: cifras provisionales. Asunción, [1963]. 2p.
    XY/N-1 (microfilm)

Table 3. Población y vivienda urbana y rural en 1962 y variación intercensal urbana (cifras provisionales). [Asunción], 1963. 6p.
    XY/N-1 (microfilm)

- Censo de población y vivienda de 1962. Asunción: n.p., 1962.

- Censo de población y vivienda, 14 de octubre de 1962: Asunción. Asunción, 1965. 85p. 27 cm. [There is also a microfilm edition.]

- Censo de población y vivienda, 14 de octubre de 1962. Asunción, 1966. 56p. 28 cm. At head of title: Centenario de la Epopeya Nacional 1864-1870.
    BT/U-5; LO/U-3; LV/U-1; XY/N-1 (microfilm)

- Censo de población y vivienda, 14 de octubre de 1962. [Total país]. Asunción, 1966. [59]p.

- Censo de población y vivienda 14 de octubre de 1962. Asunción, 1964-1965. 17v.

1. Concepción.	10. Alto Paraná.
2. San Pedro.	11. Central.
3. Cordillera.	12. Ñeembucú.
4. Guairá.	13. Amambay.
5. Caaguazú.	14. Presidente Hayes.
6. Caazapá.	15. Boquerón.
7. Itapúa.	16. Olimpo.
8. Misiones.	17. Asunción. 1965. 85p.
9. Paraguarí.	

Servicio Nacional de Erradicación del Paludismo
- Población según censo nacional de 1.962 y cómputos de población y viviendas para 1970/elaborados por SENEPA, por departamentos y distritos. Asunción, [1970]. 3,6 leaves (1) leaf of plates; map; 27 cm. 'julio 1970' cover. Chiefly statistical tables.

1963

Censos Económicos

Ministerio de Industria y Comercio
- Censos económicos. Asunción: n.p., 1963. 281p.
    BT/U-5; LV/U-1

- Censos económicos, 1963, Paraguay. [Asunción], 1966- . v. 27 cm. [Departamento de Estadística y Censos also used as heading].

Ministerio de Industria y Comercio. Departamento de Estadística y Censos
- Censo industrial del Paraguay, 1963; resultados preliminares de la República por Departamento. Sujeto a rectificaciones. Asunción, 1965. 51 leaves. 21 x 36 cm.

- Censo industrial del Paraguay; resultados preliminares, sujetos a rectificaciones. [Asunción], 1965. 33p. 27 cm. Contents: Totales de la República. Totales por Departamentos.

1964-

Asunción. Universidad Nacional. Facultad de Arquitectura
- Censo de Lambaré. Asunción: n.p., 1966.

- Censo de población y vivienda de Fernando de la Mora. Asunción: n.p., 1967.

- Censo de San Lorenzo. Asunción: n.p., 1964.

1966

Censo Agropecuario

Ministerio de Agricultura y Ganadería
- Censo agropecuario por muestreo, 1966. Asunción, 1967. 60p.

1972

Censo Nacional de Población (3) y Vivienda

Dirección General de Estadística y Censos
- Censo nacional de población y vivienda, 1972: formulario. Asunción: Ministerio de Hacienda, 1972. 4p.

- Información sobre el censo de población y vivienda. Asunción, 1972. 7p.

- Censo nacional del Paraguay, 1972: cifras provisionales. [Asunción, Nov. 1972.] 32p.
    BT/U-5

- Censo nacional de población y viviendas, 1972 (cifras provisionales). [Asunción]: Ministerio de Hacienda, July 1973. 32p. illus. 27 cm. [Includes data on 1950, 1962 and 1972 population density, and total population by departments, urban and rural zones and sex. Also includes data on population of Asunción and of cities of over 5,000 and over 20,000 population.]

- Censo nacional de población y viviendas, 1972 (muestra del 10 por ciento). [Asunción]: La Dirección, Sept. 1974. ['Avance de los resultados finales'.] 56 p; tables; 28 cm.
    BT/U-5; LO/N-1; LO/N99; LO/U-2; LO/U-3

- Censo nacional de población y viviendas, 1972. [Asunción], 1975-. Cover title.
   Vol. 1. 1975. xxiii, 561p; ill; chiefly tables, 29cm.
   LO/U-3
   Vol. 2. De acuerdo a los departamentos creados en la nueva división territorial. 1976. iii, 290p. maps. 29 cm.

   Vol. 1 presents final census results, vol.2 completes vol.1 and presents results of that census affected by the internal boundary changes of administrative divisions decided in December 1972. In vol. 2 the relevant results are given according to the new departmental divisions.

1975

Censo de las Industrias Madereras

U.N. Food and Agricultural Organisation
- Censo 1975 de las industrias madereras del Paraguay. Asunción, 1976. 137p. (Informe técnico, n.2).

PERU

The Incas made frequent and detailed population censuses, recording the numbers on knotted multicoloured cords (*quipus*), a system still used in the Andes for nearly a century after the conquest.

Francisco Pizarro ordered the first colonial inspection (*visita*) and census in 1538. Relatively complete and accurate censuses were taken after 1570, with the purpose of counting the number of tribute-paying Indian workers. Many colonial censuses and estimates of the 17th and 18th centuries (including regional surveys by Intendants and valuable data from parish registers) have been reproduced in later compilations and secondary studies, but only the major censuses are listed in the text here. The censuses of 1795 and 1812 were almost entirely repetitions of the 1791 census (and even this last was not wholly original).

Constitutions of the first half of the 19th century provided for the departmental and municipal taking of population censuses. A Consejo Central Directiva, the first body of its kind in the country's post-Independence (1821-24) history, was created in 1848, but replaced in 1853 by a more professional Sección Estadística within the Ministerio de Gobierno and in 1873 by the Dirección de Estadística.

The first reasonably comprehensive national population census was taken in 1876. (The earlier 1836, 1850 and 1862 censuses still had primarily a taxation purpose.) The next national population census was not taken until 1940 (the 1938 housing census was used as a test census for this), although partial censuses were taken in various departments and provinces.

Peru did not take part in the 1950 'Census of the Americas'. The so-called sixth national population census (1961) was in fact the third, and was taken simultaneously with housing and agricultural censuses. Computerization was used for the first time. By now the Peruvian authorities had determined that censuses should be taken every ten years. Parallel population and housing censuses were carried out again in 1972.

The 1940, 1962 and 1972 censuses omitted, respectively, 7.5, 4 and 3.86 per cent of the population, mainly from the remote highland and jungle regions. The first two estimated the entire Indian population, the last estimated only jungle Indians.

[A. Biggins]

PERU

LIST OF CONTENTS

1570s LIBRO DE LAS TASAS DE LA VISITA GENERAL

1613 PADRON DE LOS INDIOS DE LIMA

1700 NUMERACION GENERAL DE LIMA

1750 SURVEY OF VICEROYALTY OF PERU

1741 CENSUS OF 1741

1777 IMPERIAL CENSUS OF SPANISH COLONIES

1791 ESTADO GEOGRAFICO DEL VIRREYNATO DEL PERU

1795 CENSUS OF 1795

1812 ESTADO DEL CENSO DEL VIRREINATO DEL PERU

1828 ELECTORAL CENSUS

1836 CENSUS OF 1836

1850 CENSUS OF 1850

1862 CENSO GENERAL DE LA POBLACION

1876 CENSO GENERAL DE LA REPUBLICA DEL PERU (1)

1902 CENSO ESCOLAR DE LA REPUBLICA PERUANA

1905 CENSO DE LA PROVINCIA CONSTITUCIONAL DEL CALLAO

1907 CENSO DE LA CIUDAD DE HUACHO

1907 CENSO DE LA CIUDAD DE HUARAS

1907 CENSO DE LA PROVINCIA DE YUNGAY

1908 CENSO DE LA PROVINCIA DE LIMA

1913 CENSO DEL CUZCO

1914 CENSO URBANO DE IQUITOS

1915 CENSO ESTADISTICO DE LA PROVINCIA LITORAL DE TUMBES

1918 CENSO DE AREQUIPA

1920 CENSO DE LAS PROVINCIAS DE LIMA Y CALLAO (1)

1928 CENSO DE LA CIUDAD DE HUANCAYO

1931 CENSO DE LAS PROVINCIAS DE LIMA Y CALLAO (2)

1933 CENSO ELECTORAL DE LA REPUBLICA

1935 CENSO DE POBLACION DE TACNA, CALANA, PACHIA

1940 CENSO NACIONAL DE POBLACION (2) Y OCUPACION

1940-1961-1972 RESULTADOS CENSALES DE 1940, 1961 y 1972

1948 CENSO MUNICIPAL DEL DISTRITO DE SAN ISIDRO

1955 CENSO INDUSTRIAL DEL PERU

1956 CENSO DE LAS BARRIADAS MARGINALES

1957 CENSO DEL ALUMNADO

1961 CENSO NACIONAL DE POBLACION (6, i.e. 3)

1961 CENSO NACIONAL AGROPECUARIO (1)

1961 CENSO NACIONAL DE VIVIENDA (1)

1940-1961-1972 RESULTADOS CENSALES DE 1940, 1961 y 1972

1963 CENSO NACIONAL ECONOMICO (1)

1964 CENSO DE GANADO DE ENGORDE - LIMA, CALLAO, ICA

1964 CENSO DE GANADO VACUNO - ICA

1964 CENSO DE RECURSOS HUMANOS DE SALUD

1966 CENSO DE POBLACION, VIVIENDA, ECONOMICOS: DISTRITO DE JESUS MARIA

1966 CENSO DE GANADO VACUNO - MOQUEGUA

1966 CENSO DE GANADO VACUNO - TACNA

1966 CENSO Y ENCUESTA SOCIAL DE PAMPLONA ALTA

1966-1968 ANALISIS CENSAL DE VIVIENDA

1967 CENSO DE POBLACION Y VIVIENDA DEL DISTRITO DE PUEBLO NUEVO-ABRIL

1967 CENSO DE GANADO VACUNO - AREQUIPA

1968 INFORMACION CENSAL SOBRE VIVIENDA DE 28 CIUDADES

1970 CENSO DE PUEBLOS JOVENES

1970 CENSO ESCOLAR

1972 CENSOS NACIONALES: DE POBLACION (7, i.e. 4), DE VIVIENDA (2)

1972 CENSO NACIONAL AGROPECUARIO (2)

1940-1961-1972 RESULTADOS CENSALES DE 1940, 1961 y 1972

1974 CENSOS NACIONALES ECONOMICOS (2)

1974 CENSO DE GRANJAS AVICOLAS - LIMA

1974 CENSO DE KIOSKOS Y PUESTOS DE MERCADOS

1976 CENSO DE VENDEDORES AMBULANTES

1570s

Libro de las Tasas de la Visita General

Toledo, Francisco de
- Tasa de la visita general de Francisco de Toledo / Introd. y versión paleográfica de Noble David Cook. Lima: Universidad Nacional Mayor de San Marcos, Dirección Universitaria de Biblioteca y Publicaciones, 1975. xliii, 341p. (Seminario de historia rural andina)
  CA/U-1; LO/N-1; LO/U25

1613

Padrón de los Indios de Lima

Contreras, Miguel de
- Padrón de los índios de Lima en 1613/Introd. de Noble David Cook. Transcripción paleográfica de Mauro Escobar Gamboa. Lima: Universidad Nacional Mayor de San Marcos, 1968. xv, 547p. (Seminario de historia rural andina)
  LO/N-1; LO/U-1; LV/U-1

1700

Numeración General ... de Lima

NUMERACION general de todas las personas de ambos sexos, edades y calidades q' se ha echo en esta ciudad de Lima, año 1700. Ed. facsimilar. Lima: Corporación Financiera de Desarrollo, Oficina de Asuntos Culturales, 1985.
  CC/U-1

1741

Census of 1741.

1750

Survey of Viceroyalty of Peru.

1777

Imperial census of Spanish colonies, 1776. Local census also taken in Peru. Single publication not traced.

1791

Estado Geográfico del Virreynato del Perú

Census of 1791, carried out for Viceroy Gil de Taboada y Lemos by the Inspector General, Jorge Escovedo. Extract *in*: Rubén Vargas Ugarte (ed.), Biblioteca peruana. Vol. 2: Manuscritos peruanos del Archivo de Indias. Lima, 1938, p.370-71.
   LO/N-1; LO/U19

1795

Census of 1795, prepared between 1791 and 1795, for Viceroy Gil de Taboada y Lemos. In: Manuel Atanasio Fuentes (ed.), Memorias de los virreyes que han gobernado el Perú, durante el tiempo del coloniaje español. Lima: F. Bailly, 1859. Vol. 6, App., p.6-9.
   GL/U-1; LO/N-1; LV/U-1

1812

Estado del Censo del Virreinato del Perú

Imperial census of colonies. Local census (the Abascal census) also taken in Peru. Single publication not traced.

1828

Electoral Census

Electoral census. Results not published?

1836

Census of 1836. Published as an appendix to two annual almanacs:

Paredes, José Gregorio
- Calendario y guía de forasteros de Lima para el año de 1837. Lima, 1837, p.115-16. [Northern departments.]

Carrasco, Eduardo
- Calendario y guía de forasteros de la República Peruana. 1842. Lima, 1842, p.29. (Another version, less complete and also contradictory in parts, in the 1841 Calendario y guía.) [Southern departments.]

1850

Census of 1850. *In*: El Peruano, vol. 23, no.37 (Lima, 4 May 1850), p.144.

[1862]

Censo General de la Población

Ley orgánica dada por el Congreso de 1860, prescribiendo el modo de formar el registro cívico y el censo general de la población. Callao : Imp. del chaleco de Gómez y Aparicio, 1861. 8p.

Census of 1862. *In*: Mariano Felipe Paz Soldán, Diccionario geográfico estadístico del Perú... Lima: Imp. del Estado, 1877.
  LO/N-1; OX/U-1

1876

Censo General de la República del Perú (1)

Dirección de Estadística
- Resumen del censo general de habitantes del Perú hecho en 1876. Lima: Imp. del Estado, 1878. 1 leaf, [v]-x, 854p., 1 leaf.

- Censo general de la República del Perú formado en 1876. Lima : Imp. del Teatro, 1878. 7 vols.
    T. I. Departamentos de Ancash y Amazonas. xlvii, 808p.
        LV/U-1; OX/U-1 (microfilm)
    T. II. Departamentos de Apurímac y Arequipa. 746p.
        LV/U-1; OX/U-1 (microfilm)
    T. III. Departamentos de Ayacucho y Cajamarca. 869p.
        LV/U-1; OX/U-1 (microfilm)
    T. IV. Departamentos del Callao, Cuzco y Huancavelica.
        LV/U-1
    T. V. Departamentos de Huánuco, Ica, Junín, Lambayeque y Libertad. 1104p.
        LV/U-1; OX/U-1 (microfilm)
    T. VI. Departamentos de Lima, Loreto y Moquegua. 713p.
        LV/U-1; OX/U-1 (microfilm)
    T. VII. Departamentos de Piura, Puno, Tacna, Tarapacá y Apéndice. 1022 p. Resumen general de la República [62p., at end].
        LV/U-1; OX/U-1 (microfilm)

1902

Censo Escolar de la República Peruana

Dirección de Educación Primaria
- Censo escolar de la República Peruana correspondiente al año 1902. Lima: Imp. Torres Aguirre, 1903. xii, 582p. At head of title: Dirección de Primera Enseñanza.

1905

Censo de la Provincia Constitucional del Callao

Dirección de Estadística *and* Dirección de Salubridad Pública
- Censo de la provincia constitucional del Callao, 20 de junio de 1905. Lima: Imp. y librería de San Pedro, 1906. 4 leaves, 11, 241p. 'Publicación oficial del Ministerio de Fomento.'
    LV/U-1

1907

Censo de la Ciudad de Huacho

Dirección de Estadística *and* Dirección de Salubridad Pública
- Censo de la ciudad de Huacho, 11 de octubre de 1907. Edición oficial. Lima: Tip. de 'El Perú', Rcdo Flores y Cía, 1908. vi, 52p.

1907

Censo de la Ciudad de Huaras

Dirección de Estadística *and* Dirección de Salubridad Pública
- Censo de la ciudad de Huaras, 17 de julio de 1907. Ed. oficial. Lima : Tip. de 'El Perú', Rcdo Flores y Cía, 1908. vii, 54p.

[1907]

Censo de la Provincia de Yungay

Cisneros, César
- Censo de la provincia de Yungay. *In*: Boletín de la Sociedad Geográfica de Lima, vol.21 (trimestre cuarto, 1907).
    LO/N-1

1908

Censo de la Provincia de Lima

Dirección de Salubridad Pública
- Censo de la provincia de Lima (26 de junio de 1908). Lima: Imp. de 'La Opinión Nacional, 1915. 2 vols. 'Publicación del Ministerio de Fomento.'
    LO/N-1; LO/N56

[1913]

Censo del Cuzco

Giesecke, Albert Anthony
- Censo del Cuzco. *In*: Boletín de la Sociedad Geográfica de Lima, vol. 29 (1913).
    ED/S-1; LO/813

[1914]

Censo Urbano de Iquitos

Herrera, Genaro
- Censo urbano de Iquitos. *In*: Boletín de la Sociedad Geográfica de Lima, vol.30 (trimestre primero, trimestre segundo, 1914).
    LO/S13

[1915]

Censo Estadístico de la Provincia Litoral de Tumbes

Flores, M.D.
- Resumen del censo estadístico de la provincia litoral de Tumbes, levantado por el prefecto coronel ... *In*: Boletín de la Sociedad Geográfica de Lima, vols 31, 32 (1915, 1916).
    ED/S-1; LO/S13

[1918]

Censo de Arequipa

Rivero, Alberto
- Censo de Arequipa. *In*: Boletín de la Sociedad Geográfica de Lima, vol.34 (1918).
    ED/S-1; LO/S13

1920

Censo de las Provincias de Lima y Callao (1)

Dirección de Estadística
- Resúmenes del censo de las provincias de Lima y Callao levantado el 17 de diciembre de 1920. Lima: Imp. Torres Aguirre, 1921. vii, 200, iv p. On cover: Censo de Lima y Callao, 1920. At head of title page: Ministerio de Fomento.
    LO/U-3; OX/U16

- Resumen del censo de las provincias de Lima y Callao levantado el 17 de diciembre de 1920. Lima: Imp. Americana, 1927. xviii, 307, ix p. At head of title page: Ministerio de Hacienda.
    LO/U-3

[1928]

Censo de la Ciudad de Huancayo

Huancayo. Colegio Nacional de Santa Isabel de Huancayo
- Censo de la ciudad de Huancayo. *In*: Boletín de la Sociedad Geográfica de Lima, vol.45 (trimestre primero, 1928).

1931

Censo de las Provincias de Lima y Callao (2)

Lima (Department). Junta departamental de Lima pro-desocupados
- Censo de las provincias de Lima y Callao levantado el 13 de noviembre de 1931. Lima: Imp. Torres Aguirre, 1931 [1932]. 318p.
    CC/U-1

[1933]

Censo Electoral de la República

Ministerio de Hacienda y Comercio. Dirección Nacional de Estadística. Servicio de Estadística Electoral
- Extracto estadístico y censo electoral de la República. Lima: Tall. de Linotipia, 1933. 1 leaf, vii, 1 leaf, 5-231p.
    LO/U-3; LV/U-1

1935

Censo de Población de Tacna, Calana, Pachía

Tacna (Department). Prefectura
- Censo de población de Tacna, Calana [y] Pachía, 1935. Tacna: Librería e Imp. 'La Joya Literaria', [1936]. vii, 80p. Cover title: Censo de población de la ciudad de Tacna y distritos Calana y Pachía, levantado el 22 de julio de 1935. 'Censo forestal y animal de la campiña', p.67-70.
    LV/U-1

1940

Censo Nacional de Población (2) y Ocupación

Censo de población y ocupación. Ley No.8695 y su reglamentación. (Texto oficial.) Lima: Imp. Americana, 1938. 16p.

Dirección Nacional de Estadística. Comisión Central del Censo. [Asesoría Técnica]
- Los maestros del Perú y el censo de población y ocupación. (Cartilla de orientación docente.) Lima: Imp. Torres Aguirre, 1938. 48p.

- Lo que nos dirá el censo de población y ocupación: 10 charlas para los niños del Perú. Lima: [Imp. Americana], 1938. 24p.

- --. 2. ed. Lima: [Servicio de publicaciones y propaganda del censo], 1939. 1 leaf, [3]-28p. ([Censo general de población y ocupación], no.2).

- Censo de población y ocupación. 1939. El problema de las razas y las cédulas de empadronamiento. Evolución etnográfica de la población de la ciudad de Lima desde 1614 a 1931, por E.E. Lassus Arévalo. Lima, 1939. 4p.

- El censo y los problemas sanitarios. [Lima: Servicio de publicaciones y propaganda], 1939. 38p. (Censo general de población y ocupación. Ley No. 8695, no.12).
    LO/N-1

- El empadronamiento general de la población; guía para los maestros y demás colaboradores del plan censal. Lima: Sanmartí & Cía, 1939. 1 leaf, 63p. (Censo general de población y ocupación. Ley No.8695, no.7).

- --. 2. ed. 1940. (Ley No.8695 de 1938).

- Instrucciones al empadronador para el empleo de la cédula de familia. Lima: Imp. Americana/Servicio de publicaciones y propaganda del censo, 1939. 1 leaf, ix, 3-26p. (Censo general de población y ocupación. Ley No. 8695, no.8).
    LO/N-1

- --. 2. ed. 1940. 23p.

- Instrucciones para el empadronamiento de colectividades. Lima: Servicio de publicaciones y propaganda del censo, 1939. 19p. (Censo general de población y ocupación. Ley No.8695, no.9).
    LO/N-1

- --. 2. ed. 1940.

- Las ocupaciones típicas de los peruanos a través del Censo de 1939. Ser. 1. Lima, 1939. 32p.
　　LO/N-1

- ¿Por qué se hace el censo de población y ocupación? Lima: Servicio de publicaciones y propaganda, 1939. 48p. (Censo general de población y ocupación. Ley No.8695, no.11).
　　LO/N-1

- ¿Qué es el censo y para qué sirve? Lima: [Servicio de publicaciones y propaganda], 1939. (Censo general de población y ocupación. Ley No. 8695, no.4).

- --. 2. ed. 1939.

- Disposiciones legales para el censo de 1940. Lima: Servicio de publicaciones y propaganda del censo, 1940. 16p. (Censo general de población y ocupación. Ley No.8695, no.15).

- Guía para el jefe de la familia. Lima: [Servicio de publicaciones y propaganda], 1940. 16p. (Censo general de población y ocupación. Ley No.8695, no.14).

- ¿Qué es el Perú? Lima: Servicio de publicaciones y propaganda de la Asesoría Técnica, 1940. 1 leaf, 11-14p., 1 leaf.

- Censo nacional de población, 9 de junio de 1940: métodos y procedimientos. Lima, 1944.

Ministerio de Hacienda y Comercio. Dirección Nacional de Estadística. Departamento de Censos
- Censo nacional de población y ocupación de 1940 : primer informe. Lima, 1941. 3, 63 leaves.

- Censo nacional de 1940 : resultados generales. Primer informe oficial. Lima, 1941. 2 leaves, [3]-68, [2]p.

- --. 2. ed. 1940. (Ley No.8695 de 1938).

- Censo nacional de población y ocupación, levantado el 9 de junio de 1940, siendo presidente de la República el doctor Manuel Prado. [N.p., n.d.] CC, 77p.

- Censo nacional de población, 9 de junio de 1940. Cuadros estadísticos del primer volumen. Lima: Imp. Torres Aguirre, 1943. 496p.

- Censo nacional de población y ocupación 1940. Lima: Imp. Torres Aguirre, 1944-49. 9 vols. Vols 2-9 have title : Censo nacional de población de 1940.
    Vol. I. Resúmenes generales. 1944. cc, 673, [3]p.
    CA/U-1; LO/N-1; LO/U-3; LO/U19; LV/U-1; OX/U-1
    Vol. II. Departamentos : Tumbes, Piura, Cajamarca. [N.d.] xxviii, 48, xvi, 92, xviii, 122p.
    CV/U-1; LO/U-3; LO/N-1; LV/U-1; OX/U-1
    Vol. III. Departamentos : Lambayeque, La Libertad, Ancash. [N.d.] xxx, 65, xviii, 110, xviii, 151p.
    CV/U-1; LO/N-1; LO/U-3; LO/U19; LV/U-1; OX/U-1
    Vol. IV. Departamentos : Huánuco, Junín. [N.d.] xxviii, 93, xv, 135p.
    CV/U-1; LO/N-1; LO/U-3; LO/U19; LV/U-1; OX/U-1
    Vol. V. Departamento de Lima, Ciudad de Lima, Provincia constitucional del Callao. [N.d.] xlvi, 222, xx, 56p.
    CV/U-1; LO/N-1; LO/U-3; LO/U19; LV/U-1; OX/U-1
    Vol. VI. Departamentos : Ica, Huancavelica, Ayacucho. [N.d.] xxviii, 75, xvi, 93, xvi, 129p.
    CV/U-1; LO/N-1; LO/U-3; LO/U19; LV/U-1; OX/U-1
    Vol. VII. Departamentos : Arequipa, Apurímac, Moquegua, Tacna. [N.d.] xxxiv, 123, xvi, 94, xiv, 60, xiv, 62p.
    CV/U-1; LO/N-1; LO/U-3; LO/U19; LV/U-1; OX/U-1
    Vol. VIII. Departamentos : Cuzco, Puno. [N.d.] xxxii, 168, xviii, 204p.
    CV/U-1; LO/N-1; LO/U-3; LO/U19; LV/U-1; OX/U-1
    Vol. IX. Departamentos : Loreto, Amazonas, San Martín, Madre de Dios. [N.d.] xxxii, 91, xvi, 76, xvi, 81, xiv, 54p.
    CV/U-1; LO/N-1; LO/U-3; LO/U19; LV/U-1

- Estado de la instrucción en el Perú según el censo nacional de 1940 (informe especial). Lima: Imp. Torres Aguirre, 1942. 67p. (Ley No.7567).
    LO/N-1; OX/U-1

Arca Parró, Alberto
- Census of Peru, 1940... *In*: The Geographical Review (New York), vol.XXXIII, no.1 (January 1942), p.1-20. [Includes maps of (a) density and percentage by departments; (b) distribution of population by sex, departmental ratio of women to men.]
    CA/U-1; GL/U-1; LO/U-1; LO/U-2; OX/U-1 [etc.]

1940-1961-1972

Resultados Censales de 1940, 1961, y 1972

Oficina Nacional de Estadística y Censos
- Resultados censales de 1940, 1961 y 1972. Lima, 1972.

1948

Censo Municipal del Distrito de San Isidro

Grau Zavala, Graciela
- El censo municipal del Distrito de San Isidro. *In*: Estadística Peruana, vol.4, no.6 (marzo 1948), p.91-96.
    LO/N-1

1955

Censo Industrial del Perú

Sociedad Nacional de Industrias
- Censo industrial del Perú. Registro industrial, inscripción y reinscripción de todos los establecimientos industriales. Lima: Librería e Imp. Gil, S.A., 1955.

1956

Censo de las Barriadas Marginales

Censo de las barriadas de Lima, Arequipa y Chimbote. *In*: José Matos Mar (ed.), Urbanización y barriadas en América del Sur. (Recopilación de estudios realizados entre 1956 y 1966.) Lima: Instituto de Estudios Peruanos, 1968, p.39-152.
    CC/U-1; LO/U-1; OX/U-1

[1957]

Censo del Alumnado

Lima. Universidad de San Marcos. Comisión Coordinadora de la Reforma
- Censo del alumnado. Lima: Oficina Central Ejecutiva, 1957 [i.e., 1958]. 190p. (Estudio de la realidad universitaria, 1).

1961

Censo Nacional de Población (6, i.e. 3)

Instituto Nacional de Planificación. Dirección Nacional de Estadística y Censos
- Resultados preliminares del censo de población de 1961. Lima: Ministerio de Hacienda y Comercio, 1962. [8], 101p.

- Sexto censo nacional de población y primero de vivienda, 2 de julio de 1961. Principales resultados obtenidos por muestreo. Lima, 1963. 3 leaves, viii, 39p.

- Sexto censo nacional de población, levantado el 2 de julio de 1961: resultados finales de primera prioridad. Lima: Talls. Gráficos de la Dirección Nacional de Estadística y Censos, 1964. 1 leaf, xxviii, 4, 331, [2]p.
    LO/N-1; LO/U-3

- Censos nacionales de población, vivienda y agropecuario, 1961. Lima:. Talls. Gráfs. de la Dirección Nacional de Estadística y Censos, 1962-73. Vols I-VI in 33 vols. (Resultados de los censos nacionales, v.)
    Volumen I. Resultados del VI censo nacional de población. Tomos I-V. 1965-66.
        Tomo I. Características generales de la población. Cuadros comparativos. Distribución geográfica. Edad y sexo. Lugar de nacimiento. 1965. xxiii, 289p.
            LO/N-1; OX/U-1; OX/U16
        Tomo II. Migración. Nacionalidad legal. Estado conyugal. Religión. Fecundidad. 1965. 162p.
            BT/U-5; LO/N-1; LV/U-1; OX/U-1; OX/U16
        Tomo III. Idiomas. Alfabetismo. Asistencia escolar. Nivel de educación. xix, 286p.
            LO/N-1; LV/U-1; OX/U-1; OX/U16
        Tomo IV. Características económicas. xxviii, 350p.
            LO/N-1; OX/U-1; OX/U16
        Tomo V. Usos y costumbres locales. Incapacidades físicas y mentales. Algunas características de la familia. xiv, 126p.
            BT/U-5; LO/N-1; LV/U-1
    Volumen II. Resultados del primer censo nacional de vivienda. 2 tomos. 1964-64 [?1965-66].
        Tomo I. Condición de ocupación. Tipo de vivienda. Número de ocupantes. Tenencia. Número de cuartos. Materiales de construcción. vi, 306p.
        Tomo II. Servicios : de agua, higiénicos, baño y alumbrado. Combustible de cocina. Artefactos del hogar. Alquileres. Viviendas colectivas. xvi, 343p.
    Volumen III. Resultados del primer censo nacional agropecuario. [N.d.] xxvii, 145, [l]p.
    Volumen IV. Resultados departamentales del censo. Departamento de .... Lima: Ministerio de Hacienda y Comercio, Dirección Nacional de Estadística y Censos (T. I-III), *later*: Oficina Nacional de Estadística y Censos (T. IV-XXIII), [1968]-76. 23 tomos.
        Tomo I. Amazonas. 1968. [10], 226, [3]p.
            BT/U-5; CC/U-1; LO/N-1; LO/U-3; LV/U-1
        Tomo II. Ancash. 1968. [14], 360, [7]p.
            BT/U-5; LV/U-1

Tomo III. Apurímac. 1968. [10], 212, [4]p.
BT/U-5; LO/N-1; LV/U-1
[The continuation of this series was issued by the Oficina Nacional de Estadística y Censos as: Censos nacionales de población, vivienda y agropecuario, 1961. Departamento de ...]:
   Tomo IV. Arequipa. [12], 272, [2]p.
   BT/U-5; LO/N-1; LV/U-1
   Tomo V. Ayacucho. 1969. [12], 250, [3]p.
   BT/U-5; CC/U-1; LO/N-1; LO/U-3; LV/U-1
   Tomo VI. Cajamarca. 1969.
   BT/U-5; LO/N-1; LV/U-1
   Tomo VII Cuzco 1970 [12], 308p.
   BT/U-5; LO/N-1; LO/U-3; LV/U-1
   Tomo VIII. Huancavelica. 1970. [12], 224p.
   BT/U-5; LO/N-1; LO/U-3; LV/U-1
   Tomo IX. Huánuco. 1970. [12], 239p.
   BT/U-5; LO/N-1; LV/U-1
   Tomo X. Ica. 1970. [10], 176, [3]p.
   BT/U-5; LO/N-1; LO/U-3; LV/U-1
   Tomo XI. Junín. 1970. [12], 254, [4]p.
   LO/N-1; LO/U-3; LV/U-1
   Tomo XII. La Libertad. 1971. [12], 231p.
   BT/U-5; LO/N-1; LO/U-3; LV/U-1
   Tomo XIII. Lambayeque. 1972. [12], 160, [3]p.
   LO/N-1; LO/U-3; LV/U-1
   Tomo XIV. Loreto. 1972. [10], 212, [3]p.
   LO/N-1; LO/U-3; LV/U-1
   Tomo XV. Madre de Dios. 1973. [12], 146, [3]p.
   LO/N-1; LO/U-3; LV/U-1
   Tomo XVI. Moquegua. 1973. [14], 142p.
   LO/N-1; LO/U-3; LV/U-1
   Tomo XVII. Pasco. 1973. [14], 154p.
   LO/N-1; LO/U-3; LV/U-1
   Tomo XVIII. Piura. 1974. [12], 222p.
   LO/U-3
   Tomo XIX. Puno. 1975. 268p.
   LO/N-1; LO/U-3
   Tomo XX. San Martín. [Not published?]
   Tomo XXI. Tacna. [Not published?]
   Tomo XXII. Tumbes. [Not published?]
   Tomo XXIII. Lima y Provincia Constitucional del Callao. 1973. [40], 312, [6], 313-431p.
   BT/U-5; CC/U-1; LO/N-1; LV/U-1
Volumen V. Análisis de los resultados censales. 1965-66. [Not published?]
Volumen VI. Normas y metodología seguida en los censos de 1961. [Not published?]

Instituto Nacional de Planificación. Dirección Nacional de Estadística y Censos
- Sexto censo nacional de población, primer censo nacional de vivienda, 2 de julio de 1961. Centros poblados. Lima: Talls. Gráfs. de la Dirección Nacional de Estadística y Censos, 1966. Tomos I-IV.
> Tomo I. Amazonas. Ancash. Apurímac. Arequipa. Ayacucho. ix, 472p.
> BT/U-5; LO/N-1; LV/U-1
> Tomo II. Cajamarca. Provincia Constitucional del Callao. Cuzco. Huancavelica. Huánuco. ix, 481p.
> BT/U-5; LO/N-1; LV/U-1
> Tomo III. Ica. Junín. La Libertad. Lambayeque. Loreto. Lima. Madre de Dios. Moquegua. ix, 375p.
> BT/U-5; LO/N-1; LV/U-1
> Tomo IV. Pasco. Piura. Puno. San Martín. Tacna. Tumbes. ix, 415p.
> BT/U-5; CC/U-1; LO/N-1; LV/U-1

- VI censo nacional de población, 2 de julio de 1961 : población y altitud de las ciudades capitales de departamento, provincia y distrito, de acuerdo con la división político-administrativa de la República existente el 10 de marzo de 1961. Lima, [1961]. 34p.

- De resultados de los censos nacionales de 1961. Lima, [n.d.].

1961

Censo Nacional Agropecuario (1)

Instituto Nacional de Planificación. Dirección Nacional de Estadística y Censos
- Censo agropecuario del Perú de 1960. [Anteproyecto.] [Lima, 1959]. 6, [4]p. (Documento censal, nos 1-2). [Consists of a mimeographed questionnaire to be used in the taking of the census and explanatory material for its use.]

- Primer censo nacional agropecuario, 2 de julio de 1961: principales resultados obtenidos por muestreo (datos ampliados). Lima, 1963. xiv, 54p.
> CC/U-1; LV/U-1

- Primer censo nacional agropecuario, 2 de julio de 1961: resultados finales de primera prioridad. Lima: Talls. Gráfs. de la Dirección Nacional de Estadística y Censos, [1965?] 1 leaf, [5], xvii, [3], 146p.
> CC/U-1; LO/N-1; LO/U-3; LV/U-1; OX/U16

- Resultados del primer censo nacional agropecuario [and] Resultados departamentales del censo. *See above*: Censos nacionales de población, vivienda y agropecuario, 1961. Vols III and IV.

Ministerio de Alimentación. Dirección General de Informática y Estadísticas. Centro de Información
- Sistema nacional de estadísticas alimentarias: resumen-población pecuaria, censos 1961 y 1972, estadística agraria 1961 a 1974, resumen nacional por departamentos. Lima, 1976. 102p. (Vademecum, no. 5-CI).

1961

Censo Nacional de Vivienda (1)

Instituto Nacional de Planificación. Dirección Nacional de Estadística y Censos
- Primer censo nacional de vivienda. Lima: Asociación de Empresarios Eléctricos del Perú, 1965. [2], 16 leaves. ['El informe adjunto, corresponde a la parte introductoria del volumen del Primer censo nacional de vivienda de 1961, publicado en octubre de 1964.']

- Resultados del primer censo nacional de vivienda.
See above: Censos nacionales de población, vivienda y agropecuario, 1961. Vol. II.

1940-1961-1972

Resultados Censales de 1940, 1961 y 1972

Oficina Nacional de Estadística y Censos
- Resultados censales de 1940, 1961 y 1972. Lima, 1972.

1963

Censo Nacional Económico (1)

Ministerio de Hacienda y Comercio. Instituto Nacional de Planificación. Dirección Nacional de Estadística y Censos
- Primer censo nacional económico, 1963: resultados preliminares. Lima, 1965. 38p.
   OX/U16

- Primer censo nacional económico, 1963. Industria manufacturera con 5 ó más personas ocupadas. Lima, 1963. 37p.
   LO/U-3; OX/U16

- Primer censo nacional económico. Directorio de la industria manufacturera: establecimientos con 1 a 4 personas ocupadas. Lima, 1965. [1], 2p., 1 leaf, 856p.

- Primer censo nacional económico, 1963: resultados preliminares del censo de manufacturas (establecimientos con 5 ó más personas ocupadas). Lima, 1965. [48]p.
    CC/U-1; LO/U-3; OX/U16

- Censo de manufacturas: primer censo nacional económico, 1963. Lima, [1966?] 1 leaf, xxi p., 3 leaves, 328p.
    LO/N-1; LV/U-1

- Directorio del censo de manufacturas (establecimientos con 5 ó más personas ocupadas); primer censo nacional económico, 1963. Lima, 1966. 2 leaves, 181, [3]p.
    LO/N-1; LV/U-1

- Primer censo económico de generación y distribución de energía eléctrica para uso público, año 1963. Lima, [1966?] 2 leaves, xi, [1]p., 1 leaf, xi, 2p. Cover title: Primer censo nacional económico.

- Primer censo nacional económico, 1963: directorio de la industria manufacturera con 5 ó más personas ocupadas, Lima, 1966. 184p.
    OX/U16

- Censo económico, 1963; directorio de comercio al por menor: establecimientos con 5 ó más personas ocupadas; directorio de comercio al por mayor: establecimientos con el total de personas ocupadas. Lima, 1967. 2 leaves, 186p. Cover title: Primer censo nacional económico, 1963.
    BT/U-5; CC/U-1; LO/U-3; OX/U18

- Censo económico, 1963: resultados del censo de minería y directorio. Lima, 1967. 1 leaf, 2, xiii, 66p. Cover title: 1963, primer censo nacional económico; minería.
    BT/U-5; CC/U-1; LO/U-3; OX/U16

- Censo económico, 1963: resultados de los censos de comercio y de servicios. Lima: Talls. Gráfs. de la Dirección Nacional de Estadística y Censos, 1967. 4 leaves, xxii, 295p. Cover title: Primer censo nacional económico, 1963; censos de comercio y de servicios.
    BT/U-5; CC/U-1; LO/U-3; LV/U-1; OX/U16

- Censo económico, 1963 : resultados del primer censo nacional de la construcción y directorio. Lima, 1967. xi, 32p. Cover title: Primer censo nacional económico.
    CC/U-1; LO/U-3; LV/U-1; OX/U16

- Suplemento al primer censo de industria manufacturera; primer censo nacional económico, 1963. Lima, 1967. vii, 534p. ['Materias primas y producción']
   LO/U-3; LV/U-1; OX/U18

1964

Censo de Ganado de Engorde - Lima, Callao, Ica

Instituto Nacional de Planificación
- Censo de ganado de engorde: departamento de Lima, provincia constitucional del Callao; departamento de Ica. (Del 28 de setiembre al 1° de octubre de 1964.) Convenio de Cooperación Técnica, Estadística y Cartográfica. Lima: Ministerio de Agricultura, Universidad Agraria, 1965. iv, 118p.

1964

Censo de Ganado Vacuno - Ica

Convenio de Cooperación Técnica, Estadística y Cartográfica
- Censo de ganado vacuno del departamento de Ica. Lima: Conestcar, Ministerio de Agricultura, Universidad Agraria, Industrialgráfica S.A., 1964. xiii, 107p. On cover: 21 mayo - 24 julio 1964.
   LO/U-2; LO/U-3

1964

Censo de Recursos Humanos de Salud

Ministerio de Salud Pública y Asistencia Social. Oficina Sectorial de Planificación de Salud
- Censo de recursos humanos de salud (informe preliminar), Perú: 1964 / Lima: Ministerio de Salud Pública y Asistencia Social, Servicio Especial de Bioestadística, 1964. 2 leaves, 61p.
   BT/U-5; LO/U-3

1966

Censo de Población, Vivienda, Económicos: Distrito de Jesús María

Dirección Nacional de Estadística y Censos
- Censo de población, vivienda, económicos: Distrito de Jesús Maria, noviembre, 1966. [Lima], 1967, 66p. Cover title: Población, vivienda y algunas cifras económicas del Distrito de Jesús María.
LO/U-3

1966

Censo de Ganado Vacuno - Moquegua

Convenio de Cooperación Técnica, Estadística y Cartográfica
- Censo de ganado vacuno : departamento de Moquegua. Lima: Conestcar, Ministerio de Agricultura, Universidad Agraria, [Industrialgráfica S.A.], 1966. 100p. 'Del 8 de febrero al 19 de marzo de 1966.'
LO/U-2; LO/U-3

1966

Censo de Ganado Vacuno - Tacna

Ministerio de Agricultura. Dirección de Estadística, Catastro y Estudios Económicos
- Censo de ganado vacuno : departamento de Tacna, 1966. [17 de enero - 7 de febrero.] Lima: impreso en la Oficina Técnica de Información Agraria (OTIA), [1968]. xiii, 107p.
LO/U-2; LO/U-3

[1966]

Censo y Encuesta Social de Pamplona Alta

Centro de Estudios de Población y Desarrollo
- Censo y encuesta social de Pamplona Alta. Lima, 1966.

1966-1968

Análisis Censal de ... Vivienda

Oficina de Planificación Sectorial de Vivienda y Equipamiento Urbano
- Análisis censal para una evaluación de vivienda. Bajo la dirección del Ing. Germán Tito Gutiérrez. Lima: Offset de la J.N.V., 1966. [390]p.

- La ciudad de Arequipa: análisis censal de su vivienda. Lima, 1968. iii, 59 leaves.

- La ciudad de Chiclayo: análisis censal de su vivienda. Lima, 1967. iii, 58 leaves.

- La ciudad de Ica: análisis censal de su vivienda. Lima 1967. iii, 64 leaves.

- La ciudad del Cuzco: análisis censal de su vivienda. Lima, 1968. iii, 63 leaves.

- La ciudad de Piura: análisis censal de su vivienda. Lima, 1968. iii, 59 leaves.

- La ciudad de Puno: análisis censal de su vivienda. Lima, 1968. iii, 56 leaves.

- La ciudad de Trujillo: análisis censal de su vivienda. Lima, 1968. ii, i, 63 leaves.

1967

Censo de Población y Vivienda del Distrito de Pueblo Nuevo-Abril

Dirección Nacional de Estadística y Censos
- Resultados del censo de población y vivienda del Distrito de Pueblo Nuevo-Abril. Lima, 1967. i, 33p. Cover title: Censo de población y vivienda del Distrito de Pueblo Nuevo, Provincia de Chincha, realizado el 2 de abril de 1967.

1967

Censo de Ganado Vacuno - Arequipa

Ministerio de Agricultura y Pesquería. Oficina de Estadística
- Censo de ganado vacuno, 1967: departamento de Arequipa. Lima, [1969]. 2 leaves, ix-xv, [1], 207, [1]p.
    LO/N-1; LO/U-2; LO/U-3

1968

Información Censal Sobre Vivienda de 28 Ciudades

Oficina de Planificación Sectorial de Vivienda y Equipamiento Urbano
- Información censal sobre vivienda de 28 ciudades de la República. Lima, 1968. iv, 400p.

1970

Censo de Pueblos Jóvenes

Oficina Nacional de Desarrollo de Pueblos Jóvenes
- Informe preliminar del censo de barriadas. Lima: Ed. Ausonia, 1970. 92p.
- Censo de población y vivienda de pueblos jóvenes: cifras preliminares. [Lima: Imp. por el Centro de Estudios de Población y Desarrollo], 1971. [140]p. On cover: Informe preliminar del censo 1970.

- Resultados preliminares del censo de pueblos jóvenes. Lima, 1971.

Sistema Nacional de Apoyo a la Movilización Social
- Censo de pueblos jóvenes, 1970. Lima, 1972.
    Vol. I. Viviendas.
[later vols published by the Oficina Nacional de Estadística y Censos, 1973-] :
    Vol. II. Datos de población: asistencia escolar, nivel de educación.
        1973. x, 335p.
    CC/U-1; LO/N-1; LV/U-1
    Vol. III. Datos de población: [estado civil o conyugal, población económicamente activa].

1970

Censo Escolar

Ministerio de Educación. Oficina Sectorial de Planificación
- Censo escolar 1970. Lima: Imp. del Ministerio de Educación, 1971- . 2 vols. (Serie Establecimientos).

1972

Censos Nacionales : de Población (7, i.e. 4), de Vivienda (2)

Instituto Nacional de Planificación. Oficina Nacional de Estadística y Censos
- Censo nacional, 1972. Mapa demográfico. Lima: Instituto Geográfico Militar, [n.d.].

- Censos nacionales de 1972. Legislación censal. Lima: Imp. Ed. del Diario Oficial 'El Peruano', 1972. 54, ix, [1]p.

- Estudio sobre la población peruana: características y evolución. Lima, 1973. 2 leaves, 187p., 1 leaf. [Includes provisional figures from the 1972 Censo de población.]
   CC/U-1

Instituto Nacional de Estadística. Dirección General de Censos, Encuestas y Demografía
- VII [Séptimo] censo de población, II censo de vivienda. Plan censal de 1972: informe final. Lima, 1977. iii, 80p.
Oficina Nacional de Estadística y Censos
- Resultados provisionales: población del Perú, censo del 4 de junio de 1972. Lima, 1972. 4 leaves, 60p.
   BT/U-5

- Resultados definitivos de población y vivienda, censo nacional, 4 de junio de 1972: área metropolitana de Lima - Callao. Extracto. Lima, 1973.

- Censo nacionales: VII de población, II de vivienda, 4 de junio de 1972. resultados definitivos. Lima: Imp. [de] ONEC [except where stated otherwise], 1974-75.
   Vol. 1. Resultados definitivos: nivel nacional. xxii, 630p.
      BT/U-5; CC/U-1; LO/N-1; LO/U-3
   Vol. 2. Resultados definitivos: nivel nacional. xxiii, 631-1280, xxiv p.
      BT/U-5; CC/U-1; LO/N-1; LO/U-3
   Vol. 3. [Departmental results ('Departamento de ...').] 24 parts in 47 vols, 1974-75.
      1-1. Amazonas. 1974. vi, VIII, 440p.
         BT/U-5; CC/U-1; LO/N-1; LO/U-3; LV/U-1
      1-2. Amazonas. 1974. vi, 441-896, IX-XX p.
         BT/U-5; CC/U-1; LO/N-1; LO/U-3; LV/U-1
      2-1. Ancash. Lima: Imp. del Colegio Militar Leoncio Prado, 1974. vi, VIII, 490p.
         BT/U-5; CC/U-1; LO/N-1; LO/U-3; LV/U-1

2-2. Ancash. 1974. vi, 491-1048p.
   BT/U-5; CC/U-1; LO/N-1; LO/U-3; LV/U-1
2-3. Ancash. 1974. vi, 1049-1594p.
   BT/U-5; CC/U-1; LO/N-1; LO/U-3; LV/U-1
2-4. Ancash. 1974. vi, 1595-2105p.
   BT/U-5; CC/U-1; LO/N-1; LO/U-3; LV/U-1
3-1. Apurímac. 1974. vi, VIII, 492p.
   BT/U-5; CC/U-1; LO/N-1; LO/U-3; LV/U-1
3-2. Apurímac. 1974. vi, 493-1018, IX-XX p.
   BT/U-5; CC/U-1; LO/N-1; LO/U-3; LV/U-1
4-1. Arequipa. Lima: Imp. del Ministerio de Guerra, 1974. XX, 656p.
   BT/U-5; CC/U-1; CV/U-1; LO/N-1; LO/U-3; LV/U-1
4-2. Arequipa. 1974. XX, 657-1324, XXI-XXXII p.
   BT/U-5; CC/U-1; LO/N-1; LO/N56; LO/U-3; LV/U-1
5-1. Ayacucho. 1974. XX, 574p.
   LO/N-1; LO/U-3; LV/U-1
5-2. Ayacucho. 1974. XX, 575-1230, XXI-XXXII p.
   LO/N-1; LO/U-3; LV/U-1
6-1. Cajamarca. Lima: Imp. del Col. Mil. Leoncio Prado, 1974. XX, 736p.
   BT/U-5; CC/U-1; LO/N-1; LO/N56; LO/U-3; LV/U-1
6-2. Cajamarca. 1974. XX, 737-1525p.
   BT/U-1; CC/U-1; LO/N-1; LO/N56; LO/U-3; LV/U-1
7. Provincia constitucional del Callao. 1974. 2 leaves, vi, XXX p., 1 leaf, 233, XXXI-XLVIII p.
   BT/U-5; CC/U-1; LO/N-1; LV/U-1
8-1. Cuzco. 1975. XX, 550p.
   LO/N-1; LO/N56; LO/U-3; LV/U-1
8-2. Cuzco. 1975. XII, 551-1118p.
   LO/N-1; LO/N56; LO/U-3; LV/U-1
8-3. Cuzco. 1975. XX, 1119-1620, XXI-XXXII p.
   LO/N-1; LO/N56; LO/U-3; LV/U-1
9-1. Huancavelica. 1975. XX, 494p.
   LO/N-1; LO/U-3; LV/U-1
9-2. Huancavelica. 1975. XX, 495-1012, XXI-XXXII p.
   LO/N-1; LO/U-3; LV/U-1
10-1. Huánuco. 1974. v, VII, 520p.
   BT/U-5; CC/U-1; LO/N-1; LO/U-3; LV/U-1
10-2. Huánuco. 1974. vi, 521-1048, IX-XX p.
   BT/U-5; CC/U-1; LO/N-1; LO/U-3; LV/U-1
11-1. Ica. Lima: Talls de la División de Publicaciones de la ONEC, 1975. XX, 394p.
   BT/U-5; CC/U-1; CV/U-1; LO/N-1; LO/U-3; LV/U-1
11-2. Ica. 1975. XX, 395-787, XXI-XXXII p.
   BT/U-5; CC/U-1; CV/U-1; LO/N-1 LO/U-3; LV/U-1
12-1. Junín. Lima: Talls de la Oficina de Cartografía y Publicaciones de la ONEC, 1975.
   LO/N-1; LO/U-3; LV/U-1

12-2. Junín. 1975.
   LO/N-1; LO/U-3; LV/U-1
13-1. La Libertad. 1974. vi, VIII, 548p.
   BT/U-5; CC/U-1; LO/N-1; LO/N56; LO/U-3; LV/U-1
13-2. La Libertad. 1974. vi, 549-1098, IX-XX p.
   BT/U-5; CC/U-1; LO/N-1; LO/N56; LO/U-3; LV/U-1
14. Lambayeque. Lima: Imp. del Colegio Militar Leoncio Prado, 1974. 2 leaves, VII-XXp., 1 leaf, 621, XXI-XXXII p.
   BT/U-5; CC/U-1; LO/U-3; LV/U-1
15-1. Lima: Imp. del Ministerio de Guerra, 1974. vi, VIII, 577p.
   BT/U-5; LO/N-1; LO/U-3; LV/U-1
15-2. Lima. 1974. vi, 578-1171p.
   BT/U-5; LO/N-1; LO/U-3; LV/U-1
15-3. Lima. 1974. vi, 1172-1727, IX-XX p.
   BT/U-5; LO/N-1; LO/U-3; LV/U-1
16-1. Loreto. 1974. XX, 416p.
   BT/U-5; LO/U-3; LV/U-1
16-2. Loreto. 1974. XX, 417-900, XXI-XXXII p.
   BT/U-5; LO/U-3; LV/U-1
17. Madre de Dios. 1974. 2 leaves, vi, VIII p., 1 leaf, 351, IX-XVIII p.
   BT/U-5; CC/U-1; LO/U-3; LV/U-1
18. Moquegua. 1975. 2 leaves, VII-XX p., 1 leaf, 486, XXI-XXXII p.
   LO/N-1; LO/U-3; LV/U-1
19. Pasco. 1974. 2 leaves, VII-XX p., 1 leaf, 560, XXI-XXXII p.
   BT/U-5; CC/U-1; LO/U-3; LV/U-1
20-1. Piura. 1975. XX, 532p.
   BT/U-1; CC/U-1; LO/N-1; LO/N56; LO/U-3; LV/U-1
20-2. Piura. 1975. XII, 533-1043, XXI-XXXII p.
   BT/U-5; CC/U-1; LO/N-1; LO/N56; LO/U-3; LV/U-1
21-1. Puno. 1975. XX, 676p.
   BT/U-5; CC/U-1; LO/N-1; LO/N56; LO/U-3; LV/U-1
21-2. Puno. 1975. XII, 677-1378, XXI-XXXII p.
   BT/U-5; CC/U-1; LO/N-1; LO/N56; LO/U-3; LV/U-1
22-1. San Martín. 1975. XX, 448p.
   LO/N-1; LO/U-3; LV/U-1
22-2. San Martín. 1975. XX, 449-892, XXI-XXXII p.
   LO/N-1; LO/U-3; LV/U-1
23. Tacna. 1974. 2 leaves, VII-XX p., 1 leaf, 463, XXI-XXXII p.
   BT/U-5; LO/U-3; LV/U-1
24. Tumbes. 1974. 2 leaves, VII-XX p., 1 leaf, 436, XXI-XXXII p.
   BT/U-5; CC/U-1; LO/U-3; LV/U-1
Vol. 4. Metodología.
   LO/N-1

PERU

1972

Censo Nacional Agropecuario (2)

Oficina Nacional de Estadística y Censos
- II [Segundo] censo nacional agropecuario, 4 al 24 de setiembre, 1972: resultados por muestreo. Lima: Imp. de ONEC, 1973. 3 leaves, x p., 1 leaf, 55p.

- ---. 2a. ed. 1973.
    BT/U-5; CC/U-1; LV/U-1; OX/U16

- II [Segundo] censo nacional agropecuario, 4 al 24 de setiembre, 1972 : resultados provisionales, 1961-1972. Lima, 1972. 2 leaves, iv, 72p. (ONEC publicaciones).
    BT/U-5; LV/U-1

- II [Segundo] censo nacional agropecuario, 4 al 24 de setiembre, 1972: resultados definitivos. Lima: [ONEC], 1974- . [Departmental vols published variously by the: Talls. de la División de Publicaciones de la ONEC; Talls. de la Oficina de Cartografía y Publicaciones de la ONEC; Dirección de Censos, Muestreo y Encuestas Especiales.]
    Resultados definitivos: nivel nacional. 2 leaves, xviii p., 1 leaf, 415, xix-xx p.
    BT/U-5; CC/U-1; LO/N-1; LO/U-3; LV/U-1; OX/U24
    [Departmental results ('Departamento de ...') given variously as 'Resultados definitivos departamentales' and 'Resultados generales,']
    Amazonas. 1975. 2 leaves, xxiii p., 1 leaf, 540, xxv-xxvip.
        BT/U-5; CC/U-1; LO/N-1; LO/U-3; LV/U-1
    Ancash. 1975. 2 vols.
        BT/U-5; CC/U-1; LO/N-1; LO/U-3; LV/U-1
    Apurímac. 1975. 2 leaves, xviii p., 1 leaf, 431, xix-xxp.
        BT/U-5; CC/U-1; LO/N-1; LO/U-3; LV/U-1
    Arequipa. 2 vols. 1975.
        BT/U-5; CC/U-1; LO/U-3; LV/U-1
    Ayacucho. 1976. xix, 587p.
        BT/U-5; CC/U-1; LV/U-1
    Provincia constitucional del Callao. 1973. 2 leaves, iv, xxxviii, 95p.
        BT/U-5; CC/U-1; LO/N-1; LO/U-3; LV/U-1
    Cajamarca. 2 vols. 1976.
        BT/U-5; CC/U-1; LO/U-3
    Cuzco. 2 vols. 1976.
        BT/U-5; CC/U-1
    Huancavelica. 1976. [4], xviii, [2], 558, [xix-xx]p.
        BT/U-5
    Huánuco. 1976. [4], xxii, [2], 636, [xxiii-xxiv]p.
        BT/U-5

Ica. 1974. 2 leaves, vii, xxxviii p., 1 leaf, 637, xxxix-xlvp.
   BT/U-5; CC/U-1; LO/U-3; LV/U-1
Junín. 2 vols. 1976.
   BT/U-5; CC/U-1; LO/N-1
Lambayeque. 1976. [4], xxii, [2], 371, xxiii-xxiv p.
   BT/U-5
La Libertad. 2 vols. 1976.
   BT/U-5; CC/U-1; LO/N-1
Loreto 1976. [4] xviii [2], 349, xix-xx p.
   BT/U-5; CC/U-1; LO/U-3
Madre de Dios. 1974. 2 leaves, v, xxxviii p., 1 leaf, 192p., 1 leaf, xxxix-xlv p.
   BT/U-5; CC/U-1; LO/N-1; LO/U-3; LV/U-1
Moquegua. 1975. [4], xxiii, [2], 283, xxv-xxvi p.
   BT/U-5; LO/U-2
Pasco. 1976. [4], xxiii, [2], 379, xxv-xxvi p.
   BT/U-5; CC/U-1; LO/N-1
Piura. 1976. [4], xxiii, [2], 615, xxv-xxvi p.
   BT/U-5
Puno. 2 vols. 1976.
   BT/U-5; LO/N-1
San Martín. 1976. [4], xix, [2], 363, xxi-xxiii p.
   BT/U-5 ;CC/U-1
Tacna. 1975. 2 leaves, xxii p., 1 leaf, 271 p., 1 leaf.
   BT/U-5; LO/N-1 LO/U-3; LV/U-1
Tumbes. 1975. [4], xviii, [2], 170, xix-xx p.
   BT/U-5; CC/U-1; LO/N-1; LO/U-3

Ministerio de Alimentación. Dirección General de Informática y Estadísticas. Centro de Información
- Sistema nacional de estadísticas alimentarias: resumen-población pecuaria, censos 1961 y 1972, estadística agraria 1961 a 1974, resumen nacional por departamentos. Lima, 1976. 102p. (Vademecum, no. 5-CI).

1940 - 1961 - 1972

Resultados Censales de 1940, 1961 y 1972

Oficina Nacional de Estadística y Censos
- Resultados censales de 1940, 1961 y 1972. Lima, 1972.

1974

Censos Nacionales Económicos (2)

Instituto Nacional de Estadística. Dirección General de Censos, Encuestas y Demografía
- II [Segundos] censos nacionales económicos, 1974. Lima, 1977-80. 6 vols in 11.
  1. Manufactura. 3 vols
     BT/U-5; CC/U-1; OX/U16
  2. Construcción
     BT/U-5; OX/U16
  3. Minería e hidrocarburos.
     BT/U-5; OX/U16
  4. Pesquería. 2 vols. 1. Area de extracción artesanal. 2 . Area de transformación.
     BT/U-5; LV/U-1; OX/U16
  5. Comercio. 2 vols. 1978.
     BT/U-5; LV/U-1
  6. Servicios. 2 vols. 1980.
     BT/U-5; CC/U-1; LV/U-1

1974

Censo de Granjas Avícolas - Lima

Ministerio de Agricultura. Oficina General de Estadística
- Censo de granjas avícolas, 1974 : departamento de Lima. Abril/mayo 1974. Lima, 1974. xii, 68, [3] leaves.

1974

Censo ... de Kioskos y Puestos de Mercados

Instituto Nacional de Estadística. Dirección General de Censos, Encuestas y Demografía
- II [Segundos] censos nacionales económicos, 1974: kioskos y puestos de mercados. Lima, 1978. xiii, 126p.
   CC/U-1

[1976]

Censo de Vendedores Ambulantes

Instituto Nacional de Estadística. Dirección General de Censos, Encuestas y Demografía
- I [Primer] censo de vendedores ambulantes de Lima metropolitana, 1976. Lima, 1977. iii, xvi, 71p.
   CC/U-1; LO/U-1

PUERTO RICO

Puerto Rico was ceded to the United States by the Treaty of Paris at the end of the Spanish-American War of 1898. Despite a somewhat chequered political and economic history since then, and a strong independence movement, its present status is of a Commonwealth in 'voluntary association' with the United States.

Under Spanish administration censuses were held in 1765, 1775, 1800, 1815, 1832, 1846, 1860, 1877, 1887 and 1897. Before 1860, however, the results were incomplete and inaccurate and do not appear to have been separately published.

Under United States administration population censuses were taken in 1899, 1900 and then decennially to 1970. 1960 and 1970 censuses combined population with housing. A variety of specialist censuses were taken principally from the 1940s, and largely in the fields of commerce and industry.

All the reports with Waslington imprints were published by the U.S. Government Printing Office. The War Department was responsible for taking the 1899 census; all later surveys were the responsiblity of the Census Bureau. A number of the specialist economic censuses were conducted locally and were published in San Juan by the Commonwealth government.

[J. Pinfold]

PUERTO RICO

LIST OF CONTENTS

1860 CENSO DE POBLACION

1867 CENSO GENERAL DE POBLACION

1877 CENSO DE LA POBLACION DE ESPAÑA

1887 CENSO DE LA POBLACION DE ESPAÑA

1897

1899 CENSO DE PUERTO RICO

1900 CENSUS OF THE UNITED STATES (12)

1910 CENSUS OF THE UNITED STATES (13)

1920 CENSUS OF THE UNITED STATES (14)

1930 CENSUS OF THE UNITED STATES (15)

1935 CENSO DE PUERTO RICO

1939 CENSUS OF BUSINESS (1)

1940 CENSUS OF THE UNITED STATES (16)

1944 CENSO DE CIEGOS, MUDOS, SORDOS Y PSICOSICOS

1946 CENSO DE INDUSTRIAS MANUFACTURERAS

1949 CENSUS OF BUSINESS (2)

1949 CENSUS OF MANUFACTURES

1950 CENSUS OF POPULATION (17)

1950 CENSUS OF AGRICULTURE

1950 CENSUS OF HOUSING

1952 CENSUS OF EMPLOYMENT IN MANUFACTURING INDUSTRIES

1952 CENSUS OF MANUFACTURES

1954 CENSUS OF AGRICULTURE

1954 CENSUS OF BUSINESS (3)

1954 CENSUS OF MANUFACTURES

1957 CENSUS OF GOVERNMENTS

1957 CENSUS OF MANUFACTURING INDUSTRIES IN PUERTO RICO

1958 CENSUS OF BUSINESS (4)

1958 CENSUS OF MANUFACTURES

1959 CENSUS OF AGRICULTURE

1960 CENSUS OF POPULATION AND HOUSING (18)

1961 CENSUS OF MANUFACTURING INDUSTRIES OF PUERTO RICO

1962 CENSUS OF GOVERNMENTS

1962 CENSUS OF MANUFACTURING INDUSTRIES OF PUERTO RICO

1963 CENSUS OF BUSINESS (5)

1963 CENSUS OF MANUFACTURES

1964 CENSUS OF AGRICULTURE

1965 CENSO DE ADICTOS A DROGAS

1966 CENSUS OF MANUFACTURING INDUSTRIES OF PUERTO RICO

1967 CENSUS OF BUSINESS (6)

1967 CENSUS OF CONSTRUCTION

1967 CENSUS OF GOVERNMENTS

1967 CENSUS OF MANUFACTURES

1969 CENSUS OF AGRICULTURE

1970 CENSUS OF POPULATION AND HOUSING (19)

PUERTO RICO

1972 ECONOMIC CENSUSES OF OUTLYING AREAS

1972 CENSUS OF GOVERNMENTS

1974 CENSUS OF AGRICULTURE

1977 ECONOMIC CENSUSES OF OUTLYING AREAS

1978 CENSUS OF AGRICULTURE

1860

Censo de Población

Puerto Rico. Comisión de Estadística Especial
- Memoria referente a la estadística de la isla de Puerto Rico, expresiva de las operaciones practicadas para llevar a cabo el censo de población que ha tenido lugar en la noche del 25 al 26 de diciembre de 1860. Puerto Rico: Establecimiento Tip. de D.I. Guasp, 1861. 68p.

1867

Censo General de Población

Puerto Rico. Dirección de Administración Local
- Censo general de población hasta fines de diciembre del año 1867. Puerto Rico, 1868. 1p., 19 tables.

1877

Censo de la Población de España

Spain. Instituto Geográfico y Estadística
- Censo de la población de España, segun el empadroniamento hecho en 31 de diciembre de 1877. Tomo 1. Madrid, 1883. xxxv, 839p. (Puerto Rico p. 695-705).

1887

Censo de la Población de España

Spain. Instituto Geográfico y Estadística
- Censo de la población de España, segun el empadroniamento hecho en 31 de diciembre de 1887. Tomo 1. Madrid, 1891. xiv, 920 p. (Puerto Rico p. 773-787).
    LO/U-3

1897

Not published. A total population figure from this census was reported in the 1899 census.

PUERTO RICO

1899

Censo de Puerto Rico

U.S. Department of War. Porto Rico Census Office
- Census of Porto Rico taken under the direction of the War Department, U.S.A., Bulletin no. 1-3, June 11-August 29, 1900. Washington, 1900. 3 v.

- Informe sobre el censo de Puerto Rico, 1899. Washington, 1900. 413p.
    CC/U-1

- Report on the census of Porto Rico [comp.] J.P. Sanger [and others]. Washington, 1900. 417p.
    ED/U-1; LO/N-1; LO/U19

1900

Census of the United States (12)

U.S. Department of War. Porto Rico Census Office
- Census of Porto Rico, ... Bulletin no. 1-3. Washington, 1900.
    no.1. Total population by departments, municipal districts, cities and wards.
    LO/N-1
    no.2. Population by age, sex, race, nativity, conjugal condition and literacy.
    LO/N-1
    no.3. Citizenship, literacy and education. 1900.
    ED/U-1; LO/N-1

- Twelfth census of the United States taken in the year 1900. Vol. VIII. Manufactures, pt. 2. States and territories. Washington, 1902. 1101p.
    LO/N-1; LO/N56; LO/U-3; LO/U19; LV/P-1; LV/U-1; MA/U-1; OX/U-9

- Twelfth census of the United States taken in the year 1900. Bulletin 6. Mineral industries of Porto Rico. Washington, 1904. 18p.
    LV/P-1

1910

Census of the United States (13)

U.S. Bureau of the Census
- Censo décimotercero de los Estados Unidos, Puerto Rico, abril 15, 1910. Instrucciones a los enumeradores. Washington, 1910. 51p.

- Thirteenth census of the United States taken in the year 1910. Vol. III. Population, 1910. Reports by states with statistics for countries, cities and other civil divisions. Nebraska - Wyoming, Alaska, Hawaii, and Porto Rico. Washington, 1913. 1225p.
    LO/N-1; LO/N56; LO/U-3; LO/U19; OX/U-9; QZ/P-1

- Thirteenth census of the United States taken in the year 1910. Vol. IV. population, 1910. Occupation statistics. Washington, 1914. 615p. (Tables V and IX give occupation statistics for Puerto Rico.)
    LO/N-1; LO/N56; LO/U-3; LO/U19; OX/U-9; QZ/P-1

- Thirteenth census of the United States taken in the year 1910. Vol. VII. Agriculture, 1909 and 1910. Reports by states with statistics for countries. Nebraska - Wyoming, Alaska, Hawaii and Porto Rico. Washington, 1913. 1013p.
    LO/N-1; LO/U-3; LO/U19; OX/U-9; QZ/P-1

1920

Census of the United States (14)

U.S. Bureau of the Census
- Censo décimocuarto de los Estados Unidos, enero 1, 1920. Instrucciones a los enumeradores. Puerto Rico. Washington, 1919, 38p.

- Censo décimocuarto de los Estados Unidos, 1920 ... Boletín ... Población: Puerto Rico. Número de habitantes en municipalidades y divisiones civiles menores. [Washington, 1920]. 12p.

- Fourteenth census of the United States taken in the year 1920. Vol. III. Population, 1920. Composition and characteristics of the population by states. Washington, 1922. 1253p. (Includes second series bulletins pertaining to Puerto Rico).
    LO/N-1; LO/N56; LO/U-3; LO/U19; MA/U-1; OX/U-9; QZ/P-1

- Fourteenth census of the United States taken in the year 1920. Vol. IV. Population, 1920. Occupations. Washington, 1923. 1309p. (Chapter 8 includes occupation statistics for Puerto Rico.)
    LO/N-1; LO/N56; LO/U-3; LO/U19; MA/U-1; OX/U-9; QZ/P-1

- Fourteenth census of the United States taken in the year 1920. Bulletin. Population: Porto Rico: occupation statistics. Washington, 1922. 25p.
    LO/N-1

- Censo décimocuarto de los Estados Unidos: 1920 ... Boletín ... Agricultura: Puerto Rico. Estadísticas para el territorio y sus municipalidades. Preparado bajo la dirección de Starke M. Grogan. Washington, 1921. 36p.

- Fourteenth census of the United States taken in the year 1920. Vol. VI. Agriculture. Reports for states with statistics for countries and a summary for the United States and the North, South and West. Pt. 3. The western states and outlying possessions. Washington, 1922. 423p.
    LO/N-1; LO/U-3; LO/U19; OX/U-9; QZ/P-1

- Fourteenth census of the United States taken in the year 1920. Vol. IX. Manufactures, 1919. Reports for states with statistics for principal cities. Washington, 1923. 1698p. (The report for Puerto Rico includes a separate section with statistics for quarries.)
    LO/N-1; LO/U-3; LO/U19; MA/U-1; OX/U-9; QZ/P-1

1930

Census of the United States (15)

U.S. Bureau of the Census
- Censo décimoquinto de los Estados Unidos. Instrucciones a los enumeradores. Población y agricultura. Puerto Rico ... Washington, 1930. vii, 55 p.

- Fifteenth census of the United States, 1930. Population. Vol. 1. Number and distribution of inhabitants. Total population for states, countries and townships or other minor civil divisions, for urban and rural areas and for cities and other incorporated places. Washington, 1931. 1268p. (Comparable statistics are included for territories and outlying possessions.)
    HL/U-1; LO/N-1; LO/N56; LO/U-3; LO/U19; LV/U-1; MA/U-1; OX/U-9; QZ/P-1

- Fifteenth census of the United States, 1930. Outlying territories and possessions. Number and distribution of inhabitants, composition and characteristics of the population, occupations, unemployment and agriculture. Washington, 1932. 338p.
    LO/N-1

- Abstract. Washington, 1933. 968p. (Puerto Rico p.963-964).
    LO/U-3

- Fifteenth census of the United States. Bulletin series, occupation. occupation statistics, by states. All states, District of Columbia, Hawaii, Puerto Rico.
    LO/N-1

1935

Censo de Puerto Rico

U.S. Puerto Rico Reconstruction Administration
- Censo de Puerto Rico, 1935: agricultura, fincas, propiedad agricola, cultivos y animales en fincas. Census of Puerto Rico, 1935: agriculture, farms and farm property, crops and livestock. Washington, 1937. iv, 48p.
    LO/N-1

- Censo de Puerto Rico, 1935: población. Boletín num.1-3. Census of Puerto Rico, 1935: population. Bulletin no. 1-3. Washington, 1936-38. 3 v.
    LO/N-1; LO/U19 (no.2 only)

- Censo de Puerto Rico, 1935: población y agricultura. Census of Puerto Rico, 1935: population and agriculture. Washington, 1938. 154p.

1939

Census of Business (1)

No reports traced.

1940

Census of the United States (16)

U.S. Bureau of the Census
- Sixteenth census of the United States, 1940. Population. Vol. 1. Number of inhabitants. Total population for states, countries and minor civil divisions, for urban and rural areas, for incorporated places, for metropolitan districts and for census tracts. Comprising the first series of population bulletins for the states, territories and possessions. Washington, 1942. 1236p.
    HL/U-1; LO/N-1; LO/N56; LO/U-3; MA/U-1; OX/U-9

- Sixteenth census of the United States, 1940. Puerto Rico. Population Bulletins.
    1. Number of inhabitants. Washington, 1942. 12p.
        LO/N-1

2. Characteristics of the population. Washington, 1943. 82p.
   LO/U-3
3. Occupations and other characteristics by age. Washington, 1943. 106p.
   LO/U-3
4. Migration between municipalities. Washington, 1946. 81p.
   LO/U-3

- Sixteenth census of the United States, 1940. Agriculture. Territories and possessions. Reports on agriculture in the Territories of Alaska and Hawaii and the following possessions: Guam, American Samoa, Puerto Rico and the Virgin Islands of the United States. Washington, 1943. 306p.
   LO/U-3; OX/U-9

- Sixteenth census of the United States, 1940. Agriculture. Puerto Rico. Agriculture, farms, farm property, livestock and crops. Washington, 1942. 84p.
   LO/N-1

- Sixteenth census of the United States, 1940. Census of business: 1939. Alaska, Hawaii and Puerto Rico. Retail trade, wholesale trade, service establishments, places of amusement and hotels. Washington, 1943. 42p.
   LO/N-1; LO/U-3; OX/U-9

- Sixteenth census of the United States, 1940. Puerto Rico. Viviendas: características generales. Puerto Rico. Housing: general characteristics. Washington, 1943. 121p.
   LO/N-1; LO/U-3

- Sixteenth census of the United States, 1940. Manufactures: 1939. Reports for outlying areas. Washington, 1943. 38p. (This report is also incorporated in the final report, Sixteenth census of the United States, 1940. Manufactures: 1939. Vol. III which see below.)
   LO/N-1

- Sixteenth census of the United States, 1940. Manufactures: 1939. Vol. III. Reports for states and outlying areas. Washington, 1942. 1192p.
   LO/N-1; LO/U-3; LO/U19; OX/U-9

1944

Censo de Ciegos, Mudos, Sordos y Psicosicos

Puerto Rico. Bureau of Economics and Statistics
- Censo de ciegos, mudos, sordos y psicosicos en Puerto Rico 1944. informe final, junio de 1948. San Juan, 1948. 53p.

1946

Censo de Industrias Manufactureras

Puerto Rico. Bureau of Labor Statistics
- Censo de industrias manufactureras de Puerto Rico. Census of manufacturing industries of Puerto Rico. Annual (with gaps). San Juan, 1946-.
   LO/U-3

1949

Census of Business (2)

U.S. Bureau of the Census
- 1949 Puerto Rico census of business. Puerto Rico: retail, wholesale and service trades. Washington, 1952. 130p.
   LO/N-1

1949

Census of Manufactures

U.S. Bureau of the Census
- Census of manufactures 1949: Puerto Rico. Washington, 1951. 61p.
   LO/N-1

1950

Census of Population (17)

U.S. Bureau of the Census
- 1950 census of population. Pt 53.
   Vol. 1. Number of inhabitants.
      ED/N-1; GL/U-1; LO/N-1; LO/N56; LO/N56; LO/U-3; LO/U-3
   Vol. 2. Characteristics of the population. Washington, 1952-54.
      ED/N-1; GL/U-1; LO/N-1; LO/N56; LO/U-3; OX/U-9

- 1950 census of population. Vol. 4. Special reports. No. 3D. Puerto Ricans in the continental United States. Washington, 1953. 22p.
   ED/N-1; LO/N-1; LO/U-3

- 1950 census of population. Vol. 4. Special reports. No. 4A. States of birth. Washington, 1953. 112p.
    ED/N-1; GL/U-1; LO/N-1; LO/U-3

- Puerto Rico censo de población: 1950 Indice alfabetico de ocupaciones e industrias. Puerto Rico census of population: 1950. Alphabetical index of occupation and industries. Washington, 1951. 113p.
    ED/N-1

1950

Census of Agriculture

U.S. Bureau of the Census
- 1950 census of the agriculture. Final reports. 5v. Washington, 1952-53.
    LO/N-1; LO/U-3; OX/U-9 (incomplete)

1950

Census of Housing

U.S. Bureau of the Census
- 1950 census of housing. Vol. 1. General characteristics. Washington, 1954. 4617 p. (Pt. 7 covers the Territories and Possessions.)
    ED/N-1; GL/U-1; LO/N-1; LO/U-3; OX/U-9

1952

Census of Employment in Manufacturing Industries

Puerto Rico. Bureau of Labor Statistics
- Census of employment in manufacturing industries, Puerto Rico, October 1952. San Juan, 1952. 19p.

1952

Census of Manufactures

Puerto Rico. Bureau of Economics and Statistics
- Census of manufactures, Puerto Rico, 1952. San Juan, 1953. 75p.
    LO/U-3

1954

Census of Agriculture

U.S. Bureau of the Census
- 1954 census of agriculture. Final reports. 3 v. Washington, 1956-57.
 LO/N-1; LO/U-3; OX/U-9

1954

Census of Business (3)

U.S. Bureau of the Census
- 1954 Puerto Rico census of business. Final report BC-PR. Puerto Rico: retail, wholesale and selected service trades. Washington, 1956. 242p.
 ED/N-1; LO/N-1; LO/U-3

Puerto Rico. Bureau of Economics and Statistics
- Censo de negocios, 1954. (Informes preliminares BC-PR). San Juan, 1954. 4p.
 LO/U-3

1954

Census of Manufactures

U.S. Bureau of the Census
- 1954 Puerto Rico census of manufactures. (Bulletin MC-PR). Washington, 1956. 79p.
 ED/N-1; LO/N-1; LO/U-3

1957

Census of Governments

U.S. Bureau of the Census
- 1957 census of governments. VII. VI. State reports. No. 49. Government in District of Columbia, Alaska, Hawaii and Puerto Rico. Washington, 1959.
 ED/N-1; LO/N-1; LO/U-3; OX/U-9

1957

Census of Manufacturing Industries in Puerto Rico

Puerto Rico. Department of Labor
- Census of manufacturing industries in Puerto Rico, Oct 1957. San Juan, 1957. 38p.

1958

Census of Business (4)

U.S. Bureau of the Census
- 1958 Puerto Rico census of business. Final report BC-PR. Puerto Rico census of business: 1958 (retail, wholesale and selected service trades). Washington, 1961. 255p.
    LO/U-3

1958

Census of Manufactures

Puerto Rico. Bureau of Economics and Statistics
- Census of manufactures, 1958. San Juan, 1960. 95p.
    CC/U-1; LO/U-3

1959

Census of Agriculture

U.S. Bureau of the Census
- United States census of agriculture, 1959. Vol. 1. Pt. 53. Puerto Rico. Washington, 1961. 145p.
    LO/N-1; LO/U-3; OX/U-9

1960

Census of Population and Housing (18)

U.S. Bureau of the Census
- Census tracts. Final report.
    Mayaguez, P.R., (PHC(1)-178). Washington, 1962. vi, 44p.
    Ponce, P.R., (PHC(1)-179). Washington, 1962. vi, 107p.

- Censo de 1960. Manual de referencia del enumerador. Población y vivienda, Puerto Rico. Washington, 1960. 148p.
    LO/N-1

- United States census of housing, 1960. Final report HC(1)-53. Puerto Rico. Washington, 1961. vi, 157p.
    BT/U-5

- 1960 census of population. Vol. 1. Characteristics of the population. Pt. 53. Puerto Rico. Washington, 1963.
    ED/N-1; GL/U-1; LO/N-1; LO/N56; LO/U-3; OX/U-9

- Censuses of population and housing in Puerto Rico, 1960: processing the data. Washington, 1963. 51p.
    ED/N-1; LO/N-1

- 1960 census of housing. Vol. 1. States and small areas. Pt. 9. Outlying areas. Washington, 1963.
    ED/N-1; LO/N-1; LO/U-3; OX/U-9

1961

Census of Manufacturing Industries of Puerto Rico

Puerto Rico. Bureau of Labor Statistics
- Census of manufacturing industries of Puerto Rico, October 1961. San Juan, 1961. xiii, 30p.

1962

Census of Governments

U.S. Bureau of the Census
- 1962 census of governments. Vol. 7. State reports. No. 52. Government in Puerto Rico. Washington, 1964.
    ED/N-1; LO/N-1; LO/U-3; OX/U-9

1962

Census of Manufacturing Industries of Puerto Rico

Puerto Rico. Bureau of Labor Statistics
- Census of manufacturing industries of Puerto Rico, October 1962. San Juan, 1962.

1963

Census of Business (5)

U.S. Bureau of the Census
- 1963 census of business of Puerto Rico. BC 63-PR. Puerto Rico (retail, wholesale and selected services). Washington, 1965. 300p.
    ED/N-1; LO/N-1; LO/U-3; OX/U-9

1963

Census of Manufactures

U.S. Bureau of the Census
- U.S. Puerto Rico census of manufactures. (Bulletin MC 63-PR). Washington, 1965. 201p.
    ED/N-1; LO/N-1; LO/U-3

1964

Census of Agriculture

U.S. Bureau of the Census
- 1964 United States census of agriculture. Vol. 1. Pt. 52. Puerto Rico. Washington, 1967.
    LO/N-1; LO/U-3; OX/U-9

1965

Censo de Adictos a Drogas

Puerto Rico. Dept. of Justice
- Censo de adictos a drogas y/o infractores a la Ley de narcóticos que cumplian sentencia en las instituciones penales de Puerto Rico durante el mes de agosto de 1965. San Juan, 1967. 73 1.
    LO/U-3

1966

Census of Manufacturing Industries of Puerto Rico

Puerto Rico. Bureau of Labor Statistics
- Census of manufacturing industries of Puerto Rico, Oct 1966. San Juan, 1966.

1967

Census of Business (6)

U.S. Bureau of the Census
- 1967 Puerto Rico census of business. Final report. BC 67-PR. Puerto Rico. Washington, 1970. 253 p. [iii], 251p.
 BT/U-5; ED/N-1; LO/N-1; LO/U-3

1967

Census of Construction

U.S. Bureau of the Census
- 1967 census of construction industries. Report CC 67-PR. Puerto Rico. Washington, 1970. 77, vii, 71p.
 BT/U-5; ED/N-1; LO/N-1; LO/U-3

1967

Census of Governments

U.S. Bureau of the Census
- 1967 census of governments. Vol. 7. State reports. No. 52. Puerto Rico. Washington, 1970.
 ED/N-1; LO/U-3; OX/U-9

1967

Census of Manufactures

U.S. Bureau of the Census
- 1967 census of manufactures: Puerto Rico. (Bulletin MC 67-PR). Washington, 1970. [iv], 143p.
 BT/U-5; ED/N-1; LO/N-1; LO/U-3

PUERTO RICO

1969

Census of Agriculture

U.S. Bureau of the Census
- 1969 census of agriculture. Vol. 1. Area reports. Pt. 52. Puerto Rico. Washington, 1972. 343p.
    ED/N-1; LO/N-1; LO/U-3

1970

Census of Population and Housing (19)

U.S. Bureau of the Census
- Census of population and housing. Census tracts. Washington, 1972.
    Census tract Mayaguez PR (PHC (1)-239)
        LO/N56
    Census tract Ponce PR (PHC (1)-240)
        LO/N56
    Census tract San Juan PR (PHC(1)-241)

- 1970 census of population. Vol. 1. Characteristics of the population. Pt. 53. Puerto Rico. Washington, 1973.
    ED/N-1; LO/N-1; LO/N56; LO/U-3; OX/U-9

- 1970 census of population. Vol. 1. Characteristics of the population. Pt. A. Number of inhabitants. Section 2. Missouri - Wyoming, Puerto Rico and outlying areas. Washington, 1972.
    ED/N-1; LO/N-1; LO/N56; LO/U-3; OX/U-9

- 1970 census of population. Supplementary reports PC (Sl). No. 4. Population of the United States, Puerto Rico and outlying areas, 1950-1970. Washington, 1972. 2 p.
    ED/N-1; LO/N-1; OX/U-9
- 1970 census of housing. Vol. 2. Metropolitan housing characteristics.
    Caguas, P.R. 99p. (Report no. 245)
    Mayaguez, P.R. 99p. (Report no. 246)
    Ponce, P.R. 99p. (Report 247)
    San Juan, P.R. 174 p. (Report no. 248)

- 1970 census of housing. Vol. 1. Housing characteristics for states, cities and counties. Pt. 53. Puerto Rico. Washington, 1973. viii, 266p.
    BT/U-5; ED/N-1; LO/N-1; LO/N56; LO/U-3

- 1970 census of housing. Vol 3. Block statistics. Washington, 1972.
    Mayaguez, P.R. 33p. (HC(3)-275)
    Ponce, P.R. 37p. (HC(3)-276)
    San Juan, P.R. 113p. (HC(3)-277)
    Selected areas, P.R. 42p (HC(3)-278).
        LO/U-3

- A census portrait of Puerto Rico. Washington, 1974. 3p.

- 1970 census of population and housing: procedural history. Washington, 1976. [Chapter 9. Puerto Rico and the outlying areas. p. 9-1 - 9-15].

1972

Economic Censuses of Outlying Areas

U.S. Bureau of the Census
- 1972 economic censuses of outlying areas. Wholesale trade, retail trade, selected service industries. Puerto Rico. Area statistics. (OAC 72-1). Washington, 1975. 118p.
    ED/N-1; LO/N-1; LO/U-3

- 1972 economic censuses of outlying areas. Wholesale trade, retail trade, selected service industries. Puerto Rico. Subject statistics. (OAC 72-2). Washington, 1975. 149p.
    ED/N-1; LO/N-1; LO/U-3

- 1972 economic censuses of outlying areas. Construction industries. Puerto Rico. (OAC 72-3). Washington, 1975. 80p.
    ED/N-1; LO/N-1; LO/U-3

- 1972 economic censuses of outlying areas. Manufactures. Puerto Rico. (OAC 72-4). Washington, 1974. 140p.
    ED/N-1; LO/N-1; LO/U-3

1972

Census of Governments

U.S. Bureau of the Census
- 1972 census of the government. Volume 4. Government finances. No. 6. Finances of the Commonwealth of Puerto Rico. Washington, 1974. 23p.

PUERTO RICO

1974

Census of Agriculture

U.S. Bureau of the Census
- Census of agriculture 1974. Vol. 1, pt. 52. Puerto Rico. 173p.
    LO/N-1

1977

Economic Censuses of Outlying Areas

U.S. Bureau of the Census
- 1977 economic censuses of outlying areas. Retail trade, wholesale trade, selected service industries. 'Puerto Rico. Geographic area statistics. (OAC 77-1). Washington, 1980. 128p.
    ED/N-1; LO/N-1; LO/U-3

- 1977 economic censuses of outlying areas. Retail trade, wholesale trade, selected service industries. Puerto Rico. Subject statistics. (OAC 77-2). Washington, 1980-81. 2 pts.
    ED/N-1; LO/N-1 (pt. 2 microfiche); LO/U-3

- 1977 economic censuses of outlying areas. Construction statistics. Puerto Rico. (OAC 77-3). Washington, 1979. 91p.
    ED/N-1; LO/U-3

- 1977 economic censuses of outlying areas. Construction industries. Puerto Rico. (OAC 77-3 Rev.). Washington, 1980.
    ED/N-1; LO/N-1; LO/U-3

- 1977 economic censuses of outlying areas. Manufactures, Puerto Rico. (OAC 77-4). Washington, 1980. Includes: Change sheet (rev.) Oct. 1981. 208p.
    ED/N-1; LO/N-1; LO/U-3

1978

Census of Agriculture

U.S. Bureau of the Census
- 1978 census of agriculture. Vol. 1. Area data. Pt. 52. Puerto Rico. Washington, 1980. 222p. (AC78-A-52)
    LO/N-1; LO/U-3

EL SALVADOR

In the colonial period, when El Salvador was part of the Capitanía General de Guatemala, population counts were taken in 1778 and 1807. Following independence in 1841, national censuses were held in 1878, 1882 and 1901. In 1930, the first general census was taken and the principle of the decennial census was established. This was not observed in 1940 when a census was authorized but not held, but subsequent censuses were taken in 1950, 1961 and 1971.

In 1950 full-scale censuses of housing, agriculture, industry and commerce were taken in the same year, while in 1961 and 1971 the census of housing was conducted simultaneously with the census of population.

Doubts have been expressed about the validity of early counts. A greater degree of organization was introduced with the establishment of the Oficina Central de Estadística in 1881, but modern statistical methods were not employed until 1930 and international regulations were not observed until the 1950 census. Lack of experienced personnel continued to be a problem until 1961.

[C. Travis]

EL SALVADOR

LIST OF CONTENTS

1778

1807

1858-1860 ESTIMATES (?) OF 1858-1860

1878

1882

1888 CENSO GENERAL DE LA REPUBLICA

1892

1901

1929 CENSO DE POBLACION DEL MUNICIPIO DE SAN SALVADOR

1930 CENSO DE POBLACION (1)

1938-1939 CENSO NACIONAL DEL CAFE (1)

1949? CENSO DE PRUEBA DE LA VIVIENDA URBANA

1950 CENSO DE POBLACION (2)

1950 CENSO AGROPECUARIO (1)

1950 CENSO DE LA VIVIENDA URBANA (1)

1951

1951 CENSO INDUSTRIAL Y COMERCIAL (1)

1956 CENSO INDUSTRIAL Y COMERCIAL (2)

1957-1958 CENSO NACIONAL DEL CAFE (2)

1961 CENSO NACIONAL DE POBLACION (3)

1961 CENSO NACIONAL AGROPECUARIO (2)

1961 CENSO DE COMERCIO Y SERVICIOS (3)

1961 CENSO DE HABITACION URBANA (2)

1961 CENSO INDUSTRIAL Y COMERCIO (3)

1961 CENSO DE VIVIENDA (2)

1963-1964 CENSO ESTUDIANTIL UNIVERSITARIO (1)

1966-1967 CENSO APICOLA

1971 CENSO NACIONALES: POBLACION (4) Y VIVIENDA (3)

1971 CENSOS NACIONALES: AGROPECUARIO (3)

1972 CENSOS ECONOMICOS

1778

Fonseca, Pedro S.
- Demografía salvadoreña. San Salvador: Imp. Rafael Reyes, 1921. 84p. Ch. II, p. 48-62, 'Densidad e incremento de la población', gives provincial populations for the Guatemalan provinces based on the count taken in 1778 in accordance with the Real Orden of 1776. At the time San Salvador and Sonsonate were provinces of Guatemala. Populations are also given according to censuses of 1878, 1882, 1892, and 1901.

see also 1878
Dirección General de Estadística
- División administrativa y población probable....

1807

ESTADO general de la provincia de San Salvador, Reyno de Guatemala, año de 1807. Por Don Antonio Gutiérrez y Ulloa, corregidor intendente de la Provincia. Ediciones de la Biblioteca Nacional. San Salvador: Imp. Nacional, 1926. 166p.
LO/N-1

1858-1860

Estimates (?) of 1858-1860

ESTADISTICA general de la República del Salvador, por Lorenzo López. Impresa en la Imprenta del gobierno, en el año de 1858. Ediciones de la Biblioteca Nacional... San Salvador: Imp. Nacional, 1926. 240 p. Tables are included giving the population by sex, marital status, age (children under 14, by sex 15-50, and total), and occupation, for the Departments of La Paz (1858), Santa Ana (1859), Cuscatlan (1859) and Sonsonate (1860). Similar classifications are also given for some subdivisions within the departments.

1878

Dirección General de Estadística
- División administrativa y población probable de la República de El Salvador de 1911 ... San Salvador: Imp. Nacional, 1911. 16p. Contains figures for censuses of 1778 and 1878.

Summary of figures also contained in: Fonseca, Pedro S. Demografía salvadoreña. *See* 1778.

EL SALVADOR

1882

No reports traced, but referred to in report of the census of 1901. Summary figures are included in Fonseca, Pedro S. Demografía salvadoreña. *See* 1778.

1888

Censo General de la República

Dirección General de Estadística
- Censo general de la República del Salvador, levantado en el año de 1888. San Salvador: Imp. Nacional, 1890. 22p.

1892

Population was counted in eight departments and an estimate of the total population of the country was made. No reports traced but referred to in report of the 1901 census.

Summary figures are included in Fonseca, Pedro S. Demografía salvadoreña. *See* 1778.

1901

BOLETIN de la Dirección General de Estadística de la República de El Salvador. San Salvador, Vol. 1, No. 1, jan. 1, 1902. Includes the report of the Dirección General de Estadística to the Ministro de Fomento on the general census of March 1, 1901. There is one table, 'Resumen del censo de 1901', giving population by sex and race for departments.

Summary figures are included in Fonseca, Pedro S. Demografía Salvadoreña. *See* 1778.

EL SALVADOR

1929

Censo de Población del Municipio de San Salvador

Oficina del Censo
- Censo de población de municipio de San Salvador levantado el 15 de octubre de 1929. San Salvador: Tip. La Union, 1930. 63p. [This census of the City of San Salvador was taken in 1929 preparatory to the national census of 1930. Contents include: Part 1, Planning and execution of the census. Part 2, Comments on the census. Part 3, Results (Rural-urban distribution, age and sex composition, nationality, education, etc.); index; results of the classification and analysis. Part 4. Critique of the census.]

1930

Censo de Población (1)

Dirección General del Censo
- Censo de población de 1930. San Salvador: Tip. 'La Union' S.S., 1929? 44p. This pamphlet gives the 'Reglamento del censo de población de 1930'.

- Adiciones al reglamento del censo de población. Decretadas el 14 de mayo de 1930 y publicadas en el Diario Oficial número 108 del mismo mes año. San Salvador: Tip. 'La Unión', 1930. 15p.

- Censo de 1930: métodos y procedimientos. Material usado en el levantamiento del censo de población del 1 de mayo. Adquirido con motivo de la encuesta que el Instituto Interamericano de Estadística realizó sobre métodos y procedimientos de los censos en las naciones americanas, 1944.

- Instrucciones al personal del censo de la República. San Salvador: Tip. 'La Unión'. 18p.

Dirección General de Estadística
- Población de la República de El Salvador. Censo de 1 de mayo de 1930. San Salvador: Tall. Nacional de Grabados, 1942. 512p.

1938-1939

Censo Nacional del Café (1)

Asociación Cafetalera de El Salvador
- Primero censo nacional del café, 1938-39. San Salvador: Tall. Gráf. Cisneros, 1940. 20p.

1949?

Censo de Prueba de la Vivienda Urbana

Departamento del Censo
- Censo de prueba de la vivienda urbana: instrucciones para empadronadores. San Salvador: Imp. Nacional, 1949. 39p.

1950

Censo de Población (2)

Dirección General de Estadística y Censos
- Atlas censal de El Salvador. (Census atlas of El Salvador.) San Salvador, 1955. 110p.
    LO/U-3; XY/N-1

- Segundo censo de población, junio 13 de 1940. San Salvador, 1954. xxx, (1), 621, (1)p.
    BT/U-5; CC/U-1 (microfiche); LO/N-1; LO/U-2; XY/N-1 (microfilm)

1950

Censo Agropecuario (1)

Dirección General de Estadística y Censos
- Primer censo agropecuario, oct.-dic. de 1950. San Salvador, 1954. 458p.

1950

Censo de la Vivienda Urbana (1)

Dirección General de Estadística y Censos
- Primer censo de la vivienda urbana, febrero 1950. San Salvador: Imp. Nacional, 1953 (i.e. 1954). 956p.
    LO/U-3

1951

Departamento Nacional del Censo
- Censos año 1, (no.1) sept. 1951- año 1, nos. 2-4. oct.-dic., 1951. San Salvador Ceased publication?
    LO/U-3

1951

Censo Industrial y Comercial (1)

Dirección General de Estadística y Censos
- Primer censo industrial y comercial, 1951 (tables). San Salvador, 1955.
    Vol.1. Industria.
        LO/U-2; LO/U-3
    Vol.2. Comercio y servicios.
        LO/U-2; LO/U-3

1956

Censo Industrial y Comercial (2)

Dirección General de Estadística y Censos
- Segundo censo industrial y comercial 1956: avance. San Salvador, 1958. 34 p.
    LO/U-3

- Segundo censo industrial y comercial 1956. San Salvador, 1959. 2 v.
    Vol.1. Industrias.
    Vol.2. [Comercio y servicios.] 1959. 149p.
        BT/U-5

1957-1958

Censo Nacional del Café (2)

Dirección General de Estadística y Censos
- Compendio del segundo censo nacional del café, Cosecha 1957-1958, etc. San Salvador, 1961. viii, 67p.
    LO/N-1; LO/U-3

1961

Censo Nacional de Población (3)

Dirección General de Estadística y Censos
- 3er [Tercer] censo nacional de población, 1961: avance. San Salvador, 1962. vi, 16p.
    LO/N-1; LO/U-3; XY/N-1 (microfiche)

- Tercer censo nacional de población 1961: características principales de la población obtenidas por muestreo. San Salvador, 1962. v, 85 p.
  BT/U-5; LO/U-3; XY/N-1 (microfiche)

- Tercer censo nacional de población 1961: población por área y sexo, departamento, municipio y canton. San Salvador, 1963. vii, 61 p.
  LO/U-2; LO/U-3; XY/N-1 (microfiche)

- Tercer censo nacional de población 1961. San Salvador, 1965. xxxiii, 833, (1) p.
  BT/U-5; CA/U-1; CC/U-1 (microfiche); CV/U-1; LO/N56; LO/U-2; LO/U-3; LV/U-1; XY/N-1 (microfiche)

1961

Censo Nacional Agropecuario (2)

Dirección General de Estadística y Censos
- Segundo censo nacional agropecuario 1961: avance; datos preliminares obtenidos por muestreo. [San Salvador], 1963. 149 p.
  LO/U-2; LO/U-3

- Segundo censo agropecuario, 1961. [San Salvador], 1967. xxv, 421 p.
  BT/U-5

1961

Censo de Comercio y Servicios (3)

Dirección General de Estadística y Censos
- Tercer censo de comercio y servicios, 1961. [San Salvador], 1966. xvii, 167p.
  GL/U-1; LO/U-2; LO/U-3

1961

Censo de Habitación Urbana (2)

Dirección General de Estadística y Censos
- II [Segundo] censo de habitación urbana, 1961. Cifras preliminares. San Salvador, 1963. xxvii, 144p.
  CV/U-1; LO/U-2; LO/U-3

1961

Censo Industrial y Comercio (3)

Dirección General de Estadística y Censos
- Tercer censo industrial y comercio, 1961: cifras preliminares. San Salvador, 1963. 82p.
    LO/U-2; LO/U-3

- Tercer censo industrial, 1961. [San Salvador], 1966. xx, 314p.
    BT/U-5; CA/U-1; CV/U-1; LO/U-3

1961

Censo de Vivienda (2)

Dirección General de Estadística y Censos
- Segundo censo de vivienda, 1961. [San Salvador], 1968. xxi, 700p.

1963-1964

Censo Estudiantil Universitario (1)

San Salvador. Universidad Nacional. Instituto de Estudios Económicos
- Primer censo estudiantil universitario, 1963-64. 1 ed. San Salvador, [1965]. 194 p.

1966-1967

Censo Apicola

Dirección General de Estadística y Censos
- Censo apicola, 1966-67. San Salvador, 1967. iii, 24 l.

1971

Censo Nacionales: Población (4) y Vivienda (3)

Dirección General de Estadística y Censos
- Censos nacionales 1971: manual de ordenamiento revisión codificación y verifacación. [San Salvador], 1971. 38p.

- Censos nacionales 1971 población y vivienda. Guía del instructor. [San Salvador], 1971. 37p.

- Censos nacionales 1971 población y vivienda. Manual del enumerador. [San Salvador], 1971. 73p.

Instituto Interamericano de Estadística. Secretaría General (and) Organización de Los Estados Americanos. Secretaría General
- Boletin estadístico. 83 El Salvador, May 1972. Resultados preliminares del censo de población y vivienda de 27-6-71. Washington. 4p.
  LO/U-3

Dirección General de Estadística y Censos
- Cuarto censo nacional de población: cifras preliminares. [San Salvador], 1971. x, 20p.
  LO/N99

- IV [Cuarto] censo nacional de población y III de vivienda, 1971: resultados provisionales San Salvador, Dec. 1971. 4p.

- Censos nacionales de 1971. III de vivienda. IV de población. Cifras preliminares obtenidas por muestreo. [San Salvador], 1972. xi, 164p.
  LO/N99

- Cuarto censo nacional de población, 1971. Vol. 1, San Salvador, 1974- .
  (Vol.1) Características generales, características educacionales, fecundidad, 1974.
    CA/U-1; LO/N99
  Vol.2. Características económicas. Jan 1977. xxx, 592 p.
    BT/U-5; CA/U-1; LO/N99

- Tercer censo nacional de vivienda, 1971. San Salvador, 1974. xxix, 435 p.
  BT/U-5; CA/U-1; CV/U-1; LO/N99

1971

Censos Nacionales: Agropecuario (3)

Dirección General de Estadística y Censos
- Censos nacionales de 1971. III censo agropecuario. Cifras preliminares obtenidas por muestreo. [San Salvador], 1972. xxv, 117p.

- Tercer censo nacional agropecuario, 1971. San Salvador, 1974- .
    Vol. 1. Características a nivel nacional, departamental y municipal.
    Vol. 2. Características a nivel nacional, departamental y tamaño de la explotación. xxxiv, 509p.
    BT/U-5; LO/N-1

1972

Censos Económicos

Dirección General de Estadística y Censos
- Censos económicos de 1972 (avance). San Salvador, 1974. xvi, 158p.
    OX/U-1

- Censos nacionales de 1972: censos económicos. San Salvador, 1977- .[on spine: Censos económicos 1972].
    Vol. 1. Manufactura: industria de 5 y más de personal ocupado. Industria de 4 y menos de personal ocupado. xli, 684p.
        BT/U-5; LO/N99
    Vol. 2. Agro industrias: beneficios de café, ingenios azucareros beneficios de algodón. Otras actividades: construcción, electricidad, transporte comercial terrestre.
        LO/N99
    Vol. 3. Actividades: comercio, servicios.
        LO/N99

- Censos ecónomicos de 1972, beneficios y despulpadores de café, ingenios azucareros, beneficios de algodón, construcciones, electricidad, transportes. (Ed. avance). [San Salvador], 1974. xvi, 158p.

SURINAM

After colonization by both the Dutch and the English during the 17th century, Surinam began to be governed by the Geoctroyeerde Sociëteit van Suriname (Chartered Society of Surinam) in 1683. During this administration, which lasted until 1795, one population count was taken, in January 1694, showing that there were 6,423 white people and slaves in Surinam.

During the Napoleonic Wars Surinam was twice under the control of the English and in 1811 Governor Bonham's administration conducted a census which revealed that the population consisted of 5,104 freemen and 50,725 slaves. The colony passed back to the Dutch in 1816.

The next count took place over 100 years later, in 1921, followed in 1950 by the Second General Census with its ambitious programme of publications, not all of which have yet been or are likely to be published. The Third General Census was held in 1964 and the Fourth in 1972.

Independence from the Netherlands was declared in 1975 and five years later the government changed again after a military coup.

[S. Roach]

LIST OF CONTENTS

1811

1921 GENERAL POPULATION CENSUS (1)

1950 TWEEDE ALGEMEENE VOLKSTELLING [GENERAL POPULATION CENSUS (2)]

1959 TWEEDE LANDBOUWTELLING [AGRICULTURAL CENSUS (2)]

1961 CENSUS OF INDUSTRIES AND OCCUPATIONS

1964 DERDE ALGEMENE VOLKSTELLING [GENERAL POPULATION CENSUS (3)]

1972 VIERDE ALGEMENE VOLKSTELLING [GENERAL POPULATION CENSUS (4)]

SURINAM

1811

Public Record Office, London (Kew). CO 278/15-27.
15-16 Returns of slaves.
17-21 Returns of whites and slaves.
22-27 Population returns, Free, Coloured and Black.
[Pre-printed forms headed: 'Opgaave ingevolge proclamatie van Zijn Excellentie den heere Gouverneur Generaal de dato 17e. October 1811', completed in manuscript and bound in 13 folio volumes.]

1921

General Population Census (1)

Based on the population register. No publications traced. Some data appears in the comparative tables of the 1971-2 census.

1950

Tweede Algemeene Volkstelling
[General Population Census (2)]

TWEEDE algemeene volkstelling Suriname, 1950. [Paramaribo]: Welvaartsfonds Suriname, 1954-56. 24 v. tables. 25 cm.
   Deel 1. Algemeen.

      Serie A. De eigenlijke volkstelling. Aantal, landaard en geslacht, geographische spreiding, leeftijdsopbouw en herkomst.

      Deel 2. Stadsdistrict Paramaribo. 1954. 107p.
         LO/U-3
      Deel 3. District Suriname. 1954. viii, 128, vi, [2]p.
         LO/U-3
      Deel 4. District Saramacca. 1955. [3], 80, [2], vi, [5]p.
         LO/U-3
      Deel 5. District Commewijne. 1955. [3], vi, 82, [8]p.
         LO/U-3
      Deel 6. District Coronie. 1955. 56, vii p.
         LO/U-3
      Deel 7. District Nickerie. 1955. 76, [94]p.
         LO/U-3
      Deel 8. District Marowijne. 1955. vi, 80, [3]p.
         LO/U-3

Deel 9. De sampling: Indianen en boschnegers in stamverband.
Deel 10. Geheel Suriname, inclusief de leprozen en vreemdelinge, [etc.] 1954. 80, [56], vi, [2]p.
Deel 10a. Lijst van plaats- en plantagenamen. 1954.

Serie B.

Deel 11-13. Migratie, vruchtbaarheid en assimilatie. Het sociaal-economisch en cultureel onderzoek.

Serie C.

Deel 14-19. Nationaliteit, persoonlijke en burgerlijke staat, godsdienst, vereenigingen en onderwijs.
Serie D.

Deel 20-22. Beroep, tewerkstelling, inkomsten, gebreken.

Serie E. Woning- en gezinstelling.

Deel 23. Woningtelling. Aantal, spreiding, soort en bezetting der woningen. 1956. 76, [1]p.
Deel 24. Gezinstelling. Samenstelling en inkomens der huishoudingen; huishoudelijk personeel. 1956. 88, [1]p.
[Prepared under the supervision of J. Gemmink.]
   LO/U-3

1959

Tweede Landbouwtelling [Agricultural Census (2)]

Departement van Landbouw, Veeteelt en Visserij.
- Tweede landbouwtelling. Suriname, november 1959. Second census of agriculture, Surinam. November 1959. [Paramaribo, 1962?]. 119p. illus. (Suriname in cijfers, no. 16. Surinam in figures, no. 16). Dutch and English.
   LO/U-3

1961

Census of Industries and Occupations

Algemeen Bureau voor de Statistiek
- Census of industries and occupations, 1961. Bedrijfs- en beroepstelling, 1961. [Paramaribo], 1961. (Suriname in cijfers, no.20).
    Part 1. Distrikt: Coronie. 42 leaves.
        LO/U-3
    Part 2. Distrikt: Commewijne. 54 leaves.
        LO/U-3
    Part 3. Distrikt: Marowijne. 37 leaves.
        LO/U-3
    Part 4. Distrikt: Saramacca. 37 leaves.
        LO/U-3
    Part 5. Distrikt: Suriname. 79 leaves.
        LO/U-3
    Part 6. Distrikt: Nickerie. 86 leaves.
        LO/U-3
    Part 8. Distrikt: Paramaribo. 189 leaves.
        LO/U-3
    Part 9. Geheel Suriname. 218 leaves.
        LO/N-1; LO/U-3
    Part 10. Algemeen overzicht [Summary]. 36 leaves.
        LO/U-3

1964

Derde Algemene Volkstelling [General Population Census (3)]

Algemeen Bureau voor de Statistiek
- Derde Surinaamse volkstelling, 1964. Paramaribo, 1964-67. (Suriname in cijfers, no. 33, pt. 1-9).
    1. Distrikt Coronie. 1964.
    2. Distrikt Suriname. 1964.
    3. Distrikt Nickerie. 1965.
    4. Distrikt Commewijne. 1965.
    5. Distrikt Paramaribo. 1965.
    6. Distrikt Saramacca. 1965.
    7. Distrikt Marowijne. 1965.
    8. Distrikt Brokopondo. 1965.
    9. Geheel Suriname. 1967. 74p.
        BT/U-5; LO/U-3

STATISTISCHE gegevens over de bevolking van Paramaribo / Suriname, naar aanleiding van de volkstelling in maart 1964. [S.l.], ca. 1964. Loose leaves in folder. 37 cm.

1972

Vierde Algemene Volkstelling [General Population Census (4)]

Algemeen Bureau voor de Statistiek
- Voorlopig resultaat vierde algemene volkstelling. [The fourth general population census. A preliminary report]. [Paramaribo], [1972]. iii, 24p. 27 cm. (Suriname in cijfers, no. 60).
    BT/U-5; LO/N-1; LO/U-3; LO/U-8

TRINIDAD AND TOBAGO

The territories of the English speaking Caribbean and circum-Caribbean were among Britain's oldest colonies some having been occupied since the early seventeenth century.

Although formal censuses in the modern accepted sense were not conducted until the 1840s a good deal of statistical information, described as censuses or population returns, is contained in Governors' despatches from these colonies to the home government. The quantity of such material appears to be very large: most of it is held in the Public Record Office but some is in the British Library and other manuscript repositories. An indication of the extent of such materials is given in F.W. Pitman's *Development of the British West Indies* where Appendix I records many of the returns made by colonial Governors for the period 1636-1763. Other censuses were subsequently published as British parliamentary papers or in local *Gazettes* and *Votes and proceedings* and summarized in the censuses of England and Wales between 1861 and 1891 and the *Census of the British Empire, 1901*. To locate and describe these materials is not within the compass of this project; accordingly the censuses listed in the following pages cover such early materials only where they have been reissued in printed format and reported by contributing libraries; no systematic search for them has been made.

For many early censuses bibliographical data are scarce and may be suspect; later censuses, *ie* those for the British West Indies of 1946 and 1960 and the Commonwealth Caribbean census for 1970, were issued in series of volumes and parts for which bibliographical data are complicated and apparently incomplete.

[P.M. Larby]

TRINIDAD AND TOBAGO

LIST OF CONTENTS

1770 OFFICIAL CENSUS OF TOBAGO

1771 OFFICIAL CENSUS OF TOBAGO

1772 OFFICIAL CENSUS OF TOBAGO

1773 OFFICIAL CENSUS OF TOBAGO

1780 OFFICIAL CENSUS OF TOBAGO

1782 OFFICIAL CENSUS OF TOBAGO

1785 OFFICIAL CENSUS OF TOBAGO

1786 OFFICIAL CENSUS OF TOBAGO

1787 OFFICIAL CENSUS OF TOBAGO

1788 OFFICIAL CENSUS OF TOBAGO

1790 OFFICIAL CENSUS OF TOBAGO

1797-1800 OFFICIAL CENSUS OF TRINIDAD

1801-1802 OFFICIAL CENSUS OF TRINIDAD

1802 OFFICIAL CENSUS OF TRINIDAD

1806 OFFICIAL CENSUS OF TRINIDAD

1808 OFFICIAL CENSUS OF TRINIDAD

1838 POPULATION RETURNS...

1851 CENSUS

1861 CENSUS

1871 CENSUS

1881 CENSUS

1891 CENSUS OF THE COLONY OF TRINIDAD

TRINIDAD AND TOBAGO

1901 CENSUS OF THE COLONY OF TRINIDAD AND TOBAGO

1911 CENSUS OF THE COLONY OF TRINIDAD AND TOBAGO

1921 CENSUS OF THE COLONY OF TRINIDAD AND TOBAGO

1931 CENSUS OF THE COLONY OF TRINIDAD AND TOBAGO

1932 BLIND CENSUS

1946 CENSUS, COLONY OF TRINIDAD AND TOBAGO

1953 CENSUS OF INDUSTRIAL ESTABLISHMENTS

1957-1958 HOUSING CENSUS

1960 BRITISH WEST INDIES CENSUS

1963 AGRICULTURAL CENSUS

1970 POPULATION CENSUS

1770
Official Census of Tobago

Tobago. The official census of Tobago... 5th April, 1770. Reprinted *as* Historical Society of Trinidad and Tobago publication, 669. 1 leaf.
LO/U-8

1771

Official Census of Tobago

Tobago. The official census of Tobago, 5th June, 1771. Reprinted *as* Historical Society of Trinidad publication, 670. 1 leaf.
LO/U-8

1772

Official Census of Tobago

Tobago. The official census of Tobago, 4th April, 1772. Reprinted *as* Historical Society of Trinidad and Tobago publication, 674. 1 leaf.
LO/U-8

1773

Official Census of Tobago

Tobago. The official census of Tobago 2nd May 1773. Reprinted *as* Historical Society of Trinidad and Tobago publication, 765. 1 leaf.
LO/U-8

1780

Official Census of Tobago

Tobago. The official census of Tobago 4th July 1780. Reprinted *as* Historical Society of Trinidad and Tobago publication, 681. 1 leaf.
LO/U-8

1782

Official Census of Tobago

Tobago. The official census of Tobago [30th July 1782]. Paris: Archives Nationales. State papers coloniales C10, E 1. Translated from French and published as Historical Society of Trinidad and Tobago, publication, 682. 1 leaf.
LO/U-8

1785

Official Census of Tobago

Tobago. The official census of Tobago, 22nd February, 1795. Paris: Archives Nationales. State papers coloniales C10 E 7. Translated from French and published as Historical Society of Trinidad and Tobago publication, 686.
LO/U-8

1786

Official Census of Tobago

Tobago. The official census of Tobago, 2nd June, 1786. Paris: Archives Nationales. State papers coloniales, C10 E 7. Translated from French and published as Historical Society of Trinidad and Tobago publication, 687. 1 leaf.
LO/U-8

1787

Official Census of Tobago

Tobago. The official census of Tobago, 2nd February, 1787. Paris: Archives Nationales. State papers coloniales, C10 E 7. Translated from French and published as Historical Society of Trinidad and Tobago publication, 689. 1 leaf.
LO/U-8

1788

Official Census of Tobago

Tobago. The official census of Tobago, 5th July, 1788. Paris: Archives nationales. State papers coloniales, C10 E 11. Translated from French and published as Historical Society of Trinidad and Tobago publication, 690. 1 leaf.
LO/U-8

1790

Official Census of Tobago

Tobago. The official census of Tobago, 2nd April, 1790. Paris: Archives Nationales. State papers coloniales, C10 E 12. Translated from French and published as Historical Society of Trinidad and Tobago publication, 691. 1 leaf.
   LO/U-8

1797-1800

Official Census of Trinidad

Trinidad. The official census of Trinidad, 1797-1800. Published as Historical Society of Trinidad and Tobago publication, 876.

1801-1802

Official Census of Trinidad

Trinidad. The official census of Trinidad, 1801-02. Published as Historical Society of Trinidad and Tobago publication. 875.

1802

Official Census of Trinidad

Trinidad. The official census of Trinidad, 1802. *In*: Trinidad. Parliamentary papers, 1810, Volume XI.

Trinidad. The official census of Trinidad, 1802. Reprinted as Historical Society of Trinidad and Tobago publication, 757. 1 leaf.
   LO/U-8

1806

Official Census of Trinidad

Trinidad. The official census of Trinidad, 1806. Reprinted as Historical Society of Trinidad and Tobago publication, 907. 1 leaf?

1808

Official Census of Trinidad

Trinidad. The official census of Trinidad, 1808. *In*: Trinidad. Parliamentary papers, 1810. Volume XI.

Trinidad. The official census of Trinidad. 1808. Reprinted *as* Historical Society of Trinidad and Tobago publication, 758. 1 leaf.
    LO/U-8

1838

Population Returns...

Trinidad. Population return of Bario, 1838. 1838. 5 manuscript notebooks.
    LO/N17

Trinidad. Population return of the town of Port of Spain... 1838...
Reprinted *as* Historical Society of Trinidad and Tobago publication, 816. 1 leaf.
    LO/U-8

1851

Census

Tobago. Abstract of the census, 1851. Scarborough, 1851. Table.
    LO/N17

1861

Census

Trinidad. Registrar General
- Series of tables... compiled from the census papers of 1861 and 1871. Port of Spain: 1872. 31p.
    LO/N17

1871

See 1861

TRINIDAD AND TOBAGO

1881

Census

Tobago. Census Compiler
- [Abstract of the census of 3rd April, 1881. s.l.]. 1881. [1p, 14 tables].
    LO/N17

Trinidad. Registrar General
- Census, 1881. [Port of Spain]: Government Printing Office, 1881. 35p.
    LO/N17; LO/N56

1891

Census of the Colony of Trinidad

Trinidad and Tobago. Government Statistician
- Census of the Colony of Trinidad, 1891. Port of Spain: Government Printing Office, 1892. [XIV parts, various pagination]. Contains summary data for 1851-1881. Tobago is not included in this census.
    LO/N17; LO/S65; LO/U-3; MA/U-1

Trinidad. Registrar-General's Department
- Census, 1891. [Abstract] 1891. Trinidad and Tobago. Council paper 59, 1891.
    LO/S65

1901

Census of the Colony of Trinidad and Tobago

Trinidad and Tobago. Registrar-General's Department
- Census of the Colony of Trinidad and Tobago, 1901. Port of Spain: Government Printing Office, 1903. 27, [48]p.
    LO/N-1; LO/N17; LO/N56; LO/S65

1911

Census of the Colony of Trinidad and Tobago

Trinidad and Tobago. Registrar-General's Department
- Census of the Colony of Trinidad and Tobago, 1911. Port of Spain: Government Printing Office, 1913. 82, [2]p.
    LO/N-1; LO/N17; LO/S65; OX/U-9

1921

Census of the Colony of Trinidad and Tobago

Trinidad and Tobago
- Census, 1921: preliminary report. Trinidad and Tobago. Legislative Council paper 111, 1921. 1922. 4p.
    LO/S65

Trinidad and Tobago. Registrar-General's Department
- Census of the Colony of Trinidad and Tobago, 1921. Port of Spain: Government Printing Office, 1923. 189p. [2] maps.
    LO/N-1; LO/N17; LO/N56; LO/S65; OX/U-9

1931

Census of the Colony of Trinidad and Tobago

Trinidad and Tobago
- Preliminary report on the census, 1931. Trinidad and Tobago. Legislative Council paper 96, 1931. 6p.
    LO/S65

Trinidad and Tobago. Registrar-General's Office
- Census of the Colony of Trinidad and Tobago, 1931. Port of Spain: Government Printing Office, 1933. 404p. [3] maps. Includes summary data for all censuses since 1851.
    LO/N17; LO/N56; LO/S65; LO/U-3; OX/U-9

Trinidad and Tobago
- Census of the Colony of Trinidad and Tobago, 1931. Port of Spain, 1932. 46 p.
    LO/N17; LO/S65

1932

Blind Census

Trinidad and Tobago
- Blind census (incomplete) for 1932: an introduction to the study of blindness in Trinidad and Tobago. Port of Spain: Government Printing Office, 1932. Trinidad and Tobago. Legislative Council paper 74, 1932. 16p.
 LO/N17; LO/S65

1946

Census, Colony of Trinidad and Tobago

Trinidad and Tobago
- West Indian census, 1946: enumerator's instruction and memorandum book. Port of Spain: Government Printer, 1946. 34p.
 LO/N17; LO/S65

- West Indies census, 1946: supervisor's instruction and memorandum book. Port of Spain: Government Printer, 1946. 37p.
 LO/N17; LO/S65

Trinidad and Tobago. Census Office
- Census, Colony of Trinidad and Tobago, 1946. Port of Spain: Government Printer, [1948]. iii, [i], 616p.
 CA/U-1; CC/U-1; LO/N-1; LO/N17; LO/S65; LO/U-3; XY/N-1 (microfilm)

Trinidad and Tobago
- Colony of Trinidad and Tobago census album containing a brief geographical, historical and economic review of the Colony of Trinidad and Tobago... compiled by Noel P. Bowen. Port of Spain, 1948. 114p.
 CA/U-1; LO/N17; LO/U-8; OX/U-9; XY/N-1 (microfilm)

See also Commonwealth Caribbean, 1946

1953

Census of Industrial Establishments

Trinidad and Tobago. Central Statistical Office
- The structure and output of industry. Report on a census of industrial establishments, 1953. [Port of Spain, 1956]. 60p.
    LO/U-8

1957-1958

Housing Census

Trinidad and Tobago. Central Statistical Office
- Housing, 1957-1958; a preliminary report on the housing census. [Port of Spain: Government Printer, 1960]. 17p.
    LO/U-8

1960

British West Indies Census

See Commonwealth Caribbean, 1960

1963

Agricultural Census

Trinidad and Tobago. Central Statistical Office
- Agricultural census, 1963. Port of Spain: The Office, 196?- . 2 volumes in ? parts.
    Vol. I Not published
    Vol. II
        Part A. The holder and his holdings. 1966. [1], ii-viii, 1-19p. Tables. (Agriculture census 1963, publication, 3)
            LO/U-8
        Part B. Land utilization, numbers and acres. 1967. [1], ii-x, [1], 2-71p. Tables. (Agriculture census 1963, publication, 40
            LO/U-8
        Part C. Production and sales of crops, 10 acres and over. 1968. [1], ii-vii, [1], 1-32p. (Agriculture census 1963, publication, 5)
            LO/U-8

- Census bulletin, no. 1- . Port of Spain: The Office, 1965- ? parts
    1. Numbers and acreage of holdings, by county and by size of holding, tenure of holding and status of landowner. 1965. [4]p.
        LO/U-8
    1A. Numbers and acreages of holdings by county and by agricultural size, employment size and cultivation practices. 1966. [4]p.
        LO/U-8

1970

Population Census

Trinidad and Tobago. Central Statistical Office. Population Census Division - 1970 population census. Bulletin 1-6. Port of Spain, 1971-75. 6 volumes.
  1. Population and housing by sex and administrative area. 1971. 6p.
     BT/U-5; LO/N17; LO/U-3; LO/U-8; LV/U-1; OX/U-9
  1A. Non-institutional population. 1974. 19p.
     BT/U-5; LO/N17; LO/U-8; OX/U-9
  2. Housing. 1974. 32p.
     BT/U-5; LO/N17; LO/U-3
  3. Fertility. 1974. 39 p.
     BT/U-5; LO/N17; LO/U-3
  4. Education. 1975. 17p.
     BT/U-5; LO/N17; LO/U-3; LO/U-8
  5. Religion. 1975. 23p.
     LO/N17; LO/U-3; LO/U-8
  6. Basic visitation record of statistics.

TURKS AND CAICOS ISLANDS

The territories of the English speaking Caribbean and circum-Caribbean were among Britain's oldest colonies some having been occupied since the early seventeenth century.

Although formal censuses in the modern accepted sense were not conducted until the 1840s a good deal of statistical information, described as censuses or population returns, is contained in Governors' despatches from these colonies to the home government. The quantity of such material appears to be very large: most of it is held in the Public Record Office but some is in the British Library and other manuscript repositories. An indication of the extent of such materials is given in F.W. Pitman's *Development of the British West Indies* where Appendix I records many of the returns made by colonial Governors for the period 1636-1763. Other censuses were subsequently published as British parliamentary papers or in local *Gazettes* and *Votes and proceedings* and summarized in the censuses of England and Wales between 1861 and 1891 and the *Census of the British Empire, 1901*. To locate and describe these materials is not within the compass of this project; accordingly the censuses listed in the following pages cover such early materials only where they have been reissued in printed format and reported by contributing libraries; no systematic search for them has been made.

For many early censuses bibliographical data are scarce and may be suspect; later censuses, *ie* those for the British West Indies of 1946 and 1960 and the Commonwealth Caribbean census for 1970, were issued in series of volumes and parts for which bibliographical data are complicated and apparently incomplete.

[P.M. Larby]

LIST OF CONTENTS

1851

1861

1871

1881

1891

1901 CENSUS

1911 CENSUS

1921 CENSUS

1943

1960

1970

1851

No publications located.

1861

No publications located.

1871

No publications located.

1881

See Jamaica, 1881.

1891

See Jamaica, 1891.

1901

Census

CENSUS returns, 1901. Grand Turk, 1901. 1 table.
    LO/N17

1911

Census

Registrar General
-Report on the census of 1911. [Grand Turk], 1911. 5p.
    LO/N17

1921

Census

CENSUS returns, 1921. Grand Turk, 1921. 5p.
    LO/N27; LO/S65

1943

See Jamaica, 1943.

1960

See Commonwealth Caribbean, 1960.

1970

See Commonwealth Caribbean, 1970.

URUGUAY

During the colonial period in Uruguay some estimates of population and municipal enumerations were made, principally for the province of Montevideo, but it was not until 1852 that the first official countrywide census was taken. Unfortunately, no data from this census was published although some figures from it were included in the second general census of population (1860) for comparison.

In the remaining part of the 19th century some partial censuses were taken and in 1896 it was decided that population censuses for the whole country would be taken every 8 years. Accordingly, censuses were carried out in 1900 (excluding Montevideo) and in 1908, but there was then an interval of 55 years until the next general census of 1963. During this interim period data from the 1908 census was used as a basis for several population estimates. In the 20th century specialized censuses were also undertaken, particularly in the field of stock-raising, Uruguay's main industry, and agriculture.

The general censuses taken before 1963 are believed to be somewhat irregular in their methods and organization. For the 1963 census there is little information about methods but it is considered to have provided fairly accurate data, while the 1975 census has yielded highly accurate data.

[M. Johnson and C. Younger]

URUGUAY

LIST OF CONTENTS

1803-1835

1852

1860 CENSO DE LA POBLACION (2)

1884

1889-1890 CENSO MUNICIPAL DEL DEPARTAMENTO Y DE LA CIUDAD DE MONTEVIDEO

1892 CENSO GENERAL DEL DEPARTAMENTO DE ROCHA

1895 CENSO GENERAL DEL DEPARTAMENTO DE TACUAREMBO

1895-1896 CENSO GENERAL

1900 CENSO...DEPARTAMENTOS DE CAMPAÑA

1900 CENSO GANADERO

1908 CENSO GENERAL (3)

1924 CENSO AGROPECUARIO

1926 CENSO INDUSTRIAL

1930 CENSO INDUSTRIAL

1930 CENSO AGROPECUARIO

1936 CENSO INDUSTRIAL

1937 CENSO AGROPECUARIO

1943 CENSO GANADERO

1946 CENSO GENERAL AGROPECUARIO

1951 CENSO GENERAL AGROPECUARIO

1956 CENSO GENERAL AGROPECUARIO

URUGUAY

1961 CENSO GENERAL AGROPECUARIO

1963 CENSO GENERAL DE POBLACION (4) Y DE VIVIENDA (2)

1966 CENSO GENERAL AGROPECUARIO

1968 CENSO ECONOMICO NACIONAL

1968 CENSO DE ESTUDIANTES

1969 CENSO NACIONAL DE FUNCIONARIOS PUBLICOS (1)

1970 CENSO GENERAL AGROPECUARIO

1975 CENSO GENERAL DE POBLACION (5) Y DE VIVIENDAS (3)

1978 CENSO ECONOMICO NACIONAL (2)

(Date unknown) CENSO DE HABITANTES Y SALUBRIDAD DE VIVIENDAS

1803, 1818, 1829, 1835

Estimates and partial censuses were taken, mainly for the province of Montevideo.

1852

First official census. Results were not published, but provincial population statistics were included for comparative purposes in 1860 census report (p.33-34).

1860

Censo de la Población de la República Oriental del Uruguay (2)

Secretaría de Hacienda
- Censo de la población de la República Oriental del Uruguay mandado levantar en agosto de 1860. *In*: Registro estadístico de la República Oriental del Uruguay, 1860. Montevideo: Imp. de la República, 1863. 220p. tom.1, sec. 2, p. 7-75.

1884

Partial census taken, with results tabulated for Montevideo only. No reports traced.

1889-1890

Censo Municipal del Departamento y de la Ciudad de Montevideo

Comisión Directiva del Censo
- Censo municipal del Departamento y de la Ciudad de Montevideo, capital, de la República Oriental de Uruguay: edificación, escuelas, población e industria, levantado por resolución de la Junta Económico-administrativa en los días 25 de octubre, 18 de noviembre de 1889 y 25 de enero de 1890.
Montevideo: Tip. Oriental, 1892. 604p.
    LV/U-1

1892

Censo General del Departamento de Rocha

Jefatura Política y de Policía
- Censo general del Departamento de Rocha. Montevideo: Tip. Cit. Oriental, 1892. 83p.

1895

Censo General del Departamento de Tacuarembo

Jefatura Política y de Policía
- Censo general del Departamento de Tacuarembo, levantado por la Jefatura Política y de Policía de diciembre de 1895. Montevideo: Imp. de 'La Nación', 1896.

1895-1896

Censo General

Dirección General del Censo
- Censo general (anexos al relatorio presentado a la Honorable Asamblea General en el primer periodo de la XIX legislatura por Juan José Castro, Ministro Secretario de Estado en el Departamento de Fomento correspondiente a los años 1895 y 1896). Tom. XI. Montevideo: Imp. a Vapor de la Nacion, 1897. 266p.

1900

Censo ... Departamentos de Campaña

Comisión Nacional del Censo
- Primer resumen del censo levantado el 1° de marzo de 1900 en los departamentos de campaña. Montevideo: Tip. Escuela Nacional de Artes y Oficios, 1900. 19p.
    LO/N-1

1900

Censo Ganadero

Departamento de Ganadería y Agricultura
- Censo ganadero de la República Oriental de Uruguay, 1900/ por Juan José Aguiar, jefe de la Sección de Estadística y Publicaciones. Montevideo: Imp. 'Rural', 1901. 41p.

1908

Censo General de la República (3)

Dirección General de Estadística
- Censo general de la República en 1908. *In*: Anuario estadístico de la República Oriental del Uruguay, año 1908. Montevideo: Imp. Artística y Encuadernación de Juan J. Dornaleche, 1911. Tom. II, pt. III, p.755-1260. [On p.1: 'Censo de población ... resultados definitivos'].
    LO/U-3; LO/N-1

1924

Censo Agropecuario

Ministerio de Ganadería y Agricultura. Dirección de Agronomía. Sección de Economía y Estadística Económica.
- Censo agropecuario, año 1924. Montevideo, 1927 -. [Contents: pt.1: Stock ganadero].

1926

Censo Industrial

See 1930 Censo Industrial.

1930

Censo Industrial

Banco de la R.O.U.
- Datos del censo industrial de 1930 y 1926 y otros de estructura económica y demográfica. *In*: Sinópsis económica y financiera del Uruguay. Montevideo: Imp. Uruguaya, 1933. 183p.
    CC/U-1

1930

Censo Agropecuario

Ministerio de Ganadería y Agricultura. Dirección de Agronomía. Sección de Economía y Estadística Económica.
- Censo agropecuario, año 1930. Montevideo, 1932 -. [Parte 1: stock ganadero].
    LO/N-1

1936

Censo Industrial

Ministerio de Industrias. Dirección de Estadística Económica
- Censo industrial de 1936. Montevideo, 1939. xxvi, 58p.
    LO/N-1

- Censo industrial de 1936 realizado en el año 1937: cuadro general. Montevideo, 1939. 7p.

1937

Censo Agropecuario

Ministerio de Ganadería y Agricultura. Dirección de Agronomía. Sección de Economía y Estadística Agraria.
- Censo agropecuario, año 1937. Montevideo: Editorial Libertad, 1938-40. 5v.
    Parte I. Stock ganadero.
    CC/U-1; LV/U-1
    Parte II. Lechería, porcinos, equinos, asnal y mular, cabríos, avicultura, apicultura.
    Parte III. Fruticultura.

Parte IV. Población trabajadora agraria; régimen de la propiedad agraria; sistemas de explotación; relaciones de los sistemas de explotación con el régimen de la propiedad.
Parte V.

1943

Censo Ganadero

Ministerio de Ganadería y Agricultura. Dirección de Agronomía.
- Censo ganadero 1943: Ley de enero 27 de 1943. Montevideo: Imp. Nacional, 1943. 17p.

1946

Censo General Agropecuario

Ministerio de Ganadería y Agricultura. Dirección de Agronomía. Sección de Economía y Estadística Agraria.
- Resultados del censo general agropecuario de 1946. 4 leaves. *Appendix to:* Recopilación de la estadística agrícola del Uruguay. (Sección de Economía y Estadística Agraria, no. 96). 1948. 101p, 5 leaves.

1951

Censo General Agropecuario

Ministerio de Ganadería y Agricultura. Dirección de Agronomía. Sección de Economía y Estadística Agraria.
- Censo general agropecuario, 1951. Montevideo: Imp. Nacional, 1952. xlvii, 451p.
   LV/U-1; LO/N-1; LO/U-3

1956

Censo General Agropecuario

Departamento de Economía Rural.
- Censo general agropecuario de 1956. Montevideo, 1956.
   LO/N-1

- Censo general agropecuario: cifras primarias. Montevideo, 1956. 6 1eaves.
    LO/U-3

- Recopilación estadística, 1958. Montevideo: Dirección General de Estadistica y Censo, 1960.
    CA/U-1

1961

Censo General Agropecuario

Ministerio de Ganadería y Agricultura
- Censo general agropecuario, 1961. Montevideo. 1963. 55 leaves.
    LO/N99

1963

Censo General de Población (4) y de Vivienda (2)

Dirección General de Estadística y Censos
- Manual del empadronador: IV censo general de población y II de vivienda. Montevideo, 1962. iii, 44p.

- Censo general IV de población, II de vivienda: anticipación de resultados censales: análisis por muestreo. Ed. restringida. Montevideo, 1964. 3v.
    LO/N99

- IV [Cuarto] censo general de población y II de vivienda: anticipación de resultados censales: análisis por muestreo. Montevideo, 1964. 2 vols.
    Vol. 1. 23p.
    XY/N-1
    Vol. 2. 53p.
    XY/N-1

- Muestra de anticipación de resultados censales: IV censo general de población y II de vivienda, 16 de octubre de 1963. Montevideo, 1965. 109p.
    LO/N-1; XY/N-1
-IV [Cuarto] censo de población, II de vivienda: datos definitivos, cifras principales. Montevideo, [1969?]. 55p.
    CC/U-1; LO/N-1; LO/U-3

- Un ensayo de evaluación del IV censo general de población. (Encuesta de cobertura). Montevideo, [1965]. 23p.
    BT/U-5; XY/N-1

URUGUAY

- IV [Cuarto] censo general de población y II de vivienda, 16 de octubre de 1963: distribución territorial de la población y vivienda. Montevideo, 1964-65.

Departamento de Artigas,
1964. iv, 22p.
LO/N-1; LO/N99;
XY/N-1

Departamento de Canelones.
1965. iv, 33p.
LO/N-1

Departamento de Cerro Largo.
1965. iv, 26p.
LO/N-1

Departamento de Colonia. 1964.
LO/N99; XY/N-1

Departamento de Durazno.
1965. iv, 27p.
LO/N-1

Departamento de Flores.
1964. iv, 16p.
LO/N-1; LO/N99; XY/N-1

Departamento de Florida.
1964. iv, 28p.
LO/N99; XY/N-1

Departamento de Lavalleja.
1965. iv, 27p.
LO/N-1

Departamento de Maldonado.
1964. iv, 27p.
LO/N-1; LO/N99; XY/N-1

Departamento de Paysandú.
1965. iv, 29p.
LO/N-1

Departamento de Río Negro.
1965. iv, 27p.
LO/N-1

Departamento de Rivera.
1964. iv, 30p.
LO/N-1; LO/N99; XY/N-1

Departamento de Rocha.
1964. iv, 30p.
LO/N99; XY/N-1

Departamento de Salto.
1965. iv, 28p.
LO/N-1

Departamento de San José.
1964. iv, 25p.
LO/N99; XY/N-1

Departamento de Soriano.
1964. iv, 31p.
LO/N99; XY/N-1

Departamento de Tacuarembo.
1964. iv, 27p.
LO/N99; XY/N-1

Departamento de Treinta y Tres.
1964. iv, 24p.
LO/N99; XY/N-1

- IV [Cuarto] censo de población y II de vivienda, año 1963. Montevideo. [1973?]. 5v.

I. Demografía. 184p.
  CC/U-1; LO/N-1; LV/U-1
II. Educación. 83p.
  CC/U-1; LV/U-1
III. Población económicamente activa. 83p.
  CC/U-1; LO/N-1; LV/U-1
IV. Migración interna. 121p.
  CC/U-1; LO/N-1; LV/U-1
V. Vivienda. 28p.
  CC/U-1; LO/N-1; LV/U-1

- Indice toponímico de los lugares poblados: 16 de octubre, 1963. Montevideo, 1972. 529p. 'El contexto de la presente publicación se inscribe dentro del programa de relevamientos de la población del país, iniciado con el censo de población y vivienda de 1963'.
CC/U-1; LO/N-1

- Mapas departamentales: elaborados con información del IV censo nacional de población y II de vivienda. Montevideo, [1969]. 20 maps.
    CC/U-1

- Mapas demógraficos; República Oriental de Uruguay. Montevideo, [1965?]. 1v. (unpaged). 'Elaborados con información del IV censo nacional de población y II de vivienda'.
    LO/U-3

1966

Censo General Agropecuario

Ministerio de Ganadería y Agricultura. Dirección de Economía Agraria. Departamento de Estadística
- Censo general agropecuario, 1966. Montevideo, 1968. 97p.
    CC/U-1; LO/N-1

1968

Censo Económico Nacional

Dirección General de Estadística y Censos
- Censo económico nacional, 1968: industrias. Montevideo, 1972. iv, 61 leaves.
    BT/U-5; CC/U-1; LO/N-1

- Censo económico nacional 1968: industria manufacturera A: establecimientos que en el Registro de Actividades Económicas declararon ocupar 10 ó más personas. Montevideo, [1971]. 39 leaves.
    CC/U-1

- Censo económico nacional 1968: comercio y servicios. Montevideo, [1969]. iii, 54 leaves.

1968

Censo de Estudiantes

Universidad de la República
- Censo general de estudiantes, 1968: informe preliminar. Montevideo, [1968]. 55p.
    CC/U-1

- Censo de estudiantes ingresados en 1968: proceso de admisión y reclutamiento en la Universidad de la República: informe preliminar. Montevideo, [1968?]. 80p.
    CC/U-1

1969

Censo Nacional de Funcionarios Públicos

Oficina Nacional del Servicio Civil
- Manual del empadronador: 1er censo nacional de funcionarios públicos. Montevideo, 1969. 32p.

- Datos preliminares: 1er censo nacional de funcionarios públicos, 27 de agosto 1969. Montevideo, 1970. 1v. (unpaged).
    LO/U-3

1970

Censo General Agropecuario

Ministerio de Ganadería y Agricultura. Dirección de Economía Agraria. Departamento de Estadística. División de Censos y Encuesta.
- Censo general agropecuario, 1970. Montevideo, 1973. 127p.
    CC/U-1

1975

Censo General de Población (5) y de Viviendas (3)

Dirección General de Estadística y Censos
- V [Quinto] censo general de población y III de viviendas, año 1972: métodos y procedimientos. Montevideo, 1972.

- V [Quinto] censo general de población, III de viviendas; año 1973: métodos y procedimientos. Montevideo, [1973 or 1975?].
- Manual del empadronador: V censo de población, III de viviendas. Montevideo, 1973. 88p.

- Plan preliminar de tabulaciones del V censo general de población y III de vivienda, año 1975. Montevideo, 1975. [125p].

- V [Quinto] censo general de población, III de viviendas, año 1975: datos preliminares. Montevideo, 1976.
    1a ed. ['circulación oficial restringida']. Julio 1976.
    2a ed. Setiembre 1976.
    BT/U-5; CC/U-1; GL/U-1

- V [Quinto] censo general de población, III de viviendas: muestra de anticipación de resultados censales. Montevideo, 1977. iv, 224, 55p.
    1a ed. Abril 1977.
    2a ed. Mayo 1977.
    CC/U-1
    3a ed. Setiembre 1977.
    [Includes: 'Aspectos generales de los datos de población'. [51p.]]
    BT/U-5; CC/U-1

- V [Quinto] censo general de población, III de viviendas: encuesta de cobertura. Montevideo, [1978]. 28p.
    BT/U-5; CC/U-1

-V [Quinto] censo general de población. 1979-1980.
    Demografía. 1979. v, 119p.
    CC/U-1; LO/N-1
    Educación. 1980. v, 120p.
    CC/U-1; LO/N-1
    Características económicas. 1980.
    CC/U-1; LO/N-1

- III [Tercer] censo de viviendas. 1983. 109p.
    LO/N-1

1978

Censo Económico Nacional (2)

Dirección General de Estadística y Censos
- II [Segundo] censo económico nacional, año 1978: sector industria manufacturera. Montevideo, 1983. xxii, 79p.
    LO/N-1

Date Unknown

Censo de Habitantes y Salubridad de Viviendas

Ministerio de Salud Pública
- Censo de habitantes y salubridad de viviendas. Montevideo. 8p.

VENEZUELA

In Venezuela in the late colonial period of 1760-1811 there were many estimates of population which survive in manuscript in the Archivo Diocesano in Caracas. For an account of these see Trent M. Brady, *The application of computers to the analysis of census data: the Bishopric of Caracas, 1780-1820: a case study.* (In: Population and economics: proceedings of Section V of the Fourth Congress of the International Economic History Association, 1968. Winnipeg, 1970 p. 271-278). Estimates were also made in the period 1814-1857, and summary figures of these can be found in the first item. The Dirección General de Estadística was created in 1871, and it organized the first official census in 1873. In the following 50 years census taking and publishing was erratic. There was no census in 1910, and the 1920 census was considered inaccurate and consequently not published separately. In 1936 the statistical services were reorganized and the recording and publishing of data was greatly improved. However, there are a few instances of censuses in the later period which are said to have been taken although there is no record of their publication: *Primer censo petrolero,* 1937 and *Censo commercial, Censo de empresas que prestan servicios* and *Censo de bancos, seguros e instituciones financieras,* all of 1952. In 1950 regular decennial publication of population censuses became established. 1971 population census data was the first to be available in machine readable form.

[A. Wade]

VENEZUELA

LIST OF CONTENTS

18th CENTURY - 1869

1869 CENSO DE LA CIUDAD DE CARACAS

1873 CENSO DE LA REPUBLICA DE VENEZUELA (1)

1881 CENSO DE LA REPUBLICA DE VENEZUELA (2)

1890 CENSO DE LA REPUBLICA (3)

1910 CENSO...

1920 CENSO...(4)

1926 CENSO NACIONAL DE LOS ESTADOS UNIDOS DE VENEZUELA (5)

1936 CENSO DE POBLACION (6)

1936 CENSOS INDUSTRIAL, COMERCIAL Y EMPRESAS QUE PRESTAN SERVICIOS (1)

1937 CENSOS AGRICOLA Y PECUARIO (1)

1941 CENSO NACIONAL DE POBLACION (7)

1950 CENSO GENERAL DE POBLACION (8)

1950 CENSO AGROPECUARIO (2)

1951-1952 CENSOS ECONOMICOS NACIONALES

1953 CENSO INDUSTRIAL DE VENEZUELA (2)

1956 CENSO NACIONAL DE LA SITUACION DE LA CAÑA DE AZUCAR

1961 CENSO GENERAL DE POBLACION (9)

1961 CENSO AGROPECUARIO (3)

1963 CENSOS ECONOMICOS (3)

1965 CENSO NACIONAL DE PARCELEROS DE LA REFORMA AGRARIA (1)

1971 CENSO DE POBLACION Y VIVIENDA (10)

1971 CENSO AGROPECUARIO (4)

18th century - 1869

Dirección General de Estadística
- Memoria ... al Presidente de los Estados Unidos de Venezuela en 1873. Caracas: Imp. Nacional, 1873. 3v in 1. 30 cm.
    Vol. 1. xvi, 311p. [Estimates of 18th century population]
    LO/U19
    Vol. 2. 320p. [Containing a chapter on population, p. 245-264, which gives summary figures ascribed to official censuses of 1825, 1838, 1844, 1846, 1847, 1854 and 1857.]
    LO/U19
    Vol.3. xxxvii, 288p. [Containing the census of Caracas, 1869.]
    LO/U19

1869

Censo de la Ciudad de Caracas

Junta Particular de Fomento
- Censo de la Ciudad de Caracas formado el 30 de abril de 1869 ... Caracas: Imp. de Espinel e Hijos, 1869. 1 sheet; 46 x 59 cm.
    LO/N-1

1873

Censo de la República de Venezuela (1)

Junta Directiva del Censo
- Primer censo de la República de Venezuela verificado en los días, 7, 8 y 9 de noviembre de 1873: Primera parte. Caracas: Imp. Nacional, 1874. xxix, 584p.; 32 cm.
    LO/N-1

1881

Censo de la República de Venezuela (2)

Junta Directiva del Censo
- Segundo censo de la República de Venezuela verificado en los días 27, 28 y 29 de abril de 1881. Caracas: Imp. Bolívar, 1881. 34, 403, xxxiip; 30 cm.

Dirección General de Estadística
- Población de Venezuela, según el último censo por ciudades, pueblos y sitios. Caracas: Imp. al vapor de 'La Opinión Nacional' 1883. 2v; 31 cm.

1890

Censo de la República (3)

Junta Directiva del Censo
- Resumen general del tercer censo de la República. Caracas: Casa Editorial de La Opinión Nacional, 1891. xiv, 114p; 30 cm.
  LO/N-1; LO/U19

- Tercer censo de la República ... 26 de agosto de 1890. Caracas. 4v; 31cm.
  T. 1. [Distrito Federal]. Imp. y Litografía del Gobierno Nacional, 1891. 1068, xviiip.
  LO/N-1
  T. 2. [Estado Bermúdez]. Imp. y Litografía del Gobierno Nacional, 1891. 1069, xixp.
  LO/N-1
  T. 3. [Estado Los Andes]. Casa Editorial de la Opinión Nacional, 1891. 1027p.
  LO/N-1
  T. 4. [Estado Carabobo]. Imp. y Litografía del Gobierno Nacional, 1891. 1084, xiip.
  LO/N-1

1910

Censo ...

CENSO de Venezuela 1910. Decreto ejecutivo. Caracas: Imp. Nacional, 1910. 30p.

1920

Censo ...(4)

CUADRO comparativo de la población de los estados y principales municipios según los censos efectuados en la República. [Includes data from the census of 1920 which was not published separately]. In: Anuario estadístico de Venezuela, 1938. p. 31-35.
  CC/U-1; LO/N-1; LO/U-3; OX/U-1 (microfiche)

VENEZUELA

1926

Censo Nacional de los Estados Unidos de Venezuela (5)

Comisión General del Censo Nacional
- Quinto censo nacional de los Estados Unidos de Venezuela ... levantado en los días 31 de enero y 1°, 2 y 3 de febrero de 1926. Caracas: Tip. Universal, 1926. 4v; 34 cm.
    T. 1. Anzoátegui, Apure, Aragua, Bolívar, Carabobo y Cojedes. 788p.
    CA/U-1
    T. 2. Falcón, Guárico, Lara, Mérida, Miranda y Monagas. 758p.
    CA/U-1
    T. 3. Nueva Esparta, Portuguesa, Sucre, Táchira, Trujillo, Yaracuy, Zamora, Zulia, Territorio Amazonas, Territorio Delta-Amacuro y Distrito Federal. 904p.
    CA/U-1
    T. 4. Resúmenes generales de la República, y de los venezolanos residenciados en el exterior y el comparativo entre los censos de 1920 y 1926. 91p.
    CA/U-1

1936

Censo de Población (6)

Dirección General de Estadística
- Censo nacional, instrucciones y modelos, agosto de 1936. Caracas: Tip. La Nación, 1936. 75p; 23cm.

- Resumen general del sexto censo de población, 26 de diciembre de 1936. Ley de censo nacional del 6 de julio de 1936 y decreto reglamentario del 11 de agosto del mismo año. Caracas: Tip. Garrido, 1938. 68p.; 30 cm.

- Sexto censo de población. Caracas: Tip. Americana, 1939-1940. 3v.
    Vol. 1. Distrito Federal. 1939. 120p.
    CA/U-1; CV/U-1; LO/N-1; LO/U-3
    Vol. 2. Estados Anzoátegui, Apure, Aragua, Bolívar, Carabobo, Cojedes, Falcón, Guárico, Lara y Mérida. 1939. 462p.
    CA/U-2; CV/U-1; LO/N-1; LO/U-3
    Vol. 3. Estados Miranda, Monagas, Nueva Esparta, Portuguesa, Sucre, Táchira, Trujillo, Yaracuy, Zamora y Zulia; Territorio Federal Amazonas, Territorio Federal Delta Amacuro, Dependencias Federales y los resúmenes generales de población de todas las entidades de la República, 1940. 572p.
    CA/U-1; LO/U-3

VENEZUELA

1936

Censos Industrial, Comercial y Empresas que Prestan Servicios (1)

Dirección General de Estadística
- Censos industrial, comercial y empresas que prestan servicios, 1936.
Caracas: Ed. oficial, 1937-1941. 23v.
    Censo comercial: Distrito Federal, 1936. Tip. Garrido, 1937? 105p.
        CV/U-1
    Censo comercial, empresas que prestan servicios: Distrito Federal, 1936.
        Tip. Garrido, 1938. 81 p.; 23 cm.
        LO/U-3
    Censo industrial: Distrito Federal, 1936. Tip. Garrido, 1937. 140p.
        LO/N-1; LO/U-3
    Estado Anzoátegui --. Tip. Garrido, 1939. v, 200p; 23 cm.
        LO/U-3
    Estado Apure --. Tip. Americana, 1940. 1 leaf, vii, 174p; 24 cm.
        LO/U-3
    Estado Aragua --. Tip. Garrido, 1938. 288p; 22 cm.
        LO/N-1; LO/U-3
    Estado Barinas --. Tip. Americana, 1940. 1 leaf, vii, 159p; 23 cm.
        LO/U-3
    Estado Bolívar --. Tip. Americana, 1940. 1 leaf, vii, 235p; 23 cm.
        LO/U-3; LO/U19
    Estado Carabobo --. Tip. Garrido, 1939. vi, 264p; 24 cm.
        LO/U-3
    Estado Cojedes --. Tip. Garrido, 1938. 211p; 22 cm.
    Estado Falcón --. Tip. Americana, 1941. vii, 233p.; 23 cm.
        LO/N-1; LO/U-3
    Estado Guárico --. Tip. Americana, 1940. 1 leaf, vii, 217p; 24 cm.
        LO/N-1; LO/U-3
    Estado Lara --. Tip. Americana, 1941. vii, 241p; 23 cm.
        LO/N-1; LO/U-3
    Estado Mérida --. Tip. Garrido, 1940. 209p; 23 cm.
        LO/N-1
    Estado Miranda --. Tip. Americana, 1941. 1 leaf, vii, 168p; 23 cm.
        LO/U19
    Estado Monagas --. Tip. Americana, 1941. vii, 195p; 23 cm.
        LO/N-1; LO/U-3
    Estado Nueva Esparta --. Tip. Americana, 1940. 1 leaf, vii, 231p; 23 cm.
        LO/U-3; LO/U19
    Estado Portuguesa --. Tip. Garrido, 1938. 179p; 22 cm.
        LO/U-3
    Estado Sucre --. Tip. Americana, 1940. 1 leaf, vii, 209p; 23 cm.
        LO/U-3

Estado Táchira --. Tip. Garrido, 1940. 239p; 23 cm.
LO/N-1
Estado Trujillo --. Tip. Garrido, 1940. 152p; 23 cm.
LO/N-1; LO/U-3
Estado Yaracuy --. Tip. Garrido, 1938. 188p; 23 cm.
LO/N-1; LO/U-3
Estado Zulia --. Tip. Garrido, 1939. v, 280p; 23 cm.
LO/N-1; LO/U-3

1937

Censos Agrícola y Pecuario (1)

Dirección General de Estadística
- Censos agrícola y pecuario, 1937. Caracas, 1939- . 23v.
  -- Distrito Federal. Lit. y Tip. Casa de Especialidades, 1939. xxiii, 98p; 23 x 32 cm.
  LO/N-1; LO/U-3
  -- Estado Anzoátegui. Lit. y Tip. Casa de Especialidades, 1940. xv, 192p; 24 x 33 cm.
  LO/N-1; LO/U-3
  -- Estado Apure. 1940. xx, 102 p; 23 x 32 cm.
  LO/U-3
  -- Estado Aragua. Lit. y Tip. Casa de Especialidades, 1939. xv, 112p; 22 x 32 cm.
  LO/N-1
  -- Estado Barinas. Tip. Venezuela, 1940. xvi, 95p; 23 x 32 cm.
  LO/N-1; LO/U-3
  -- Estado Bolívar y Territorio Federal Delta Amacuro. Lit. y Tip. Casa de Especialidades, 1941. xx, 100p; 23 x 32 cm.
  LO/N-1; LO/U-3
  -- Estado Carabobo. Lit. y Tip. Casa de Especialidades, 1940. xv, 116p; 23 x 33 cm.
  LO/N-1; LO/U-3
  -- Estado Cojedes.
  LO/U-3
  -- Estado Guárico. Lit. y Tip. Casa de Especialidades, 1940. xvi, 106p; 23 x 32 cm.
  -- Estado Lara. Ministerio de Agricultura y Cría, Oficina de Divulgación Agrícola, 1968. xiii, 370p; 21 x 32 cm.
  -- Estado Mérida. Lit. y Tip. Casa de Especialidades, 1940. xv, 96p; 23 x 32 cm.
  LO/N-1; LO/U-3
  -- Estado Miranda. Lit. y Tip. Taller Gráfico, 1940. xviii, 200p; 23 x 32 cm.
  LO/N-1

-- Estado Monagas. Ministerio de Agricultura y Cría, Oficina de Divulgación Agrícola, 1968. xiii, 170p; 21 x 32 cm.
-- Estado Nueva Esparta. Lit. y Tip. Casa de Especialidades, 1940. xv, 74p; 23 x 32 cm.
    LO/N-1; LO/U-3
-- Estado Portuguesa. Ministerio de Agricultura y Cría, Oficina de Divulgación Agrícola, 1986. xiv, 132p; 21 x 32 cm.
-- Estado Sucre. Ministerio de Agricultura y Cría, Oficina de Divulgación Agrícola, 1968. xiv, 336p; 21 x 32 cm.
-- Estado Táchira. Lit. y Tip. Casa de Especialidades, 1940. xv, 108p; 23 x 32 cm.
    LO/N-1; LO/U-3
-- Estado Trujillo. Lit. y Tip. Casa de Especialidades, 1940. xv, 80p; 23 x 32 cm.
    LO/N-1; LO/U-3
-- Estado Yaracuy. 1968.

1941

Censo Nacional de Población (7)

Dirección General de Estadística
- Séptimo censo de población, 1941: instrucciones y modelos. Lit. y Tip. Casa de Especialidades, 1941. 70p.

- VII [Séptimo] censo nacional de población, levantado el 7 de diciembre de 1941. Editorial Grafolit, 1944-1947. 8v; 33cm.
    T. 1. Distrito Federal y Estado Anzoátegui. 1944. cxxxv, 213, v, 269p.
        CA/U-1; CV/U-1; LO/N-1; LO/N56; LO/U-3; OX/U-1
    T. 2. Estados Apure, Aragua, Barinas y Bolívar. 1945. xl, [17], 607p.
        CA/U-1; CV/U-1; LO/N-1; LO/N56; LO/U-3
    T. 3. Estados Carabobo, Cojedes y Falcón. 1945. xl, [17], 593p.
        CA/U-1; CV/U-1; LO/N-1; LO/N56; LO/U-3
    T. 4. Estados Guárico, Lara y Mérida. 1945. xxxviii, [16], 601p.
        CA/U-1; CV/U-1; LO/N-1; LO/N56; LO/U-3
    T. 5. Estados Miranda, Monagas y Nueva Esparta. 1945. xxxviii, [17],519p.
        CA/U-1; CV/U-1; LO/N56
    T. 6. Estados Portuguesa, Sucre y Táchira. 1945. xxxviii, [17], 567p.
        CV/U-1; LO/N56
    T. 7. Estados Trujillo, Yaracuy, Zulia, Territorio Federal Amazonas, Territorio Federal Delta Amacuro y Dependencias Federales. 1946. xlvi, [17], 759p.
        CA/U-1; CV/U-1; LO/N-1; LO/N56; LO/U-3
    T. 8. Resumen general de la República. 1947. cxx, [25], 489p.
        CV/U-1; LO/N-1; LO/U-3

VENEZUELA

- Nomenclador general de áreas y lugares habitados de Venezuela, según el VII censo nacional de población....Caracas: Editorial Bolívar, 1944. 5 leaves, 766 p; 33 cm.
   CA/U-1; LO/N-1; LO/U-3

- Comentarios al VII censo de población de Venezuela, por Juan Alvarado Franquiz. Caracas: Editorial Grafolit, 1947. 90p.

1950

Censo General de Población (8)

Dirección General de Estadística (y Censos Nacionales)
- Boletín censal. No. 1-2/3. Caracas, 1949.
   LO/U-3

Oficina Central del Censo Nacional. Departamento de Elaboración Técnica y Publicidad
- Censo nacional de 1950: plan básico de tabulación. Caracas, 1951. 11 p.

Oficina Central del Censo Nacional
- Manual del empadronador --. Caracas, 1950. 89 p; 27 cm.

- Cuadros básicos para la elaboración de los resultados --. Caracas, 1952. 41 p.

- Resultados preliminares --. Caracas: Lit. Miangolarra hnos., 1951. 72 p; 24 cm.
   LO/U-3; XY/N-1 (microfilm)

- --Resúmenes principales. Caracas: Tip. El Globo, 1954. [8] p; 27 cm.
   XY/N-1 (microfilm)

- --Resumen general de la República. Caracas, 1957. 2v.
   LO/N-1
- Octavo censo general de población ...: principales resultados. Caracas: 1953 - 26 cm.
   Vol. 1. Distrito Federal y Estado Anzoátegui. 1953.
   Vol. 2. Estados Apure y Aragua. 1955. xliv, 260, xxxvi, 294p.
   Vol. 3. Barinas y Bolívar. 1956. xliv, 280p.
   Vol. 4. Estados Carabobo y Cojedes. 1956.
   Principales resultados del censo demográfico del Distrito Federal. 1953.
   Principales resultados del censo demográfico del Estado Cojedes. 1953.
      LO/U-3
   Principales resultados del censo demográfico del Estado Barinas. 1954.

VENEZUELA

- --Principales resultados nacionales: clasificaciones mínimas de acuerdo con el programa del Censo de las Américas de 1950. Caracas: D.G.E., 1955. 56p; 27 cm.
  LO/U-3; XY/N-1 (microfilm)

- --Principales resultados nacionales: clasificaciones de acuerdo con el programa del Censo de las Américas de 1950. Caracas: Lit. Miangolarra, 1957. 95 p; 22 cm.
  CA/U-1; LO/U-3; XY/N-1 (microfilm)

Dirección General de Estadística (y Censos Nacionales)
- Octavo censo general de población, 26 de noviembre de 1950. 1955-1960.
24 pts.
  Vol. 1. [Pt.1. Distrito Federal]. Columbia Lithograph, 1955. xl, [19], 229p.
     CA/U-1; CV/U-1; LO/N-1; LO/U-3; XY/N-1 (microfilm)
  Vol. 1. [Pt.2. Estado Anzoátegui]. Columbia Lithograph, 1955. xlii,[17], 422p.
     CA/U-1; CV/U-1; LO/N-1; LO/U-3; XY/N-1 (microfilm)
  Vol. 2. [Pt.1. Estado Apure]. Columbia Lithograph, 1955. xliii, [16], 259p.
     CA/U-1; CV/U-1; LO/N-1; LO/U-3; XY/N-1 (microfilm)
  Vol. 2. [Pt.2. Estado Aragua]. Columbia Lithograph, 1955. xxxvi, [17],291p.
     CA/U-1; CV/U-1; LO/N-1; LO/U-3; XY/N-1 (microfilm)
  Vol. 3. [Pt.1. Estado Barinas]. Columbia Lithograph, 1956. xliv, [16], 276p.
     CA/U-1; LO/N-1; LO/U-2; LO/U-3; XY/N-1 (microfilm)
  Vol. 3. [Pt.2. Estado Bolívar]. Columbia Lithograph, 1956. xxxvii, [16], 297p.
     CA/U-1; LO/N-1; LO/U-2; LO/U-3; XY/N-1 (microfilm)
  Vol. 4. [Pt.1. Estado Carabobo]. Columbia Lithograph, 1956. xlvi, [16], 289p.
     CA/U-1; CV/U-1; LO/N-1; XY/N-1 (microfilm)
  Vol. 4 [Pt.2. Estado Cojedes]. Columbia Lithograph, 1956. xxxvi, [16], 233p.
     CA/U-1; CV/U-1; LO/N-1; XY/N-1 (microfilm)
  Vol. 5. [Pt.1. Estado Falcón]. Tall. Tip. 'Norte', 1957. li, [16], 412p.
     CA/U-1; CV/U-1; LO/N-1; LO/U-3; XY/N-1 (microfilm)
  Vol. 5. [Pt.2. Estado Guárico]. Tall. Tip. 'Norte', 1957. xli, [16], 298p.
     CA/U-1; LO/N-1; LO/U-3; XY/N-1 (microfilm)
  Vol. 6. [Pt.1. Estado Lara]. Columbia Lithograph, 1957. xlix, [16], 333p.
     CA/U-1; CV/U-1; LO/N-1; LO/U-3; XY/N-1 (microfilm)
  Vol. 6. [Pt.2. Estado Mérida]. Columbia Lithograph, 1957. xlii, [16], 352p.
     CA/U-1; LO/N-1; LO/U-3; XY/N-1 (microfilm)
  Vol. 7. [Pt.1. Estado Miranda]. Columbia Lithograph, 1958. liii, [16],374p.
     CA/U-1; LO/N-1; LO/U-2; XY/N-1 (microfilm)
  Vol. 7. [Pt.2. Estado Monagas]. Columbia Lithograph, 1958. xliv, [16], 260p.
     CA/U-1; LO/N-1; LO/U-2; XY/N-1 (microfilm)

Vol. 8. [Pt.1. Estado Nueva Esparta]. Tall. Tip. 'Norte', 1958. xlvii,[16], 321p.
CA/U-1; LO/U-2; XY/N-1 (microfilm)
Vol. 8. [Pt.2. Estado Portuguesa]. Tall. Tip. 'Norte', 1958. xlii, [16], 259p.
CA/U-1; LO/U-2; XY/N-1 (microfilm)
Vol. 9. [Pt.1. Estado Sucre]. Tall. Tip. 'Norte', 1959. xxxviii, [16], 380p.
CA/U-1; XY/N-1 (microfilm)
Vol. 9. [Pt.2. Estado Táchira]. Tall. Tip. 'Norte', 1959. xl, [16], 402p.
CA/U-1; XY/N-1 (microfilm)
Vol.10. [Pt.1. Estado Trujillo]. Tall. Tip. 'Norte', 1960. xliv, [16], 381p.
CA/U-1; XY/N-1 (microfilm)
Vol.10. [Pt.2. Estado Yaracuy]. Tall. Tip. 'Norte', 1960. li, [16], 292p.
CA/U-1; CV/U-1; XY/N-1 (microfilm)
Vol.11. [Pt.1. Estado Zulia]. Gráfica Americana, 1959. lvi, [16], 369p.
CV/U-1; XY/N-1 (microfilm)
Vol.11. [Pt.2. Territorios y Dependencias Federales]. Gráfica Americana, 1959. xxx, 327p.
CV/U-1; XY/N-1 (microfilm)
Vol.12. Resumen general de la República: Parte A, Población. Columbia Lithograph, 1957. xlix, [17], 669p.
CV/U-1; LO/U-2; XY/N-1 (microfilm)
Vol.12. Resumen general de la República: Parte B, Familias y viviendas. Gráfica Americana, 1957. xliii, [9], 360p.
CV/U-1; LO/U-2; XY/N-1 (microfilm)

- --Alfabetismo, asistencia escolar y nivel educacional. Caracas, 1955. 121p.
LO/U-3; XY/N-1 (microfilm)

- --Edad y estado civil por entidades y distritos, y resumen nacional. Caracas, 1954. 138p.
CV/U-1; LO/N-1; LO/U-3; XY/N-1 (microfilm)

Oficina Central del Censo Nacional
- --Grupos censales y viviendas familiares. Resúmenes principales .../ Oficina Central del Censo Nacional. Caracas: Tip. El Globo, 1955. [8]p; 27 cm.
LO/U-3; XY/N-1 (microfilm)

Dirección General de Estadística (y Censos Nacionales)
- --Nomenclador nacional de centros poblados y divisiones político-territoriales. Caracas: Gráfica Americana, 1958. xxiv, 866p; 27 cm.
CA/U-1; CV/U-1; LO/N-1; LO/U-2; LO/U-3; XY/N-1 (microfilm)

- --Población urbana y rural y lugar de nacimiento. Caracas, 1955. 148p.
CV/U-1; LO/U-3; XY/N-1 (microfilm)

- --Relación de las localidades (capitales y no capitales) con 1,000 y más habitantes. Caracas, 1954. 10 leaves.
  XY/N-1 (microfilm)

- --Resultados generales por entidades, distritos y municipios. Caracas, 1954. xiii, 66p; 28 cm.
  CA/U-1; CV/U-1; XY/N-1 (microfilm)

- ---Resultados generales por entidades, distritos y municipios. Caracas: Gráfica Americana, 1955. xv, 88p.
  CA/U-1; LO/U-2; LO/U-3; XY/N-1 (microfilm)

- Censo nacional de 1950. Empadronamiento especial de la población indígena. Caracas. Empresa El Cojo, 1959. xv, 117p. 28 cm.
  LO/N-1; LO/U-3; XY/N-1 (microfilm)

- Censo nacional de 1950. Resultados preliminares de la investigación censal de la población indígena. Caracas: Tip. Vargas, 1952. 71p; 24 cm.
  LO/U-2; LO/U-3; XY/N-1 (microfilm)

1950

Censo Agropecuario (2)

Oficina Central del Censo Nacional
- Resultados preliminares del censo agropecuario de 1950. Caracas: Tipografía Vargas, 1952. 9 leaves, 571p; 24 cm.
  LO/U-3

Dirección General de Estadística (y Censos Nacionales)
- Censo agropecuario de 1950. Principales resultados nacionales. Caracas, 1957. 31p; 26 cm.

- Censo nacional de 1950. II censo agropecuario. Caracas: Tip. La Nación, 1959. 2v; 29 cm.
  T. I. Resumen nacional por entidades federales. xi, 502p.
    CC/U-1; LO/N-1; LO/U-3
  T.II. Resultados generales por entidades federales, distritos y municipios. viii, 776p.
    CC/U-1; LO/N-1; LO/U-3

1951-1952

Censos Económicos Nacionales

Dirección General de Estadística (y Censos Nacionales)
- --Primer censo pesquero, 1951. Caracas: Gráfica Americana, 1955. xxvii, 52p.; 28 cm.
  LO/N-1; LO/U-2; LO/U-3

- --Primer censo de vehículos automotores para el transporte terrestre comercial (lo. de noviembre 1951 - 31 de octubre de 1952). Caracas: Gráfica Americana, 1957. xxxvii, 11p.
  LO/U-2; LO/U-3

- --Primer censo de transporte marítimo, fluvial y lacustre, 1952. Caracas: Gráfica Americana, 1958. xxxii, 63p.

1953

Censo Industrial de Venezuela (2)

Dirección General de Estadística
- II [Segundo] censo industrial de Venezuela, 1953. Resumen general de la República. Caracas: [1961?]. xxxiii, 190p.
  CV/U-1; LO/U-3

1956

Censo Nacional de la Situación de la Caña dé Azúcar

Corporación Venezolana de Fomento, División de Empresas Agropecuarias.
- Censo nacional de la situación de la caña de azúcar para 1956. Caracas: Ediciones CVF, 1956. [45] leaves; 21 x 45 cm.
  LO/N-1; LO/U-3; OX/U-1

VENEZUELA

1961

Censo General de Población (9)

Oficina Central del Censo.
- Croquis de municipios y localidades. Programa censal de 1960. Caracas, 23v.

Vol. 1. Distrito Federal. 31 maps.
XY/N-1 (microfilm)
Vol. 2. Estado Anzoátegui. 58 maps.
XY/N-1 (microfilm)
Vol. 3. Estado Apure. 27 maps.
XY/N-1 (microfilm)
Vol. 4. Estado Aragua. 35 maps.
XY/N-1
Vol. 5. Estado Barinas. 37 maps.
XY/N-1 (microfilm)
Vol. 6. Estado Bolívar. 23 maps.
XY/N-1 (microfilm)
Vol. 7. Estado Carabobo. 48 maps.
XY/N-1 (microfilm)
Vol. 8. Estado Cojedes. 23 maps.
XY/N-1 (microfilm)
Vol. 9. Estado Falcón. 74 maps.
XY/N-1 (microfilm)
Vol.10. Estado Guárico. 42 maps.
XY/N-1 (microfilm)
Vol.11. Estado Lara. 44 maps.
XY/N-1 (microfilm)
Vol.12. Estado Mérida. 57 maps.
XY/N-1 (microfilm)
Vol.13 Estado Miranda. 47 maps.
XY/N-1 (microfilm)
Vol.14. Estado Monagas. 24 maps.
XY/N-1 (microfilm)
Vol.15. Estado Nueva Esparta. 12 maps.
XY/N-1 (microfilm)
Vol.16. Estado Portuguesa. 27 maps.
XY/N-1 (microfilm)
Vol.17. Estado Sucre. 49 maps.
XY/N-1 (microfilm)
Vol.18. Estado Táchira. 45 maps.
XY/N-1 (microfilm)
Vol.19. Estado Trujillo. 48 maps
XY/N-1 (microfilm)
Vol.20. Estado Yaracuy. 30 maps.
XY/N-1 (microfilm)
Vol.21. Estado Zulia. 47 maps.
XY/N-1 (microfilm)
Vol.22. Territorio Federal Amazonas. 6 maps.
XY/N-1 (microfilm)
Vol.23. Territorio Federal Delta Amacuro. 5 maps.
XY/N-1 (microfilm)

- Noveno censo general de población (26 de febrero de 1961): resumen general de la República. Caracas: Tall. Gráfico de la Oficina Central del Censo, 1966- . 4v; 27 cm.

Pt.A. 1966. xiv, 241p.
CA/U-1; CC/U-1; CV/U-1; LO/U-2; LO/U-3; OX/U-1; XY/N-1 (microfilm)
Pt.B. y C. 1967. xiv, 737p.
CA/U-1; CC/U-1; LO/U-2; LO/U-3; OX/U-1; XY/N-1 (microfilm)

Dirección General de Estadística y Censos (Nacionales)
- Censo de viviendas y población ...: resultados nacionales y del área metropolitana de Caracas: pre-tabulaciones por muestreo. Caracas: 1961. p.943- 1909.
XY/N-1 (microfilm)

- Censo de viviendas y población ...: resultados nacionales y del área metropolitana de Caracas: pre-tabulaciones por muestreo. Caracas, 1962. 42p.
XY/N-1 (microfilm)

- IX [Noveno] censo nacional de población: resultados preliminares del crecimiento de los centros poblados y su distribución por tamaño. Caracas, 1962. 88p; 26 cm.
LO/N-1; LV/U-1; XY/N-1 (microfilm)

- IX [Noveno] censo nacional de población: resultados preliminares por centros poblados: número y tamaño. Caracas, 1962. 63p.
CA/U-1; LO/U-3; XY/N-1 (microfilm)

- IX [Noveno] censo nacional de población: resultados preliminares por distritos y municipios. Caracas, 1962. 47p; 26 cm.
BT/U-5; CA/U-1; LO/N56; LO/U-3; XY/N-1 (microfilm)

Oficina Central del Censo.
- Noveno censo general de población ... Caracas, 1964- . 22 cm.
    Area metropolitana de Caracas. 1964. [1] folded leaf, lxi, 344p.
        BT/U-5; CA/U-1; CC/U-1; GL/U-6; LO/N-1; LO/N56; LO/U-2; LO/U-3; LV/U-1; OX/U-1; XY/N-1 (microfilm)
    Distrito Federal. 1964. lxii, 728p.
        BT/U-5; CA/U-1; CC/U-1; GL/U-6; LO/N-1; LO/N99; LO/U-2; LO/U-3; OX/U-1; XY/N-1 (microfilm)
    Estado Anzoátegui. 1966. lxxii, 776p.
        BT/U-5; CA/U-1; CC/U-1; CV/U-1; GL/U-6; LO/N-1; LO/U-2; LO/U-3; XY/N-1 (microfilm)
    Estado Apure. D.G.E.C.N., 1969. lxiv, 648p; 22 cm.
        CA/U-1; CC/U-1; GL/U-6; LO/N56; LO/U-3
    Estado Aragua. 1967. lxxv, 678p.
        BT/U-5; CA/U-1; CC/U-1; GL/U-6; LO/N-1; LO/U-2; LO/U-3; OX/U-1; XY/N-1 (microfilm)
    Estado Barinas. 1968. lxxvii, 674p.
        CA/U-1; CC/U-1; GL/U-6; LO/N-1; LO/N56; LO/U-2; LO/U-3; XY/N-1 (microfilm)
    Estado Bolívar. 1964. lx, 734p.
        BT/U-5; CA/U-1; GL/U-6; LO/N99; LO/U-2; LO/U-3; XY/N-1 (microfilm)
    Estado Carabobo. 1966. lxx, 692p.
        CA/U-1; CC/U-1; CV/U-1; GL/U-6; LO/U-2; LO/U-3; XY/N-1 (microfilm)
    Estado Cojedes. 1965. lxv, 618p.
        BT/U-5; CA/U-1; CC/U-1; GL/U-6; LO/U-2; LO/U-3; XY/N-1 (microfilm)
    Estado Falcón. 1966. lxxvi, 840p.
        BT/U-5; CA/U-1; CC/U-1; GL/U-6; LO/N-1; LO/N56; LO/N99; LO/U-2; LO/U-3; OX/U-1; XY/N-1 (microfilm)

Estado Guárico. 1967. lxxxiv, 690p.
  BT/U-5; CA/U-1; CC/U-1; GL/U-6; LO/N-1; LO/N56; LO/N99; LO/U-2; LO/U-3; XY/N-1 (microfilm)
Estado Lara. 1964. lxvi, 796p.
  BT/U-5. CA/U-1,. GL/U-6; LO/U-2; LO/U-3; XY/N-1 (microfilm)
Estado Mérida. 1967. lxxiii, 750p.
  BT/U-5; CA/U-1; CC/U-1; GL/U-6; LO/N-1; LO/N99; LO/U-2; LO/U-3; OX/U-1; XY/N-1 (microfilm)
Estado Miranda. 1964. lxiv, 804p.
  CA/U-1; CC/U-1; GL/U-6; LO/N-1; LO/U-3
Estado Miranda. 1965.
  LO/N-1; LO/U-2; XY/N-1 (microfilm)
Estado Monagas. 1967. lxxv, 644p.
  BT/U-5; CA/U-1; CC/U-1; GL/U-6; LO/N-1; LO/U-2; LO/U-3; OX/U-1; XY/N-1 (microfilm)
Estado Nueva Esparta. 1969. lxxv, 640p; 22 cm.
  CA/U-1; CC/U-1; GL/U-6; LO/N-1; LO/U-2; LO/U-3; LV/U-1; XY/N-1 (microfilm)
Estado Portuguesa. 1969. lxxviii, 676p.
  CA/U-1; CC/U-1; GL/U-6; LO/N-1; LO/N56; LO/N99; LO/U-2; LO/U-3; XY/N-1 (microfilm)
Estado Sucre. 1965. lxii, 724p.
  BT/U-5; CA/U-1; GL/U-6; LO/N-1; LO/U-2; LO/U-3; XY/N-1 (microfilm)
Estado Táchira. 1965. lxvi, 700p.
  BT/U-5; CA/U-1; CC/U-1; GL/U-6; LO/N-1; LO/U-2; LO/U-3; XY/N-1 (microfilm)
Estado Trujillo. 1967. lxxvii, 758p.
  BT/U-5; CA/U-1; CC/U-1; GL/U-6; LO/N-1; LO/N56; LO/N99; LO/U-2; LO/U-3; OX/U-1; XY/N-1 (microfilm)
Estado Yaracuy. 1964. lxviii, 726p.
  BT/U-5; CA/U-1; CC/U-1; GL/U-6; LO/N99; LO/U-2; LO/U-3; XY/N-1 (microfilm)
Estado Zulia. 1964. lxviii, 810 p.
  CA/U-1; CC/U-1; GL/U-6; LO/N99; LO/U-2; LO/U-3; XY/N-1 (microfilm)
-- Territorios Federales: Amazonas y Delta Amacuro y Dependencias Federales. 1970. 2v; 22 cm.
  CA/U-1; CC/U-1; GL/U-6; LO/U-2; LO/U-3; LV/U-1; XY/N-1 (microfilm)

Dirección General de Estadística y Censos (Nacionales)
- Determinación de la omisión del censo de 1961 y de las defunciones del período 1950-1961. Caracas, 1963. 9p.
  XY/N-1 (microfilm)

- División político-territorial de la República. Caracas, 1961. 144p.

- División político-territorial de la República. Caracas, 1966. 132p.
  LO/N99; LO/U-2; XY/N-1 (microfilm)

- --- División político-territorial. Caracas, 1966. 132p.
  LO/N-1; LO/U-3

- División político-territorial de la República. Caracas, 1968. 132p.
  CA/U-1; XY/N-1 (microfilm)

- --- Nomenclador de centros poblados y divisiones político-territoriales. Caracas: Tall. Gráfico de la Oficina Central del Censo, 1966. 5v.
  Región I. xxii, 150p.
  CA/U 1. CV/U-1. GL/U-6. LO/N-1. LO/U-2; LO/U-3; XY/N-1 (microfilm)
  Región II. xxiv, 229p.
  CA/U-1; GL/U-6; LO/U-2; LO/U-3; XY/N-1 (microfilm)
  Región III. xxiv, 186p.
  CA/U-1; GL/U-6; LO/U-2; LO/U-3; XY/N-1 (microfilm)
  Región IV. xxiv, 186p.
  CA/U-1; GL/U-6; LO/N99; LO/U-2; LO/U-3; XY/N-1 (microfilm)
  Regiones V y VI. xxvi, 204, xvi, 97p.
  CA/U-1; GL/U-6; LO/N99; LO/U-2; LO/U-3; XY/N-1 (microfilm)

- IX [Noveno] censo nacional de población: población urbana, intermedia y rural censos de 1961, 1950, 1941 y 1936. Caracas, 1962. 87p; 27 cm.
  BT/U-5; LO/N-1; LO/U-3; XY/N-1 (microfilm)

- IX [Noveno] censo nacional de población: resultados comparativos de población por distritos, municipios y sus capitales según los censos de 1941, 1950 y 1961. 1962. 79p.
  BT/U-5; CA/U-1; XY/N-1 (microfilm)

1961

Censo Agropecuario (3)

Dirección General de Estadística (y Censos Nacionales)
- III [Tercer] censo agropecuario 1961: resumen general de la República. Caracas: Tall. Gráfico de la Dirección General de Estadística y Censos Nacionales, 1967. 2v; 22 cm.
  BT/U-5; CC/U-1; LO/U-2; LO/U-3

- --- Resultados preliminares: pre-tabulaciones por muestreo. Caracas: Servicio Gráfico de la Oficina Central del Censo, 1962. 67p; 22 cm.
  BT/U-5

- -- Resultados provisionales. Caracas, 1964-66.
  -- Resultados provisionales: Distrito Federal. Servicio Gráfico de la
    Oficina Central del Censo, 1964. 79p; 22 cm.
    LO/U-2
  -- Resultados provisionales: Estado Anzoátegui. Tall. Gráfico de la Oficina
    Central del Censo, 1966. xxxi, 239p; 21 cm.
    LO/U-2
  -- Resultados provisionales: Estado Apure. Tall. Gráfico de la Oficina
    Central del Censo, 1965 [1966 on cover]. xxix, 71p; 21 cm.
    LO/U-2
  Estado Aragua. 1964. xxiv, 195p.
  -- Resultados provisionales: Estado Barinas. Tall. Gráfico de la Oficina
    Central del Censo, 1966. xxix, 141p; 21 cm.
    LO/U-2
  -- Resultados provisionales: Estado Bolívar. Tall. Gráfico de la Oficina
    Central del Censo, 1965. xxix, 85p; 22 cm.
    BT/U-5; LO/U-2
  -- Resultados provisionales: Estado Carabobo. Servicio Gráfico de la
    Oficina Central del Censo, 1964. xxviii, 173p; 21 cm.
    BT/U-5
  -- Resultados provisionales: Estado Cojedes. Servicio Gráfico de la
    Oficina Central del Censo, 1965. xxix, 73p; 21 cm.
    LO/U-2
  -- Resultados provisionales: Estado Falcón. Servicio Gráfico de la
    Oficina Central del Censo, 1965. xxix, 263p; 21 cm.
    LO/U-2
  -- Resultados provisionales: Estado Guárico. Tall. Gráfico de la
    Oficina Central del Censo, 1966. xxx, 161p; 21 cm.
    LO/U-2
  -- Resultados provisionales: Estado Lara. Servicio Gráfico de la Oficina
    Central del Censo, 1965. xxix, 165p; 22 cm.
    LO/U-2
  -- Resultados provisionales: Estado Mérida. Servicio Gráfico de la
    Oficina Central del Censo, 1965. xxi, 161p; 21 cm.
    LO/U-2
  -- Resultados provisionales: Estado Miranda. Servicio Gráfico de la
    Oficina Central del Censo, 1964. xxix, 177p; 21 cm.
  -- Resultados provisionales: Estado Monagas. Servicio Gráfico de la
    Oficina Central del Censo, 1966.
    LO/U-2
  -- Resultados provisionales: Estado Nueva Esparta. Tall. Gráfico de la
    Oficina Central del Censo, 1966. xxxix, 79p; 21 cm.
    LO/U-2
  -- Resultados provisionales: Estado Portuguesa. Tall. Gráfico de la
    Oficina Central del Censo, 1966. xxi, 145p; 21 cm.
    LO/U-2

-- Resultados provisionales: Estado Sucre. Tall. Gráfico de la Oficina Central del Censo, 1966. xxx, 161p; 21 cm.
    LO/U-2
-- Resultados provisionales: Estado Táchira. Servicio Gráfico de la Oficina Central del Censo, 1965. xxx, 157p; 21 cm.
    LO/U-2
-- Resultados provisionales: Estado Trujillo. Servicio Gráfico de la Oficina Central del Censo, 1965. 185p; 22 cm.
    LO/U-2
-- Resultados provisionales: Estado Yaracuy. Servicio Gráfico de la Oficina Central del Censo, 1965. 83p; 22 cm.
    LO/U-2
-- Resultados provisionales: Estado Zulia. Servicio Gráfico de la Oficina Central del Censo, 1965. xxviii, 179p; 22 cm.
    LO/U-2
-- Resultados provisionales: Territorios Federales Amazonas, Delta Amacuro. Tall. Gráfico de la Oficina Central del Censo, 1966. xxxii, 53p; 21 cm.
    LO/U-2

1963

Censos Económicos (3)

Dirección General de Estadística y Censos Nacionales
- III [Terceros] censos económicos: datos preliminares por agrupaciones económicas. Caracas: Oficina Central del Censo, 1965. 62p.
    BT/U-5

- -- Comercio. Caracas, 1968. 2v.
    LO/U-3

- -- Resultados definitivos: comercio. Caracas, 1968. 2v.
    BT/U-5

- -- Electricidad. Caracas, 1968. xiv, 42p.
    BT/U-5

- -- Resultados provisionales: manufactura. Caracas, 2v; 22 cm.
    Pt.1. 1966.
        BT/U-5; LO/U-2; LO/U-3
    Pt.2. 1967.
        BT/U-5

\- -- Resultados definitivos: manufactura. Primera parte. Caracas, 1966. 856p.
  LO/N99

\- -- Resultados definitivos: manufactura. Caracas. 4v. 22 cm.
  Vol. 1. Manufactura I: Distrito Federal. 1969. xv, 516p.
    CC/U-1; CV/U-1; LO/U-2; LO/N99
  Vol. 2. Manufactura II: [Anzoátegui-Lara.] 1970. xv, 1, 181p.
    CC/U-1; CV/U-1; LO/U-3
  Vol. 3. Manufactura III: [Mérida-Zulia, Territorios Federales.] 1970. xv, 1, 448p.
    CC/U-1; CV/U-1; LO/U-3
  Vol. 4. Manufactura IV: resumen nacional. 1970. xv, 366p.
    CC/U-1; CV/U-1; LO/U-3

Oficina Central del Censo.
\- -- Minería. Caracas. Tall. Gráfico de la D.G.E.C.N., 1967. xiv, 87p; 22 cm.
  BT/U-5

1965

Censo Nacional de Parceleros de la Reforma Agraria (1)

PRIMER censo nacional de parceleros de la reforma agraria. Documento 1. Resultados preliminares. Caracas, 1965.
  GL/U-6

1971

Censo de Población y Vivenda (10)

Dirección General de Estadística y Censos Nacionales
- Censo 1971, población, vivienda, agropecuario: [período censal previsto para el mes de noviembre de 1971.] Caracas: Ministerio de Fomento, 1971. [2]p; 20cm.

- X [Décimo] censo de población y vivienda: Venezuela: resumen general. Caracas, 1974. xxxvi, 102p; 22 cm.
  BT/U-5; CC/U-1; LO/N-1; LO/U-2; LO/U-3

- Plan de tabulaciones. Caracas: División de Censos, [1975?]. 31 cm.

VENEZUELA

- X [Décimo] censo de población y vivienda. Caracas, 1974-77. 22 cm.
    T. 1. Venezuela: resumen nacional: características generales. 1974.lxi, 321p.
        BT/U-5; CC/U-1; LO/N-1; LO/N99; LO/U-2; LO/U-3
    T. 2. Venezuela: resumen nacional: características generales. 1974. 426p.
        BT/U-5; CC/U-1; LO/N-1; LO/U-2; LO/U-3; LO/U-9
        -- Venezuela: resumen nacional: características generales de las viviendas. 1974. xlviii, 43p.
        BT/U-5; CC/U-1; LO/N-1; LO/U-2; LO/U-3
        -- Venezuela: resumen nacional: características de las viviendas. 1975. xxxiii, 66p; 22 cm.
        CC/U-1; LO/N-1; LO/U-2; LO/U-3
    T. 3. Venezuela: resumen nacional: características por tamaño de centros poblados. 1975. xix, 107p.
        BT/U-5; CC/U-1; LO/N-1; LO/U-2; LO/U-3
    T. 4. Venezuela: resumen nacional: residencia y lugar de nacimiento. 1975. xxiii, 176p.
        BT/U-5; CC/U-1; LO/N-1; LO/N99; LO/U-2; LO/U-3
    T. 5. Venezuela: resumen nacional: características educativas. 1975. xxiii, 221p.
        BT/U-5; CC/U-1; LO/N-1; LO/N99; LO/U-2; LO/U-3
    T. 6. Venezuela: resumen nacional: fuerza de trabajo. 1975. xxi, 253p.
        BT/U-5; LO/N-1
    T. 7. Venezuela: resumen por entidades federales.
        Pt.A.
            BT/U-5
        Pt.B. 1975. xvii, 1223p.
            BT/U-5; LO/N-1
        Pt.C. 1976. xvii, 1177p.
            BT/U-5; LO/N-1
        Pt.D.
            BT/U-5
        Pt.E. 1976. 859p.
            BT/U-5; LO/N-1
    T. 8. Areas metropolitanas.
        Pt.A. Características generales. 1976. 653p.
            BT/U-5; LO/N-1
        Pt.B. Características generales. 1976. 561p.
            BT/U-5; LO/N-1
        Pt.C. Fuerza de trabajo. 1976. xvi, 810p.
            BT/U-5; GL/U-6; LO/N-1
        Pt.D. Fuerza de trabajo. 1976. xvii, 720p.
            BT/U-5; GL/U-6; LO/N-1
        Pt.E. Fuerza de trabajo. 1976. xvii, 720p.
            BT/U-5; LO/N-1
        Pt.F. Vivienda. 1977. 554p.
            BT/U-5; GL/U-6; LO/N-1

- X [Décimo] censo general de población. Venezuela: nivel educativo, fuerza de trabajo y vivienda. Caracas, 1973. [vi], 47p.

- X [Décimo] censo general de población. Caracas, 1972- . 28 cm.

Area metropolitana de Acarigua-Araure.
BT/U-5; LO/N56; LV/U-1
Area metropolitana de Barcelona.
BT/U-5; LO/N56; LV/U-1
Area metropolitana de Barinas.
BT/U-5; LO/N56; LV/U-1
Area metropolitana de Barquisimeto. 1972.
BT/U-5; LO/N56
Area metropolitana de Barquisimeto. 2. ed. 1973.
LV/U-1
Area metropolitana de Cabimas y Lagunillas.
BT/U-5; LO/N56; LV/U-1
Area metropolitana de Caracas. 1972.
BT/U-5; LO/N56; LV/U-1
Area metropolitana de Carupano.
BT/U-5; LO/N56; LV/U-1
Area metropolitana de Ciudad Bolívar.
BT/U-5; LO/N56; LV/U-1
Area metropolitana de Coro.
BT/U-5; LO/N56; LV/U-1
Area metropolitana de Cumaná. 1972.
BT/U-5; LO/N56; LV/U-1
Area metropolitana de El Tigre. Ministerio de Fomento, 1972. 16 leaves; 28 cm.
BT/U-5; LO/N56; LV/U-1
Area metropolitana de Los Teques.
BT/U-5; LO/N56; LV/U-1
Area metropolitana de Maracaibo.
BT/U-5; LO/N56; LV/U-1
Area metropolitana de Maracay. 1972.
BT/U-5; LO/N56; LV/U-1
Area metropolitana de Maturín.
BT/U-5; LO/N56; LV/U-1
Area metropolitana de Mérida. 1972.
BT/U-5; LO/N56; LV/U-1
Area metropolitana de Puerto La Cruz.
BT/U-5; LO/N56; LV/U-1
Area metropolitana de Punto Fijo.
BT/U-5; LO/N56; LV/U-1
Area metropolitana de Puerto Cabello.
BT/U-5; LO/N56; LV/U-1
Area metropolitana de San Cristóbal. Ministerio de Fomento, 1972. 16 leaves; 28 cm.
BT/U-5; LO/N56; LV/U-1
Area metropolitana de Valencia. Ministerio de Fomento, 1972. 16 leaves; 28 cm.
BT/U-5; LO/N56; LV/U-1
Area metropolitana de Valera. 1972.
BT/U-5; LO/N56; LV/U-1
Area metropolitana del Departamento Vargas.
BT/U-5; LO/N56; LV/U-1
Area metropolitana del Distrito Municipal Caroni (San Félix).
BT/U-5; LO/N56; LV/U-1

- X [Décimo] censo general de población ...: resultados comparativos. Caracas, 1972- .
  Dependencias federales. 1972.
  BT/U-5; LO/N56; LV/U-1
  Distrito Federal. 1972.
  BT/U-5; LO/N56; LV/U-1
  Estado Anzoátegui. 1972. 27p.
  BT/U-5; LO/N56; LV/U-1;
  OX/U-1
  Estado Apure. 1972.
  BT/U-5; LO/N56; LV/U-1
  Estado Aragua. 1972.
  BT/U-5; LO/N56; LV/U-1
  Estado Barinas. 1972.
  BT/U-5; LO/N56; LV/U-1
  Estado Bolívar. 1972.
  BT/U-5; LO/N56; LV/U-1
  Estado Carabobo. 1972.
  BT/U-5; LO/N56; LV/U-1
  Estado Cojedes. 1972.
  BT/U-5; LO/N56; LV/U-1
  Estado Falcón. 1972.
  BT/U-5; LO/N56; LV/U-1
  Estado Guárico. 1972.
  BT/U-1; LO/N56; LV/U-1
  Estado Lara. 1972.
  LO/N56
  Estado Lara. 2. ed. 1973.
  BT/U-5; LV/U-1
  Estado Mérida. 1972.
  BT/U-5; LO/N56; LV/U-1
  Estado Miranda. 1972. 26p.
  BT/U-5; LO/N56; LV/U-1;
  OX/U-1
  Estado Monagas. 1972.
  BT/U-5; LO/N56; LV/U-1
  Estado Nueva Esparta. 1972.
  BT/U-5; LO/N56; LV/U-1
  Estado Portuguesa. 1972.
  BT/U-5; LO/N56; LV/U-1
  Estado Sucre. 1972.
  BT/U-5; LO/N56; LV/U-1
  Estado Táchira. 1972.
  BT/U-5; LO/N56; LV/U-1
  Estado Trujillo. 1972.
  BT/U-5; LO/N56; LV/U-1
  Estado Yaracuy. 1972.
  BT/U-5; LO/N56; LV/U-1
  Estado Zulia. 1972.
  BT/U-5; LO/N56; LV/U-1
  Territorio Federal Amazonas.
  BT/U-5; LO/N56; LV/U-1;
  OX/U-1
  Territorio Federal Delta Amacuro. 1972.
  BT/U-5; LO/N56; LV/U-1
  Venezuela. 1972.
  BT/U-5; LO/N56; LV/U-1
  1. Región capital.
  BT/U-5
  2. Región central.
  BT/U-5
  3. Región centro occidental. 1973.
  BT/U-5; LV/U-1
  4. Región zuliana.
  BT/U-5; LV/U-1
  5. Región de los Andes.
  BT/U-5; LV/U-1
  6. Región sur.
  BT/U-5
  7. Región nor-oriental.
  BT/U-5; LV/U-1
  8. Región Guayana.
  BT/U-5

- Nomenclador de centros poblados. 1974-75. 22 cm.
  1. Región capital. 1974. 137p.
     BT/U-5; CC/U-1; LO/N-1; LO/U-2; LO/U-3
  2. Región central. 1974. xv, 245p.
     BT/U-5; CC/U-1; LO/N-1; LO/U-2; LO/U-3
  3. Región centro occidental. 1974. 365p.
     BT/U-5; CC/U-1; LO/N-1; LO/U-2; LO/U-3
  4. Región zuliana. 1974. 95p.
     BT/U-5; CC/U-1; LO/N-1; LO/U-2; LO/U-3
  5. Región de los Andes. 1974. xxi, 422p.
     BT/U-5; CC/U-1; LO/N-1; LO/U-2; LO/U-3
  6. Región sur. 1975. 88p.
     BT/U-1; CC/U-1; LO/N-1; LO/U-2; LO/U-3
  7. Nor-oriental. 1974. 312p.
     BT/U-5; CC/U-1; LO/N-1; LO/U-2; LO/U-3
  8. Región de Guayana. 1975. 63p.
     BT/U-5; CC/U-1; LO/N-1; LO/U-2; LO/U-3; LO/N99

- División político-territorial de la República. Caracas, 1971. 115p.

- División político-territorial: Venezuela. Caracas, 1975. 194p; 22 cm.

- División político-territorial: Venezuela. Caracas: Oficina Central de Estadística e Informática, 1977. 196p; 22 cm.
  LO/N-1

1971

Censo Agropecuario (4)

Dirección General de Estadística y Censos Nacionales
- IV [Cuarto] censo agropecuario: total nacional. Caracas: Ministerio de Fomento, 1976. 22 cm.
  T. 1. xliii, [9], 170p.
     BT/U-5; GL/U-6; LO/N-1; LO/N99

- IV [Cuarto] censo agropecuario 1971.
    -- Distrito Federal. 1977- .
    T. 1. liii, 100 p.
    BT/U-5; GL/U-6; LO/N-1
    -- Estado Anzoátegui. 1974. 3v;
    22 cm.
    T. 1. liii, 108 p.
    BT/U-5; CC/U-1; LO/N-1;
    LO/U-3
    -- Estado Apure. 1975- . 3v;
    22 cm.
    T. 1. liii, 96 p.
    BT/U-5; CC/U-1; LO/N-1;
    LO/U-3
    -- Estado Aragua. 1973- . 3v;
    22 cm.
    T. 1. xlv, 188 p.
    BT/U-5; CC/U-1; LO/N-1;
    LO/U-2; LO/U-3; LO/N99
    -- Estado Bolívar. 1977- .
    T. 1. liii, 100 p.
    BT/U-5; LO/N-1
    -- Estado Carabobo. 1977- .
    T. 1. liii, 104 p.
    BT/U-5; GL/U-6; LO/N-1
    -- Estado Cojedes. 1975- .
    22 cm.
    T. 1. liii, 100 p.
    BT/U-5; LO/N-1
    -- Estado Falcón. 1975- . 3v;
    22 cm.
    T. 1. li, 104 p.
    BT/U-5; LO/N-1
    -- Estado Guárico. 1975- . 3v;
    22 cm.
    T. 1. liii, 100 p.
    BT/U-5; CC/U-1; LO/N-1;
    LO/U-3
    -- Estado Lara. 1975. 3v; 22 cm.
    T. 1. li, 100 p.
    BT/U-5; LO/N-1
    -- Estado Mérida y Barinas.
    1974. 3v; 22 cm.
    T. 1. xxxvii, 246 p.
    BT/U-5; CC/U-1; LO/N-1
    -- Estado Miranda. 1974- . 3v;
    22 cm.
    T. 1. xxxvii, 192 p.
    BT/U-5; CC/U-1; LO/N-1;
    LO/U-2
    -- Estado Monagas. 1977- .
    T. 1. liii, 112 p.
    LO/N-1
    -- Estado Nueva Esparta.
    T. 1. liii, 90 p.
    BT/U-5; LO/N-1
    -- Estado Portuguesa. 1976- .
    22 cm.
    T. 1. liii, 100 p.
    BT/U-5; LO/N-1
    -- Estado Sucre. 1977- .
    T. 1. liii, 118 p.
    BT/U-5; GL/U-6; LO/N-1
    -- Estado Táchira. 1975- .
    21 cm.
    T. 1. liii, 120 p.
    BT/U-5; CC/U-1; LO/N-1
    -- Estado Trujillo. 1975- . 3v;
    22 cm.
    T. 1. li, 124 p.
    BT/U-5; CC/U-1; LO/N-1
    -- Estado Yaracuy. 1976. 3v;
    22 cm.
    T. 1. li, 108 p.
    BT/U-5; LO/N-1
    -- Estado Zulia. 1977- .
    T. 1. liii, 112 p.
    BT/U-5; LO/N-1
    -- Territorios Federales
    Amazonas, Delta Amacuro.
    1977- .
    T. 1. xxxv, 212 p.
    BT/U-5; GL/U-6; LO/N-1

VIRGIN ISLANDS OF THE UNITED STATES

The Virgin Islands of the United States were formerly known as the Danish West Indies. They were transferred to United States sovereignty on 31 March, 1917.

The first census under Danish administration was carried out in 1688 by Frank Martins, A. Brock and Simon Luck. The total population then was less than 1000, the majority of which were negro slaves. Further counts were made in the 18th century. From 1835 censuses were taken quinquenially until 1860. From 1860 to 1910 censuses were taken decennially. Not all of these Danish censuses were published, however.

A census was held in 1917 after purchase by the United States and from then on all censuses have been conducted as part of the regular United States census. No statistical surveys since then have been published other than by the Government Printing Office in Washington. All these surveys were carried out by the Census Bureau, and in many cases the relevant data are contained within the general United States census reports rather than being published separately.

[J. Pinfold]

VIRGIN ISLANDS OF THE UNITED STATES

LIST OF CONTENTS

1835, 1841

1846 FOLKETAELLINGEN PAA DE DANSK-VESTINDISKE

1850 FOLKETAELLINGEN PAA DE DANSK-VESTINDISKE

1855 FOLKETAELLINGEN PAA DE DANSK-VESTINDISKE

1860 FOLKETAELLINGEN PAA DE DANSK-VESTINDISKE

1870

1880 FOLKETAELLINGEN PAA DE DANSK-VESTINDISKE

1890 FOLKETAELLINGEN PAA DE DANSK-VESTINDISKE

1901 FOLKETAELLINGEN PAA DE DANSK-VESTINDISKE

1911 FOLKETAELLINGEN PAA DE DANSK-VESTINDISKE

1917 CENSUS OF THE VIRGIN ISLANDS OF THE UNITED STATES

1920 CENSUS OF THE UNITED STATES (14)

1930 CENSUS OF THE UNITED STATES (15)

1940 CENSUS OF THE UNITED STATES (16)

1950 CENSUS OF POPULATION (17)

1950 CENSUS OF AGRICULTURE

1950 CENSUS OF HOUSING

1954 CENSUS OF AGRICULTURE

1958 CENSUS OF BUSINESS

1959 UNITED STATES CENSUS OF AGRICULTURE

1960 CENSUS OF POPULATION (18)

1960 CENSUS OF HOUSING

VIRGIN ISLANDS OF THE UNITED STATES

1963 CENSUS OF BUSINESS

1964 UNITED STATES CENSUS OF AGRICULTURE

1967 CENSUS OF BUSINESS

1969 CENSUS OF AGRICULTURE

1970 CENSUS OF POPULATION (19)

1970 CENSUS OF HOUSING

1972 ECONOMIC CENSUSES OF OUTLYING AREAS

1974 CENSUS OF AGRICULTURE

1977 ECONOMIC CENSUSES OF OUTLYING AREAS

1978 CENSUS OF AGRICULTURE

1835, 1841

See 1855 below.

1846

Folketaellingen paa de Dansk-vestindiske

Denmark. Statistiske Bureau
- Folketaellingen paa de dansk-vestindiske oer den 1 October 1846. Meddelelser fra det Statistiske Bureau, Copenhagen. (Raekke 1). 1:163-95 1852.

1850

Folketaellingen paa de Dansk-vestindiske

Denmark
- Resultaterne af folketaellingen paa de Dansk-vestindiske oer den 13 mai 1850. In: Statistisk tabelvaerk, ny raekke, forste bind.

1855

Folketaellingen paa de Dansk-vestindiske

Denmark. Statistiske Departement
- Folketaellingen paa de Dansk-vestindiske oer den 9 oktober 1855. In: Meddelelser fra det Statistiske Bureau, i raekke, femte samling. Kjobenhavn: Trykt i Bianco Lunos Bogtrykkeri, 1859. 264p. [United States Virgin Islands p. 1-48]. Includes results from the 1835, 1841 and 1846 censuses.

Denmark. Statens Statistiske Bureau
- Folketaellingen paa de Dansk-vestindiske oer den 9 oktober 1855. Kjobenhavn: Statens Statistiske Bureau, 1859? 48p.

1860

Folketaellingen paa de Dansk-vestindiske

Denmark. Statistiske Departement
- Folketaellingen paa de Dansk-vestindiske oer den 9 de oktober 1860. In:. Statistiske meddelelser, 2 raekke, fjerde bind. Kjobenhavn: Bianco Lunos Bogtrykkeri, 1865. 243p. [United States Virgin Islands p. 148-204].

VIRGIN ISLANDS OF THE UNITED STATES

1870

No reports traced.

1880

Folketaellingen paa de Dansk-vestindiske

Denmark. Statens Statistiske Departement
- Folketaellingen paa de Dansk-vestindiske oer den 9 oktober 1880. *In:*. Statistiske meddelelser, tredie raekke, 6 binde. Kjobenhavn: Bianco Lunos Kgl. Hof-Bogtrykkeri, 1883. 239p. [United States Virgin Islands p. 129-197].

1890

Folktaellingen paa de Dansk-vestindiske

Denmark. Statens Statistiske Bureau
- Folketaellingen paa de Dansk-vestindiske oer den 9 oktober 1890. *In:* Statistiske meddelelser, tredie raekke, 12 binde. Kjobenhavn: Bianco Lunos Kgl. Hof-Bogtrykkeri, 1892. 418p. [United States Virgin Islands p. 323-418].

1901

Folketaellingen paa de Dansk-vestindiske

Denmark. Statens Statistiske Bureau
- Folketaellingen paa de Dansk-vestindiske oer den 1 februar 1901 med et tillaeg on vareomsaetningen 1896/97-1901/02. *In:* Statistike meddelelser, fjerde raekke, 12 binde, haefte V. Kjobenhavn: Bianco Lunos Bogtrykkeri, 1903.

- Folkemaengden 1. Februar 1901, Kongeriget Denmark, efter de vigtigste administrative indellinger. *In:* Statistiske meddelelser, fjerde raekke, tiende bind, tredie haefte. Kjobenhavn: Bianco Lunos Bogtrykkeri, 1901. 132p.

VIRGIN ISLANDS OF THE UNITED STATES

1911

Folketaellingen paa de Dansk-vestindiske

Denmark. Statistiske Departement
- Folketaellingen paa de Dansk-vestindiske oer den 1 februar 1911. *In*: Statistiske meddelelser, fjerde raekke, en og fyrretyvende bind, haefte V. Kjobenhavn: Bianco Lunos Bogtrykkeri, 1913. 45p.

1917

Census of the Virgin Islands of the United States

United States. Bureau of the Census
- Census of the Virgin Islands of the United States, November 1, 1917. Instructions to enumerators. Washington: G.P.O., 1917. 30p.

- Census of the Virgin Islands of the United States, November 1, 1917. Washington, 1918. 174p.
    CA/U-1; LO/N-1; LO/U-3

1920

Census of the United States (14)

United States. Bureau of the Census
- Abstract of the fourteenth census of the United States, 1920. Washington: G.P.O., 1923. 1303p. (Includes comparative statistics for the Virgin Islands).

1930

Census of the United States (15)

United States. Bureau of the Census
- Fifteenth census of the United States, 1930. Population. Vol. 1. Number and distribution of inhabitants. Total population for states, counties and townships or other minor civil divisions, for urban and rural areas and for cities and other incorporated places. Washington, 1931. 1268p. (Comparable statistics are also included for territories and outlying possessions).
    GL/U-1; HL/U-1; LO/N-1; LO/N56; LO/U-3; LO/U19; LV/U-1; OX/U-9; QZ/P-1

- Fifteenth census of the United States, 1930. Outlying territories and possessions. Number and distribution of inhabitants, composition and characteristics of the population, occupations, unemployment and agriculture. Washington, 1932. 338p.
    HL/U-1; LO/N-1; QZ/P-1

- Fifteenth census of the United States, 1930. Bulletin series. Outlying territories and possessions. Population, agriculture. (Final bulletin). American Samoa, Guam, Virgin Islands (United States), Alaska.
    LO/N-1

1940

Census of the United States (16)

United States. Bureau of the Census
- Instruction to enumerators, Hawaii, Virgin Islands, Panama Canal Zone 1940; sixteenth census of the United States, Washington: G.P.O., 1940. 108p.

- Sixteenth census of the United States, 1940. Population. Vol. 1. Number of inhabitants. Total population for states, countries and minor civil divisions, for urban and rural areas, for incorporated places, for metropolitan districts and for census tracts. Comprising the first series of population bulletins for the states, territories and possessions. Washington, 1942. 1236p.
    GL/U-1; HL/U-1; LO/N-1; LO/N56; LO/U-3; OX/U-9

- Sixteenth census of the United States, 1940. Population and housing. General characteristics. Virgin Islands of the United States. Washington, 1943. 22p.
    GL/U-1; LO/N-1; LO/U-3
- Sixteenth census of the United States, 1940. Agriculture. Territories and possessions. Reports on agriculture in the territories of Alaska and Hawaii and the following possessions: Guam, American Samoa, Puerto Rico and the Virgin Islands of the United States. Washington, 1943. 306p.
    LO/U-3; OX/U-9

1950

Census of Population (17)

United States. Bureau of the Census
- 1950 census of population.
    Vol. 1. Number of inhabitants.
        ED/N-1; LO/N-1; LO/N56; LO/U-3
    Vol. 2. Characteristics of the population. Washington, 1952-54.
        ED/N-1; GL/U-1; LO/N-1; LO/N56; LO/U-3; OX/U-9

VIRGIN ISLANDS OF THE UNITED STATES

- 1950 census of population. Vol. 4. Special report. No. 4A. States of birth. Washington, 1953. 112p.
    ED/N-1; GL/U-1; LO/N-1; LO/U-3

1950

Census of Agriculture

United States. Bureau of the Census
- 1950 census of agriculture. Final reports. Washington, 1953. Vol.1. Pt. 34. Territories and possessions: Alaska, American Samoa, Guam, Hawaii, Puerto Rico and Virgin Islands of the United States. 265p.
    LO/N-1; LO/U-3; LV/U-1

1950

Census of Housing

United States. Bureau of the Census
- 1950 census of housing. Vol. 1. General characteristics. Pt. 7. Territories and possessions. Washington, 1953. 136p.
    ED/N-1; GL/U-1; LO/N-1; LO/U-3; OX/U-9

1954

Census of Agriculture

United States. Bureau of the Census
- 1954 census of agriculture. Final reports. Vol.3. Pt. 3. Alaska, Hawaii, Puerto Rico, District of Columbia and U.S. Possessions. Washington, 1956, 55p.
    LO/N-1; LO/U-3; OX/U-9 (incomplete)

1958

Census of Business

United States. Bureau of the Census
- 1958 census of business. Vol. 2. Retail trade. Area statistics. Pt. 2. Missouri - Wyoming and Alaska, Hawaii, Guam and Virgin Islands. Washington, 1961. 1206p.
    ED/N-1; LO/N-1; LO/U-3; OX/U-9

VIRGIN ISLANDS OF THE UNITED STATES

- 1958 census of business. Vol. 4. Wholesale trade. Area statistics. Washington, 1962. 904p.
    ED/N-1; LO/N-1; LO/U-3; OX/U-9

- 1958 census of business. Vol. 6. Selected services. Area statistics. Pt. 2. Missouri - Wyoming and Alaska, Hawaii, Guam and Virgin Islands. Washington, 1961. 1008p.
    ED/N-1; LO/N-1; LO/U-3; OX/U-9

- 1958 censuses of business, manufactures and mineral industries. Final reports EC 58. Pt. 1. The Virgin Islands of the United States. Washington, 1960. 16p.
    ED/N-1; LO/N-1; LO/U-3

1959

United States Census of Agriculture

United States. Bureau of the Census
- United States census of agriculture, 1959. Vol. 1. Pt. 54. Virgin Islands. Washington, 1961. 50p.
    LO/N-1; LO/U-3

1960

Census of Population (18)

United States. Bureau of the Census
- 1960 census of population. Vol. 1. Characteristics of the population. Pts. 54-57. Outlying areas. Washington, 1963.
    ED/N-1; GL/U-1; LO/N-1; LO/N56; LO/U-3; OX/U-9

1960

Census of Housing (18)

United States. Bureau of the Census
- United States census of housing 1960. Final report HC(1) - 55 Virgin Islands of the United States. Washington, 1961. iv, 15p.
    BT/U-5

- 1960 census of housing. Vol. 1. States and small areas. Pt. 9. Outlying areas. Washington, 1964.
    ED/N-1; LO/N-1; LO/U-3; OX/U-9

1963

Census of Business

United States. Bureau of the Census
- 1963 census of business. Vol. 2. Retail trade. Area statistics. Pt. 3. North Carolina - Wyoming, Guam and the Virgin Islands. Washington, 1966.
 ED/N-1; LO/N-1; LO/U-3; OX/U-9

- 1963 census of business. Vol. 5. Wholesale trade. Area statistics. Washington, 1966. 1058p.
 ED/N-1; LO/N-1; LO/U-3

- 1963 census of business. Vol. 7. Selected services. Area statistics. Pt. 3. North Carolina - Wyoming, Guam and the Virgin Islands. Washington, 1966.
 ED/N-1; LO/N-1; LO/U-3; OX/U-9

- 1963 economic censuses. Final reports. 1963 censuses of business, manufactures and mineral industries. EC 63-1. Virgin Islands of the United States. Washington, 1965. 25p.
 ED/N-1; LO/N-1; LO/U-3

1964

United States Census of Agriculture

United States. Bureau of the Census
- 1964 United States census of agriculture. Vol. 1. Pt. 52. Virgin Islands. Washington, 1967.
 LO/N-1; LO/U-3

1967

Census of Business

United States. Bureau of the Census
- 1967 census of business. Vol. 2. Retail trade. Area statistics. Washington, 1971. 2589p.
 ED/N-1; LO/N-1; LO/U-3

- 1967 census of business. Vol. 4. Wholesale trade. Area statistics. Washington, 1971. 1072p.
 ED/N-1; LO/N-1; LO/U-3

VIRGIN ISLANDS OF THE UNITED STATES

- 1967 census of business. Vol. 5. Selected services. Area statistics. Washington, 1971. 2565p.
    ED/N-1; LO/N-1; LO/U-3

- 1967 economic censuses. Final reports. 1967 censuses of business, manufactures and mineral industries. EC 67-1. Virgin Islands of the United States. Washington, 1969. iv, 21p.
    ED/N-1; LO/N-1; LO/U-3

1969

Census of Agriculture

United States. Bureau of the Census
- 1969 census of agriculture. Vol. 1. Area reports. Pt. 53. Virgin Islands. Washington, 1973. 35, 51p.

- 1969 census of agriculture. Vol. 5. Special reports. Pt. 13. Data collection forms and procedures. 1972. 84p.

1970

Census of Population (19)

United States. Bureau of the Census
- 1970 census of population. Vol. 1. Characteristics of the population. Pts. 54-58. Outlying areas: Guam, Virgin Islands, American Samoa, Canal Zone, Trust Territory of the Pacific Islands. Washington, 1973.
    ED/N-1; GL/U-1; LO/N-1; LO/N56; LO/U-3

- 1970 census population. Vol. 1. Characteristics of the population. Pt. A. Number of inhabitants. Sec. 2. Missouri - Wyoming, Puerto Rico and outlying areas. Washington, 1972.
    ED/N-1; GL/U-1; LO/N-1; LO/N56; LO/U-3; OX/U-9

- 1970 census of population. Supplementary reports PS(S1) no. 4. Population of the United States, Puerto Rico and outlying areas, 1950-1970. Washington, 1972. 2p.
    ED/N-1; GL/U-1; LO/N-1; OX/U-9

VIRGIN ISLANDS OF THE UNITED STATES

1970

Census of Housing

United States. Bureau of the Census
- 1970 census of housing. Vol. 1. Housing characteristics for states, cities and countries. Pts. 54-58. Outlying areas: Guam, Virgin Islands, American Samoa, Canal Zone, Trust Territory of the Pacific Islands. Washington, 1972.
  ED/N-1; GL/U-1; LO/N-1; LO/U-3

1972

Economic Censuses of Outlying Areas

United States. Bureau of the Census
- 1972 economic censuses of outlying areas. Virgin Islands of the United States. (OAC 72-5). Washington, 1975. 27p.
  ED/N-1; LO/N-1; LO/U-3

1974

Census of Agriculture

United States. Bureau of the Census
- 1974 census of agriculture. Vol. 1. Pt. 54. Virgin Islands of the United States. Washington, 1977. 33p.
  LO/U-3

1977

Economic Censuses of Outlying Areas

United States. Bureau of the Census
- 1977 economic censuses of outlying areas. Construction industries, manufactures, wholesale trade, retail trade, selected service industries. Virgin Islands. (OAC 77-5). Washington, 1980. 33p.
  ED/N-1; LO/N-1; LO/U-3

VIRGIN ISLANDS OF THE UNITED STATES

1978

Census of Agriculture

United States. Bureau of the Census
- 1978 census of agriculture. Vol. 1: area data. Pt. 54. Virgin Islands of the United States. 38p.
    LO/N-1

- 1978 census of agriculture: procedural history. 1983. 107p. (AC78-SR-4).

WINDWARD ISLANDS

The territories of the English speaking Caribbean and circum-Caribbean were among Britain's oldest colonies some having been occupied since the early seventeenth century.

Although formal censuses in the modern accepted sense were not conducted until the 1840s a good deal of statistical information, described as censuses or population returns, is contained in Governors' despatches from these colonies to the home government. The quantity of such material appears to be very large: most of it is held in the Public Record Office but some is in the British Library and other manuscript repositories. An indication of the extent of such materials is given in F.W. Pitman's *Development of the British West Indies* where Appendix I records many of the returns made by colonial Governors for the period 1636-1763. Other censuses were subsequently published as British parliamentary papers or in local *Gazettes* and *Votes and proceedings* and summarized in the censuses of England and Wales between 1861 and 1891 and the *Census of the British Empire, 1901*. To locate and describe these materials is not within the compass of this project; accordingly the censuses listed in the following pages cover such early materials only where they have been reissued in printed format and reported by contributing libraries; no systematic search for them has been made.

For many early censuses bibliographical data are scarce and may be suspect; later censuses, *ie* those for the British West Indies of 1946 and 1960 and the Commonwealth Caribbean census for 1970, were issued in series of volumes and parts for which bibliographical data are complicated and apparently incomplete.

[P.M. Larby]

LIST OF CONTENTS

1843

1844

1851 CENSUS OF THE ISLAND OF GRENADA AND DEPENDENCIES

1851 CENSUS [ST. LUCIA]

1851 CENSUS [ST. VINCENT]

1860

1861 CENSUS [DOMINICA]

1861 CENSUS [GRENADA]

1861 CENSUS [ST. LUCIA]

1861 CENSUS [ST. VINCENT]

1871 CENSUS [DOMINICA]

1871 CENSUS [GRENADA]

1871 CENSUS [ST. LUCIA]

1871 CENSUS [ST. VINCENT]

1881 CENSUS OF DOMINICA

1881 CENSUS [GRENADA]

1881 CENSUS [ST. LUCIA]

1881 CENSUS [ST. VINCENT]

1891 CENSUS [DOMINICA]

1891 CENSUS [GRENADA]

1891 CENSUS [ST. LUCIA]

1891 CENSUS [ST. VINCENT]

WINDWARD ISLANDS

1901 LEEWARD ISLANDS CENSUS

1901 CENSUS [GRENADA]

1901 CENSUS OF ST. LUCIA

1911 CENSUS OF DOMINICA

1911 CENSUS OF GRENADA

1911 ST. LUCIA CENSUS

1911 CENSUS OF ST. VINCENT

1921 CENSUS OF DOMINICA

1921 CENSUS OF GRENADA

1921 CENSUS OF THE COLONY OF ST. LUCIA

1921 CENSUS [ST. VINCENT]

1931 CENSUS [ST. VINCENT]

1946 CENSUS [ST. VINCENT]

1960 EASTERN CARIBBEAN POPULATION CENSUS

1961 WEST INDIES CENSUS OF AGRICULTURE

1970 COMMONWEALTH CARIBBEAN POPULATION CENSUS

1972-1973 CENSUS OF AGRICULTURE FOR ST. VINCENT

WINDWARD ISLANDS

Dominica was transferred from the Leeward Islands to the Windward Islands in 1940; however census publications for Dominica prior to 1940 will be shown in this listing.

1843

St. Lucia. No publications located.

1844

St. Vincent. No publications located.

1851

Dominica. No census taken in 1851.

Census of the Island of Grenada and Dependencies

Grenada. Commissioner General of Population
- [Census of the island of Grenada and dependencies taken on the 3rd day of October, 1851. s.1.], 1851. 2 sheets bound.
    LO/N17; LO/S65

Grenada. Commissioner General of Population
- General abstract of the returns of the population of the island of Grenada and its dependencies, according to the census taken on 3rd October, 1851, *and* appendix. [s.1., 1852]. 2 broadsheets folded and bound together.
    LO/N17; LO/S65 (photocopy)

St. Lucia. No publications located.

St. Vincent. No publications located.

1860

Only Dominica took a census in 1860; no publications located.

1861

Dominica. No census taken in 1861.

Grenada. No publications located.

St. Lucia. No publications located.

Census [St. Vincent]

St. Vincent
- Census taken 14th October, 1861. [Kingstown: Government Printing Office, 1861]. 13 unnumbered p.
    LO/N17; OX/U-9

1871

Census [Dominica]

Dominica. Registrar-General's Office
 - Census taken November 1871: tables. Roseau: Contractor for the Public Printing, 1872. [9]p.
    LO/N17; LO/U-3

Census [Grenada]

Grenada. No publications located.

Census [St. Lucia]

St. Lucia
- Census, 1871. [Castries: Government Printing Office, 1871]. 11p.
    LO/N17

Census [St. Vincent]

St. Vincent. No publications located.

1881

Census of Dominica

Dominica. Registrar's Office
- Census of Dominica, 1881. Roseau: A.T. Righton, 1881. Unnumbered.
    LO/N17

Census [Grenada]

Grenada
- Census report. [St. George's]: Charles Wells and Son, Government Printer, 1881. 26p.
    LO/N17; LO/S65

Census [St. Lucia]

St. Lucia
- Census, 1881. [Castries: Government Printing Office, 1883]. 12p.
    LO/N17; OX/U-9

Census [St. Vincent]

St. Vincent. Compiler of Census
- Census taken on 3rd April 1881. [Kingstown], 1881. 13p.
    LO/N17

1891

Census [Dominica]

Leeward Islands. Colonial Secretary
- Census, 1891, with tabulated statements and report. [St. John's], S.B. Laviscount, 1982. 4p.
    LO/N17

Census [Grenada]

Grenada
- Report and general abstracts of the census of 1891 with graphic tables and notes thereon, prepared by C.H. Johnson, compiler. St. George: Government Printer, 1891. 40p. Includes Carriacou. Includes summary data from the censuses of 1851-1881.
 LO/N17; LO/S65; LO/U-3; LO/U-8; OX/U-9

Census [St. Lucia]

St. Lucia. Census Compiler
- Report on the census of the island of St. Lucia taken on 5th April, 1891. Castries: 1891. 15p. 1 folding table.
 LO/N17; LO/S65; LO/U-3; OX/U-9

Census [St. Vincent]

St. Vincent. Compiler of Census
- Report and general abstracts of the census of 1891. Kingstown, 1891. 7p.
 LO/N17

1901

Leeward Islands Census

Dominica
- Leeward Islands census, 1901. [s.1. 1901].
 LO/N17

Census [Grenada]

Grenada. N.J. Paterson, compiler
- Report and general abstracts of the census of 1901 prepared by ... N.J. Paterson, compiler. St. George's: Government Printing Office, 1902. 47p.
 LO/N17; LO/S65; LO/U-8; OX/U-9

Census of Saint Lucia

St. Lucia. Registrar's Office
- Report on the census of Saint Lucia taken on the 7th April, 1901.
Castries: Government Printing Office, 1901. 18p.
    LO/N17; LO/865; OX/U-9

- -- *In* St. Lucia. Gazette, volume 70, p. 907-924.
    LO/S65

St Vincent

No census taken in 1901.

St. Vincent
- Comparative statement of the estimated population of the colony, 1901.
Kingstown, 1901. 3p.
    LO/N17; LO/S65

1911

Census of Dominica

Dominica. General Register Office
- Census of Dominica, British West Indies: report of the census taken April 3, 1911. Roseau: Bulletin Office, 1911. vii, 11p.
    LO/N17

Dominica. Acting Registrar General
- Census 1911 as compared with census 1901. Roseau, 1911. 1 sheet.
    LO/N17; LO/S65

Census of Grenada

Grenada
- Report and general abstracts of the 1911 census of Grenada, prepared by G.W. Smith, compiler. St. George's: Government Printing Office, 1911. 32p.
    LO/N17; LO/S65; LO/U-8; OX/U-9

St. Lucia Census

St. Lucia. Registrar's Office
- St. Lucia census, 2nd April, 1911. Report on the census of the island of Saint Lucia, 1911. Castries: Government Printing Office, [1912]. iii, 68 [1]p.
    LO/N17; LO/S65; OX/U-9

Census of St. Vincent

St. Vincent. Census Compiler
- Report and general abstracts of the census of St. Vincent, 1911. Kingstown: Government Printing Office, [1911]. 26p.
    LO/N17; LO/S65

1921

Census of Dominica

Dominica. General Register Office
- Census of Dominica, 1921. Report by the Registrar-General dated 13th October 1921. Roseau: Bulletin Office, 1921. vii, 10p.
    LO/N17; LO/S65; LO/U-3; OX/U-9

- -- *In* Dominica. Official gazette, supplement, 21 November 1921.

- -- Photographic reprint. *See* Leeward Islands, 1891.

Census of Grenada

Grenada
- Report and general abstracts of the 1921 census of Grenada, prepared by D.Julian Garraway. St George's, 1922. 70p.
    LO/N56; LO/S65; LO/U-3; LO/U-8; OX/U-9

Census of the Colony of Saint Lucia

St. Lucia. Registrar's Office
- Report on the census of the colony of Saint Lucia 24th April 1921. Castries: Government Printing Office, 1921. iii, 61, 2p.
    LO/N17; LO/N56; LO/S65; LO/U-3; OX/U-9

WINDWARD ISLANDS

Census [St. Vincent]

St. Vincent. Census Compiler
- Report on the census of 1921. Kingstown: [Government Printing Office], 1922. 25p.
    LO/N17; LO/N56; LO/U-3; LO/U-8; OX/U-9

1931

Only St. Vincent held a census in 1931.

Census [St. Vincent]

St. Vincent. Census Compiler
- Report and general abstracts of the census of 1931. Kingstown: Government Printing Office, 1931. 29p.
    LO/N17; LO/S65; LO/U-3; LO/U-8; OX/U-9

1946

Census [St. Vincent]

St. Vincent
- Notice on 1946 census. 1946.
    LO/N17

St. Vincent.
- St. Vincent census, 1946: statistical information. [Kingstown: Government Printer, 1948]. 3p.
    LO/N17; OX/U-9

St. Vincent
- Census of 1946: [census divisions]. Kingstown: 1946. 35p.
    LO/U-3

See also Commonwealth Caribbean, 1946.

WINDWARD ISLANDS

1960

Eastern Caribbean Population Census

See Commonwealth Caribbean, 1960.

1961

West Indies Census of Agriculture

See Commonwealth Caribbean, 1961.

1970

Commonwealth Caribbean Population Census

See Commonwealth Caribbean, 1970.

1972-1973

Census of Agriculture for St. Vincent

St. Vincent
- Census of agriculture for St. Vincent, 1972-1973. [Kingstown: Government Printer], 1978. 86p.
    LO/U-8

APPENDIX: GENERAL LATIN AMERICAN CENSUSES

1962-1965

Censo Universitario Latinoamericano

Unión de Universidades de América Latina. Secretaría General
- Censo universitario latinoamericano, 1962-1965. México, 1967. xiv, 844p.; 27cm.

1966-1969

Censo Universitario Latinoamericano

Unión de Universidades de América Latina. Secretaría General
- Censo universitario latinoamericano, 1966-1969. México, 1971. xix, 981p.; 28cm

1970

Censo Universitario Latinoamericano

Unión de Universidades de América Latina. Secretaría General
- Censo universitario latinoamericano, 1970. México. 1973. xx, 735p.; 28cm.

1971

Censo Universitario Latinoamericano

Unión de Universidades de América Latina. Secretaría General
- Censo universitario latinoamericano, 1971. México, 1974. xvi, 853p.; 27cm.

1972-1973

Censo Universitario Latinoamericano

Unión de Universidades de América Latina. Secretaría General
- Censo universitario latinoamericano, 1972-1973. México, 1976. xvi, 927p.; 27cm.

1974-1975

Censo Universitario Latinoamericano

Unión de Universidades de América Latina. Secretaría General
- Censo universitario latinoamericano, 1974-1975. México, 1978.

1976-1977

Censo Universitario Latinoamericano

Unión de Universidades de América Latina. Secretaría General
- Censo universitario latinoamericano, 1976-1977. México, 1980.

1978

Censo Universitario Latinoamericano

Unión de Universidades de América Latina. Secretaría General
- Censo universitario latinoamericano, 1978.

1979

Censo Universitario Latinoamericano

Unión de Universidades de América Latina. Secretaría General
- Censo universitario latinoamericano, 1979. México, 1981. 812p.

SELECT BIBLIOGRAPHY

Actividades estadísticas de las naciones americanas: Bolivia/Instituto Interamericano de Estadística. Washington, 1959.

Actividades estadísticas de las naciones americanas: Chile/ Instituto Interamericano de Estadística. Washington, 1977.

Actividades estadísticas de las naciones americanas: Colombia/Instituto Interamericano de Estadística. Washington, 1978.

Actividades estadísticas de las naciones americanas: Costa Rica/Instituto Interamericano de Estadística. Washington, 1958.

Actividades estadísticas de las naciones americanas: Guatemala/Instituto Interamericano de Estadística. Washington, [1979?].

Actividades estadísticas de las naciones americanas: Haiti/Instituto Interamericano de Estadística. 2a ed. Washington, 1961.

Actividades estadísticas de las naciones americanas: Nicaragua/Instituto Interamericano de Estadística. 2a ed. Washington, 1956.

Actividades estadísticas de las naciones americanas: Panamá/Instituto Interamericano de Estadística. Washington, 1977.

Actividades estadísticas de las naciones americanas: República Dominicana/ Instituto Interamericano de Estadística. 2a ed. Washington, 1977.

Actividades estadísticas de las naciones americanas: El Salvador/Instituto Interamericano de Estadística. 2a ed. Washington, 1959.

Actividades estadísticas de las naciones americanas: Venezuela/Instituto Interamericano de Estadística. 2a ed. Washington, 1966.

SELECT BIBLIOGRAPHY

América en cifras. 1960, 1961, 1963, 1965, 1967, 1970, 1972, 1974, 1977 eds. Washington, Unión Panamericana Departamento de Estadística; Instituto Interamericano de Estadística, Secretaria General, 1961-1978. (1970- prepared by the Instituto ... and the Organización de los Estados Americanos).

Anuario bibliográfico. 1958- . México: Biblioteca Nacional, 1967- .

Anuario bibliográfico hondureño, 1961-1970/Miguel A. Garcia. Tegucigalpa: Banco Central de Honduras, [1975].

Anuario bibliográfico mexicano. 1931-1933, 1940-1941/1942. México: Secretaría de Relaciones Exteriores, 1932-1944. [Publication suspended 1934-1939].

The application of computers to the analysis of census data: the Bishopric of Caracas, 1780-1820: a case study/Trent M. Brady, John V. Lombardi. *In*: Population and economics: proceedings of Section V of the Fourth Congress of the International Economic History Association, 1968. Winnipeg, 1970. p. 271-278.

Bibliografía agrícola de Honduras, Suplemento 1972-1977. Tegucigalpa: Secretaría de Recursos Naturales, Centro de Documentación e Información Agrícola, 1978.

Bibliografía agrícola de Honduras, 1977-1979. Tegucigalpa: Secretaría de Recursos Naturales, Centro de Documentación e Información Agrícola, 1980.

Bibliografía de publicações oficiais brasileiras, área federal, 1975-1977/Camara dos Deputados. Diretoria Legislativa. Centro de Documentação e Informação. Brasília, 1981.

Bibliografía hondureña/Miguel A. Garcia. Tegucigalpa: Banco Central de Honduras, 1971- . Vol. 1. 1620-1930. [1971]; Vol. 2. 1931-1960. [1972].

Bibliografía: los censos argentinos por regiones/Consejo Federal de Inversiones. Biblioteca. Buenos Aires, 1968. (Serie Regiones, 2).

Bibliografía mexicana de estadística/ Secretaría de la Economía Nacional, Dirección General de Estadística. México, [1941-1942]. 2 vols.

Bibliografía para el estudio de la población de la Argentina/M. Martha Accinelli, María S. Muller, Edith A. Pantelides. Buenos Aires: Centro de Estudios de Poblacíon, 1978. (Cuaderno del Cenep, no. 3).

Bibliografía sobre censos y estadísticas realizadas en el Perú/Ministerio de Trabajo. Biblioteca General. Lima, 1974. (Guía bibliográfia. Suplemento, no. 1).

SELECT BIBLIOGRAPHY

Bibliografía sobre recenseamento no Brasil *In* Revista brasileira de estatística, 41(163): p. 451-482, jul./set. 1980.

Bibliographic guide to Latin American studies. 1978- . Boston: G.K. Hall, 1979- .

Bibliographie des recensements démographiques et économiques des pays d'Amérique Latine ... existant à Paris/Université de Paris, Institut des Hautes Études de l'Amérique Latine, Centre de Documentation. 2e ed. Paris, 1969.

Bibliography and reel index: a guide to the microfilm edition of International population census publications 1945-1967. Woodbridge, Conn.: Research Publications, 1979.

Bibliography of industrial and distributive trade statistics/U.N. Department of International Economic and Social Affairs, Statistical Office. 4th ed. New York, 1981 (ST/ESA/STAT/SER.M./36, Rev. 5).

Bibliography of poverty and related topics in Costa Rica/Manuel J. Carvajal. [Washington]: Rural Development Division, Bureau for Latin America and the Caribbean, Agency for International Development, 1979.

Bibliography of selected statistical sources of the American nations/Inter American Statistical Institute. Washington, 1947.

Buenos Aires, puerto del Río de la Plata, capital de la Argentina: estudio crítico de su población, 1536-1936/Nicolás Besio Moreno. Buenos Aires: [Talleres Gráficos Tuduri], 1939.

Bureau of the Census catalog/United States. Bureau of the Census. Annual with monthly supplements.

Bureau of the Census catalog of publications 1790-1972/United States. Bureau of the Census. Washington, G.P.O., 1974.

Catálogo de estadísticas publicadas en la República Argentina/Lelia I. Boeri. 2a ed. Buenos Aires: Editorial del Instituto Torcuato di Tella, 1966. 2 vols. (Serie ocre: Economía).

Catálogo de estadísticas publicadas en la República Argentina: ampliación y actualización; anexo a la segunda edición/[por] Carmen N. Llorens de Azar, Maria A. Pizzurno. Buenos Aires: Editorial Torcuato di Tella,1968. 2 vols.

Catálogo de publicaciones de la Coordinación General de los Servicios Nacionales de Estadística, Geografía e Informática. 3a ed. México, 1982.

SELECT BIBLIOGRAPHY

Catálogo de publicaciones oficiales 1840-1977/Instituto Autónomo Biblioteca Nacional; [compilado] por Beatriz Martínez de Cartay. Mérida, 1978.

Catalog of the Cuban and Caribbean Library, University of Miami, Coral Gables, Florida. Boston: G.K. Hall, 1977. 6 vols.

Catalog of the Latin American collection, University of Florida Libraries, Gainesville, Florida. 13 vols. & First supplement (7 vols.) Boston: G.K. Hall, 1973-1979.

Catalog of the Latin American collection, University of Texas Library, Austin. 31 vols. First supplement (5 vols.), Second supplement (3 vols.), Third supplement (8 vols.), Fourth supplement (3 vols.). Boston: G.K. Hall, 1969-1977.

Catalog of the Latin American Library of the Tulane University Library, New Orleans. 9 vols. & First supplement (2 vols.), Second supplement (2 vols.), Third supplement (2 vols.). Boston: G.K. Hall, 1970-1978.

Catalogs of the Bureau of the Census Library, Washington/Bureau of the Census Library. Boston, Mass., 1976.

The catalogue of the Haitian Library of the Brothers of Christian Instruction, Port-au-Prince, Haiti, W.I./Brother Lucien-Jean Legendre. Thesis. [S.L.] 1958. Entries relating to census material p. 194.

Los censos agrícolas en Chile/David Alaluf. Santiago: Instituto de Economía, 1962. (Publicaciones del Instituto de Economía, no. 51).

Censos y padrones existentes en el Archivo General de la Nación, 1776-1852/ Susana R. Frías. Buenos Aires: Centro de Investigaciones Históricas en la Argentina, 1974. (Documento interno de trabajo. Proyecto: Guía para investigaciones históricas en la Argentina. Serie I: Archivos, 1).

Comparabilidad de los censos mexicanos/Gerhard Koberstein. México: Instituto de Investigaciones Sociales, Universidad Nacional Autónoma de México, 1972-1976. Vols. 1-2.

Compendio de estadísticas históricas de Colombia/Miguel M. Urrutia and Mario Arrubla, eds. Bogotá: Universidad Nacional, Dirección de Divulgación Cultural, 1970.

Demographic collapse: Indian Peru, 1520-1620/David Cook Noble. Cambridge: Cambridge University Press, 1981. (Cambridge Latin American Studies, 41).

Description de la partie française de l'Ile Saint-Domingue/ M. de Moreau de Saint-Méry. Philadelpie: chez l'auteur, 1797, 98. 2 vols. Population estimates given by race.

Dictionary catalog of the Research Libraries of the New York Public Library, 1911-1971. New York: New York Public Library, Astor, Lenox and Tilden Foundations, 1979- .

Encyclopedie van de Nederlandse Antillen. Hoofdredacteur H. Hoetink. Amsterdam, Brussel: Elsevier, 1969.

Encyclopaedie van Nederlandsch West-Indie. Onder redactie van H.D. Benjamins en Joh. F. Snelleman.'s-Gravenhage, Leiden: Nijhoff & Brill, 1914-1917.

Essays in population history: Mexico and the Caribbean/Sherburne F. Cook and Woodrow Borah. Berkeley: University of California Press, 1971-1979. 3 vols. (Vol. 3 has subtitle: Mexico and California).

Estado, campesinos y modernización agrícola/Antonio García and others. Ascunción: Centro Paraguayo de Estudios Sociologicos, 1982.

La estructura agropecuaria de las naciones americanas: análisis estadístico-censal de los resultados obtenidos bajo el Programa del censo de las Américas de 1950/Instituto Interamericano de Estadística. Washington: Unión Panamericana, 1957.

Evolución demográfica argentina desde 1810 a 1869/Ernesto J.A. Maeder. Buenos Aires: EUDEBA, 1969. (Temas de EUDEBA/Estadística).

Evolución demográfica argentina durante el período hispano (1535-1810)/ Jorge Comadrán Ruiz. Buenos Aires: Editorial Universitaria de Buenos Aires, 1969. (Temas de EUDEBA).

Evolución social y censos nacionales/Ricardo Piccirilli. In Manuel R. Trelles (ed.), Historia argentina contemporánea (1862-1930). 3a ed. Buenos Aires: Academia National de la Historia, 1964. Vol. II, primera sección, cap. V, p. 218-49.

General catalogue of printed books to 1975/The British Library. London, 1979-1987. 360 vols.

General catalogue of printed books, 1976-1985/The British Library. Microfiche ed. London, 1986. 471 microfiches.

SELECT BIBLIOGRAPHY

General censuses and vital statistics in the Americas/U.S. Department of Commerce Bureau of the Census and U.S. Library of Congress Reference Department; prepared under the supervision of Irene B. Taeuber. Washington, 1943.

Geschiedenis van Suriname/J. Wolbers. Amsterdam: H. de Hoogh, 1861.

La Guadeloupe/ Jules Ballet. Basse-Terre: Imprimerie du Gouvernement, 1890-1902. 3 vols. A general history with no details of population numbers.

Guide des sources de l'histoire de l'Amérique latine et des Antilles dans les Archives françaises/Archives nationales. Paris, 1984.

A guide to the official publications of the other American republics. Washington, 1947.

Haiti/Robert Cornevin. Paris: P.U.F., 1982. Contains population statistics for 1767-1791, taken from Gaston Martin's Histoire de l'esclavage dans les colonies françaises, Paris: P.U.F., 1948.

Handbook of Latin American studies. no. 1, 1935- , [various places], 1936- .

The handbook of national population censuses: Latin America and the Caribbean, North America and Oceania/ Doreen S. Goyer and Eliane Domschke. Westport, Conn.: Greenwood Press, 1983.

Histoire des Antilles et de la Guyane. Ed. Pierre Pluchon. Toulouse: Privat, 1982. Brief population details for 1789 given in Chapter 10.

Historical statistics of Chile, 1840-1967/Marcos J. Mamalakis. Milwaukee: The Author, 1967. 4 vols. Mimeographed.

Historical statistics of Chile Vol. 2: Demography and labor force/Marcos J. Mamalakis. Westport, Conn.: Greenwood Press, 1980.

Honduras bibliography and research guide/Colin Darby and Richard Swedberg. Cambridge (Mass.): CAMINO, 1984.

The Indian caste of Peru, 1795-1940: a population study based upon tax records and census reports/George Kubler. Washington: Smithsonian Institution, Institute of Social Anthropology, 1952. (Publication, 14).

Indices démographiques et perspectives de la population d'Haïti de 1950 à 1980/Port-au-Prince: Imprimerie de l'État, 1962. Population trends extrapolated from the 1950 census.

Informes sobre las principales estadísticas mexicanas/Secretaría de la Economía Nacional, Dirección General de Estadística. México, 1941.

International population census bibliography: Latin America and the Caribbean/ University of Texas, Population Research Center. Austin, 1965 (+ Suppl. 1968).

The international population census bibliography: revision and update, 1945-1977. Texas bibliography II/compiled by Doreen S. Goyer. New York: Academic Press, 1980.

Late colonial and early independent census records in Costa Rica/Lowell Gudmundson. In Latin American historical statistics newsletter, Vol. 1, no. 2 (Spring 1983), p. 1-3.

Latin America, 1935-1949: a selected bibliography/United Nations. New York, 1952.

Library of Congress catalogs: National Union Catalog. 1973-1977 (135 vols.); 1978 (16 vols.); 1979 (16 vols.); [various places], 1978-1980.

Marcfiche. [Current cumulation.] Washington: Library of Congress.

La Martinique: étude géographique/Eugène Revert. Paris: Nouvelles éditions latines, 1949. Chapter 10 'La démographie' includes information on the problems of census-taking in Martinique.

Monthly catalog of United States government publications. Washington, G.P.O., 1895- .

Mexican government publications: a guide to the more important publications of the national government of Mexico, 1821-1936/Annita Melville Ker. Washington: G.P.O. 1940.

The National Union Catalog: a cumulative author list representing Library of Congress printed cards and titles reported by other American libraries. Pre-1956 imprints (754 vols.); 1956 through 1967 (125 vols.); 1968-1972 (119 vols.) [various places], 1968-1981.

Netherlands Antilles; a bibliography 17th century - 1980/Gerard A. Nagelkerke. Leiden: Department of Caribbean Studies, Royal Institute of Linguistics and Anthropology, 1982.

Nicaraguan national bibliography, 1800-1978. Redlands: Latin American Bibliographic Foundation; Managua: Biblioteca Nacional Rubén Dario, 1986. 3 vols.

Notices sur les colonies françaises/Ministère de la Marine et des colonies. Paris, 1866. Population statistics given but no actual censuses mentioned.

Observations on the Paraguayan census of 1846/John Hoyt Williams. *In* Hispanic American Historical Review, 56, no.3, (1976) p. 424-437.

OCLC Online Union Catalog.

The origin and comparability of Peruvian population data, 1776-1815/ David Browning. *In* Jahrbuch fur Geschichte von Staat. Wirtschaft und Gesellschaft Lateinamerikas, Vol. 14 (1977), 193-223; Bulletin of the Society for Latin American Studies, (London), no. 25 (1976), p. 19-37.

Paraguái mburuvicha ha pytagúa mburuvicha paraguái rehegúa tembiapo oñembokuatiavaekúe. La bibliografía paraguaya: publicaciones oficiales/ Carlo F.S. Fernandez Caballero and Marianne Fernandez Caballero. Ascunción: Paraguái Arandu Aranduka, 1983.

Paraguay: a bibliography/David Lewis Jones. New York: Garland Pub., 1979. (Garland reference library of social science, vol. 51)

Paraguay: an annotated bibliography/Stephen C. Moscov. Buffalo: State University of New York at Buffalo, 1972.

Paraguay/Rosa Quintero Mesa. Ann Arbor: Xerox University Microfilms, 1973. (Latin American serial documents, vol. 9)

La población de los Estados Unidos Mexicanos en el siglo XIX (1824-1895)/ Viviane Brachet de Márquez. México: SEP, Instituto Nacional de Antropologia e Historia, Departamento de Investigaciones Históricas, 1976.

Population index/Office of Population Research, Princeton University and Population Association of America. Vol. 35-Vol. 51 no. 2 (1969 - Summer 1985). Princeton, 1969-1985.

Population index bibliography, cumulated 1935-1968/Office of Population Research, Princeton University. Boston: G.K. Hall, 1971.

Programa del Censo de América de 1970. Lista anotada de publicaciones nacionales que divulgan resultados de los censos de población, habitación y agropecuario/Instituto Interamericano de Estadística. Washington, 1973? (6645 Esp- 10/4/73 -2300).

Las publicaciones oficiales de México: guía de publicaciones periódicas y seriadas, 1937-1970/Rosa María Fernández de Zamora. México: Universidad Nacional Autónoma de México, Instituto de Investigaciones Bibliográficas, Instituto de Investigaciones Sociales, 1977.

La société d'habitation à la Martinique; un demi-siècle de formation, 1635-1685/Jacques Petit Jean Roger. Lille: Atelier Reproduction des thèses, 1980. 2 vols. Information on population and censuses diffused through both volumes.

Statistical activities of the American nations, 1940 ... / edited under the direction of the Temporary Organization Committee of the Inter- American Statistical Institute by Elizabeth Phelps. Washington, 1941.

Statistical activities of the American nations: Trinidad and Tobago/Inter-American Statistical Institute. Washington, [1979].

Statistics America: sources for social, economic and market research (North, Central and South America)/Joan M. Harvey. 2nd ed. Beckenham: CBD Research, 1980.

Suriname; a bibliography 1940-1980/Gerard A. Nagelkerke. Leiden:. Department of Caribbean Studies, Royal Institute of Linguistics and Anthropology, [1980].

La 'terrier' de 1671 et le partage de la terre en Guadeloupe/Christian Schnakenbourg. Paris, 1980. (Revue française d'histoire d'outre-mer. Tom. 67, no. 246-247 p. 37-54). Includes details from the 'Desnombrement des terres de l'isle Guadeloupe, Grande terre et Sainctes, 1671'.

Transition démographique et modernisation en Guadeloupe et en Martinique/ Yves Charbit and Henri Leridon. Paris: P.U.F., 1980. (INSEE. Travaux et documents. Cahier no. 89). Gives census tables from 1954-74, but no information about the circumstances of the censuses.

De Tweede Algemene Volkstelling Suriname 1950/D.B.W.M. van Dusseldorp. *In* Nieuwe West-Indische Gids, jrg. 45, no. 1 (okt. 1966), p. 38-44.

De volkstelling 1960 in de Nederlandse Antillen/L.P. Vermeulen. *In* Tijdschrift van het Koninklijk Nederlandsch Aardrijkskundig Genootschap, 2e reeks, dl. 80 (1963), p. 186-192.

Volkstellingen in Suriname/F. Oudschans Dentz. *In* West-Indische Gids, jrg. 26 (1944), p. 191-192.

INDEX

Note: This index provides for an approach by country, province, town and subject. As so many entries appear under 'population', the divisions 'national' and 'local' have also been made to bring together under the country the provincial and city censuses. Other sections are relatively short so this device has not been employed elsewhere. Reference has been restricted to subjects specifically named in the title of the censuses – no attempts have been made to analyse their contents. *See* and *see also* references are made at the end of the relevant entry.

Accommodation, rented *see* Rented accommodation
Aconcagua, Chile
   Livestock, (undated, pre-1956)
Administration
   Argentina, 1892, 1977
   Buenos Aires (City), Argentina, 1926
   Santa Fé (Province), Argentina, 1948
See also Employees, public
Administrative staff *see* Administration
Agrarian reform
   Honduras, 1978
   Venezuela, 1965
Agriculture
   Antigua, 1961
   Argentina, 1888, 1908, 1937, 1952, 1960, 1969, 1974
   Barbados, 1961
   Barbuda, 1961
   Bolivia, 1950

Agriculture (contd.)
   Brazil, 1920, 1940, 1950, 1960, 1970, 1975
   British West Indies, *see* Commonwealth Caribbean
   British Virgin Islands, 1961
   Buenos Aires (Province), Argentina, 1881, 1888
   Chaco, Argentina, 1969
   Chascomús, Argentina, 1888
   Chicamán, Guatemala, 1967
   Chile, 1929-1930, 1935-1936, 1955, 1964-1965, 1975-1976
   Chiriqui, Panama, 1947
   Choloma, Honduras, 1965
   Chuquisaca, Bolivia, 1942
   Colombia, 1960, 1964, 1970-1971
   Commonwealth Caribbean, 1961
   Córdoba (City), Argentina, 1906
   Costa Rica, 1883-1910, 1904, 1905, 1910, 1948, 1950, 1955, 1963, 1973

INDEX

Agriculture (contd.)
  Cuba, 1931, 1946
  Dominican Republic, 1950, 1960, 1971
  Easter Island, Chile, 1965
  Ecuador, 1954, 1961, 1974
  Entre Ríos, Argentina, 1887-1888, 1916, 1958, 1959, 1960
  Guadeloupe, 1975
  Guatemala, 1950, 1964, 1979
  Haiti, 1950, 1971
  Herrara, Panama, 1945
  Honduras, 1949, 1952, 1965-1966, 1974
  Isla de Pascua, Chile, 1965
  Jamaica, 1961-1962, 1968-1969
  La Pampa, Argentina, 1941
  Leeward Islands, 1961
  Los Santos, Panama, 1945
  Mendoza (province), Argentina, 1947, 1960, 1979-1981
  Mexico, 1930, 1940, 1950, 1960, 1970
  Nicaragua, 1940, 1963
  Oruro, Bolivia, 1938
  Panama, 1942, 1950, 1961, 1971
  Panama Canal Zone, 1930
  Paraguay, 1927, 1942-1944, 1956, 1961, 1966
  Penonomé, Panama, 1943
  Peru, 1961, 1972
  Piauí, Brazil, 1940
  Puerto Rico, 1910, 1920, 1930, 1935, 1940, 1950, 1954, 1959, 1964, 1969, 1974, 1978
  Rapa Nui, Chile, 1965
  Rio de Janeiro (Distrito Federal),Brazil 1950
  Río Negro, Argentina, 1969
  Sabanagrande, Honduras, 1959
  St Kitts-Nevis, Anguilla, 1975
  St Vincent, 1972-1973
  El Salvador, 1950, 1961, 1971
  San Cristóbal, Dominican Republic, 1950
  San Juan, Argentina, 1934
  San Luis, Argentina, 1967
  Santa Cruz, Argentina, 1968
  Santiago del Estero, Argentina, 1936, 1939
  São Paulo, Brazil, 1920, 1934, 1940

Agriculture (contd.)
  Surinam, 1959
  Tarija, Bolivia, 1944-1945
  Trinidad and Tobago, 1963
  Tulúa, Colombia, 1969
  Uruguay, 1924, 1930, 1937, 1946, 1951, 1956, 1961, 1966, 1970
  Venezuela, 1937, 1950, 1961, 1971
  Veraguas, Panama, 1948
  Virgin Islands of the United States, 1930, 1940, 1950, 1954, 1959, 1964, 1969, 1974, 1978
  Windward Islands, 1961
  See also Beekeeping; Flower growing; Fruit growing; Irrigation; Livestock; Poultry keeping
Alagoas, Brazil
  Population, 1890
America, Central
  Universities, 1966
Antarctic, Argentine *see* Territorio Nacional; Territorios Nacionales
Antigua
  Agriculture, 1961
  Population, 1851, 1856, 1861, 1871, 1881, 1911, 1921, 1960, 1970
  See also Leeward Islands
Arabs
  Santiago, Chile, 1970
Areco, Argentina
  Population, 1889
Arequipa, Peru
  Livestock, 1967
  Population, 1918
  Squatter settlements, 1956
Argentina
  Administration, 1892, 1977
  Agriculture, 1888, 1908, 1937, 1952, 1960, 1969, 1974
  Associations, Professional, 1936, 1965
  Banks, 1925
  Children, 1935
  Civil servants, 1914, 1930, 1947, 1977
  Commerce, 1908-1917, 1954, 1974
  Companies, 1963

Argentina (contd.)
  Construction, 1947
  Cotton, 1935-1936
  Economic, 1964, 1974
  Education, 1909
  Employers, 1934-1935
  Fishing industry, 1941
  Flower growing, 1938-1939
  Footwear industry, 1937
  Hotels, 1974
  Households, 1970
  Housing, 1947, 1960, 1970
  Indians, 1966-1967
  Industry, 1908-1917, 1935, 1937, 1939, 1941, 1946, 1950, 1954, 1974
  Labour, 1909, 1934-1935
  Legal profession, 1893
  Livestock, 1922, 1930, 1974, 1977
  Manufacturing, 1974
  Mining, 1908, 1954
  Mortgages, 1936
  Mutual benefit societies, 1926
  Olive growing, 1953
  Pensioners, 1893
  Pension funds, 1970
  Population (General), 1816, 1825, 1857-1858, 1869, 1895, 1914, 1927, 1942, 1947, 1960, 1970
  Population (Local)
    Areco, 1889
    Belén, 1969
    Buenos Aires (City), 1872, 1887, 1904, 1909, 1936
    Buenos Aires (Province), 1881, 1890, 1910, 1938
    Catamarca, 1943
    Chaco, 1934, 1935
    Córdoba (City), 1906
    Córdoba (Province), 1890
    Don Torcuato, 1957
    Isla Martín García, 1927
    La Pampa, 1935, 1942
    La Plata, 1884, 1909
    Mendoza (City), 1903
    Mendoza (Province), 1909, 1942, 1960
    Río Grande, 1966
    Río Negro, 1959, 1967-1968
    Rosario, 1900, 1926
    San Antonio Oeste, 1968

Argentina (contd.)
  Population (Local) (contd.)
    San Cristóbal, 1892
    San Isidro, 1947
    San Juan, 1910, 1960
    San Martín, 1941
    Santa Fé (City), 1906, 1907, 1910, 1923
    Santa Fé (Province), 1887, 1909, 1958
    Territorio Nacional, 1966
    Territores Nacionales, 1905, 1912, 1920
    Tucumán (City), 1913
    Tucumán (Province), 1869, 1968
    Vera, 1892
    Viedma, 1964
    Zárate, 1908
  Post office, 1930
  Prisons, 1906, 1929
  Professions, 1936, 1937, 1944
  Property, Public, 1890, 1930, 1937, 1942, 1948, 1965
  Rented accommodation, 1976, 1977
  Restaurants, 1974
  Retired workers, 1893
  Roads, 1935-1936, 1936, 1937, 1938, 1940, 1941, 1961, 1964
  Schools, 1883-1884, 1917, 1931, 1931-1932, 1932, 1943
  Service industries, 1974
  Shanty towns, 1963
  Social security, 1970
  Social welfare organisations, 1966
  Sugar industry, 1945
  Teachers, 1893
  Unemployed, 1932, 1935
  Universities
    Buenos Aires (City), 1958, 1959, 1964, 1968
    La Plata, 1963-1964
    Santa Fé (Province), 1963
    Tucumán (City), 1961, 1963, 1964, 1965, 1966
  Vineyards, 1936, 1963
  Wine industry, 1936, 1937, 1939, 1968
  Yerba mate, 1933, 1934

INDEX

Asses *see* Livestock
Associations, Professional
   Argentina, 1936, 1965
Automobiles
   Colombia, 1963
   Venezuela, 1951-1952
See also Road traffic; Road
   transport
Azacualpa, Honduras
   Housing, 1960
   Population, 1960

Bahama Islands
   Population, 1871, 1881, 1891,
     1901, 1911, 1921, 1931, 1943,
     1953, 1963, 1970
Banks
   Argentina, 1925
Barbados
   Agriculture, 1961
   Population, 1679-1680, 1844,
     1861, 1871, 1881, 1891, 1911,
     1921, 1946, 1960, 1970
Barbuda
   Agriculture, 1961
   Population, 1856, 1911
See also Leeward Islands
Beekeeping
   Guatemala, 1964
   Honduras, 1974
   El Salvador, 1966-1967
   Uruguay, 1937
Belén, Argentina
   Population, 1969
Belize [Before June 1973 *as* British
   Honduras]
   Church, 1861
   Livestock, 1978
   Population, 1816, 1820, 1823,
     1826, 1829, 1832, 1835, 1861,
     1871, 1881, 1891, 1901, 1911,
     1921, 1931, 1946, 1960, 1970
   Slaves, 1820
Berbice, Guyana
   Population, 1827
Bermuda
   Economic, 1971
   Population, 1851, 1881, 1891,
     1901, 1911, 1921, 1931, 1939,
     1950, 1960, 1970

Blind
   Puerto Rico, 1944
   Trinidad and Tobago, 1932
Bogotá, Colombia
   Population, 1780
Bolivia
   Agriculture, 1950
   Housing, 1972, 1976
   Immigrants, 1936
   Population (General), 1845,
     1854, 1900, 1950, 1972, 1976
   Population (Local)
     Cochabamba, 1945, 1967
     Cobija, 1970?
     Jordán, 1948
     La Paz, 1909, 1942
     Oruro, 1972
     Potosí, 1972
     Riberalta, 1970
     Santa Cruz, 1966
     Sucre, 1972
     Tarija, 1944, 1970
Bom Successo, Brazil
   Population, 1920
Brazil
   Agriculture, 1920, 1940, 1950,
     1960, 1970, 1975
   Civil servants, 1966
   Commerce, 1940, 1950, 1960,
     1970, 1975
   Companies, 1960
   Construction, 1960
   Economic, 1940, 1950, 1968, 1975
   Housing, 1940
   Industry, 1920, 1940, 1950, 1960,
     1965, 1970, 1975
   Literacy, 1940, 1950
   Migration, 1950
   Population (General), pre 1872,
     1872, 1890, 1900, 1910, 1920,
     1930, 1940, 1950, 1950-1960,
     1960, 1970
   Population (Local)
     Alagoas, 1890
     Bom Successo, 1920
     Brasília, 1957, 1959

Brazil
   Population (Local) (contd.)
      Côrte, 1870
      Espirito Santo, 1940
      Ituiutaba, 1957
      Minas Gerais, 1920
      Paraná, 1950
      Presidente Prudente, 1967
      Rio de Janeiro, 1890, 1892, 1900, 1906, 1920
      São Paulo, 1934
      Serra dos Aimorés, 1940, 1950
   Property, 1920, 1970
   Railways, 1959
   Real-estate, 1920, 1970
   Road traffic, 1969-1979, 1974
   Roads, 1969-1979, 1974
   Schools, 1964
   Service industries, 1940, 1950, 1960, 1970, 1975
Brasília, Brazil
   Population, 1957, 1959
British Guiana *see* Guyana
British Honduras *see* Belize
British Virgin Islands
   Agriculture, 1961
   Population, 1871, 1881, 1960, 1970
See also Leeward Islands
British West Indies *see* Commonwealth Caribbean
Buenos Aires (City), Argentina
   Administration, 1926
   Commerce, 1887, 1904, 1909
   Construction, 1887, 1904, 1909
   Industry, 1887, 1904, 1909
   Labour, 1926
   Population, 1872, 1887, 1904, 1909, 1936
   Professions, 1940
   Schools, 1917
   University, 1958, 1959, 1964, 1968
Buenos Aires (Province), Argentina
   Agriculture, 1881, 1888
   Civil servants, 1947
   Commerce, 1881
   Industry, 1881
   Livestock, 1888, 1916
   Pensioners, 1947

Buenos Aires (Province), Argentina (contd.)
   Population, 1881, 1890, 1910, 1938
   Property, Public, 1953
   Retired workers, 1947
   Roads, 1938, 1939
   Schools, 1889, 1907, 1931
Buenos Aires (Barrio), Honduras
   Housing, 1960
   Population, 1960
Building *see* Construction
Buildings
   Colombia, 1938, 1951, 1964, 1969
   Costa Rica, 1949, 1959
   Dominican Republic, 1955
   La Plata, Argentina, 1909
   Mexico, 1929, 1939
   Nicaragua, 1940
Business *see* Commerce
Businesses *see* Companies

Calana, Peru
   Population, 1935
Callao, Peru
   Livestock, 1964
   Population, 1905, 1920, 1931
Caracas, Venezuela
   Population, 1869
Cars *see* Automobiles
Catamarca, Argentina
   Population, 1943
Cattle *see* Livestock
Cayman Islands *see* Jamaica for 1881-1959
   Population 1979
Central America
   Universities, 1966
Chaco, Argentina
   Agriculture, 1969
   Population, 1934, 1935
Chascomús, Argentina
   Agriculture, 1888
Chicamán, Guatemala
   Agriculture, 1967
   Population, 1967
Children
   Argentina, 1935
   Córdoba (Province), Argentina, 1889

Children (contd.)
  Cutral-Có, Argentina, 1965
  Rosario, Argentina, 1927, 1934
  Santa Fé, Argentina, 1937
See also schoolchildren
Chile
  Agriculture, 1929-1930, 1935-1936, 1955, 1964-1965, 1975-1976
  Commerce, 1928, 1937
  Economic, 1943, 1946
  Education, 1933
  Electorate, 1887, 1912, 1918, 1921
  Employment, 1930, 1940
  Fishermen, 1964-1965
  Housing, 1940, 1952, 1960, 1970
  Industry, 1937
  Livestock, 1906, 1955
  Manufacturing, 1928, [1957], 1967, 1979
  Population (General), 1540-1565, 1777, 1813, 1843, 1854, 1865, 1875, 1885, 1895, 1907, 1920, 1930, 1940, 1952, 1960, 1970
  Population (Local)
    Magallanes, 1906
    Maule, 1843
    Melipilla, 1933
    Rengo, 1960
    Santiago, 1970
Chimbote, Peru
  Squatter settlements, 1956
Chiriqui, Panama
  Agriculture, 1947
Choloma, Honduras
  Agriculture, 1965
Choluteca, Honduras
  Commerce, 1970
Chubut, Argentina
  Indians, 1958
Chuquisaca, Bolivia
  Agriculture, 1942
Church
  Belize, 1861
  Honduras, 1791
See also religion
Citizenship
  Cuba, 1899
  Guatemala, 1964
  Puerto Rico, 1900
Ciudad Trujillo, Dominican Republic
  Population, 1945
Civil servants
  Argentina, 1914, 1930, 1947, 1977
  Brazil, 1966
  Buenos Aires (Province), Argentina, 1947
  Ecuador, 1975
  Mendoza (Province), Argentina, 1969
  Mexico, 1930, 1932, 1938, 1975
  Puerto Rico, 1957, 1962, 1967, 1972
  Santa Fé (City), Argentina, 1903
  Santa Fé (Province), Argentina, 1887, 1903, 1904, 1948
  Uruguay, 1969
Coahuila, Mexico
  Population, [1849]
Cobija, Bolivia
  Housing, 1970
  Population, 1970?
Cochabamba, Bolivia
  Housing, 1967
  Population, 1945, 1967
Coffee
  Dominican Republic, 1943
  Guatemala, 1950
  Honduras, 1952, 1965-1966
  Nicaragua, 1957-1958
  El Salvador, 1938-1939, 1957-1958, 1972
Colombia
  Agriculture, 1960, 1964, 1970-1971
  Automobiles, 1963
  Buildings, 1938, 1951, 1964, 1969
  Commerce, 1954, 1970
  Companies, 1969
  Construction, 1969
  Cooperatives, 1975
  Education, 1968
  Electricity, 1970?
  Housing, 1951, 1964, 1973
  Industry, 1945, 1959, 1970
  Libraries, 1959-1960
  Manufacturing, 1959
  Mines, 1969

Colombia (contd.)
  Population (General), 1780-1905,
    1825, 1835, 1843, 1851, 1864,
    1870, 1905, 1912, 1918, 1928,
    1938, 1951, 1964, 1973
  Population (Local)
    Bogotá, 1780
  Quarries, 1969
  Roads, 1963
  Service industries, 1954, 1970
  Slaves, 1842
  Tobacco industry, 1961
  Trade unions, 1947
Commerce
  Argentina, 1908-1917, 1954, 1974
  Brazil, 1940, 1950, 1960, 1970,
    1975
  Buenos Aires (City), Argentina,
    1887, 1904, 1909
  Buenos Aires (Province),
    Argentina, 1881
  Chile, 1928, 1937
  Choluteca, Honduras, 1970
  Colombia, 1954, 1970
  Córdoba (City), Argentina, 1906
  Córdoba (Province), Argentina,
    1954
  Costa Rica, 1883-1910, 1907,
    1915, 1952, 1958, 1964, 1975
  Dominican Republic, 1955
  Ecuador, 1965
  Guatemala, 1965
  Honduras, 1970
  La Plata, Argentina, 1884, 1909
  Managua, 1970
  Mendoza (City), Argentina,
    1903
  Mendoza (Province), Argentina,
    1963-1964
  Mexico, 1940, 1945, 1956, 1961,
    1966, 1971, 1976
  Panama, 1962, 1972
  Puerto Rico, 1940, 1949, 1954,
    1958, 1963, 1967
  Rosario, Argentina, 1900
  El Salvador, 1951, 1956, 1961,
    1972
  San Pedro Sula, Honduras, 1970
  Santa Fé (City), Argentina, 1907
  Santa Fé (Province), Argentina,
    1921, 1928-1929

Commerce (contd.)
  Tucumán, Argentina, 1913
  Tegucigalpa, Honduras, 1970
  Uruguay, 1968
  Venezuela, 1936, 1963
  Virgin Islands of the United
    States, 1958, 1963, 1967
  See also Companies; Economic
Common lands see Ejidos
Commonwealth Caribbean
  Agriculture, 1961
  Population, 1845, 1946,
    1960, 1970
Companies
  Argentina, 1963
  Brazil, 1960
  Colombia, 1969
Construction
  Argentina, 1947
  Brazil, 1960
  Buenos Aires (City), Argentina,
    1887, 1904, 1909
  Colombia, 1969
  Córdoba, Argentina, 1906
  Ecuador, 1966
  Magallanes, Chile, 1906
  Mendoza (City), Argentina,
    1903
  Panama, 1962, 1972
  Puerto Rico, 1967
  Rosario, Argentina, 1900
  El Salvador, 1972
  Santa Fé (City), Argentina, 1907
  Virgin Islands of the United
    States, 1977
  See also Buildings
Cooperatives
  Colombia, 1975
Córdoba (City), Argentina
  Agriculture, 1906
  Commerce, 1906
  Construction, 1906
  Industry, 1906
  Livestock, 1906
  Population, 1906
Córdoba (Province), Argentina
  Children, 1889
  Commerce, 1954
  Industry, 1954
  Mining, 1906, 1954
  Population, 1890
  Schools, 1921

INDEX

Côrte, Brazil
  Population, 1870
Costa Rica
  Agriculture, 1883-1910, 1904, 1905, 1910, 1948, 1950, 1955, 1963, 1973
  Buildings, 1949, 1959
  Commerce, 1883-1910, 1907, 1915, 1952, 1958, 1964, 1975
  Economic, 1964
  Housing, 1949, 1963, 1973
  Illiteracy, 1927
  Industry, 1883-1910, 1907, 1952, 1958, 1964
  Literacy, 1864, 1892, 1927
  Manufacturing, 1964, 1975
  Mining, 1964
  Population (General) Colonial and Early, 1844, 1864, 1875, 1883, 1883-1910, 1888, 1892, 1909, 1927, 1948, 1950, 1960, 1963, 1973
  Population (Local)
    San José, 1904, 1963-1964, 1973
  Poultry keeping, 1973
  Schools, 1959
  Service industries, 1952, 1964, 1975
  Unemployed, 1932
Cotton
  Argentina, 1935-1936
  El Salvador, 1972
  Santiago del Estero, Argentina, 1936
Cuba
  Agriculture, 1931, 1946
  Citizenship, 1899
  Education, 1899
  Electorate, 1919, 1931, 1943, 1953
  Housing, 1953, 1970
  Industry, 1931
  Labour, 1946, 1970
  Literacy, 1899
  Livestock, 1945, 1952
  Population (General), 1768-1879, 1774-1841, 1827, 1841, 1846, 1860, 1861, 1887, 1899, 1907, 1919, 1931, 1943, 1953, 1970

Cuba (contd.)
  Population (Local)
    Havana, 1828, 1877
    Slaves, 1774-1841
    Unemployed, 1939
Cultral-Có, Argentina
  Children, 1965
  Schools, 1965
Cuzco, Peru
  Population, 1913

Danish West Indies *see* Virgin Islands of the United States
Deaf
  Puerto Rico, 1944
Demerara, Guyana
  Population, 1829
Dialects
  Ecuador, 1950
Diseases *see* Mal del pinto
Domestic fowl *see* Poultry keeping
Dominica
  Population, 1871, 1881, 1891, 1901, 1911, 1921, 1946, 1960, 1970
Dominican Republic
  Agriculture, 1950, 1960, 1971
  Buildings, 1955
  Coffee, 1943
  Commerce, 1955
  Education, 1968, 1970
  Housing, 1955, 1960, 1970
  Industry, 1955
  Livestock, 1950
  Population (General), 1920, 1935, 1946, 1950, 1960, 1970
  Population (Local)
    Ciudad Trujillo, 1945?
    San Cristóbal, 1944
    Santo Domingo, 1893, 1908, 1919
  Professions, 1949
Donkeys *see* Livestock
Don Torcuato, Argentina
  Population, 1957
Drug addicts
  Puerto Rico, 1965

INDEX

Dumb (Mute)
  Puerto Rico, 1944
Durango, Mexico
  Population, [1873]
Dutch Antilles see Netherland
    Antilles

Earthquake damage
  San Juan, Argentina, 1944
Easter Island, Chile
  Agriculture, 1965
Eastern Caribbean
  Population, 1960
Economic
  Argentina, 1964, 1974
  Bermuda, 1971
  Brazil, 1940, 1950, 1968, 1975
  Chile, 1943, 1946
  Costa Rica, 1964
  Ecuador, 1964
  Guatemala, 1965
  Jesús María, Peru, 1966
  Mendoza (Province), Argentina, 1963-1964
  Paraguay, 1927, 1963
  Peru, 1963, 1974
  Puerto Rico, 1972, 1977
  El Salvador, 1971, 1972
  Uruguay, 1968, 1975, 1978
  Virgin Islands of the United States, 1972, 1977
See also Commerce; Industry
Ecuador
  Agriculture, 1954, 1961, 1974
  Civil servants, 1975
  Commerce, 1965
  Construction, 1966
  Cultural characteristics, 1950
  Dialects, 1950
  Economic, 1964
  Education, 1950
  Electricity, 1962-1963
  Employment, 1950
  Fishermen, 1954
  Fishing, 1950, 1971
  Housing, 1962, 1974
  Industry, 1955
  Language, 1950
  Literacy, 1950

Ecuador (contd.)
  Manufacturing, 1965
  Mining, 1965
  Population (General), 1738, 1825, 1941, 1942, 1950, 1962, 1974
  Population (Local)
    Esmeraldes, 1861
    Loja, 1958
    Manabi, 1861
    Quito, 1906, 1957
    San Pedro de la Bendita, 1971
    Vilcabamba, 1971
  Public servants, 1975
  Service industries, 1965
Education
  Argentina, 1909
  Chile, 1933
  Colombia, 1968
  Cuba, 1899
  Dominican Republic, 1968, 1970
  Ecuador, 1950
  Honduras, 1961
  Nicaragua, 1971
  Puerto Rico, 1900
  El Salvador, 1971
  Uruguay, 1975
  Venezuela, 1950
Education, Higher
  Nicaragua, 1967
See also Schools; Schoolchildren; Teachers; Universities
Ejidos
  Mexico, 1935, 1940, 1950, 1960, 1970
Electorate
  Chile, 1887, 1912, 1918, 1921
  Cuba, 1919, 1931, 1943, 1953
  Honduras, 1932, 1933, 1934, 1935, 1936, 1937, 1938, 1939, 1940, 1941, 1942, 1945, 1946, 1947, 1948, 1950, 1951, 1952, 1954, 1955, 1956
  Panama, 1972, 1977
  Paraguay, 1917
  Peru, 1933
Electricity
  Colombia, 1970?
  Ecuador, 1962-1963
  Panama, 1962, 1972

INDEX

Electricity (contd.)
   El Salvador, 1972
   Venezuela, 1963
Employees, Public *see* Civil
   servants. *See also*
   Administration
Employment
   Argentina, 1934-1935
   Chile, 1930, 1940
   Ecuador, 1950
   Guatemala, 1964
   Guatemata (City), 1921
   Netherlands Antilles, 1972
   Surinam, 1961
Employment *see also* Labour
Entre Ríos, Argentina
   Agriculture, 1887-1888, 1916, 1958, 1959, 1960
   Livestock, 1887-1888, 1911, 1915, 1925, 1927, 1934
   Schools, 1896, 1910, 1916, 1940
Esmeraldes, Ecuador
   Population, 1861
Espirito Santo, Brazil
   Population, 1940
Essequibo, Guyana
   Population, 1829

Falkland Islands
   Population, 1881, 1891, 1901, 1911, 1921, 1931, 1946, 1953, 1962, 1972
Family
   Paraguay, 1945
Farms
   Puerto Rico, 1935, 1940
Fernando de la Mora, Paraguay
   Population, 1964
Finance, Public
   Puerto Rico, 1957, 1962, 1967, 1972
Fishermen
   Chile, 1964-1965
   Ecuador, 1954
Fishing industry
   Argentina, 1941
   Ecuador, 1950, 1971
   Venezuela, 1951-1952

Flower growing
   Argentina, 1938-1939
Footwear industry
   Argentina, 1937
Forests
   Misiones, Argentina, 1971
See also Timber industry
French Guiana *see* Guyane
Fruit growing
   Tucumán (Province), Argentina, 197-?
   Uruguay, 1937
Governments
   Puerto Rico, 1957, 1962, 1967, 1972
Grenada
   Population, 1851, 1881, 1891, 1901, 1911, 1921, 1946, 1960, 1970
Guadalajara, Mexico, 1789-1793
Guadalupe Hidalgo, Mexico
   Population, 1886
Guadeloupe
   Agriculture, 1975
   Households, 1974
   Housing, 1974
   Population, 1671-1701, 1738-1753, 1835, 1840, 1849, 1852, 1864-1867, 1867, 1876, 1883, 1888, 1894-1903, 1894, 1901, 1906, 1911, 1921, 1926, 1936, 1946-1967, 1946, 1954, 1961, 1967, 1974
Guanabara, Brazil
   Shanty towns, 1960
Guatemala
   Agriculture, 1950, 1964, 1979
   Beekeeping, 1964
   Citizenship, 1964
   Coffee, 1950
   Commerce, 1965
   Economic, 1965
   Employment, 1964
   Housing, 1949, 1964, 1970, 1973, 1981
   Industry, 1946, 1953, 1965, 1977
   Labour, 1950, 1964, 1966, 1978
   Language, 1964
   Literacy, 1964
   Livestock, 1947, 1950, 1964

Guatemala (contd.)
  Manufacturing, 1977, 1979
  Migration, 1964
  Population (General), 1880, 1881, 1893, 1921, 1930, 1940, 1950, 1964, 1970, 1973
  Population (Local)
    Chicamán, 1967
    Guatemala City, 1938
    La Verbena, 1966
    San Juan Alotenango, 1949
    San Miguel Dueñas, 1949
  Poultry keeping, 1964
  Religion, 1964
  Schools, 1945
  Service industries, 1965
  Universities (San Carlos), 1963
Guatemala (City)
  Employment, 1921
  Population, 1938
Guiana, French *see* Guyane
Guyana [Before 1931 as British Guiana]
  Population (General), 1831, 1845, 1851, 1861, 1871, 1881, 1891, 1901, 1911, 1921, 1931, 1946, 1960, 1970
    For 1946 and 1960 *see* British West Indies censuses 1946 and 1960.
    For 1970 census *see also* Commonwealth Caribbean census 1970.
  Population (Local)
    Berbice, 1827
    Demerara, 1829
    Essequibo, 1829
Guyane
  Households, 1974
  Housing, 1974
  Population, 1695-1749, 1790-1901, 1827-1831, 1836, 1841, 1849, 1863, 1867, 1872, 1876, 1877, 1882, 1885-1900, 1895, 1901, 1906, 1911, 1921, 1926, 1931, 1936, 1946-1961, 1946, 1954, 1961, 1967, 1974, 1982

Haiti
  Agriculture, 1950, 1971
  Housing, 1950, 1971
  Population (General), 1492-1950, 1687-1688, 1789, 1804-1985, 1824, 1919, 1949-1950, 1950, 1971
  Population (Local)
    Port-au-Prince, 1949
Havana, Cuba
  Population, 1828, 1877
Hayti *see* Haiti
Health, Public
  Uruguay, (Date unknown)
Health workers
  Peru, 1964
See also Hospitals; Public health
Herrara, Panama
  Agriculture, 1945
Honduras
  Agrarian reform, 1978
  Agriculture, 1949, 1952, 1965-1966, 1974
  Bee keeping, 1974
  Church, 1791
  Coffee, 1952, 1965-1966
  Commerce, 1970
  Education, 1961
  Electorate, 1932, 1933, 1934, 1935, 1936, 1937, 1938, 1939, 1940, 1941, 1942, 1945, 1946, 1947, 1948, 1950, 1951, 1952, 1954, 1955, 1956
  Housing, 1949, 1961
  Industry, 1966
  Livestock, 1952, 1965-1966, 1974
  Manufacturing, 1966
  Population (General), 1791-1974, 1791, 1801, 1881, 1887, 1895, 1901, 1905, 1910, 1916, 1926, 1930, 1935, 1940, 1945, 1950, 1961, 1974
  Population (Local)
    Azacualpa, 1960
    Buenos Aires (barrio), 1960
    Macuelizo, 1960
    Sabanagrande, 1959

INDEX

Honduras
  Population (Local) (contd.)
    San Pedro Sula, 1960
    Santa Rita, 1960
  Poultry keeping, 1952, 1974
  Schools, 1887
Horses *see* Livestock
Hospitals
  Mexico, 1958
See also Health workers
Hotels
  Argentina, 1974
Households
  Argentina, 1970
  Guadeloupe, 1974
  Guyane, 1974
  Martinique, 1974
  Surinam, 1950
Housing
  Argentina, 1947, 1960, 1970
  Azacualpa, Honduras, 1960
  Bolivia, 1972, 1976
  Brazil, 1940
  Buenos Aires (barrio), Honduras, 1960
  Chile, 1940, 1952, 1960, 1970
  Cobija, Bolivia, 1970
  Cochabamba, Bolivia, 1967
  Colombia, 1951, 1964, 1973
  Costa Rica, 1949, 1963, 1973
  Cuba, 1953, 1970
  Dominican Republic, 1955, 1960, 1970
  Ecuador, 1962, 1974
  Guadeloupe, 1974
  Guatemala, 1949, 1964, 1970, 1973
  Guyane, 1974
  Haiti, 1950, 1971
  Honduras, 1949, 1961
  Jesús María, Peru, 1966
  La Verbena, Guatemala, 1966
  Macuelizo, Honduras, 1960
  Martinique, 1974
  Mexico, 1970
  Netherlands Antilles, 1972, 1981
  Nicaragua, 1963, 1971
  Nuevo-Abril, Peru, 1967
  Panama, 1950, 1960, 1970
  Panama Canal Zone, 1970
  Paraguay, 1950, 1962, 1972

Housing (contd.)
  Peru, 1961, 1966-1968, 1968, 1972
  Puerto Rico, 1940, 1950, 1960, 1970
  Riberalta, Bolivia, 1970
  Río Grande, Argentina, 1966
  Río Negro, Antigua, 1967-1968
  Sabanagrande, Honduras, 1959
  El Salvador, 1949, 1950, 1961, 1971
  San Antonio Oeste, Argentina, 1968
  San José, Costa Rica, 1973
  San Pedro de la Bendita, Ecuador, 1971
  San Pedro Sula, Honduras, 1960
  Santa Fé (City), Argentina, 1947
  Santa Rita, Honduras, 1960
  Surinam, 1950
  Tarija, Bolivia, 1970
  Trinidad and Tobago, 1957-1958
  Tucumán (City), Argentina, 1913
  Tucumán (Province), Argentina, 1968
  Uruguay, 1963, 1975, Date unkown
  Ushuaia, Argentina, 1966
  Venezuela, 1971
  Viedma, Argentina, 1964
  Vilcabamba, Ecuador, 1971
  Virgin Islands of the United States, 1940, 1950, 1960, 1970
See also Rented accommodation
Huacho, Peru
  Population, 1907
Huancayo, Peru
  Population, 1928
Huaras, Peru
  Population, 1907

Ica, Peru
  Livestock, 1964
Illiteracy
  Costa Rica, 1927
  Santa Fé (Province), Argentina, 1966
See also Literacy

INDEX

Immigrants
  Bolivia, 1936
Income
  Surinam, 1950
Indians
  Argentina, 1966-1967
  Chubut, Argentina, 1958
  Lima, Peru, 1613
  Patagonia, Argentina, 1935
  Venezuela, 1950
Industries, Service *see* Service industries
Industry
  Argentina, 1908-1917, 1935, 1937, 1939, 1941, 1946, 1950, 1954, 1974
  Brazil, 1920, 1940, 1950, 1960, 1965, 1970, 1975
  Buenos Aires (City), Argentina, 1887, 1904, 1909
  Buenos Aires (Province), Argentina, 1881
  Chile, 1937
  Colombia, 1945, 1959, 1970
  Córdoba (City), Argentina, 1906
  Córdoba (Province) Argentina, 1954
  Costa Rica, 1883-1910, 1907, 1952, 1958, 1964
  Cuba, 1931
  Dominican Republic, 1955
  Ecuador, 1955
  Guatemala, 1946, 1953, 1965, 1977
  Honduras, 1966
  La Plata, Argentina, 1884, 1909
  Magallanes, Chile, 1906
  Managua, 1970
  Mendoza (City), Argentina, 1903
  Mendoza (Province), Argentina, 1963-1964
  Mexico, 1930, 1935, 1940, 1945, 1950, 1956, 1961, 1966, 1971, 1976
  Nicaragua, 1953
  Panama, 1962, 1972
  Paraguay, 1955, 1963
  Peru, 1955
  Rosario, Argentina, 1900
  El Salvador, 1951, 1956, 1961

Industry (contd.)
  Santa Fé (City), Argentina, 1907
  Santa Fé (Province), Argentina, 1921, 1928-1929
  Surinam, 1961
  Trinidad and Tobago, 1953
  Tucumán (City), Argentina, 1913
  Tucumán (Province), Argentina, 1905
  Uruguay, 1926, 1930, 1936, 1968
  Venezuela, 1936, 1953
  See also Economic; Fishing industry; Footwear industry; Manufacturing; Mineral industries; Service industries; Sugar industry; Timber industry; Tobacco industry; Wine industry
Instituto de Previsión Social del Paraguay 1956
Insurance
  Paraguay, 1956
Internal migration *see* Migration, Internal
I.Q. levels: schools
  Salta, Argentina, 1958
Iquitos, Peru
  Population, 1914
Irrigation
  San Juan, Argentina, 1959
  See also Water
Isla de Pascua, Chile
  Agriculture, 1965
Isla Martín García, Argentina
  Population, 1927
Islas Malvinas *see* Falkland Islands
Ituiutaba, Brazil
  Population, 1957
Ixtapaluca, Mexico
  Population, 1959

Jalisco, Mexico
  Population, [1888], 1955
Jamaica
  Agriculture, 1961-1962, 1968-1969
  Population, 1844, 1861, 1871, 1881, 1891, 1911, 1921, 1943, 1953, 1960, 1970

Jesús María, Peru
　Economic, 1966
　Housing, 1966
　Population, 1966
Jews
　Tucumán (Province), Argentina, 1961
Jordán, Bolivia
　Population, 1948

Kiosks *see* Newspaper stands

Labour
　Argentina, 1909, 1934-1935
　Buenos Aires (City), Argentina, 1926
　Cuba, 1946, 1970
　Guatemala, 1950, 1964, 1966, 1978
　Panama Canal Zone, 1930
　Puerto Rico, 1910, 1920, 1930, 1940, 1950
　See also Associations, Professional; Employees; Employment; Health workers; Retired workers
Labour unions *see* Trade unions
Lambré, Paraguay
　Population, 1964
Land, Public *see* Ejidos
Land transport *see* Transport
Language
　Ecuador, 1950
　Guatemala, 1964
La Pampa, Argentina
　Agriculture, 1941
　Population, 1935, 1942
La Paz, Bolivia
　Population, 1909, 1942
La Plata, Argentina
　Banks, 1909
　Commerce, 1884, 1909
　Industry, 1884, 1909
　Population, 1884, 1909
　University, 1963-1964

Latin America
　Universities, 1962-1965, 1966-1969, 1970, 1971, 1972-1973, 1974-1975, 1976-1977, 1978, 1979. *See* Appendix
La Verbena, Guatemala
　Housing, 1966
　Population, 1966
Leeward Islands
　Agriculture, 1961
　Population (General), 1891, 1901, 1911, 1921, 1946, 1960, 1970
　Population (Local)
　　Antigua, 1851, 1856, 1861, 1871, 1881, 1911, 1921, 1960, 1970
　　Barbuda, 1851
　　British Virgin Islands, 1871, 1881, 1960, 1970
　　Montserrat, 1881, 1911, 1921, 1960, 1970
　　St Kitts-Nevis and Anguilla, 1855, 1871, 1881, 1891, 1911, 1921, 1960, 1970
Legal profession
　Argentina, 1893
Leprosy
　Mexico, [1927], 1930-1934
Libraries
　Colombia, 1959-1960
Lima (City), Peru
　Indians, 1613
　Pedlars, 1976
　Squatter settlements, 1956
Lima (Department), Peru
　Livestock, 1964
　Poultry keeping, 1974
Lima (Province), Peru
　Population, 1908, 1920, 1931
Literacy
　Brazil, 1940, 1950
　Costa Rica, 1864, 1892, 1927
　Cuba, 1899
　Ecuador, 1950
　Guatemala, 1964
　Mexico, 1960

INDEX

Literacy (contd.)
    Puerto Rico, 1900
    Santa Fé, 1966
    Venezuela, 1950
See also illiteracy
Livestock
    Aconcagua, Chile, (undated, pre-1956)
    Arequipa, Peru, 1967
    Argentina, 1922, 1930, 1974, 1977
    Belize, 1978
    Buenos Aires (Province), Argentina, 1888, 1916
    Callao, Peru, 1964
    Chile, 1906, 1955
    Córdoba (City), Argentina, 1906
    Cuba, 1945, 1952
    Dominican Republic, 1950
    Entre Ríos, Argentina, 1887-1888, 1911, 1915, 1925, 1927, 1934
    Guatemala, 1947, 1950, 1964
    Honduras, 1952, 1965-1966, 1974
    Ica, Peru, 1964
    Lima (Department), Peru, 1964
    Magallanes, Chile, 1906
    Mendoza (Province), Argentina, 1979-1981
    Mexico, 1930, 1940, 1950, 1960, 1970
    Moquegua, Peru, 1966
    Nicaragua, 1940
    Puerto Rico, 1935, 1940
    Santa Fé (Province), Argentina, 1928-1929
    Santiago del Estero, Argentina, 1932
    Tacna, Peru, 1966
    Uruguay, 1900, 1924, 1930, 1937, 1943
Loja, Ecuador
    Population, 1958
Los Santos, Panama
    Agriculture, 1945
Macuelizo, Honduras
    Housing, 1960
    Population, 1960
Magallanes, Chile
    Construction, 1906
    Industry, 1906

Magallanes, Chile (contd.)
    Livestock, 1906
    Mining, 1906
    Population, 1906
Mal del Pinto (Disease)
    Mexico, 1929-1931
Malvinas *see* Falkland Islands
Manabí, Ecuador
    Population, 1861
Managua, Nicaragua
    Commerce, 1970
    Industry, 1970
    Service industries, 1970
Manufacturing
    Argentina, 1974
    Chile, 1928, [1957], 1967, 1979
    Colombia, 1959
    Costa Rica, 1964, 1975
    Ecuador, 1965
    Guatemala, 1977, 1979
    Honduras, 1966
    Panama, 1962, 1972
    Puerto Rico, 1900, 1920, 1939, 1946, 1949, 1952, 1954, 1957, 1958, 1961, 1962, 1963, 1966, 1967, 1972, 1977
    El Salvador, 1972
    Uruguay, 1968
    Venezuela, 1963
    Virgin Islands of the United States, 1958, 1963, 1967, 1977
Market stalls
    Peru, 1974
Martín García, Isla, Argentina *see* Isla Martín García
Martinique
    Households, 1974
    Housing, 1974
    Population, 1664-1931, 1687-1701, 1731-1764, 1829-1832, 1835, 1840, 1850, 1853, 1867, 1876, 1886, 1891, 1894, 1896, 1901, 1905, 1906, 1910, 1921, 1926, 1927, 1931, 1936, 1939-1944, 1946, 1954-1960, 1954, 1961, 1967, 1974
Masaya, Nicaragua
    Population, 1963
Maule, Chile
    Population, 1843

INDEX

Melipilla, Chile
　Population, 1933
Mendoza (City), Argentina
　Commerce, 1903
　Construction, 1903
　Industry, 1903
　Population, 1903
Mendoza (Province), Argentina
　Agriculture, 1947, 1960, 1979-1981
　Civil servants, 1969
　Commerce, 1963-1964
　Economic, 1963-1964
　Industry, 1963-1964
　Livestock, 1979-1981
　Population, 1909, 1942, 1960
　Service industries, 1963-1964
　Vineyards, 1960
Mentally ill
　Puerto Rico, 1944
Mexico
　Agriculture, 1930, 1940, 1950, 1960, 1970
　Buildings, 1929, 1939
　Civil servants, 1930, 1932, 1938, 1975
　Commerce, 1940, 1945, 1956, 1961, 1966, 1971, 1976
　Ejidos, 1935, 1940, 1950, 1960, 1970
　Hospitals, 1958
　Housing, 1970
　Industry, 1930, 1935, 1940, 1945, 1950, 1956, 1961, 1966, 1971, 1976
　Leprosy, [1927], 1930-1934
　Literacy, 1960
　Livestock, 1930, 1940, 1950, 1960, 1970
　Mal del Pinto (Disease), 1929-1931
　Population (General), 16th century, 1790-1793, 1793-[1803], 1831, [1862], 1895, 1900, 1910, 1921, 1930, 1940, 1950, 1960, 1970
　Population (Local)
　　Coahuila, [1849]
　　Durango, [1873]
　　Guadalajara, 1789-1793

Magallanes, Chile
　Population (Local) (contd.)
　　Guadalupe Hidalgo, 1886
　　Ixtapaluca, 1959
　　Jalisco, 1888, 1955
　　México (City), 1890
　　México (State), [1873]
　　Monterrey, 1900
　　Morelos, 1929
　　Oaxaca, 1868
　　Querétaro, 1873
　　Sinaloa, [1872]
　　Sonora, [1890]
　　Tlaxcala, 1868-1870
　　Veracruz, 1885
　　Zacatecas, [1793-1839]
　Roads, 1975
　Service industries, 1940, 1945, 1956, 1961, 1966, 1971, 1976
　Transport, 1940, 1945, 1950, 1955, 1961, 1966, 1971, 1976
　Universities, 1949
　Water, [1911]
México (City)
　Population, 1890
México (State), [1873]
Migration
　Brazil, 1950
　Guatemala, 1964
Minas Gerais, Brazil
　Population, 1920
Mineral industries
　Puerto Rico, 1900
　Virgin Islands of the United States, 1958, 1963, 1967
Mining
　Argentina, 1908, 1954
　Colombia, 1969
　Córdoba (Province), Argentina, 1906, 1954
　Costa Rica, 1964
　Ecuador, 1965
　Magallanes, Chile, 1906
　Venezuela, 1963
Misiones, Argentina
　Forests, 1971
Monterrey, Mexico
　Population, 1900
Montevideo, Uruguay
　Population, 1889-1890

Montserrat
  Population, 1881, 1911, 1921, 1960, 1970
See also Leeward Islands
Moquegua, Peru
  Livestock, 1966
Morelos, Mexico
  Population, 1929
Mortgages
  Argentina, 1936
Mules *see* Livestock
Mute *see* Dumb
Mutual benefit societies
  Argentina, 1926

Narcotic addicts *see* Drug addicts
National Territories, Argentina *see* Territorio Nacional; Territorios Nacionales
Nederlandse Antillen *see* Netherlands Antilles
Netherlands Antilles
  Employment 1972
  Housing, 1972, 1981
  Population, 1960, 1966, 1972, 1981
Neuguén, Argentina
  Population, 1895, 1914, 1947, 1960, 1970
Newspaper stands
  Peru, 1974
Nicaragua
  Agriculture, 1940, 1963, 1971
  Buildings, 1940
  Coffee, 1957-1958
  Commerce, 1940, 1953
  Education, 1971
  Education, Higher, 1967
  Housing, 1963, 1971
  Industry, 1953
  Livestock, 1940
  Population (General), 1813, 1920, 1940, 1950, 1963, 1969, 1971, 1971-1980
  Population (Local)
    Areas Urbanas del Pacífico, 1975
    Masaya, 1963

Nuevo-Abril, Peru
  Housing, 1967
  Population, 1967

Oaxaca, Mexico
  Population, 1868
Olive growing
  Argentina, 1953
Oruro, Bolivia
  Agriculture, 1938
  Population, 1972
Pachía, Peru
  Population, 1935
Pamplona Alta, Peru
  Population, 1966
Panama
  Agriculture, 1942, 1950, 1961, 1971
  Commerce, 1962, 1972
  Construction, 1962, 1972
  Electorate, 1972, 1977
  Electricity, 1962, 1972
  Housing, 1950, 1960, 1970
  Industry, 1962, 1972
  Manufacturing, 1962, 1972
  Population, 1821-1903, 1911, 1920, 1930, 1940, 1950, 1960, 1970
  Service industries, 1962, 1972
  Transport, 1966
Panama Canal Zone
  Agriculture, 1930
  Housing, 1970
  Labour, 1930
  Population, 1912, 1920, 1930, 1940, 1950, 1960, 1970
  Unemployed, 1930
Paraguay
  Agriculture, 1927, 1942-1944, 1956, 1961, 1966
  Economic, 1927, 1963
  Electorate, 1917
  Family, 1945
  Housing, 1950, 1962, 1972
  Industry, 1955, 1963
  Insurance, 1956
  Population, 1785, 1846, 1886, 1936, 1950, 1960, 1962, 1972
  Timber industry, 1975

INDEX

Paraná, Brazil
   Population, 1950
Patagonia, Argentina
   Indians, 1935
Pedlars
   Lima (Greater Lima), Peru, 1976
Penonomé, Panama
   Agriculture, 1943
Pensioners
   Argentina, 1893
   Buenos Aires (Province),
      Argentina, 1947
Pension funds
   Argentina, 1970
Peru
   Agriculture, 1961, 1972
   Economic, 1963, 1974
   Electorate, 1828, 1933
   Health workers, 1964
   Housing, 1961, 1966-1968, 1968, 1972
   Industry, 1955
   Market stalls, 1974
   Newspaper stands, 1974
   Population (General), 1570s, 1791, 1795, 1812, 1836, 1850, 1862, 1876, 1940, 1961, 1972
   Population (Local)
      Arequipa, [1918]
      Calana, 1935
      Callao, 1905, 1920, 1931
      Cuzco, [1913]
      Huacho, 1907
      Huancayo, [1928]
      Huaras, 1907
      Iquitos, [1914]
      Jesús María, 1966
      Lima, 1613, 1700, 1908, 1920, 1931
      Pachía, 1935
      Pamplona Alta, [1966]
      Pueblo Nuevo-Abril, 1967
      San Isidro, 1948
      Tacna, 1935
      Tumbes, [1915]
      Yungay, 1907
   Schools, 1902, 1970
   Squatter settlements, 1970
   Universities
      San Marcos, Lima, 1957
Piauí, Brazil
   Agriculture, 1940

Pigs *see* Livestock
Poor
   Santa Fé (City), 1947
Population
   Alagoas, Brazil, 1890
   Antigua, 1851, 1856, 1861, 1871, 1881, 1911, 1921, 1960, 1970
   See also Leeward Islands
   Areco, Argentina, 1889
   Arequipa, Peru, 1918
   Argentina (General), 1816, 1825, 1857-1858, 1869, 1895, 1914, 1927, 1942, 1947, 1960, 1970
   Argentina (Local)
      Areco, 1889
      Belén, 1969
      Buenos Aires (City), 1872, 1887, 1904, 1909, 1936
      Buenos Aires (Province), 1881, 1890, 1910, 1938
      Catamarca, 1943
      Chaco, 1934, 1935
      Córdoba (City), 1906
      Córdoba (Province), 1890
      Don Torcuato, 1957
      Isla Martín García, 1927
      La Pampa, 1935, 1942
      La Plata, 1884, 1909
      Mendoza (City), 1903
      Mendoza (Province), 1909, 1942, 1960
      Río Grande, 1966
      Río Negro, 1959, 1967-1968
      Rosario, 1900, 1926
      San Antonio Oeste, 1968
      San Cristóbal, 1892
      San Isidro, 1947
      San Juan, 1910, 1960
      San Martín, 1941
      Santa Fé (City), 1906, 1907, 1910, 1923
      Santa Fé (Province), 1887, 1909, 1958
      Territorio Nacional, 1966
      Territores Nacionales, 1905, 1912, 1920
      Tucumán (City), 1913
      Tucumán (Province), 1869, 1968
      Vera, 1892
      Viedma, 1964
      Zárate, 1908

Population (contd.)
  Azacualpa, Honduras, 1960
  Bahama Islands, 1871, 1881, 1891, 1901, 1911, 1921, 1931, 1943, 1953, 1963, 1970
  Barbados, 1679-1680, 1844, 1861, 1871, 1881, 1891, 1911, 1921, 1946, 1960, 1970
  Barbuda, 1851, 1911
  See also Leeward Islands
  Belén, Argentina, 1969
  Belize, 1816, 1820, 1823, 1826, 1829, 1832, 1835, 1861, 1871, 1881, 1891, 1901, 1911, 1921, 1931, 1946, 1960, 1970
  Berbice, Guyana, 1827
  Bermuda, 1851, 1881, 1891, 1901, 1911, 1921, 1931, 1939, 1950, 1960, 1970
  Bogotá, Colombia, 1780
  Bolivia (General), 1845, 1854, 1900, 1950, 1972, 1976
  Bolivia (Local)
    Cochabamba, 1945, 1967
    Cobija, 1970?
    Jordán, 1948
    La Paz, 1909, 1942
    Oruro, 1972
    Potosí, 1972
    Riberalta, 1970
    Santa Cruz, 1966
    Sucre, 1972
    Tarija, 1944, 1970
  Bom Successo, Brazil, 1920
  Brazil (General), pre 1872, 1872, 1890, 1900, 1910, 1920, 1930, 1940, 1950, 1950-1960, 1960, 1970
  Brazil (Local)
    Alagoas, 1890
    Bom Successo, 1920
    Brasília, 1957, 1959
    Côrte, 1870
    Espirito Santo, 1940
    Ituiutaba, 1957
    Minas Gerais, 1920
    Paraná, 1950
    Presidente Prudente, 1967
    Rio de Janeiro, 1890, 1892, 1900, 1906, 1920
    Sao Paulo, 1934

Population
  Brazil (Local) (contd.)
    Serra dos Aimorés, 1940, 1950
  Brazília, Brazil, 1957, 1959
  British Guiana *see* Guyana
  British Honduras *see* Belize
  British Virgin Islands, 1871, 1881, 1960, 1970
  See also Leeward Islands
  British West Indies *see* Commonwealth Caribbean
  Buenos Aires (City), Argentina, 1872, 1887, 1904, 1909, 1936
  Buenos Aires (Province), Argentina, 1881, 1890, 1910, 1938
  Buenos Aires (Barrio), Honduras, 1960
  Calana, Peru, 1935
  Callao, Peru, 1905, 1920, 1931
  Caracas, Venezuela, 1869
  Catamarca, Argentina, 1943
  Cayman Islands [For 1881-1970 *see* Jamaica] 1979
  Chaco, Argentina, 1934, 1935
  Chicamán, Guatemala, 1967
  Chile (General), 1540-1565, 1777, 1813, 1843, 1854, 1865, 1875, 1885, 1895, 1907, 1920, 1930, 1940, 1952, 1960, 1970
  Chile (Local)
    Magallanes, 1906
    Maule, 1843
    Melipilla, 1933
    Rengo, 1960
    Santiago, 1970
  Ciudad Trujillo, Dominican Republic, 1945
  Coahuila, Mexico, [1849]
  Cobija, Bolivia, 1970
  Cochabamba, Bolivia, 1945, 1967
  Colombia (General), 1780-1905, 1825, 1835, 1843, 1851, 1864, 1870, 1905, 1912, 1918, 1928, 1938, 1951, 1964, 1973
  Colombia (Local)
    Bogotá, 1780
  Commonwealth Caribbean, 1845, 1946, 1960, 1970

INDEX

Population (contd.)
  Córdoba (City), Argentina, 1906
  Córdoba (Province), Argentina, 1890
  Côrte, Brazil, 1870
  Costa Rica (General)
    Colonial and Early, 1844, 1864, 1875, 1883, 1883-1910, 1888, 1892, 1909, 1927, 1948, 1950, 1960, 1963, 1973
  Costa Rica (Local)
    San José, 1904, 1963-1964, 1973
  Cuba (General), 1768-1879, 1774-1841, 1827, 1841, 1846, 1860, 1861, 1887, 1899, 1907, 1919, 1931, 1943, 1953, 1970
  Cuba (Local)
    Havana, 1828, 1877
  Cuzco, Peru, 1913
  Danish West Indies see Virgin Islands of the United States
  Demerara, Guyana, 1829
  Dominica, 1871, 1881, 1891, 1901, 1911, 1921, 1946, 1960, 1970
  Dominican Republic (General), 1920, 1935, 1946, 1950, 1960, 1970
  Dominican Republic (Local)
    Santo Domingo, 1893, 1908, 1919
  Don Torcuato, Argentina, 1957
  Durango, Mexico, [1873]
  Ecuador (General), 1738, 1825, 1941, 1942, 1950, 1962, 1974
  Ecuador (Local)
    Esmeraldes, 1861
    Loja, 1958
    Manabi, 1861
    Quito, 1906, 1957
    San Pedro de la Bendita, 1971
    Vilcabamba, 1971
  Esmeraldes, Ecuador, 1861
  Espirito Santo, Brazil, 1940
  Essequibo, Guyana, 1829
  Falkland Islands, 1881, 1891, 1901, 1911, 1921, 1931, 1946, 1953, 1962, 1972

Population (contd.)
  Fernando de la Mora, Paraguay, 1964
  Grenada, 1851, 1881, 1891, 1901, 1911, 1921, 1946, 1960, 1970
  Guadalajara, Mexico, 1789-1793
  Guadalupe Hidalgo, Mexico, 1886
  Guadeloupe, 1671-1701, 1738-1753, 1835, 1840, 1849, 1852, 1864-1867, 1867, 1876, 1883, 1888, 1894-1903, 1894, 1901, 1906, 1911, 1921, 1926, 1936, 1946-1967, 1946, 1954, 1961, 1967, 1974
  Guatemala (General), 1880, 1881, 1893, 1921, 1930, 1940, 1950, 1964, 1970, 1973
  Guatemala (Local)
    Chicamán, 1967
    Guatemala City, 1938
    La Verbena, 1966
    San Juan Alotenango, 1949
    San Miguel Dueñas, 1949
  Guatemala (City), 1938
  Guyana [Before 1931 as British Guiana]
    (General), 1831, 1845, 1851, 1861, 1871, 1881, 1891, 1901, 1911, 1921, 1931, 1946, 1960, 1970
    For 1946 and 1960 see British West Indies censuses 1946 and 1960. For 1970 census see also Commonwealth Caribbean census 1970
  Guyana (Local)
    Berbice, 1827
    Demerara, 1829
    Essequibo, 1829
  Guyane, 1695-1749, 1790-1901, 1827-1831, 1836, 1841, 1849, 1863, 1867, 1872, 1876, 1877, 1882, 1885-1900, 1895, 1901, 1906, 1911, 1921, 1926, 1931, 1936, 1946-1961, 1946, 1954, 1961, 1967, 1974, 1982
  Haiti (General), 1492-1950, 1687-1688, 1789, 1804-1985, 1824, 1919, 1949-1950, 1950, 1971

Population (contd.)
  Haiti (Local)
    Port-au-Prince, 1949
  Havana, Cuba, 1828, 1877
  Honduras (General), 1791-1974, 1791, 1801, 1881, 1887, 1895, 1901, 1905, 1910, 1916, 1926, 1930, 1935, 1940, 1945, 1950, 1961, 1974
  Honduras (Local)
    Azacualpa, 1960
    Buenos Aires (barrio), 1960
    Macuelizo, 1960
    Sabanagrande, 1959
    San Pedro Sula, 1960
    Santa Rita, 1960
  Huacho, Peru, 1907
  Huancayo (City), Peru, 1928
  Huaras, Peru, 1907
  Iquitos, Peru, 1914
  Isla Martín García, Argentina, 1927
  Ituiutaba, Brazil, 1957
  Ixtapaluca, Mexico, 1959
  Jalisco, Mexico, [1888], 1955
  Jamaica, 1844, 1861, 1871, 1881, 1891, 1911, 1921, 1934, 1943, 1953, 1960, 1970
  Jesús María, Peru, 1966
  Jordán, Bolivia, 1948
  Lambaré, Paraguay, 1964
  La Pampa, Argentina, 1935, 1942
  La Paz, Bolivia, 1909, 1942
  La Plata, Argentina, 1884, 1909
  La Verbena Guatemala, 1966
  Leeward Islands (General), 1891, 1901, 1946, 1960, 1970
  Leeward Islands (Local)
    Antigua, 1851, 1856, 1861, 1871, 1881, 1911, 1921, 1960, 1970
    Barbuda, 1851
    British Virgin Islands, 1871, 1881, 1960, 1970
    Monstserrat, 1881, 1960, 1970
    St Kitts-Nevis-Anguilla, 1855, 1871, 1881, 1891, 1911, 1921, 1960, 1970
  Lima (Province), Peru, 1908, 1920, 1931

Population (contd.)
  Loja, Ecuador, 1958
  Macuelizo, Honduras, 1960
  Magallanes, Chile, 1906
  Manabí, Ecuador, 1861
  Martinique, 1664-1931, 1687-1701, 1731-1764, 1829-1832, 1835, 1840, 1850, 1853, 1867, 1876, 1886, 1891, 1894, 1896, 1901, 1905, 1906, 1910, 1921, 1926, 1927, 1931, 1936, 1939-1944, 1946, 1954-1960, 1954, 1961, 1967, 1974
  Masaya, Nicaragua, 1963
  Maule, Chile, 1843
  Melipilla, Chile, 1933
  Mendoza (City), Argentina, 1903
  Mendoza (Province), Argentina, 1909, 1942, 1960
  Mexico (General), 16th century, 1790-1793, 1793-[1803], 1831, [1862], 1895, 1900, 1910, 1921, 1930, 1940, 1950, 1960, 1970
  Mexico (Local)
    Coahuila, [1849]
    Durango, [1873]
    Guadalajara, 1789-1793
    Guadalupe Hidalgo, 1886
    Ixtapaluca, 1959
    Jalisco, 1888, 1955
    México (City), 1890
    México (State), [1873]
    Monterrey, 1900
    Morelos, 1929
    Oaxaca, 1868
    Querétaro, 1873
    Sinaloa, [1872]
    Sonora, [1890]
    Tlaxcala, 1868-1870
    Veracruz, 1885
    Zacatecas, [1793-1839]
  México (City), 1890
  México (State), [1873]
  Minas Gerais, Brazil, 1920
  Monterrey, Mexico, 1900
  Montevideo, Uruguay, 1889-1890
  Montserrat, 1881, 1911, 1921, 1960, 1970
  See also Leeward Islands

Population (contd.)
　Morelos, Mexico, 1929, 1972,
　　1981
　Netherlands Antilles, 1960,
　　1966, 1972, 1981
　Neuquén, Argentina, 1895, 1914,
　　1947, 1960, 1970
　Nicaragua (General), 1813, 1920,
　　1940, 1950, 1963, 1969, 1971,
　　1971-1980
　Nicaragua (Local)
　　Areas Urbanas del Pacífico,
　　　1975
　　Masaya, 1963
　Nuevo-Abril, Peru, 1967
　Oaxaca, Mexico, 1868
　Oruro, Bolivia, 1972
　Pachía, Peru, 1935
　Pamplona Alta, Peru, 1966
　Panama, 1821-1903, 1911, 1920,
　　1930, 1940, 1950, 1960, 1970
　Panama Canal Zone, 1912, 1920,
　　1930, 1940, 1950, 1960, 1970
　Paraguay (General), 1785, 1846,
　　1886, 1936, 1950, 1960, 1962,
　　1972
　Paraná, Brazil, 1950
　Peru (General), 1570s, 1791,
　　1795, 1812, 1836, 1850, 1862,
　　1876, 1940, 1961, 1972
　Peru (Local)
　　Arequipa, [1918]
　　Calana, 1935
　　Callao, 1905, 1920, 1931
　　Cuzco, [1913]
　　Huacho, 1907
　　Huancayo, [1928]
　　Huaras, 1907
　　Iquitos, [1914]
　　Jesús María, 1966
　　Lima, 1613, 1700, 1908, 1920,
　　　1931
　　Pachía, 1935
　　Pamplona Alta, [1966]
　　Pueblo Nuevo-Abril, 1967
　　San Isidro, 1948
　　Tacna, 1935
　　Tumbes, [1915]
　　Yungay, 1907
　Potosí, Bolivia, 1972

Population (contd.)
　Presidente Prudente, Brazil,
　　1967
　Puerto Rico, 1860, 1867, 1877,
　　1887, 1899, 1900, 1910, 1920,
　　1930, 1935, 1940, 1950, 1960,
　　1970
　Querétaro, Mexico, [1873]
　Quito, Ecuador, 1906, 1957
　Rengo, Chile, 1960
　Riberalta, Bolivia, 1970
　Rio de Janeiro (City), 1890, 1900,
　　1906, 1920
　Rio de Janeiro (State), 1892
　Río Grande, Argentina, 1966
　Río Negro, Argentina, 1959,
　　1967-1968
　Rocha, Uruguay, 1892
　Rosario, Argentina, 1900, 1926
　Sabanagrande, Honduras, 1961
　St Kitts-Nevis-Anguilla, 1855,
　　1871, 1881, 1891, 1911, 1921,
　　1960, 1970
　St Lucia, 1871, 1881, 1891, 1901,
　　1911, 1921, 1960, 1970
　St Vincent, 1861, 1881, 1891,
　　1911, 1921, 1931, 1946, 1960,
　　1970
　El Salvador (General), 1778,
　　1807, 1853-1860, 1878, 1882,
　　1888, 1892, 1901, 1930, 1950,
　　1961, 1971
　El Salvador (Local)
　　San Salvador (City), 1929
　　San Antonio Oeste, Argentina,
　　　1968
　　San Cristóbal, Argentina, 1892
　　San Cristóbal, Dominican
　　　Republic, 1944
　　San Isidro, Argentina, 1947
　　San Isidro, Peru, 1948
　　San José, Costa Rica, 1904, 1963-
　　　1964, 1973
　　San Juan, Argentina, 1910, 1960
　　San Juan Alotenango,
　　　Guatemala, 1949
　　San Lorenzo, Paraguay, 1964
　　San Martín, Argentina, 1941
　　San Miguel Dueñas, Guatemala,
　　　1949

Population (contd.)
  San Pedro de la Bendita,
    Ecuador, 1971
  San Pedro Sula, Honduras, 1960
  San Salvador, 1929
  Santa Cruz, Bolivia, 1966
  Santa Fé (City), Argentina, 1906,
    1907, 1910, 1923
  Santa Fé (Province), Argentina,
    1887, 1909, 1958
  Santa Rita, Honduras, 1960
  Santiago, Chile, 1970
  Santo Domingo, Dominican
    Republic, 1893, 1908, 1919
  Sao Paulo, Brazil, 1934
  Serra dos Aimorés, Brazil, 1940,
    1950
  Sinaloa, Mexico, [1872]
  Sonora, Mexico, [1890]
  Sucre, Bolivia, 1972
  Surinam, 1811, 1950, 1964, 1972
  Tacna, Peru, 1935
  Tacuarenbo, Uruguay, 1895
  Tarija, Bolivia, 1944, 1970
  Territorio Nacional, Argentina,
    1966
  Territorios Nacionales,
    Argentina, 1905, 1912, 1920
  Tlaxcala, Mexico, 1868-1870
  Tobago, 1770, 1771, 1772, 1773,
    1780, 1782, 1785, 1786, 1787,
    1788, 1790, 1851, 1881
  Trinidad and Tobago (General),
    1881, 1901, 1911, 1921, 1931,
    1946, 1960 , 1970
  Trinidad and Tobago (Local)
    Tobago, 1770, 1771, 1772,
      1773, 1780, 1782, 1785,
      1786, 1787, 1788, 1790,
      1851, 1881
    Trinidad, 1797-1800, 1801-
      1802, 1802, 1806, 1808,
      1838, 1861, 1871, 1881,
      1891
  Tucumán (City), Argentina,
    1913
  Tucumán (Province), Argentina,
    1869, 1968
  Tumbes, Peru, 1915
  Turks and Caicos Islands, 1881,
    1891, 1901, 1911, 1921, 1943,
    1960, 1970

Population (contd.)
  Ushuaia, Argentina, 1961
  Venezuela (General), 18th
    century, 1825-1857, 1873,
    1881, 1890, 1910, 1920, 1926,
    1936, 1941, 1950, 1961, 1971
  Venezuela (Local)
    Caracas, 1869
  Vera, Argentina, 1892
  Veracruz, Mexico, 1885
  Viedma, Argentina, 1964
  Vilcabamba, Ecuador, 1971
  Virgin Islands of the United
    States [Prior to 31 March
    1917 as Danish West Indies],
    1846, 1850, 1855, 1860, 1880,
    1890, 1901, 1911, 1917, 1920,
    1930, 1940, 1950, 1960, 1970
  Windward Islands (General),
    1946, 1960, 1970
  Windward Islands (Local)
    Dominica, 1871, 1891, 1901,
      1911, 1921
    Grenada, 1851, 1881, 1891,
      1901, 1911, 1921
    St Lucia, 1871, 1881, 1891,
      1901, 1911, 1921
    St Vincent, 1861, 1881, 1891,
      1901, 1911, 1921, 1931,
      1946
  See also British West Indies
  Yungay, Peru, 1907
  Zacatecas, Mexico, 1793-1839
  Zárate, Argentina, 1908
Porto Rico *see* Puerto Rico
Post office
  Argentina, 1930
Potosí, Bolivia
  Population, 1972
Poultry keeping
  Costa Rica, 1973
  Guatemala, 1964
  Honduras, 1952, 1974
  Lima, Peru, 1974
  Uruguay, 1937
Power *see* Electricity
Presidente Prudente, Brazil
  Population, 1967
Prisons
  Argentina, 1906, 1929
Professional associations *see*
    Associations, Professional

Professions
    Argentina, 1936, 1937, 1944
    Buenos Aires (City), Argentina, 1940
    Dominican Republic, 1949
Property
    Brazil, 1920, 1970
    Rio de Janeiro (City), 1920
Property, Public
    Argentina, 1890, 1930, 1937, 1942, 1948, 1965
    Buenos Aires (Province), Argentina, 1953
See also Ejidos
Public employees *see* Employees, Public
Public finance *see* Finance, Public
Public health *see* Health, Public
Public land *see* Ejidos
Public property *see* Property, Public
Public servants *see* Civil servants
Puerto Rico
    Agriculture, 1910, 1920, 1930, 1935, 1940, 1950, 1954, 1959, 1964, 1969, 1974, 1978
    Blind, 1944
    Citizenship, 1900
    Civil servants, 1957, 1962, 1967, 1972
    Commerce, 1940, 1949, 1954, 1958, 1963, 1967
    Construction, 1967, 1972, 1977
    Deaf, 1944
    Drug addicts, 1965
    Dumb (mute), 1944
    Economic, 1972, 1977
    Education, 1900
    Farms, 1935, 1940
    Finance, Public, 1957, 1962, 1967, 1972
    Governments, 1957, 1962, 1967, 1972
    Housing, 1940, 1950, 1960, 1970
    Labour, 1910, 1920, 1930, 1940, 1950
    Literacy, 1900
    Livestock, 1935, 1940
    Manufacturing, 1900, 1920, 1939, 1946, 1949, 1952, 1954, 1957, 1958, 1961, 1962, 1963, 1966, 1967, 1972, 1977

Puerto Rico (contd.)
    Mentally ill, 1944
    Mineral industries, 1900
    Population, 1860, 1867, 1877, 1887, 1899, 1900, 1910, 1920, 1930, 1935, 1940, 1950, 1960, 1970
    Service industries, 1972, 1977

Quarries
    Colombia, 1969
Querétaro, Mexico
    Population, [1873]
Quito, Ecuador
    Population, 1906, 1957

Railways
    Brazil, 1959
See also Transport
Rainfall
    Santiago del Estero, Argentina, 1936
Rapa Nui, Chile
    Agriculture, 1965
Real-estate
    Brazil, 1920, 1970
    Rio de Janeiro (City), 1920
See also Ejidos
Religion
    Guatemala, 1964
See also Churches
Rengo, Chile
    Population, 1960
Rented accommodation
    Argentina, 1976, 1977
Restaurants
    Argentina, 1974
Retired workers
    Argentina, 1893
    Buenos Aires (Province), Argentina, 1947
Riberalta, Bolivia
    Housing, 1970
    Population, 1970
Rio de Janeiro (City), Brazil
    Agriculture, 1950
    Population, 1890, 1900, 1906, 1920

Rio de Janeiro (City), Brazil (contd.)
  Property, 1920
  Real-estate, 1920
  Shanty towns, 1950
Rio de Janeiro (State)
  Population, 1892
Río Grande, Argentina
  Housing, 1966
  Population, 1966
Río Negro, Argentina
  Agriculture, 1969
  Housing, 1967-1968
  Population, 1959, 1967-1968
Roads
  Argentina, 1935-1936, 1936, 1937, 1938, 1940, 1941, 1961, 1964
  Brazil, 1969-1979, 1974
  Buenos Aires (Province), Argentina, 1938, 1939
  Colombia, 1963
  Mexico, 1975
  Santa Fé (Province), Argentina, 1933
See also Automobiles; Transport
Rocha, Uruguay
  Population, 1892
Rosario, Argentina
  Children, 1927, 1934
  Commerce, 1900
  Construction, 1900
  Industry, 1900
  Population, 1900, 1926
  Schoolchildren, 1934
Rosario university *see* Santa Fé (Province) university

Sabanagrande, Honduras
  Agriculture, 1959
  Housing, 1959
  Population, 1961
St Kitts-Nevis-Anguilla
  Agriculture, 1975
  Population, 1855, 1871, 1881, 1891, 1911, 1921, 1960, 1970
St Lucia
  Population, 1871, 1881, 1891, 1901, 1911, 1921, 1960, 1970
St Vincent
  Agriculture, 1972-1973
  Population, 1861, 1881, 1891, 1901, 1911, 1921, 1931, 1946, 1960, 1970
Salta, Argentina
  I.Q. levels: schools, 1958
El Salvador
  Agriculture, 1950, 1961, 1971
  Beekeeping, 1966-1967
  Coffee, 1938-1939, 1957-1958, 1972
  Commerce, 1951, 1956, 1961, 1972
  Construction, 1972
  Cotton, 1972
  Economic, 1971, 1972
  Education, 1971
  Electricity, 1972
  Housing, 1949, 1950, 1961, 1971
  Industry, 1951, 1956, 1961
  Manufacturing, 1972
  Population (General), 1778, 1807, 1858-1860, 1878, 1882, 1888, 1892, 1901, 1930, 1950, 1951, 1961, 1971
  Population (Local)
    San Salvador, 1929
  Service industries, 1961, 1972
  Sugar industry, 1972
  Transport, 1972
  Universities
    Nacional, San Salvador, 1963-1964
San Antonio Oeste, Argentina
  Housing, 1968
  Population, 1968
San Carlos de Guatemala, Universidad, 1964
San Cristóbal, Argentina
  Population, 1892
San Cristóbal, Dominican Republic
  Agriculture, 1950
  Population, 1944
San Isidro, Argentina
  Population, 1947
San Isidro, Peru
  Population, 1948
San José, Costa Rica
  Housing, 1973

INDEX

San José, Costa Rica (contd.)
   Population, 1904, 1963-1964, 1972
San Juan, Argentina
   Agriculture, 1934
   Earthquake damage, 1944
   Irrigation, 1959
   Population, 1910, 1960
San Juan Alotenango, Guatemala
   Population, 1949
San Lorenzo, Paraguay
   Population, 1964
San Luis, Argentina
   Agriculture, 1967
San Martín, Argentina
   Population, 1941
San Miguel de Tucumán, Argentina *see* Tucumán (City), Argentina
San Miguel Dueñas, Guatemala
   Population, 1949
San Pedro de la Bendita, Ecuador
   Housing, 1971
   Population, 1971
San Pedro Sula, Honduras
   Commerce, 1970
   Housing, 1960
   Population, 1960
San Salvador, El Salvador
   Population, 1929
Santa Cruz, Argentina
   Agriculture, 1968
Santa Cruz, Bolivia
   Population, 1966
Santa Fé (City), Argentina
   Civil servants, 1903
   Commerce, 1907
   Construction, 1907
   Housing, 1947
   Industry, 1907
   Poor, 1947
   Population, 1906, 1907, 1910, 1923
   University *see* Santa Fé (Province) University
Santa Fé (Province), Argentina
   Administration, 1948
   Children, 1937
   Civil servants, 1887, 1903, 1904, 1948
   Commerce, 1921, 1928-1929
Santa Fé (Province), Argentina (contd.)
   Illiteracy, 1966
   Industry, 1921, 1928-1929
   Literacy, 1966
   Livestock, 1928-1929
   Population, 1887, 1909, 1958
   Roads, 1933
   Schoolchildren, 1937
   Schools, 1886-1887, 1907, 1912, 1918, 1925
   Social institutions, 1887
   Social insurance, 1947
   Unemployed, 1932
   University, 1963
Santa Rita, Honduras
   Housing, 1960
   Population, 1960
Santiago, Chile
   Arabs, 1970
   Population, 1970
   Schools, [1910]
Santiago del Estero, Argentina
   Agriculture, 1936, 1939
   Cotton, 1936
   Livestock, 1932
   Rainfall, 1936
   Temperature, 1936
Santo Domingo, Dominican Republic
   Population, 1893, 1908, 1919
São Paulo, Brazil
   Agriculture, 1920, 1934, 1940
   Population, 1934
   Schools, 1934, 1977
Schoolchildren
   Rosario, Argentina, 1934
   Santa Fé (Province), Argentina, 1937
Schools
   Argentina, 1883-1884, 1917, 1931, 1931-1932, 1932, 1943
   Brazil, 1964
   Buenos Aires (City), Argentina, 1917
   Buenos Aires (Province) Argentina, 1889, 1907, 1931
   Córdoba (Province), Argentina, 1921
   Costa Rica, 1959
   Cutral-Có, Argentina, 1965

INDEX

Schools (contd.)
 Entre Ríos, Argentina, 1896, 1910, 1916, 1940
 Guatemala, 1945
 Honduras, 1887
 Peru, 1902, 1970
 Salta, Argentina, 1958
 Santa Fé (Province), Argentina, 1886-1887, 1907, 1912, 1918, 1925
 Santiago, Chile, [1910]
 São Paulo, Brazil, 1934, 1977
 Territorios Nacionales, Argentina, 1940
 Tucumán (Province), Argentina, 1915
See also Schoolchildren; Teachers
Serra dos Aimorés, Brazil
 Population, 1940, 1950
Service industries
 Argentina, 1974
 Brazil, 1940, 1950, 1960, 1970, 1975
 Colombia, 1954, 1970
 Costa Rica, 1964, 1975
 Ecuador, 1965
 Guatemala, 1965
 Managua, Nicaragua, 1970
 Mendoza (Province), Argentina, 1963-1964
 Mexico, 1940, 1945, 1956, 1961, 1966, 1971, 1976
 Panama, 1962, 1972
 Puerto Rico, 1972, 1977
 El Salvador, 1961, 1972
 Uruguay, 1968
 Venezuela, 1936
 Virgin Islands of the United States, 1958, 1963, 1967, 1977
Shanty towns
 Argentina, 1963
 Guanabara, Brazil, 1960
 Rio de Janeiro (Distrito Federal), Brazil 1950
Shoe industry see Footwear industry
Sinaloa, Mexico
 Population, [1872]
Slaves
 Belize, 1820
 Colombia, 1842

Slaves (contd.)
 Cuba, 1774-1841
 Surinam, 1811
Slums see Shanty towns
Social insurance
 Santa Fé (Province), Argentina, 1947
Social security
 Argentina, 1970
Social welfare organisations
 Argentina, 1966
Somers Islands see Bermuda
Sonora, Mexico
 Population, [1890]
South Atlantic Islands, Argentina (claimed by) see Territorio Nacional, Argentina; Territorios Nacionales, Argentina; Falkland Islands
Squatter settlements
 Arequipa, Peru, 1956
 Chimbote, Peru, 1956
 Lima (City), Peru, 1956
 Peru, 1970
Students
 Guatemala, 1963
 Universidad de San Marcos, Lima, 1957
 Universidad Nacional, San Salvador, 1963-1964
 Uruguay, 1968
See also Schools; Universities
Sucre, Bolivia
 Population, 1972
Sugar industry
 Argentina, 1945
 El Salvador, 1972
 Tucumán (Province), Argentina, 1927
 Venezuela, 1956
Surinam
 Agriculture, 1959
 Employment, 1961
 Households, 1950
 Housing, 1950
 Income, 1950
 Industry, 1961
 Population, 1811, 1950, 1964, 1972
 Slaves, 1811

Tacna, Peru
  Livestock, 1966
  Population, 1935
Tacuarembo, Uruguay
  Population, 1895
Tarija, Bolivia
  Agriculture, 1944-1945
  Housing, 1970
  Population, 1944
Teachers
  Argentina, 1893
Tegucigalpa, Honduras
  Commerce, 1970
Temperature
  Santiago del Estero, Argentina, 1936
Tenants *see* Rented accommodation
Territorio Nacional, Argentina
  Population, 1966
Territorios Nacionales, Argentina
  Population, 1905, 1912, 1920
  Schools, 1940
Tierra del Fuego *see* Territorio Nacional, Argentina; Territorios Nacionales, Argentina
Timber industry
  Paraguay, 1975
See also Forests
Tlaxcala, Mexico
  Population, 1868-1870
Tobacco industry
  Colombia, 1961
Tobago
  Population, 1770, 1771, 1772, 1773, 1780, 1782, 1785, 1786, 1787, 1788, 1790, 1851, 1881
See also Trinidad and Tobago
Trade unions
  Colombia, 1947
Traffic, Road *see* Roads. *See also* Automobiles; Transport
Transport
  Mexico, 1940, 1945, 1950, 1955, 1961, 1966, 1971, 1976
  Panama, 1966
  El Salvador, 1972
  Venezuela, 1951-1952
See also Roads; Railways

Trinidad and Tobago
  Agriculture, 1963
  Blind, 1932
  Housing, 1957-1958
  Industry, 1953
  Population (General), 1881, 1901, 1911, 1921, 1931, 1946, 1960, 1970
  Population (Local)
    Tobago, 1770, 1771, 1772, 1773, 1780, 1782, 1785, 1786, 1787, 1788, 1790, 1851, 1881
    Trinidad, 1797-1800, 1801-1802, 1802, 1806, 1808, 1838, 1861, 1871, 1881, 1891
Tucumán (City), Argentina
  Commerce, 1913
  Housing, 1913
  Industry, 1913
  Population, 1913
  University, 1961, 1963, 1964, 1965, 1966
Tucumán (Province), Argentina
  Fruit growing, 197-?
  Housing, 1968
  Industry, 1905
  Jews, 1961
  Population, 1869, 1968
  Schools, 1915
  Sugar industry, 1927
Tulúa, Colombia
  Agriculture, 1969
Tumbes, Peru
  Population, 1915
Turks and Caicos Islands
  Population, 1881, 1891, 1901, 1911, 1921, 1943, 1960, 1970

Unemployed
  Argentina, 1932, 1935
  Costa Rica, 1932
  Cuba, 1939
  Panama Canal Zone, 1930
  Santa Fé (Province), Argentina, 1932
United States Virgin Islands *see* Virgin Islands of the United States

INDEX

Universidad de Buenos Aires *see* University, Buenos Aires (City)
Universidad de San Carlos de Guatemala, 1964
Universidad de San Marcos, Lima
    Students, 1957
Universidad Nacional, San Salvador
    Students, 1963-1964
Universidad Nacional de La Plata *see* University, La Plata
Universidad Nacional del Litoral *see* Santa Fé (Province), University
Universidad Nacional de Tucumán *see* University, Tucumán (City)
Universities
    Buenos Aires (City), Argentina, 1958, 1959, 1964, 1968
    Central America, 1966
    La Plata, Argentina, 1963-1964
    Latin America, 1962-1965, 1966-1969, 1970, 1971, 1972-1973, 1974-1975, 1976-1977, 1978, 1979 *see* Appendix
    Mexico, 1949
    San Carlos, Guatemala, 1963
    Santa Fé (Province), Argentina, 1963
    Tucumán (City), Argentina, 1961, 1963, 1964, 1965, 1966
    Universidad Nacional, San Salvador, 1963-1964
Uruguay
    Agriculture, 1924, 1930, 1937, 1946, 1951, 1956, 1961, 1966, 1970
    Beekeeping, 1937
    Civil servants, 1969
    Commerce, 1968
    Economic, 1968, 1975, 1978
    Education, 1975
    Fruit growing, 1937
    Health, Public, (date unknown)
    Housing, 1963, 1975, (date unknown)
    Industry, 1926, 1930, 1936, 1968
    Livestock, 1900, 1924, 1930, 1937, 1943

Uruguay (contd.)
    Manufacturing, 1968
    Population (General), 1852, 1860, 1895-1896, 1908, 1963, 1975
    Population (Local)
        Los Departamentos de Campaña, 1900
        Montevideo, 1889-1890
        Rocha, 1892
        Tacuarembo, 1895
    Poultry keeping, 1937
    Service industries, 1968
    Students, 1968
Ushuaia, Argentina
    Housing, 1966
    Population, 1961
Venezuela
    Agrarian reform, 1965
    Agriculture, 1937, 1950, 1961, 1971
    Automobiles, 1951-1952
    Commerce, 1936, 1963
    Economic, 1951-1952, 1963
    Education, 1950
    Electricity, 1963
    Fishing industry, 1951-1952
    Housing, 1971
    Indians, 1950
    Industry, 1936, 1953
    Literacy, 1950
    Manufacturing, 1963
    Mining, 1963
    Population (General), 18th century, 1825-1857, 1873, 1881, 1890, 1910, 1920, 1926, 1936, 1941, 1950, 1961, 1971
    Population (Local)
        Caracas, 1869
    Service industries, 1936
    Sugar industry, 1956
    Transport, 1951-1952
Vera, Argentina
    Population, 1892
Veracruz, Mexico
    Population, 1885
Veraguas, Panama
    Agriculture, 1948
Viedma, Argentina
    Housing, 1964
    Population, 1964

INDEX

Vilcabamba, Ecuador
  Housing, 1971
  Population, 1971
Villas de emergencia *see* Shanty towns
Vineyards
  Argentina, 1936, 1963
  Mendoza (Province), Argentina, 1960
See also Wine
Virgin Islands of the United States [Prior to 31 March 1917 as Danish West Indies]
  Agriculture, 1930, 1940, 1950, 1954, 1959, 1964, 1969, 1974, 1978
  Commerce, 1958, 1963, 1967
  Construction, 1977
  Economic, 1972, 1977
  Housing, 1940, 1950, 1960, 1970
  Manufacturing, 1958, 1963, 1967, 1977
  Mineral industries, 1958, 1963, 1967
  Population, 1846, 1850, 1855, 1860, 1880, 1890, 1901, 1911, 1917, 1920, 1930, 1940, 1950, 1960, 1970
  Service industries, 1958, 1963, 1967, 1977

Water
  Mexico, [1911]
See also Irrigation
Welfare, Social *see* Social welfare

West Indian census, 1946
West Indies, British *see* British West Indies
West Indies, Danish *see* Danish West Indies
Windward Islands
  Population (General), 1946, 1960, 1970
  Population (Local)
    Dominica, 1871, 1881, 1891, 1901, 1911, 1921
    Grenada, 1851, 1881, 1891, 1901, 1911, 1921
    St Lucia, 1871, 1881, 1891, 1901, 1911, 1921
    St Vincent, 1861, 1881, 1891, 1901, 1911, 1921, 1931, 1946
Wine industry
  Argentina, 1936, 1937, 1939, 1968
See also Vineyards
Workers *see* Labour

Yerba mate
  Argentina, 1933, 1934
Yungay, Peru
  Population, 1907

Zacatecas, Mexico
  Population, 1793-1839
Zárate, Argentina
  Population, 1908